Friedrich Schulthess

Kalila und Dimna

Syrisch und Deutsch

Friedrich Schulthess

Kalila und Dimna

Syrisch und Deutsch

ISBN/EAN: 9783959134064

Auflage: 1

Erscheinungsjahr: 2016

Erscheinungsort: Treuchtlingen, Deutschland

Literaricon Verlag Inhaber Roswitha Werdin, Uhlbergstr. 18, 91757 Treuchtlingen

www.literaricon.de

KALILA UND DIMNA

SYRISCH UND DEUTSCH

VON

FRIEDRICH SCHULTHESS

I

SYRISCHER TEXT.

BERLIN.
VERLAG VON GEORG REIMER.
1911.

Druck von ADOLF HOLZHAUSEN in Wien,
K. UND K. HOF- UND UNIVERSITÄTS-BUCHDRUCKER

DEM ANDENKEN

GUSTAV BICKELLS.

Inhalt.

Verweise und Siglen.[1]

Σ = altsyrische Übersetzung von KuD (Būd), überliefert durch M.

M = Mardiner Handschrift. Liegt indirekt in vierfacher Kopie vor:

a = cod. Sachau 149, jetzt Verz. der syr. Handschriften von E. Sachau, Nr. 106.

b = cod. Sachau 139, jetzt Nr. 104.

c = cod. Sachau 150, jetzt Nr. 105.

d = Göttinger syr. Handschrift 1 (Rahlfs Beschreibung, S. 463).

B = G. Bickell, Kalilag und Damnag. Alte syrische Übersetzung des indischen Fürstenspiegels. Text und Übersetzung. Mit einer Einleitung von Theodor Benfey. Leipzig 1876.

Nöld. S. 752 ff. = Nöldekes Anzeige des vorigen Werkes in ZDMG XXX (1876). Im Schlußkapitel ist mit »Nöld.« dessen »Erzählung vom Mäusekönig und seinen Ministern« (Abh. d. k. G. d. W. z. Göttingen, Bd. XXV, 1879) gemeint.

Blumenthal, L., Kritische Emendationen zu Gustav Bickells KuD: ZDMG XLIV (1890), S. 267—320.

Löw, Imm., Bemerkungen zu Nöldekes Anzeige von Bickell usw.: ZDMG XXXI (1877), S. 535—540.

---

[1] Nur soweit sie in diesem syrischen Teil vorkommen. Eine ausführlichere Liste findet sich vorne im deutschen Teil.

Vorbemerkungen.

Als Gustav **Bickell** im Jahre 1876 die alte syrische Übersetzung von K u D herausgab, war er sich vollkommen klar darüber,[1] daß die ihm zur Verfügung stehende Kopie der Mardiner Handschrift ein äußerst flüchtiges und ohne wirkliche Sprachkenntnis angefertigtes Machwerk sei. Da aber nach den zähen Bemühungen, deren es bis zur endlichen Beschaffung jener Kopie bedurft hatte, kaum Aussicht vorhanden war, eine zweite und womöglich bessere zu entdecken (wofern die erste Freude über den errungenen Erfolg, die Benfey in der Einleitung zur Bickellschen Ausgabe so behaglich beschrieben hat, überhaupt gleich den Wunsch nach Mehr aufkommen ließ), und anderseits die literarischen Hülfsmittel, d. h. namentlich die übrigen Pehlevī-Rezensionen, nur in sehr unvollkommener Gestalt vorlagen, so blieb es wesentlich Bickells bewährtem Scharfsinn überlassen, einen einigermaßen lesbaren Text herzustellen. Editio princeps.

Anfangs der achtziger Jahre ließ dann **Sachau** von der inzwischen nach Mosul gewanderten[2] und ihm selbst nicht zu Gesichte gekommenen Handschrift nacheinander drei neue Abschriften nehmen, um so einen möglichst guten Ersatz für M zu erzielen. Sie befinden sich in der Königl. Bibliothek in Seitherige Kopien der Mardinér H.

[1] Der beste Beweis dafür ist der weite Gebrauch, den er der Konjektur einräumt. Benfeys Urteil (Einleitung, S. XXIX Mitte) ist zwar M gegenüber richtig, aber gegenüber der Kopie (d) zu mild.

[2] Sachau, Reisen in Syrien und Mesopotamien, 1883, S. 355.

Berlin. Mit ihrer Hülfe hat L. Blumenthal in seiner Dissertation für die ersten fünf Kapitel, also etwa die Hälfte des Buches, die wirklichen Lesarten von M festzustellen versucht und dabei zur Evidenz gebracht, daß das neue Material vor dem Bickellschen allerdings unbestreitbare Vorzüge hat. Außerdem hat er allerlei beachtenswerte Verbesserungsvorschläge gemacht. Dagegen hätte er die Versionen gründlicher ausbeuten sollen, insbesondere den Araber (de Sacy, Guidi), der für ihn so gut wie gar nicht existierte.

Bedürfnis einer Neubearbeitung.

Eine Revision und Fortsetzung von Blumenthals Arbeit, oder vielmehr eine neue Bearbeitung von Σ auf Grund der vierfachen Kopie von M, wäre schon an sich zu rechtfertigen. Zu einem Bedürfnis ist sie geworden, seit einerseits die wichtigsten übrigen Pehlevī-Rezensionen, vorab der Araber, in besseren Ausgaben vorliegen, und anderseits Joh. Hertel den größten Teil des Buches im indischen Original entdeckt und herausgegeben hat. Indem ich für diese Dinge auf die Einleitung zum deutschen Teil verweise, wende ich mich jetzt zu M selbst.

Wert der Kopien.

Wer gehofft hatte, der Wortlaut von M lasse sich aus den vier Kopien einigermaßen genau feststellen, sieht sich enttäuscht. Vielmehr liegt die Sache so, daß man auf Schritt und Tritt ihre Lesarten gegeneinander abwägen muß,[1] und zwar deshalb, weil die Kopisten, der eine wie der andere, ohne jede Akribie verfuhren. Wie konnten sie auch dem Text, den sie gewiß nur in den leichtesten und unverdorbenen Partien verstanden, ein ernstlicheres Interesse entgegenbringen! Für uns aber ist dies umso bedauerlicher, als wir Grund zur Annahme haben, daß ihre Vorlage selbst außerordentlich nachlässig und undeutlich geschrieben war.

Wenn wir die Kopie d, welche Bickells Ausgabe zugrunde liegt, ohne weiteres für die schlechteste erklären müssen, so können wir unter den drei andern keiner einen absoluten

[1] Gewisse Teile, und namentlich die beiden letzten (vorwiegend prosaischen) Kapitel, sind übrigens viel besser erhalten.

Vorzug zugestehen; sie haben alle nur einen relativen Wert. b c sind von einem Schreiber angefertigt[1] im Jahre 1881/2, beziehungsweise 1882, a von einem andern im Jahre 1883. Äußerlich macht a den günstigsten Eindruck;[2] der Kopist hat sich, wie die Schrift zeigt, Zeit gelassen, während b c alle Zeichen der Flüchtigkeit aufweisen. a hat auch nicht übel gelesen,[3] dafür aber gern einzelne Wörter und ganze Zeilen übersprungen. Im ganzen sind seine Lesarten getreuer als diejenigen von b, der sich, ich konnte nicht herausfinden warum, auffallend oft mit d deckt. Beim andern Mal, c, hat sich der Kopist etwas mehr Mühe gegeben. Wo er gleich liest wie das erste Mal, d. h. wo b c übereinstimmen, besteht das Präjudiz, daß a d bei Abweichungen zu verwerfen sind; aber als Kanon darf das, wie gesagt, nicht aufgestellt werden. Die zahllosen groben Fehler von d, die ja bei Bickell nachgesehen werden können, habe ich nur dann angeführt, wenn auch b sie hat. Übrigens fällt d das große Verdienst zu, uns einen längern Passus (S. 125_{16}—127_{4}, vgl. Blumenthal, S. 271) gerettet zu haben, da die Späteren das betreffende Blatt nicht mehr in der Handschrift vorfanden.

Schlüsse auf die Mardiner Hs.

Von der Beschaffenheit der Mardiner Handschrift können wir uns eine gewisse Vorstellung machen. Zunächst lassen die häufigen Wortverstellungen, die bald diese, bald jene Kopie aufweist, und umgekehrt ebenso ungleiche Auslassungen, vermuten, daß der Schreiber von M[4] am Rand nachzutragen pflegte, was er aus Versehen im Text übergangen hatte. Diese Marginalien haben unsere Kopisten teils ignoriert, teils am richtigen, meist aber am falschen Ort wieder dem Texte ein-

[1] Darum haben sie im textkritischen Apparat nebeneinander zu rangieren, anders als bei Blumenthal.

[2] Vgl. Blumenthal, S. 272 unter b.

[3] Aber wenn er 104_{15}, 105_{6} das seltene ܒܪܢܫܐ durch das bekanntere ܐܢܫܐ ersetzt, so ist das wohl Absicht gewesen. 105_{7} hat er es allerdings unterlassen.

[4] Ein Diakon namens Hormizd. Er arbeitete um 1525 in der Nähe von Amedia عمادية im nördlichen Kurdistān; s. Benfey, S. XXVIII, Nöldeke, S. 761.

verleibt. Ferner muß die Schrift eine sehr flüchtige und wohl ziemlich kleine Kursive gewesen sein. Da es unsere Hauptaufgabe war, M's Lesarten möglichst genau festzustellen, was nur durch eine Vergleichung der Kopien zu bewerkstelligen war, so sind hier einige diesbezügliche Bemerkungen nicht überflüssig. Wir berücksichtigen dabei auch solche Fälle, wo sich die einstimmige Überlieferung sicher emendieren läßt. Wieweit da M das Richtige hatte, ist nicht auszumachen. Man halte sich die nestorianische Schrift gegenwärtig.

Undeutlich oder mehrdeutig waren in M zunächst die Buchstaben *n*, *i̯*, *l*; daher erscheint häufig ܐܠܐ statt ܐܢܐ. Hieher gehört auch ܦܘܠܚܢܢ̈ܝܟ 76_{10} statt ܦܘܠܚܢ̈ܝܟ, ܐܚ̈ܝܟ 40_{17} 43_5 st. ܐܚܝܟ (bezw. ܢܚܝܟ). Ferner wurde gelesen:

d st. *l*: ܟܕ 60_6 b st. ܟܠ, ܐܬܪ̈ܝܕܘܬ 31_3 st. ܐܬܟܠܠܘܬ. Vgl. umgekehrt ܦܘܠܚܠܠܝܟ 74_{10} st. ܦܘܠܚܢ̈ܝܟ. So konnten auch *d* und *n* verwechselt werden, z. B. ܕܟܪ̈ܝܢܬܐ 172_{14} st. ܢܟܪܝܗܘܢ; sowie *b* und *l*, z. B. ܡܪ̈ܝܕ 63_6 st. ܡܠܝܠ, ܢܬܠ 122_{12} st. ܢܬܒ, oder *d* und *l*, wie in dem vorhin zitierten ܡܪ̈ܝܕ.

Ferner:

d und *k*: ܠܟܐܟܐ 61_5 b c st. ܠܕܐܟܐ, ܘܐܟܟܡܐ 83_{13} st. ܟܕܡܐ; und dementsprechend *r* und *k*, vgl. oben ܐܬܪ̈ܝܕܘܬ.

g und *ṭ*: ܐܬܦܠܓ 26_1 st. ܐܬܦܠܛ, ܕܠܓܘ bezw. ܕܟܠܓܘ 116_5 st. ܕܠܛܘ.

ḥ und *š*: ܕܚܫܪܪ 96_{12} st. ܕܫܫܪܪ.

i̯ und *r*: ܒܪܝܬ 46_3 st. ܒܝܬ.

i̯ und *u̯*: ܣܝܓܐ 60_{17} st. ܣܘܓܐ, ܫܪ̈ܝܪܐ 60_{12} st. ܫܪ̈ܘܪܐ.

l und ʾ in den Finalformen: ܢܒܚܐ 96_{11} st. ܠܒܚܠ, desgleichen *n* und *d*: ܐܚܕܐ 79_8 st. ܐܚܕܡ, *n* und *k*: ܠܡܫܝܚܟ 62_{17} b d st. ܠܡܫܝܚܐ, ܟܠܝܟ 62_8 a st. ܟܠܐ, ʾ und *n*: ܕܡ 166_{10} und öfter st. ܕܐ, ܕܟܪ̈ܝܢܬܐ st. ܢܟܪܝܗܘܢ (s. o.).

n und *z* am Wortende: ܐܘܣܙ 29_{14} st. ܐܕܡ, *n* und *k*: ܬܠܐܡܟ 44_3 st. ܬܠܐܡ.

m und *s*: ܐܕܡܪܡ 99_{19} st. ܐܣܣܪܡ.

n und *l*: ܢܒܕܐ st. ܠܒܕܠ (s. o.).

i und *k*: ܟܢܝ̈ܕ 182_3c u. ö. st. ܟܒܝ̈ܕ.

f und *r*: ܡܪ̈ܒܢ 94_{15}ac st. ܡܦ̈ܘܒܢ; entsprechend *f* und *b*: ܕܡܪܦܪܐ (s. o.).

Nicht selten finden sich Schreibungen wie ܗܘ̇ܝܬ st. ܗܘܬ (z. B. 176_9d), indem das nestorianische ܬ als ܬ̇ gelesen wurde, wie umgekehrt ܗܘܬ 178_1d st. ܗܘ̇ܝܬ. Ähnlich wurde besonders leicht das unverbundene nestorianische ܐ als ܐ̇ gelesen, daher z. B. ܡܬܝ̈ܐ 86_{14} u. ö. st. ܡܬܐ.[1]

Verlesene Buchstabengruppen sind z. B. ܕܡܫܢܗ 63_2ac st. ܕܡܠܠܗ, ܢܦܫ 122_8 st. ܢܫܐ, ܕܠܠܠ 23_2 st. ܕܢܠ, ܘܐܒܝܒܐ 83_{13} st. ܒܕܝܒܐ. Wenn ܡܫܒܪܐ 163_8 st. ܡܬܪܐ gelesen wurde, so war in M das ܬ vermutlich durch eine Schleife mit dem ܪ ligiert.

Daß M, wenigstens teilweise, vokalisiert war, ist außer Zweifel, denn nicht nur a, sondern auch bcd, die im ganzen keine Vokale setzen, haben öfter, besonders bei Eigennamen,[2] solche Punkte. Nur dürfen wir nicht meinen, a habe sich mit seiner vollständigen Vokalisation besonders genau an die Vorlage gehalten; vielmehr reitet er Prinzipien und vokalisiert unbedenklich verlesene Wörter nach ihrer eigenen zufälligen Form, z. B. ܬܪ̈ܝܢ ܠܠ ܐܒ̇ܕܝܢܗܘ 192_6, was aus ܬܪ̈ܝܢ ܠܠ ܐܒܕܢ ܗܘܘ, oder ܢܒ̈ܕܐ 96_{11}, was aus ܠܒܕܠ verlesen ist.[3] Dahin gehört auch das sinnlose ܕܒ̈ܝܫܬ ܕܒܠܕ 4_4 st. ܕܒܫܝܬܐ, ܢܦܓ̇ 23_{21} st. ܢܦܓ u. a. m.

Fügen wir hinzu, daß die Interpunktion vielfach mit dem Sinn in Widerspruch steht und natürlich in den Kopien Zur Textbehandlung

[1] Wo aber ܡܬܝ̈ܐ sich irgend halten ließ, habe ich es belassen. Dieses Impersonale kann in solchen übersetzten Texten leicht auch da stehen, wo dafür in guten syrischen Originalschriften persönlich konstruiert wäre.

[2] Aber auch da gibt es Differenzen, welche die Ungenauigkeit der Kopien beweisen. Vgl. 92_{11} ܕܪܘܡܛܝ̈ܦܘܣ d, ܕܪܘ̈ܡܛܝܦܘܣ a; 184_{15} ܗܘܠܐܒܕ̇ a, ܗܘܠܐܒܕ̇ d; 153_{11} ܒܗܡܠ a, ܒܗܡܠ d; 153_7 ܢܒܘܟܠܦܪ a, ܢܒܘܟܠܦ̇ܪ bd.

[3] So auch die Punktation des Eigennamens ܟܠܐܪ̇, verlesen aus ܟܠܐܕ.

nichts weniger als einheitlich ist, so ist mit dem Bisherigen ungefähr angegeben, wie es um die Rekonstruktion von M bestellt ist. Hier noch ein paar Bemerkungen zur Ausgabe.

In den Fußnoten sind die Lesarten der einzelnen Kopien mitgeteilt, sofern sie nicht, wie eben oft in d, völlig sinnlos und isoliert sind.[1] Ist bei diesen Lesarten nichts bemerkt, so heißt das, daß alle vier Kopien so haben.

Ergänzungen sind durch eckige Klammern kenntlich gemacht, Überschüsse durch runde; Lücken[2] durch eckig eingeklammerte Punkte.

Verbesserungen, fremde und eigene, sind, wenn sie als sicher gelten können, in den Text aufgenommen, sonst im Apparat erwähnt. Sie betreffen natürlich meist innersyrische Verderbnisse. Wenn sie einer Erläuterung bedürfen oder sich mit Hülfe der Versionen ergeben haben, so sind sie in den Anmerkungen zum deutschen Teil besprochen.

Die Zahlen am Rand beziehen sich auf die Blätter der Hs. a. Sie sollten lediglich beim Druck die Verweisung auf spätere Stellen ermöglichen.

Schlußbemerkungen.

Da keinerlei Aussicht vorhanden ist, eine neue Handschrift aufzutreiben,[3] so wird man sich mit dieser Ausgabe auf lange hinaus behelfen müssen. Ein Urteil darüber, wie weit sie über die editio princeps hinausgekommen ist, kann sich nur derjenige bilden, der sich der Mühe einer genauen Vergleichung unterzieht; die erstbeste Seite belehrt hierüber nicht. Was dagegen G. Bickell schon alles vorweggenommen hat, wird auch bei flüchtigerer Beschäftigung aus seinen Fußnoten er-

[1] Wie die Dinge liegen, mußte die Grenze weiter gezogen werden, als es bei einer beliebigen andern Textausgabe nötig wäre.

[2] Sie sind nie in den Kopien angedeutet, sondern erst von meinen Vorgängern oder mir aufgedeckt. Eine minutiöse Vergleichung des Syrers mit dem Araber und den Afterversionen ergäbe noch manches Minus in M, würde aber zugleich die Gefahr mit sich bringen, im Syrer Lücken zu vermuten, wo keine vorhanden waren. Es handelt sich (daran möge hier noch einmal erinnert werden) um die Gestalt des Syrers, nicht um diejenige seiner Vorlage. Also mußte der Zusammenhang den Maßstab für uns abgeben.

[3] Vgl. ZDMG LXIII (1909), S. 473.

sichtlich, und ich mußte ihm, wenn mir außer der Benützung der Versionen noch etwas zu tun übrig bleiben sollte, dafür dankbar sein, daß er sich doch manchmal versehen oder sich hat täuschen lassen.

Die Königlich Preußische Akademie der Wissenschaften hat zur Drucklegung dieser Arbeit eine namhafte Summe bewilligt, wofür ich ihr auch hier meinen ehrerbietigsten Dank ausspreche.

Königsberg i. Pr., August 1910.

Friedr. Schulthess.

Nachträge.

S. 5₁ ܘܐܢܐ: l. wohl ܕܠܒܐ.

S. 42₇ l. [ܘܡܫܒܚܐ ܐܢܐ ܠܟ].

S. 44₁₂ ist bei ܬܠܝܕ̈ܐ wohl [ܬܪ̈ܝܢ] einzuschalten.

S. 58 paen. ist der Index 9 einzusetzen.

S. 64₁₂ ist für ܢܨ̈ܚܘܗܝ vielleicht ܢܓܕܘܗܝ zu schreiben, vgl. Übers., Anm. 241.

S. 101₁₉ ܕܡܕܒܪ ܠܗ ܡܕܒܪ ist zu streichen, weil unpassend und den anderen Pehlewi-Rezensionen unbekannt.

S. 173₄ ܫܘܪܒܐ: l. ܦܘܪܒܐ.

S. 185, N. 11 l. + ܕܐܡܪܝܬ bd.

1ᵛ ܘܢܩܦܘܬܐ¹ ܒܝܕܥܗ ܠܐ ܡܟܦ ܡܢܗ. ܕܢܦܐ ܠܗܘ ܦܓܪܐ
ܕܐܟܣܢܝܘܬ ܒܥܠܡ ܠܗ ܡܛܐ ܘܠܝܬ ²ܠܗܘܢ ܐܟܣܢܝܐ ܕܢܦܩ ܡܢ
ܡܕܝܢܬܗ ܒܝܕܥܗ. ܐܠܐ ܐܝܬ ܒܪ ܡܬܬܪܟ ܡܢ ܥܠܡܐ ³ܘܡܬܐܟܣ̈ܢܝܢ
ܕܠܐ ܡܘܬܪ̈ܐ: ܘܫܦܝܘܬܐ ܘܦܘܪܫܢܐ ܕܡܫܠܡܘܬܗܘܢ ܒܥܝܢ ⁴ܘܡܢܐ
ܦܫܝܩ ܡܢܗ. ܐܝܟ ܗܘ ܕܦܫܝܩ ܠܐ ܡܢܐ ܡܕܡ. ⁵ܘܒܪ ܒܗܢܐ
ܗܢܐ ܡܠܝܟ ܐܢܘ ܬܓܪܐ ܠܒܢ̈ܘܗܝ: ܗܢܝܢ ܗܘ ⁶ܒܪܗ ܕܫܢܝܐ ܗܘ
⁷ܘܐܙܠ ܠܬܐܓܘܪܬܐ ܠܐܬܪܐ ܕܬܓܪ̈ܐ· ܘܫܩܠ ܥܡܗ ܨܒ̈ܘܬܐ
2ʳ ܣܘܓܐܐ. ܘܒܓܠܝܬܐ ܗܘܬ ܥܡܗ ⁸ܕܥܒܕܝܢ ܗܘܘ *ܒܗ ܬܪ̈ܝܢ
⁹ܬܘܪ̈ܐ: ¹⁰ܕܫܒܥܗ ¹¹ܕܝܢ ¹²ܣܘܟܠܝܐ ܘܕܐܣܝܪ̈ܐ ¹³ܒܥܒܕܘܟ. ܘܦܠܓ
ܒܥܒܕܬܐ ܒܣܘܡܟܐ ܘܐܬܬܟܪܬ ¹⁴ܓܠܝܬܐ. ܘܬܘܪܐ ܕܫܒܥܗ
ܣܘܟܠ ܢܦܩ ¹⁵ܒܠܒܒܐ. ¹⁶ܘܬܓܪܐ ܒܗ̇ ܕܡܓܪܐ ܗܘܐ ¹⁷ܕܢܨܠܘܢܗܝ
ܠܬܘܪܐ ܦܪ ܬܠܬܐ ܝܘܡ̈ܝܢ. ܘܒܪ ܠܐ ܐܬܡܨܝ ܫܒܩ ܓܒܪܐ

---

1 ܢܩܦܘ̈ܬܐ a. 2 L. ܠܗ? 3 ܘܡܬܐܟܣ̈ܢܝܢ a b c, ܘܣ̈ܢܝܢ d. 4 ܘܡܢܐ < a. 5 ܘܒܪ < a. 6 ܘܒܪܗ d. 7 ܐܙܠ b d. 8 ܕܥܒܕܝܢ ܗܘܐ a. 9 Aus ܬܘܪ̈ܝܢ korrigiert von derselben Hand: a. 10 ܫܒܥܗ a c. 11 ܕܝܢ < d. 12 ܣܘܟܠ (und so nachher immer). 13 ܒܥܒܕܘ b c, ܒܥܒܕܘܗܝ d, ܒܥܒܘ a. 14 + ܘܐܬܬ a (!). 15 ܒܠܒ̈ܒܐ vokalisiert a (aber 55ᵛ ܒܠܒ̈ܒܐ) und d. 16 ܘܬܘܪܐ, aus ܘܬܐܓܪܐ korrigiert, d. 17 ܕܢܨܠܘܗܝ d.

ܠܘܬܗ ܗܘܐ ܕܝܪܐ ܠܡܕܒܪܗܘܢ. ܘܠܡܘܡܢܐ ܕܒܬܪܗ ܠܒܪܝܐ ܗܘ̇
ܕܐܫܬܥܒܕ ܓܝܪ ܬܘܪܐ ܐܝܟ [1]ܒܬܪ̇ ܬܓܪܐ. ܘܐܡܪ ܕܬܘܪܐ ܡܢܬ.
ܘܬܘܪܐ ܕܝܢ ܗ̇ܘ، ܕܡܒܠܬܐ ܕܐܫܬܥܒܕ ܒܗ̇ ܡܠܟ ܠܫܢܐܝܬ ܒܪܘܡܝܐ
ܕܡܠܟܐ ܠܫܡܐ ܘܪܒܢܐ ܣܓܝܐܐ. ܘܠܡܘܬܒܬܐ ܕܚܘܪܐ ܥܡܡ ܬܘܪܐ
ܘܐܬܦܠܓ. ܘܠܗܠ ܡ̈ܢܬܐ ܒܐܪܒܐ ܘܫܪ̇ܐ ܐܠܝܡ. ܘܐܡܪܝܢ ܠܟܐ.
[2]ܘܠܗܠ ܕܒܗ ܡܠܠ ܐܝܬ ܗܘܐ ܐܪܥܐ. [3]ܕܗܘ ܐܚܝܕ ܗܘܐ ܠܗ̇،
ܦܩܕܬܐ. ܘܐܝܬ ܗܘܐ ܒܒܝܬܗ ܣܘܓܐܐ ܕܥܓܠ [4]ܘܕܬܢ̈ܒܠܐ
[5]ܘܕܚܫܘ̈ܬܐ ܥܢܐ ܕܟܠܗ ܟܠܗ. ܘܐܪܥܐ [6]ܥܒܝܕ [7]ܗܘܐ ܘܠܐ *[8]ܦܠܝܚ 2v
ܒܫܘܒܪ̈ܐ. ܘܒܟܠܬ ܥܠܡܝܗ ܙܪܥ ܗܘܐ. ܘܟܕ ܥܒܕܘ [9]ܐܪܥܐ
ܘܒ̈ܟܝ ܠܚܘܕܗ ܟܠܗ ܕܬܘܪܐ ܗܢܒܟ ܟܗ̇، [10]ܕܗܘܝܢ ܠܗ [11]ܫܝܢܐ ܗܘܐ
ܬܘܪܐ ܘܠܐ ܡܠܗ ܥܒܝܕ ܗܘܐ ܠܗܘܢ ܕܢܦܠܘ. ܘܐܪܥܐ ܟܗ̇، ܕܠܐ
ܢܟܗ ܟ̈ܠܝ [12]ܠܚܘܕ، ܕܕܢܚܬ. ܡܛܠ ܗܘ، ܢܦܩܘ ܐܝܟ ܗܘ ܕܠܐ ܕܢܠ.
ܘܟܗ̇ [13]ܒܢܘܒܬܗ ܡܢ ܘܚܠ. ܘܐܝܬ ܗܘܐ ܒܬܪܒܗ ܕܐܪܥܐ ܬܪ̈ܝܢ
ܥܓܠ: ܕܥܒܕܗ ܕܫܪ ܡܠܠܟ ܘܕܐܫܪܝܐ ܕܗܕܝܟ. ܘܠܐ ܣܦܩ ܗܘܐ
ܒܗܘܢ ܐܪܥܐ. ܘܡܕܪܫܝܢ ܗܘܘ ܬܪ̈ܝܗܘܢ ܘܡܫܬܥܝܢ. [14]ܘܕܗܕܝܟ
ܬܪܬ̇ [15]ܡܚܝܢܢ ܗܘܐ. ܘܐܡܪ ܗܘܐ [16]ܠܗ: ܡܠܠܟ ܐܚܝ ܡܚܐ ܗܘ ܡܢܐ
ܕܗܘܐ ܡܪܝܐ ܕܠܝ ܒܫܢܐ ܕܗܒܐ ܘܠܒܐ ܠܐ ܕܝܪܐ. [17]ܘܡܠܠܟ
ܒܝ ܠܗ. ܕܠܝ ܡܟܐ ܠܝ ܠܡܟܐܠܘ ܒܡܠܬܐ ܕܠܐ ܕܠܝ. ܘܡܬܪܐܝܬ
ܒܡܠܬܐ [18]ܕܡܬܪܘܬܐ. ܒܪ ܗܘ ܦܠܓܐܝܬ ܐܝܬܝܢ ܒܬܪܒܗ ܘܣܘܢܩܢ

---

1 ܒܬܪܗ ܬܐܓܪܐ d. 2 ܘܠܗ d. 3 ܕܗܘܐ ܐܚܝܕ b, ܕܗܘܐ ܐܚܝܕ ܗܘܐ a, ܦܩܕܬܐ ,ܠܗ̇ ܕܗܘܐ d. 4 ܘܬܢ̈ܒܠܐ a b c. 5 ܘܕܚܫܘܬܐ. 6 L. ܠܐ ܥܒܝܕ? 7 ܗܘܐ < a. 8 ܦܠ̇ܝܚ a. 9 ܐܪ̈ܥܬܐ. 10 + ܕܥܒܕܘܬܐ a c. 11 ܫܝ̇ܢܐ (!) b. 12 ܠܚܘܕܗ b. 13 In a von erster Hand aus ܒܢܘܒܬܐ korrigiert. 14 ܘܕܗܕܝܟ d; ܘܟܕ ܕܗܕܝܟ a b c. 15 ܡܚܝܢܢ b c d, ܢܒ̈ܙܢ a. 16 ܠܡܠܠܟ ܐܚܝ a. 17 ܡܠܠܟ b. 18 L. ܕܡܬܪܘܬܐ? Vgl. aber 146v.

3r *[1]ܡܫܒܚܝܢ ܣܓܝ. [2]ܘܐܝܟ ܡܫܒܚܘܬܗ̱ ܠܘ [3]ܗܟܝܢ ܗܝ ܕܡܬܠܬܐ [4]ܕܡܫܪܘܬܐ
ܢܗܘܐ. ܝܘܡܢ ܡܛܠ ܕܐܡܪܝܢ [5]ܗܘܘ. ܕܗܢܝ ܕܡܛܠܬ ܟܠܐ ܕܠܗܘܢ ܫܪܝܪ
ܠܗ ܐܝܟ ܗܘ ܡܘܕܐ ܕܐܡܪܝܢ ܒܡ̈ܬܠܐ. [6]ܘܡܛܠܟ ܐܡܪ. ܐܝܟ
ܐܡܪܝܢ ܡܛܠ ܡܘܕܐ. [7]ܘܡܠܠܟ ܐܡܪ.
ܐܝܬ ܗܘܐ ܓܒܪܐ ܚܕ ܘܫܡܗ ܗܘܐ ܡܫ̈ܩܐ [8]ܒܬ̈ܪܝܢ ܩ̈ܕܡܐ.
ܘܡܘܕܐ ܣܓܝܗ̇ ܕܢܣܒ ܒܠ ܡܫܟܐ ܐܝܟ ܦܫܪܐ: ܘܒܝ ܡܣܝܟܐ
ܠܩ̈ܕܡܐ ܒܡܫܟܐ ܫܪܝܪ ܠܡܕܒܚܬܐ ܘܐܙܠ ܠܗ ܓܒܪܐ ܗܘ ܠܘܬ ܫܘܒܪܐ
ܐܚܪܢܐ. ܘܡܘܕܐ [9]ܒܡܛܠܬ ܗܘܐ ܟܠܐ ܕܠܗܘܢ. ܐܙܠ ܘܐܒܕܗ
ܠܡܫܟܐ ܒܗ ܒܝܬܐ. ܘܗܘ ܣܓܝܗ ܠܡܘܒܠ ܫܒܬܐ [10]ܘܣܝܡܗ ܠܡܫܟܐ
ܘܐܟ̈ܣܘܗܝ. [11]ܢܣܒܬ ܠܝܘܪܗ ܕܡܫܟܐ ܘܠܐ ܐ.ܒ. [12]ܘܒܝ ܫܒܩܬܗ
ܠܡܫܟܐ: ܐܬܠܝܟ ܐܟ̈ܣܘܗܝ ܒܝܪܐ: ܘܐܬܒܕܒܘ ܫܒ̈ܩܘܗܝ.
ܘܫܡܗ ܗܘ [13]ܛܒܪ ܐܚܝܕ ܗܘܐ ܕܗܝ ܐܢܘܢ ܓܒܪܐ ܫܒܠ.
ܘܡܛܠܟ ܐܡܪ: ܐܝܟ [14]ܫܡܥܢ ܠܗ ܗ̱ܘ ܡܬܠܐ: ܐܠܐ ܒܠ
3v ܡܢ ܕܡܫܒܚܢ *ܠܡܕܪܐ: ܠܘ ܡܛܠ [15]ܕܪܫܗ ܒܠܚܘܕ: ܡܛܠ ܕܪܫܐ
ܒܠ ܐܢܫܐ ܕܗܘ ܡܪܟܐ ܕܬܫܒܚ. ܐܠܐ ܒܠ ܗܕܐ ܡܫܒܚܢ
[16]ܕܢܦܐܒ ܠܡܪ̈ܒܘܗܝ، ܘܢܒܐܫ ܠܒܥ̈ܠܕܒܒܘܗܝ. ܘܓܒܪܐ ܫܦܠܐ ܐܦ
ܒܡܕܝܢ ܒܫܢܬܐ ܫܢܐ ܒܗ: ܐܝܟ ܒܠܒܐ ܕܐܫܒܚ ܓܒܪܐ ܒܒܪܐ.
ܘܒܫܘܦܬܗ ܫܢܐ ܒܗ ܒܝ ܠܐ ܡܬܬܚܝܢ ܡܢܗ. ܐܠܐ ܒܓܝܪܐ
[17]ܘܚܒܝܒܐ: [18]ܒܠܒܠ ܦܓܬܐ ܠܐ ܡܬܦܠܫܘ: ܐܠܐ ܡܢ [19]ܐܢܘܫܐ:

---

1 ܡܫܒܚܝܢ ܣܓܝ a b c. 2 ܘܐܝܟ. 3 ܗܟܢܐ b. 4 L. ܕܡܫܪܪܘܬܐ? Vgl. aber zu 2 19. 5 ܗܘܐ b. 6 ܕܡܛܠܟ b. 7 ܘܡܠܠܟ b. 8 So a b c d; korrekt wäre ܒܬ̈ܪܬܝܢ. 9 ܒܝ ܡܛܠܬ c, ܒܝ ܡܛܠܬ b, ܒܝ. ܡܛܠ (sic) d. 10 ܘܣܝܡܗ a d. 11 ܢܣܒܘ (Vgl. Z. 11). 12 ܘܒܝ bis ܒܝܪܐ inkl. < a. 13 ܛܒܪܐ ܚܝܕ a b c, ܛܒܪܐ ܐܚܝܕ d. 14 + ܠܐ. 15 ܒܪܫܗ d. 16 ܢܦܐܒ a c. 17 ܘܪܚܝܡܐ a b c, ܘܪ̈ܚܝܡܐ d. 18 + ܒܠܒܠ a. 19 ܐܢܘܫ b.

ܐܠܐ ܒܪܐ ܫܘܪܝܬܐ ܘܕܡܠܟܘܬ: ܐܝܟ ܐܘܪܚܐ ܕܐܢܫ ܐܪܒܥܐ
ܘܫܪܐ ܒܪܕܐ ܘܥܒܕ ܠܐܪܒܥܐ ܥܠ ܫܒܪܐ ܕܒܪܕܐ· ܐܠܐ ܠܒܟܐ
ܗܟܢ ܡܫܝܚܐ ܕܡܠܟܗ [. . .]: ܘܩܒܠܐ [1]ܪܘܡܐ ܕܝܢ ܒܡܫܝܚ ܘܫܠܡ.
[2]ܘܟܕ ܡܫܡܪܐܝܬ ܗܘܝܢ ܠܗ ܬܘܪܣܝܐ ܗܟܢ [3]ܡܬܚܫܒ ܒܪ ܐܢܫ.
ܘܐܡܪ ܗܘ ܕܗܘܐ ܡܢ ܕܡܫܬܡܥܢܘܬ ܘܒܗ ܗܟܢ ܚܙܐ: ܐܦ ܙܒܢ
ܚܙܐ ܗܘ: ܒܚܠܡ ܚܙܐ ܚܙܝܬ. ܘܡܢ ܕܓܠܘܦܐ ܚܙܐ ܠܫܘܕܥܗ:
4r *[4]ܐܦ ܢܒܪܐ ܚܙܐ ܠܗ ܚܙܐ ܚܙܝܢ ܚܙܘܗܝ: ܐܠܐ ܕܗܟܢ ܒܝܫ
ܚܙܐ. ܘܬܘܒ ܐܡܪܐ [5]ܕܡܢ ܬܘܪܐ ܘܡܢ ܒܪܟܐ ܗܘܢ ܒܢܝܢܐ
ܕܟܠܗ ܦܘܪܣܗ [6]ܠܒܪܣܗ ܗܘ ܒܠܚܘܕ. [7]ܘܠܠܝܐ ܐܡܪ ܐܬܟܡܐ
ܟܕ ܒܝܬܐ. ܡܛܠ ܕܟܠܗ ܙܕܩ ܕܗܘܒ ܡܢܗܘܢ. [8]ܘܟܕ ܕܡܠܟܘܬܗ،
ܡܕܡ ܐܝܟ ܡܫܝܚܘܬܗ ܐܠܐ ܕܢܚܙܐ ܒܗ. ܘܡܫܝܚܘܬܐ ܕܠܝ ܠܗ
ܡܒܥܐ ܗܝ. ܕܠܐ ܢܬܠܒܫ ܒܟܢܐ ܕܐܝܬ ܠܝ. [9]ܘܕܡܟܝܟ ܐܡܪ. ܗܘ
ܡܢ ܕܫܡܝܐ ܗܘ ܘܗܘܐ ܕܠܐ [10]ܒܨܪ ܒܢܕܐ ܡܫܝܚܘܬܐ ܠܐ ܡܛܘܠ
ܡܛܠ ܕܫܡܝܐ ܡܢ ܕܪܟܐ ܘܒܘܪܐ ܠܪܒܘܬܐ ܡܠܟܐ. ܘܠܐ ܒܫܡܝܐ
ܒܪ ܡܠܟܘܬܗ ܡܢ ܪܒܘܬܐ ܠܕܝܢܪ ܡܬܬܚܝܬܐ. ܘܒܫܡ ܕܡܢ
ܒܝܪܘܬܐ ܠܪܒܘܬܐ ܢܬܒܠܐ ܐܝܟ: ܘܦܫܛ ܠܫܠܐ ܠܐܠܗܐ ܕܠܒܝܪܘܬܐ
ܢܬܐܐ: ܐܝܟ ܒܐܦܐ ܕܒܫܡܐ [11]ܠܡܪܟܒܘܬܗ [12]ܘܦܫܛ ܠܡܫܕܪܘ
4v ܠܐܪܒܥܐ. *ܐܠܐ ܘܐܦ ܠܝ ܙܕܩ [13]ܠܝ ܕܢܬܦܫܛ ܕܢܦܫ ܥܠ ܗܕܐ
ܡܫܝܚܘܬܐ. [14]ܘܠܠܝܐ ܐܡܪ ܐܡܪ. ܗܫܐ ܡܢ ܪܒܐ ܠܝ. [15]ܘܕܡܟܝܟ
ܐܡܪ ܬܐܪܣܝܘܬ ܠܘܬ ܪܫܝܐ ܐܢܠ ܐܝܟܐ. ܡܛܠ ܕܗܘ

---

1 ܪܘܡܐ < b, ܘܐܪܥܐ a, ܐܪܥܐ c. 2 + ܕܐܪܥܐ b. 3 ܡܬܚܫܒ ܕܒܪ. Cf. Nöld. p. 764. 4 ܘܐܦ b d. 5 L. ܕܡܢ ܬܘܪܐ ܘܡܢ ܒܪܟܐ ܗܘ ܒܢܝܢܐ? 6 ܠܒܪܣܗ a, < d. 7 ܡܠܠܝ b. 8 ܘܡܟܐ d. 9 ܕܡܟܝܟ b. 10 ܒܨܪܐ a. 11 ܠܡܪܟܒܘܬܗ b, unvokalisiert c; ܠܡܪܟܒܘܬܗ a d. 12 + ܒܐܦܐ b, ܠܒܐܦܐ d. 13 < ܠܝ d. 14 ܡܠܠܝ b. 15 ܕܡܟܝܟ b.

[1]ܥܒܼܪ ܘܒ̈ܬܪ ܟܠܗܘܢ ܗܘ ܕܫܠܡ. [2]ܘܐܢܐ ܟܗܢܐ ܕܠܘܫܐ ܕܡܪܝܐ ܕܐܒܒܝ ܕܠܒܒܝ ܐܘܪܐ ܘܢܘܣܡܝܢ. [3]ܘܡܠܠܟ ܐܡܪ ܡܢ ܐܢܒܐ ܕ̣ܒ ܐܢܬ ܕܕܠܝܢ ܐܘܪܐ. [4]ܘܕܡܝܟ ܐܡܪ ܡܢ ܥܘܕܒܐ ܕ̣ܒܢܒܐ: ܡܠܠ ܕܐܝܟ ܫܡܝܫܐ ܡܢ ܦܪܨܘܦܗ ܘܡܢ ܕܝ̈ܢܗ، ܘܡܢ ܢܘܪܗ ܕܐܝܟ ܡܥܬܘܕܒ ܙܒܢܐ. ܘܡܢ [5]ܕܢܝܒܐ ܕܒܒܥܕ. [6]ܘܡܠܠܟ ܐܡܪ ܒܕ ܐܢܬ ܒܡ [7]ܥܠ̈ܬܠܝܬܐ ܠܐ ܗܘܝܬ: ܘܒܬܥܒܥܬܐ ܠܐ ܐܬܕܪܬ: [8]ܐܢܒܐ ܡܥܒܝܫܐ ܕܠܒܒܝܢ ܐܘܪܐ ܘܢܘܣܡܝܢ. [9]ܘܕܡܝܟ ܐܡܪ ܠܒܢܝܐ ܡܕܒܪܐ ܘܡܒܢܝܐ [10]ܕܡܒܪܬ ܠܝܬ: ܕܠܫܘܬܐ [11]ܠܒܢܝܐ [12]ܘܠܐܪܥܐ ܐܬܪܐ ܕܐܒܥܝܢܐ: ܘܠܫܡܝܐ ܘܗܕܡܝܢ [13]ܡܡܠܠܐ *ܐܝܟ 5r
ܢܡܪܝܐ ܠܝܬ ܠܗܘܢ. [14]ܘܡܠܠܟ ܐܡܪ ܐܝܟ ܥܠܝܠܐ ܠܐ [15]ܠܗܘܢ ܕܒܥܪ ܡܢܘܪ: ܐܠܐ ܠܗܘܢ ܕܢܛܪ ܢܦܫ ܠܗ. ܘܐܡܡܪܐ ܠܡܩ̈ܢܝܐ [16]ܕܐܝܬܘܬܐ ܠܗ ܒܟܠ ܕܥܠܝܠ: [17]ܘܡܒܪܢܐ [18]ܠܗ ܠܒܠ ܐܝܟ ܐܠܐ ܒܗ̇ ܕܡܫܝܚ ܠܗܘܢ ܡܬܗܕܪܝܢ. ܘܠܢ ܐܘܪܐ ܠܐ ܠܒܢ ܠܢ ܘܠܐ ܦܫܡ ܠܢ [19]ܬܫܘܬܒܕ ܒܡܡܗ ܒܠܥܕ. ܘܐܝܡ ܡܢܝܐ ܐܢܬ ܕܠܒܒܝܢ ܘܢܘܣܡܝܢ. [20]ܘܕܡܝܟ ܐܡܪ ܕܐܝܠܝܢ ܕܢܦܫܡ ܠܥ̈ܠܝܠܐ ܠܗ ܡܢ ܒܪܢܫܬ ܢܦܫܡ ܠܗܘܢ. ܐܝܬ ܕܒܡܦܩܬܘܬܐ ܐܬܘܪܒܘ. ܘܐܦ ܐܢܐ ܢܦܩ ܐܢܐ. ܒܕܒܐ ܕܡܘܪ ܐܢܐ. ܘܐܡܪ ܗܘ ܕܡܢ ܕܥ̈ܒܫܘܬܐ ܐܝܬ ܠܗ ܘܒܬܪܒܐ ܗܘ ܕܥ̈ܠܝܠܐ: ܐܠܐ ܐ [21]ܕܒ ܥܒܝܠܘܬܐ ܡܡܠܠ ܘܒܠܬ ܢܦܫܐ ܠܐ ܡܦܝ ܢܒ ܥ̈ܠܝܠܐ ܠܐ [22]ܡܬܘܪܒ. [23]ܘܡܠܠܟ

---

1 ܥܒܘܪ b d. 2 ܡܗܢܐ a c. 3 ܘܡܠܠܟ b. 4 ܕܡܝܟ b. 5 ܢܝ̈ܒܐ c d. 6 ܡܠܠܟ b. 7 ܥܠܝܠܐ a, ܥܠܝܠܐ b c d. 8 ܐܢܒܐ. 9 ܕܡܝܟ b. 10 ܕܡܒܪܬ a b c. 11 ܠܒܢܝܐ c d. 12 + ܘܠܫܡܝܐ. 13 L. wohl ܡܡܠܠܐ. 14 ܡܠܠܟ b. 15 ܘܠܗܘܢ b c d. 16 ܕܐܝܬܐ a c, ܕܐܝܬ̈ܘܬܐ b d. 17 ܘܡܒܪܢܐ a b c. 18 ܠܟܘܠ ܐܝܟ a. 19 ܬܫܘܬܒܕ d. 20 ܘܕܡܝܟ b, ܘܕܡܝܐ c. 21 ܕܒ (?) b. 22 ܐܬܘܪܒ a. 23 ܡܠܠܟ b.

5v ܐܡܪ ܢܫܘܒ ܕܡܚܝܢܬ ܕܬܦܪܘܩ ܠܗܘܬ ܐܪܥܐ. ܘܡܢܐ *ܕܡܬܦܠܓܬ ܐܝܟ
ܡܫܒܚ ܐܢܬ ܕܬܦܫܘܛ ܠܐܪܥܐ ܕܝܠܕܝܢ ܘܢܘܚܡܝܢ. ¹ܘܕܡܚܝܠ ܐܡܪ
ܒܢ̈ܘܗܝ ܘܢܘ̈ܗܝ ²ܐܢܐ ܗ̣ܘ ܒܢܝܐ ܘܟܠܠ ܢܘܗܪ ܡܫܒܚܐ ܐܢܐ. ܘܟܠ
ܡܢܐ ܕܢ̣ܦܩܐ ܠܡܫܒܚܘ ܗܘܝܢ ܒܢܝ ܐܢܐ. ܕܠܗ ܡܫܘܬܪ ܘܠܝ ܠܐ
ܡܫܡܫܝܢ. ܘܗܟܢ ܢܣܬܪܗܒ ܡܫܘܚܐ ܐܢܐ ܠܗ ܕܡܘܫܒܚܢܐ ܕܪܕܘܦ
ܕܢܣܬܒܪ ܫܦܝܪܐ. ³ܘܠܐ ܬܘܒ ܫܦܝܪܐ ܡܫܬܘܕܥ. ⁴ܘܐܡܪ ܗܘ
ܕܡܗܝܪܐ ܒܗ̣ ܢܫܡܫܬܗ ܘܐܦ ܠܡܢܐ ܕܠܝܬܘܗܝ ܐܝܟ ܕܐܝܬܘܗܝ
ܘܗ̇ܘ ܕܐܝܬܘܗܝ ܐܝܟ ܕܠܝܬܘܗܝ ܡܚܝܐ ܕܢܦܫܐ. ܐܝܟ ܐܝܟ ܢܝ̇ܪܐ
ܒܐܘܡܢܘܬܗ ܕܢܦܪܬܐ ܕܠܐ ܦܪܘܫܐ ܡܢ ܐܘܣܝܐ ܐܝܟ ܕܦܪܘܫܐ:
ܘܗ̇ܝ ܕܠܐ ܒܠܠܐ ܒܐܘܣܝܐ ܐܝܟ ⁵ܒܠܠܐ ܡܦܘܫܐ. ܘܒܪ ܡܬܪ̈ܬܐ
ܕܐܝܟ ܗܠܝܢ ܡܫܒܚ ܡ̇ܢ. ܠܟ̇ܝ ܠܝ ܘܡܚܘܦ ܠܝ ܒܗܡ. ⁶ܘܠܠܝܠ
ܐܡܪ ܐܬܘܡܐ ܡܛܠ ܕܒܠܝܠܐ ܒܗܘܡܐ ⁷ܠܡܫܒܚܘܬܗ. ܘܐܡܪܝܐ
6r *ܠܡܫ̈ܒܚܐ ܕܒܠܝܠܬ، ܢܘ̈ܗܪ ⁸ܡܬܕܒܝܐ ܐܢܫ ܠܡܫܝܚܐ ܘܒܫܒܚܘܬܗ
ܡܫܒܚ ܕܢܗܘܐ ܕܠܐ ܫܘܚܪ. ܚܕܐ ܕܢܗܬܐ ܣܘܟܐ ܕܡܗܘܬܐ.
ܘܕܬܪ̈ܬܝܢ ܕܢܗܝܢ ܠܐܝܬܘܬܐ ܘܝܠܕܐ ܠܗ̇ ܐܪܥܗ. ܘܕܬܠܬ ܕܢܫܒܚ
ܠܬ̈ܠܝܬܝܐ. ܘܬܘܒ ܐܡܪܝܢܐ ⁹ܕܫܠܝܬܝܐ ܠܬܘܪܐ ܕܦܪܘܠܐ ܕܟܢܐ.
ܕܐܝܬ ܒܗ ¹⁰ܐܬ̈ܠܝܐ ܘܢܨ̈ܚܬܐ ܕܦܐܪܐ. ܘܒܗ ܡ̈ܢܝܐ ܘܕ̈ܟܐ ܘܢܗܝܪܐ
ܘܐܪ̈ܘܬܐ. ܘܫܪܟܐ ܕܢܘܗܬܐ ܒܢ̈ܝܬܐ. ܘܢܩܠܐ ܗ̇ܝ ܠܫܒܘܩ ܠܗ.
ܘܒܗܘܢ ܠܫܘܒܚܐ ܬܟܡ. ¹¹ܘܕܡܚܝܠ ܐܡܪ ܘܐܦ ܗܕܐ ܐܬܘ̇ܢ:
ܘܗ̇ܘ ܬܢ ܕܡܘܫܒܚܢܐ ܕܐܝܬ ܒܗ ܡܠܝܐ ܕܕܠܒܐ ܒܢܝ ܩܠܡ ܐܢܫ

1 ܕܡܚܝܠ b. 2 ܐܢܐ < a. 3 + ܠܗ ܐܢܐ ܡܫܘܚܐ. 4 ܘܐܡܪ ܗܘ.
5 L. ܕܒܠܠܐ oder (mit Nöld. p. 765) ܒܠܠܬܐ? 6 ܘܠܠܠܠܠ b.
7 L. ܠܡܫܒܚܘܬܐ d. 8 L. ܡܬܕܢܝܐ ܐܢܫ ܠܡܫܝܚܐ? 9 ܕܫܠܝܬܝܐ a,
ܕܫܠ̈ܝܬܝܐ c. 10 ܒܫܒܚܐ ܘܢܨ̈ܚܬܐ a, ܢܨ̈ܚܬܐ ܡ̈ܫܚܬܐ b c, ܒ̣ܐܬܐ
ܢܨ̈ܚܬܐ d. 11 ܕܡܚܝܠ b.

ܢܦܫܗ ܡܢܗ [1]ܘܒܒܪ: ܒܕܝܢ ܕܠܐ ܡܓܠܐ ܠܪܒܘܬܐ. ܘܐܡܪ ܕܐܝܬ
[2]ܒܫܢܬܐ ܒܬ̈ܪܬܝܢ ܕܩܕܡ ܡܠܘܟܗ. ܒܗܝ ܡܠܟܘܬܐ ܐܘ ܒܪ ܡܠܟܘܬܗ
6v ܠܡܕܒܪܐ ܟܫܝܢܐܝܬ ܒܡܕܝܢܬ ܦܠܐ. [3]ܘܠܠܝܐ ܐܡܪ *ܕܒܦܢܝ ܢܗܘܐ
ܠܝ ܒܐܘܪܫܠܡ ܗܕܐ. ܘܕܡܠܟ [4]ܐܙܠ [5]ܠܐܘܪܒܐ ܕܐܪܥܐ. ܘܒܕ
ܫܡܥܗ، ܐܪܥܐ ܡܢ ܪܘܫܡܐ ܫܦܠ ܠܬܚܬ ܕܡܕܒܪܗ، ܕܡܢܗ [6]ܗܘ
ܫܦܠ. ܘܐܡܪܘ ܠܗ ܕܦܠܓ ܫܦܠ ܗܘ. ܘܐܪܥܐ ܐܡܪ ܕܐܒܘܗܝ،
ܪܘܒܐ ܪܒܝܐ ܗܘܐ ܕܝܠܗ. ܘܫܐܠܗ ܠܐܪܒܥܐ ܪܕܐ ܐܝܬ. [7]ܘܕܠܠܝܐ
ܐܡܪ ܗܘܐ ܡܢ ܙܒܢܐ ܐܝܬ، [8]ܒܬܪܒܢܐ ܕܡܕܝ، ܐܝܟ ܕܐܘܟܠܣ
ܡܕܡܝܢ. ܡܛܠ ܕܒܬܪܒܢܐ ܕܡ̈ܠܟܘܬܐ ܟܠ ܝܘܡ ܡܬܒܥܝܐ. ܘܐܦ
[9]ܠܐ ܒܟܠ ܡܬܒ̈ܥܝܢ: ܐܠܐ ܐܦ ܡܫܘܚܐ ܕܐܪܥܐ ܒܐܪܥܐ ܘܐܝܬ
ܐܡܬ، ܕܡܘܬܪ: ܕܒܕܝܢ ܕܐܚܠܐ ܠܐܝܬ ܐܕܡܘ ܘܫܐܪܝ ܒܗ.
ܐܪܥܐ ܢܩܫܬܐ ܕܐܒܘܬܐ ܘܒܫܘܬܐ ܦܪ̈ܫܢ. ܘܐܪܥܐ ܣܕܪ، ܒܗ
ܕܣܦܝܩ ܘܡܕܒܪܗ ܡܐܪܐ. ܘܢܫܐ ܪܘܫܐ ܘܡܠܟܐ ܗܘ ܠܡܠܟܐ. ܘܐܡܪ
7r ܠܡܪ̈ܒܡܘܗܝ، ܫܘ ܐܝܬ ܒܫܢܬܐ ܕܐܝܟ ܗܟ ܠܡܠܟܘܬܐ *[10]ܘܦܪܘܫܘܬܐ
ܡܓܠܐ ܠܐ [11]ܡܬܝܐ ܕ[ܠܐ] ܢܘܕܥ ܠܒܫܡܗ ܘܢܘ̈ܚܗ: ܒܡܕܝܢܬ
ܡܫܡܐ ܡܕܝܠܡܐ. ܕܐܝܟ ܗܟ ܒܒܫܝܢ ܪܫܡ ܠܬܠܬ ܠܐ ܡܬܝܐ ܕܠܐ
ܢܘܚܐ ܢܗܘܪܗ ܠܟܠ. ܘܗܢܐ ܕܒܕ ܕܡܠܟ ܕܠܫܡܗ [12]ܐܪܥܐ: ܐܡܪ
ܠܗ ܕܐܝܬ [13]ܕܒܡܪܒܝܬܗ ܗܘ ܕܥ̈ܠܝܬܐ ܐܝܟ ܠܗ ܕܢܫܡܐ ܒܪܘܬܗ.
ܘܡܠܟܐ ܐܝܟ ܕܢܬܒܝܢ ܒܡܕܝܢܬܗ ܘܒܦܘܠܚܢܐ ܘܡܬܪܒܝܐ ܕܒܗܘ.
ܐܝܟ [14]ܫ̈ܠܝܐ ܘܡܕ̈ܝܐ ܕܠܡܕ̈ܝ ܒܐܪܥܐ. ܘܠܐ ܡܕ̈ܝܢ ܫ̈ܠܝܐ
ܡܢ ܗܕ̈ܝܐ. ܗܢܘܢ ܡܢܗܝܢ ܘܢܦܩܝܢ ܡܢ ܐܪܥܐ ܘܡܬ̈ܚܝܢ ܕܐ ܫ̈ܠܝܐ

---

1 .ܘܒܒܕ 2 .ܒܫܢܬ 3 ܠܠܝܐ b. 4 + .ܐܡܪ 5 ܠܐܘܪܒܗ b.
6 ܗ̇ܘ b. 7 ܘܠܠܠܠܝܐ a c d, ܠܠܠܝܐ b. 8 ܒܬܪܒܗ d. 9 + ܠܡ b.
10 + ܘܡܫܘܪܪܘܬܐ b. 11 L. ܡܬܝܐ? 12 ܡܠܟܐ a c. 13 ܕܒܡܪܒܝܬܐ b,
ܕܒܡܪܒܝܬܐ d. 14 ܫܠܝܐ bis ܡܕ̈ܝܢ (inkl.) < b c.

ܐܘ ܡܪܢܐ ܐܝܟܢ. ܘܐܡܪܐ ܕܡܬܪܥܐ[1] ܗܘ [2]ܕܫܠܝܛܐ: ܠܗ ܕܝܢ
ܕܢܣܘܐ ܒܡܫܪܗ ܒܝܬ ܚܒܪܘܗܝ: ܘܕܝܢ ܠܫܠܝܛܐ ܕܠܒܟܝܘܗܝ، ܐܝܟ
ܡܬܬܪܘܬܐ ܕܒܡܫܪܗ. ܘܐܡܪ ܗܘ ܡܠܝܢ ܬܪܬܝܢ ܒܕܡܘܬܗܝܢ ܢܛܠܒܝܢ.
ܒܗ̇، [3]ܕܫܠܝܛ ܠܝ ܕܐܡܝܢ ܕܐܝܟܢܐ ܐܠܨܘܟ ܬܟܝܬܐ،. ܘܐܝܟ ܕܥܒܕ
7v ܫܠܝܐ ܡܬܥܒܕ ܗܘ [4]ܕܬܫܒܘܚܬܐ ܕܪܥܝܐ ܒܪ̈ܚܡܘܗܝ، *ܬܠܬܐ [5]ܘܠܗ̇،
ܕܪ̈ܚܠܐ ܒܪܥܝܐ. [6]ܘܐܕ̈ܢܐ ܕܢܩ̈ܘܫܐ ܘܡܪ̈ܚܡܢܘܬܐ [ܠܐ] ܡܬܚܪ̈ܒܝܢ:
ܐܠܐ ܗܘ̇ ܕܫܡܥܟ ܐܝܟ ܒܐܕܢܐ ܒܪܡ. [7]ܘܐܡܪܐ ܕܗܘ̇ ܕܡܫܡܥܐ
ܒܢ ܫܡܠܗ ܠܐ ܢܒܥ ܠܐ ܕܝܢ ܒܥܡܗ [8]ܠܫܡܠܝܘ. [9]ܕܐܘܡܘܬܐ
ܕܒܪܐ ܘܕܫܘܫܐ ܘܦܠܓܘܬܐ ܕܕܝܢܐ ܘܦܘܫܩܐ ܘܫܘܠܡܐ ܕܢܘܠܦܢܐ
ܒܪ ܗܘ̇ ܡܬܥܒܕܝܢ ܗ̇ܝ ܕܒܐܝܕܗ ܡܢܐ ܗܠܝܢ. ܘܐܡܪܐ ܕܗܠܝܢ
ܬܠܬܐ ܡܬܬܪ ܚܕ ܡܢ ܚܕ: [10]ܒܪܢܐ ܡܢ [10]ܒܪܢܐ: ܘܡܠܐ ܡܢ
ܡܠܐ: [11]ܘܡܠܟܐ ܡܢ ܡܠܟܐ. ܡܛܠ ܕܐܝܟ ܠܗ [12]ܒܡܫܝܚܐ ܕܒܪܘܪܐ
ܐܠܐ [13]ܒܦܠܓܘܬܐ ܕܒܪܘܪܐ ܦܪܝ ܫܘܒܪܢܐ. ܐܝܟ ܗܘ̇ [14]ܕܦܠܓܝܢ
ܫܘܒܚܐ ܕܒܐܦ̈ܐ ܕܐܝܟ ܠܐ ܕܝܢ ܠܗܝܢ ܘܠܐܘܬܗ ܡܢ ܬܪܬܝܢ.
ܘܟܕ [14]ܕܦܠܓܝܢ ܚܕ ܡܘܕܥܐ ܠܐ ܠܢܘܪܐ ܘܗܦܟ ܕܟܝ̈ܢܐ ܡܥܒܕ ܒܗ.
[15]ܘܐܡܢܐ ܕܫܘܪܝܐ ܡܬܒܥܐ ܠܡܒܥܐ ܡܢ ܗܘܟܢܐ ܕܟܝ̈ܢܐ ܐܦܠܐ
ܚܕ ܡܟܝܢܐ ܠܡܒܥܐ ܕܢܫܐ ܠܫܘܒܪܐ ܕܫܘܪܝܐ. ܘܐܡܪܐ ܕܠܐ ܠܐ ܕܝܢ

---

1 ܕܡܫܠܡܐ ܗܘ̣ ܘܫܠܝܛܢܐ: ܠܗ b, ܗܘ̇ ܕܫܠܝܛܢܐ ܠܗ d. 2 ܕܫܠܝܛܢܐ (sic) c. 3 ܕܫܠܝܛܐ b. 4 So mit B; ܕܬܫܒ̈ܘܚܬܐ a c, ܒܫܒ̈ܘܚܬܐ b, ܕܬܫܒܘܚܬܐ (!) d. 5 ܘܗܘ a c. 6 ܕܢܩ̈ܘܫܐ (b c d ܘܐܕܢܐ) ܘܐܕ̈ܢܐ ܘܡܪ̈ܚܡܢܘܬܐ ܡܬܚܪ̈ܒܝܢ. ܐܠܐ ܗܘ̇ ܕܫܡܥ ܐܝܟ ܒܐܕܢܐ ܒܪܡ. 7 ܘܐܡܪܐ bis ܒܥܡܗ (inkl.) < a. 8 ܠܫܡܠܝܘ. 9 So mit B; ܕܐܟܪ̈ܝܬܐ a, ܕܐܘ̣ ܕܝܬܐ (sic) b c, ܕܐܘܡܘ̣ܬܐ d. 10 L. ܒܪ̄ܢܐ? 11 L. ܘܡܠܦܢܐ ܡܢ ܡܠܦܢܐ? 12 So mit B; ܒܡܫܝܚܐ. 13 L. ܒܦܠܓܘܬܐ? 14 ܕܦܠܓܝܢ d. 15 L. ܘܐܡܝܢܐ?

ܠܥܠܡܠܡܐ ܢܠܘܫܐ ܘܡܠܘܫܐ ܕܐܢܫ[1] ܡܛܠ ܕܒܪܘܬܗ. ܡܛܠ ܕܕܒܪܐ
8r ܟܕ ܒܡܫܪܗ *ܢܪ̈ܒ ܘܡܬܘܡܪ. ܐܝܟ [2]ܕܢܓ̈ܕܐ ܕܡܫܬܡܠܝܢ ܡܢ [3]ܢܝܫܘܬܐ
ܕܐܪ̈ܟܒܬ ܪ̈ܟܝܢܗ ܘܠܡܫܬܐ ܡܬܟܒܝܢ [4]ܐܢܫܐ ܕܡܠܟܐ ܒܐܝܩܪܐ
ܥܠ ܕܪ̈ܒܘܗܝ ܢܫܒܚܘܢ. [5]ܘܕܡܟܝܟ ܒܗ [6]ܕܠܒܟܝܘܗܝ ܐܪܥܐ ܠܒܐܝܬ
ܐܘܕܒ ܕܠܘ ܒܟ ܡܟܪܙܘܬܐ ܕܡܢ [7]ܐܟ̈ܗܢܐ ܐܠܗܐ ܒܟ [8]ܒܟܪܘܙܘܬܗ
ܗܕܐ: ܘܐܡܪ. [9]ܕܥܠܡܠܡܐ ܒܗ ܕܐܒܘܗܝ ܐܢܫ [10]ܡܫܒ ܘܕܝܠܗ
ܐܝܬܘܗܝ [11]ܗܘܐ. ܠܐ ܙܕܩ ܕܢܫܬܒܩܘܢ. ܘܒܗ ܬܘܒ ܕܐܒܘܗܝ
ܠܐ ܒܪܝܫ ܗܘܐ ܠܗ ܒܝܬ [12]ܢܫܬܒܩܘܢ. ܡܛܠ ܕܠܒܠ ܡܕܡ ܕܢܦܫ
ܠܗ ܘܕܠܗ ܐܝܬܘܗܝ ܠܒ ܡܢܗ ܠܡܘܡܚܗ [13]ܠܝܬ. ܘܡܢܗ [14]ܕܡܘܡܟܐ
ܢܦܩ ܒܡܪܗܝܐ ܘܟܝܬܝܢ ܡܬܒܪ̈ܟܐ [15]ܕܢܬܕܝܫ ܒܗܘܢ. [16]ܘܒܡܘܒܪ̈ܐ
ܕܡܬܪ̈ܒܝܢ ܒܒܝܬܐ ܥܠ ܡܘܪܝܢܘܗܝ ܡܠܝܢ ܠܗܘܢ. ܘܠܒ̈ܢܐ ܡܛܠ
ܘܬܪ̈ܢܐ [17]ܕܡܬܝܒܘܬܐ ܥܠ ܦܘܡܗ ܐܢܫܐ ܠܒܢܝܢ ܠܗܘܢ. ܘܒܪ ܕܡܟܝܟ
8v *ܬ̈ܠܬܐ ܗܠܝܢ ܡܛܠ: ܢܬܝܪ ܘܠܘܩܒܠ ܐܪ̈ܒܥܐ [18]ܘܐܬܬܠܝܗ. [19]ܗܘܝܘ ܐܪ̈ܒܥܐ
[20]ܡܛܠ ܕܒ̈ܢܝ ܒܝܬܗ [21]ܢܕܒܘܢ ܕܡܬܐ ܒܗ: ܡܪ̈ܒܗ ܘܡܫܒܚܝܢ
ܘܐܡܪ ܠܗ. ܕܐܢܫ ܙܒܢܐ ܘܡܫܪܐ ܘܢܛܪ ܒܪ ܕܠܐ [22]ܡܫܠܡܘܬܐ
ܐܬܬܫܝܦ [23]ܘܐܫܬܘܝܘ [24]ܐܟܡ ܕܪ̈ܚܡܐ ܗܘܐ ܠܐ ܙܕܩ ܕܢܬܬܫܝܦ.
ܐܝܟ ܫܘܝܐ ܕܡܬܬܕܝܪ ܒܪ̈ܟܠܐ. ܘܒܗ ܕܠܐ ܢܦܫ ܬܘܒ ܠܐ

---

1 ܡܢ a. 2 ܕܢܓ̈ܕܐ. 3 ܢܝ̈ܫܘܬܐ. 4 ܐܢܫܝܢ a c d, ܕܐܢܫܝܢ ܡܠܟܐ b.
5 ܕܡܟܝܟ b. 6 ܕܠܒܟܝܘܗܝ d. 7 ܐܟ̈ܗܢܘܗܝ b d. 8 ܒܟܪܘܙܘܬܗ: ܘܗܕܐ
ܒܟܪܘܙܘܬܐ b c d. 9 ܘܥܠ̈ܡܠܡܐ. 10 ܡܫܒ d.
ܐܡܟ̈ܪܐ a, ܐܡܟܪܐ ܘܗܕܐ: ܒܟܪܘܙܘܬܐ
11 ܗܕܐ. 12 + ܠܐ a c d, ܕܠܐ b. 13 ܠܝܬܘܗܝ b. 14 ܕܡܘܡܟܐ.
15 ܢܬܕܝܫ a, ܢܬܕܝܫܘ b, ܕܢܬܕܝܫ c; d undeutlich (mit Absicht).
16 ܘܒܡܘܒܪ̈ܐ a c. 17 ܕܡܬܝܒ ܘܒܠ b d. 18 ܘܐܬܠܝܗ a d, ܘܐܬܠܝܗ b,
ܘܐܬ݂ܠܝܗ c. 19 ܗܘܝܘ b. 20 ܘܒ̈ܢܝ b. 21 ܕܢܕܒܘܢ b. 22 ܡܫܠܡܘܬܐ.
23 ܘܠܐ ܐܫܬܘܝܘ c d. 24 ܘܐܟܡ d.

ܢܬܬܕܝܥ. ܡܛܠ ܕܐܦ ܡܫܝܚܐ ܡܪܢܐ ܟܕ ܗܘܐ ܢܬܬܥܡܕ ܢܦܫܗ ܘܥܒܕ ܢܘܪܐ. ¹ܟܕ ܢܚܬ ܕܢܣܒ ܕܐܘܦܣ ܐܘܪܐ ܐܬܘܪܝ ²ܕܡܫܒܠ ܙܪܩ ܠܝ ܕܐܘܫܐ ܒܚܢܘܬܗ. ܘܐܡܪ ܠܗ ܠܐܘܪܐ. ܡܢܘ ³ܕܟܕ ܐܘܪܐ ܐܢܬ: ܗܐ ܡܢ ܐܡܪܬ، ܘܐܡܪ [ܐܢܬ] ܒܫܪܐ ܕܘܒܬܐ ܘܠܐ ܡܗܡܠܝ ⁴ܐܢܬ ܒܐܘܪܒܐ ܬܫܠܐܢܬ. ܘܐܘܪܐ ܠܐ ⁵ܡܬܚܫ ܗܘܐ ܕܢܚܪܒ ܕܡܫܝܚ ܕܗܘ ܕܝܠܬܐ ⁶ܕܡܫܬܠܛܗ: ܘܐܡܪ ܠܗ ܠܗ ܘܠܐ ܡܕܡ ܕܒܥܐ. ܘܒܫܢܬ ܗܠܝܢ ܬܘܒ ܫܒܘܚܐ ܬܘܪܐ ܠܚܕܐ ⁷ܗܘܐ: ܘܐܘܪܐ
9ʳ *ܘܕܡܫܝܚ ܥܒܕܗ: ܘܗܕܝܢ ܐܘܪܐ ܥܦܪ ܠܗ ܕܟܕ ܕܡܫܝܚ ܥܒܕܗ ܠܗܘ ܡܠܐ: ⁸ܐܠܝܗܘ، ⁹ܠܐܘܪܐ ܠܗ. ܘܐܦ ܒܗܘܢܐ ܗܘܢܐ ܘܒܫܘܒܐ ܡܪܫܐ ܐܢܐ ܠܗ. ܘܐܡܪ ܠܡܫܝܚ: ¹⁰ܗܝܡܢܐ ܘܠܐ ¹¹ܗܝܡܢ ¹²ܥܒܕܢܐ: ¹³ܐܠܐ [ܡܢ] ܡܕܡ ܗܘ ܕܪܒ ܠܥܒܕܗ ܠܦܘܬ ܡܠܗ ܘܫܠܠܗ ܠܦܘܬ ܠܥܒܕܗ [ܠܐ] ܡܢܝܐ ¹⁴ܕܢܗܘܐ. ܘܐܦ ܗܟܢܐ ܗܘ ܠܝ ¹⁵ܒܗܘ ܕܗܘܪܒܐ ܠܝܬ ܘܬܘܪܐ. ܘܕܡܫܝܚ ܐܡܪ ܡܪܢܐ ܕܠܐ ܕܐ ܡܕܡ ܐܚܪܝܢ [¹⁶....] ܒܐܬܪܘܗܝ، ܕܡܫܝܚ ܡܕܡ. ¹⁷ܐܘܪܐ ܐܡܪ ܒܗܝ، ܕܠܐ ܢܫܪܝܢ ܠܐ ܦܠܐ ܕܬܬܠ: ܡܛܠ ܕܪܘܚܐ ܒܗ ¹⁸ܚܠܠܐ ܠܐ ܡܬܬܥܬܐ ܐܠܐ ܠܐܠܗܐ ܙܒܢܐ ¹⁹ܡܫܝܚܐ ܘܬܒܪܐ ²⁰ܠܗ: ܘܙܒܢܐ ܒܗ ܙܒܢܐ ܡܦܪܒ: ܘܠܘ ܒܗ ²¹ܠܒܘܪܐ. ܘܕܡܫܝܚ ܐܡܪ ܕܐ ܡܬܚܝܐ ܠܡܪܐ ܠܐ ܢܚܠ ܡܢܗ: ܐܠܐ ܐ ܡܬܒܥܐ: ²²ܠܥܒܕܘܬܗ

1 ܕ.ܢ.ܒ. 2 ܡܫܒܠ a. 3 ܒܪ a c. 4 ܐܢܬ < b d. 5 ܡܬܚܫܫ b.
6 ܕܡܫܬܠܛܗ. 7 ܗܘܐ < a c d. 8 + ܐܢܐ ܐܡܪ ܘܐܡܪ (!) a c. 9 ܒܪ̈ܪܐ ܠܗ a, ܠܗ ܐܪ̈ܕ ܒܪ c, ܠܗ ܠܐܪ̈ܕܐ b d. 10 ܗܝܡܢ ܘܠܐ a b c, ܗܝܡܢ ܘܠܐ d.
11 ܘܗܝܡܢ b. 12 ܥܒܕܢ̈ (sic). 13 ܐܬܐ. 14 ܕܬܗܘܐ a c, ܢܗܘܐ d.
15 L. ܒܗܪܐ ܕܘܒܬܐ? 16 Lücke (in den Hss. nicht angedeutet). 17 ܘܐܪܝܐ d.
18 ܚܠ̈ܠܐ a b c, ܚܠܠܐ d. 19 ܡܫܝܚܐ a b c, ܡܫܝܚܬܐ d; vgl. 94 r. 20 ܠܗ̇.
21 ܡܪܐ. 22 ܠܥܒܕܘܬ d.

ܚܙܬܐ ܐܢܫ ܠܗ. ܘܐܪܝܐ ¹ܦܪܝܣ ܘܫܪܝܗ ܡܢ ܪܓܫ ܐܝܟ ܕܢܛܘܪܘܗܝ
9v ܠܦܝܠܝܦܘܣ *ܘܐܙܠ ܘܢܫܩ ܠܗܘܬܗ ܠܚܒܝܫܘܬ ܘܐܡܪ ܠܗ: ܕܐܪܝܐ
ܟܠܝܢ: ܘܦܣܩ ²ܠܐܘܪܚܗ ܘܠܐ ܬܟܬܘܪ: ܡܛܠ ܕܐܡܪ ܕܟܐ ܐܬܐ
ܝܒܝܫܘܬ ܒܗ̇ ܕܠܐ ܡܢ ܡܪܘܡ [ܐܬܐ] ܠܐ ܒܪܠ ܐܢܫ ܠܗ: ܘܐ
ܠܐ ܐܬܐ ܬܐ ܒܒܠ ܐܘܕܝܢܝ: ܘܦܝܠܝܦܘܣ ܐܡܪ ܟܢܘ ܐܪܝܐ
ܘܐܝܟܐ ܢܬܝܒ. ܘܐܡܪ ܦܝܠܝܦܘܣ ܐܡܪ ܡܠܟܐ ܗܘ ܕܢܝܫܘܬܐ ܘܟܡ ܗܘ ܒܠܐ
ܕܢܝܫܘܬܐ ܒܠܝܫܬ ܕܘܒܬܐ ܚܒܪ ܘܢܬܝܒ. ܘܟܕ ܫܡܥܗ ܦܝܠܝܦܘܣ:
ܕܡܠܟܐ ܗ̣ܘ ܕܢܝܫܘܬܐ ܘܕܠܐ ܢܐܙܠ ܐܬܦܠܓ. ܘܐܡܪ ܠܕܡܢܐ
ܕܟܐ ܦܐܝܣ ܐܝܬ ܠܝ ³ܬܘܒ ܕܠܐ ܡܦܠܠ ܠܝ: ܐܬܐ ܐܢܫܐ: ܘܦܣܩ
ܠܗ ܬܘܒ ܕܠܐ ܡܦܠܠ ܠܟ ܐܪܝܐ: ⁴ܘܐܬܬܘܗܝ ܠܦܪܣ ܐܪܝܐ. ܘܐܪܝܐ
ܫܪܪ ܠܬܘܪܐ ܘܐܬܒܠܗ: ܘܫܐܠܗ ܕܐܝܟܢ ܘܟܡܢ ܦܘܠܚܢܐ ܐܬܬܬ
ܠܗܪܟܐ. ܘܦܝܠܝܦܘܣ ܬܢܝ ܠܗ ܟܠܗ ܫܪܟܐ ܐܝܟ ܕܗܘܐ. ܘܗܘܝܡ
ܐܪܝܐ ܐܡܪ ܠܦܝܠܝܦܘܣ. ܐܢܬ ܡܪܟܐ ܗܘܝ ܟܐܕܝ: ܡܛܠ ܕܟܗܢܐ
10r ܦܩܕܬܐ ܒܟܐ ܐܢܬ: *ܘܟܢܫ ܠܟܗܢܐ ܕܠܐ ܦܠܚ ܦܪܣ ܠܟ
ܠܚܝܘܬܐ. ܘܦܝܠܝܦܘܣ ܘܟܠ ܠܗ ܦܠܚܘܬܐ. ܗܝܕܝܢ ܐܪܝܐ ܐܘܦܣܗ
ܘܟܒܫܗ ܒܪ ܡܠܟܗ. ܘܦܝܠܝܦܘܣ ܢܚܬ ܗܘܐ ܘܟܪܙ. ܘܐܪܝܐ
ܒܟܠܗ ܦܝܠܝܦܘܣ ⁵ܐܬܢܒܣ ⁶ܘܐܬܦܬܚ. ܘܟܕ ܚܙܝܗ ܕܡܛܝ ܠܐܪܝܐ
ܕܡܐܟܠܐ ܘܡܫܬܝܐ ⁷ܕܐܪܝܐ ܕܟܒܫ ܬܘܪܐ ܢܬܪ ܡܢ ܕܒܟܠܗ
ܐܬܬܒܝܗ: ܘܟܠ ܠܗܘܬ ܦܠܦܠ ܘܐܡܪ ܠܗ: ܚܝ ܒܟܐ ܐܢܫܘܬ
ܠܢܦܫ ܒܫܘܠܡܗ: ܕܠܐܪܝܐ ܢܬܪܝܐ ܘܫܘܦܪܢܐ ⁸ܒܝܬ ܕܚܘܒܐ ܕܪܘܚܐ
ܠܐ ܒܫܪܬ: ܘܐܬܬܬ ܠܬܘܪܐ ܚܝ ܕܒܠܬܗ ܒܝܫܐܝܬ ܐܢܬ.

---

1 ܐܦܪܝܣ (das ܐ ist Dittogr. des ܐ in ܐܪܝܐ). 2 ܠܐܘܪܚܐ b d.
3 ܬܘܒ: ܐܬܐ ܐܢܫܐ ܕܠܐ ܡܦܠܠ ܠܝ a. 4 ܘܐܬܬܘܗܝ bis ܐܪܝܐ inkl. < a.
5 ܐܬܢܒܣ. 6 ܘܐܬܦܬܚ b. 7 ܕܐܪܝܐ < a c; ܘܡܫܬܝܐ ܕܟܒܫ ܬܘܪܐ
ܢܬܪ ܐܪܝܐ b, ܘܡܫܬܝܐ ܘܟܒܫ ܬܘܪܐ ܘܐܪܝܐ ܢܬܪ d. 8 ܒܚܘܒܬܗ.

ܘܡܠܟ ܐܡܪ ܡܕܝܢ ¹ܗܘܢܐ ܕܒܪܬ ܒܢܦܫܟ: ܐܝܟ ܕܐܡܪ ܡܫܝܚܐ ܚܕ. ܘܕܡܠܟ ܐܡܪ ܐܝܟ ܐܡܪ ܡܫܝܚܐ. ܘܡܠܟ ܐܡܪ.

ܕܡܫܝܚܐ ܚܕ ܐܝܬ ܗܘܐ ܘܡܠܟܘܗܝ، ܬܪ̈ܝܢܐ ܕܠܡܫܝܚܐ ܪ̈ܢܝܐ ܡܢ ܡܫܝܚܘܬܗ. ²ܘܢܝܪܗ، ܒܠܒܐ ܘܒܟܐ ܕܝܠܗܘܢ ܐܢܘܢ.

10v ܘܐܝܠ *ܒܒܪ ܠܗ ܐܫܘܒܚܐ ܕܡܫܝܚܐ ܘܐܬܬܐ ܘܐܬܒܠܡ ܢܦܫܗ
ܠܡܫܝܚܐ ܒܠܒܪܢܫܘܬܐ. ܘܗܝܡ ܐܬܒܪܪ ³ܠܘܬܗ ܡܫܝܚܐ ܕܐܦ ܡܫܝܚܐ ܐܬܬܒܠ ܒܠܘܗܝ. ܘܡܘܡܐ ܚܕ ܐܝܠ ܡܫܝܚܐ ܠܡܫܝ̈ܚܘܗܝ. ܘܡܛܠ ܐܢܘܢ ܬܪ̈ܝܢܐ ܘܐܝܠ. ܘܒܪ ܐܬܬܐ ܘܒܟܐ ܬܪ̈ܝܢܐ ܘܠܐ ⁴ܐܬܒܝܢ. ܡܢ ܐܝܠ ܠܡܫܝܚܘܬܐ ܒܬܪ ܒܠܒܐ.

ܘܢܝܚܐ ܒܐܘܪܚܐ ܕܒܪ̈ܝܐ ܬܪ̈ܝܢ ܕܡܬܬܒܝܢ ܒܡܢ ܣ̈ܘܪܝܐ. ܘܪܕܐ ܗܘܐ ܕܡܢܐ ܡܢ ܐܦ̈ܝ ܬܪ̈ܝܢܗܘܢ: ܘܡܬܐܡܪ ܒܠ ܐܪܒܥܐ. ܘܐܬܬܐ ܬܒܠܐ ܚܕ ܕܢܐܟܘܠ ܡܢ ܗܿܘ ܕܡܢܐ ܘܒܪ ܗܘܐ ܐܟܠ ܘܒܪ̈ܝܐ ܐܬܝܢ ܗܘܘ ܒܡܬܬܒܥܢܐ ܒܢܐܦܐ ܒܠ ܣ̈ܘܪܝܐ. ܬܒܠܐ ⁵ܠܐ ܗܘ ܒܠܐ ⁶ܘܐܬܬܚܝܕ ܒܝܬ ܡܪ̈ܝܬܐ ܕܬܪ̈ܝܢܗܘܢ ܘܡܬܒܥܬ. ܘܡܫܝܚܐ ܡܢܒ ܠܡܥܠܝܘܬܐ. ܘܡܛܠ ܕܒܒܪ ܘܒܢܐ ܒܒܐ ܡܢ
11r ܐܬܬܚܝܐ ܘܚܝܬܐ *⁷ܕܢܒܥܠ ܠܚܝܘܬܗ.

ܘܐܝܬ ܗܘܬ ܠܗ̇ ܠܣܪܗ ܒܝܬܐ ܓܠܝܬܐ ܒܒܢܝܗ̇ ⁸ܐܚܕܐ ܕܒܗ̇ ܗܘܬ ܠܗ̇ ܠܟܠܗܘܢ ܠܐܚܪ ܐܚܪܢ ܘܡܠܟܐ ܗܘܬ ܒܗ̇ ܐܚܪܢܐ. ܘܓܠܝܬܐ ⁹ܐܬܬܚܝܕܬ ܒܒܪܬܐ ܚܕ. ܘܠܐ ܢܒܥܐ ܗܘܬ ܕܝܢ ܐܚܕ

---

1 ܡܕܝܢܐ a c. 2 ܘܢܝܪ̈ܗ b. 3 ܡܫܝܚܐ ܠܘܬܗ ܡܫܝܚܐ ܐܬܬܒܠ ܒܠܘܗܝ، a c, ܡܫܝ̈ܚܐ ܠܘܬܗ ܡܫܝ̈ܚܐ ܐܬܬܒܠ ܒܠܘܗܝ، b d. 4 ܐܬܒܝܢ < a. 5 ܠܐ < b c d. 6 ܘܐܬܬܚܝܕ b d. 7 ܘܢܣܒܠ b, ܘܢܩܒܠ d. 8 Hss. ܐܚܕܐ ܕܒܗ̇ (ܐܚܕ ܬܕܒܗ̇ a c, ܐܚܕ ܬܕܒܗ̇ d) ܗܘܬ ܠܗ̇ (ܠܗ b) ܠܡܪܬ (ܒܒܬܐ + a) ܠܟܠܗܘܢ ܘܡܠܟܐ ܗܘܬ ܐܚܪ (ܐܚܪܢܐ a c d) ܐܚܪܢ ܒܗ. ܘܓܠܝܬܐ. (a c d ܒܗ). 9 ܐܬܬܕܒܬ (sic !) b.

ܐܣܝܪ ܗܘܐ ܠܗ̇. ܘܒܗ̇، ܒܥܬ ܕܬܗܘܐ ܡܢ ܐܒܪܐ ܕܦܠܛܝܬܐ. ܘܐܬܚܫܒܬ
ܕܬܦܠܛܝܗ̇، ܘܦܠܚܬ ܒܗ̇ܘ ܠܠܝܐ ܒܪ ܬܠܬܝܢ ܗܘܐ ܡܟܠܘܫܝܐ.
ܘܐܫܟܚܬܗ ܚܡܪܐ ܘܐܪܘܝܬܗ ܘܐܬܕܟܪܬܗ̇ ܒܟܬܒܗ ܠܦܠܛܝܬܐ.
ܘܐܬܬ ܗܟܢܐ ܘܐܪܟܢܬ ܒܐܣܟܡܐ ܘܒܢ ܕܒܠ [1]ܒܪܬܐ ܠܢܘܬܐ
[2]ܘܣܒܪܬ ܠܗ ܥܠ ܡܦܩܢܗ ܕܬܦܘܩ ܠܗ ܡܢ ܠܘܬܗ. ܘܟܕ ܣܒܪܬܗ
ܠܡܘܟܗ ܕܐܣܟܡܬܐ: ܘܠܐ ܒܓܒܠ ܢܦܩܬ. ܢܦܩܬ ܙܘܥܐ ܡܢܗ
ܕܒܪܬܐ [3]ܘܫܪܝܬܗ ܠܡܣܟܐ ܕܐܣܟܡܬܐ ܠܦܠܛܝܬܐ ܕܙܢܝܬܐ:
ܘܥܠ [4]ܕܘܟܬܗ ܡܢܝܬܬ.
ܘܠܡܣܟܐ *ܕܟܬܪܗ: ܐܝܟ ܡܟܠܘܫܝܐ ܡܢ ܗܘܡ: ܘܫܐܠ ܠܗ 11 v
ܒܢܬ ܒܝܬܐ ܡܢ ܐܣܟܡܐ ܚܕ: ܘܕܒܪܗ ܐܣܟܡܐ ܠܒܝܬܐ ܠܢܘܬܐ ܘܦܩܕ
ܠܐܢܬܬܗ ܕܢܒܥܐ ܕܗܪܟܐ ܗܘ ܗܢܐ ܡܟܠܘܫܝܐ ܦܠܐܢܬ
ܠܗܘܢܗ̇، ܘܐܣܟܡܐ ܐܝܟ [5]ܠܡܫܘܬܐ ܚܒܪܐ ܒܗ ܒܪܬܐ ܐܚܪܢܐ.
[6]ܘܒܪܬܐ ܚܕ ܓܠܐ ܗܘܐ ܒܬܪ ܐܢܬܬܗ ܕܐܣܟܡܐ. ܘܐܢܬ ܗܘܐ
ܠܗ ܫܠܝܚܬܐ ܐܢܬܬ ܡܦܪܐ ܚܕ. ܘܟܕ ܡܛܒ ܐܢܬܬ ܐܣܟܡܐ
ܕܟܠܗ̇ ܒܡܫܟܚܬܐ ܗܘ. ܦܪܬ ܠܫܠܝܚܬܐ ܘܠܫܟܚܬ ܠܗ̇ ܕܬܐܙܠ
[7]ܘܬܦܪܐ ܠܙܢܟܗ̇ ܡܛܠ ܕܒܪܝ، ܒܠܫܟܐ ܗܘ. ܘܡܛܒܐ [8]ܐܝܟܐ
ܕܡܒܥܝ: ܘܟܕ ܙܘܥܐ ܐܬܐ. ܐܝܟܐ ܗܘܐ ܘܗܘܒ ܒܐܒܠܐ ܕܢܦܩܐ
ܐܝܟ ܓܐܙܝܢ. ܘܐܬܬܐ ܙܢܟܗ̇ ܘܗܘܒ. ܘܐܬܬܐ ܐܣܟܡܐ ܒܠܠܝܐ
ܒܪ ܙܘܥܐ ܘܢܝܚܗ̇، ܠܒܪܬܐ ܕܗܘܒ ܒܐܒܠܐ. ܘܡܛܒ ܕܗܘ ܒܪܬܐ
ܡܛܠ ܐܢܬܬܐ ܕܠܐ [9]ܘܗܘܒ ܡܪܟܐ. ܘܪܒܐ [10]ܒܠ *ܘܡܫܟܢܗ ܠܐܢܬܬܗ 12 r
ܒܫܐܢܬ ܘܐܪܟܢ، ܒܗ̇ ܢܒܠܐ ܘܐܣܪܗ ܒܗ ܒܒܝܬܐ ܐܝܟܐ ܕܡܟܠܫ
ܗܘܐ. ܘܟܕ ܐܬܬ ܫܠܝܚܬܐ: ܘܐܬܬܬ ܦܫܩܐ ܡܢ ܙܢܟܗ: ܕܬܐ،

---

1 ܒܪܬ. 2 ܣܒܪܬ b. 3 ܘܫܪܝܬܗ b c d. 4 ܕܘܟܝܐ b d, ܕܘܟܬ c.
5 ܠܚܫܘܟܐ: b d ܠܡ/ ܫ/. 6 ܒܪܬܐ b d. 7 ܕܬܦܪܐ b c, ܬܦܪܐ d.
8 ܐܝܟܐ b d. 9 ܬܗܘܒ b d. 10 ܒܠܗ̇ a c.

ܠܗ̇ ܕܒܥܐ [1]ܗܘܐ ܐܢܐ. [2]ܐܡܪܬ ܠܗ [3]ܠܫܠܝܚܘܬܐ. ܬܘ، ܫܡܰܥܝ ܘܐܘܪܒ [4]ܘܫܡܥܝ، ܫܠܘ ܟܕ ܐܬܝܬ ܐܢܐ. [5]ܘܟܕ ܫܡܥܝܢ [6]ܡܠܟܘܬ: [7]ܘܟܕ ܠܐ ܐܬܬ ܒܥܓܠ ܗܘ، ܗܝ ܟܝ ܕܫܡܗ. [8]ܘܫܪܪܬܐ ܐܫܬܪܪܐ ܒܐܘܦܢܝܐ. ܢܦܩ ܫܘܪܗ ܘܐܬܬܥܒܪ ܘܦܪܗ ܠܐܢܬܬܐ ܒܥܒܕܗ ܘܥܒܕܗ. ܘܫܠܝܚܘܬܐ ܒܗ، ܕܐܬܐ [9]ܕܡܫܬܘܕܝܐ ܩܕ ܠܗ: ܠܐ ܦܠܚܬ ܠܗ. ܘܟܕ ܕܚܙܬܐ ܩܘܦܐܬܐ ܡܢܗ ܘܠܐ ܒܥܬܗ. ܐܬܢܚܬ ܘܐܡܪܬ: ܕܢܚܬܐ ܐܦܠܐ ܦܬܓܡܐ ܕܦܘܡܟ، ܗܘܝ ܘܥܒܠ ܫܘܝܢܐ ܘܦܫܩܗ ܠܚܙܪܗ [10]ܕܫܠܝܚܘܬܐ ܘܐܡܪ ܠܗ: ܫܒ ܗܢܐ ܘܠܒܘܒܝ، ܡܢܟ ܕܫܡܟ. ܘܟܕ ܐܬܬ ܐܢܬܬ ܐܫܟܚܐ ܘܫܘܬ ܕܦܫܩ ܚܙܪܗ ܕܫܠܝܚܘܬܐ [11]ܘܗܘ ܕܡܫܚ. [12]ܫܥܪܬܗ ܠܟ ܘܐܘܪܬ *ܠܦܥܠܗ̇ 12ᵛ ܒܐܘܦܢܝܐ. ܘܫܠܝܚܘܬܐ ܥܠܬ ܠܚܙܪܗ ܘܐܬܬ ܠܒܝܬܗ. ܘܡܟܢܫܐ ܕܡܫܚ ܗܘܐ ܟܕ ܒܥܬܐ ܒܬܫܥܝܬܗ: ܘܟܠ [13]ܕܡܠܠܝܢ: ܐܢܬܬ ܐܫܟܚܐ ܘܫܠܝܚܘܬܐ ܥܡܟ ܘܐܚܐ. ܘܟܕ ܐܢܬ ܫܠܝܚܬܐ: ܡܢܬ ܗܝ ܠܐܠܗܐ ܘܠܘܬ ܠܒܥܠܗ ܘܐܡܪܬ: ܕܒܥܐ ܕܐܢܐ ܐܢܬܝ ܕܠܐ ܫܒܩ: ܗܢܐ ܚܝܝ، ܫܠܡ ܢܗܘܐ. ܘܦܬܚܬ ܠܐܫܟܚܐ ܘܐܡܪܬ. ܘܗܘ [14]ܠܟ ܒܥܐ: ܘܐܬܟܝ [15]ܒܫܘܒܚܝܢ ܘܒܫܘܒܚܝܢܟ. ܘܚܙܝ ܕܠܐ ܐܬܦܠܫܘ ܐܠܗܐ ܒܗܢܐ ܦܠܚܢܐ ܕܦܠܚܬܟ: ܗܢܐ ܐܬܐܫ ܠܗ ܚܝܝ: ܘܗܘ ܐܡܪ [16]ܚܫܝܒܬܐ: ܒܗܘ ܕܐܡܪܬ، ܘܗܘ ܘܐܘܕܝ ܠܢܪܐ. ܘܟܕ ܚܙܐ ܚܝܝܗ ܕܫܠܡ ܬܒ ܠܐܠܗܐ ܘܐܬܬܘ، ܡܕܒܪܢܗ. ܗܘ، ܫܠܝܚܘܬܐ ܕܒܟܬ ܠܒܝܬܐ: ܘܐܬܚܫܒܬ [17]ܕܡܢ [18]ܐܡܪܬܐ ܠܒܥܠܗ

---

1 ܕܡܫܘܐ ܐܢܐ b d. 2 ܐܡܪܬܐ b c d. 3 ܠܗ > a, ܠܗ ܫܠܝܚܘܬܐ b d.
4 ܘܫܡܥܝ. 5 ܘܟܕ ܫܡܥܬ b d. 6 ܡܠܟܘܬܝ b d. 7 ܘܟܕ. 8 ܘܐܫܬܪܪܬܐ a b c, ܘܐܫܬܥܒܕܬܐ d. 9 ܡܫܬܘܕܝܢܗ (?) d. 10 ܕܗܝ ܫܠܝܚܘܬܐ b d.
11 ܘܗܘ b d. 12 ܫܥܪܬܗ a b c. 13 ܕܡܫܡܠܠܝܢ b d. 14 ܠܟ < a.
15 ܒܫܘܒܚܝܢ b c. 16 ܚܫܝܒܬܐ a, ܚܫܝܒܬܐ bc, ܚܫܒܬܐ d. 17 ܕܡܢ a. 18 ܐܡܪܬ bcd.

13r [1]ܘܠܐܢ̈ܫܘܗܝ ܕܗܕܐ *ܒܥܝܬܐ ܒܒܪ [2]ܟܝ. ܗܕܝܢ ܒܥܦܪܐ ܘܡܢ ܣܦܪܐ ܘܐܡܪ ܠܗ̇: ܐܢܬܝ, ܠܝ ܡ̈ܠܐܟܝ ܐܘܡܢܘܬܝ, [3]ܕܐܙܠ ܠܒܝܬ ܡܠܟܐ: ܗܘ̣, [4]ܒܦܘܪ̈ܣܘܗܝ ܐܝܬܝܬ ܢܠܦܬܘܬܐ ܘܡܕܡ ܐܚܪܢ ܠܐ ܐܝܬܝܬ. ܘܪܟܢ [5]ܘܫܕܪܐ ܒܗ̇ ܠܝܘܠܦܬܐ: ܗܘ̣, ܠܒܝܬ ܢܫܝܗ̇ ܘܢܦܠܬ: ܘܐܡܪܬ. ܘ̣, ܦܩܘܗ ܠܢܫܝ̈, ܦܩܘܗ ܠܢܫܝ̈. ܘܫܡܥܘ ܐܢ̈ܫܘܗ̇ ܘܠܒܟܘܗܝ, ܠܣܦܪܐ ܘܐܘܒܠܘܗܝ, ܠܒܝܬ ܕܝܢܐ: ܘܫܐܠܗ ܕܝܢܐ ܕܒܐܝܢܐ ܗܘܪܝܢ ܥܒܕܬ ܠܢܫܝܗ̇. [6]ܘܗܘ̣ ܠܐ ܐܫܟܚ ܕܢܦܪܘܩ [7]ܫܠܡܘܬܗ̇ [8]ܘܦܩܕ ܕܝܢܐ ܕܢܬܩܛܠ ܕܠܐ ܚܘܣ. ܘܟܕ ܢܦܩ ܕܢܬܩܛܠܘܢܗܝ, ܥܒܪ ܗܘ ܡܠܦܢܐ [9]ܘܐܡܪ ܗܘ̣, ܠܐܠܗܐ: ܕܗܘ ܦܘܪܥܢܐ [10]ܡܛܠ ܘܠܐ ܡܢ ܒܝܬܐ ܘܡܢ ܬܚܠܐ ܘܠܐ ܡܢ ܕܒܪ̈ܐ. ܘܡܫܡܫܬܗ̇ ܕܪܚܡܬܐ ܡܢ [11]ܡܫܡܫܗ̇. ܘܠܐ [12]ܢܫܝ̈ܗ̇ ܕܗܕܐ ܡܢ ܣܦܪܐ ܗܘ̣ܐ. ܡܛܠ ܕܒܠܡ ܒܠܝܬ ܡܢ: ܗ̇ܘ ܒܒܪ ܒܦܘܡܗ. ܘܕܝܢܐ *ܫܐܠܗ ܠܡܠܦܢܐ [13]ܘܚܘܝ, 13v ܠܗ ܢܗܝܪܐܝܬ.

ܘܕܡܠܟ ܐܡܪ ܐܝܟ ܘܠܘܠܟ. [14]ܫܡܥܬ ܗܠܝܢ. ܘܕܡܟܐ ܠܫܪܟܐ ܕܠܝ: ܘܐܡܪܐ ܠܗܢܐ ܦܘܪܥܢܐ ܕܡܛܠܝ, [15]ܥܒܕܬ ܒܦܘܡܝ: ܐܠܐ ܡܢܗ ܦܘܪܥܢܐ. ܘܡܠܟ ܐܡܪ ܕܠܝ ܡܢ ܡܬܚܝܒܐ [16]ܦܘܫ ܠܡܥܒܕ. ܘܕܡܠܟ ܐܡܪ [17]ܕܐܢܐ ܕܫܡܥܬܐ ܗܘܝܢ ܡܬܚܫܒ ܐܢܐ ܢܗܘܐ

---

1 ܘܠܐܢܫ b c d. 2 ܟܕ b c d. 3 ܐܙܠ b d. 4 ܒܦܘܪ̈ܣܢܘܗܝ a, ܒܦܘܪ̈ܣܢܘܗܝ d. 5 ܘܫܕܪܗ a, ܘܫܕܪܗ̇ b c d. 6 ܘܠܐ b d. 7 ܫܠܡܘܬܐ b d. 8 ܦܩܕ. 9 ܘܐܡܪ ܘܦܢܐ ܠܐܪܥܐ ܠܐܠܗܐ b d. L. vielleicht ܘܦܢܐ ܠܐܠܗܐ ܘܐܡܪ ܠܕܝܢܐ? 10 ܗܘ̇ ܕܗܘ ܡܢ ܐܢ̈ܫܝ, ܒܒܝܬܐ ܘܠܐ ... ܘܡܫܡܫܬܗ̇ ܕܪܚܡܬܐ ... b d. — Ein Verbesserungsvorschlag findet sich in einer Anmerkung zur deutschen Übersetzung. 11 ܡܫܡܫܐ b d. 12 ܢܫܝ̈ܗ̇ b c d. 13 ܚܘܝ b d, ܘܚܘܝ, c. 14 ܫܡܥܬ ܠܝ d, ܫܡܥܬ ܠܝ a b c. 15 + ܐܢܐ b d. 16 + ܡ̇ܢ b d. 17 ܐܢܐ a.

ܡܢ ܗ̇ܘ ܕܗܘܐ ܡܢ ܡܕܢܚ. ܘܢܦܩ ܐܝܟ ܕܬܘܒ ܬܬܓܠܐ. ܡܛܠ
ܕܒܗܠܝܢ ܬܠܬ ܙܒܢ [1]ܕܢܬܣܦܩ: ܥܠ ܡܬܘ̈ܪܐ ܘܫܘ̈ܒܚܐ ܕܒܒܪܘ
[2][. . . .]. [3]ܘܕܡܬܘ̈ܪܬܝܢ ܥܠ ܡܬܘ̈ܪܐ ܘܫܘ̈ܒܚܐ ܕܢܘܗܪ ܒܡܬܘ̈ܪܐ
ܘܢܗܘܘܢ ܫܘ̈ܒܚܐ: ܘܕܬܠܬ ܥܠ ܡܬܘ̈ܪܐ ܘܕܫܪܟܐ ܕܠܐ ܐܬܓܒ̈ܠܘ.
[4]ܕܒܡܬܘ̈ܪܐ ܢܚܘܪ ܘܫܘ̈ܒܚܐ ܢܚܘܘܢ. ܘܐܝܟ ܗ̇ܘ ܕܡܬܓܠܐ ܒܥܠܬ
ܬܘܪܐ ܐܝܠ. [5]ܘܕܕܡܬܓܠܐ ܬܘܒ ܦܘܪܫܐ ܗܘ: ܕܗ̇ܘ [6]ܐܬ̇ܟܠ
[7]ܘܦܘܪܫܐ ܐܚܪ̈ܢܘܗܝ ܐܝܟ ܕܠܝܬ. ܡܛܠ *ܕܒܪ ܗܘ ܗܘ ܡܢ ܐܝܢܐ 14 r
ܢܦܘܩ. ܠܝ [8]ܓܠܝܬ ܡܬܦܢܝܢܐ ܠܝ. ܘܐܦ [9]ܠܐܝܢܐ ܗܕܐ ܡܒܕܪܐ
[10]ܠܗ. ܘܠܠܝܟ ܐܡܪ. ܒܕ ܐܝܢܐ [11]ܥܦܪ ܐܢܫ ܠܬܘܪܐ: ܐܝܬ ܡܢܐ
ܡܢܫܪ ܐܝܬ ܒܐܝܢܐ ܘܕܡܢܟ ܐܡܪ ܫܘܫܪܐ ܠܓ̈ܠܝܢܐ: ܒܥܬܐ
ܢܩܝܐ ܗ̇ܘܐ. ܫܕܐ ܫܘܫܪܐ ܕܡܢ ܫܡܫܘܬܐ. ܘܕܬܪ̈ܬܝܢ ܗ̇ܘ ܕܡܢ
[12]ܫܪ̈ܝܐ: ܘܕܬܠܬ ܡܢ ܐܣܒܘܬܐ: ܘܕܐܪܒܥ ܡܢ ܠܚܡܘܬܐ:
ܘܕܚܡܫ [13]ܡܢ ܡܫܠܡܢܘܬܐ: ܘܕܫܬ [ܡܢ] ܠܒܫܘܬܐ: ܘܗܠܝܢ ܫܬ
ܪ̈ܒܢ: ܕܫܠܝ̈ܛܢܐ ܒܥܠܡܐ [14]ܐܣܝܪܝܢ: [15]ܡܠܟ ܡܠܟܐ. ܘܡܫܝܚܐ.
ܘܠܒܢܝܐ [16]ܘܩܢܝܐ. ܘܐܬܪܐ. ܘܡܡܠܟܘܬܐ ܕܡܢ ܒܥܝܐ. [17]ܘܥܡܠܥܐ
[18]ܕܒܟܪܐ ܕܡܥܬܕܝܢ ܡܬܠܒܠ ܘܫܦܝܟ. [19]ܘܟܕ ܐܣܒܘܬܐ [20]ܒܕ
ܒܢ̈ܝܐ. ܐܘ ܒܫܡܝܐ. ܐܘ ܒܫܢܝܐ. ܐܘ [21]ܕܥܒܝܕܐ ܐܢܫܝܢ.
ܘܟܠܗ ܕܫܪܒܬܗ ܡܕܒܪ̈ܢܘܗܝ. ܘܕܡܢ ܠܚܡܘܬܐ. ܠܒܢ̈ܝܗ
ܡܒܠܠܐ ܘܡܕܒ̈ܪ، ܥܒ̈ܕܐ ܗܘܝܢ. ܘܡܢ ܡܫܠܡܢܘܬܐ [22]ܕܡܫܘܒܪܢܐ

1 ܢܬܣܦܩ d. 2 Lücke (in den Hss. nicht angedeutet). 3 ܘܬܪ̈ܬܝܢ d. 4 ܕܒܡܬܘ̈ܪܐ ܒܟܠܗܘܢ: ܘܫܘܫܪܐ. 5 ܘܕܕܡܬܓܠܐ c, ܘܕܕܡܬܓܠܝܢ d. 6 ܕܐܬܟܠ. 7 ܦܘܪܫܐ a. 8 ܓܠܝܬܐ a c. 9 ܐܝܢܐ. 10 ܠܗ < d. 11 ܥܦܪܐ b d. 12 ܐܫܪ̈ܝܐ. 13 ܡܫܠܡܢܘܬܐ a c, ܡܫܠܡܘܬܐ d. 14 L. ܫܡܝ̈ܫܝܢ ? 15 ܡܠܟ ܡܠܟ̈ܐ a. 16 ܘܠܒܢ b, ܘܠܒܢܐ d. 17 ܘܥܡܠܥܐ. 18 ܘܒܟܪܐ. 19 ܘܟܕ b, ܟܕ d. 20 ܒܕ < a c. 21 ܒܫܘܪܐ b, ܒܫܒܘܪܐ a c d. 22 ܕܡܫܘܒܪ̈ܢܐ b d.

14ᵛ *ܕܒܗ̈ ܒܠܒ̈ܒܐ ܕܟܢܫܐ ܕܗܘ ܕܢܗܘܐ ܘܠܐ ܒܡܪܕܐ. ܘܕܗܡ
ܠܚܘܬܐ: ܟܕ ܒܝ ܢܘܪܐ ܐܘ [1]ܚܪ̈ܒܐ ܐܘ [2]ܒܒܘܪ̈ܗܢܐ ܐܘ ܒܣܓܝܐܘܬ
ܡܦܪܐ ܐܘ ܒܒܨܝܪܘܬ ܡܦܪܐ [3]ܐܘ ܒܝܪܐ ܐܘ ܒܘܪܙܢܐ [4]ܐܘ
ܫܘܡܠܝܐ: ܐܘ ܒܦܓܥܐ [5]ܘܡܫܘܬܦܘܬܐ ܗܘܝܢ. ܘܐܦ ܠܫܘܒܩܢܟ ܐܝܟ ܠܐ
[6]ܢܬܦܪܫ ܠܗܘܢ ܒܠܒ̈ܒܗܘܢ، ܒܠܒ̈ܒܐ [7]ܕܐܝܟܐ ܗܘܘ. [8]ܘܡܠܠܟ
ܐܡܪ: ܬܘܪܐ ܫܠܝܬ ܘܫܘ̈ܬܦܘܬܐ ܠܐ ܫܩܠܝܢ ܠܗ. ܘܐܝܟܢܐ ܡܫܟܚܝܢ
ܒܠܘܗܝ، ܐܝܬ ܒܝܪ ܫܠܝܐ [9]ܡܟܝܠܐ ܡܒܝܢܬ ܕܬܬܒܥܐ ܠܬܘܪܐ.
[10]ܘܕܡܟܝܠ ܐܡܪ. ܠܒܝܢܬܐ، ܠܐ ܬܫܘܪ. ܡܛܠ ܕ[ܠܘ] ܟܠ ܒܝܘ
ܒܫܠܝܘܬܐ ܡܫܬܒܚܪܐ. ܕܐܝܬ ܒܝܢܬܐ ܕܒܝܬ ܒ̈ܝܬܘܬܐ ܫܦܪ ܗܘ
ܡܕܡ ܕܒܟܢܫܐ ܠܐ ܫܦܪ ܐܝܟ ܗܘ، ܕܒܡܪܕܐ ܒܝܬ ܒܘܪܬܗ
[11]ܒܝ̈ܢܬܗ [12]ܡܛܠ [13]ܠܫܘܝܐ ܐܘܒܕܢܐ. ܘܡܠܠܟ ܐܡܪ ܐܝܟ ܗܘ
ܚܒܪܐ ܘܕܡܟܝܠ ܐܡܪ.

15ʳ ܒܡܪܕܐ *ܡܕܡ ܗܘܐ ܒܐܝܠܝܢ ܝܕ ܦܘܪܫܐ ܚܕ: ܘܒܦܘܪܫܐ
[14]ܗܘ ܐܝܬ ܗܘܐ ܡܬܦܪܬܐ ܘܒܥܕ ܒܗ ܚܘܒܐ. ܘܟܠ ܥܒܕܐ [15]ܒܥܒܕܐ
ܟܕ ܕܡܟܝܠ ܗܘܐ ܦܘܠܚܢܐ ܒܡܪܕܐ ܐܬܐ ܗܘܐ ܚܘܒܐ ܘܐܟܠ
ܗܘܐ ܠܗܘܢ. [16]ܘܐܝܬ ܗܘܐ ܒܗܘ ܦܘܪܫܐ ܥܠܠ ܚܕ: ܘܐܙܠ ܒܡܪܕܐ
ܠܘܬܗܘܢ ܘܐܫܬܥܝ ܫܘܒܩܢܐ [17]ܕܒܥܘ ܒܠܘܗܝ، ܟܕ ܫܘܐ ܘܐܡܪ ܠܗ:
ܕܐܢ ܡܫܬܟܚܬ ܒܟܝ ܐܢܠܝܢ [18]ܟܕ ܕܡܟܝܢ ܘܡܬܚܝܠܝܢ ܒܢܦܫܗܘܢ.، ܘܥܠܠ
ܐܡܪ ܕܢܗܘܐ ܠܗ ܦܘܪܫܐ ܗܘ. ܐܠܐ ܦܘܪܫܐ ܒܟܝ ܕܬܬܦܠܠ
ܫܘܐ ܘܠܐ ܬܗܘܐ ܢܦܫܟ. ܕܠܐ ܢܗܘܘܢ ܐܝܟ ܗܘ ܥܠܠܐ ܢܘܢܐ:

---

1 ܒܚܪ̈ܒܐ c d. 2 ܒܒܘܪ̈ܗܢܐ a; ܐܘ ܒܒܘܪ̈ܗܢܐ < d. 3 ܘܒܝܪܐ b d.
4 ܘܫܘܡܠܝܐ. 5 ܘܡܫܘ̈ܬܦܘܬܐ b d. 6 ܢܬܦܪܫ d. 7 ܕܐܝܟܐ ܒܠܒ̈ܒܐ.
8 ܘܐܡܪ ܡܠܠܟ b d. 9 ܡ̇ܢ b d. 10 ܘܕܡܟܝܠܐ b. 11 ܘܒܝ̈ܢܬܗ a c.
12 ܡ̇ܛܠ a. 13 ܫܘܝܐ b d. 14 ܗ̇ܘ < b d. 15 ܒܥܒܕܐ < b c d. 16 ܐܝܬ d.
17 ܕܒܥ̈ܘ a, ܕܒܥܘ b. 18 ܘܕܡܟܝܢ.

ܕܐܝܟܐ ܕܡܬܚܬܠ ¹ܠܡܫܪܝܬܐ ܘܟܠܗ ܢܦܫܗ. ܘܡܘܕܝܐ ܐܡܪ ܐܢܐ
ܗܘ ܫܪܒܐ ܘܫܓܠ ܐܡܪ.

ܐܝܬ ܗܘܐ ܥܠܝܐ ܢܩܝܐ ܘܡܕܒܪ ܗܘܐ ܚܝܘܬ ܬ̈ܝܒܐ ܕܐܝܬ ²ܗܘܐ
ܒܗܘܢ ܡܢܐ ܘܢܩܝܐ ܦܓ̈ܪܝܐ. ܘܟܕ ܐܬܦܠܓ ܠܡܫܡܫܬܐ ³ܒܝܘܡ
15ᵛ ܡܬܒܥܝܢ ܗܘܐ *ܕܠܒܘܫ ܢܩܝܐ. ܐܬܬܟܠ ܘܐܬܦܪܫ ܘܗܘ، ܢܦܫܗ
ܐܝܟ ܗܘ ܕܒܪܝܘܬܐ ܐܢܫܘܬܗ.، ܘܚܢܢܗ، ܦܓ̈ܪܝܐ ܘܫܠܡܗ: ܕܒܗܘܢ
ܗܘܝܘ ܕܒܪܬܐ ܠܝ. ܘܗܘ ܐܡܪ ܐܢܐ ܠܐ ܒܪܐ ܠܝ ܕܐܢܐ ⁴ܒܠܚܘܕ
ܡܢܗ ⁵ܚܕ ܬܘ̈ܡ ܢܩܝܐ ⁶ܐܟܠ ܗܘܘܬ: ܘܟܠ ܢܩܝܐ ܠܐ ܐܬܚܕ:
ܘܐܢܐ ⁷ܚܝܝܬ. ⁸ܘܡܘܠܦ ܐܬܘ ܠܡܫܪܝܐ [ܬܘ̈ܡ] ܦܓ̈ܪܐ ܘܐܬܡܪܘ.
ܕܗܪܟܐ ܢܩܝܐ ܐܝܬ ܦܓ̈ܪܝܐ. ܢܐܬܐ ܡܚܝܪ ܠܝܘܕ ܐܢܘܢ. ܘܗܘ
ܐܚܪܢܐ ܐܡܪ ܕܐܝܬ ܠܗܠ ܡܕܒܐ ܕܡܕܒܪܬܐ ⁹ܚܕܐ ܘܐܝܬ ܒܗ
¹⁰ܗܘܟܢܐ ܕܢܩܝܐ: ܢܐܙܠ ܠܝܘܕ ܗܘܢ: ܘܡܢ ܠܒܚܝܢ ¹¹ܠܗܠܝܢ.
ܚܕ ܐܢܐ ܕܐܬܝܢ ܘܝܕܥܝܢ ¹²ܠܢܩܝܐ ܕܐܝܬ ܗܪܟܐ: ܘܐܢܐ ܠܐ
ܫܢܐ ܐܢܐ ¹³ܘܠܒܒܝ ܐܟܪ ܐܢܐ. ܘܡܫܪܝܬܐ ܐܘܕܥ ¹⁴ܠܢܩܝܐ:
ܘܐܬܘ ܢܩܝܐ ܘܒܟܘ ܡܢ ܥܠܝܐ ܢܩܝܐ ܒܠܒܗܘ: ܕܐܡܪ ܠܝ ܡܕܒܪܐ
ܢܒܥܐ. ܡܛܠ ܕܠܝܐ ܙܙܗ ܕܐܬܟܠܐ ܡܢ ܝܠܕܐ: ܘܐܝܬ ܚܝܡ ܐܝܬ.
16ʳ ܘܟܕ *ܚܙܘ ¹⁵ܢܦܪܫܘܢ ܠܝ ܘܠܡ ܡܬܪܢܐ ¹⁶ܗܘ. ܘܗܘ ܐܡܪ ܕܐܢܐ
ܘܐܬܘ ܕܢܬܟܬܫ ܒܡ ܦܓ̈ܪܐ ܠܐ ܡܬܒܚܝܢ. ܐܠܐ ܦܘܪܫܐ
ܗܘܢܐ ܕܐܝܬ ܦܓ̈ܪܐ ܒܚܝܡܐ ܘܡܫ̈ܘܗܝ، ܒܫܘܚܝܢ. ܘܐܝܬ ܒܗ ܡܢܝܐ
ܘܦܪܫ. ܘܐ ܐܝܟ ܥܡܠ ܚܕ ܚܕ ܡܢܗܘܢ ܘܡܫܡܠ ܠܬܚܡ.

---

1 ܡܫܪܝܬܐ b d. 2 ܗܘܐ < a. 3 ܒܝܘܡ b c d. 4 + ܒܠܚܘܕ a c.
5 ܢܩܝܐ ܘܬܘ̈ܡ ܐܝܟ ܚܕ b d, ܢܩܝܐ ܬܘ̈ܡ ܐܝܟ ܚܕ c. 6 ܘܐܟܠ ܗܘܘܬ c,
ܐܟܠܬ b d. 7 ܚܝܝܬ. 8 ܘܡܘܠܦ a b c. 9 ܚܕ b d. 10 ܕܗܘܟܢܐ d,
ܦܓ̈ܪܝܐ ܕܢܩܝܐ b. 11 ܗܠܝܢ b d. 12 ܢܩܝܐ b d. 13 ܘܠܒܒܝ a.
14 ܢܩܝܐ b d. 15 ܢܦܪܫܘܢ a d. 16 ܗܘ < a c.

ܒܗܢܐ ܙܢܐ ܦܠܛܬܘܢ. ܐܡܪܝܢ ܠܗ ܢܘܢܐ. ܗܕܐ ܦܠܛܬܐ ܐܝܬ
ܒܟܪ. ܗܢܝܢ ܫܡܥ ܢܘܢܐ ܒܠܫܢܟ ܬܪ̈ܝܢ ܘܬܠܬܐ ܠܟܝ ܗܘܐ ܘܫܩܠ
[1]ܡܚܡܠ [2]ܘܐܡܠ ܠ ܒܠ ܬܠܬܐ ܚܕ ܕܢܦܩ ܗܘܐ. ܘܡܢ ܐܬܬܐ [3]ܐܦ
ܫܪܝܢܐ ܘܐܡܪܝ. ܕܢܠ ܐܢܐ ܕܐܡܗܐ ܡܪܟܐ. ܐܠܐ ܫܒ ܐܘܟܠܢܝ:
ܘܗܘ ܒܣܐܦܐ ܠܒܒܗ ܠܫܪܝܢܐ ܘܐܙܠ ܘܒܪ ܡܠܘܗ ܠܗܘ ܬܠܬܐ
ܘܒܪܒܠ ܒܐܐܪ ܗܘܘ: ܣܟܐ ܫܪܝܢܐ ܒܪ̈ܟܐ ܕܢܘܢܐ: ܘܢܒ
ܕܗܘܢ ܢܘܢܐ ܕܐܢܬ، ܗܢܐ ܗܪܟܐ ܐܒܠ ܐܢܘܢ: ܘܐܡܪܝ. [4]ܒܪ
ܗܡ ܢܦܠ ܐܢܫ [5]ܒܐܢܫܐ ܕܢܘ̈ܢܐܐ [6]ܘܢܒܒ ܕܐܢ ܡܬܒܬܫ: ܘܐܢ
16v ܠܐ [7]ܡܬܒܬ ܡܢܬ. ܐܠܐ *ܡܛܠ ܫܒܩܐ ܙܙܡ ܕܢܬܒܬܫ: ܘܐܡܪܬ ܠܝ
ܪ̈ܓܠܘܗܝ، ܘܡܬܒ̈ܬܐ ܘܠܒܒܗ ܒܡܪܠܗ [8]ܘܫܢܝ ܒܠܘܗܝ، ܘܢܦܠܘ ܬܪ̈ܝܢܘܗܝ
[9]ܘܐܬܒܪܦܠܘ [10]ܒܐܪܒܐ. ܘܫܠܐ ܢܘܢܐ ܡܢܬ. [11]ܫܪܝܢܐ [ܕܝܢ]
ܗܠܝܢ ܒܢܣܐ ܘܐܙܠ ܠܚܢܐ ܘܐܫܬܒܚ ܠܢܘܢܐ ܒܠ ܕܗܘܐ. ܡܛܠ
[12]ܗܕܐ ܐܡܪܬ ܠܝ [. . . [13]] ܕܠܘ ܒܠ ܦܘܪܫܐ ܒܡ ܠܗ ܐܢܫ
ܘܒܠܝܢ ܡܚܪܪ ܐܠܐ ܒܡܛܠܬܗ ܕܣܘܟܐ ܦܘܪܫܐ ܗܢܐ ܕܬܒܒܐ
ܠܒܐ ܘܠܒܐ. ܒܪܟܐ ܕܬܫܒܚ ܕܬܫܡܠܦ ܒܒܘܬܐ ܡܢ ܐܢ̈ܫܐ
ܘܗܡ ܬܪܘܫ ܘܬܫܒܡ ܘܠܠ ܘܠܠ ܐܝܟ ܕܣܘܢܝ ܘܢܐܬܘܢ
ܒܬܪܝ ܒܪܟܐ ܕܬܫܒܚܘܗܝ ܐܢܐ ܕܐܬܘܗܝ، ܣܘܟܐ. ܘܒܪ ܢܐܬܘܢ
ܢܫܒܚܘܢܗ ܠܒܒܘܬܐ ܢܡܛܠܘܢ ܐܦ ܠܣܘܟܐ. ܘܒܪ ܣܪ ܒܘܪܟܐ
ܠܒܐ ܘܠܒܐ: ܘܣܢܐ ܐܢܬܬܐ ܕܡܫܝܚܐ ܪܫܡ ܠܗ ܒܠ ܐܒܢܪܐ:
17r ܘܫܒܚܐ ܬܫܒܘܚܬܗ [14]ܘܬܒܒܬܗ ܠܝܫ ܒܒܐ: *ܘܣܠܦ [15]ܪ̈ܘܣܐ

---

1 ܘܡܚܡܠ ܐܡܠ c. 2 ܐܡܠ b d. 3 ܐܦ b d. 4 ܕܒܪ b d.
5 ܠܐܢܫܐ b d. 6 ܢܒܒ. 7 ܡܬܒܬ < a. 8 ܘܫܢܝ b d. 9 ܘܒܪܦܠܘ.
Oder l. ܘܐܬܒܪܒܠܘ (cf. 53 v, 82 r)? 10 + ܬܪ̈ܝܢܘܗܝ b d. 11 ܘܫܪܝܢܐ c.
12 ܗܡ. 13 Ergänze ܡܬܠܐ ܗܢܐ oder ܫܪܒܐ ܗܢܐ. 14 ܐܘ ܬܒܒܬܗ
a b, ܐܘ ܒܒܬܗ، c d. 15 ܪ̈ܘܣܐ a.

ܚܕ ܘܗܦܟܬ ܦܪܚ ܘܣܒܢ ܘܐܙܠ [1]ܫܡܥܗ ܚܕ ܚܘܝܐ. ܘܟܕ ܐܙܠܘ ܐܢܫܐ [2]ܘܐܬܟܫܦܘ ܠܪܘܡܐ [3]ܘܫܩܠܘܗܝ، [4]ܐܦ ܠܚܘܝܐ.

ܘܡܠܠܟ ܐܡܪ. ܕܬܘܪܐ ܠܗ ܒܠܚܘܕ ܣܠܩܬ: ܐܠܐ [5]ܐܦ ܥܘܒܕܬ: [6]ܘܐܢܬ ܡܢܐ ܡܫܟܚ ܐܢܬ ܕܬܥܒܕ. ܘܕܡܠܠܟ ܐܡܪ. ܐܦܢ ܐܢܬ ܠܗ ܡܕܒܪܬܐ: ܐܠܐ ܫܦܝܪ ܡܢ ܕܠܐ ܠܝܬ ܠܗ: ܘܡܢ ܐܘܪܐ ܕܢܦܠ ܗܘ ܘܒܗܐ ܒܚܝܠܘܗܝ، ܘܡܒܠ ܠܒܪ ܐܢܐ ܠܗ ܒܗܘܢܐ. ܐܝܟ ܗ̇ܝ، ܐܪܢܒܐ ܕܒܪܒܘܪܬܗ̇ ܘܒܚܟܡܬܗ̇ ܡܫܠܛ [7]ܠܐܪܝܐ. ܘܡܠܠܟ ܐܡܪ ܐܝܟ ܗܘ ܢܒܥܐ. ܘܕܡܠܠܟ ܐܡܪ.

ܒܒܐ ܐܢܬ ܗܘܐ: ܘܪܒܝܐ ܘܡܫܘܐ ܐܢܬ ܗܘܐ ܒܗ ܘܒܢܝܪ ܗܘܐ ܬܡܢ ܐܘܪܐ. ܘܚܘܪܬܐ ܕܦܘܠܚܬܐ ܗ̇ܝ، ܪ̈ܒܝܐ ܘܡ̈ܝܐ ܐܢܬ ܗܘܐ ܠܗܝܢ. ܘܡܢ ܕܚܠܬܗ ܕܐܘܪܐ ܐܠ̈ܝܢ ܗ̈ܘܝ: ܘܒ̈ܢܝܢ ܡܢܗ ܒܠܒܘ ܘܐܡ̈ܪܝ. ܕܐܢܬ ܒܥܠܡܐ ܡܫܝܚܐ ܠܟܝ ܐܢܬ ܚ̈ܘܬܐ ܕܬܐܟܘܠ ܘܐ ܬܥܒܕ ܕܠܐ *ܢܕܚܠܝܢ ܡܢܟܝ ܚ̈ܘܬܐ [8]ܡܫܕܪܝܢ ܠܟܝ 17v ܒܠܝܠܝ [9]ܚܕܐ ܚܘܬܐ. ܘܐܘܪܐ ܚܕ، ܘܫܡܫ [10]ܒܟܠܗܝܢ ܬܘܒ، ܗܢܝܢ ܚ̈ܘܬܐ: ܘܡܢ ܒܢܝܢ: ܐܝܕܐ ܕܫܠܡܐ ܗܘܬ ܦܬܘܬܗ̇ ܡܫܕ̈ܪܝܢ [11]ܠܗ̇ ܠܗ. ܘܡܢ ܡܛܠܬ [12]ܦܬܘܬܐ ܠܐܪܢܒܐ ܘܐܡܪܬ ܠܚ̈ܘܬܐ. ܕܐ ܒܢ̈ܝ ܐܢܬܝܢ ܕܟܪ ܐܘܠܐ ܐܢܐ: ܠܐ ܬ̈ܕܘܡ ܐܢܬܝܢ ܠܝ ܒܐܘܪܚܐ [13]ܘܡܫܬܘܕܝܢܐ ܐܢܐ ܠܟܠ. ܒܟܕܐ ܐܢܐ ܕܠܡܘܬܟܝ ܡܫܘܕܥܐ ܐܢܐ: ܘܠܐܘܪܐ ܡܛܠܐ ܐܢܐ. ܘܡܟܕܐ ܐܢܐ ܠܟܝܢ: ܕܠܐ ܕܫܠܐ. ܘܡܕܡ [14]ܕܐܪ̈ܝܢܗ̇ ܘܒܗ̇، ܒܢܚܫܬ ܡܠܬܗ̇: ܘܟܕ ܡܛܠܬ ܠܗ ܡܐܟܠܬܗ

---

1 ܘܫܡܥܗ c. 2 ܘܐܬܟܫܦܘܗܝ d. 3 ܫܩܠܘܗܝ b d. 4 ܐܦ < a.
5 ܘܐܦ c. 6 ܐܢܬ a. 7 ܐܪܝܐ b d. 8 + ܘܐܪܝܐ a (aus der folgenden Zeile!). 9 ܚܕ b. 10 ܒܟܠܗܘܢ a c. 11 ܠܗ ܠܗ̇ < a. 12 ܦܬܘܬܗ̇ d.
13 ܐܢܐ ܘܡܫܬܘܕܝܢܐ a, ܘܡܫܬܘܕܝܢ b c d. 14 ܕܪ̈ܝܢܗ̇ b d, ܕܪܘܢܗ c, ܕܪܘܢܗ a.

ܕܐܪܝܢܐ ܘܠܐ ܐܫܟܚ ܚܣܝܘܬܐ[1] ܪܒܢ ܗܘܐ ܕܢܟܐܬܐ: ܘܫܢܝܐ ܗܘܐ
ܐܪܝܢܐ ܐܬܬܐ ܠܫܘܕܝܗ̇. ܘܟܕ ܡܠܟܬ ܫܐܠܗ̇ ܕܬܩܢ ܐܢܫܐ ܐܬܬܐ
ܐܢܬܝ: ܘܠܐܢܫܐ ܐܚܪܐ ܐܢܬܝ. [2]ܐܡܪܐ ܠܗ. ܐܪܝܢܐ ܚܕܐ ܫܢ̈ܝܢ
18r ܠܝ ܫܢ̈ܝܬܐ: ܘܠܝ [3]ܫܢ̈ܝܢ ܒܟܢܗ̇ ܕܐܬܘ̈ܬܗ̇ ܠܝ ܘܠܡܠ ܟܢܐ *ܘܠܐܠ
ܐܢܬܝ [4]ܗܘܐ ܐܪܝܢܐ ܚܕ: ܘܟܕ ܡܠܟܬ ܠܗܘܢ ܫܐܠܗ̇ ܠܐܪܝܢܐ ܘܐܢܐ
ܐܡܪܬ ܕܗܢܐ ܐܪܝܢܐ ܠܐܪܝܢܐ ܡܫܕܪܐ ܘܗܘܐ ܢܒܪܟܝ ܘܠܠܟܝ.
ܘܗܘܐ ܐܬܬܐ ܕܐܫܘܢܝ. ܘܐܡܪ ܠܗ̇ [5]ܐܪܝܢܐ. ܬܝ، ܫ̈ܘܝ، ܠܝ ܗ̇ܘ
ܐܪܝܢܐ. ܘܐܙܠܬ ܘܫܘܬܗ ܒܪܐ ܕܡ̈ܢܐ ܢܗܪܐ: ܘܐܡܪܐ. ܗܪܟܐ
ܗܘ. [6]ܘܗܪܟܐ ܕܢܫܘܢ ܬܪ̈ܝܗܘܢ ܒܒܪܐ. ܘܐܬܝܢܝ ܠܠܬܠܬܝܗܘܢ
ܒܒܪ̈ܐ: ܘܐܡܪܐ ܠܗ. ܗܐ ܐܪܝܢܐ ܘܗܘܐ [7]ܐܪܝܢܐ ܕܫܘܠ. ܘܟܕ ܚܙܗ̇
ܠܠܬܠܬܝܗܘܢ: ܐܡܪܬ ܕܫܪܪܐ ܗܘ ܘܠܟܫ ܚܟܡܬܐ: [8]ܘܐܝܟ ܗܘ ܕܒܢܒܗ
ܡܬܒܬܫ ܢܦܠ ܒܒܪܐ ܘܐܬܚܙܝ.

ܘܡܠܟܐ ܐܡܪ. ܐ ܗܟܝܠ [9]ܡܫܒܚ ܐܢܬܝ ܕܬܬܦܠܠܝܗܘܢ
ܠܬܘܪܐ. ܐܝܟ ܕܠܐ ܢܗܘܐ ܫܘܚܠܦܐ: ܠܐ ܠܐ ܬܬܪ ܐܠܐ ܒܪܐ.
ܡܠܠ ܕܒܒܐ [10]ܕܬܘܪܐ ܚܕ: ܠܝ ܫܘܦܪܢܐ ܗܘ. ܐܙܕܗܪ: ܕܠܟܐ
ܬܡܠܠܝܢ ܒܫܬܩܐ. ܗܢܝܢ ܗܘ ܕܡܠܟ ܘܡܬ̈ܠܬܐ: ܘܠܐ ܚܢܝܗ̇
18v ܠܐܪܝܢܐ. ܘܟܕ *ܐܙܠ ܚܘ، ܢܦܫܗ ܐܝܟ ܕܒܫܘܢܐ ܠܗ. ܘܟܕ ܚܙܝܗ̇
ܐܪܝܢܐ. ܐܡܪ ܠܗ: ܫܠܡ ܡܐܬܝܬܝ ܕܗܘܐ ܒܟܝܐ ܠܝ ܕܠܐ ܚܙܝܬܝ.
ܘܡܠܟܐ ܐܡܪ ܫܠܡܐ ܢܗܘܐ: ܒܪܡ ܗܫܐ ܠܢܬܝ [11]ܫܠܡܐ. ܐܪܝܢܐ
ܐܡܪ ܒܪ ܡܠܟܝ ܘܡܠܟܐ ܐܡܪ ܗ̇، ܕܡܠܟܬ ܠܝ [12]ܠܡܪܝ، ܠܐ ܬܡܠܟܐ.
ܘܐܪܝܢܐ ܐܡܪ ܡܒܘ ܗܢܐ. [13]ܕܡܠܟܐ ܐܡܪ ܕܐܪܝܢܘܬܐ ܘܠܐ ܕܐܡܪ

---

1 ܫܢ̈ܝܬܐ a. 2 ܐܡܪܬ d. 3 ܫܢ̈ܝ a c, ܫܢ̈ܝܢ d. 4 ܗܘܐ < b c d. 5 ܐܪܝܢܐ < b d. 6 + ܐܪܝܢܐ b d. 7 ܘܐܪܝܢܐ a. 8 ܐܝܟ d. 9 + ܐܢܬܝ a c. 10 ܘܬܘܪܐ ܚܕ ܠܝ d, ܕܬܘܪܐ ܚܠܝܢ ܕܪ̈ܒ a c. 11 ܫܠܡܐ < c. 12 ܘܠܡܪܝ b d. 13 ܘܡܠܟܐ d.

ܠܝ. ܘܟܕ ܫܐܠܗ [1]ܒܐܪܙܐ. ܘܐܬܡܠܟ ܐܡܪ ܡܢ ܕܒܥ̈ܠܬܐ ܕܢܫܝܐ
ܡܟܝܢ: ܟܕ ܡܠܬܐ ܕܢܫܘܐ ܫܡܥ ܒܗܘ ܕܐܬܡܪܝܢܗ̇ ܠܐܢܫ. ܐܠܐ
ܟܕ ܗ̇ܘ ܕܡܬܐܡܪܐ ܠܗ ܢܚܫܒܐ ܗܘ: ܦܪܫ ܕܢܫܡܥܝܗ̇. ܘܟܕ
ܫܡܥ ܠܗ [2]ܒܪܙܐ: ܘܟܕ ܠܐ ܫܡܥ [3]ܠܗ̇ [4]ܡܚܫܘܪ. ܘܡܟܝ ܢܚܫܡ
ܘܡ̇ܢ ܕܒܫܘܒܐ ܐܡܪ ܡܠܬܐ ܠܝܬ ܠܗ ܫܘܦܪܐ. ܘܡܟܠܬܐ
ܫܡܥܬ: ܘܡܕܒܪܐ ܕܠܐ ܡܕܡ ܐܝܬ. ܡܛܠ ܕܢܫ̈ܐ ܕܠܡ ܒܗ
ܐܘܣܝܡ. ܟܕ ܒܫܘܦܪܐ ܢܗܠܝܢ ܘܡܫܡܥܝܢ ܙܙܡ ܕܐܬܡܪ ܠܝ. ܟܕ
ܠܐ ܡܫܬܐܠܬ. ܡܛܠ ܕܐܬܡܪ. ܕܗ̇ܘ *ܕܡܠܬܐ ܕܥ̈ܠܝܠܬܐ ܠܐ ܚ̇ܠܐ: 19r
ܘܒܘܪܗܢܗ ܡܢ ܐܘܣܐ ܒܦܫܐ. ܘܐܪܙܐ ܕܡܫܡ̈ܥܐ ܠܐ ܢܦܪ. ܫܘܦܪܐ
ܕܢܦܫܗ ܒܟܐ. ܘܐܪܙܐ ܐܡܪ ܡܢܐ ܗܝ ܡܠܬܐ. ܘܐܬܡܠܟ ܐܡܪ.
ܫܡܥܬ ܡܟܝ: ܕܗܝܟܢ ܡܛܠ ܟܡ ܢܗܘܬܐ: ܢܟ ܟܡܐ ܘܐܡܪ:
[5]ܕܗܘܐ ܟܡܐ [6]ܡܬܚܡܐ ܐܢܐ ܒܐܪܙܐ ܡܢܘ: ܘܐܪܙܒܬ ܕܠܝܬ ܠܗ
ܒ́ܪܘܬܐ [7]ܕܡܟܫܠ ܕܠܝ [8]ܗܘ ܝܟܘܬܐ. ܘܐܢܐ ܫܡܥܬܗ̇ ܠܡܠܬܐ
ܘܐܬܒܝܢܬ: ܕܗܝܟܢ ܦܠܘܡܐ ܗܘ: ܘܐܪܙܐ ܟܠ ܗܕܐ ܡܫܘܚܬܐ:
ܐܠܐ ܫܘܦܪܗ ܐܦܠܛܘܢ: ܕܟܕ ܒܟܠ ܡܕܡ ܟܕ ܦܫܝܛܗ ܐܢܐ
ܕܐܪܙܐ: ܡ̇ܛܠ ܐܢܐ [9]ܠܗ: [10]ܘܠܝ ܫܘܠܛܢܗ ܡܫܠܛܐ ܠܝ. ܘܐܡܪܝ ܗܘ:
ܕܐܢܫ ܫܠܝܛܐ [11]ܕܠܟܡ [12]ܐܫܬܘܝ: ܐܬܒܗܬܗ ܢܦܫܐ ܠܐ ܡܕܪܫܐ:
ܗ̣ܘ ܠܗ ܡܕܪܫܐ. [13]ܘܟܠ ܗܕܐ ܐܡܪܬ: ܕܐܝܬ ܫܒܝܚܐ ܘܡܕܪܫܢܐ
ܘܗ̇ܘ ܡܢ ܕܗܠܐ ܒܟ̇ܪ. ܐܠܐ ܠܝ: [14]ܫܦܪ ܠܝ: ܕܗܕܡ ܫܘܦܪܐ
ܐܬܚܫܒ. ܘܟܠ ܫܠܡܐ ܠܐ ܬܬܠܠ. *ܘܐܡܪܝ ܗܘ ܕܢܚܫܒܐ ܢܚܫܒ 19v

---

1 ܒܐܪ̈ܙܐ b d. 2 ܡܒܪܙܐ a. 3 ܠܗ b. 4 L. ܡܚܫܘܪܐ? 5 ܘܕܗܘܐ (!) b. 6 ܡܬܚܡܢܐ (sic) b, ܕܡܬܚܡܐ ܐܢܐ a c, ܡܬܚܡܐ (ohne Pron.) d. 7 L. ܘܡܟܫܠ? 8 ܗ̣ܝ b d. 9 ܠܝ d. 10 ܘܫܘܠܛܢܗ b d. 11 ܐܬܕ ܠܟܡ d, L. ܠܟܡ ܐ_? 12 L. ܕܐܫܬܘܝ, ܕܐܬܒܗܬܗ? 13 ܟܠ a. 14 ܫܦܪ a.

ܡ̇ܢ ܕܒܙܘܒܢܐ ܡܫܘܒ ܢܦܫܗ ܡܢ ܢܟܝܠܐ. ܘܫܘܠܐ ܡ̇ܢ ܕܟܠ
ܫܠܡܐ [1]ܡܬܬܟܠ: ܘܠܐ [2]ܕܢܦܠ ܡܢ ܢܟܝܠܐ. ܘܡܢܐ ܕܢܦܠ ܠܗ ܡܫܟܚ
ܕܢܬܦܪܘܩ. ܐܝܟ ܗ̇ܘ ܢܘܢܐ ܫܩܠܐ ܕܢܦܠ ܒܐܒܪ̈ܝ ܨܝ̈ܕܐ. [3]ܘܐܡܪܐ
ܐܡܪ ܐܝܟ ܗܘ ܫ̇ܪܒܗ. ܘܕܝܠܟ ܐܡܪ.

ܕܐܝܬ ܗܘܐ ܢܘܢܐ ܙ̈ܥܘܪܐ [4]ܒܡܨ̈ܝܕܐ ܬܠܬ. ܚܕ ܚܢܝܩ ܗܘܐ.
ܘܚܕ ܡܬܪ ܚܢܝܩ ܗܘܐ. ܘܚܕ ܫܠܝܐ. ܘܐܬܘ ܨܝ̈ܕܐ ܘܚܙܘ ܐܢܘܢ.
ܘܐܡܪܘ ܠܚ̈ܒܪܝܗܘܢ: ܕܡܚܝܢ ܢܐܬܐ ܢܠܩܘܛ ܐܢܘܢ. ܘܫܩܠܘܢ ܫܩܠܘ.
ܘܗ̇ܘ ܕܡܬܪ ܚܢܝܩ ܗܘܐ ܠܒܪ ܐܝܟ ܕܠܐ ܢܦܪܐ ܘܠܡܨ̈ܝܕܐ ܐܚܪܢܐ
ܐܙܠ. ܘܠܚܢܝܩܐ ܐܬܘ ܨܝ̈ܕܐ. ܘܟܕ ܚܙܘ ܗ̇ܘ ܚܢܝܩܐ: ܐܬܬܘܝ,
ܘܐܡܪ. ܕܙܕܩ ܗܘܐ ܕܢܣܒ ܐܘܠܨܢܐ [5]ܐܬܦܪܘܩ. ܡܛܠ ܕܗ̇ܘ
[6]ܕܡܒܙܘܬܗ ܚ̇ܒܫ ܕܡܛܠܬܐ ܕܢܦܠ ܘܒܙܘܒܢܐ ܠܐ ܙܕܩ ܕܢܚܫܘܒ
20 r ܡܒܪܐ ܐܠܐ ܕܢܬܦܪܘܩ: ܘܥܒܕ ܗ̇ܘ *ܢܘܢܐ ܠܢܦܫܗ ܟܠ ܕܡܝܬ ܐܝܟ
ܗ̇ܘ ܕܡܝܬ. ܘܟܕ ܚܙܘ ܨܝ̈ܕܐ ܫܒܩܘ ܕܡܝܬ ܫܩܠܘ ܫܕܘܗܝ, ܟܠ
ܫܘܬܗ ܕܐܟܠܒܐ: ܘܡܢܐ ܕܚܕ ܢܘܢܐ [7]ܕܐܫܬܦܩܘ ܠܗܘܢ
[8]ܨܝ̈ܕܐ ܒܠ ܗ̇ܘ [9]ܢܘܢܐ ܐܚܪܢܐ. ܫܘܪ ܘܢܦܠ ܒܡ̈ܝܐ ܘܐܬܦܠܛ
ܘܗ̇ܘ ܫܠܝܐ ܐܙܠ ܗܘܐ ܘܐܬܐ ܡܕܡܝܢܘܢ ܒܕܡܐ ܕܠܒܒܗܘܢ.
ܘܐܡܪܐ ܐܡܪ. [10]ܫܡܥܬ ܗܠܝܢ ܐܠܐ ܗܟܢ [11]ܦܠܝܓ ܐܢܐ
ܕܢܘܒܠܟ ܟܠ ܒܫܬܐ ܡܬܕܒܪܐ. ܡܛܠ ܕܠܐ ܒܫܝܬ ܠܗ ܕܒܝܫ:
ܐܠܐ ܕܫܦܝܪ. ܘܕܝܠܟ ܐܡܪ. ܐܝܟ ܘܟܠ ܗܕܐ [12]ܗܦܘܟ ܒܠܒܟ
ܡܛܠ ܦܬ̈ܓܡܐ ܕܡܫܪܝܬ ܠܘܬܗ: ܘܕܡܟܠܬܝܗ, ܠܙܪܥܐ ܕܠܒܟ.
ܘܐܡܪ ܕܐܝܟ [13]ܒܨ̈ܪܐ ܘܦܠܘܓܬܐ [14]ܚܝܦ ܕܫܡܫܐ ܠܗܘ ܕܪܒ ܡܢܗ.

---

1 ܐܬܬܟܠ a. 2 ܕܠܐܠ. 3 ܐܡܪܐ b. 4 ܒܡܨ̈ܝܕܐ. 5 ܐܦܪܘܩ b c d. 6 ܕܡܒܙܘܬ. 7 ܕܐܫܬܦܩܘ a c, ܕܐܫܬܦ̇ܩ̇ܘ (sic) d. 8 ܨܝ̈ܕܐ < b d. 9 ܢܘܢܐ < b d. 10 ܫܡܥܬ ܠܝ. 11 ܡܬܦܠܓ a. 12 ܗܦ̇ܘܟ d, ܗܦ̤ܘܟ a. 13 ܒܨܪ ܐܘ ܦܠܘܓܬܐ a b c, ܒܨ̈ܪܐ ܘܦܠܘܓܬܐ d. 14 ܚܝܦ.

ܒܪܟܐ ܕܢܦܩܐ ܠܡܫܘܚܬܗ. ܘܒܬܪܐ ܕܕܢܚ ܡܢܗ ܘܫܢܝܘ ܒܠܘܗܝ.
ܘܒܬܪܐ [1]ܕܗܘ̇ܐ ܠܐ [2]ܫܢܝܘܐ ܘܐܠܐ ܕܢܠܐ. ܗܢܝܢ ܡܒܒܒ ܦܠܘܡܝܢܘܣ
20v *ܐܝܟ ܗ̇ܘ ܕܐܘܒܕܐ ܕܒܠܒܐ ܕܒܢܝ̈ܟ: ܘܟܕ ܗܦܟ ܒܡܠܟܝܢ [3]ܒܗ
[4]ܒܐܡܘܡܘܬܐ ܕܬܦܢܟ [5]ܘܡܕܐ ܕܡܬܝܢ ܠܗ [6]ܠܚܝܠܗ ܡܬܩܢ ܘܡܬܩܪܝܢ.
ܘܟܕ ܚܙܐ ܕܡܢܟ ܕܡܠܟܐ ܕܐܡܪ ܠܗ ܐܢܫ ܕܢܦܠܓܝܘܗܝ ܠܐܪܥܐ
ܥܠ ܬܘܪܐ. ܘܐܬܚܙܝ ܕܡܫܐܝܬ ܡܬܒܒܐ [7]ܕܢܦܠܠ. ܘܐܡܪ ܠܐܪܥܐ.
ܕܢܣܒܐ ܗ̇ܘ ܕܡ̈ܠܐ ܕܢܬܘܪܐ [8]ܡܬܬ̈ܡܠܠ ܢܐܕܘܗܝ، ܒܚܘܒܐ [9]ܘܠܐ
ܢܒܐ ܠܡܩܒܪ. ܐܬܒܝܐܝܬ ܢܚܪ ܡܢ ܩܘܒܪ̈ܝܘܗܝ. ܐܝܟ ܗ̇ܘ
ܕܡܘܬܐ ܕܠܘ ܩܒܪܬܐ ܕܦܘܡ ܠܗ ܐܦܘܐ ܐܟܠ. ܐܠܐ [10]ܗ̇ܘ ܕܐܪܓ.
ܘܗܕܐ ܐܡܪܬܐ [11]ܕܠܗ̇ܘ ܐܢܫ ܩܒܘܪ [12]ܘܠܬܐ ܐܝܟ ܕܕܡ ܠܡܫܒ̈ܚܐ
ܕܢܒܝܫܐ ܘܡܢ ܠܐ ܘܠܬܐ [13]ܕܢܗܘܦܟܝܘܗܝ. ܡܛܠ ܕܢܣܒܐ ܗ̇ܘ
ܦܪ ܕܡܗܘܦܟ ܠܢܣܒܗ ܡܢ ܠܐ ܘܠܬܐ. ܘܐܠܝܢܐ ܗ̇ܘ ܦܪ ܕܢܠܡ
ܦܐܪ̈ܘܗܝ. ܘܐܬܬܝܬܐ ܗ̇ܝ [14]ܦܒܐܐ ܕܐܝܟ ܢܒܡ [15]ܒܒܠܗ̇ ܡܬܪܒܪܐ.
21r ܘܡܠܘܫܐ ܗ̇ܘ ܡܠܘܫ ܕܡܢ ܬܘܒܐ *ܡܬܠܘܫ. ܘܒܫܡܬܐ ܗ̇ܘ [16]ܒܫܡܝܪ
ܕܠܝܬ ܒܗ ܐܣܘܦܘܬܐ. ܘܐܡܪ ܗܘ ܕܡܢ ܕܢܘܪܐ ܠܐܣ̈ܦܘܗܝ، ܘܟܠ
ܫܘܪܐ ܡܟܣܐ [17]ܦܒ ܙܕܡ ܕܬܠܒܫܘܗܝ، ܫܢܬܐ ܡܢ ܗ̇ܘ ܕܒܠܙܒܒܗ
ܡܬܦܝܣ ܕܐܡܬܝ، [18]ܕܢܫ ܘܢܬܢܫ. ܘܗܕܐ [19]ܐܡܪܬܐ ܕܫܠܝܦܐ
ܕܢܦܩܐ ܠܡܒܝܐ ܕܢܦܫܗ: ܠܐ ܢܬܪܐ ܕܢܦܫܗ ܕܢ ܒ ܘܠܐ ܫܘܫܪܐ
ܫܒܩ ܠܗ ܡܪܕܡ. ܐܝܟ ܦܠܐ ܙܘܐ ܡܬܪܒܪ ܡܢ ܒܡ ܢܦܫܗ: [20]ܘܡܕܐ

---

1 ܕܗܘ̇ܝܐ b d. 2 ܫܢܝܢ a. 3 ܒܗ < b d. 4 ܒܐܡܘܡܘܒܐ a.
5 ܡܕܐ b d. 6 ܠܚܝܠܐ b d. 7 ܕܢܦܠ b d. 8 ܕܡܬܬ̈ܡܠܠ a. 9 ܠܐ b d.
10 ܕܗ̇ܝ، ܗ̇ܝ، ܐܪܓ b, ܐܠܐ ܕܗ̇ܘ ܗ̇ܝ، ܐܪܓ d. 11 ܕܒܗ̇ܘ. 12 ܘܠܬ̈ܐ a.
13 ܐܗܦܟܝܗ̇، a, ܐܗܦܟܝܘܗܝ، b c d. 14 ܦܒܬܐ a. 15 ܒܒܠܐ d.
16 ܕܒܫܡܝܪ a. 17 So mit B; ܕܬܠܒܫ a, ܘܬܠܒܫ b c d. 18 ܘܕܢܫ ܘܢܬܬܢܫ a c, ܘܕܢܫ ܘܢܬܢܫ b, ܘܕܢܫ ܘܢܬܬܢܫ d. 19 ܕܐܡܪܬܐ c d. 20 ܡܕܐ b d.

[1]ܕܡܦܠܐ ܚܘܫܒܐ ܒܡܘܪ̈ܒܗܘܢ ܡܬܒܕܠ. [2]ܘܐܡܪܐ ܐܡܪ. ܫܦܝܪ
ܡܕܐܢܬ ܡܠܠܬ. ܐܠܐ ܡܛܠ ܚܘܒܐ ܡܪܝܐ ܠܡܛܠܡ. ܘܟܕ ܫܪܒܘܟ
ܡܐܒܘܠܬܐ ܗ̇ܘ ܕܠܟ ܘܪܢܝܢ ܒܟ ܡܕܡ ܠܐ ܡܫܟܚ [3]ܐܢ̱ ܒܬܘܝ،
[4]ܕܫܡܥܬ ܠܗ ܐܗܦܟ ܘܐܬܪܒ [5]ܒܬܫܡܫܬܐ ܕܫܡܝܢ: ܡܬܕܪܒ
ܐܝܟ ܠܠܐܡܝܐ. ܘܕܡܝܟ ܐܡܪ. ܐܦ ܗܘ ܠܐ ܫܦܩ ܕܢܫܠܡܟ:
ܟܕ ܐܚܪ̈ܢܐ ܡܫܠܡ ܠܟ. ܘܐܡܪ ܗܘ ܕܦܩ ܕܠܐ *ܡܫܬܡܫܬ 21v
ܒܢ̈ܘܗܝ ܥܒܕ ܒܝ ܡܫܡܫܢܐ ܘܟܕ ܦܬܘܪܐ ܠܐ ܬܫܡܫܘܗܝ ܠܟ.
ܡܛܠ ܕܗܘܝ [6]ܬܚܫ ܐܝܟ ܕܚܫܬ ܘܠܡܐ ܡܢ ܫܘܬܦܘܬܐ ܕܒܡ
ܦܘܪܬܒܢܐ. ܘܐܡܪܐ ܐܡܪ: ܐܝܟ ܚܫܬ ܘܠܡܐ. ܘܕܡܝܟ ܐܡܪ.
ܕܒܫܘܬܦܘܬܐ ܕܟܪ ܚܐܪ̈ܐ ܚܕ ܐܢܬ [7]ܗܘܝܬ [8]ܘܠܡܐ ܚܕܐ. ܘܗ̇ܝ
ܟܕ ܕܡܢܟ ܗܘܐ ܠܒܪܐ: ܕܒܢܐܝܬ ܡܢܒܬܐ ܗܘܬ ܐܝܟ ܕܠܐ
ܢܓܕ. ܘܥܓܪܐ ܕܪܒܢܐ ܒܡܪܬ ܬܗܡ. ܘܐܢܫ ܠܐ ܠܒܒܗ̇. ܗܘܝܢ
ܐܬܐ ܦܘܪܬܒܢܐ ܟܕ ܡܫܘܪ. ܘܟܕ ܚܙܬܗ ܡܪܬܗ ܘܐܡܪܬ ܠܗ.
ܬܐ ܠܒܢܐ ܘܐܬܠ ܠܟ ܬܫܘܫܬܐ [9]ܕܒܢܝܬܐ ܘܕܡܐ ܒܫܡܝܐ. ܡܛܠ
ܕܡܪܗ̇ ܕܬܫܘܫܬܐ [10]ܥܒܘܬܗ ܬ̈ܐܡܝܢ ܘܕܡܗ ܒܫܡܝܢ. ܘܒܠܠܝܐ ܟܕ
ܠܒܪܐ ܕܡܢܟ ܒܬܫܘܫܬܗ: ܡܫܐܝܬ ܒܬܗ ܦܘܪܬܒܢܐ. [11]ܘܡܫܢܝܐ
ܡܢ ܘܐܬܒܡ ܕܡܢܗ ܗܘܝܐ ܕܢܬܬܢ. [12]ܘܦܘܪܬܒܢܐ ܥܘܪ ܡܢ ܬܗܡ
ܘܐܙܠ. ܘܟܕ ܚܪ ܒܬܫܘܫܬܐ ܠܐ ܐܫܟܚ ܐܠܐ ܘܠܡܐ ܘܛܠܠܗ̇.
ܘܟܠ ܗܕܐ ܐܡܪܬ ܠܟ *ܕܐܢ̱ ܫܪܒܘܟ ܠܐ ܗܪܝܚ: ܐܠܐ 22r
ܒܐܝ̈ܕܝ ܒܠܥ̈ܒܐ ܕܒܠܬܗ [13]ܢܓܠ. ܘܢܒܥ ܐܝܟܐ [14]ܕܠܐ ܥܠܡ
ܕܒܐܝ̈ܕܝ [15]ܐܚܪ̈ܢܐ ܢܫܒܘܪ ܒܝ. ܐܠܐ ܗ̇ܘ ܒܡܘܡܝܗ. ܗܘܝܢ

---

1 ܕܡܦܠܓܐ b d. 2 ܐܡܪܐ b. 3 So mit B; ܐܢܐ. 4 ܕܫܡܥܬܗ a c.
5 ܘܒܬܫܡܫܬܐ. 6 ܡܚܫܒ (ܡ̈ܚܫܒ ?). 7 ܗܘܐ a. 8 ܚܕܐ ܘܠܡܐ a.
9 ܕܒܢܝܬܐ a. 10 ܥܒ̈ܘܬܗ (sic) a. 11 ܘܡܫܢܝܐ ܘܡܫܢܝܢܐ ? a.
12 ܦܘܪܬܒܢܐ a c. 13 ܢܓܠ (sic) a. 14 ܘܠܐ. 15 ܐܚܪܢܐ c d.

[1]ܐܬܦܠܓ ܘܡܢܟ. ܘܐܡܪ ܠܕܡܫܝܚ [2][ܡܕܝܢܐ ܡܠܟܘܬ ܠܟ. ܘܕܡܫܝܚ ܐܡܪ] ܒܒܐ ܕܐܟܝܠ ܘܡܬܐܟܠܢܘܬܐ [3]ܕܕܝܢܫܐ ܒܗ [4][ܠܐ] ܡܬܕܡܝܢ ܠܝܬ ܢܝܫܐ. ܘܐܘܕܝܐ [ܐܡܪ] [5]ܗܟܝܠܐ ܗܘ. ܐܠܐ ܒܗ ܠܗܕܐ ܡܛܠܐ ܫܡܥܘܢ ܘܡܪܐ ܐܢܐ ܠܗ ܘܠܐ ܐܢܐ ܫܡܥܝܢܗ ܘܡܪܐ ܐܢܐ ܐܢܐ ܠܗ ܡܢܝ. ܘܕܡܫܝܚ ܐܬܝܗܒ ܕܐ̱ ܡܘܕܐ ܠܗ ܠܬܘܪܐ ܗܢܐ ܫܪܝܪܐ ܒܟܪ. ܡܟܝܠ ܒܝܘܡܐ ܘܡܕܒܪ ܐܢܐ. ܘܕܡܫܝܚ ܐܡܪ. ܡܢܝ، ܠܬܟܡܐ ܕܐ̱ ܘܗܘ ܕܢܝܚܐ ܫܡܥܘܢ ܒܫܘܪܝܗ. ܕܕܠܒܟܐ ܐ̱ ܢ̇ܒ ܕܪ ܟܢܫ ܐܝܬ ܒܗ ܡܬܦܪܫ ܘܢܐܠ. ܘܬܦܘܫ ܐܝܬ ܒܫܝܪܐ [6]ܘܒܝܢܪܐ. ܐܘ ܡܫܠܡ ܢܦܫܗ ܘܡܬܬܦܫ ܒܒܥܝܢ. ܘܫܕܐ ܡܢ ܬܪܬܝܢ ܠܒܕܝܐ. ܐܘ [7]ܡܟܐܬ ܐܘ [8]ܢܦܠܠܢ. ܘܦܠܒ ܗܘ ܡܟܘܬܐ ܕܐܒܕܢܐ ܡܢ ܫ̈ܢܝܐ ܕܒܝܪܐ. ܘܐܢܫ ܢܫܝܡܐ *[9]ܠܗܡܠܘܬܐ [10]ܕܒܦܘܫܢܐ: ܬܒܒܬܐ 22ᵛ
ܒܠܒܐ ܠܗ ܒܟܪ. ܘܐܘܕܝܐ ܐܡܪ. ܫܠܦܠܐ ܕܦܘܪ [11]ܡܫ̈ܘܬܐ ܕܠܐ ܒܐܢܒܘܬܐ [12]ܕܠܡܘܢܗ ܢܫ̈ܝܢ. ܘܐܢܐ ܫܠܘܬܐ ܒܫܡܥܘܢ [13][ܠܐ] ܢ̇ܒ ܐܢܐ. ܘܕܡܫܝܚ ܐܡܪ. ܗܐ ܡܢܐ ܕܐܬܪܐ [14]ܫܡܥܘܢ ܠܢܬܘܟ ܦܪ ܢܦܫܟ ܡܢܗ. ܘܡܫܕܐ ܢ̇ܒ ܐܝܬ ܕܠܐ ܒܫܠܡ ܐܬܐ. ܘܐܬܐ ܗܘ ܒܪ ܦܓܪܗ [15]ܗܦܟܟ ܘܐܪܬ ܘܡ̈ܪܘܗܝ، ܡܦ̈ܠܓܝܢ ܠܡܕܘܪ ܘܠܒܐ ܘܠܒܐ ܢܫܪ. ܘܐܘܕܝܐ ܐܡܪ. ܐ̱ ܫܡܥܘܢ ܒܢܐ ܕܐܡܪܬ ܐܬܐ [16]ܐܕܒ ܕܠܐ ܒܫܠܡܐ ܐܬܐ. ܘܡܢ ܕܢ̇ܒ ܕܡܫܝܚ

---

1 ܐܬܦܠܓ. 2 Ergänzt mit B. 3 ܕܕ̈ܝܢܫܐ a, ܕܕܝܢܫܐ b c d.
4 ܒܕܡܒܐ ܒܗ ܡܬܕܡܝܢ b c d, ܒܗ ܡܬܕܡܝܢ a. 5 ܗܘ ܟܠܐ a, ܗܘ ܗܟܠܐ c. 6 ܒܝܢܪܐ (ohne ܘ) b d. 7 ܡܟܐܬ a, ܡܟܬ b c.
8 ܘܦܠܠܢ b c d. 9 ܠܗܡܠܘܬܐ a b c, in d durchgestrichen.
10 + ܠܗܡܠܘܬܐ. 11 ܡܫܘܬܐ. 12 ܕܠܡܘܢܗ, korrigiert in ܕܢܘܡܗ, b. 13 Mit B ergänzt. 14 ܒܫܡܥܘܢ b d. 15 ܗܦܟ b.
16 ܠܟ ܕܒ a, ܕܒ (ohne ܠܟ) b c d.

ܕܐܦܠܘܗܝ ܥܠ ܛܘܪܐ ܕܓܠܝܐ [1]ܠܦܪܨܘܦܗ ܡܟܝܟܗ [2][ܟܡܐ] [3]ܕܒܕ ܐܝܠ
ܐܢܐ ܓܝܪ ܛܘܪܐ ܠܐ ܢܕܠܠܝ [4]ܐܡܪ. ܐܝܠ [5]ܘܐܚܝܢܘܗܝ ܠܦܘܩܕܢܟ
ܕܠܡܢܐ ܢܓܠܐ ܠܝ ܐܝܪܐ. [6]ܘܐܡܪ ܝܠ ܘܐܝܠ ܘܦܩܕ ܦܘܩܕܢܟ ܬܘܒ
ܫܘܝ ܢܦܫܗ ܐܝܟ ܕܒܪܐ ܠܗ. ܘܒܕ ܦܘܩܕܢܟ ܥܐܠܗ. ܕܗܐ ܫܘܒܪܐ
23r ܡܢ ܕܢܚܬܟ. ܥܠܡܐ ܗܘ ܒ ܐܬܝܬ *ܠܢܚܬܝ. ܘܕܡܟܝܟ ܐܡܪ.
[7]ܗܘܝ ܐܡܟܝܢܐܝܬ. ܘܐܢܬ ܗܘܐ ܥܠܡܐ. ܘܐܠܝܢ ܕܒܦܘܩܕܗܘܢ ܠܐ
ܥܠܝܠܝܢ ܘܫܢܝܢܗܘܢ ܒܝܕ ܐܚܪ̈ܢܐ ܐܝܟܢ. ܘܐܪܙܗܘܢ ܡܠܝܐ ܒܝܕ
ܗܘ. ܐܢܐ ܗܒܪܐ ܐܝܬ ܠܗܘܢ. ܘܬܘܪܐ ܐܡܪ. ܘܗܟܢܐ ܡܢ
[8]ܡܠܦܢܐ. ܘܕܡܟܝܟ ܐܡܪ. ܡܠܦܬ ܗܝ ܕܒܬܪܝܐ ܗܘܬ ܠܡܗܘܐ.
ܡܛܠ ܕܡܢ ܕܡܬܬܒܥ ܒܗ ܫܠܡܐ ܘܡܢ ܕܡܦܠܐ ܠܝܒܘܬܐ ܘܠܐ
ܙܘܝ. ܘܡܢ [9]ܕܒܫܘܟܠܐ [10]ܗܘܐ ܒܗ [11]ܐܝܟ ܘܠܐ ܡܕܡ ܗܘܐ ܦܘܫܩܠܐ.
ܘܡܢܘ ܕܠܐ [12]ܕܠܝܬ ܢܒ̈ܐ ܙܒܢܗ. [13]ܘܡܢܘ ܕܡܢ ܒܢ̈ܝ ܡܢܗ
ܐܬܦܠܓ. ܘܡܢܘ [14]ܕܐܬܬܘܡܦ [15]ܠܫܠܝܚܐ [16]ܘܒܐܡܢܘܬܗ. ܡܪܝܗ. ܕܠܙܒܢܐ
ܒܗ ܬܠܡܝܕܐ ܘܠܝܫܘܥܐ ܒܗ ܒܢ̈ܝܐ [17]ܘܠܫ̈ܠܝܚܐ ܒܗ [18]ܒܢ̈ܝܐ
ܡܙ̈ܒܢܐ ܠܝܬ [19]ܠܗ ܫܘܒܚܐ. ܡܛܠ ܕܒܕ ܐܝܠ ܡܟܝܟܘ ܚܕ ܐܚܪ̈ܢܐ
ܫܠܡܘܗܝ ܡܟܝܟܝܢ. ܘܦܘܩܕܢܟ ܐܡܪ. ܡܟܝܟܐ ܗܝ ܡܠܬܐ ܗܕܐ.
ܙܢܐ ܐܢܐ ܕܢܒܝܐ ܡܟܝܟ ܡܠܝܟ ܡܢ ܐܝܪܐ. ܘܕܡܟܝܟ ܐܡܪ. ܠܝ
23v ܢܒܝܐ ܠܐ *ܡܠܟܝ. ܐܠܐ ܡܬܕܒܪܢܘ [20]ܐܢܬ ܒܪ ܐܬܬܐ

---

1 ܠܗ ܢܦܫܗ a d. 2 ܐܡܪ a c, das aber aus der folgenden Zeile hereingekommen ist. 3 ܒܪ a. 4 ܐܡܪ < a c. 5 ܐܚܝܢܘܗܝ b c d. 6 ܘܐܝܠ ܘܐܡܪ ܝܠ ܘܦܩܕ ܦܘܩܕܢܟ ܘܐܚܝ ܫܘܝ ܢܦܫܗ ܐܝܟ a c, ܘܦܩܕ ܦܘܩܕܢܟ ܬܘܒ ܫܘܝ ܢܦܫܗ ܐܝܟ b d. 7 ܗܘܐ b, ܗܘ̈ܐ d. 8 ܡܠܦܬ. 9 + ܗܘܐ c d. 10 ܗܘܐ < c. 11 ܐܝܟ < a. 12 ܕܠܝܬ ܢܒ̈ܐ. 13 ܘܡܢܘ a. 14 ܕܠܐ ܐܬܬܘܡܦ. 15 ܠܫ̈ܠܝܚܐ a. 16 ܘܒܐܡܢܘ. 17 ܘܠܫܠܝܚܐ a b c. 18 ܒܢ̈ܝܐ ܡܙܒܢܐ a b, ܒܢ̈ܝܐ ܡܙ̈ܒܢܐ (sic) c. 19 ܠܗ < b d. 20 ܐܢܐ.

[1]ܙܕܝܩܝܢ ܒܥܠܝܣܘܬܐ ܕܡܢ ܐܝܟܐ. ܘܡܢ ܡܕܝܢ [2]ܘܠܟܐ ܡܚܒ ܐܢܐ
ܠܝ ܘܠܬܠܬܝܢ ܫܢܐ ܐܢܐ. ܘܟܕ ܒܣܘܓܐܐ ܡܕܝܢ ܥܒܕ ܐܢܐ
ܙܕܩ ܠܝ [3]ܕܐܡܪ ܠܝ ܕܕܟ ܐܢܐ. [4]ܕܐܝܬ ܗܘ ܡܢܐ ܕܠܐ ܙܕܩ
[5]ܕܠܒܪ ܡܬܐܡܪ. ܠܐ ܐܡܪܝܬ ܕܠܐ ܒܚܝܠ ܫܘܦܪܐ ܕܠܝ. ܘܡܫܝܚܘܬܟ
ܐܡܪ ܡܢܐ. ܘܕܡܝܟ ܐܡܪ [6]ܕܫܡܥܬ ܕܐܬܬܠܒܟ ܥܠܝܟ ܐܝܟܐ
ܕܬܘܪܐ ܫܡܝܢ [7]ܘܠܦܘܠܚܢܐ ܠܐ ܚܙܝ ܠܝ. ܐܠܐ ܡܠܠܝܢ [8]ܘܐܟܠܝܢ
ܠܗ ܥܡ ܒ̈ܢܝ ܠܒܘܪܐ. ܘܟܕ ܫܡܥܬ ܗܕܐ ܐܡܪܬ ܕܐܘܕܥܝܢ.
ܕܐ̱ ܐܝܬ ܦܘܪܫܐ ܒܝܢܐ [9]ܚܝ. [10]ܘܡܫܝܚܘܬܟ [11]ܒܥܠܬ ܚܘܒܐ
ܕܗܘܐ ܠܗ [12]ܥܡ ܕܡܝܟ ܡܢ ܟܕ ܐܫܬܠܚ ܡܢ ܐܝܟܐ [13]ܗܝܡܢܗ
ܒܟܠ ܕܐܡܪ ܠܗ. ܘܥܠܬ ܕܠܝܬܐ ܒܪܚܡܗ ܘܐܫܬܘܕܝ ܘܐܡܪ
ܠܕܡܝܟ. ܒܟܢ ܙܕܩ ܠܗ ܕܢܬܚܫܡ *ܥܠܝ ܕܒܬܪܒܗ ܐܝܬܝ ܘܬܘܪ 24 r
ܐܕܘܗܝ ܡܕܝܢ ܕܗܢ̣ܐ ܠܐ ܗܘܐ ܠܝ. ܐܠܐ ܐ̱ ܒܕܓܠܘܬܐ
ܐܒܪܘܗܝ ܥܠܝ. ܡܛܠ ܕܐܝܟܢܐ ܒܢ̈ܝܢܐ [14]ܐܝܬ ܐܕܘܗܝ ܘܒܥܠܬ
[15]ܒܢ̈ܝܢܐ [16]ܘܐܦ [17]ܥܠ ܬܘ̈ܪܐ ܓܒܠ ܡܬܦܠܓܝܢ ܐܝܟ ܗ̇ܝ. [18]ܕܐܡܪܝܢܐ
ܕܗܘܐ ܚܝܬ ܒܠܠܝܐ ܒܠܝܠܝܐ [19]ܕܒܘܟܒܟܐ ܒܟܢ̈ܫܐ ܘܒܥܠܬ ܕܬܠܟܝܢܘܗܝ.
ܘܒܟܐ ܕܠܐ [20]ܐܬܠܒܟ [21]ܐܬܒܚܝܬ ܕܠܝܬ ܠܗܘܢ ܡܕܝܢ. ܘܠܝܘܡܐ
ܐܫܪܐ ܚܝܬ [22]ܢܘ̈ܪܐ ܒܗܘ̱ ܒܢ̈ܝܢܐ ܘܪܚܬ ܕܕܠܒܐ [23]ܐܦ ܗܢܐ
ܠܘ ܡܕܝܢ ܗܘ [24]ܘܠܐ ܠܒܟܬܗ. ܘܐ̱ ܠܐ ܦܠܓܘܗܝ ܥܠ ܒܕܓܠܘܬܐ

---

1 ܐܕܝܩܝܢ c, ܐܕܝܩܝܢ d. 2 ܘܠܟܐ < a. 3 ܐܡܪ b d. 4 ܕܐܝܬ b c d. 5 ܕܠܒܪ < a. 6 ܫܡܥܬ b d. 7 ܘܦܘܠܚܢܐ b d. 8 ܘܐܟܠܝܢ < a. 9 ܚܝ < a. 10 ܡܫܝܚܘܬܟ a. 11 + ܐܡܪ. 12 ܒܡܢ a. 13 ܘܗܝܡܢܗ a c. 14 + ܒܢܝܢܐܝܬ a c. 15 ܒܢܝܢܐ b. 16 ܐܦ b d. 17 ܥܠ < a c. 18 ܕܐܡܪܝܢ c d. 19 ܕܒܘܟܒܟܐ. 20 ܬܠܒܟ b d, ܬܠܒܘܟ a c. 21 ܐܬܒܚܬܐ a c d. 22 ܢܘ̈ܪܐ b c d, ܒܢ̈ܝܢܐ ܢܘ̈ܪܐ ܒܗܘ̱ a. 23 ܕܐܦ b d. 24 ܠܐ a c.

[1]ܣܪܝܩܐܝܬ [2]ܚܫܘ ܘܠܕܘܟܪܢܐ ܫܘܝܐ. ܕܐܟܙܢ ܗܘ ܕܠܡܬܕܟܪܘ
ܘܠܐ ܒܗܘ̇ [3]ܕܙܕܩ ܠܗ ܕܡܕܘܢܐ [4]ܒܐܝܫ ܘܠܐ ܡܕܘܢܐ [5]ܐܠܐ ܘܐܦ
ܡܫܬܘܫ ܒܠܒܗ̇. ܘܡܢ [6]ܕܒܠܒܬܐ ܡܫܬܘܫ ܐܢܬ ܠܡܘܢܐ ܫܒܪܐ
24v ܕܒܪ ܒܠܒܬܐ ܡܫܬܘܠܝܬܐ [7]ܡܬܬܠܝܫ ܪܒܝܢܗ. ܘܗܘ̇ *ܕܕܠܐ ܒܠܒܬܐ
[8]ܪܓܝܫ. ܠܝܬ ܒܠܒܬܐ ܕܡܪܓܫܐ [9]ܠܡܫܬܘܕܥܘܬܗ̇. ܘܐܦܢ ܒܥܝܪ ܗܘܬ
[10]ܡܬܒܒܪܘܬܐ ܠܘ ܗܟܢ ܗܘܬ ܐܝܟ [11]ܕܙܕܩ ܕܢܫܬܘܫ. ܡܛܠ ܕܡܢ
ܕܗܘ̇ܐ ܒܗ̇ [12]ܐܢܫ ܢܘܟܪܝܐ ܕܒܢܝܐ ܠܐ ܡܪܓܫܐ ܕܠܐ ܬܗܘܐ ܠܗ
ܡܬܒܒܪܘܬܐ. ܐܠܐ ܒܠܡܕܡ [13]ܒܠܒܬܐ ܢܫܒܘܪ. ܘܐܢܫ ܬܗܘܐ
ܒܪ ܗ̇ܘ ܕܒܟܡܗ ܫܪܝ ܐܘ [14]ܐܬܒܒܪ ܒܕܡܟܐ ܠܐܝܕܐ ܠܐܢܫܐ ܕܡܟܒܫ
ܫܘܪܝܢܐ ܘܕܐ ܒܝܒܫܐ ܐܫܟܚ ܐܘ ܠܐ. [15]ܠܐ ܙܕܩ ܠܐ ܕܢܣܒ
ܠܗ̇ ܕܗܘܬ ܒܠܒܗ̇, ܡܠܬܐ ܘܠܐ [16]ܕܢܣܒܣܘܢܗ̇, ܡܢ ܐܝܕܗ. ܘܐܝܢܐ
ܒܦܘܫ, ܡܕܡ ܠܐ ܪܓܫ ܐܝܢܐ ܕܙܕܩ ܕܢܣܒܣܢܝ, ܡܢ ܐܝܕܗ. ܘܐܡܬܝܢܐ
ܗ̇, ܕܠܘ ܕܢܠܬܐ ܗ̇, ܠܡܕܝܢܬܐ ܒܢܦܫܐ ܢܛܪ ܡܢ ܗ̇, ܕܠܡܗܘܐ ܒܡܢ
ܥ̈ܠܝܠܬܐ. ܡܛܠ ܕܐܦ ܗ̇ܘ ܕܡܢܣܒ ܘܡܢܛܪ [17]ܘܐܡܬܝܢ ܒܥܡܗ̱.
ܡܢܐ ܕܡܬܬܠܝܫ ܐܢܬ [18]ܒܪ ܡܐܡܢ ܘܐܢܬ [19]ܒܪ ܠܐ ܠܐ. ܐܘ ܒܠ ܬܗܘܐܬ,
ܘܒܢܝܢܘܬ, ܗܘ [20]ܕܒܡܐܒܠܘܪܝܐ ܕܒ̈ܢܝܐ ܡܗܘܢ ܒܡܢ. ܡܛܠ ܕܐܦ
25r ܐܬܠܝܐ ܕܦܐ̈ܪܐ *ܐܢܬ ܕܒܪ [21]ܢܣܒܪܝܢ [22]ܦܐ̈ܪܘܗ̱ ܘܡܦܫܫܝܢ
ܠܗܘ̱. [23]ܘܠܦܫܘܩܐ ܐܢܬ ܒܪ [24]ܪܒܘܬ [25]ܕܢܘܒܠܗ ܗܘܢܐ [26]ܡܢܗ

---

1 + ܡܪܝܢ (sic) a. 2 ܚܫܘ̇ a. 3 ܙܕܩ c d. 4 ܡܢ ܐܝܫ b c d.
5 ܘܐܠܐ a c. 6 ܕܒܠܒܬܐ a, ܕܒܠܒܐܬܐ c. 7 ܘܡܬܬܠܝܫ. 8 ܪ̈ܓܝܫ d,
ܪ̈ܓܝܫ b. 9 ܠܡܫܬܘܕܥܘܬܐ a c d. 10 ܡܬܒܒܒܪܘܬܐ (!) a, ܡܬܒܒܪ
ܒܠܒܐ d. 11 ܕܙܕܩ < a. 12 ܐܢܫ < a. 13 ܒܠܒܬ b d. 14 ܬܒܒܪ a.
15 ܠܐ < b. 16 ܢܣܒܣܘܢܗ̇, a. 17 ܘܐܡܬܝܢ c. 18 ܕܒܪ b c d. 19 ܕܒܪ a b c.
20 ܘܒܡܐܒܠܘܪܝܐ a c. 21 ܢܣܒܪܝܢ b. 22 ܦܐ̈ܪܐ b d. 23 ܦܫܘܩܐܝܬ a.
24 ܪܒܘܬܗ b d. 25 ܕܢܘܒܠܗ̇ a c d. 26 ܡܢܗ̇ a c.

ܕܡܟܐ ܕܪܒܐ ܠܡܩܪܒ ¹ܠܐ ܡܫܟܚ. ܘܠܗܘܦܟܐ ܒܢܝܢܐ ܐܝܬ ܒܗ.
ܡܢ ²ܒܘܣܡܗ ܡܫܘܬܦ ܕܒܝܫ ܡܪܕܘܬܐ ܘܪܕܦܝܢ ܠܗ. ܘܐܢܫܐ
ܒܢܝܐ ܒܗ ܣܡܡܐ ܡܢ ܒܘܣܡܗ ܡܫܘܬܦ ܡܛܠ ܕܫܘܚܠܦ̈ܝܗܘܢ
ܟ̈ܝܢܐ ܡܢ ܬܘܡܐ ³ܘܡܬܚܠܡܝܢ ܠܗܘܢ. ܘܐܦ ܠܘ ܡܛܠ ܒܟܝܢܘܬܗ
ܗܝ ܗܕܐ ܘܫܡܥܐ ⁴ܕܒܝܫ̈ܬܐ ⁵ܒܒܪ ܢܫܬ ܡܢܝ ܗܝ ܕܡܛܠܬ. ܘܢܫܒܬ
ܡܢܝ ⁶ܘܐܦ ܠܐܪܥܐ ܠܒܝܫܐ ⁷ܒܬܫܪܘܬܐ ܢܦܫܐ. ܘܐܦ ܠܦܠܓܐ
ܪܘܚܐ ܠܬܘܩܦܐ ܡܬܘܬܐ ܒܠ ܡܕܡ. ܘܠܫܘܢܐ ⁸ܡܪܝܪ ܕܗܪܐ
ܠܐܚ̈ܪܐ ܐܫܘܦܐ ܫܪܝܐ. ⁹ܘܠܡܝ̈ܬܐ ܒܡܘܬܪ̈ܬܐ ¹⁰ܡܦܠܓܢܐ ܘܠܩ̈ܛܠܐ
ܡܣܝܒܪܐ. ܘܠܟܘܪ̈ܗܐ ¹¹ܡܬܡܫܝܢܐ ܘܠܡܫ̈ܝܢܐ ܡܟܬܪܐ. ܘܠܒܝܫ̈ܐ
ܡܒܥܠܐ ܘܠܥ̈ܠܝܐ ܡܛܝܒܐ. ܘܠܦ̈ܠܓܐ ܙܢ̈ܝܐ *ܘܠܙ̈ܢܝܐ ܦ̈ܠܓܐ 25r
¹²ܘܠܬ̈ܒܝܪܐ ¹³ܢ̈ܬܒܥܐ ¹⁴ܘܠܢ̈ܒܥܐ ¹⁵ܫܠ̈ܘܬܐ ¹⁶ܒܒܪܐ. ܐܝܟ ܡܕܡ
ܕܒܬܪ ܗܘ ܠܗܘܢ ¹⁷ܫܒܘܬܐ ܡܦܠܓܐ. ܘܒܟܠ ܐܡܪ. ܐܪܐ ܗܟܝ
ܠܐ ¹⁸ܡܬܐܒܠܘܪܝ ܒܢܝܐ ܕܫܘܦܠܢܐ ܘܠܐ ܒܫܒܬ ܡܢܝ
[ܘܠܐ] ܒܠܒܬܐ ܐܚܪܬܐ ܒܟܢܐ ܒܫܒܬܗ ܐܠܐ ܒܗ ܒܫܒܘܬܐ
ܕܠܗ. ܡܛܠ ܕܡܫܒܠܢܐ ܗܘ ¹⁹ܘܦܠܓܡܗ ²⁰ܗܘ ܕܪܒܐ ܠܗ̇. ܘܡܘܬܐ
ܕܠܒܐ ܡܪܪܬܐ. ܘܒܠ ܡܢܗ ܕܒܢܝܐ ܕܒܢܘܪܐ ܒܫܘܒܐ ܘܠܚܪܬܐ
ܡܪ̈ܝܪܐ ܘܒܪ̈ܝܐ. ²¹ܘܫܘܢܒܠܝ ܐܡܪ. ܘܐܦ ܐܢܐ ܫܠܝܐ ܐܒܠܬ
ܘܒܫܒܢܝ. ܘܫܒܪ ܐܢܐ ܕܡܒܠ ܐܬܐ ܠܝ ܕܐܒܠܘܢ ²²ܕܒܢܝ. ܐܠܐ ²³ܒܗ

---

1 ܘܠܐ b. 2 ܒܘܣܡܐ b d. 3 ܡܬܚܠܡܝܢ c d. 4 ܕܒܝܫܐ b c d.
5 ܒܒܪ ܢܫܬܝ. 6 ܐܦ b d. 7 ܒܬܫܪܘܬܐ. 8 ܡܪܝܪܐ. 9 ܘܠܡܝܬܐ.
10 ܡܦܠ̈ܓܢܐ a, ܡܦܠܓܢܐ c d. 11 ܡܬܡܫܝܢܐ a c, ܡܬܡ̈ܫܝܢܐ d, ܡܬܡܫܝܢܐ b.
12 ܘܠܬ̈ܒܝܪܐ a c, ܘܠܬܒܝܪܐ b d. 13 ܢܬܒܥܐ b. 14 ܘܠܢܒܥܐ b d. 15 ܫܠܘܬܐ
b d. 16 ܒܒܪܐ. 17 ܘܫܒ̈ܘܬܐ b c d. 18 ܡܬܐܒܠܘܪܝ. 19 ܘܦܠܓܡܐ
a c, ܘܦܠܓܡܐ b d. 20 ܗܘ̇. 21 ܘܫܘܢܒܠܝ b c d. 22 ܕܒܢ̈ܝ.
23 So mit d; ܒܗ ܕܠ̈ܐ ܠ̈ܐ ܠ̈ܐ a, ܒܗ ܐܢܐ ܕܒܢܐ ܠ̈ܐ b, ܒܗ ܕܠ̈ܐ ܠ̈ܐ c.

ܐܢܐ ܪܕܐ ܟܠܐ ܘܗܘܐ ܐܟܠ [1]ܒܣܪܐ: ܟܕ ܙܕܩ ܗܘܐ ܠܝ ܕܐܬܪܘܒ
ܠܗ. ܐܠܐ ܥܠ ܡܢܟ ܕܒܥܝ. ܐܝܟ ܗ̇ܘ ܠܡܝܬܘܬܐ. ܐܝܟ ܗ̇ܘ ܬܘܒ ܠܡܫܪܝܐ
ܕܒܝܐ ܕܟܠܗܘܢ [2]ܐܬܬܠܝܬ ܒܐܘܪܚܐ ܕܒܬܪܗ̇ ܗ̇ܝ [3]ܕܒܘܪܬܐ
26r [4]ܕܒܒܝܐ ܕܒܝܐ: *ܕܒܝܐ ܕܬܘܒܐ ܥܠ [5]ܝܘܣܦ ܒܣܡ ܠܗ̇ ܐܝܣܘܗ
ܘܠܐ ܐܝܠܐ [6]ܒܝܬܗ̇ ܘܒܝܐ ܕܗܘ̇ܐ ܪܒܝܐ ܘܦܘ ܦܡܗܘܢ [7]ܝܘܣܦ
ܘܒܥܪ ܠܗ̇ ܒܢܗܘܢ ܘܡܟܡܬ ܡܢܬܐ. ܘܐܝܟ ܕܗܘܐ ܕܒܬܠܒܬܐ
ܕܡܫܟܐ [8]ܠܗ ܡܢ ܢܩܝܐ ܠܐ ܡܬܬܦܣ ܘܢܩ̈ܝܐ ܕܗܘܡ ܡܢ ܡܒܘܬܐ
[9]ܠܐ ܝܐܪ. ܗܘܐ ܝܪܬܗ ܐܝܟ ܕܒܘܪܝܬܐ ܕܕܒܝܐ [10]ܕܠܐ ܫܦܘܘ
[11]ܠܗ̇ ܬ̈ܝܒܐ ܕܠܐ ܢܪܡ ܠܗ̇ ܐܠܐ ܥܢܝܐ ܥܠ ܗ̇ܘܢ ܬ̈ܥܐ ܕܕܝܡ
ܡܢ ܒܡܒܐ ܕܐܕܝܢܗ ܕܦܠܐ ܙܘܐ ܘܡܢܝܐ [12]ܠܗ̇ ܒܐܕܝܢܗ ܘܦܠܠ
[13]ܠܗ̇. ܘܐܡܢܝܐ ܕܗ̇ܘ ܕܒܢܐ ܕܒܦܪ ܠܘܬ ܠܠܘܡܐ ܕܠܐ ܢܬܪ.
ܗܘ ܐܝܟ ܗ̇ܘ ܕܙܪܥ [14]ܒܐܪܒܐ ܡܠܝܬܐ ܘܐܝܟ ܕܢܠܝܟ ܠܠ̈ܒܬܐ
ܠܒ̈ܢܝ ܒܗܘܢܐ ܘܐܝܟ ܗ̇ܘ ܕܠܝܥܪ ܡܠܬܐ ܠܕܘܟܐ. ܘܕܡܢܟ ܐܡܪ.
26v ܡܢ ܠܐ ܬܘܩܡ ܐܠܐ ܐܬܦܪܘ ܠܥܒܝܟ. ܘܫܝܒܘܟ ܐܡܪ. *ܝܥܘܒ
ܕܐܘܪܐ ܒܢܐ ܠܡܦܠܠ. ܡܢܝܐ ܡܥܒܫ ܐܝܟ ܕܐܒܒܒ. ܕܗ̇ܘ
[15]ܠܠܘܡܐ ܘܐܠܝܡ ܕܒܒܗ ܒܥܝܡ. ܘܡܢܐ ܕܡܥ̈ܙܐ ܡܥܬܘܡ ܐܒܥܕܐ
ܥܠ ܐܝܪ ܕܠܐ ܫܥܠܘ ܠܗ ܒܫܫ ܗܘ [16]ܕܢܦܠܠܘܢܗܝ. ܐܝܟ ܕܐܡܢܝܐ
ܕܥܠܠ ܘܕܐܒܐ ܘܡܘܪܒܐ ܐܥܬܘܗܝ ܘܡܥܣܝܠܘܬܗܘܢ ܘܦܠܠܘ
ܒܡܠܠܐ [17]ܪܒܐ. ܘܕܡܢܟ ܐܡܪ ܐܝܟܢ ܗܘ ܥܪܒܐ ܗܝܢܐ.
[18]ܘܫܝܒܘܟ ܐܡܪ.

---

1 ܒܣܪܝ. 2 ܐܬܬܪܝܬ. 3 ܕܒܘܪܬܐ d (l. ܕܒܘܪܝܬܐ wie Z. 8?). 4 + ܗ̇ܝ d. 5 ܝܘܣܦ b c d. 6 ܒܝܬܐ b d. 7 ܝܘܣܦ b d, ܕܝܘܣܦ a c. 8 ܠܗ a c d. 9 ܐܠܐ ܝܐܪܐ. 10 ܘܠܐ. 11 ܠܗ. 12 ܠܗ c d. 13 ܠܗ b c d. 14 ܒܐܪܒܐ < b d. 15 ܠܠܘܡ b d. 16 ܕܢܦܠܠܘܢܗܝ. 17 ܪܒܬܐ. 18 ܫܝܒܘܟ b.

ܐܝܬ ܗܘܐ ܒܒܐ ܘܦܪܝܫ ܗܘܐ ܠܐܘܪܚ ܡܠܟܐ. ܘܡܢܬܪ
ܗܘܐ ܒܗ ܐܘܪܚܐ. ܘܥܘܪܒܐ ܘܬܥܠܐ ܘܕܐܒܐ ܢܦܩܝܢ ܗܘܘ ܠܗ.
ܘܓܒܪ ܘܒܒܪܘ ܠܘܬ ܐܬܪ̈ܐ ܒܐܘܪܚܐ. ܘܐܝܬ ܗܘܐ ܒܡܨܥܬܗ ܚܩܠܐ
ܚܕ ܘܦܫ ܘܠܐ ܐܢܫ ܕܢܫܠܘܗܝ. ܘܟܕ ܡܛܠܘ ܝܬ ܒܒܐ ܥܒܘܕܗܝ.
ܘܚܩܠܐ ܟܠ ܠܒܒܐ. ܘܫܢܝܗܝ ܐܘܪܚܐ ܘܫܐܠܗ ܕܡܢ ܐܝܟܐ ܐܬܝܬ.
ܘܗܘ ܐܡܪ ܕܐܢܫܐ ܬܠ̈ܬܐ ܗܘܝܬ [1]ܘܫܒܩܘܢܝ ܒܐܘܪܚܐ. ܘܐܘܪܚܐ
27r ܐܡܪ. ܘܗܫܐ [2]*ܡܢܐ ܨܒܝܬ ܕܬܥܒܕ. ܘܗܘ ܐܡܪ. ܡܢ ܕܦܩܕ
ܐܘܪܚܐ. ܘܐܘܪܚܐ ܐܡܪ. ܐܘ ܡܢܘ ܐܝܬ: ܚܘܪܒܐ ܗܘ. ܘܡܢ ܐܢܫ
ܠܐ ܬܕܚܠ. ܘܚܩܠܐ ܗܘ، ܒܗ ܒܒܒܐ ܟܝܢ ܐܘܪܚܐ. ܘܗܘܡܐ ܚܕ
ܢܦܩ ܐܘܪܚܐ ܒܬܪ ܢܫܒܪܐ. ܘܐܬܬܟܫ ܥܡ ܦܝܠܐ ܘܡܚܝܗܝ، ܦܝܠܐ
ܒܒܗ ܘܟܕ ܡܦܠܦܠ ܒܕܡܐ ܗܦܟ ܠܒܒܐ. ܘܢܓܪܐ ܕܝܒܐ ܢܦܠ
ܘܠܐ ܐܢܫ ܕܢܩܘܡ. ܘܗܘܝܢ ܒܥܘܪܒܐ ܘܬܥܠܐ ܘܕܐܒܐ ܕܡܢ
[3]ܬܘܬܪ̈ܐ [4]ܕܐܘܪܚܐ ܢܟܝܢ ܗܘܘ. ܘܟܕ ܐܘܪܚܐ ܢܦܠ ܠܗ ܠܐ ܗܘܐ ܠܗܘܢ
ܡܕܡ ܕܢܐܟܠܘܢ [5]ܘܒܥܘ ܘܐܬܬܟܬܫܘ. ܘܚܙܐ ܐܢܘܢ ܐܘܪܚܐ
ܕܡܚܝܢ. ܐܡܪ ܠܗܘܢ. ܠܡܢܐ ܗܟܢܐ ܡܬܟܬܫܝܢܬܘܢ. ܠܡܢܐ ܠܝܬ
ܡܕܡ ܕܬܐܟܠܘܢ. ܘܗܢܘܢ ܐܡܪܘ. ܕܒܪ ܡܢ ܗܟܢܐ ܟܒܝܪ
ܘܠܝܬ ܠܗ ܡܢܐ ܕܢܐܟܘܠ: ܠܡܢܐ [6]ܐܘܠܐ ܠܝ. [7]ܘܐܘܪܚܐ ܐܡܪ.
ܢܚܘܒܘܢ ܠܟ ܒܐܘܚܝܬ ܡܪܘܬܐ ܐܠܐ ܙܠܘ ܘܐܬܟܢܫܘ ܘܐ
27v ܫܘܛܘ ܫܘܬܐ ܠܥܘܪܒܐ ܬܘ [8]ܐܬܟܢܫܘ *ܕܠܡܫܐ ܡܬܪܥܐ
ܐܢܐ ܢܦܫ ܘܠܟܘ. ܘܗܢܘܢ ܐܬܘ ܘܐܬܟܢܫܘ [9]ܟܕ ܠܐ ܝܕܥܝܢ
ܚܩܠܐ. ܘܗܕܐ ܐܬܪܒܘ. ܕܗܢܐ ܚܩܠܐ ܪܒܐ ܟܠܗ ܠܐ ܕܢܘܗܐ
ܠܝ ܢܓܪܐ ܠܐ ܥܦܪ. ܠܡܢ ܠܐ ܠܐ ܒܒܕܝܢ [10]ܕܢܦܠܘܗܝ ܐܘܪܚܐ ܘܢܘܗܐ

---

1 ܘܫܒܩܘܢ b. 2 ܡܢ b d. 3 ܬܘܬܪܬܐ (sic) b. 4 ܕܢܦܠܗ (statt ܕܐܘܪܚܐ) b d. Vielleicht hatte der Text ܕܢܦܠܗ ܕܐܘܪܚܐ. 5 ܘܐܒܥܘ a. 6 ܐܘܠܝܢ a. 7 ܐܘܪܚܐ b d. 8 ܘܐܬܟܢܫܘ b c d. 9 ܘܟܕ. 10 ܕܢܦܠܘܗܝ a.

ܠܡ ܡܛܠ ܝܘܬܪܢܐ[1] ܘܡܣܒܪܢܐ[2] ܠܡܘܠܟܐ ܕܝܘܩܢܬܐ. ܘܥܒܕ ܐܡܪ
ܐܝܟ ܡܢܝܢܐ ܕܢܐܡܪ ܠܐܪܥܐ[3] ܕܢܘܦܠܣܘܗܝ، ܕܣܡܟ ܠܗ ܬܘܒ، ܕܠܐ
ܢܦܠ. [4]ܘܒܡܪܝܐ ܐܡܪ. ܐܝܬܘܢ ܗܘܘ ܕܐܙܠ ܐܟܣܘܗܝ، ܠܐܪܥܐ
ܠܥܠܡܘܬܢ. ܘܐܙܠ ܒܡܪܝܐ [5]ܠܡܣܩ ܐܪܥܐ ܘܥܐܠܗ ܐܪܥܐ: ܢܦܩܘܢ
ܡܕܡ. [6]ܘܒܡܪܝܐ ܐܡܪ. ܡܫܝܐ ܗܘ ܫܢܐ ܒܒܢ̈ܝܢܘܗܝ، ܕܢܫܐ
[7]ܘܠܡܣܒܒܢܐ ܡܥܒܕ ܕܠܡܫܠܡܘ ܡܢܝܢܐ ܘܣܡ ܡܢ [8]ܟܠ، [9]ܡܬܐܒܠܢܘܬܐ
ܠܐ ܫܠܡ ܘܠܐ ܡܫܠܡܝܢ. ܐܠܐ ܡܕܡ [10]ܕܐܬܚܫܒ ܠܡ [11]ܘܐܬܡܠܟܝܢ
ܟܠܗܘܢ، [12]ܐܢ ܡܢܗ ܡܪܢ ܒܪ ܡܬܩܠܣ ܦܩܕ ܠܡ ܘܠܗ ܕܢܐܟܘܠ.
[13]ܘܐܪܥܐ ܐܡܪ. ܡܢܘ ܡܕܡ. [14]ܘܒܡܪܝܐ *ܐܡܪ. ܗܢܐ ܒܟܠܗ 28 r
ܕܟܢܐ ܟܠܗ ܢܘܦܐ. ܘܐܪܥܐ ܐܬܚܫܒܬ ܘܐܡܪ ܠܗ ܠܢܦܫܐ ܗܕܐ
ܡܠܬܐ. ܒܥܐܝܬ ܐܡܪܬܘܢ. ܘܥܘܦ ܠܐ ܙܕܩ ܗܘܐ ܠܟܘܢ
ܕܬܐܡܪܘܢܝ ܡܕܡ. [15]ܕܐܢܐ ܐܬܟܠܬܗ. ܘܐܡܪ ܗܘ [16]ܕܐܢܐ
ܕܡܥܒܐ ܘܡܫܒܚ ܒܒܢܐ ܘܚ̈ܝܐ ܐܟܠ ܒܕܡܘܬܐ ܠܐ ܪܒܐ
ܘܕܩܘܬܗ. ܐܝܟ ܗܘ̇ [. . .] ܕܠܐ ܕܢܠܐ. [17]ܡܕܡ ܠ ܘܠܐ ܒܥܙ
ܐܢܐ ܕܢܬܦܠ. ܘܒܡܪܝܐ ܐܡܪ. [18]ܕܐܢ ܐܢܬܘܢ ܗܕܐ. ܐܠܐ
ܐܡܪܢܐ ܕܢܫ ܟܠ ܐܦ̈ ܥܒܕܬܐ ܘܥܒܕܬܐ ܟܠ ܐܦ̈ ܡܪܬܐ ܘܡܪܬܐ

---

1 ܡܣܒܪܢܐ b d. 2 + ܠܗ a. 3 ܐܪܥܐ b c d. 4 ܒܡܪܝܐ b.
5 ܠܡܣܩ b. 6 ܒܡܪܝܐ b. 7 ܘܠܡܣܒܒܢܐܗ b, ܘ/ ܠܡܣܒܒܢܐ d.
8 ܒܟܠ̈ b, ܟܠ̈ c, ܒܟ̈ܠ d. 9 ܡܬܐܒܠܢܘܬܐ < b d. 10 ܐܬܚܫܒ b d.
11 ܘܐܬܡܠܟܝܢ (sic) b, ܘܐܬܡܠܟܝܢ d, ܘܐܬܡܠܟܝܢ c. 12 ܘܐܢ b d.
13 ܐܪܥܐ b d. 14 ܒܡܪܝܐ b. 15 ܕܐܢܐ ܐܬܟܠܬܗ a b c, ܕܐܢܐ
ܐܬܟܠܬܗ d. 16 ܕܠܐ ܐܟܠ ܕܡܥܒܐ ܘܠܐ ܕܫܒܚ ܒܒܢܐ ܘܚ̈ܝܐ
ܒܕܡܘܬܐ. ܐܠܐ ܪܒܐ (+ ܪܒܐ b c d) ܘܕܩܘܬܗ ܐܝܟ ܗܘ̇ (ܗܘ̇ < a b c)
(sic d) ܕܢܠܐ (ܠܠܐ a b c, ܠܠ̈ܐ d) ܕܠܐ. 17 ܡܕܡܟ (?) b, ܡܕܡܟ d.
18 ܐܢ b d.

ܥܠ ܐܦ̈ܝ ܡܕ̈ܝܢܬܐ ܘܡܕ̈ܝܢܬܐ ܥܠ ܐܦ̈ܝ [1]ܐܬܪ̈ܐ [2]ܘܐܬܪܐ ܥܠ ܐܦ̈ܝ
ܦܢܝܬܐ ܘܦܢܝܬܐ ܥܠ ܐܦ̈ܝ [3]ܢܦܫܐ ܕܐܢܫ ܙܥܘܪ ܕܢܦܩ ܡܢ ܚܘܒܐ.
ܘܠܝܬ ܘܠܐ ܬܘܒ ܐܢܫܐ ܗܘ. [4]ܘܠܐ ܡܪܝ، ܕܢܓܠ [5]ܒܬܪܗ، ܕܗܘܟ.
ܘܐܢܬ ܠܐ ܬܗܦܟܝܘܗܝ، ܘܠܐ ܬܗܘܐ ܠܡܗܦܟܘ. ܐܠܐ ܚܝܢ ܟܕ
28 r ܬܗܘܐ، ܕܡܫܡܠܝܢ ܒܚܢܬܐ ܘܦܠܝܢ ܠܗ ܒܟܐܒܘܬܐ ܘܠܡܪܝ، *ܫܠܝܚܬܐ ܠܐ ܠܐ
ܬܗܘܐ. [6]ܘܐܪܥܐ ܫܬܩܬ. [7]ܘܒܥܘܪܒܐ ܟܕ ܚܙܐ ܕܫܬܩܬ ܩܡ ܘܐܬܬܐ
ܠܘܬ ܫܒܠ ܘܕܐܒܐ ܘܐܡܪ ܠܗܘܢ. ܐܙܠܬ ܘܡܕܡ ܕܙܕܩ ܗܘܐ
[8]ܠܡܬܠܠܘ ܒܗ ܐܪܥܐ ܐܡܪܬ. ܘܡܚܝܠ ܗܕܐ ܢܒܒܐ ܟܕ ܐܪܥܐ
ܠܐ ܩܠܠ ܠܗ ܠܓܒܠܐ ܐܝܟ ܡܟܣܝܢ ܕܩܠܝܘܗܝ. ܘܫܒܠ ܘܕܐܒܐ
ܐܡܪܘ. ܘܐܦ ܗܕܐ ܐܢܬ ܐܬܟܣܐ ܕܒܥܘܪܒܐ ܐܢܬ. ܘܗܘ ܐܡܪ.
ܐܡܘܪܐ ܠܓܒܠܐ ܠܡܓܠܒܬ ܘܢܐܡܪ ܕܐܪܥܐ ܡܚܝܠ ܘܐܦ ܚܝܢ
ܠܐ ܢܬܠ ܠܗ ܡܕܡ ܡܫܬܘܩ ܒܠܝܢ. ܐܠܐ ܬܘ ܢܫܡܥ ܬܗܘܐ، ܡܕܡ
ܐܠܗܐ [9]ܘܢܐܙܠ ܢܐܪܒܘܗܝ، ܘܢܚܕ ܚܕ ܢܥܠܡ ܢܦܫܗ ܘܢܐܡܪ. ܢܐܬܠܘ،
ܡܪܝ، ܘܠܐ ܢܒܗܬ. ܘܠܫܘܘܪܒܗ ܕܗܘ ܗ̇ܘ ܐܢܫ̈ܐ ܢܐܡ̈ܪܘܢ
ܒܠܬܐ ܘܡܚܝܕܐ ܐܦ ܗ̇ܘ ܢܗ̇ܒ ܢܦܫܗ. [10]ܘܫܡܥܘ ܬܗܘܐ، ܐܪܒܥܬܝܗܘܢ
[11]ܘܐܙܠܘ ܠܘܬ ܡܕܡ ܐܪܥܐ. ܘܡܕܡܟܝܬ ܒܥܘܪܒܐ ܐܡܪ. ܡܪܝ، ܠܝܬ ܠܗ
ܡܐܒܘܠܬܐ ܘܡܚܝܠ. ܘܐܢܐ ܟܕ ܡܪܝ، [12]ܚܙܐ. ܘܟܕ ܡܪܝ، ܢܠܦܪ
29 r ܗܘ. ܢܩܡ *ܕܦܐܪܫ ܡܚܝ ܚܙܐ ܟܕ ܡܪܝ،. ܘܗܫܐ ܢܐܬܠܘ، ܡܪܝ،.
ܘܫܒܠ ܘܕܐܒܐ ܠܝܟ ܠܝܟ [13]ܐܡܪܘ ܠܗ. ܐܢܬ ܟܕ ܡܫܠܡ ܐܢܬ
ܢܦܫܟ ܒܝܘ ܡܬܪܢܐ ܕܪܒܘܪ ܐܢܬ. ܘܐܪܥܐ ܒܠܥܘܕܘܗܝ، ܠܐ ܫܒܩ
ܡܠܟ. ܘܫܒܠ ܐܡܪ. ܐ̱ ܒܥܘܪܒܐ ܠܐ ܫܦܝܪ ܐܢܐ ܫܦܝܪ ܐܢܐ.

---

1 ܐܬܘܪܐ b, ܬܘܪܐ d. 2 ܘܐܬܪܐ < a d, ܘܬܘܪܐ b. 3 ܢܦܫܐ. ܕܐܢܫ ܠܐ ܙܥܘܪ. 4 ܘܠܐܡܪܝ ܕܢܓܠ b. 5 + ܡܪܝ، d. 6 ܐܪܥܐ b. 7 ܒܥܘܪܒܐ b. 8 ܠܡܬܠܠܘ < b d. 9 ܕܢܐܙܠ d. 10 ܘܫܡܥ a c. 11 ܘܐܙܠ a c d. 12 ܚܙܝܬ b. 13 ܐܡܪ a b d.

ܘܐܦ ܕܠܐ ܡܠܬܗ ܗ̇ܘ ܕܐܡܪ ܒܡܘܪܒܐ. ܢܦܫܝ ܗܟܢ ܐܝܬܝܗ. ܘܕܐܒܐ ܘܒܡܘܪܒܐ ܐܡܪܬܘ. ܕܠܝܬ ܦܪܫܐ ܒܝܢܬܗܘܢ ܘܠܐ ܫܘܚܠܦ. ܘܕܐܒܐ ܐܡܪ. ܐ̱ ܗܢܐ ܦܪܫܐ ܒܝܢܬܗܘܢ [1]ܐܠܐ ܕܠܐ ܠܐ ܦܪܫܐ. ܘܡܠܬܗ ܗܕܐ ܗܝ ܕܢܦܫ ܡܫܠܡ ܐܝܬܝܗ. ܘܫܒܩ ܘܒܡܘܪܒܐ ܐܡܪܬܘ. ܕܡܢ ܕܝܠܒܐ ܕܢܘܟܪ ܢܦܫܗ ܒܦܪܫܐ ܕܕܐܒܐ ܐܚܠ ܘܡܣܬܝܐ ܡܢܟܪ. ܘܒܡܠܬܐ ܗܘܐ ܐܬܪܒ ܕܐܦ ܢܦܫ ܡܫܠܡ ܐܝܬܝܗ ܐܡܪܝܢ ܣܠܩ ܡܠܬܐ ܘܦܠܓ ܐܝܬܐ ܘܐܦ ܐܝܟܐ ܕܡܫܠ ܠܦܘܡܗ. [2]ܘܗܟܢ ܐܡܪ. ܡܢ ܡܫܒܚܢܘܬܗ [3]ܘܟܠܗ ܒܫܘܒ ܗܘ ܘܒܫܘܪ ܠܒ ܠܦܠܛܐ. ܘܒܡܘܪܒܐ ܘܕܐܒܐ ܘܫܒܩ ܐܡܪܬܘ ܠܗ. ܕܠܝܬ ܫܪܪܐ [4]ܗܘ ܘܫܒܚܐ *ܘܠܒܒܗ̇ܘܢ 29v ܒܫܘܒܚܗ ܘܐܬܕܘܗܘ ܒܐܘܪܚܐ ܘܒܠܠܗܘܢ.

ܘܟܠ ܗܕܐ ܐܡܪܬ ܡܠܬܐ ܗܢܐ ܕܐܦ ܐܝܬܐ ܫܒܩ ܠܝ ܐܠܐ ܒܝ ܒܦܘܡܗ ܒܫܡܝ ܘܠܐ ܡܬܩܦ ܠܝ. ܘܐܡܪ ܗܘ ܕܫܠܝܛܐ ܗ̇ܘ [5]ܐܝܟܐ ܕܕܘܟܐ ܠܡܘܕܝܐ [6]ܕܣܕܝ̈ܪ [7]ܠܗ ܫ̈ܠܝܐ ܠܒ ܡܢ ܗ̇ܘ ܕܕܘܟܐ ܠܫܠܝܐ ܕܣܕܝ̈ܪܝܢ [8]ܠܗ̇ ܒܡܘܕ̈ܝܐ. ܘܐܦ ܒܪ [9]ܕܡܒܝܢ ܘܫܒܩ ܒܫܡܝ ܡܢܝܐ ܕܒܝܬ ܡܫܡܠܝܐ ܕܐܣܝ̈ܪܐ ܘܒܦܘܐ ܘܪܒܝܢܐ ܢܗܘܐ ܒܠܗ. ܡܛܠ ܕܪ̈ܒܢܐ ܪܒܝܢ ܡܢ [10]ܒܐܘܦܐ ܘܫܒܝܐ ܒܐܘܦܐ ܡܢ ܪܒܝܢܐ ܘܡܢ ܘܪ̈ܒܝܢ [11]ܫܒ̈ܝܢܐ ܢܫܒܘܢ ܪ̈ܒܝܢ ܒܠ ܒܐܘܦܐ ܢܦܩܘܢ ܠܗ̇.

ܗܢܝܢ ܐܡܪ ܕܡܒܝܢ. ܘܗܫܐ ܕܢܒܥܬ ܕܫܘܝܐ ܠܟ ܡ̈ܢ ܫܘܒܚܐ ܠܟ ܕܬܒܥܐ. ܘܫܝܒܘܬܟ ܐܡܪ. ܠܝ ܒܥܘܬܐ [12]ܣܪ ܕܬܬܠ ܐܢܐ ܘܡܫܝܢܐ ܐܢܐ ܒܒܗ ܦܘܪܫܐ. ܡܛܠ ܕܐܡܪ ܗܘ ܕܒܝܬ ܠܦܘܫܐ ܘܒܫܘܝܐ ܘܫܘܒܚܐ ܕܢܘܟܪܐ ܕܝܒܢܐ ܠܐ ܡܫܒܚ ܐܢܫ

---

1 ܐܢܐ b. 2 ܘܗܟܢ ܠܒ ܘܐܡܪ a c, ܘܗܟܢ ܠܒ ܘܗܟܢ ܐܡܪ d. (Das ܠܒ wird aus der folgenden Zeile stammen). 3 ܘܟܠܗ. 4 ܗܘ. 5 ܐܝܟܐ 6 ܕܣܕܝܪܝܢ a c. 7 ܠܗ̇. 8 ܠܗ a b. 9 L. ܡܒܝܢ oder ܕܒܝܢ (cf. Z. 16)? 10 L. ܡܫܠܡܬܐ oder ܡܫܠܡܢܐ? 11 ܫܒܝܢ. 12 ܣܪܘ d.

[1]ܕܐܝܬܐܪ *ܐܝܟ ܕܒܡܠܐ ܘܒܢܐ. ܡܛܠ ܕܐܢ ܡܟܐܬ ܒܡܪܟܐ 30r
ܦܘܪܫܢܗ ܐܘ ܐܢ ܒܠܒܒܗ [2]ܡܛܠܗ ܡܫܬܟܚܘܬܗ. ܘܕܡܝܟ ܐܡܪ.
ܟܕ ܦܘܪܫܐ ܡܝܢܐ ܕܢܬܚܬܐ ܐܝܟ ܘܠܐ ܒܡܪܟܐ. [ܕܐܟܢ ܕܒܟܕ
ܡܪܟܐ] ܕܠܐ ܐܝܠܘܢ [3]ܡܬܒܕܠ. ܘܐܢ ܡܛܠܗ ܠܒܠܒܒܗ ܠܓܒܝܐ
ܢܣܒܝܢ ܠܗ. ܘܗܕܐ ܐܡܝܢܐ ܕܠܐ [4]ܬܒܣܪ ܥܠ ܒܠܒܒܒܐ ܟܝܢܐ
[5]ܒܪ ܦܘܪܫܐ ܐܝܬ ܠܗ ܘܡܒܕܝܪܐ ܡܒܕܪ ܠܗ. ܘܐܢ [6]ܕܡܒܣܪ ܥܠ
ܟܝܢܐ ܘܡܣܝܠܐ ܓܒܪ ܠܗ ܫܘܦܪܐ ܐܝܟ ܗܘ ܕܦܓܪ ܒܓܫܡܐ
ܕܡܒܐ ܡܢ ܐܢܫ [7]ܬܠܝܬܐ. [8]ܘܫܘܝܘܬܟ ܐܡܪ. ܐܝܢ ܗܘ ܥܒܪܐ.
ܘܕܡܝܟ ܐܡܪ.

[9]ܬܠܝܬܐ ܒܪ ܒܪܬ ܘܠܒܗ ܐܒܝܕܐ [10]ܡܢܝܢ ܗܘܘ ܒܠ ܚܕ ܡܢܐ.
ܘܟܕ ܡܛܠܐ ܕܝܢ ܕܡܒܥܬܐ ܕܬܪܒܝܬܐ ܡܢܐ [ܐܡܪܬ ܠܒܢܝܐ]
ܚܡܫ ܕܡܒܥܬܐ ܥܣܪܝܬܐ [11]ܕܢܐܙܠ ܠܗ ܡܢ ܡܢܡ ܘܒܢܐ. ܘܦܝܫ ܠܗ
ܒܠܗ ܕܗܕܐ ܕܡܒܥܬܐ ܠܒܐܝܬ ܗܝ: [12]ܕܒܝܢܬܐ ܘܡܢܝܐ ܡܪܒܝܢ.
[13]ܐܘܠܕ ܦܘܠܓܝܗ ܒܗܕܐ ܕܡܒܥܬܐ. ܐܡܪܝܢܐ ܠܗ. ܕܡܒܥܬܐ *ܥܣܪܝܬܐ 30v
ܐܠܐ ܐܢܐ ܐܠܐ ܕܢܠܐ ܐܢܐ ܕܠܡܐ ܢܦܩܒܘܢ ܡܢܐ ܡܢ ܚܕܐ ܘܢܘܟܠܘܢ
ܦܘܠܓܝ. ܘܗܘ ܐܡܪ ܠܗ. ܠܐ ܡܫܟܚ ܐܢܐ ܕܡܢܐ ܫܒܠܐܝܬ
ܒܟܪ [14]ܕܕܡܒܥܬܐ ܕܠܒܝܢܐ ܠܝ ܥܩܠ ܠܗ ܡܢܝ. ܡܛܠ ܕܒܢܝܐ ܢܣܝܡ
ܗܘ ܘܡܢ ܬܒܥܬܐ ܕܢܠ. ܐܡܪܝܢܐ ܠܗ [15]ܐܢܬܬܗ. ܕܠܐ ܒܗܬ
ܐܢܬ ܕܠܐ ܒܢܝܢ ܐܢܬ ܡܢܘܬܟ ܘܒܡ ܡܢܐ ܡܢܪܐ ܐܢܬ. ܐܠܐ
ܥܪܝܐ ܗܝ ܕܐܡܝܢܐ ܕܠܝܬ ܐܢܫ ܕܢܒܥ ܡܘܬܒܗ. ܐܠܐ ܥܒܕ

---

1 ܕܐܝܬܐܪܬ. 2 ܡܛܠ a b c. 3 ܐܬܒܕܠ. 4 ܬܒܟܪ. 5 ܘܒܪ.
6 ܕܡܒܣܪ. 7 ܬܠܝܬܐܗ c. 8 ܘܫܘܝܘܬܟ b. 9 ܬܠܝܬܝܬܐ c.
10 ܡܢܝܢ a, ܡܢܝܢ b. 11 ܢܐܙܠ b d, ܕܢܙܠ c. 12 So oder ܕܡܒܥܬܐ
(42v) zu lesen für ܕܡܒܥܢܝܢܐ. 13 ܐܘܠܕ a c, ܘܐܠܕ (sic) b d.
14 ܘܕܕܡܒܥܬܐ b. 15 ܐܢܬܬܗ < b d.

ܠܚܠܬܗ̇، ܘܗܘܘ ¹ܢܨܒܐ ܡܟܣܐ ܟܕ ܗܟܢܐ ܗܘ ܕܠܐ ܢܗܘܐ ܚܘܣܪܢܐ. ܘܠܐ ܐܬܬܠܝܨܘ. ܘܟܕ ܫܡܥ ܐܦܣܩܘܦܗ ܠܐ ܫܠܝ. ܐܡܪܬ ܠܗ. ܗ̇ܘ ²ܡܢ ܕܟܠ ܕܪ̈ܚܡܘܗܝ، ܟܕ ܡܫܡܠ ܠܗ ܡܫܡܠ ܡܠܬܐ ³ܠܡܬܪܥܝܘ. ܡܢ ܡܫܬܒܩ ܐܢܬ ܗܘ ܚܠܦ ܕܠܐ ܡܠܠ ܘܐܡܪܐ ܕܡܫܬܒܩܘܗ̈ܝ. ܘܗܘ ⁴ܛܠܝܬܐ ܐܡܪ. ܐܝܟ ܗܘ ܫܪܒܐ. ܗܘ̇ ܦܢܝܬ.

ܕܐܝܬ ܗܘܐ ܚܢܢܐ ܕܪ̈ܚܡܐ ܘܠܠܐ ܣܝ ⁵ܒܬܪ ܬܪ̈ܝܢ ܗ̈ܘܐ
31r *⁶ܒܟ̈ܬܒܝܢ ܗܘܘ ܒܗ̇. ܘܒܠܚܘܕ ܫܒܥܝܬܐ ܗܘܐ ܠܗܘܢ ܚܘܒܐ ܒܬܪ ܫ̈ܒܘܐ. ܘܗܘܐ ܗܟܢܐ ܘܐܬܬܟܝܪܘ ܡ̈ܢܐ ܡܢܗ̇ ܕܒܚܢܐ. ܘܡܢ ܐܬܬܠܝܘ ܗ̈ܘܐ ܒܬܪ ܫ̈ܒܘܐ. ܕܟܕ ܡ̈ܢܐ ܦܪܘ ܠܗܘܢ ⁷ܘܦܠܓ ܠܝ ܕܢܐܙܠ ܡܢܐ ܠܚܢܐ. ⁸ܘܐܡܪܘ ܠܟܠܗ. ܡ̈ܢܐ ܦܪܘ ܘܠܐ ܡܫܬܡܚܝܢ ܕܡܪܒܐ ܢܗܘܐ. ܘܟܠܗ ܐܡܪ. ܐܢܬܘܢ ܐܦ ܒܢܝܢܐ ܡܦܪܢܘܬܐ ܠܚܘܒܐ. ܐܠܐ ⁹ܫܒܘ ܠܝ: ܒܝܫ ܟܪܐ. ܕܕܠܐ ܡ̈ܢܐ ܠܐ ܡܫܬܡܚ ܐܢܐ ܕܐܢܫܐ. ¹⁰ܐܬܦܪܫܘ ܠܝ ¹¹ܘܕܘܒܪܘܢ ܡܟܝܐ. ܐܡܪܝܢ ܠܗ. ܕܐܢ ܡܫܬܡܥ ܐܢܬ ܟܕ ܡܟܒܪܝܢ ܚܝܢ ܠܢ ܒܐܬܪ ܘܚܝܝܢ ܠܢ ܐܢܫܐ ܘܡܟܝܢ ܕܠܐ ܬܦܢܐ ܦܬܓܡܐ ܡܫܠܝܢ ܠܢ. ܘܗܘ ܡܠܠ: ¹²ܒܪܡ ܐܡܪ ܐܠܐ ܐܝܟ ܐܝܠ ܐܢܐ. ܘܗܘܝܢ ܐܡܪܘ ¹³ܕܠܒܢ ܐܢܬ ܒܟܘܪܝܢ ܡܫܟܐ ܒܡܟܝܟܘܬܗ ܘܫܠܡ ܒܬ̈ܪܝܢ ܪ̈ܫܘܗܝ ܡܫܠܝܢ ܠܢ. ܘܟܠܗ ܦܠܘ. ܘܗܘܢܐ ܫܒܪܘ. ܘܟܕ ܚܙܘ ܐܢܫܐ ¹⁴ܟܠܐ ܕܐܬܬܐ ܒܐܬܪ ܒܢܝܬ ܬܪ̈ܝܢ ܗ̈ܘܐ ܐܪܝܟܘ ܡܠܟܘܢ
31v ¹⁵ܘܐܡܪܘ. ܕܗܢܐ ܬܘܕܝܬܐ. *ܘܟܕ ܚܙܐ ¹⁶ܫܒ̈ܝܢܐ ܕܢܦܩܝܢ

---

1 ܢܝܫܐ b. 2 ܟܝܢܐ a c. 3 ܕܡܬܪܥܝܢܘܗܝ b d. 4 ܛܠܝܬܐ < b d, ܘܗܘ ܐܡܪ mit übergesetztem ܛܠܝܬܐ c. 5 ܘܬܪ̈ܝܢ b d. 6 ܘܒܟܬܒܝܢ a c. 7 ܕܦܠܓ b. 8 ܘܐܡܪܘ a c. 9 ܫܒܘܩܘ ܠܝ b, ܫܒܘܩܘ ܠܝ d. 10 ܐܬܦܪܫܘ a. 11 ܘܕܘܒܪܘܢ b d. 12 ܒܪܡ ܐܡܪ < b d. 13 ܕܕܠܒܢ b d. 14 ܟܠܐ < a. 15 ܘܐܡܪܘ a. 16 ܕܫܒ̈ܝܢܐ a c.

ܐܡܪ ܠܗܘܢ. ܘܠܐ [1]ܢܣܒܪܘ ܒܢ̈ܝܫܘܢ. ܘܟܕ ܦܬܚ ܦܘܡܗ [2]ܢܦܠ ܥܠ ܐܪܥܐ.

ܘܗܘ ܐܡܪ. ܫܡܥܢ ܠܝ ܗܢܐ ܡܬܠܐ. ܐܠܐ ܐܢܬ، ܡܢ ܗܫܐ ܠܐ ܬܕܚܠܝܢ. ܗܘ، ܒܗ ܒܕܘܒܬܗ ܐܘܠܕܬ ܦܘ̈ܓܡܗ. ܘܟܢܫܐ ܕܗܫܐ ܒܗ، ܕܫܡܥܢ [3]ܕܐܡܪ [4]ܠܬܠܡܝܕܘܗܝ ܕܠܐ ܬܕܚܠܘܢ ܡܢ ܗܫܐ ܡܛܠ ܕܡܫܬܘܕܪ. ܡܢ ܬܟܒܬܐ. ܘܐܬܬܐ [5]ܘܐܝܟ ܕܠܒܘܫܢܐ ܢܦܫܗ ܠܕܘܒܬܗܘܢ ܘܦܪܝ، ܠܒܢ̈ܝܫܘܢ. ܗܢܝܢ ܐܡܪܬ [6]ܠܗ ܐܢܬܬܗ. ܐܢܐ ܡܕܡܬ [7]ܚܙܝܬ ܘܒܚܠܡܐ [8]ܐܡܪܬ ܠܝ ܕܕܝܢ ܢܦܫܝ [9]ܘܡܢܐ ܕܠܐ ܥܠܐ [10]ܠܝ ܠܐ ܬܐܡܪ ܕܠܐ ܢܬܠܦܝܢ ܫܘܦܪܢܐ. [11]ܐܬܬܟܘܢܐ ܗܟܢܐ ܡܢ ܒܒܪ ܡܢ ܗܫܐ. ܘܗܘ ܐܡܪ: ܐܦ ܐܢܐ ܐܡܪܬ ܠܟ، ܒܚܠܡܐ ܕܐܢ ܗܫܐ ܡܢܐ ܠܝ ܦܪܥ [12]ܐܢܐ ܠܗ. ܘܗܟܢܐ [13]ܫܡܥ، [14]ܒܠܒܗ، [15]ܕܐܝܟܢܐ ܬܒܥܐ ܐܢܐ ܠܗ. ܘܗܘ [16]ܘܐܙܠ ܠܘܬ ܥܕܬܐ [17]ܕܬܠܡ̈ܝܕܘܗܝ ܘܐܡܪ ܠܗܘܢ ܫܘܦܪܢܐ ܕܗܢܐ [18]ܒܒܪ. ܘܐܢܬܘܢ [19]ܕܬܠܡ̈ܝܕܘܗܝ 32 r ܐܢܬܘܢ ܒܕܘܟܝ. ܡܛܠ ܕܒܕܝܢ *ܕܟܝ ܐܬܒܒܪ ܗܘܝܢ ܠܗܕܐ ܒܒܪ ܒܟܘܢ ܡܬܒܒܪ. ܘܐܡܪܘ ܠܗ. ܡܢ ܫܡܥܢܝ ܕܒܒܪ ܠܗܢܐ. ܘܗܘ ܐܡܪ. ܘܡܢܗܘܢ [20]ܕܢܐܙܠ ܠܘܬ ܦܪ̈ܝܫܘܬܐ ܘܒܟܒܐ [21]ܡܬܚܡܝܢ ܟܠܗܘܢ. ܕܗܢܐ ܫܘܦܪܢܐ ܗܢܐ ܒܒܪ ܡܢ. ܘܐܢܬܘܢ ܡܢ ܕܦܪ̈ܝܫܘܬܐ ܐܢܬܘܢ [22]ܒܕܘܟܝ. ܡܛܠ [23]ܕܒܕܝܢ ܕܡܢ ܐܬܒܒܪ ܡܠܝܐ ܕܐܦ [24]ܒܟܝܢ

---

1 ܢܣܒܪ d. 2 ܐܬܐ ܢܦܠ ܠܐܪܥܐ b d. 3 ܐܡܪܬ b d.
4 ܠܬܠܡܝܕܘܗܝ a. 5 ܐܝܟ c. 6 ܠܗ < a c, ܠܝ d. 7 ܘܚܙܝܬ b, ܘܚܙܝܬ، d; ܚܙܝܬ ܘܒܚܠܡܐ < a c. 8 ܘܐܡܪܬ a. 9 ܡܢܐ a. 10 ܠܝ < a.
11 ܘܐܬܟܘܢܐ b d. 12 ܐܢܐ < a. 13 ܫܡܥ، b d. 14 L. ܒܠܒܗ? 15 ܘܐܝܟܢܐ b d.
16 ܐܙܠ a d. 17 ܕܬܠܡ̈ܝܕܘܗܝ b c, ܬܠܡܝܕܘܗܝ d. 18 ܕܒܒܪ a c. 19 ܕܬܠܡ̈ܝܕܘܗܝ. ܐܢܬܘܢ < a c. 20 ܢܐܙܠ b d. 21 ܡܬܚܡܝܢ a c. 22 ܒܕܘܟܝ. 23 ܡܒܕܝܢ a.
24 ܒܟܘܢ.

ܢܬܒܥܐ. [1]ܘܒܗ ܒܝܘܡܐ ܒܠܚܘܕ ܦܪ̈ܝܫܘܬܐ [2]ܒܥܐ [3]ܘܐܬܐ, ܠܡܫܝܚܐ
ܕܘܒܠܐ. ܘܒܡ ܐܡܪ̈ܝܢ ܠܗ ܦܪ̈ܝܫܘܬܐ: ܗܐ ܫܡ [4]ܕܠܡ ܡܒܕܪ̈ܝܢ.
ܐܠܐ [5]ܡܒܥܐ ܢܒܥܐ ܠܗ ܠܡܫܝܚܐ. ܘܦܠܦܠܘܗ ܒܥܘܠܐ ܐܡܪ. ܪܒܐ
ܕܠܡ ܦܪ̈ܝܫܘܬܐ ܫܡܥܘܪ ܐܬܘܗܝ. [6]ܘܬܘ [7]ܢܘܒܠܐ ܘܢܘܪܐ ܕܢܐܬܐ
ܠܐܢ̈ܠܝܢ. [8]ܘܒܒܕܘ ܡܒܘܬ. ܘܗܘܘ ܫܡܥܘܪ ܐܬܬܐ ܠܠܡܘܗ̱ܝ ܘܡܫܐܠ
ܐܢܘ̱ ܕܒܗ [9]ܗܘܐ ܠܒܘ̱. ܗܢܝܢ [10]ܕܡܠܦܢܐ [11]ܡܠܟܐ ܐܢܝܢ ܐܡܪ
ܠܫܡܥܘܪ: [12]ܐܢܬ [13]ܡܒܪܐ ܕܠܡ [14]ܐܢܬ ܘܗܘ ܒܒܠܐ ܕܐܬܠܝܢ
ܡܪܒܒܬܗ ܠܠܡܗ ܡܢ ܒܒܠܐ ܕܡܒܐ. ܘܒܒܝ ܡܒܘܗ [15]ܒܠܒܒܘܬܐ
32ᵛ [16]ܕܢܒܥܐ̱. ܫܡܥܘܪ ܒܒܐ ܡܢ ܗܘ̇ ܒܒܠܐ *ܘܒܒܠܐ ܐܝܠ ܕܢܬܒܬܥ
ܒܡ ܒܒܠܐ ܕܡܒܐ. ܘܒܒܠܐ ܕܡܒܐ ܡܟܠ ܒܪܘܬܗ ܐܝܠ ܠܝܟ
ܠܝܟ ܘܐܬܝ, ܠܗܘ̱ [17]ܠܦܪ̈ܘܒܐ ܘܐܫܠܡ ܐܢܘ̱ [18]ܠܐܒ̈ܗܘܗܘ̱.
ܘܗܢܐ ܡܬܠܐ ܠܐ ܗܕܐ ܐܡܪܬ ܕܒܡ ܐܪܐ ܦܪܐ [19]ܠܐ ܝܕܥ
ܠܢ ܕܬܒܥܐ.

[20]ܘܫܒܘܩܝ ܐܡܪ. ܐܢܐ ܒܡܐ ܕܠܐ ܡܒܥܐ ܕܦܩܥܐ [21]ܠܐ ܐܪܐ
ܠܐ ܒܠܐܘܬ ܘܠܐ ܒܦܘ̈ܪܫܐ ܡܦܪܥ ܐܢܐ ܒܒܗ. ܐܠܐ ܬܪܝܨܐܝܬ
ܐܝܠ ܐܢܐ ܘܦܫ, ܗܒܢܐ ܡܫܘܢܐ ܐܝܟ ܕܒܝܒܐ ܠܗܫܐ. ܘܕܡܝܟ

---

1 ܒܗ̇ ܒܝܘܡܐ ܗܢܐ b, ܘܒܗ̇ ܒܝܘܡܐ ܗܢܐ d. 2 ܒܥܘ a.
3 ܘܐܬܐ, ܠܒܘܕ̈ܪܝܐ ܠܡܫܝܚܐ ܕܘܒܠܐ b, ܘܐܬܐ, ܠܒܘܕ̈ܪܝܐ ܐܬܘ ܠܡܫܝܚܐ ܪܘܒܠܐ d, ܘܐܬܐ, ܠܡܫܝܚܐ ܕܘܒܠܐ ܠܒܘܕ̈ܪܝܐ ac. ܠܒܘܕ̈ܪܝܐ scheint verschriebene Dublette von ܠܡܫܝܚܐ ܪܘܒܠܐ zu sein. 4 ܕܠܡ < b d. 5 ܡܒܥܐ < b d.
6 ܘܬܘ b d. 7 ܕܢܚܝܢ ܘܢܘܪܝܢ b d. 8 ܘܒܒܕܘ d. 9 ܘܗܘܘ ܠܒܘ̱ a c, ܘܗܒܘ̱ d. 10 ܡܠܦܢܐ b d. 11 ܕܡܠܟܐ b d. 12 ܐܢܬ < b d.
13 ܕܡܒܪܐ b d. 14 ܐܢܬܘ b d. 15 ܠܒܒܘܬܐ d. 16 ܕܢܒܪܘܢ.
17 ܦܪ̈ܘܒܐ b d. 18 ܠܐܒܗܘܗܘ̱ b d. 19 ܠܐ < a d. 20 ܫܒܘܩܝ b.
21 ܠܐ < a.

ܐܬܚܫܒ ܕܝܢ ܛܘܪܐ ܐܝܟ ܝܕܥ ܐܘܪܐ ܘܡܢ ܐܬܘ̈ܬܐ ܕܐܡܪܬ ܠܐ ܡܬܬܣܝܡ ܒܗ. ܡܬܦܠܓ ܟܠ. ܘܐܡܪ ܠܡܫܝܚܘܬܟ: ܡܫܝܚܐ ܕܐܝܟ ܐܢܬ ܡܫܬܘܕܐ ܐܢܬ ܕܦܫܝܛܐ ܠܝ. [1]ܘܡܫܝܚܘܬܟ ܐܡܪ. ܐܝܟ ܐܝܟ ܕܦܫܝܛܐ ܠܝ. ܘܕܡܝܟ ܐܡܪ. ܡܢܐ ܕܐܝܟ ܐܢܬ ܠܡܫܝܚܘܬܗ ܐܢ ܛܘܪܝܢ ܘܬܘܒ ܟܠ [2]ܫܘ̈ܬܦܘܬܗ ܘܫܝܢܗ ܘܣܘܦ ܘܫܪܝ ܟܢ ܦܬܝܚ *ܘܠܟܠ 33r
ܘܡܫܝܢܐ ܕܘܠܒܗ ܟܠ ܐܘܪܚܐ ܕܝܢ ܕܠܡܣܬܟܠܘܢ ܡܬܠܒܒ: ܦܪ ܢܦܫܝ. ܘܡܢ ܐܡܪܬ ܐܢܬ ܟܠ ܫܪܪܐ ܘܡܢ ܘܐܝܟ ܠܘܬ ܡܠܝܠܟ. ܘܟܝܕ ܫܡܗ، ܠܕܡܝܟ ܒܐܠܗܐ ܕܫܘܒܚܐ ܕܒܪܬ ܒܗ ܠܐܠܗܐ ܡܬܠܬ. ܘܕܡܝܟ ܐܡܪ. ܕܢܦܩ ܠܒܪܗ ܐܠܗܐ ܕܐܠܗܐ ܘܐܢܬ ܕܡܫܝܚ. ܘܠܐ ܬܬܦܠܓ [3]ܘܐܦ ܟܕ ܗܘ [4]ܡܫܝܚܝܢ ܕ̈ܒܪܐ ܒܫܘܒܚܐ [5]ܘܒܐܘܟܘܬܐ ܘܐܚܕ ܢܝܫܐ ܡܣܬܒܪ ܒܠܒܗܘܢ ܦܫܛ ܠܗܘܢ ܡܢ ܫܪܪܐ. ܐܝܟ ܒܐܦܐ ܕܢܦܠܐ ܒܡ̈ܫܬܐ. ܘܡܢ ܡܕܒܪ ܡܠܝܠܟ ܘܕܡܝܟ ܕܡܫܝܚܘܬܟ ܐܝܟ ܠܡܕܡ ܐܡܪܐ ܡܢܗ ܘܐܝܠܘ ܠܗܠܝܢ. ܘܡܫܝܚܘܬܟ ܕܝܢ ܫܢܐ ܠܐܡܪܐ ܕܐܬܦܠܓ ܘܬܘܒ ܟܠ [6]ܫܘ̈ܬܦܘܬܗ ܐܡܪ ܕܟܠ ܕܐܡܪ ܕܡܝܟ ܒܪܢܫ ܗܘ. ܘܐܡܪ ܒܦܓܪܗ. ܕܐܡܪܢܐ. [7]ܒܟܠ ܕܬܠܒܫܘܢ [8]ܒܢܝܬܐ ܠܐܢܫ ܒܒܝܬܐ ܕܐܝܬ ܒܗ ܫܘܢܐ. ܘܒܗܘ ܕܢܦܠܢ ܒܡܫܟܢܬܐ ܕܐܝܬ [9]ܒܗ
ܢܦܪܐ. ܘܒܗܘ ܠܡܫܝܚܐ ܒܡ̈ܫܬܐ ܕܐܝܬ ܒܗܘܢ *[10]ܢܦܫܟ. ܘܐܬܪ 33v
ܒܗܘܢ ܠܡܕܝܢܬܐ ܕܒܝܬܐ ܕܡܠܝܘܬܐ. ܕܒܠܒܢ ܒܡ̈ܠܐ ܡܦܩܢܝܢ [11]ܘܕܠܝܫܝܢ. ܘܡܗܡܢܝܢ ܐܢܫܝܢ ܒܗ̇، [12]ܕܝܢ [13]ܕܟܕ ܬܒܥܝܢ ܡܬܬܒܥ ܐܢܫ. ܘܟܕ ܫܢܐ ܐܡܪܐ ܕܐܢܫܝܢ ܐܡܪ ܕܒܪܢܫܐ ܐܡܪ ܕܡܝܟ

---

1 ܡܫܝܚܘܬܟ b. 2 ܫܘܬܦܘܬܗ a c d. 3 ܕܐܦ b d. 4 So mit B für ܡܫܝܚܝܢ ܕ̈ܒܪܐ (oder ܡܫܝܚܝܢ). 5 ܘܐܘܟܘܬܐ a. 6 ܫܘܬܦܘܬܗ b d.
7 L. ܒܟܠܗ? 8 ܒܢܝܬܐ (sic). 9 ܒܗܘܢ ܐܢܫܝܢܐ a c, ܒܗܘܢ ܐܢܫ̈ܐ, mit ܡ über ܠ o, ܒܗܘܢ ܐܢܫ̈ܐ d. 10 ܐܝܟܢܐ. 11 ܘܕܠܝܫܝܢ a.
12 Ob zu streichen? ܕܝܢ b, ܒܗ ܕܝܢ d (statt ܒܗ̇، ܕܝܢ). 13 ܟܕ c.

ܕܐܬܪܕܗܝ ܕܟܠܗ. ܗܝܕܝܢ ܐܘܪܚܐ ܚܘܪ ܥܠ ܗܕܒܫܒܟ [1]ܘܢܦܠܘ ܒܬܚܬܘܫܐ
ܡܫܐܠܬ ܒܕܡܝܐ ܕܬܪ̈ܝܗܘܢ ܒܕ ܡܦܠܦܠܝܢ ܒܕܡܝܐ ܦܪܫܘ ܡܢ ܬ̈ܪܕܐ
ܠܚܕ ܚܕ ܒܟܒܐ. ܘܒܕ ܚܙܘܗܝ ܠܐܪܥܐ ܕܡܦܪܦܪܐ ܒܕܡܝܐ ܘܠܐ
ܐܬܡܢܝ ܕܢܦܠܘܢܗܝ ܠܬܘܪܥܐ ܐܡܪ ܠܕܡܝܟ ܕܚܙܝ ܒܪ ܒܫܢܬܐ ܗ̇ܢ
. ܫܘܒܥܝܢܐ ܢܒܒ ܡܢ ܝܒܫܬܐ. ܘܕܡܝܟ ܐܡܪ. ܡܟܘ [2]ܫܘܒܥܝܢܐ.
ܘܠܠܟ ܐܡܪ. ܫܘܦܪܢܐ ܕܐܪܥܐ ܠܬܘܪܐ ܠܐ ܦܠܠ. ܘܐܝܬ
[3]ܒܡܫܠܘ [4]ܠܒܠܬܗ. ܡܛܠ ܕܠܘ ܥܠ ܒܒܝ ܒܬܒܬܘܫܐ ܙܝܢ ܕܢܬܒܒܝ.
ܐܠܐ ܒܬܪܒܘܬܐ ܘܦܘܒܐ. [5]ܘܐܡܟܢܪܐ ܗܝ ܕܐܝܒܒܐ ܕܒܝܒ.
34r [6]ܡܒܒܒܘܬܗ ܕܪܒܝܢܐ [7]ܘܐܦ ܠܒܢܐ ܡܒܪ *ܗܘ. ܗܘܒܢܐ ܐܦ
ܐܢܫ ܒܥܝܪܐ ܒܒܠܬ ܡܫܡܠܝܘܬܐ ܫܦܠܐ ܡܬܬܒܒ. ܘܐܝܒܢܐ ܕܒܝ
ܠܒܢܐ ܒܪܝܗ: ܫܠܡܘܬܗ ܕܪܒܝܢܐ ܠܐ ܡܬܬܒܒܐ. ܘܗܒܢܐ [8]ܐܢܫ
ܡܒܪܫܐ [9]ܕܡܒܒܡ ܕܒܠܒܪܘܬܐ ܙܝܢ ܕܡܫܬܒܪ ܘܠܐ ܦܒܪ ܘܐܦ
ܡܒܪܫܘܬܗ ܠܐ ܡܬܬܒܒܐ. ܘܫܘܒܪ̈ܢܐ ܒܝܒܬܐ ܡܬܬܒܒܝܢ ܕܠܐ
ܒܡܫܝܢܐ. ܘܡ̇ܢ ܕܠܐ ܢܒܒ ܐܘܡ̈ܢܘܬܐ: ܐܦ ܠܒܪ̈ܘܬܐ ܐܝܬ [10]ܠܗ
ܫܘܒܥܝܢܐ ܗܠܦ [11]ܡܒܝܗ ܐܝܟ ܕܡܢ ܗܕܐ ܕܠܟ. ܘܗܘ ܕܝܢܒ
ܫ̈ܒܠܐ ܘܐܘܡ̈ܢܘܬܐ: ܐܦ ܡܫܝܠ ܐܠܐ ܒܝ ܦܘܪ̈ܫܐ ܒܠ ܫܠܬܢܐ.
ܡܢܟ ܕܫܬܠܛ. ܡܛܠ ܕܒܡ ܫܠܝܛܘܬܐ ܕܫܒܠܐ ܘܡܪܝܒܘܬܗ
ܕܫܘܢܐ ܘܬܘܦܣܗ ܕܐܪܥܐ ܘܒܡܫܝܢܐ ܕܡ̈ܝܐ ܘܕܘܪܐ ܘܕܡܫܒܫܝܢܐ
ܘܕܗܘܪܐ ܘܕܡܦܪܐ ܐܢܫ ܒܢܝܪ ܫܠܐ ܒܦܘܪ̈ܫܐ ܡܢܟ ܕܒܒܘܫ
ܒܡܫܝܢܘ̱ ܐܝܟ ܕܢܬܒ ܥܠ ܡܕܠܗ ܕܫܠܐ ܘܕܫܬܒܬܐ ܒܫܘܢܐ
34v ܘܕܫܒܘܫ ܠܐܪܥܐ ܒܡܦܪܬܐ ܘܕܘܒܠ ܡ̈ܝܐ ܠܒܪ *ܕܡ̈ܟܐ ܘܠܪܘܫܐ
[12]ܘܡܦܪܐ ܘܡܫܝܢܐ ܢܫܘܡ ܡܢ ܢܦܫܗ. ܘܠܐܢܫ̈ܐ ܫܦܝܪܐ ܘܡܗܕܪܐ

---

1 ܘܢܦܠ a. 2 ܫܘܒܪ̈ܢܐ. 3 ܒܡܫܠܘܬܐ d. 4 ܠܒܠܬܗ̇ a b c, ܠܒܠܬܗ̇ d. 5 ܘܐܡܟܪܘ ܗܝ. 6 L. ܡܒܒܒܘܬܗ? 7 ܐܦ b. 8 ܐܢܫܐ b c d. 9 ܡܒܒܡ. 10 ܠܗ̇ a b d. 11 ܡܒܝܗ b c d. 12 ܘܠܡܦܪܐ b.

[1]ܘܦܠܓ̈ܐ ܘܠܟܝ̈ܢܐ ܘܒܬܪ̈ܐ ܕܝܢ ܒܬܫܡܫܬܗ. [2]ܘܐܢܐ ܐܢܐ ܒܡܫܡܫܢܘܬܟ
ܙܕܩܬ ܘܫܪܝܪܘܬܟ ܐܫܬܠܡܬ [3]ܘܙܕܩܬ ܕܬܫܒܘܚܬܐ ܡܫܝ̈ܚܝܬ. ܘܐܢܫ
ܫܒܝܚܐ ܡܬܚܫܒ ܒܗ ܘܗ̇ܘ ܠܐ [4]ܡܨܛܝܐ [5]ܕܠܗ ܡܫܬܘܦ ܐܢܫ.
ܘܐܢܐ ܟܠ ܗܕܐ ܠܐ [6]ܐܫܟܚܬܟ ܘܠܐ ܐܬܚܙܝܬ ܒܟܝܢ ܡܢ ܫܘܪܝܐ.
ܟܠ ܕܠܐ ܦܪܫ ܗܘܐ ܕܐܟܠܐ ܐܪܙܐ: ܘܐܦ ܫܘܪܝܐ ܠܐ ܦܪܫ
ܗܘܐ ܕܢܗܘܐ ܠܝ. ܘܐܦ ܙܕܩܬ ܕܠܐ ܡܬܬܪܨܝܢ: ܘܗܘܐ ܚܙܝܬ ܦܐܪܐ
[7]ܕܡܢ ܒܟ̈ܝܢܬܟ. [8]ܗ̇ܢܘ ܕܝܢ ܡܘ̈ܗܒܬܟ ܘܐܦܠܓ̈ܘܬܟ ܘܡܫܘܚܬܐ ܐܢܐ ܐܢܐ ܠܟ
ܘܦܠܓܘܬܐ ܕܗܘܐ ܡܫܘܚܬܗ̇. ܡܛܠ ܕܬܐܡܪ̇ ܙܕܩܬ: ܘܕܬܟܒܪ ܠܐ
ܙܕܩܬ. ܘܐܡܪܝܢܐ ܗܝ ܕܟܕ [9]ܗܘ [10]ܥܠܝܠܐ ܠܐ ܢܣܒ: ܡܢ ܒܪ ܡܠܟܐ
ܘܦܪܝܫܐ ܦܠܚܝܢ ܫܘܒ̈ܚܘܗܝ ܕܕܝܢܐ. [11]ܕܕܢܐܡܪ [12]ܙܕܩ ܘܕܢܟܒܪ ܠܐ
ܙܕܩ. ܘܐܡܪܐ ܡܛܠ ܗܕܐ ܐܬܬܟܠ ܥܠܝܟ: [13]ܟܠ *ܗܢܐ ܗܘܢܐ ܡܗܢܐ 35r
ܡܠܦܢܘܗܝ. ܘܡܠܘܠܐ ܕܫܘܟ ܬܪ̈ܝܗ: ܐܝܟ ܕܢܗܪܐ ܕܗܦܟܝܢ ܒܝܢ
ܐܘܠܨܢܐ. ܘܐܝܟ [14]ܕܙܘܥܬܐ ܕܡܢ ܒܘܠܐ ܘܐܝܟ ܫܢ̈ܐ ܕܠܝܬ ܠܗܘܢ
ܫܒܝܐ ܘܙܘܥܬܐ. ܘܗܢܐ ܥܠܘܒܝܐ ܕܐܬܚܡܬ: ܐܝܟ ܢܒܝܗܐ
ܡܫܒܚ ܕܢܒܝܘܗܝ، ܐܝܟ ܒܘܪܗܢܐ ܕܐܣܝܐ ܡܚܘܪܐ ܡܚܝܐ
[15]ܠܡܫܠܡܢܘܬܗ. ܘܢܫܒܚܐ ܕܢܗ̇ ܫܘܒܗܪܐ: ܘܗܒܠܐ ܡ̈ܫܚܠܦܐ
ܘܫܘܦܪܐ. [16]ܐܝܟ ܦܢܝܘܬܐ ܕܒܘܗܪܐ ܕܢܦܩܐ ܒܗ ܟܠ ܐܢܫ ܢܩܕܡ

1 ܠܦܠܓ̈ܐ b. 2 ܐܢܐ ܐܢܐ (l. ܐܠܐ ܐܢܐ?) d. 3 ܘܙܕܩܬ < a c.
4 ܡܨܝܐ b c d. 5 ܕܠܐ a, ܠܐ b c d. 6 ܒܫܟܚܬܟ b d. 7 ܡܢ a.
8 ܗܕܝܢ d. 9 ܘܗ̇. 10 ܕܥܠܝܠܠܐ ܠܐ (sic) b, ܕܥܠܝܠܢܐ ܠܐ c d.
11 ܘܕܢܐܡܪ ac, ܢܐܡܪ b, ܐܡܪ ܐ(?) d. 12 ܘܙܕܩ b. 13 L. ܘܟܠ?
14 ܕܙܘܥܬܐ ܘܗܢܐ ܕܡܢ ܒܘܠܐ ܐܝܟ ܫܢ̈ܐ ܕܠܝܬ a, ܕܙܘܥܬܐ ܡܢ ܒܘܠܐ ܘܐܝܟ ܫܢ̈ܐ ܕܠܝܬ b, ܕܙܘܥܬܐ ܕܡܢ ܒܘܠܐ: ܘܐܝܟ ܫܢ̈ܐ ܕܠܝܬ c, ܕܙܘܥܬܐ ܘܗܘ ܡܢ ܒܘܠܐ ܫܒܝܪܐ ܕܠܝܬ d.
15 ܠܡܫܡܠܢܘܬܗ b, ܠܡܫܡܠܢܘܬ (sic) d. 16 ܐܝܟ < a.

ܒܢܘ̈ܗܝ. ܘܐܝܟ ܚܟܝܡܐ ܒܦܬܓܡܗ ܠܐ ܝܗܒܐ: [1]ܘܐܝܟ ܣܒܠܐ ܒܡܠܠ ܠܦܬ̈ܓܡܐ ܝܗܒܐ ܘܐܝܟ ܕܠܐ ܡܢ ܝܗܒܐ ܦܪܝܫ. ܘܐܡܝܢܐ ܕܐܝܬ ܥܠܝܡܐ ܐܦ ܠܒ ܘܒܚܫܒ: ܟܕ ܒܢ̈ܝ ܥܠܡܗ ܐܦ ܡܪ̈ܒܝܢܘܗܝ ܫܪܘܝܢ: ܬܡܝܗܐ ܘܣܓ̈ܝܐܐ ܠܐ ܡܪܢܝܢ ܠܘܬܗ. ܘܗܘܐ ܟܝ ܐܣܛܪܬܗ. ܘܕܢܚܐ ܠܦܪܕܐ ܕܟܫܝܚܝܢ ܬܚܘ̈ܗܝ: ܘܐܝܬ ܒܗ [2]ܢܗܝܟ: ܕܗܘ ܕܕܒ ܒܗ ܠܐ ܣܢܝܐ ܒܗ. ܘܗܕܪܐ ܕܥܠܡܐ ܣܘܓܐܐ ܕܟܠܗ. [3]ܘܐܝܬ
35 v ܟܠܠ ܫܘܒܚܐ *ܘܬܘܕܝܬܐ ܕܢܦܩܝܢ ܒܢܝܬ [4]ܕܗܘܝܢ ܒܗ ܐܪܥܐ ܐܝܟ ܠܐ ܢܗܘܐ ܐܠܐ ܐܝܬ. ܐܡܝܢܐ ܕܥܢܝܐ ܗܘ ܡܢ ܕܢܣܒܐ ܒܠܒܒܢ ܡܢܐ. ܘܕܪ̈ܘܬܐ ܒܡܫܒ ܒܐܦ̈ܐ ܗܕܐ. ܘܢܫܡܥܬ ܐܝܬܘܬܐ ܒܡܦܪܐ [5]ܬܘܒ: ܘܢܝܫܐ ܕܢܦܫܗ ܒܐܘܠܨܢܐ ܕܐܫܝܪܐ ܝܬܝܪ. ܘܐܡܝܢܐ ܕܐ̱ ܠܦܘܣܐ ܠܐ ܢܠܐ ܦܘܪܫܢܗ: ܒܡܐ ܕܕܘܒܪܗ ܝܒ ܐܝܟ ܠܐ ܣܢܐ ܠܗ. ܘܗܟܢ ܐܦ ܠܐܘܪܚܐ ܒܡܘܠܒܢ ܟܕܝܫ. ܐܝܟ ܗܘ ܡܘܠܟܢܐ ܕܟܠܝܢ ܡܟܘܫܐ ܠܗ، ܦܪܝܫܬܐ [6]ܐܘܒܕܢܬ ܫܒܝܪܐ: [7]ܕܠܐ [8]ܬܫܒܚܢ ܠܗܝ ܕܗܘܝܢ ܠܐ ܡܬܝܪܐ ܠܡܫܒܚܘܬܗ. ܠܐ ܟܝ ܦܣܩܝܢ ܦܪܘܩܐ ܒܚܝ̈ܐ ܘܠܐ ܠܐܝܢ ܕܒܦܩܘ̱ ܠܒܐܦܐ. [9]ܘܕܡܒܠܝܟ ܐܡܪ: ܐܝܟ [10]ܗܘ ܥܙܒܐ. [11]ܘܠܠܠܝܟ ܐܡܪ.

ܒܢܝܬ ܠܦܘܪܐ: ܐܝܬ ܗܘܐ ܒܡܪܐ ܕܡܘ̈ܦܐ. ܘܢܝܘ ܟܠܠܝܐ ܬܘܠܒܐ ܗ̇ܝ ܕܦ̇ܪܝܫܐ: ܘܒܪܒܘܬ ܒܠܒܐ ܕܢܘܪܐ ܡܬܢܝܚܢܐ: ܘܐܫܒܪܘ ܕܢܘܪܐ ܗܝ: ܘܪܗܛܘ ܒܬܪܗ̇. ܘܟܕ ܢܠܬ ܐܝܬܘ ܡܫܩܐ ܘܟ̈ܠܐ
36 r *ܡܢ̈ܝܐ ܘܫܒܩܘ ܠܗ̇ ܘܢܦܩܝܢ ܗܘܘ ܒܦܘܡܗܘܢ̱ ܘܒܐܕ̈ܢܝܗܘܢ̱ ܕܬܕܠܘ. ܘܦܪܝܫܬܐ [12]ܐܘܒܕܢܬ ܫܒܝܪܐ ܬܒܥܐ ܗܘܬ ܟܠ ܐܢܫܐ

---

1 ܘܣܒܠܐ ܒܡܠܠ ܠܦܬ̈ܓܡܐ ܝܗܒܐ < a, ܣܒ̈ܒܐ (l. ܣܒܠܐ) d. 2 ܐܗܢܝܟ, cf. 40 17. 3 ܘܐܝܬܘܗܝ a. 4 ܗܘܝܢ. 5 ܐܬܟ̇ܒܐ. 6 ܐܘܒܕܢܬܐ ܕܫܒܝܪܐ ac. 7 ܘܠܐ. 8 ܐܫܬܒܚܝܢ ac, ܐܫܬܒܚܘܢ (sic) b, ܐܫܬܒܚܘܢ d. 9 ܕܡܒܠܝܟ b. 10 ܗܝ. 11 ܡܠܠܝܟ a. 12 ܘܐܘܒܕܢܬ a.

ܘܐܡܪܐ ܠܗܘܢ: ܠܐ ܬܠܐܘܢ ܗܪܟܐܝܬ ܡܛܠ ܕܠܘ ܢܘܪܐ ܗܘ. ܘܗܘܢ ܠܐ ܫܡܥܘܗ̇. ܘܢܚܬܬ ܘܐܬܬ ܠܐܝܕܝܗܘܢ. ܘܢܣܒܬܗ̇ ܡܚܘܫܐ ܚܕ. ܘܐܡܪܬ ܠܗ̇: ܠܐ ܬܠܐܝܢ[1] ܡܛܠ ܠܡܫܝܚܘ ܠܗܝ ܕܠܐ ܡܢܝܐ ܕܡܬܚܫܒ. ܠܐ ܓܝܪ ܦܫܘܛ ܦܪܘܫܐ ܒܝ̈ܢܬܐ ܘܠܐ ܒܐܦܐ ܡܢܝܐ ܕܬܬܒܥܐ. ܠܐ ܬܠܐܝܢ. ܘܠܐ ܫܒܩܬ ܘܐܙܠܬ ܠܟ ܗܘܦܐ. ܘܐܘܫܛ ܚܕ ܡܢܗܘܢ ܠܐܝܕܗ̇ ܘܡܛܠܗ̇. ܘܐܡܬ ܕܡܢܟ ܡܢܝܬܐ: ܘܡܢܝܢܐ ܬܘܒ ܚܕ. ܡܛܠ ܕܒܪܢܫܐ ܠܐ ܢܪܒ ܕܢܕܒܪ [2]ܡܕܡ. ܘܢܫܒܐ ܒܢܝܐ ܕܡܢܝܢܬܐ ܢܕܒܪ. ܓܒܪ ܠܗ ܐܝܟ ܗܘ ܢܫܒܐ ܫܘܬܦܗ ܕܒܪܢܫܐ: ܕܢܦܫܗ ܠܐܒܗܘܗܝ، ܒܬܘܒܐ ܘܐܘܒܠܗ ܒܒܪܝܬܐ ܕܡܚܘܬܐ. ܘܒܪܢܫܐ ܐܘܒܠ [3]ܠܕܝܢܐ ܠܒܝܬܗ. ܘܕܡܟܝܟ ܐܡܪ. ܐܝܟ ܗܘ ܫܪܒܐ. ܘܠܠܝܟ ܐܡܪ:

36 v *ܐܝܬ ܗܘܐ ܬܚܘܬܐ ܒܠܝܠܬ ܕܡܒܬܐ ܫܘ̈ܦܬܐ ܘܪ̈ܘܚܐ. ܘܚܕ ܢܫܒ ܗܘܐ ܘܚܕ ܒܪܢܫ. ܘܐܬܬܟܠܘ [4]ܕܢܐܟܠܘܢ ܠܟܠܗ ܐܬܪܐ ܒܬܐ ܥܠܘܗܬܐ. ܘܚܕ ܠܐ [5]ܐܪܝܘ ܩܠܒ: [6]ܐܫܟܚ ܒܪܢܫܐ ܡܘܦܬܐ ܕܐܝܬ [7]ܒܗ̇ ܐܠܦ ܕܝ̈ܢܐ. [8]ܘܐܬܬܐ [9]ܣܘܣܗ̇ ܠܢܫܒܐ: ܘܡܠܟܘ ܠܗܘܢ. ܘܚܕ ܡܢܟܘ ܠܡܕܝܢܬܐ ܗܘܟܘ ܕܢܦܠܓܘܢ ܐܢܘܢ. ܘܐܡܪ ܒܪܢܫܐ ܠܢܫܒܐ. ܦܠܓܐ ܠܝ ܘܦܠܓܐ ܠܟ. ܘܢܫܒܐ ܒܗ̇ ܕܐܢ ܡܢܝܐ ܕܢܦܠ ܠܟܠܗܘܢ ܕܝ̈ܢܐ ܡܢ ܒܪܢܫܐ ܐܡܪ. [10]ܠܐ ܢܦܠܓ ܐܢܘܢ: ܡܛܠ ܕܟܕ ܫܘܐܝܬ ܐܢܘܢ: ܐܦ ܚܢ ܒܫܘܬܦܘܬܐ ܕܝ̈ܢܐ ܠܐ ܢܦܪܘܫ. ܐܠܐ ܢܣܒ ܡܢܗܘܢ ܗܫܐ ܗܘܝܢ: ܟܠܚܕ ܡܢܐ ܕܝ̈ܢܐ [. . .]. ܘܫܪܟܐ ܠܦܘܪܘ ܐܢܘܢ ܒܡܘܪܐ ܕܐܠܗܐ ܚܕ ܘܐܙܠܘ. ܗܝܕܝܢ ܗܘ ܢܫܒܐ ܘܐܙܠ ܠܦܘܫܝܐ: ܘܢܣܒ ܠܕܝ̈ܢܐ

---

1 ܬܠܐܝܢ c. 2 ܡܕܡ < b c d. 3 ܕܝ̈ܢܐ b d. 4 ܕܢܐܟܠ b, ܕܢܐܟܘܠ d. 5 ܐܪܝܘ b c d. 6 ܒܪ ܐܫܟܚܘ. 7 ܠܗ̇ a, ܗܘ̣ b c d. 8 ܘܐܬܬܐ b c, ܘܐܬܐ d. 9 ܣܘܣ a, ܣܘܣܗ̇ b c d. 10 ܠܐ < a.

ܘܫܘܝܗ̇ ܠܬܘܕܝܬܐ ܘܐܬܠ: ܘܡܢ ܒܬܪ ܒܥܘܬܐ: *ܐܡܪ ܒܪܢܫܐ ܠܡܫܝܚܐ. 37r
ܢܦܩܬܐ ܒܚܢܢܐ: ܘܡܢ [1]ܕܢܐܬܠ ܢܦܬܐ ܡܢ ܡܢܗܘܢ ܕܫܝܢܐ. ܘܐܬܠܗ
ܬܪ̈ܝܗܘܢ: ܘܟܕ ܟܠܗܘܢ ܠܬܘܕܝܬܐ ܘܠܐ ܗܘܘ ܒܗ̇ ܕܫܝܢܐ.
ܡܫܝܚܐ ܢܣܒ ܪܥܗ ܘܣܝܡܗ ܒܩܦܪܐ: ܘܐܙܠ ܘܐܡܪ ܠܒܪܢܫܐ:
ܡܛܠ ܠܐ ܢܗܘܐ ܕܡܬܬܟܠ ܥܠ ܪܥܝܗ: ܕܗ̇ܢܘܢ ܕܫܝܢܐ ܠܟ
ܥܡܠܝܢ. ܡܛܠ ܕܠܝܬ ܕܝܕܥ ܗܘܐ ܒܗܘܢ ܐܠܐ ܐܢܐ ܘܐܢܬ.
ܘܗܘܝܐ [2]ܘܐܬܠܗ ܠܗܘܬ ܕܢܝܐ ܘܩܦܪܗ ܡܫܝܚܐ ܠܒܪܢܫܐ ܘܡܢ ܕܢܝܐ:
[3]ܕܕܫܝܢܐ ܠܟ ܥܡܠܝܢ. ܘܕܢܝܐ ܒܥܐ [4]ܗܘܕܪܐ ܠܡܫܝܚܐ. ܘܐܡܪ
ܕܐܝܬ ܠܝ ܗܘܕܪܐ. ܘܕܢܝܐ ܐܡܪ: ܗܐ ܐܢܘܢ ܗܘܕܪܝܟ. [5]ܘܡܫܝܚܐ
ܐܡܪ ܕܗܘ ܐܠܗܐ ܗܘܪ ܠܝ. ܘܕܢܝܐ ܐܬܕܟܪ ܕܐܝܟ ܡܫܝܚܐ
ܕܐܠܗܐ ܢܗܘܪ. ܘܗܘܒܗ ܠܡܫܝܚܐ ܠܒܪܟܐ: ܕܠܒܝܫ ܢܐܬܐ
[6]ܕܢܒܝܡ ܗܘܕܘܬܗ. ܘܡܫܝܚܐ ܒܥܐ ܡܢ ܒܪܟܐ: ܘܐܬܠ ܠܒܝܬܗ
ܘܬܒ [7]ܠܐܒܘܗܝ ܒܠܒܐ ܕܗܘܐ: [8]ܕܕܫܝܢܐ ܠܝ ܥܡܠܝܢ. ܘܐܢ ܐܒܝ
ܒܥܐ [9]ܕܦܪܐ ܐܢܐ. [10]ܘܐܒܘܗܝ *ܐܡܪ ܠܗ: ܘܐܢܐ ܡܢܐ ܒܒܪ. 37v
ܐܢܐ. ܘܗܘ ܐܡܪ. ܕܐܠܗܐ ܫܠܠܐ ܗܘ: ܘܐܝܬ ܒܗ ܫܘܪܐ ܫܪ:
[11]ܘܐܢ [12]ܒܒܐ ܒܗܘܢܐ ܠܠܝܐ ܒܚܕܠ ܒܗܘ ܫܘܪܐ ܘܢܬܒ ܒܓܘܗ.
ܘܟܕ ܐܬܝܡ ܠܒܝܫ: ܐܢܐ ܘܕܢܝܐ: ܘܫܐܠ ܕܢܝܐ ܠܐܠܗܐ: ܐܝܬ
ܐܡܪ: ܗ̇ܢܘܢ ܕܫܝܢܐ [13]ܕܒܒܘܪ ܠܒܝܫ ܗܘܘ: ܒܪܢܫܐ ܥܡܠ
ܐܢܘܢ. ܘܐܡܪ ܠܗ ܐܒܘܗܝ: ܒܪܝ ܐܢܬ ܫܒܝܩܐ ܡܢ ܡܦܩ ܒܪܘܚܐ
ܕܠܒܒ: ܡܢܗ ܢܦܩܝܢ ܗܘܦܟܐ. ܘܗܢܐ ܡܦܩ ܒܪܘܚܐ ܠܘ ܦܪܘܫܐ
ܗ̇ܘ. ܘܫܪ ܕܠܐ ܢܗܘܐ ܫܘܦܪܢܐ ܡܢ [14]ܗܢܐ ܦܪܘܫܐ [15]ܐܝܟ ܕܗܘܐ

---

1 ܢܐܬܠ b d. 2 ܘܐܬܠ a d. 3 ܘܕܫܝܢ̈ܐ b. 4 ܗܘܕܪ̈ܐ. ܡܫܝܚܐ ܐܡܪ b. 5 ܡܫܝܚܐ b. 6 ܕܢܒܝܡ a. 7 ܠܐܒܘܗ̈ܝ c. 8 ܘܕܫܝܢ̈ܐ b. 9 ܗܢܒܐ a, ܕܦܒܐ c, ܕܒܢܐ d. 10 ܘܐܒܘܗ̈ܝ c. 11 ܕܐܢ ac. 12 ܒܒܐ < b. 13 ܕܒܒܘܪ (sic) a. 14 ܗܢܐ < a. 15 ܘܐܝܟ a.

ܡܢ ܗܘ ܓܠܐ ܢ̈ܘܢܐ. ܘܗܘ ܐܡܪ. [1]ܗܟܢ ܚܘܣܪܢܐ ܒܒܙ ܓܠܐ ܢ̈ܘܢܐ. [2]ܘܐܟܘܬܗ̇ ܐܡܪ.

ܓܠܐ ܢ̈ܘܢܐ [3]ܘܟܪܘܬ ܘܠܟܗ ܐܝܬ [4]ܗܘܘ. ܘܚܘܝܐ ܚܕ ܕܪܒ ܗܘܐ ܠܗܘܢ. ܘܡܟܐ [5]ܕܒܒܙܘ ܦ̈ܘܠܚܐ: [6]ܐܟܠ ܗܘܐ ܠܗܘܢ ܚܘܝܐ. ܘܓܠܐ ܢ̈ܘܢܐ ܒܗ̇ ܕܐܬܟܣܝ ܒܗ ܟܘܒܬܐ: ܒܣܡ ܗܘܐ ܠܗ ܕܢܓܪܐ. ܘܐܬܬܟܝܣ ܘܠܐ ܐܟܠ ܘܠܐ *ܫܬܐ. ܘܣܪ̈ܛܢܐ ܣܡ 38r
ܠܗ ܟܠܐ ܘܐܟܠܗ. ܕܟܐ ܠܟ ܕܐܬܟܣܬ ܒܡܪܝܪܘܬܐ. ܘܬܘܒ ܠܗ ܠܒܟܝܐ ܕܗܘܐ [7]ܠܗ ܡܢ ܚܘܝܐ. ܐܡܪ ܠܗ ܣܪ̈ܛܢܐ. ܒܚܘܝܐ ܐܢܐ ܠܟ ܬܪܒܐ: ܕܬܟܒܒ ܒܪܘܬܟ ܡܢ ܚܘܝܐ. [8]ܘܐܡܪ. ܟܒܘ ܬܪܒܐ. [9]ܘܣܪ̈ܛܢܐ ܚܣܗ ܣܘܪܐ ܕܪܘܣܦ ܘܐܡܪ [10]ܠܗ. ܕܡܢ ܣܘܪܗ ܕܪܘܣܦ ܘܡܕܒܪܐ ܠܣܘܪܗ ܕܚܘܝܐ: ܣܪܘܪ ܢ̈ܘܢܐ ܘܠܠܠ. ܘܡܟܐ ܕܢܦܩ ܪܘܣܦ ܕܢܐܟܘܠ ܢ̈ܘܢܐ. ܘܐܦ ܚܘܝܐ ܢܦܩ ܠܡܐܟܠ. ܘܒܒܪ ܡܒܒܐ. ܘܢܦܩ ܪܘܣܦ ܟܘܪ ܢ̈ܘܢܐ: ܘܦܠܓ ܟܡ ܚܘܝܐ ܘܣܦܠܗ: ܘܦܠܓ ܐܢܘܢ ܠܦ̈ܘܠܚܐ ܡܢ ܐܢܪ̈ ܚܘܝܐ.

ܘܟܠ ܡܕܐ ܐܡܪܬ [11]ܠܟ: [12]ܕܚܟܝܡܬܐ ܡܠܝܟ ܕܠܐ ܢܟܠ ܒܣܘܦܪܢܐ. ܘܚܟܝܡܐ ܐܡܪ. ܒܒܪ: ܥܡܝܡܬܐ ܠܝ ܡܕܐ. ܘܐܝܬ ܒܡܘܢܐ ܥܒܕܐ ܠܐ ܬܬܢܠ. ܡܢܝܢ ܒܠ ܚܟܝܡܐ ܕܟܪܘܗ ܐܝܟ ܐܝܬܝ ܒܐܠܗܐ. ܘܠܡܘܟܐ ܕܒܬܪܗ ܐܝܟ ܕܢܐ ܠܥܠܡ. ܘܐܙܐܠܗ ܠܐܠܗܐ ܘܡܠܠ ܐܒܘܗܝ ܕܚܟܝܡܐ ܡܢ *ܠܗ ܐܠܗܐ ܘܐܡܪ: ܕܕܢܕܪܐ ܕܒܒܗܘܪ: 38v
ܒܕܪܪܐ ܥܡܠ ܐܢܘܢ. ܘܕܢܝܐ ܬܟܪ ܘܐܬܬܕܒܪ. [13]ܘܐܡܪ ܕܗܘܐ ܡܒܒܡ ܠܐ ܡܝܬܐ ܕܗܘܐ ܚܫܒܐܝܬ: ܐܬܚܒܘ ܣܢܪ̈ ܐܠܗܐ:

---

1 ܘܗܟܢ a d. 2 ܘܐܟܘܬܗܝ c. 3 ܘܟܣܝܬ b d. 4 ܗܘܐ b d.
5 ܕܒܒܙ ܗܘܐ ܓܠܐ ܢ̈ܘܢܐ ܦ̈ܘܠܚܐ b d. 6 ܐܟܠ b d. 7 ܠܗ b d.
8 ܘܗܘ ܐܡܪ b d. 9 ܣܪ̈ܛܢܐ a. 10 ܠܗ < a. 11 ܠܟ < b d.
12 ܕܚܟܝܡܬܐ. 13 ܐܡܪ c.

ܘܣܩܘ ܫܘܪܐ. ܘܐܬܕܝܩܘ. ܘܦܩܕ ܕܢܕܪܐ ܘܡܠܐܟܘܗܝ، ܟܠܗ ܠܐ ܢܒܢܐ ܘܐܬܩܝܕܘ[1] ܒܗ ܢܘܪܐ. ܘܡܢ ܬܘܒ ܠܐ ܐܫܟܚ ܕܢܫܒܘܩ: ܘܡܟܐ ܡܪܝܪܐܝܬ ܘܡܚܘܬ. [2]ܘܐܦܩܘܗ، ܡܢ ܬܡܢ. ܘܝܗܒܗ ܕܢܕܪܐ ܠܝܗܒܐ ܘܕܢܕܪܐ ܢܩܒ ܠܒܪܢܐ ܒܐܘܡܠܐ. ܘܝܗܒܐ ܐܘܒܠ [3]ܠܐܒܘܗܝ، ܒܪܘܫܐ ܕܡܕܝܢܬܐ.

ܐܝܬ ܕܐܡܪܝܢ: ܒܫܢܬ ܘܡܕܪܢ. ܘܒܫܢ ܒܫܢܬ ܬܪܬܝܢ ܥܣܪܬܗ [4]ܠܡܠܟܘܬܐ ܕܠܘܝܢܐ ܘܠܡܠܟܘܬܐ ܕܦܪܣ ܝܗܒܬ. [5]ܘܡܫܪܪܐ ܐܡܪ ܕܫܠܝܚܐ ܕܗܘܪܐ ܒܡܫܝܚܐ ܡܠܟܗܘܢ، ܒܕܡܘܬܐ ܠܡܠܟܐ. ܘܫܪܟܬܐ ܗܕܝܪܬܐ ܒܕܡܘܬܐ ܠܒܢܝܐ ܒܢܝܐ. ܘܫܘܒܐ ܒܕܡܘܬܐ ܠܐܒܠ، ܘܢܝܪܐ. ܡܛܠ ܕܠܒܝܫܘ ܐܢܘܢ ܬܪܝܢ ܠܒܘܫܐ، ܕܫܘܒܐ. ܘܒܠܒܘܫܐ ܐܢܘܢ ܫܘܒܐ *ܡܟܪܟܢ. 39r
ܐܦ ܐܢܐ ܡܢ ܢܬܠܘܢ [6]ܘܡܟܐܠܡܪܝܢ ܐܬܪܠܫܘܬ. ܘܦܠܓ ܒܟܘܫ [7]ܕܐܬܦܪܫ ܡܢܗ. ܘܐܡܪ ܗܘ ܕܠܐ ܬܬܟܠ ܥܠ ܒܢܝܐ. ܘܟܘܢ ܕܐܝܬ ܠܗ ܫܘܒܐ ܒܡܢ ܫܪܕܐ [8]ܐܝܟ [9]ܡܕܪܟܢ ܘܡܫܬܪܪܝܢ ܠܫܘܒܐ: ܒܪ ܡܟܐܬ ܢܦܠ. ܘܐܡܪ ܕܥܠ ܝܗܒܐ ܫܒܝܚܐ ܠܐ ܬܬܟܠ ܐܠܐ ܡܫܘܢܝܐܝܬ ܩܠܝܠ ܒܟܗ: ܘܡܢ ܫܒܚܬܗ ܡܟܠ ܘܠܦܢܐ. ܘܟܪܟܢܐ ܗܦܘܟ ܟܗܘ ܘܠܐ ܬܬܟܠ ܥܠܘܗܝ،. ܘܡܢ ܒܪܢܐ ܦܠܐ [10]ܠܐ ܬܗܦܘܟ: ܘܡܢ ܦܠܘܬܗ ܠܐ ܬܬܐܠܦ. ܘܐܡܟܢܐ ܕܟܝܢܐ ܫܘܦ ܥܠܘܗܝ، ܘܐܠܦܝܗ، ܐܢܕܟܬܐ. ܘܡܢ ܦܠܐ ܝܗܒܐ ܠܪܘܫܟܐ [11]ܐܦܠܐ. [12]ܘܡܕܟܝܢ: ܕܡܪܟܐ: ܠܒ ܠܪܘܫܟܐ [13]ܠܡܦܠܘ. ܡܛܠ ܕܗܘ ܕܠܟܪܗ ܗܘܡ ܦܟܪ: ܒܢܘܬܗ ܥܠ ܐܢܫܐ ܦܟܪܐ ܙܕܡ

---

[1] ܘܐܬܩܝܕܘ a c. [2] ܘܐܦܩܘܗܝ، c. [3] ܠܐܒܘܗܝ، c. [4] Für ܠܡܠܟܘܬܐ bis ܝܗܒܬ hat a nur ܠܡܠܟܘܬܐ ܘܠܦܪܣ; ܫܠܝܚܬ ܠܡܠܟܘܬܐ: ܠܡܠܟܘܬܐ ܘܠܦܪܣ c. ܘܡܫܪܪܐ. [5] ܘܡܫܪܪܐ a. [6] ܘܡܟܐܠܡܪܝܢ b, sg. d.
[7] ܕܐܬܦܪܫܘܬ b d. [8] ܐܝܟ. [9] ܡܕܪܟܢ a c. [10] ܘܠܐ. [11] ܦܠܐ.
[12] ܘܡܕܟܝܢ ܕܡܪܟܐ a, ܡܕܟܝܢ ܕܡܪܟܐ c. [13] ܠܡܦܠܘ a c.

ܕܢܬܬܠܘܢ ܠܟܠܗܘܢ. ܐܝܟ ܕܐܡܪ ܛܠܝܐ [1]ܕܐܝܟܢܐ ܕܟܘܡܪܐ
ܡܐܐ ܡܢܝܢ ܦܪܙܠܐ *[2]ܐܟܠܘ ܒܗ، ܐܦ [3]ܕܠܦܠܐ ܣܦܩ ܠܗ ܗܘܐ 39v
ܙܒܢܐ. ܕܡܢܟ ܐܡܪ. ܐܝܟ ܗܘ ܥܪܒܐ ܗܢܐ. ܘܠܠܟ ܐܡܪ.
ܛܠܝܐ ܡܗܝܡܢܐ ܐܝܬ ܗܘܐ. ܘܐܙܠ [4]ܒܛܠܝܘܬܐ ܠܐܬܪܐ
ܐܚܪܢܐ. ܘܐܝܬ ܗܘܐ ܠܗ ܡܐܐ ܡܢܝܢ ܦܪܙܠܐ. ܡܛܠ ܕܐܢܫ
ܒܝܬܐ ܠܝܬ ܗܘܐ ܠܗ: ܐܫܠܡܗ ܠܓܒܪܐ ܫܒܒܗ ܕܢܛܪܗ ܒܗ
ܘܫܢܐ. ܘܟܕ ܒܥܐ ܒܥܕܢܗ ܠܦܪܙܠܐ ܡܢ ܫܒܒܗ. [5]ܘܦܪܙܠܐ [6]ܐܟܠܗ
[7]ܘܐܦܣ ܥܠ ܢܦܫܗ [8]ܘܐܡܪ [9]ܠܛܠܝܐ ܕܦܪܙܠܐ ܐܟܠܘܗܝ ܥܘܩܒܪܐ.
ܘܛܠܝܐ [10]ܒܗ̇، ܕܠܐ [11]ܢܦܠܓ ܫܒܒܗ ܘܢܬܚܫܠ [12]ܐܡܪ ܠܗ. ܡܕܡ
ܥܙܝܙܐ ܗ̇ܘ، ܕܐܟܠܝܢ ܕܠܝܬ [13]ܒܐܪܒܥܬ ܪ̈ܓܠܐ: ܘܠܐ ܒܬܪ̈ܬܝܢ:
ܕܢܦܩܝܢ ܥܩܒ̈ܘܗܝ، [14]ܡܢ ܕܥܘܩܒܪܐ. ܐܠܐ ܟܕ [15]ܗܕܐ ܗܘܬ: ܐܥܒܕܬ
ܕܐܢܬ ܥܠܝܡ [16]ܐܢܬ: ܚܘܫܒܢܐ ܕܟܒܪܘ ܒܥܘܩܒܪܐ ܡܬܓܠܝܢܐ. ܘܗ̣ܘ
ܫܒ، [17]ܒܗ̇، ܕܛܠܝܐ [18]ܠܗ ܐܬܦܠܓܣ. ܘܟܕ ܙܒܢܗ ܕܠܒܫ [19]ܠܡܘܩܪܐ
ܒܒܝܬܗ. ܘܕܒܪ ܛܠܝܐ ܠܒܪ ܫܒܒܗ ܘܐܙܠ ܠܦܢܝܗ. ܐܡܪ ܠܗ
[20]ܫܒܒܗ. ܟܕ ܕܒܪܬܝܗ، ܠܒܪܝ، ܡܟܐ ܒܒܥܬ ܠܗ. ܐܡܪ ܠܗ ܛܠܝܐ
ܕܐܢܐ *ܒܪܝܟ ܠܐ ܕܒܪܬ. ܐܠܐ ܗ̣ܘ ܐܬܐ ܗܘܐ ܒܬܪܝ: ܘܫܪܝܬ 40r
ܕܢܫܬ ܒܗ، ܘܢܫܩܗ. ܘܫܒܒܗ ܐܙܠ [21]ܘܦܪܐ ܒܓܘ ܡܠܬܐ: ܟܕ ܡܫܬܒܠ

---

1 ܐܝܟܢܐ b. 2 ܐܟܠܘ bis ܦܪܙܠܐ Z. 5 < a. 3 ܠܦܠܠܐ b c d. 4 ܒܛܠܝܘܬܐ c. 5 ܕܦܪܙܠܐ b. 6 ܐܟܠܗ (sic) a. 7 ܘܡܦܣ. 8 ܘܐܡܪ a. 9 ܛܠܝܐ a c d. 10 ܒܗ̇ < a. 11 ܘܢܦܠܓ. 12 ܕܐܡܪ. 13 ܒܐܪܒܥܬ a c, ܘܠܐ ܒܪ ܬܪ̈ܬܝܢ (b ܐܪܒܥܬ) ܒܪ ܐܪܒܥܬܐ (sic) b d. 14 ܡܢ ܕܥܘܩܒܪܐ a, ܡܢ ܕܥܘܩܒܪ̈ܐ b. 15 ܗܕܐ < b d. 16 ܐܢܬ < a. 17 ܠܗ̇، a c. 18 ܠܐ. 19 ܘܡܩܪܐ b. 20 + ܛܠܝܐ a. 21 ܘܡܦܪܐ ܒܓܘ ܡܠܬܐ a b c, ܘܡܦܪܐ ܒܓ݁ܘ ܡܠܬܐ d (a vokalisiert richtig ܒܓ݁ܘ ܡ݁ܠܬܐ).

ܪܒܗ ܘܫܡܥܗ ܘܐܡܪ. ܐܝܟܢܐ ܐܬܬܣܝܡܬ [1]ܐܘ ܐܫܬܡܥܬ ܕܒܝ, ܡܢܟ ܕܢܫܬܘܦ ܠܐܠܗܐ. ܘܬܒܥܐ ܐܡܪ ܠܗ. ܐܝܟܢܐ ܕܒܡܘܒܪܐ ܐܬܡܛܝܘ ܕܢܐܟܠܘܢ ܡܢܐ ܡܢܝܢ ܦܪܘܠܐ. [2]ܡܕܡ ܐܦ ܒܝ, ܕܠܦܠܐ ܫܠܦ [3]ܠܗ ܗܟܢ ܙܒܢܐ. ܡܕܡ ܐܡܪ ܪ̈ܒܗ: ܐܝܟ: ܦܪܘܠܝܢ ܐܝܟܐ [4]ܐܟܠܬܗ ܘܐܟܠܬ ܡܢܪܐ: ܠܝܬܡܘܗܝ ܗܒ: ܘܗܒܠ ܒܝ.

ܘܐܝܬ ܕܡܕܒܪ ܒܝ. [5]ܠܡܪܢ ܡܢܐ ܫܘܒܐ ܠܦܪܬ: ܠܡ ܒܢܘܬܢ ܐܝܟܐ ܗܒܪܐ ܢܗܘܐ ܠܡ ܟܠܝܘܢ. ܘܐܡܒܝܢܪܐ ܕܢܡܢܝܢ ܕܠܝܢ [6]ܕܢܫܠܦܘܢܘܗܝ, ܘܐܝܬ ܠܐ ܡܢܒܫ. ܡܛܠ ܕܐܡܪ ܗܘ: ܕܐܝܟܢ ܘܪܐܐ ܡܢܢܪܐ: ܒܝ ܗܟܢ ܒܪܒܐ ܘܡܢܫܝܐ ܡܪܒܝܢ ܠܗ ܠܒܢܝܗ: ܠܐ ܡܢܟܐ ܕܢܫܠܘ ܦܐܪ̈ܘܗܝ. ܘܐܦ ܐܝܬ ܒܢܫ *ܣܓܪܐ: ܒܗܘܐ 40v ܕܢܗܘܘܢ ܡܢ ܒܢ̈ܘܗܝ. ܘܠܡܬܢܘܦܘ ܒܒܢܝܢ ܗܘܝܢ ܠܐ ܘܠܐ. ܡܛܠ ܕܡܢ ܕܠܒܢܫܐ ܢܦܩ: ܒܢܫܬܐ ܡܫܬܐ ܒܒܢܗ. ܘܡܢ ܕܠܬܘܒܢܐ: ܬܘܢܘܬܐ. ܐܝܢܐ ܕܪܘܚܐ ܕܒܝ ܠܥܘܠܐ ܒܣܪܘܬܐ [ܣܪܘܬܐ] ܗܝ, ܡܢܬܐ. ܘܒܝ ܒܢ̈ܝܢܐ ܙܢܝܐ ܒܣܢܝܐ. ܘܐܝܬ [7]ܒܡ̈ܠܐ ܕܡܢܝܢܐ: ܐܝܟ ܒܐܦܠ̈ܛܐ ܡܬܒܘܢܬ. ܐܡܝܢܐ ܗܝ, ܕܒ̈ܢܝ ܦܠܘܡܢܐ ܒܒ̈ܢܝܢ, ܦܠܘܡܢܐ ܘܡܣ̈ܡܠܐ ܒܝ̈ܬܚܝܠܬܐ ܘܒ̈ܢܝܢ, ܒܢܝܐ [8]ܒܫ̈ܘܒܠܐ ܘܫ̈ܦܠܐ ܒܫܘ̈ܪܐ ܘܒ̈ܢܝܐ [9]ܒܦܠ̈ܛܐ ܘܣܪ̈ܝܢܐ ܒܬܘ̈ܪܐ ܘܦ̈ܫܠܐ ܒܢ̈ܝܢܐ ܐܡܝܢܐܝܬ ܐܝܟ ܕܒܐܦܠ̈ܛܐ ܫܢܝܢ.

ܘܒܢܝܐ ܕܠܠܝܢ ܠܕܡܢܝܢ ܫܘܐ. [10]ܐܪܥܐ ܒܡ ܬܘܪܐ ܐܬܒܬܫ: ܒܕܒܢܐ ܕܦܠܠܗ. ܘܡܢܫܝܐ [11]ܕܐܬܬܢܝܚ ܡܢ ܙܘܒܢܐ: [12]ܗܘ ܕܝܢ ܐܬܢܫܒ [13]ܕܗܢܒܘܠ ܡܕܒܪܐ ܘܡܒܘܬܪܐ ܡܕܒܪܢܐ ܗܘܐ. ܘܐܝܢܐ

1 ܘܐܫܬܡܥܬ a. 2 ܡܕܡ a. 3 ܠܗ a. 4 ܐܟܠܬܗ. 5 ܠܡܪܢ d. 6 ܕܢܫܠܦܘܢܘܗܝ (ohne ܕ) bcd. 7 ܒܡ̈ܠܠܐ (sic) a, ܒܡ̈ܠܠܐ c. 8 ܒܫ̈ܘܒܠܐ a c. 9 ܦܠ̈ܛܐ. 10 ܘܐܪܥܐ a. 11 ܘܐܬܬܢܝܚ a b, ܐܬܬܢܝܚ c d. 12 ܗܘ ܕܐܬܢܫܒ b. 13 ܘܗܢܒܘܠ.

ܪܚܡܬܗ. ܕܠܒܢܐ ܕܠܐ ܫܠܘ ܐܝܬܘܗܝ. *ܘܗܢܐ ܒܒܢܝܐ ܡܪ̈ܒܝ 41r
ܒܒܢܘܗܝ ܒܟܘܪ̈ܣܝܘܗܝ. ܘܐܬܬܘܗܝ ܘܥܠ ܒܡܕܝܢܬܐ. ܘܟܕ ܚܙܐ
ܕܡܠܟ ܕܢܦܩܘܢ ܠܛܘܪܐ. ܥܒܕܘܗ ܠܠܝܠܝܐ ܘܐܙܠ ܡܢ ܐܬܪܐ. ܘܚܙܐ
ܕܚܫܘܟܐ ܠܗ. ܘܐܡܪ ܠܗ. ܫܘܒܩܢܟ ܫܒܩܬܝܗ، ܘܠܒܥܠܕܒܒܝܟ
ܦܠܛܬܝܗ،. ܠܡܢ ܒܥܐ ܠܟ. ܘܡܪܝܐ ܐܡܪ: ܟܠ ܕܘܪܫܐ ܕܥܡ
ܫܥܒܕܟ: ܕܠܐ ܚܘܣܬ. ܘܡܠܟܐ ܐܡܪ: ܠܐ ܚܘܣܘ: ܡܛܠ ܕܐܢܫ
ܥܠܝܡܐ ܠܘ ܟܠ ܟܠܢܫ ܙܢܗ ܕܚܘܣܘ. ܘܐܦ ܗܕܡܗ ܟܕ ¹ܡܟܐ ܠܗ
ܠܐ ܚܘܣܘ ܟܠܗܘܢ، ܐܠܐ ²ܢܦܩܘܗܝ، ܡܢܗ. ܘܐܦ ܠܡܫ̈ܝܚܐ
ܐܡܪܐ: ܕܐܢܫ ܥܠܝܡܐ ܐܦ ܗܘ ܕܠܐ ³ܪܚܡ ܟܠܗܘܢ،: ܟܕ ܡܬܪܚܐ
ܐܝܬ ܒܗ ܡܟܐ ܠܗ ܒܕܡܘܬ ܒܪܝܬܐ: ܕܡܛܠ ܫܘܠܡܐ ܓܒܪܐ
ܫܡܝܐ ܕܒܥܘ ܠܡܬܥܒܕܘ. ܘܠܐܢܫ ܡܥܕܪܐ ܟܕ ܫܘܫܪܐ ܗܘ̣:
ܥܒ̇ܕ ܠܗ ܡܢ ܢܦܫܗ ܐܝܟ ܗ̇ܘ ܕܢܬ̇ܒ ܠܗ ܫܘܝܐ ܒܝܒܫܗ ܘܦܫܩ
41v ܠܗ̇ *ܘܥܒܕܐ ܠܗ̇ ܒܢܦܫܗ: ܕܠܐ ܢܬܠܘܟ ܕܡܪܐ ܒܦܓܪܗ. ܘܬܘܪܐ
ܫܥܪ ܗܘܐ ܒܡܬܠܡܢܝܐ ܗܢܐ ܕܠܐ ܠܪܚܡܬܗ.

⁵ܫܠܡ ܬܪܥܢܐ ܕܬܘܪܐ ܘܕܐܪܥܐ.

1 ܡܟܪܐ b. 2 ܕܢܦܩܘܢܗ،. 3 ܪܚܡ. Cf. Nöldeke, p. 765.

4 ܥܒܕܘܗ ܠܗ b c d. 5 Unterschrift < a c.

ܬܪܒܐ ܕܝܘܢܐ[1] ܓܪܬ[2] ܘܕܠܐ
[3]ܘܕܒܘܩܪܐ [4]ܘܕܒܘܪܟܐ.

[5]ܘܕܒܝܪܡ ܐܡܪ. ܪܘܚܡܐ ܐܝܟ ܡܬܘܡܝܐ [6]ܘܗܝܢ ܘܬܪܒܐ ܡܢ
ܪܘܚܡܬܐ. [7]ܘܒܚܘܠܦ ܐܡܪ [8]ܕܐܝܟ ܕܪ̈ܘܚܡܐ ܘܚܒܪ̈ܐ ܗ̇ܒ ܒܗ ܕܝܘܢܐ
ܡܫܒܚ ܕܢܫܬܘܒ ܡܢ ܐܝܠܢܐ ܘܕܝܘܢܐ ܠܒ̈ܢܬܐ ܫܒܝܚܬܐ. ܐܝܟ
ܕܐܡ̈ܪܝܢ ܕܒܘܪܟܐ [9]ܘܒܘܩܪܐ ܘܓܠܐ ܘܦܓܥܐ ܒܪ ܪܘܚܡܬܗܘܢ
ܕܒܗ ܚܕ̈ܪܐ ܘܬܪܒܝܐ ܫܒܝܚܬܐ [10]ܐܫܟܚܘ. ܘܕܒܝܪܡ ܐܡܪ. ܐܝܟ
ܗ̣ܘ ܗܢܐ ܥܘܒܪܐ. ܘܒܚܘܠܦ ܐܡܪ.

ܒܐܬܪܐ [11]ܕܕܝܫܩܒܬ ܐܝܬ ܡܕܝܢܬܐ ܕܫܡܗ ܦܠܠܡܘܢ.
[12]ܘܓܐܕܗ ܐܝܬ ܕܒܒܘܬܐ ܕܓܝܒܡ [13]ܠܗ ܦܪ̈ܫܬܐ ܡܠܠ [14]ܠܘܦܟܐ.
ܘܐܝܬ ܬܘܡ ܐܝܠܢܐ ܕܫܡܗ ܗܘܐ ܒܗ ܒܡܘܪܒܐ. ܘܩܘܡܐ ܚܕ ܒܕܠܐ
42 r ܢܐܙܠ *ܒܡܘܪܒܐ ܠܠܘܦܟܐ: ܫܢܐ ܡܢ ܪܘܚܡܐ ܠܒܪܐ ܓܪܐ ܕܗܢܐ
ܫܘܡܗ ܘܡܥܒܕ. ܘܫܘܦܪܗ ܒܐܝܕܗ ܘܡܓܕܬܗ ܥܠ ܟܬܦܗ. ܘܐܬܐ
ܠܘܬ ܐܝܠܢܐ. ܘܒܡܘܪܒܐ ܐܡܪ ܕܢܦܩ ܗܢܐ ܕܬܪܓ ܠܡܘܪܒܐ.

---

1 ܝܘܢܐ a. 2 ܓܕܬ b d. 3 ܘܕܒܘܩܘܒܪܐ a (und so oft), ܘܕܒܘܩܘܒܪ̈ܐ b d. 4 ܘܕܗܘܪܟܐ. 5 ܘܕܒܫܝܪܟܐ. 6 ܗ̇ܝܢ a c. 7 ܘܕܒܥܘܠܦ a. 8 ܐܝܟ b c d. 9 ܘܒܘܩܘܒܪ̈ܐ b d. 10 ܐܫܟܚܘ. 11 ܕܪܝܫܩܒܬ. 12 ܘܓܕܗ̇ b. 13 sic. 14 ܠܘ̈ܦܟܐ b.

¹[ܠܡܢܐ] ܒܗ̇ ܟܠ ܡܢܝܐ ܕܠܐ ܐܬܬܐ: ܐܘ ܕܐܚܕ ܐܚܪܝܢ. ܐܠܐ ܡܬܥܬܪܢܐ ܘܫܢܝܐ. ܗܘ ܕܝܢ ܐܬܬܐ ܘܦܪܘܫ ܡܢܝܢܘܬܐ ܘܠܗܕܪ ܦܫܘܛܘܗܝ ܘܒܫܪܪ ܠܡܠܬܐ. ܘܗܘ ܒܠܒ ܒܫܪ ܟܠܗ̇ ܡܡܐܢܐ. ܗܢܝܢ ܡܢܐ ܕܡܢܗ̇ ܝܠܕܬ ܡܕܠܐ: ܘܪܒܝܐ ܕܡܢܝܐ ܗܘܬ: ܒܗ̇ ܗܘܠܐܐ ܕܡܢܝܐ ܐܬܬܐ ܠܬܡܢ ܘܚܕܬ ܠܡܠܬܐ. ²ܘܠܦܫܝܛܐ ܘܠܡܢܝܢܘܬܐ ܠܐ ܗܘܬ ܟܠܗ̇. ܘܒܗ̇ ܡ̈ܢܝܐ ܢܣܒܬ: ³ܘܐܬܬܚܝܕ ܒܠܗܘܢ ܒܡܢܝܢܘܬܐ. ܘܒܪ ܚܕܐ ܝܠܕܐ ܡܢ ܙܘܣܡܐ ܘܡ̈ܢܝܐ ⁴ܒ̇ܢܝܢ ⁵ܘܡܬܬ̈ܒܥܢ [ܟܠ] ܚܕܐ ܥܠ ܐܦ̈ ܢܦܫܗ̇. ܗܢܝܢ ܝܠܕܬ ܡܕܠܐ ܐܡܝܪܬ ⁶ܠܗܘܢ. ܠܐ ⁷ܬܬܒܥܢ ܟܠ ܚܕܐ ܥܠ 42v ܐܦ̈ *ܢܦܫܗ̇. ܐܠܐ ܚܕܐ ܠܝܬܝܪܘܬܗ̇ ܬܒܥܐ. ܒܬܪ ܒܗܘܢܝܬ ⁸ܫ̈ܠܝܡ ܡܬܒܢܝܢ ܕܢܣܒܘܢܗ̇ ܠܡܢܝܢܘܬܐ ܠܟܠ: ܘܡܢܝܢܐ ܡܫܠܡ ܕܢܬܦܠܛ. ܘܐܬܬܠܝܡ ⁹ܒܠܗܘܢ ܥܘܐܝܬ ܘܢܣܒܘܗ̇ ܠܡܢܝܢܘܬܐ ¹⁰ܘܡܫܘܬ ܠܐܪܒܥ ܚܕ ܘܡܬܟܠܝܢ ܠܗ̇ ܒܐܪܒܥ. ܘܐܦ ܗܘ ܝܠܕܐ ܐܝܟ ܕܢܣܒܐ ܡܢܐ ܒܪ̈ܟ ܡ̈ܢܝܐ. ܗܢܝܢ ܝܠܕܬ ܡܕܠܐ ܐܡܝܪܬ ܠܡ̈ܢܝܐ. ܝܠܕܐ ܟܘܪܟ ܙܘܓ. ܘܡܛܠ ܕܝܠܕܐ ܠܗ̇ ܟܘܪܟ ܐܬܬܐ. ܐܠܐ ܢܦܘܠ ܒܒܝܢܬ ܡܬܒܢ̈ܝܬܐ ܕܐܝܟ ܡܠܠ ܦ̇ܠܓܝܢ. ܕܡܫܬܬܪ ܡܢ ܚܬܘܗ. ܒܗ̇ ܕܠܗܘ ܟܠܐ ܕܡܬܒܢ̈ܝܬܐ ܐܝܬ ܒܡܘܒܪܐ ܕܡܡܢܗ ¹¹ܐܘܪ̈ܟ: ܚܡܫܡܐܐ ܘܡܬܪ̈ܒܥܐ. ܘܫܘܒܥܐ ܐܝܬ ܠܗ ܟܗ̇. ܘܐܝܬ ܠܗ̇ ܫܒܪܐ ܕܡܢܐ ܕܦ̈ܠܓܝܢ ܠܬܡܢ. ܗܘ ܡܦܫܫ ܠܡܢܝܢܘܬܐ ܗܕܐ ܘܡܬܦܠܓܝܢ. ܘܡܟܝܬ ¹²ܟܕ̈ܝܢ ܘܐܬܟ̈ܬܒܝܢ ܡܢ ܚܬܘܗ ܕܝܠܕܐ. ܘܡܛܠ ܠܗ ܡܢ ܡܟܢܫܝܢ. *ܘܟܘܪܟܐ ܐܝܟ ¹³ܟܡܘܢ ܕܝܠܕܐ ܚܬܝܬܐ. ܘܟܕ ܡܬܟܠ ܝܠܕܬ ܡܕܠܐ 43r

¹ ܠܡܢܐ mit Nöldeke 767. ² ܘܠܦܫܝܐ a c. ³ ܘܐܬܬܚܝܕܘ a c.

⁴ Von mir vokalisiert (a d ܒ̇ܢܝ̈ܢ). ⁵ ܘܡܬܒܥܢ c d. ⁶ ܠܗܘܢ a c.

⁷ ܬܬܒܥܢ b c d, ܬܬܒܥܘܢ a. ⁸ ܫܠܝܡ b, ܫ̈ܠܝܡ c d. ⁹ ܒܠܗܘܢ a.

¹⁰ ܡܦܠܓ̇ܬ a. ¹¹ ܐܘܪ (ܐܘ̣ܪ a). ¹² ܟܕ̈ܝܢ ܘܐܬܟܒܒ ܚܠܡ.

¹³ ܟܡܘܢ a.

ܠܘܬ ܛܘܪܐ ܕܡܘܪܒܐ ܢܚܬܬ ܗ̇ܝ، ܘܫܡܗ̇ ܕܒܥܘܗ̇. ܘܡܘܪܒܐ
ܡܢ ܕܫܠܛܬܗ ܒܒܢܝܢ ܗܘܘ ܠܗ ܢܛܪ ܡܢ ܡܟܐ ܛܘܪܐ ܕܦܫܘܡ
ܠܗ ܕܢܦܠ ܘܢܦܘܩ. ܘܗܘ ܠܓܘ ܗܘܐ. ܘܐܬܕܡܪܬ ܘܠܗ ܓܪܬ ܡܕܠܐ
ܘܡܪܬܗ ܒܥܡܗ. ܘܒܬܪ ܡܢ ܠܓܘ ܕܡܢ [1]ܐܢܬ، ܐܡܪܐ ܠܗ: ܐܢܐ
ܗ̇ܝ [2]ܓܪܬ ܡܕܠܐ [3]ܡܫܒܚܬܟ. ܘܗܕܝܢ ܪܗܛ ܠܐܒܘܗ̇. ܘܟܕ ܚܙܗ̇
ܐܡܪ ܠܗ̇. ܡܢ ܐܝܟܐ ܡܫܬܟܚܐ ܗܕܐ. ܪܘܚ ܘܡܫܒܚܬܐ. [4]ܐܡܪ̈ܝ،
ܠܝ ܠܟ. ܗܘ ܗܟܢ ܠܗ ܠܒܥܕܝܢ ܘܐܡܪܬ ܠܗ. ܠܐ ܝܕܥܬ [5]ܕܠܒܠܒ
ܒܥܬܐ ܘܦܠܬܐ ܡܢ ܬܡܢ ܗ̇ܘ. ܘܐܝܟ ܕܒܬܪ ܠܗ ܐܬܐ ܠܗ.
ܘܐܦ ܐܢܐ ܡܛܠ ܕܦܠܚܐ ܗܘܬ ܒܥܬܝ: ܫܡܥܬ ܠܦܠܚܐ ܡܢ ܪܘܫܐ
[6]ܘܡܬܥܪܝܬܐ ܘܦܣܩܐ ܠܐ ܫܡܥܬ ܒܒܪܟܐ ܕܢܩܫܬ ܒܗܘܢ. ܡܛܠ ܕܒܟܐ
ܕܡܛܠܬ ܒܥܬܐ *ܠܒܥܒܐ ܘܫܘܪܐ ܕܢܘܦܐ. ܘܠܐܘܪܚܐ ܡܢ ܡܟܐ 43v
ܒܟ̈ܝܘܬܐ ܕܢܫܐ. ܘܠܦܪ̈ܫܘܬܐ ܡܢ ܐܢܐ ܕܫܠܬܐ. [7]ܘܟܕ ܗ̇ܘ ܡܒܥܬܠܐ
ܦܠܚܬܐ ܡܢ ܒܥܪ̈ܐ [8]ܘܠܥ̈ܩܠܐ ܕܬܘܗܒܐ. ܘܗܘ ܒܡܘܪܒܐ ܢܛܪ،
ܕܢܦܘܩ ܐܦܘܪ̈ܗ ܕܓܪܬ ܡܕܠܐ ܘܐܡܪܬ ܠܗ ܗ̇ܝ. ܚܒܝܒܝ:
ܦܘܩ ܠܗܘܢ ܗܠܝܢ ܐܦܘܪ̈ܐ ܕܚܒܪ̈ܬܝ، ܘܡܢ ܬܦܘܩ ܗܠܝܢ ܕܝܠܝ.
ܘܗܘ ܠܐ ܨܒܐ ܠܗ̇ ܒܠܐ. ܘܐܡܪܬ ܠܗ ܕܬܬ̈ܝܢ ܐܟ̈ܠܝܢ. ܐܡܪ
ܠܗ̇ ܗ̇ܘ. ܦܩܪ ܐܢܐ ܕܐܘܠܝܢܐ ܕܗܠܝܢ ܠܟܝ [9]ܡܫܐ ܗܘ. ܘܐܘܠܝܢܐ
ܕܠܟܝ ܠܐ ܫܒܩ. ܐܡܪܐ ܠܗ. ܚܒܝܒܝ: [10]ܐܘܠܝܢ ܫܒܩ ܠܝ. ܘܠܐ
ܬܒܠܠ ܐܝܟ ܦܠܚܘܬܐ ܕܐܡܪܬ ܕܦܘܩ ܠܗܘܢ ܕܗܠܝܢ ܘܗܢܘܢ
ܕܝܠܝ. ܡܛܠ ܕܗܠܝܢ ܒܠܚܘܕ ܠܬܫܒܘܚܬ، ܐܬܬ، [11]ܘܐܡܫܒܚ، ܡܒܪܟܢܬܐ
ܒܠܚܘܕ. ܘܢܦܩ ܠܝ ܕܐܬܚܫܦ ܟܠ ܢܦܩܘܢ ܘܦܠܚܘܬܐ ܫܒܝܚܐ
ܠܗܘܢ ܕܒܠܚܘܕܝܢ ܐܬܦܠܦܬ. *[12]ܘܐܬܪܬܒܥܬ ܗ̇ܝ ܕܝܠܝ ܬܦܘܩ 44r

---

1 ܐܢܬ a. 2 ܐܓܪܬ bd. 3 ܡܫܒܚܬܟ ac. 4 ܐܡܪܝ a b c.
5 ܕܠܒܠܒ. 6 ܘܡܬܓܥܪ̈ܝܬܐ acd. 7 ܘܟܕܗ bc. 8 ܘܠܥܩܠܐ bd. 6 ܡܫܐ.
10 ܐܘܠܝܢܐ. 11 ܘܐܡܫܒܚ a. 12 ܐܬܪܬܒܥܬ، (sic) b.

ܠܗܘܕܝ̈. ܕܐܠܗܐ ܡܢ ܠܐܬܘܬܐ ܡܫܝܚܐ ܠܝ ܕܐܬܦܫܩܘ [1]ܕܗܠܝܢ. ܘܗܟܢܐ ܟܕ [2]ܕܗܠܝܢ ܦܫܝܩܝܢ. ܐܦ ܙܟܐ ܠܝ ܠܐܬܘܬܐ. ܐܠܐ ܡܛܠܬܗ، [3]ܚܝܠܬ ܢܦܫܝ ܒܙܕܩܐ ܕܐܦ ܕܠܐ ܬܦܫܩܘ. ܘܗܘ ܦܬܗ ܠܗ. ܘܐܦ [4]ܝܚܝܕ ܢܬܠܡ ܗܢܐ. ܙܗܝܪ [5]ܘܐܢܐ ܠܬܫܒܘܚܝܢ ܕܝܫܘܥ ܟܕ. ܗܕܝܢ ܒܒܪ ܐܝܟ ܕܐܬܒܪܝܬ ܠܗ ܘܦܫܩ ܕܗܠܝܢ ܘܡܢ [6]ܦܫܩ ܕܗܠܗ̇. ܘܟܕ ܐܬܦܠܛܬ ܡܢ، ܘܡܒܪܬܗ: ܡܢ ܠܗܝܢ ܘܐܝܠܝܢ ܡܒܪܪܝܢ ܠܕܘܟܬܗܝܢ. ܗܕܝܢ ܒܩܘܪܒܐ ܗܘ̇ ܕܐܬܬܐ ܕܢܣܒܐ ܡܢ ܕܢܣܒܐ [7]ܕܒܬܫܒܘܚܬܗ [8]ܕܒܩܘܪܒܐ ܕܒܗ ܢܝܪܬ ܡܪܝܐ [9]ܦܠܛܬ [10]ܡܢ، ܘܩܕܝܫܐ ܕܒܗ̇. ܐܝܠ ܐܦ ܗܘ ܠܗܬ ܫܘܪܗ ܕܒܩܘܪܒܐ [11]ܘܐܡܪ ܕܐܦ ܐܢܐ ܐܒܥܕܗܘܢ، ܠܗ ܐܡܪܐ. ܡܛܠ ܕܐܦ ܠܝ ܒܩܘܪܒܐ [12]ܗܘ، ܕܫܠܛܢܐ ܐܝܬ ܠܝ ܐܝܟ

44ᵛ ܕܠܩܘܒܠܐ. *ܘܐܦ [13]ܢܣܒ [14]ܘܐܥܒܪܝܢ ܐܘܠܝܢܐ: ܗܘ ܦܠܛ ܠܝ. ܗܕܝܢ ܡܪܐ ܠܒܩܘܪܒܐ ܒܫܡܗ. ܘܢܦܩ ܠܬܪܥܐ ܕܫܘܪܗ. ܘܐܡܪ ܠܗ. ܐܝܬ ܗܘ ܐܝܬ. ܐܡܪ ܠܗ ܒܩܘܪܒܐ. ܐܢܐ ܒܗ ܗܠܝܢ ܩܕܝܫܐ ܐܬܬܝܬ ܠܗܪܟܐ ܕܐܝܬ ܥܡܘܕܬ ܐܢܘܢ. ܘܐܢܐ ܐܬܬܪܟܬ ܠܬܫܒܘܚܬܟ [15]ܘܒܒܥܘܬܐ ܥܠ ܐܢܐ [16]ܫܘܒܚܟ. ܘܐܦ ܢܗܘܐ ܠܗ ܐܘܠܝܢܐ ܐܝܟ ܕܩܕܝܫܐ [17]ܬܥܘܒܕܝܢ. ܐܡܪ ܠܗ ܒܩܘܪܒܐ. ܠܝ ܕܬܗܘܐ ܠܝ ܫܘܒܚܬܐ ܟܝ ܫܪܪܐ ܠܗܘ ܬܘܕܝܬܐ. ܡܛܠ ܕܠܐ ܡܫܝܚܐ [18]ܕܢܗܘܐ ܘܡܕܒܪܢܐ ܗܢܐ. ܒܗ̇، [19]ܕܝܢ ܕܠܐ ܡܫܝܚܐ [20][ܐܘܕܝ] ܕܢܗܘܐ. ܘܟܠܐ

1 + ܠܗܘܕܝ a. 2 ܕܗܠܝܢ̱ a. 3 ܚܝ̈ܠܬ b (a richtig ܚܝܠܬ).
4 ܝܚܝܕܝܢ b, ܝܚܝܕܐ d. 5 ܘܐ̈ܢܐ a. 6 ܦܫܩ < b. 7 ܒܬܫܒܘܚܬܗ b.
8 ܒܩܘܪܒܐ a. 9 ܕܦܠܛܬ a b c d (Will man dies beibehalten, so ist vorher, etwa nach ܕܒܬܫܒܘܚܬܗ, ein ܗܘ̄ einzuschalten). 10 ܡܢ، < a c d.
11 ܘܐܡܪ < a c d. 12 ܗܘ، ܕܫܠܛܢܐ b. 13 L. ܢܣܒ (vgl. 147 r)? ܢܣܒܘ b d.
14 ܘܢܥܒܪܝܢ. 15 ܘܒܒܥܘܬܐ b d. 16 ܫܘܒܚܐ (Vgl. 55 6). 17 ܬܥܘܒܕܝܢ b d.
18 + ܐܘܕܝ. 19 ܕܝܢ < b. 20 In a b c als ܘܐܘܕܝ Z. 17 hinter ܡܫܝܚܐ.

ܗܘ̇ ¹ܠܒܪ ܡܢ ܕܝܕܥܐ ܕܢܕܒܪ ܓܠܘܬܐ ܒܝܡܐ ܐܘ ܐܠܦܐ ܒܡܕܒܪܐ. ܐܠܐ ܟܕ ܐܢܫ ܐܘܡܢܐ ܐܝܬ, ܘܐܝܬ ܐܘܡܢܐ. ܗܟܢܐ ܐܦ ܡܕܡ ܡܬܝܠܐ ܕܢܗܘܐ ܠܗ. ²ܘܡܕܒܪܢܐ ܐܡܪ. ܐܦ ܐܝܬܝܟ ܐܘܡܢܐ ܘܐܢܫܐ ܐܘܡܢܐ. ܐܠܐ ܐܬܚܡܐ ܡܢ ܡܬܪܢܐ ܐܝܬ ܠܗ ³ܒܡܬܐܡܠܝܢ ܘܡܢ ܒܫܢܝܢ. *ܘܫܝ ܕܒܡܬܐܡܠܝܢ ܫܪ ܡܘܡܐ ܐܠܐ ܫܢܝܢ ܬܘܡܠܢܐ ܗܘ 45r ⁴ܘܣܒܪܐ ܒܫܢܝ. ܘܟܕ ܐܢܫܐ ܒܫܘܝܘܬܐ ܫܐܠܢܐ ܫܘܒܝܢ. ܠܘ ܘܠܝܬܐ ܗܘ ܕܐܬܬܫܝܦ. ܡܛܠ ܕܐܢܫ ܫܒܝܚܐ ܟܕ ܒܒܘܬܐ ܕܒܘܠܐ ܫܐܠܝܢ ܡܢܗ. ܗܘ̇ ܟܕ ܒܫܘܘܬ ܬܪܒܝܬܗ ܪܘܓܢܐ ܘܫܡܬܐ ܠܐ ܡܬܕܒܪܝܢ ܒܗ. ܘܐܝܟ ܡܢܐ ܕܠܐ ܡܫܡܫܪ ܐܢܫ ܕܒܬܪ̈ܝܢ ⁵ܐܘ̈ܪܕܐ ܡܫܪ̈ܒܐ ܡܢܟ ܕܢܬܪܫ ܠܝܡܐ. ܡܟܝܠ ܗܘ̇ ܡܢܐ ܕܫܐܠ ⁶ܙܒܢܐ ⁷ܠܐ ܡܫܪ ܐܘ ܐܡܪ ܡܕܡ. ܕܠܐ ܙܕܩ ܕܢܒܣܪ ܠܗܘܢ, ܐܠܐ ܗ̇ܝ ܕܡܬܪܬܐ. ܘܐܢܫܐ ܡܛܠ ܬܘܪܬܗܘܢ ܙܒܢܬ ܫܘܒܝܢ. ܠܘ ܒܕܠܝܐ ܗܘ ܠܗ. ܬܘܕܝܬܐ ⁸ܠܒܪ ܐܝܬܝܟ. ⁹ܘܐܦ ܐܝܬ ܠܐ ܠܐ ܡܕܒܪܝܬ ܗ̇ܝ ܡܫܘܝܐ ܢܦܫ̇ ܐܚܪܢܐ ܕܡܫܒܚܝܢ ¹⁰ܕܐܦ ܡܫܘܦܝܢ ܠܗ ܗܘ ܡܕܒܪ ܙܒܢܗ. ܘܟܕ ܐܝܬ ܬܘܕܝܬܐ ܐܝܬ ܘܐܝܬܐ ܡܢ ܦܫܝܛܘܬܐ ܟ̇ܒܢܐ ܫܘܒܝܢ. ܠܐ ܙܕܩ ܕܬܗܘܐ ܫܦܝܪܐ ܘܡܕܒܪܐ. ¹¹ܘܡܕܒܪܢܐ ܐܡܪ ܕܒܠܥܒܕܘܬܐ ܬܪ̈ܝܢ *ܙ̈ܢܝܐ ܐܝܬܝܗ̇. ܚܕ ܕܗܘ ܐܢܫ ܠܘܬ 45v ܐܢܫ ¹²ܡܦܩܕ. ܐܝܟ ܐܪܙܐ ܘܡܠܟܐ ܕܐܝܬܘܗܝ, ܦ̇ܠܛܐ. ܘܕܬܪ̈ܬܝܢ ܗ̇ܝ ܕܡܢܟ ܐܢܫܝܢ ܒܥܢܐܝܬ ܡܫܡܫܐ. ܘܐܝܬ ܕܗܘܢܐ ܙܢܐ ܕܬܪ̈ܬܝܢ ܐܝܟ ܕܠܐ ¹³ܘܡܠܘ ܘܡܕܝܢ ܕܠܝܢ. ܘܗܘ̇ ܡܢ ܕܒܡ ܒܠܥܒܕܘ ܒܒܪ ܗܟܢܐ:

---

1 ܠܒܪ < b. 2 ܡܕܒܪܢܐ b. 3 ܒܡܬܐܡܠܘܬܢ bd. 4 ܣܒܪܐ bd. 5 ܓܘ̈ܕܐ. 6 ܙ̈ܒܢܐ c. 7 + ܙ̈ܒܢܐ a. 8 ܠܒܪ < b. 9 ܐܦ ac, ܘܐܦ bd. 10 ܕܐܦ b. 11 ܒܡܕܒܪܐ b. 12 ܡܦܩܕ ܘܕܬܪ̈ܬܝܢ (sic) ܗ̇, ܕܡܢܟ ܐܢܫܝܢ ܒܥܢܐܝܬ ܡܫܡܫܐ. ܐܝܟ ܐܪܙܐ ܘܡܠܟܐ ܕܐܝܬܘܗܝ, ܦ̇ܠܛܐ. ܘܐܝܬ ܕܗܘܢܐ. 13 L. ܡܢ ܡܠܘ?

ܠܗ ܚܫܝܫܐ. ܡܛܠ ܕܟܕ ܗܘܐ ܡܬܪܚܡ ܠܡܪ̈ܢܐ ܒܘܪܐ: ܡܢܐ ܕܒܠ ܢܘܪܐ ܡܬܐܟܠܝܢ ܡܕܒܚܝܢ ܠܗ. ܘܗ̇ܘ ܕܒܗ ܒܡܠܟܘܬܗ ܬܪܒܘܬܐ ܒܟܪ. ܫܘܠܛܢܐ ܢ̇ܩܝܦܐ ܠܡܘܫܒܗ. ܘܒܫܠܝܛܘܬܐ ܗ̇ܘܐ ܡܢܗ ܐܝܟ ܗܘܝܐ ܕܢܟܝܢ ܠܐܢܫ ܒܚܘܒܗ. ܡܛܠ ܕܠܐ ܗܒܐ ܗ̇ܠܐ ܕܢܬܬܠ ܠܗ ܚܠܝܡܘܬܐ ܘܠܐ ܠܚܫܝܫܐ ܚܠ ܒܡܠܟܒܗ. ܘܒܘܪܟܐ ܐܡܪ. ܗܠܝܢ ܥܒܕܬ [1]ܐܢܫ. [2]ܐܠܐ ܐܢܬ ܠܬܫܘܒܘܚܬܟ ܢܗܘܐ [3]ܘܠܡܠܟܘܬܐ ܗ̇ܝ ܕܒܗ ܢ̇ܗܒ [4]ܫܘܒܚܢ [ܘܠܐ] ܬܫܡܫܬܗ̇ ܠܝܒܘܬܐ. ܡܛܠ ܕܐܡܪܝܢ: ܕܫܘܒܚܐ ܕܬܘ̈ܕܝܐ ܢܫܡܫ ܠܡܫܡܫܘܬܐ. ܘܐܦ ܟܕ [5]ܡܬܬܬܒܪ ܦܪܘܫܐܝܬ ܕܟܡ: *[46r] ܐܝܟ ܒܡܘܒܐ ܕܕܡܘܬܐ ܕܚܫܘ ܠܡܬܒܪܝܢܘܬܗ ܘܦܫܝܫܘ ܠܡܕܒܪܢܘܬܗ. ܘܢܘܟܐ ܕܒܗ ܕܒ̈ܝܐ ܟܠ ܡܬܬܬܒܪ. ܐܝܟ ܡܟܐܢܐ ܕܦܝܪܐ. ܘܬܘ̈ܕܝܬܐ ܐܦ [6]ܒܐܘܟܠܣܐ ܡܫܬܡܫܠܝܢ ܫܘܒܚܐ ܩܕܝܫ. ܘܐܢܬ ܡܬܘܪܐ ܐܢܬ. ܘܐܢܐ ܡܫܡܫܬ ܥܒܕܬ ܒܠܝܢ ܗܒܪ. ܕܐ ܠܐ ܬܘܒܠܢ: ܠܐ ܐܘܒܠ ܘܠܐ ܐܬܥܠܐ ܒܕܡܥܐ ܕܐܬܡܘܫܬ ܒܠ ܬܘܪܒܝ. [7]ܘܒܘܡܒܪܐ ܐܡܪ. ܡܩܒܠ ܐܢܐ ܠܝ ܒܪ̈ܚܡܐ. ܡܛܠ [8]ܕܠܐ ܗܘܝ ܟܒܪܬ ܒܒܘܬܐ ܕܠܐ ܗܒܪܐ. ܘܒܠ ܡܕܐ ܐܡܪܬ ܠܝ ܡܠܝܢ. ܕܡܐ ܕܡܠܬܝ ܒܪ̈ܚܡܐ. ܐܝܟ ܕܬܗܒܘܪ ܒܝ ܡܕܝܢ ܕܒܢܫ. ܠܐ ܬܐܡܪ. ܕܒܘܡܒܪܐ [9]ܥܠܝܐ ܗܘ ܕܪ̈ܚܡܐ ܡܢ [10]ܒܡܠܟ̈ܒܐ ܠܐ ܦܪܥ. ܘܐܢܐ ܐܦܠܝܬܗ. ܐܠܐ ܐܦ ܐܢܐ ܐܬܪܐ ܘܒܪܚܡܘܬܐ [11]ܡܒܠܡ ܐܢܐ ܢܦܫ. ܡܢܝܢ ܡܢ ܟܠ ܦܘܡ ܫܘܪܝܗ ܘܐܝܕܘܗܝ ܠܐ ܡܪܒ. ܐܡܪ ܠܗ ܒܘܪܟܐ. ܠܝܢ ܡܢܬ ܘܥܠܝܬ ܘܠܐ ܐܬܬܬ ܠܒܪ ܡܢ ܫܘܪܝܢ. ܪ̈ܢܐ ܕܟܕܒܠ *[46v] ܦܠܝܓܬ ܒܠ [12]ܫܘܒܗ. ܘܗ̇ܘ ܗܘܐ ܐܡܪ.

---

1 ܐܢܫ̱ a c. 2 ܐܠܐ < a. 3 ܘܠܡܠܟܘܬܟ a. 4 Wie 55 12; ܠܫܘܒܚܢ b, ܕܫܘܒܚܢ d. 5 ܡܬܬܒܪ. 6 L. ܒܐܘܪܫܐ? 7 ܒܘܡܒܪܐ b. 8 ܕܕܠܐ. 9 ܥܠܝܐ acd, ܥܒܝܐ b. 10 ܒܡܠܟܒܐ c d. 11 ܡܒܠܡܢܐ c d. 12 ܫܘܒܚ.

ܕܬܬܪ̈ܝܡ ܐܝܟ ܕܡܬܬܐܟ̈ܠܢ ܠܐܢܫ. ܚܕ ܕܝܘܬܪܢܐ ܘܐܘܫܪܢܐ ܕܒܢܝܢܐ. ܘܡܢ ܕܝܗܒܢܐ ܝܗܒ ܠܐܢܫ. ܫܘܟܢܐ ܒܡܝܬܪܐ ܝܗܒ ܠܗ ܘܢܛܪ ܠܡܬܬܚܠܘ [1]ܒܠܘܗܝ. ܘܡܢ ܕܐܚܝܢܐ ܠܐ ܝܗܒ [2]ܠܐ ܙܕܩ ܠܡܬܬܚܠܘ ܒܠ [3]ܫܘܒܚܐ. ܡܛܠ ܕܗܘ ܕܒܪܐ [4]ܫܘ̈ܠܐ ܒܡܨܝܕܬܐ ܠܘ ܠܐܝܘܪܐ ܕܦܪܝܫܘܬܐ ܒܪܐ. ܐܠܐ ܡܛܠ ܝܬܝܪܘܬܐ ܕܐܝܬܝܗ ܦܪܝܫܘܬܐ ܬܬܟܠܐܬ. ܘܐܢܐ ܒܝܘܡܬܟ ܘܢܝܚܐ ܘܡܫܝܢܐ ܐܫܬܡܥܬܟ. ܘܗܫܐ ܡܢܝܟ ܠܐ ܕܢܠܝܐ. ܐܠܐ ܡܢ ܟܠ ܚܪܒܬܟ ܘܢܓܝܪܐ. ܡܛܠ ܕܒܝܫܘܗܝ ܗܘܐ ܕܠܝܟ ܗܘ. [5]ܘܟܕ ܢܚܬ ܠܝ ܒܥܝܟ: ܕܠܡܢܐ ܐܟܚܕ ܠܡܬܩܠܠܘ [6]ܘܡܬܐܒܠܝ. [7]ܘܒܘܪܟܐ ܐܡܪ. ܠܡܫܒܚܐ ܬܘܒ ܙܕܩ ܕܢܦܪܫܘܢ ܢܫܡܬܐ [8]ܕܢܫܡܬܐ ܘܦܓܪܐ ܕܢܫܡܬܐ. ܘܗܘ ܡܢ [9]ܕܠܝ ܚܫܒ [10]ܠܐ ܡܢܝܢܐ ܕܐܦ ܠܝ ܠܐ ܚܫܒ. [11]ܘܐܦ [12]ܐܢܬ ܡܢ ܕܠܝ ܚܫܒ ܘܠܝ ܠܐ ܡܚܫܒ ܠܟܝ ܐܢܐ ܠܝ ܒܐܦܐ ܕܫܘܒܚܐ: ܘܡܠܠܐܝܬ ܥܒܕ [13]ܐܢܐ ܠܗ [14]ܐܝܟ ܝܘܩܪܐ ܕܓܠܝܬܐ ܕܢܒܝܐ ܒܒܝܢܬ ܢܦܫܐ.

47 r *ܘܒܦܘܪܩܢ [15]ܠܗ ܘܦܪܩܢ [16]ܠܗ ܠܒܪ. ܗܕܝܢ ܢܦܩ ܒܥܘܕܪܢܐ. ܘܒܘܪܟܐ ܐܝܠ ܠܗܬܘܗ. ܘܒܘܟܢܐ ܗܝܟܠܐ ܬܫܡܫܬܗܘܢ ܫܦܝܪܘܬܐ ܗܘܘ ܟܝ ܫ̈ܕܢܐ ܐܝܟ ܢܦܫܐ ܘܦܓܪܐ. ܘܟܡܢܐ ܕܢܚܫܬܐ ܗܘܐ ܒܘܪܟܐ ܘܫܘܠܐ ܘܦܓܪܐ ܕܡܫܒܠܝܢ ܗܘܘ ܠܒܘܡܒܪܐ: ܟܕ ܫܘܒܚܘܗܝ ܠܡܪܢܐ

---

1 ܒܠܘܗܝ bis ܠܡܬܬܚܠܘ inkl. < a. 2 ܘܠܐ ad. 3 ܫܘܒܚܐ abc. 4 + ܫܘܒܚܐ (!) a. 5 + ܘܢܛܪ ܒܝܫܘܗܝ ܠܡܫܒܚܐ ist irrtümlich und entstellt aus Z. 9 hiehergekommen. 6 ܘܡܬܐܒܠܝ a c, ܠܡܬܐܒܠܝ ܘܡܫܬܠܠܝ b, ܠܡܬܐܒܠܝ ܘܡܫܬܠܠܝ d. 7 ܒܘܪܟܐ b. 8 ܡܢ ܢܫܡܬܐ. Möglicherweise aber ist ܢܫܡܬܐ ܕܢܫܡܬܐ ܡܢ ܦܓܪܐ ܕܢܫܡܬܐ der ursprüngliche Wortlaut gewesen. 9 ܕܠܝ b. 10 + ܠܐ ܡܚܫܒ ܘܠܝ (!) a. 11 ܘܐܦ bis zum zweiten ܚܫܒ inkl. < a. 12 ܐܢܐ bc. 13 ܐܢܬ abc. 14 ܘܐܝܟ. 15 ܠܗ a. 16 ܠܗ a.

ܐܠܘ[1] ܐܝܟ ܗܘ ܫܡܥܬ. ܘܟܬܒܬ ܐܢܬ ܒܦܘܪܫܐ ܘܐܘܕܥܬܗ
ܠܦܘܪܫܐ ܘܐܡܪ ܠܗ. ܐܡܪ: ܐܢܐ ܐܝܬ ܐܢܐ ܠܝ ܡܕܡ. ܡܛܠ
[2]ܕܢܘܗܪܘܗܝ ܡܢܝܚ ܠܐܘܪܚ ܡܠܟܐ. ܘܐܢܫܐ [3]ܕܐܝܠܝܢ ܘܐܬܝܢ ܓܒܝܢ
ܡܢ ܒܐܬܪܐ. ܘܐܦ ܗܘܐ ܕܢܬܠܐ ܕܠܟܐ ܠܚܣܝܢ ܠܝ ܒܦܘܫܩܐ. ܐܠܐ
ܐܢܬ ܦܫܝܛܬܐ ܘܠܐ ܕܢܘܚܐ ܡܕܡܐ. ܘܐܢܬ ܒܗ ܒܝܢܐ ܕܟܪܝܐ.
ܘܒܗ ܒܝܢܐ ܐܢܬ ܥܠ ܐܠܐ ܚܕ ܘܡܫܡܫܝ ܗܘ. ܘܡܢܐ ܕܠܬܟܘܢ[4] ܐܝܬ
ܐܢܐ: ܠܟܘܢ ܢܦܫܐ ܘܗܘܐ ܐܦ ܠܝ. ܘܬܘܒ ܕܠܐ ܡܬܠܐ ܫܢܝܐ.
ܘܦܘܪܫܐ ܐܡܪ. ܐܦ ܐܢܐ ܒܟܘܢ [4]ܐܝܬ ܐܢܐ ܡܛܠ [5]ܕܡܫܬܐܠܢܐ
47v ܡܢ ܗܕܐ ܕܩܛܠܬܐ. [6]ܘܦܘܪܫܐ *ܐܡܪ. ܕܠܗܘܢܐ [7]ܡܫܬܐܠ ܐܢܬ
ܡܢ ܕܩܛܠܬܟ. ܠܦܘܪܫܐ ܐܡܪ. ܥܝܢܐ ܕܡܫܬܐܠ ܐܢܬ ܡܕܡ ܐܝܟܢ.
ܐܠܐ ܡܕܡ ܕܡܬܠܝܢ ܠܐܢܫܐ ܕܐܝܠܝܢ. ܡܛܠ ܐܢܐ ܠܟ ܗܢܐ
ܥܝܢܐ. ܘܠܒܫܗ ܦܘܪܫܐ ܒܦܘܠܚܢܗ ܐܝܟ ܕܥܒܕܗ ܘܐܘܕܥܗ ܠܗܝ
ܒܝܢܐ. ܘܟܕ [8]ܡܛܠܗ ܗܠܘ ܗܘ ܥܠ ܐܠܐ [9]ܘܡܕܝܢܬܐ ܠܒܝܬܐ ܘܗܘ ܐܝܟ
ܕ ܐܬܝܢ ܒܐܬܪ. ܘܠܐ ܒܥܒ ܕܝܫܘܥ ܗܘ ܒܦܘܪܫܐ ܢܦܫܗ ܘܕܢܚܠ
ܘܥܝܢܐ ܢܦܫܗ ܒܡܫܢܐ. ܘܐܦ ܒܦܘܪܫܐ ܥܒܕ ܘܕܢܚܠ ܗܫܗ ܠܦܘܪܫܐ
ܒܐܘܪܚܐ ܘܗܘ ܗܠܘ ܠܐܠܗܐ. ܘܡܢܐ ܠܟܠܐ ܒܥܒܕܗ. ܘܟܕ ܥܒܕ
ܗܠܘ ܬܠܐ ܝܘܡ ܘܠܝܠܘܗܝ ܘܐܫܬܘܕܝܘܗܝ ܘܗܠܘ ܠܝܬ ܡܢ ܡܕܝܢܬܐ
ܠܒܝܬܐ. ܘܦܘܪܫܐ ܘܦܘܪܫܐ ܐܬܘ ܐܝܟ ܕܗܘܘ.. ܘܗܘ ܢܒܥܗ
ܠܦܘܪܫܐ ܘܐܡܪ ܠܗ. ܠܐ ܬܬܒܥܐ ܕܠܐ ܡܢܬܟ ܘܢܦܠܬ ܒܝܢܐ.
48r ܐܠܐ ܗܘܐ ܡܢ ܐܝܡܡܐ ܐܬܝܬ. ܗܘܝܢ ܬܘܒ *ܠܗ ܦܘܪܫܐ ܕܐܡܝܢ
ܐܝܬ ܒܬܪ ܢܦܫܐ ܘܐܡܝܢ ܥܒܕ ܐܝܟ ܗܘ ܠܦܘܪܫܐ [10]ܘܐܡܝܢ ܡܢܐ

---

1 ܐܝܟ. 2 ܕܢܘܗܪܘܗܝ ac, ܕܢܘܗܪܘܗܝ b, ܕܢܘܗܪܘܗܝ d. 3 ܐܝܠܝܢ b. 4 ܐܝܠܢܐ cd. 5 ܕܡܫܬܐܠܢܐ ac. 6 ܦܘܪܫܐ a. 7 ܡܫܬܐܠܢܐ ܐܢܬ bcd. 8 ܡܛܠܗ a. L. ܘܡܕܝܢܬ? 10 ܘܐܡܝܢܐ acd, ܘܐܡܝܢܐ b.

ܒܕܡܗ ܕܢܫܡܥܘܬܐ [1]ܘܐܝܟܢ ܐܬܘ ܬܪ̈ܝܗܘܢ. ܘܟܕ ܫܡܥ ܓܠܐ [2]ܟܠ
ܬܫܘܒܘܬܗ ܕܒܘܣܪܐ ܬܒܪ ܘܐܫܠܡܗ ܠܒܘܣܪܐ. ܕܠܗܘܢ ܫܒܘܩܬ
ܕܒܘܒܬܟ ܘܐܬܬܬ ܠܚܘܪܒܐ ܒܝܢ ܒܘܪܒܐ. ܗܕܝܢ [3]ܐܦ ܒܘܪܒܐ
ܐܡܪܝ. ܕܗܢܘ ܕܐܡܪܬ [4]ܠܟ ܒܕ ܫܐܠܬܟ ܕܠܗܘܢ ܡܫܬܐܠ ܐܢܬ
[5]ܡܢ ܕܒܬܟ ܘܐܡܪܬ. ܕܐܝܟܢ ܫܪܒܐ [6]ܗܫܐ. ܐܠܐ ܡܢܐ
ܕܐܘܠܝܢ ܡܬܒܥܐ ܠܟ. ܗܫܐ ܐܦ ܓܠܐ ܫܐܠ. ܦܬܐ ܠܝ: ܡܛܠ
ܕܓܠܐ ܡܫܒܚܐ ܗܘ ܕܠܐ. ܘܟܢ ܕܠܐ ܡܫܒܚ ܘܐܦ ܠܟ ܡܫܒܚ.
ܗܕܝܢ ܒܘܪܒܐ ܫܪܝ ܘܐܡܪ.

ܐܝܬ ܗܘܐ ܡܓܘܫܐ ܚܕ ܘܒܥܪܝ ܗܘܐ ܥܠ ܓܒܝ ܡܗܠܠܦ
ܡܕܝܢܬܐ. ܘܚܙܘܪܐ ܕܠܐ ܡܢ ܒܥܫܝܬ ܒܒܝܬܐ [7]ܗܘܐ ܕܗܘ ܡܓܘܫܐ.
ܘܠܝܬ ܗܘܐ ܐܢܫ ܒܒܝܬܐ. ܘܒܠܝܠܝܐ ܐܝܠ ܗܘܐ ܠܡܕܝܢܬܐ ܥܠ
48v ܡܘܢܐ ܘܡܕܝܢ ܕܡܫܟܚ *ܗܘܐ ܬܘܬܐ ܠܒܝܬܗ ܘܐܟܠ. [8]ܘܡܕܝܢ
ܕܦܐܫ ܗܘܐ ܡܢܗ: ܫܐܡ ܗܘܐ [9]ܠܗ ܒܩܠܬܐ. ܘܡܕܝܢ [10]ܠܗ
ܥܠ ܩܕܡ ܕܢܗܘܐ ܠܡܚܪ. ܘܐܝܟܐ ܕܠܠܝܐ ܘܒܐܝܡܡܐ ܡܢܐ
ܕܡܓܘܫܐ ܠܝܬ ܒܒܝܬܐ ܢܦܩ ܗܘܐ ܘܐܟܠ ܗܘܬ. ܘܕܫܪܒܐ ܫܪܐ
ܗܘܬ ܠܒܘܣܪܐ ܐܚܪܢܐ [11]ܕܒܗܝܢ. ܘܟܕ ܐܬܦܬܚ ܡܓܘܫܐ
ܕܢܣܒܝܘܗܝ ܠܩܠܬܐ ܕܠܐ ܐܫܟܚܗ ܠܗ ܘܠܐ ܐܫܟܚ. ܒܬܪܟܢ
ܐܬܬܘܟܠ ܕܐܘܗܝ، ܒܪܓܠ ܚܕ. ܘܡܠܠ ܒܒܝܬܗ. ܘܠܟܘܘ ܠܝܘܡܐ
ܬܪ̈ܝܗܘܢ. ܘܟܕ ܗܘܐ ܠܠܝܐ ܫܐܠܗ ܡܓܘܫܐ ܠܒܪܓܐ. ܕܡܢ
ܐܢܫܐ ܐܬܪܐ ܐܢܬ. ܘܗܫܐ ܡܢ ܐܝܟܢܐ ܐܬܝܬ. ܘܒܪܓܐ
ܠܐܬܪ̈ܘܬܐ ܦܫܛ ܡܛܠ ܘܡܘܓܪܐ ܕܡܕܝܢ [12]ܬܘܗܪܐ ܚܙܐ ܗܘܐ
ܘܫܒܝܩ ܠܗ. ܘܐܡܪ ܕܢܒܠܠ. [13]ܕܠܦܠܡ ܘܠܦܠܡ ܐܬܪܐ ܡܢܢܬ ܘܗܘܝܐ

---

1 ܘܐܝܟܢܐ. 2 ܟܠ < a. 3 ܐܦ < a c. 4 ܠܝ. 5 ܡܢ < a.
6 ܗܘܢܐ b. 7 + ܗ̇ܘ a, ܗܘ c. 8 ܡܕܝܢ b d. 9 ܠܗ < a. 10 ܠܗ.
11 ܕܒܗܝܢ < a. 12 ܬܘܗܡܐ d. 13 ܘܠܦܠܡ a c.

ܡܕܝܢ [1]ܕܬܗܪܐ ܚܙܝܬ ܘܡܘܢܐ ܕܬܕܡܘܪܬܐ ܥܒܕܬ. ܘܟܕ ܙ ܗܘ̇ 49r ܡܫܝܚܐ *ܗܘܐ ܡܫܒܚܐ ܘܟܢ ܘܟܢ ܦܪܣ ܗܘܐ ܐܝܕܘܗܝ، ܥܠ ܫ̈ܕܝܐ ܕܢܣܒܘ ܒܗܘܒܪܐ ܘܢܦܫܗܘܢ ܡܢ [2]ܡܠܟܘܬܐ. ܗܢܝܢ ܐܟܘܬ [3]ܒܪܢܫܐ ܘܐܡܪ ܠܗ. ܐܢܐ ܡܫܝܚܐ ܐܢܐ ܠܟ ܡܢܐ ܕܫܐܠܬܝ. ܘܐܢܬ ܦܪܘܩ ܐܢܬ ܐ̈ܢܫܝܟܝ. ܟܕ ܠܐ ܝܕܥܬ ܕܬܫܒܚܝ. ܘܠܐ ܙܕܩ ܗܘܐ ܠܟܝ ܕܬܠܐܝܢ. ܘܡܫܒܚܐ ܐܡܪ. [4]ܐܢܐ ܥܠ ܕܡܠܠܬ ܥܒܕܬ ܘܠܐ ܬܒܠܝ، ܕܡܦܪܫ ܗܘܬ ܐܢܝ. ܡܛܠ ܕܡܠܟܘ̈ܬܐ ܕܫܐܠܬ ܐܢܐ ܠܒܢܝܟܝ: ܐܬܐ ܒܗܘܒܪܐ ܘܐܟܠ ܠܗܘܢ. [5]ܘܒܪܢܫܐ ܐܡܪ ܠܗ. ܚܕܘ ܒܗܘܒܪܐ ܐܘ ܦܘ̈ܠܓܐ. ܡܫܒܚܐ ܐܡܪ. ܗܘܝܐ ܒܪܢܫܐ ܒܗܘܒܪܐ ܦܘ̈ܠܓܐ ܐܢܬ. ܐܠܐ ܚܕܘ ܕܦܪܘܫ [6]ܘܡܫܟܠܠ. ܒܪܢܫܐ ܐܡܪ. [7]ܦܘܪܫܢܐ ܕܗܕܐ ܕܡܟܐ ܠܗ̇، ܕܐܡܟܢܐ. ܕܠܐ ܦܘܪܫܢܐ ܒܡܠܘܬܐ ܕܐܢܬܬܐ ܕܡܫܠܡܐ [8]ܫܘ̈ܒܚܐ ܠܡܫܒܚܐ ܟܕܠܐ ܚܠܦܝܗܘܢ. [9]ܘܡܫܒܚܐ [ܐܡܪ ܐܝܟ ܗܘ ܗܢܐ ܫܪܒܐ. ܘܒܪܢܫܐ] ܐܡܪ.

ܐܬܬܟܝܠܬ ܠܡܫܝܚܘܬܐ ܚܕܐ. ܘܐܝܟ ܡܥܕܪܢܘܬܐ ܠܐ ܗܘܐ ܠܝ ܒܗ̇. ܘܟܕ ܫܐܠ ܐܢܐ *ܕܡܟܬܐ: ܒܪܢܫܐ ܚܕ ܐܘܟܠܝ، [10]ܠܡܫܝܚܘܬܗ 49v ܘܠܒܫ ܠܡܫܝܚܐ. ܘܟܕ ܕܡܫܝܚܐ ܒܬܫܒܘܚܬܗ، ܘܗܘ̇ ܒܬܫܒܘܚܬܗ. ܘܟܕ، ܘܠܗ [11]ܣܝܓܐ ܕܦܘ̈ܠܓܐ: ܚܕ، ܘܡܛܠ ܒܗ ܐܢܬܬܗ. ܘܐܬܬܟܒܪܬ ܘܝܬܬ. ܘܟܕ، ܐܡܪ ܠܗ̇. ܢܟܐ ܠܝ ܕܒܐ ܡܫܝܚܐ ܟܕ ܡܛܠ ܐܢܫ [12]ܡܫܒܚܐ ܡܫܡܥܢܐ ܠܒܢܬܝ، ܐܟܒܕ ܠܗܘܢ ܠܡܫܝܚܐ. ܐܡܪܝܢܐ. ܐܢܬ ܡܒܪܟܬ ܕܗܘܝܬ ܡܕܝܢ ܠܟܬ ܠܟ ܕܡܢ [13]ܐܢܬܘܬ ܗܘ̇. ܘܡܫܒܚܐ

1 ܬܗܘܪܐ b d. 2 ܡܠܟܘܬܐ a, ܡܠܟܘܝܬܐ c, aber ܝ ist Korrektur oder Zusatz. 3 ܒܪܢܫܐ < b d. 4 ܐܠܐ ܟܕ ܕܡܠܠܬ b. 5 ܒܪܢܫܐ b. 6 ܘܡܫܟܠܠ a c d, ܘܡܫܟܠܠ b. 7 ܦܘܪܫܐ a c d. 8 L. ܫܘܒ̈ܚܐ? 9 ܡܫܒܚܐ b. 10 ܠܡܫܝܚܘܬܐ b d. 11 L. ܣܘܓܐ? 12 ܡܢ ܡܫܒ̈ܚܐ (sic) ܡܫܡܥܢܐ b d. 13 ܐܢܬܘܬ < a. Lies ܐܢܬܘܬܟ?

ܐܝܟ[1] ܗܢܐ ܐܢܬ. ܕܗܐ ܐܚܠܬ [2]ܠܟܠ ܡܕܡ ܕܡܬܬܚܙܐ ܘܕܢܬܪ
ܡܫܬܡܥܝܢ. ܘܡܕܡ ܠܐ ܦܣܩܬ ܐܢܬ. ܐܡܪܬ ܠܗ. ܒܠ ܒܗܡܘܡܬܐ
[3]ܘܡܐܟܠܬܐ ܠܐ [4]ܬܬܘܗܝ. ܡܛܠ ܕܐܡܪܬ. ܕܙܕܩ ܠܡܫܡܫܘ [5]ܘܠܡܐܟܠܗܘܢ.
ܐܠܐ ܒܡܫܘܚܬܐ. [6]ܘܡܢ [7]ܕܐܦܣ ܘܫܒܠ ܕܠܐ ܡܫܘܚܬܐ [8]ܘܒܕܝܢ
[9]ܕܡܢܗ ܗܘ ܡܢ [10]ܐܦܣܢܐ ܗܘܐ ܐܝܟ ܕܒܕܝܢ [11]ܠܕܐܟܐ ܚܙ ܕܗܫ
ܕܚܠܐ [12]ܠܐܘܣܢܐ ܦܠܚܢܐ. ܐܡܪܝܢ [13]ܠܗ. ܐܝܟ ܗܝ ܡܠܬܐ ܗܕܐ.
[14]ܐܡܪ ܠܗ.

ܫܡܝܪܬܐ ܐܢܬ ܗܘܐ ܘܫܒܠ ܠܒܪܐ ܘܫܬܐ ܘܦܫ ܐܝܟ
50r ܕܢܬܐ *ܫܡܝܪܐ. ܘܡܢ ܠܐ ܐܝܫ ܚܙܐ ܦܓܪܐ ܘܦܠܚܗ ܘܫܠܡ
ܘܒܠܦ. ܒܝ ܐܬܐ ܒܐܘܪܚܐ ܚܙܐ ܚܙܪ ܒܪܐ ܕܪܒ ܘܒܫܡ ܘܬܪܝܢ
ܠܡܘܠܗ. ܘܡܢ ܚܙܐ ܫܡܝܪܬܐ ܠܚܙܪܐ ܕܪܒ ܘܐܬܐ ܒܠܘܗܝ.
ܐܫܠ ܒܫܡ ܘܪܗܛ ܘܚܙܐ ܠܒܝܬܗ. ܘܡܢ ܝܕܥ ܕܐܪܕܝܗ
ܚܙܪܐ: ܐܬܒܫܡ ܒܠܘܗܝ ܘܡܫܝܚܘܗܝ ܠܚܙܪܐ ܘܐܦ ܚܙܪܐ ܡܫܝܚܘܗܝ
ܠܫܡܝܪܬܐ ܒܝܕܗ. [15]ܘܡܫܝܚܐ ܢܦܠܬ ܡܢܬܗ ܘܡܫܚܬ ܒܗ ܦܓܪܐ
ܘܒܗ ܚܙܪܐ ܒܠ ܕܘܒܬܗܘܢ. ܘܡܫܚܬ ܗܠܝܢ ܐܣܬܘܒܠ ܕܐܒܐ
ܚܙ ܒܦܠܐ. ܘܚܙܐ ܠܬܠܬܝܗܘܢ ܕܡܫܬܝܢ. ܘܚܙܝ ܘܐܬܦܫܛ ܒܪܒܝܗ.
ܕܗܐ ܐܫܡܥܬ ܦܘܠܐܐ ܕܡܐܟܠܐ. [16]ܐܠܐ ܙܕܩ ܠܝ ܕܐܦܪܘܩܝܗ
ܠܦܓܪܐ ܡܛܠ ܕܠܘ ܒܟܠ ܐܡܬܝ ܦܪܘܩ ܠܐܢܫ ܕܢܦܠ ܘܢܩܘܡ.
ܘܐܦ ܐܢܐ ܗܢܐ ܕܡܛܠܗ ܦܫܩ ܐܢܐ ܘܠܦܪܩܢܐ ܠܗ. ܘܒܝܘܡܬܐ
[17]ܡܬܬܦܪܩܢܐ ܒܝܘܡ. ܘܐܬܦܪܩ *ܕܠܘܩܕܡ ܐܚܘܠ ܫܢܬܐ ܕܢܫܬܐ. 50v

ܐܝܟ[1] < a. [2] ܠܟܠ a d. [3] ܘܡܐܟܠܬܐ. [4] ܬܬܘܗܝ܂ a b c, ܬܬܘܗܝ d. [5] ܘܠܡܐܟܠܗܘܢ a c d. [6] + ܒܕܝܢ a d. [7] ܕܐܦܣ. [8] ܕܒܕܝܢ a b c, < d. [9] ܡܢܗ a c. [10] ܐܦܣܢܐ b d. [11] ܠܕܐܟܐ b c. [12] ܠܐܘܣܢܘܬܐ a, ܠܐܘܣܢܐ d. [13] ܠܗ a. [14] ܐܡܪܝܢ ܠܗ b c d. [15] ܘܡܫܝܚܐ b c d. [16] ܠܐ a b d. [17] ܡܬܬܦܪܩܢܐ b d.

ܘܠܒܢ̈ܘܗܝ ܒܥܘܒܕܗ ܘܗܘܐ ܡܠܟܘܗܝ ܠܗܿ. ܘܐܬܦܩܕܘ ܬܘܪܐ ܕܥܕܬܐ
ܘܟܗܢ̈ܘܗܝ، ܒܫܐܠܬܐ ܥܠ ܦܘܩܕܢܗ. ܥܠ ܕܥܒܕܘ ܟܢܘܬܗ.

ܘܥܠ ܗܕܐ ܐܡܪܬ ܠܟܝ. ܡܛܠ ܕܠܐ ܒܦܬܓܡܐ ܠܡܗܝܡܢܘ ܠܐ
ܦܫܘ. ܗܟܝܠ ܐܡܪܬ. ܕܫܦܝܪ ܐܡܪܬ ܘܗܘܐ ܪܘܪܐ ܘܫܢ̈ܝܢܝܬܐ
ܘܫܪܒܐ ܕܡܕܝܢ ܕܠܡܕܝܢܬܐ ܘܠܥܠܬܐ ܐܢ̈ܫܝܢ ܗܦܟܘ. ܘܠܦܘܪܐ ܕܡܪܕܘܬܐ
ܘܡܬܦܢܝܢܐ. ܘܐܝܟ ܐܝܟܐ ܘܗܪ، ܟܕ ܕܟܕܒܬ ܠܥܝܢܐ. ܗܟܝܠ ܡܕܝܢܬ
ܘܟܠܗ ܠܢܦ̈ܫܬܐ ܘܫܠܝܛܬ ܒܥܒܕܐ. ܘܐܡܪܬ ܠܬܠܡܝܕܘܗܝ ܕܒܟܠܗܿ.
ܟܠ [1]ܟܠܐ ܠܢܦ̈ܫܬܐ ܕܠܐ ܢܦܪܘܩ ܠܗܘܢ ܡܛܠ ܘܢܦܠܘ ܐܝܟ.
ܘܗܝ، ܐܝܠܝܢ ܠܦܘܪܥܢܐ ܐܚܪܢܐ. ܘܦܠܓܐ ܐܡܗܬ ܘܐܬܬܐ ܒܠܒܐ
ܘܐܒܠ ܡܢܗܘܢ ܘܗܝ، ܫܡܥܬ ܒܠܐ ܘܐܡܪܬ. ܕܐܬܦܬܚܘ ܡܥܒܠ
ܘܠܐ ܢܩܘܡ ܠܦܘܪܥܢܐ. ܐܠܐ [2]ܐܝܟ ܐܝܟ ܒܥܘܡܩܐ ܘܐܝܬܐ
*ܢܦܫܗܘܢ [3][ܢܦ̈ܫܬܐ ܕܠܐ ܒܠܒܝܢ. ܘܐܝܠܝܢ] ܘܢܗܒܬ ܐܝܟ 51 r
ܒܢ̈ܦܫܬܐ ܕܠܐ ܒܠܒܝܢ. ܘܢܣܒܬ ܒܒܪܐ ܚܕ ܘܐܡܪܬ. ܡܢܘ ܕܡܢܠܦܐ
ܗܕܐ ܢܦ̈ܫܬܐ [4]ܡܬܦܢ̈ܝܢܐ ܒܕܠܐ ܒܠܒܝܢ. [5]ܘܐܝܢܐ ܬܚܘܡ ܗܘܝܬ
ܘܐܡܪܬ ܕܠܘ ܡܪܘܩܝܬ ܡܢܝܠܦܐ ܢܦ̈ܫܬܐ ܕܒܠܒܝܢ. ܐܠܐ ܐܦ
ܗܢܐ ܒܥܘܒܪܐ ܠܘ ܫܘܚܠܦܘܬ ܦܓܪ [6]ܕܗܘܝܢ ܦܢܘܝܬ ܡܢ̈ܝܢܐ ܕܢܦܘܪ
ܠܐܢܫܐ ܕܥܒܕ ܠܟ [7]ܠܡܫܒܐ. ܐܠܐ ܐ ܐܝܬ ܠܟ ܚܝ̈ܝܢܐ
ܕܐܢܘܫܪ ܒܗ [8]ܐܣܘܬܐ ܐܝܬܐ ܠܝ. ܕܐܣܝܘܬܟ ܕܠܐ ܡܪܘܩܐ ܗܝ،
ܒܠܬܐ ܕܗܢܐ ܒܥܘܒܪܐ [9]ܕܗܘܝܢ ܠܒܝܬܐܝܬ ܥܕܪ. ܘܐܝܬܝ، ܡܫܠܡܢܐ
ܚܝܝܢܐ ܘܝܗܒ ܠܗ ܘܥܪ، ܕܒܥܘܪ ܕܥܒܕܬ. ܘܡܢ ܒܪܝܐ ܘܡܫܠܡܢܐ

---

1 ܟܠܟ a. 2 ܐܝܟܡ. 3 Diese Worte etwa werden zufällig ausgefallen sein (vgl. die Übersetzung). 4 ܕܡܬܦܢܝܢܐ a, ܕܡܬܦܢܝ̈ܢܐ b c d. 5 ܘܐܠܐ ܬܚܘܡܗ ܗܘܝܬ ܘܐܡܪܬ b, ܘܐܠܐ ܐܡܪ ܗܘܝܬ ܘܐܡܪܬ d, ܘܐܝܢܐ ܬܚܘܡܗ ܗܘܝܬ ܘܐܡܪܬ c, ܬܚܘܡܗ ܗܘܬ ܘܐܡܪܬ (sic) a. 6 ܕܗܘܝܢ b. 7 ܠܡܫܒܟ b d. 8 ܐܣܘܬܬܐ b. 9 ܘܗܝ b, ܕܗܝ d.

ܗܠܝܢ ܡܠܠܐ [ܠܐ] [1]ܒܫܪܪܝ، ܗܘܝܬ ܐܠܐ [2]ܡܩܪܒ ܗܘܝܬ. [3]ܘܗܟܐ
[4]ܕܡܠܠܐ ܫܡܥܬ. ܘܐܝܟ ܗܘܐ ܒܫܪܪܐ ܕܝܠܝ ܐܠܦ ܕܝܕܥܝܢ ܕܠܐ
ܪ̈ܒܢܐ ܐܚܝ، ܐܬܬܥܝܕܘ ܬܡܢ. ܘܟܕ ܥܒܪ، ܕܢܟܘܪ ܕܥܠܬ ܕܕܠܡܐ
51v ܢܥܒܕ ܐܝܟܢ. ܘܟܕ ܚܙܐ ܠܩ̈ܕܡܘܗܝ ܚܙܐ ܠܕܝܪ̈ܝܐ *[5]ܘܥܡܠ ܘܦܠܓܗ
ܐܝܟܢ. ܘܐܡܪ ܠܗ. ܕܗܢܐ ܠܡܘܕܝܐ [6]ܡܢܝܚܢܐ ܟܠ ܗܕܐ ܫܠܝܬ
ܗܘܐ [7]ܘܡܠܟ ܘܡܢܝܚܐ ܗܘܐ [8]ܕܢܥܒܪ. ܕܟܡܠܝܢ ܕܝܪ̈ܝܐ ܫܢܝܐ ܗܘܐ
ܘܡܬܟܢܝܢ. ܘܐܡܪܝܢܐ ܕܡܬܒܥܐ [9]ܕܗܘ ܐܝܟ ܡܫܬܐ ܐܢܫܐ ܕܒܝ̈ܬܘܗܝ،
ܡܫܬܪ. [10]ܘܫܠܐ ܕܗܘ ܕܒܟܘܬܗ ܚܒܝܒ. ܘܗܫܐ ܫܪܝܬ ܕܟܕ ܕܝܪ̈ܝܐ
ܥܡܠܝܢ ܡܢܗ. ܠܐ ܡܢܝܚ ܕܢܥܒܪ ܠܗ، ܕܘܟܬܐ. ܐܝܟ ܕܐܦܠܐ
ܡ̇ܢܗ ܕܢܥܒܪ. ܘܐܢܐ ܐܡܪܬ ܒܠܒܝ، ܕܝܪ̈ܝܐ ܐܡܪ ܒܪܢܫܐ ܡܛܠ
ܕܡܬܚܙܐ ܕܥܡܠ ܠܕܝܪ̈ܝܐ ܐܪܚܬ ܕܐܡܝܢ ܚܠܝ. ܗܕܝܢ ܒܥܝܬ ܠܝ
ܫܘܪܐ ܐܚܪܢܐ ܒܗ ܒܒܝܬܐ ܘܒܠܬ ܠܗ. ܘܠܘܡܟܐ ܕܒܬܪܗ ܐܬܘ
ܠܡܘܕܝܐ ܡ̇ܢܗ ܕܐܒܠܝܢ ܗܘܘ ܡܢ ܐܚ̈ܝ. ܘܐܡܪܝܢ [11]ܒܒܝܬܝܢ.
ܘܗܐ ܡܢ ܐܚܘܗܝ، ܡܢܝܢ ܠܐ ܡܢܝܐ ܠܝ ܡܕܡ. ܡܢ ܡܬܚܙܝܐ ܠܝ
ܦܘܩܕ ܠܝ. ܘܐܙܠܬ ܐܢܐ ܘܝܗܒܬ ܠܐܒܢܐ [12]ܕܥܒܪ ܗܘܝܬ. [13]ܠܦܠܓܘܬ
ܘܟܕ ܥܒܪܬ ܠܐ ܗܘܐ ܠܝ ܫܠܝܐ ܘܢܦܠܬ ܒܥܒܪܬܐ. ܘܟܕ ܫܘܐ ܠܡܘܕܝܐ
52r ܗܕܐ. ܠܫܡܐ ܠܕܝܪ̈ܝܐ. *ܕܢܫܬܦܘܢ ܡܢ ܗܢܐ. ܡܛܠ ܕܡܟܝܠ ܐܦܠܐ
ܕܬܪܥܐ ܢܦܫܗ ܡܟܒܫ. ܘܒܫܦܘ ܘܐܙܠܘ ܠܗܘܢ ܠܘܬ [14]ܒܠܗ̈ܒܐ
[15]ܘܣ̈ܢܐ، ܘܟܠ ܐܝܠܦ̈ܢܐ ܟ̈ܢܫܐ ܐܡܪܘ ܠܗ. ܘܐܬܚܫܒܬ ܕܥܒܪܬܐ
ܗ̇ܝ ܕܐܡܪܬܐ. ܕܗܝ ܕܡ̈ܫܝܢܐ ܠܒܪ: ܐܦ ܕ̈ܝܪܝܐ ܘܟܠ [16]ܠܚܡܐ

---

1 ܒܫܪܪܐ. 2 ܘܡܩܪܒ a d. 3 ܘܠܐ b c d. 4 ܕܡܠܠܗ a c.
5 ܘܥܡܠܗ a. 6 ܡܢܝܚܢܐ (sic) a. 7 ܘܡܩܪܒ b, ܘܐܡܩܪܒ d, ܘܡܩܪܒ ܘܡܢܝܚܐ ܗܘܐ < ac. 8 ܘܢܥܒܪ a, ܘܥܒܪ c. 9 ܕܗܘܐ. 10 ܘܫ̈ܠܐ b.
11 ܢܒܝܬܝܢ So! abd. 12 ܥܒܪ a. 13 ܠܦܠܓܘܬܐ a, ܠܦܠܓܘ̈ܬܐ b, ܠܦܠܓܘ̇ܬܐ d, ohne Vokale c. 14 ܒܠܗ̈ܒܐ a, ܒܠܗܒܒܐ bcd. 15 ܘܣܢܐ، c. 16 ܠܚ̈ܡܐ bcd.

ܦܓܥܐ ܗܘ̇ܐ ܠܗ. [1]ܘܡܫܒ̈ܚܬܐ ܡܫܬܡܗ. ܘܣܓܕ̈ܘܗܝ ܕܠܗ
ܡܬܚܘܝܢ. ܘܓܒܪܐ ܡܫܒܚܐ ܥܠ ܫܘܒܪ̈ܐ ܕܡܫܪܐ ܗܘ: ܠܐ
ܦ̇ܠܛ ܠܟܪ. ܐܝܟ ܕܟ̈ܠܐ ܕܦܫܝܩ ܒܬܠܬܐ ܡܫܝܚܬܐ ܒܡܘܡܬܐ ܕܡܫܠܛܐ
ܕܠܐ [2]ܕܪ̈ܝܢ. ܘܗܘ̇ ܒܪܘܚܬܐ ܕܒܝܫ. ܘܡܢ̇ ܕܪ̈ܘܚܐ ܠܝܬ ܠܗ. ܒܝܬܐ
ܘܒܡܕܝܢܬܐ ܠܝܬ ܠܗ. ܘܡܢ̇ ܕܒܝܬܐ ܠܝܬ ܠܗ ܘܠܐ ܡܕܝܢ ܐܝܬ
ܠܗ. ܘܡܢ̇ ܕܒ̈ܢܝܐ ܠܝܬ ܠܗ. ܚܕܐ ܘܡܠܟܐ ܠܝܬ ܠܗ. ܘܡܢ̇ [3]ܕܗܘܢܐ
ܠܝܬ ܠܗ: ܗܘ̣ ܥܠܡܐ [4]ܘܒܗ̇ܘ ܠܝܬ ܠܗ. ܘܐܝܟ ܕܝ̣ ܡܬܡܠܟܐ
ܠܡܫܝܚܘܬܐ. ܒܗ̣ ܐܬܝܬܗ ܘܒ̈ܢܘܗܝ ܒܗܘ ܫܢܐ. ܘܒ̈ܢܝ [5]ܦܘܠܗܡܗ
ܒܦܪܝܢ ܒܗ ܘܕ̈ܚܠܘܗܝ، ܗܦܟܝܢ ܡܢܗ. ܘܒܟܠܗ ܫܝܢܘܬܐ [6]ܡ̣ܢܪ̈ܢܠ
52v ܘܫܠܡܐ. *ܘܠܐ [7]ܒܗܘܢܐ ܥܠܡܐ ܫܢܐ ܠܦܓܥܬܗ ܘܠܐ ܒܗ̇ܘ. ܘܠܝܬ
ܕܢܦܠ ܡܢ ܡܫܒܚܐ ܘܒܝܬ ܡܫܬܪܝܐ ܗ̣ܘ ܕܒܫܘ̈ܬܐ. ܐܝܠܝܢ
ܕܠܡܫܒܚܘܬܐ ܡܛܠ ܠܝܬ ܦܘܪܫܐ ܕܠܐ [8]ܒܟܪ ܒܡܫܝܐ ܡܢ ܒܢ̈ܘܗܝ.
[9]ܘܗܟܢܐ ܕܒ̣ܟܪ ܒܡܫܝܐ: ܐܝܠ ܡܕܝܢܗ. ܘܗܟܢܐ ܕܐܫܬܟܠ ܡܕܝܢܗ:
ܒܒ̈ܢܝ ܒܠܒܫ [10]ܐܫܬܒܪ ܐܬܬܫܝܦ [11]ܘܐܬܕܘܕ. [12]ܘܗܟܢ ܥܠܬ ܕܗܘ̈ܢܐ
ܐܬܒܪܝ ܗܘܢܗ ܘܡܕܒܪܢܗ. ܘܗܟܢܐ ܕܢܫܒܪ ܗܘܢܗ ܘܡܕܒܪܢܗ ܗ̇ܘ
ܡܕܝܢ ܕܡܬܒܠܠ ܓܒܪܐ [13]ܘܐܦ̈ܠܓܢܐ ܡܫܒܚܐ ܠܦܘܠܗܡܗ. ܘܐܝܢܐ
ܕܡܫܬܘܕܠ ܠܐ [14]ܡܬܗܝܡܢ ܥܠ ܡܠܬܗ. ܘܒܪ ܐܢܫ ܐܝܢܘܢ ܦܪ̇ܫ:
ܒܠܘܗܝ، ܙܗܠܐ ܡܫܒܪܘܬܐ. ܘܦܫܝܩ ܠܗ ܠܐܢܫ [15]ܢܩܘܦܬܐ
ܘܡܫܒܚܐ ܕܢܫܬܠ ܐܝܟܢܐ ܠܦܘܠܗܡܗ ܕܬܫܢܝܐ ܘܕܢܫܬܐ ܗܟܢܐ
ܕܗܘܝܬܐ ܘܕܢܝܢܐ ܢܦܩܗ [16]ܡܢ ܥܡܘܩܐ. ܠܒ ܡܢ ܕܠܡܫܬܐܠ ܡܕܝܢ

---

1 ܘܡܫܒܚܬܐ a b c, ܘܡܫܒ̈ܚܬܐ d. 2 ܕܪ̈ܝܢ a, ܕܪܝܢ c, ܕ̈ܪܝܢ b. ܒܪ ܕܝܢ d. 3 ܕܗܘܠܐ b d. 4 L. ܘܒܗ̇ܘ? 5 ܦܘܠܗ̈ܡܐ d. 6 ܡܢܪܢܠ a.
7 + ܒܗ b. 8 ܠܒܟܪ cd. 9 ܘܡܢ̇ b. 10 ܕܐܫܬܒܪ bcd, ܕܐܫܬܒܕ a.
11 L. ܘܐܬܕܘܕ̣? 12 ܘܗܟܠܠ a. 13 ܘܐܦܠܓܢܐ a d. 14 ܡܬܗܝܡܢ b d.
15 ܢܩܘܠܬܢܐ a c. 16 ܒܥܡܘܩܐ a c, ܥܡܘܩܐ (ohne jede Präposition) b d.

ܡܢ ܟܢܫܐ. [1]ܘܐܡܪܝܢ ܗܘ: ܕܡܢ ܕܫܘܠܡܗ ܡܢ ܐܚܪܢܐ ܡܬܐܠܝ
53r ܕܢܫܬܐܠ ܘܡܬܟܬܫܢܐ *ܕܠܐ ܕܠܒܗ ܢܕܡܐ ܘܢܬܬܢܝܚ: ܕܗܘ̇ [2]ܫܘܒܚܗ
ܒܡܘܬܐ ܗ̇ܠܝܢ [3]ܕܡܬܚܫܒ ܘܡܘܬܐ ܢܫܝܐ. [4]ܘܐܡܪܝܢ ܗܘ: ܠܟܠ
ܦܘܡܢܐ ܡܢ ܗ̇ܘ [5]ܕܡܬܟܠܠ ܒܫܘܪܐ. ܘܟܠ ܗܘ ܡܬܩܢܝܢܐ ܡܢ
ܚܢܢܐ. ܘܟܠܗܘܢ ܚܝ̈ܐ ܐܠܗܝܐ ܘܪ̈ܘܚܢܐ ܡܢ ܗ̇ܘ ܕܚܝܐ ܗ̇ܘ ܒܚܝܝܐ
ܕܠܐ ܕܠܒܗ. [6]ܘܚܝܘܬܗ ܠܚܝܐ ܕܥܡܪ ܠܥ̇ܠܡ ܕܒܢܝ̈ܐ [7]ܕܡܬܟܠܡܗܘܢ
ܘܐܡܪ ܒܒܘܪܣܝܬܗ. ܘܡܫܡܥ ܗ̇ܘܐ ܬܘܒ ܐܫܬܘܕܝܗ. ܘܐܬܚܫܒܬ ܕܐܙܠ
ܒܬܪ ܡܫܟܚ ܐܢܐ ܡ̇ܬܬܢܐ ܡܬܒܥܝܢ̱ ܡܢܐ ܠܐܘܪܚܐ ܕܡܬܕܪܝܐ
ܗܫܐ [8]ܘܐܝܬܝܐ ܡܢ ܫܠܝ ܡܕܝܢܬܐ. ܘܐܦ ܕ̈ܫܢܝ ܢܬܦܢܘܢ̱ ܠܘܬ.
ܘܡܛܘ ܒܗ̇ ܕܢܦܩܘܢ ܒܝܘܡܐ ܘܐܙܠܘ. ܘܟܕ ܡܛܝܘ ܠܘܬ ܒܛܪܘܢܘܬܗ:
ܡܛܠܡܢܐ ܒܢܝ ܗܘܘ ܗܘܐ: ܘܐܝܟ ܗܘܐ ܫܒܩܐ ܒܐܝܕܗ ܘܡܚܝ ܒܠ
[9]ܦܪܨ ܘܐܒܝܕܝ. ܘܟܠܬ [10]ܠܝܘܪܢܝ، ܠܝܛ ܠܝܛ ܘܟܠܬ. ܘܡܢ [11]ܕܢܫ̣
53v [12]ܒܐܝܕܝ ܘܠܠܝ: ܬܘܒ ܡܪܬܝ ܒܚܘܬܐ ܘܡܪܗܛܝ ܫܘܡܘܬܝ *ܘܠܐ
ܫܡܘܬܝ. ܘܟܕ ܟܠܠܝܐ ܐܙܠܬ ܒܠ ܗ̇ܘ ܫܒܪܐ. ܘܟܕ ܡܛܬ ܠܘܒܝܐ
ܕܡܢܝ ܡܛܠܡܢܐ ܡܒܕܪܝܢ ܘܡܚܝܢ ܒܗ̇ܘ ܫܒܩܐ ܒܠ [13]ܦܪܨ. ܘܡܚܝܢܐ
[14]ܙܘܡ ܕܡܢܐ ܡܢ ܚܝ̈ܘܝ. ܘܟܕ ܡܬܒܪܟܠܝܢܐ ܘܡܫܬܘܦ ܒܠܒܬ
[15]ܠܝܘܪܢܝ. ܘܒܬܡ ܒܠܝ ܒܐܝܕܐ ܕܦܪܨ [16]ܘܗܘܡ ܚܫܝ ܕܡܢ ܗܘܝܡ ܘܠܒܐ
ܒܠ ܐܡܬܝ ܕܫܡܥܗ ܕܒܥܘܬܪܐ [17]ܫܒܩܬ ܐܢܐ ܡܫܘܬܕܪܢܐ. ܗܘܝܡ
ܦܢܝܬ ܠܗܘܢ ܘܐܬܚܫܒܬ ܕܒܠ ܐܘܠܝ̈ܢܝܢ ܡܢ ܒܠܬ ܡܒܢܘܬܐ

---

1 ܘܐܡܪܝܢܐ ܗܘ b. 2 ܫܘܒܚܗ c. 3 ܡܬܚܫܒ a. 4 ܐܡܪܝܢ ܗܝ (sic) b, ܘܐܡܪܝܢ ܗܝ d. 5 ܕܡܬܟܠܠ a, in ܕܡܬܟܠܠ korrigiert b, ܕܡܬܟܠܠܐ d. 6 ܘܚܝܘܬܗ b c d. 7 ܕܡܬܟܠܡܘܗܝ a, ܕܡܬܟܠܡܗܝ b c d. 8 ܘܐܝܬܝܐ b d. 9 ܦܪܨ b, ܦܪܨ d. 10 ܠܝܘܪܢܝܐ a c d. 11 + ܦܪܨ (aus Z. 12!) a. 12 ܕܒܐܝܕܝ (sic) a, ܒܐܝ̈ܕܝ b c d. 13 ܦܪܨ a. 14 ܙܘܡ b c, ܙܘ̇ܡ (sic) d. 15 ܠܝܘܪܢܝܐ a c, ܠܝܘܪܢ b d. 16 ܘܚܫܝ a c. 17 ܫܒܩܢܐ a. 18 ܡܫܘܬܕܪ ܐܢܐ b.

ܘܡܫܝܚܘܬܐ ܐܝܬܝܗ̇. ܘܟܡܐ ܠܐܢܫ ܕܢܬܚܘܒ ܡܢ ܐܠܗ̈ܝܐ ܘܟܡܐ ܐܦ ܕܢܟܡܘܢܝܗ̇ ܠܡܟܝܢܘܬܐ. ܘܦܫܛ ܠܗ̇ ܠܡܟܝܢܘܬܐ [1] ܕܬܘܒܠܝܢܘܗܝ، [2] ܠܡܟܝܢܐ ܒܫܘܡܠܝܐ ܡܫ̈ܝܚܐ ܒܫܘܪܒܐ [3] ܘܬܫܡܠܝܘܗܝ، ܥܠ ܢܟ̈ܝܡ. ܐܠܐ ܒܪܘܪܐ ܠܗ ܠܐܢܫ ܕܢܬܬܦܝܣ ܘܢܠܐ. [4] ܘܪܘܪܒ ܠܐܢܫ ܕܢܬܦܝܣ ܒܗܘ ܡܟܐ ܕܐܫܬܢܝܬ ܠܗ ܡܟܝܢܐ ܕܢܗܘܐ. [5] ܘܐܡܟܝܪ ܗܘ ܕܠܝܬ ܕܢܘܡܘܬܐ ܕܡܫܝܪܐ ܡܢ ܡܫܪܝܢܘܬܐ. ܘܠܐ ܒܡܘܫܚܐ ܡܢ
54r ܫܘܠܡܢܐ. ܘܠܐ *ܫܘܒܐ ܕܪܒ ܡܢ ܬܘܒܠܢܐ. ܘܠܐ ܕܒܬܐ ܫܬܪܐ ܡܢ ܗ̇ܝ، ܕܢܫܬܒܠ ܐܝܟ ܒܡܫܒܪܢܐ ܕܡܟܝܢܐ ܕܢܫܬܒܪ ܘܢܬܫܦܠ ܠܡܫܒܪܝܗ̇. ܘܢܝܚܘ ܡܢ ܗ̇ܘ ܡܟܐ ܕܠܐ ܡܫܬܒܪ. ܘܟܕ ܐܬܦܠܣܬ ܘܢܦܩܬ ܡܢ ܒܝܬܗ ܕܡܟܘܫܐ ܠܕܒܪܐ [6] ܘܚܙܬ ܢܝܚܘܬ ܒܠܒܐ. ܘܐܝܬ ܗܘܐ ܐܝܟܐ ܗ̇ܝ، ܘܦܠܓܐܝܬ ܗܘܐ ܠܗ̇ ܫܘܒܐ ܒܗܢ. ܘܡܦܠܐ ܫܘܒܠܐ ܘܐܬܬ ܠܘܬܝ، ܒܗ ܗܢܐ ܒܘܪܒܐ ܡܫܒܝܐ. ܘܒܠܒܬܗ̇ ܐܦܠܗ ܘܫܬܗ ܢܫܒܐ. ܘܡܢ ܒܬܪ ܘܡ̈ܬܐ ܐܬܬܐ ܘܐܡܪܬ ܠܝ. ܐܫܦܪ ܝܒܫܢ ܕܒܠܐ ܚܙ ܐܝܬ ܠܝ ܕܢܫܝܐܝܬ ܘܪܒܝܢܝܬ ܐܝܬ ܠܗ ܫܘܒܐ ܒܗܢ: [7] ܘܐܪܙܢܐ ܠܬܘܗ. ܗܕܝܢ ܐܡܪܬ [8] ܕܐܦ ܐܢܐ ܒܡܢܝ [9] ܐܬܝܐ ܐܢܐ. ܡܛܠ [10] [ܕܠܝܬ] ܒܢܝܐ ܠܐܢܫ [ܕܪܒܐ] ܡܢ [11] ܒܪ ܠܘ ܒܡ ܡܫܒ̈ܝܢܘܗܝ، ܝܢܐ ܘܠܐ ܝܕܘܬܐ ܕܪܒܐ ܡܢ ܒܪ ܝܢܐ. ܡܫܒ̈ܝܢܘܗܝ، ܝܢܐ. ܘܦܠ̈ܓܘܬܐ ܘܒ̈ܢܝܬܐ ܒܡܟܡܘ ܢܗܘܐ. ܘܡܟܐ ܕܐܢܫ ܘܫܬܘܬܗ [12] ܠܪܒܝܢܗ: ܦܫܛ ܠܗ ܕܢܪܐ ܡܢܗ ܥܠ ܐܠܗ̈ܝܢ.
54v ܡܛܠ ܕܐܝܟܐ ܕܗܘܐ ܐܝܟ ܫܘܠܡܢܐ ܕܦܓܪܗ ܘܕܒܘܬܐ *ܕܢܓܫ

---

1 ܠܡܟܝܢ̈ܐ ܕܬܘܒܠ b. 2 ܠܡܟ̈ܝܢܐ c d. 3 ܘܬܫܒܒܝܢܘܗܝ، c. 4 ܘܪܘܪܒ ܕܢܬܦܝܣ ܠܐܢܫ ܒܗܘ ܡܟܐ. 5 ܘܐܡܟܝܪܐ ܗܘ a c, ܘܐܡܟܝܪܐ ܗܘܐ b d. 6 ܘܚܙܬ. 7 ܐܪܙܢܐ a c. 8 ܕܐܦܠܐ b, ܕܐܦܠܐ d. 9 ܐܬܝܐ b. 10 ܡܛܠ ܕܒܢܝ ܠܐܢܫ ܡܢ. 11 ܒܪܘܠܘ (sic) b. 12 ܠܪܒܝܢܐ d.

ܗ̇ܘ ܘܫܬܝܩ ܡܫܬܐܠ. ܘܐܦ [1]ܗܘ̇ ܕܝܢ ܕܒܠܒܗ ܡܗܝܡܢܐ ܕܥܠܡܐ
ܕܠܒܗ ܗܘ: ܠܐ ܡܬܗܢܐ ܡܢܗ ܐܠܐ ܬܘܪܓܡܗ. ܘܡܫܢܐ ܗܘܐ
ܡܟܬ ܘܐܬܬ ܠܗܘܪܒܐ ܒܗ ܗܢܐ ܒܘܪܟܐ. ܘܐܡܪܬ ܕܝܢ [2]ܕܒܠܐ
ܐܡܪܬ. ܐ̱ ܫܦܪ ܠܟ ܡܛܠ ܕܫܘܝܬ ܕܒܗ ܗܢܐ ܒܘܪܟܐ ܘܐܦ
[3]ܠܝ ܕܬܫܡܫܝܢ ܠܗܘܢܝ. ܘܟܕ ܫܡܥ ܗܠܝܢ ܡ̈ܠܐ ܕܒܘܣܒܪܐ
ܫܒܚܗ [4]ܘܐܬܬܠܡܗ ܘܐܡܪ ܠܗ. ܛܘܒܐܝܬ ܘܬܘܒܐܝܬ ܡܠܠܬ. [5]ܐܠܐ
ܡܬܢܝܐ ܗܘܬ ܠܝ ܕܒܪܬܐ [6]ܗܘܬ ܠܟ [7]ܒܡܐܬܬܟ. ܘܡܬܠܬܐ
[8]ܗ̇ܝ ܫܪܝܪܐ ܘܡܗܘܬܪܐ [9]ܕܒܒ̈ܕܪܐ [10]ܡܫܬܒܚܢܐ. ܡܛܠ ܕܐܦ ܒܪܗ̇ܐ
ܟܕ ܢܒܥ ܗܘܟܐ [11]ܕܫܘܠܡܢܗ: ܐ̱ [12]ܒܒ̈ܕܪܐ ܠܐ ܡܬܚܫܝܢ ܒܗ.
ܐܠܐ ܕܝܢ ܗ̇ܝ ܕܢܒܥ ܠܗ ܠܐ ܡܬܚܠܦ. ܘܐܡܪܬ ܠܒܥܘܬܟ ܚܘܪ.
ܘܒܗܕܐ ܠܐ ܬܬܒܥ. ܡܛܠ ܕܐܢܫ ܒܥܘܪܐ ܥܠ ܐܘܪܚܐ ܕܗܘ
[13]ܐܝܟ ܕܠܐ ܒܘܬܪܐ ܢܫܬܡܥ ܠܗ ܘܡܬܗܘܐ ܠܗ. ܐܝܟ ܐܘܪܚܐ
55 r ܕܐܦ ܟܕ ܢܥܒܕ: ܐܘܪܚܐ ܫܒܝܩ. ܘܡܫܠܐ: ܐܝܟ *ܕܠܒ ܒܬܪ: ܠܐ
ܐܢܫ ܫܒܩ ܠܗ. ܐܝܟ ܒܠܒܐ: ܕܐܝܟ ܗܘ ܡܗܕܪ ܢܦܫܗ ܠܐ
ܫܒܩ ܐܠܐ ܒܠܒܐ. ܘܠܐ ܬܪܥܐ ܕܠܗ ܒܐܘܪܚܟ ܐܝܬܝܟ. ܡܛܠ
ܕܒܥܘܪܐ ܡܢܟ ܕܢܫܐ [14]ܒܟܠ ܕܗܘܝܟ ܐܝܟ ܕܒܐܬܪܗ. [15]ܘܐܟܘܢܐ
ܕܐܘܪܚܐ ܥܠ ܐܘܒܐ ܕܐܙܠ ܠܫܝܢܬܘܬܗ ܒܟܡܐ ܗ̇ܝ. ܘܟܡ ܫܢܐ:
ܗܘܢܐ ܐܦ ܠܒܪܐ ܒܥܘܪܐ: ܥܠ ܐܘܒܐ ܕܐܙܠ ܢܦܫܩܘܬܐ
[16]ܡܬܒܥܝܐ ܠܗ. ܘܦܬܬܐ ܒܬܪܗ ܐܬܪܐ ܐܝܟ ܦܪܝܫܬܐ ܕܒ̈ܢܝܐ

---

1 ܗܘ̣ܐ a d, ܗܘ̇ܐ b, ܗܘܐ c. 2 + ܐܢܬ. 3 ܐܢܐ a c.
4 ܘܐܬܬܒܠܗ. 5 ܐܢܐ a c. 6 ܗܘܝܬ a d. 7 ܒܡܬܬܬܟ b d.
8 ܗ̇ܝ. 9 L. ܒܒܒܕܐ? 10 ܡܫܬܒܚܢܐ (sic) b. — L. ܡܫܬܡܠܝܢܐ?
11 ܕܫܘ̈ܠܡܢܗ̇ a c, aber in a durch die Vokalisation ܕܫܘ̈ܠܡܢܗ̣ teilweise korrigiert. 12 L. ܒܒܒܕܐ? 13 ܐܦ b c d. 14 ܒܟܠ ܕܗܘܝܟ < a c d.
15 ܐܟܘܢܐ a c. 16 ܡܬܒܥܐ a c.

ܠܓ̈ܒܪܐ ܘܢܫ̈ܐ ܠܡܗܘܐ. ܘܠܐ ܬܘܒ ܬܬܬܒܥ ܒܗ̇، ܕܗܘܬ ܠܟ ܦܠܚܬܐ ܘܗܫܐ ܠܝܬ. ܡܛܠ [1]ܕܒܘܬܪܐ ܘܡܢ̈ܝܢܐ ܐܝܠܝܢ ܘܐܬܝܢ ܐܝܟ ܕܡܗܘܝܢ ܐܚܪܐ. [2]ܘܐܡܪܝܢ ܗܘܘ. [3]ܕܦܠܠܐ ܕܥܒܕܐ ܕܥܡܐ ܘܢܘܦܐ [4]ܕܐܒܘܢ ܒ̈ܢܝܐ ܘܣܘܟܐ [5]ܕܒ̈ܢܝܐ ܘܡܫܟܢܐ [6]ܕܚܝܘܬܐ ܘܡܒܥܕܬܐ ܙܒܢܬܐ [...]. ܘܠܐ ܕܢܬܬܒܥܘܢ ܐܢܫ ܒܡܘܬܢܐ ܕܒܥܝܢܗ ܙܕܩ ܠܗ. ܘܠܐ ܕܢܬܬܠ ܒܒܘܬܪܐ ܕܡܦܠܣܘ. ܐܠܐ ܗܘܒ̈ܪܝܢ ܐܬܒܣܪ. ܕܒܐܝܕ ܕܗܒܪܬ ܠܐ ܐܢܫ ܢܦܩ ܡܢܝ. [7]ܘܡܒܥܐ ܕܠܐ ܗܒܪܬ ܠܐ ܡܬܕܢܚ. 55 v *ܐܠܐ ܒܠܗܘ ܫܠܝܢ ܒܡܘܗ̈ܒܬܐ ܘܒܪ̈ܘܟܬܐ ܐܬܡܚܠ: ܡܛܠ ܕܥܒܕܗ ܕܗܘܘܐ ܠܐ ܐܢܫ ܝܕܥ. ܘܫܘ̈ܕܪܐ ܫܠ̈ܝܚܐ ܠܟܡ ܐܝܠܝܢ. ܘܗܘ̇ ܗܢܐ ܕܝܠܐ ܚܠܐ ܗܘܝܢ. ܐܠܐ ܕܒ ܠܟ [8]ܕܠܗܘܕܐ ܡܕܝܢ ܐܢܐ ܠܟ. ܕܕܘܒܬ، ܘܡ̇ܢ [9]ܕܐܝܬ ܠܗ ܕܠܝܟ ܗ̱ܘ. ܘܠܐ ܒܪ̈ܝܫܝܟ ܠܗܘܢܐ. ܒܕ ܥܒܕ ܒܥܘܒܕܐ ܕܐܠܗܘܬܗ، ܕܟܠܐ ܕܝܢ ܒܥܘܒܕܐ ܘܫ̈ܘܕܪܘܗܝ، ܘܡ̈ܘܗܒܬܗ، ܕܒܝܬܗ. ܐܡܪ ܠܟܠܐ. ܙܒܢ ܚܕܬܐ [10]ܚܒܝܒܐ. ܘܐܦ ܠܟ ܒܗܘܒ̈ܝܢ ܘܒܬܘܬܒܬܟ ܪܙܐ ܕܐܬܚܙܐ. ܡܛܠ ܕܟܕܐ ܦܓܪ̈ܐ ܘܢܦܫܐ ܘܚܝܘܬܐ ܕܗܘ ܡ̇ܢ ܕܒܝܢܐ ܕܐ̈ܚܪܢܐ ܦܓܪ̈ܐ ܒܚܝܠܗ ܘܡܬܩ̈ܒܠܝܢ، ܬܒܠܐܝܬ ܐܝܟ ܠܗܬܗ ܐܟܘܬܟ. ܦܓܪܐ [11]ܚܕ ܠܦ̈ܓܪܐ ܡܫܠܡ ܐܚܪܐ ܐܚܪܢܐ ܕܦܠܐ ܠܦܠܐ ܡܢܝܢ ܕܢܗܘܐ ܡܢ ܦܓܪܐ. ܘܐܢܫ ܚܝܝܢܐ ܢ̇ܫܠܡ ܢܦܫܗ ܒܠ ܐܦ̈ܝ ܦܓܪܬܐ ܕܐܢܫ. ܘܗ̇ܘ [12]ܢܣܝܒ ܡܢ ܒܠܒܫ. [13]ܘܕܘܟܐ [14]ܘܡܬܠܒܫܢܐ ܡܢ ܬܪܥܗ ܒܦܘܡ ܗܒܪܐ [15]ܠܐ ܡ̇ܦܩܝܢ. ܘܡ̇ܢ ܕܒܥܝܪܐ ܘܡܫܝܚܐ ܠܐ ܡܟܕܪ:

---

1 ܒܘܬܪܐ b. 2 ܘܐܡܪܝܢܐ a c. 3 ܕܦܠܝܢܐ a c. 4 ܕܒ̈ܢܝܐ a c. 5 ܕܐܒܘܢ ܒ̈ܢܝܐ b d. 6 ܘܚܝܘܬܐ a, ܚܝܘܬܐ b c d. 7 ܘܡܒܥܐ. 8 ܕܠܗܘܐ b. 9 ܐܝܬ a. 10 ܚܒܝܒ b d. 11 ܚܕ < b. 12 ܢܣܝܒ b. 13 ܘܕܒܪܐ ܐܢܫܐ a c, ܘܕܘܟܝܐ b d. 14 ܡܬܠܒܫܢܐ ܐܢܫܐ (sic) a, ܘܡܬܠܒܫܢܐ ܐܢܫܐ c. 15 ܐܠܐ b.

56r ܠܘ* ܒܥܝܪܐ ܗ̇ܘ ܘܙܘܢܐ. ܘܡܢ ¹ܕܡܢ ܕܗܘܐ ²ܠܟܢ ܕܠܝܬ ܠܗ: ܠܐ
ܡܪܘܫ ܠܘ ܡܫܬܪܝܐ ܗ̇ܘ. ܘܡܫܘܚܬ ܡܠܝܢ ³ܒܙ ܡܡܠܠ ܒܡܘܪܒܐ
ܐܬܘܣܝ ܠܟܢܫܐ ܡܢ ܙܘܣܡܐ ⁴ܕܦܠܦܠ ܡܗܘܐ ܡܢ ⁵ܠܫܥܬܐ ܒܙ ܙܡ̇ܦܠ
⁶ܘܢܗܘܐ ܘܡܦܠܦ. ܘܐܬܐ ܘܢܦܠ ܒܗ̇ ܒܒܝܬܐ. ܘܡܢ ܥܓܠܐ ܕܡ̈ܪܝܐ
ܟܠܐ ܘܒܡܘܪܒܐ ܘܒܡܘܒܪܐ ܐܫܬܠܒܘ. ⁷ܘܟܠܐ ܢܫܬ ܠܬ̈ܚܢܐ
ܘܒܡܘܒܪܐ ܒܝܘ ܠܫܪܘܪܐ ܘܒܡܘܪܒܐ ܗܠܘ ܠܐܠܗܐ. ܘܐܦ ܠܟܢܫܐ
ܗܠܘ ܡܢ ܡ̈ܢܐ ܘܡܢ ܬܡܢ ܠܕܘܟ ܠܐ ܐܙܠ: ܐܠܐ ܡܡ ܘܥܠܝ ܢܙ̇
ܒܒܝܐ. ܡܕܝܢ ܒܡܘܪܒܐ ܦܪܫ ܘܐܬܬܠܝ ܒܐܐܪ ܠܒ. ܘܫܪ ܠܕܘܟ
ܕܘܟ. ܕܡܠܠ ܡܢ ܒܪܡܒܡܘܬܐ ܐܬܐ ܠܟܢܫܐ. ܘܒܙ ܫܪ ⁸ܘܠܐܢܫ
ܠܐ ܫܢܐ: ܐܝܟ ܡܠܘ ܘܦܪܫܗ، ܠܟܠܐ ܘܠܒܡܘܒܪܐ ܕܠܐ ܬܕܫܠܘܢ.
ܡܕܝܢ ܐܬܘ ܬܠܬܗܘܢ ܠܗ̇ ܠܕܘܟܬܐ. ⁹ܘܫܢܐ ܟܠܐ ܠܟܢܫܐ
ܕܫܐܪ ܠܐܦ̈ ܡ̈ܢܐ. ¹⁰ܘܐܡܪ ܠܗ. ܐ̱ ܥܠܡܐ ܗ̇ܘ ܠܟ: ܐܫܬܝ
56v ܡ̈ܢܐ ܬܫܠܐܬ ܘܠܐ ܬܕܫܠ. ¹¹ܘܡܢ ¹²ܕܐܬܪܒܝ *ܠܟܢܫܐ: ܕܒܡܘܪܒܐ
ܘܒܡܘܒܪܐ ܡ̈ܢܬܐ ܕܩܘܡܐ ܡܢܝܢ ܕܢܐܒܠܘܢ. ܘܟܠܐ ܬܘܒ ¹³ܕܒܢܐ
ܗ̇ܘ ܕܒܪ ܡ̈ܢܐ ¹⁴ܗ̇ܘ: ܠܗ ¹⁵ܕܫܠܝܢܐ ܡܒܫܡܘܢ. ܐܠܐ ܐܬܐ
ܢܐܕܫܗܘܢ. ¹⁶ܘܐܬܐ. ¹⁷ܘܟܠܐ ¹⁸ܫܒܒܗܘܢ ܘܐܫܠܡ ܥܠܡܐ ܕܡܢ
¹⁹ܐܢܫܐ ܐܬܬܘ. ²⁰ܘܠܟܢܫܐ ܐܡܪ. ܗܒ ܠܝ ܒܪܢܐ ܕܒܗܢܐ ܫܘܒܪܐ
ܡܗܠܟܢܐ. ܘܡܢ ܕܫܠܬܐ ܕܫܥ̈ܬܐ ܡܢ ܕܘܟ ܠܕܘܟ ܥܒܪܬ.
ܘܐܦ ܡܫܐ ܡܢ ܕܫܠܬܐ ܐܬܬܘ ܠܡܪܒܐ ܡܟܠ ܕܡܕܡ ܢܫܬ ܡܢ

---

1 ܘܡܢ a. 2 ܕܟܢ̇. 3 ܒܙ. 4 ܕܦܠܦܠ ܡܗܘܐ a d. 5 ܠܫܥ̈ܬܐ a c. (Der Plural ist richtig, s. 70 1.) 6 ܢܗܘܐ a c. 7 ܟܠܐ c. 8 ܘܠܐܢܫܐ ܠܐ a, ܘܠܐ ܐܢ̈ܫܐ ܠܐ b d, ܘܠܐܢ̈ܫܐ ܠܐ c. 9 ܘܫܢܐ. 10 ܐܡܪ b d. 11 ܡܢ. 12 ܐܬܪܒܝ b d. 13 ܕܒܢܐ. 14 ܗ̇ܘ < a c. 15 ܕܫܠ ܐܢܐ a. 16 ܘܐܬܐ < a c. 17 ܟܠܐ b d. 18 ܘܫܒܒܗܘܢ b d. 19 ܐܢܫ a b c d. 20 ܠܟܢܫܐ a b c.

ܪܘܚܐ ܘܐܬܦܪܫܬ ܕܡܫܝ̈ܚܘܬܐ ܐܝܟܢ. [1]ܐܡܪ ܠܗ ܟܠܐ. ܠܐ
ܬܪܝܢ ܡܛܠ ܕܡܫܝ̈ܚܘܬܐ [2]ܠܒܐ ܠܐ [3]ܡܬܦܠܓܝܢ ܠܗܘܢ. ܘܗܕܐ
ܕܘܒܗܬܐ ܕܠܟ. ܘܠܐ ܬܗܘܐ ܕܠܟ [4]ܚܘܒ. ܘܒܗܕܐ ܡܪܒܝܢܘܬܐ
ܝܠܕܐ ܡܫܝܚܐ ܐܢܬ. ܘܐܢܬ ܗܘܐ ܬܗܘܐ ܠܟܠܠܐ ܕܐܠܗܐ ܚܝ. ܘܗܘܢ
ܟܠܘܡ ܡܢܐ ܕܐܟܠܘ ܡܐܟܘܠܬܗܘܢ. ܡܬܟܬܫܝܢ ܗܘܘ [5]ܠܟܠܠܐ
ܐܬܟܬܫܘܢ. ܘܬܒܥܝܢ ܘܐܡܪܝܢ ܡ̈ܬܠܐ [6]ܒܢ̈ܒܘܬܐ ܘܕܪܫܝܢ
ܒܠ ܡܟܝܟ ܡܟܝܟ. ܘܢܩܘܡܐ ܚܝ. *[7]ܐܬܐ ܟܠܗ ܠܟܠܐ ܘܡܒܘܩܪܐ ܘܡܒܘܪܟܐ 57r
ܠܟܠܠܐ. ܘܠܦܬܝܐ ܠܐ ܐܬܐ. ܘܟܕ ܐܬܐ ܒܝܕܝܐ ܘܠܐ ܐܬܐ
ܐܬܬܩܢܘ ܠܗܘܢ ܕܢܬܠܒܫܘܢ ܢܨܚܢܐ [8]ܡܬܦܠܓܝܢ. [9]ܘܐܡܪܘ ܠܚܘܪܒܐ:
ܕܦܬܚ ܒܐܬܪ ܗܢܝ ܐܢ ܡܬܚܢܐ ܦܬܝܐ. ܘܦܬܚ ܘܕܘܗ ܠܦܬܝܐ.
ܘܐܡܠ ܐܝ̈ܕܘܗܝ ܘܐܫܟܚܘܗ ܕܐܝܟ ܒܚܝܠܐ ܕܟܠܕܐ: ܘܐܬܬܐ ܐܡܪܬ
ܠܡܢܪܘܗܝ. ܘܐܡܪ ܠܚܘܡܒܪܐ. ܕܐܝܬ ܡܫܡܫ ܐܝܬ ܕܬܦܫܘܩ
ܢܒ̈ܝܐ. ܘܗܘ ܐܡܪ. ܦܬܝܐ ܒ̈ܝܫܬܐ ܘܟܠܝܠܝܗܝ. ܘܗܟ ܘܐܡܠ
ܒܠܝܕܘܗܝ ܠܐܝܟܐ ܕܗܘܐ ܦܬܝܐ. ܘܫܐܠܗ ܕܐܝܟܢ ܗܘܬ ܗܕܐ
[10]ܒܕܐܝܬ ܡܗܝܪ ܐܝܬ. [11]ܘܦܬܝܐ ܐܡܪ. ܡܗܝܪܘܬ ܕܝܢ ܦܫܝܛܐ
ܕܬܒܥ ܠܝܠܘܬܐ ܫܘܝܢܐ. ܘܗܘ ܕܝܢ ܕܢܗܘܐ ܢܒ̈ܝܐ. ܘܫܒ̈ܝܘܗܝ
ܡܛܠ. ܘܐܦ ܟܠܗ ܐܬܐ. ܘܐܡܪ ܠܗ ܦܬܝܐ. ܕܐܝܬ ܒܢܝܫܘܬ
ܒܕܝܬ ܕܐܬܝܬ ܠܡܪܒܐ. ܡܛܠ ܕܟܢ ܐܬܐ ܡܪ̈ܝܐ ܒܕ ܢܒ̈ܝܐ
ܦܫܝܛܝܢ ܡܢܝ. ܐܝܟ ܕܫܦܝܪܐ ܘܡܒܘܩܪܐ ܒܟܠ ܒܝܫܘܬܐ ܘܡܒܘܪܟܐ
*[12][ܫܠܡ] ܠܐܠܗܐ. ܐܠܐ ܐܝܬ ܢܦܫ ܐܝܬ ܕܠܐ [13]ܠܒܒܘܢܝ ܡ̈ܪܝܐ. 57v

---

1 ܐܡܪܬ b. 2 ܠܒܐ < a. 3 ܡܬܦܠܓ. 4 ܚܝܘܒ < a.
5 ܠܟܠܠܐ ܐܬܟܬܫܘܢ a. 6 ܒܢ̈ܒܘܬܐ b c d. L.. ܕܢ̈ܒܘܬܐ? 7 ܐܬܘ b.
8 ܡܬܦܠܓܝܢ b. 9 ܘܐܡܪܘ b d. 10 ܒܕ ܐܝܬ (sic). 11 ܠܦܬܝܐ a b.
12 Vgl. p. 71, 7. 13 ܠܒܒܘܢܝ b. (In der Mitte ist das Wort vom Schreiber absichtlich undeutlich wiedergegeben, da er es in der Vorlage nicht richtig lesen konnte); ܠܒܘܢܝ d.

ܐܡܪ. ܡܢ ܕܠܘ ܒܗ [1]ܕܝ̈ܠܝܘܬܗ، ܘܩܝ̈ܡܘܬܗ، ܚܙܐ [ܘ]ܚܙ̈ܘܗ، ܒܒܐ. [2]ܕܠܐ ܠܒܢܝ̈ܐ ܐܝܬܘܗ̇. ܘܗܕܐ ܗܟܢܐ ܗ̣ܝ، ܕܐܒܝܢܐ ܡܬܬܪܝܡ [3]ܒܗ. [ܕ]ܝܠܝܐ ܒܗ ܕܝ̈ܠܝܘܬܗ، ܗܕܝ ܠܒܢܝܘܬܐ [4]ܘܒܪܝܐ ܐܝܟ ܕ ܡܪܗ. ܡܛܠ ܕܗܘ ܕܒܗ ܕܝ̈ܠܝܘܬܗ، ܦܪܫ ܒܒܪܝܐ ܕܒܝ ܠܕܝ̈ܠܝܘܬܗ، ܢܦܩ ܐܒܝܫܗ ܠܐ [5]ܢܐܚܘܕ: [6]ܘܒܕܘܟܬܗ ܫܟܝܢ ܗܘ ܘܡܬܒܠܒܠ. [7]ܘܟܕ ܠܐ ܡܬܒܠܠ ܐܝܬܝܐ ܟܝܢܐ ܘܐܣܘܪܗ ܕܠܒܢܝܐ ܡܦܣܩ [8]ܘܟܝܪ. ܘܒܘܪܟܐ ܫܠܡ ܠܐܠܗܐ ܘܒܘܡܒܪܐ ܟܠ ܠܣܝܘܪܐ. ܘܝܪ ܟܝܢܐ ܠܗܐ ܘܠܗܐ [9]ܘܠܐܚܝܕ ܠܐ ܚܙܐ ܐܠܐ ܟܠܐ ܒܪ ܡܗܠܟ. ܘܐܝܠ ܠܒܒܗ [10]ܘܐܣܘܪܗ ܘܫܘܠܡܗ ܘܗܘܐ ܡܗܒܠ ܠܗ. ܘܟܕ ܚܙܘ ܚܒ̈ܪܘܗ، ܐܬܬܒܝܢܘ ܘܐܡܪܘ ܒܘܡܒܪܐ. ܟܕ ܒܕܒܝܠ ܚܙܐ [11]ܠܐ [12]ܐܫܬܘܕܝܬ: ܡܢܐ ܐܝܪܬܐ ܡܛܠܬ. ܐܠܐ ܟܕ [13]ܐܘܪܒ ܠܗ ܠܐܚܝܕ ܚܕ [14]ܫܡܘܥܐ: 58r ܐܦ ܡܢ *ܒܒܐ [15]ܕܡܢܗܘܢ ܠܠܒ̈ܢܬܐ ܒܢܝܬܐ ܢܘܒܐ. ܘܐܬܒܢܝܐ ܒܒܢܐ ܕܠܝ. ܡܒܢܐ ܡܒܒܪ ܠܝ. ܕܐܦܩܝ ܡܢ ܕܡܒܬ، ܘܡܢ ܡܢ̈ܝ. ܘܡܢܐ ܡܢܐ ܕܐܝܬܝ ܒܢܝܐ: ܕܡܢ ܠܠܒܢܐ [16]ܕܡܢܚܡ̈ܢܐ ܟܠܢ: ܕܟܡܗܘ ܢܝܚ ܗܘܐ ܘܡܒܩܪ ܐܒܝܕ. ܘܝܠܢܝܐ ܕܐܝܟ ܟܠܐ ܐܢܫܐ ܡܬܒܥܝܢ: ܡܛܠ [17]ܕܝܠܢܝܘܬܐ ܕܗܢܐ ܕܝܢܐ: ܐܝܟ ܡܢ ܐܢܫ ܠܐ ܡܬܒܥܝܢ ܕܝܫܒܝܗ ܐܠܐ ܡܬܘܬܐ. ܘܐܡܬܪܐ ܗ̣ܝ، [18]ܕܟܠ ܐܘܠܝܢܝܢ ܡܟܡ ܐܬܘܗܝ ܒܟܠ ܫܘܕܪܐ ܐܝܟ ܡܦܪܐ ܕܡܠܘܫ̈ܐ. ܕܠܐ ܡܢ ܕܠܒܠ ܐܡܟܢܝܘܬ ܠܟܠ ܘܠܐ ܡܢ ܕܠܐܝܬܝܘܬ ܐܡܟܢܝܘܬ ܠܐܝܬܝܘܬ. ܐܠܐ

1 ܚܒܝ̈ܪܘܗ، ܘܕܝ̈ܠܝܘܬܗ، ܘܩܝ̈ܡܘܬܗ، a. 2 ܘܕܠܐ. 3 ܒܗ̇ a. 4 ܘܒܒܪ. 5 ܢܐܚܘܕ b d. 6 ܘܒܕܘܟܬܐ b, ܘܒܕܘܟܬ (sic) d. 7 ܘܟܕ. 8 ܘܟܝܪܝܗ a c d. 9 ܘܠܐ ܚܙܐ a. 10 ܘܐܣܘܪܗ < a c. 11 ܐܠܐ a b d, ܐܢܐ c. 12 ܐܫܬܪܝܬ a. 13 ܐܘܪܒ. 14 ܫܡܘܥܐ a c. 15 ܕܡܢܗܘܢ b, ܕܡܢܗܘܢ a c d. 16 ܕܡܢܚܡ̈ܢܐ a b c, ܕܡܢܚܡ̈ܢܐ d. 17 ܝܠܢܝܘܬܐ. 18 ܕܟܠ ܟܠ (Dittographie).

ܒܡܫܦܘܬܐ ܕܚܙ̈ܝܪܐ: ¹ܗܘ ܕܠܒܫܬ ܠܟܠ ܘܗܘ ܕܠܟܠ ܠܒܫܬ.
ܐܠܐ ²ܚܫܘܟܬܐ ³ܗ̇ܝ ⁴ܚ̈ܫܘܟܐ ⁵ܕܒܬ̈ܪܗܐ ⁶ܟܠ ⁷ܣܒ̈ܪܬܗ̇: ܘܗܘܐ
⁸ܗ̇ܝ ܚܫܘܟܐ ܕܒܪ̈ܝܐ ⁹ܕܐܟܠܘܬܗ̇.
ܘܒܘܪܟܐ ܘܩܛܝܠܐ ܐܡܪܘ ܠܗ. ܐܦ ¹⁰ܠܟܐܢܬ ܡܠܠܬ: *ܐܠܐ 58ᵛ
ܡܢ ܒܪܘܬܐ ܘܬܪܥܝܬܐ ܠܝܬ ¹¹ܠܗ. ܐܠܐ ܐ̱ ܡܕܝܢܬܐ ܐܬܦܪܫ ܕܟܠܐ
ܡܢ ܐܘܣܝܐ ܢܬܦܠܦ. ܡܠܠ ܕܐܡܪ ܕܦܘܪܩܢܗ ܕܦܪܘܩܐ ¹²ܒܡܪܒܐ
¹³ܘܪ̈ܘܚܐ ܒܡܫܒܚܐ ܘܒܡܬܠܐ ¹⁴ܘܐܬܘܬܐ ܘܟ̈ܠܝ ܠܦܘܡܐ ܒܗܢ
¹⁵ܒܡܫܒܚܘܬܐ. ܕ̈ܝܫܐ ܘܫܒ̈ܝܐ ܒܗܢ ܐܘܠܝܢܐ ܡܬܟܢܫܝܢ. ¹⁶ܘܒܡܘܒܪܐ
ܐܡܪ. ¹⁷ܐܝܟܐ ܦܘܪܫܢܐ ܗܢܐ ¹⁸ܕܒܝܢܬܐ. ¹⁹ܕܐܝܠܝܢ ܐܬܘܢ ܬܪ̈ܝܟܘܢ
ܐܚܝܕܐ ²⁰ܠܝܕ ܩܠܦܗ̇ ܕܐܘܪܚܐ ܘܢܦܩ ܠܒܪܐ ܘܬܒܥ ܒܠܘܗܝ,
ܒܡܘܒܪܐ ܕܒܪ ܢܫܐ ܓܒܪܐ. ܢܦܩ ܕܢܒܥ ܠܒܪܐ ܘܒܡܘܒܪܐ ܓܒܪܐ
ܕܐܝܬܠܗܘܢ. ܘܐܝܟܐ ܒܡܘܒܪܗ ܕܓܒܪܐ ܐܬܝܐ. ܘܒܪ ܢܫܐ ²¹ܠܟܘܢ
ܓܒܪܐ ܡܢ ܪܘܚܐ. ܘܐܝܟ ܠܗ ܠܟܠܐ ܐܝܟ ܕܐܡܪ ܟܕ ܡܬܬܗ
ܘܡܬܒܪܬܗ ܘܐܬܐ ܒܠܒܘܢ. ܘܗܘܐ ܕܢܬܠܒܫܘܢ ܘܗܘ ܘܒܬܘ̈ܬܠܡ
ܬ̈ܘܬܠܡ ²²ܘܠ ܡܬܒܪܗ, ²³ܐܝܟ ܕܠܐ ²⁴ܢܬܒܪܟܘܢ ܘܠܐ ܢܦܘܪܫ
ܡܢܗܘܢ. ܘܦܠܓܐ ܚܕ ܟܠ ܫܒܪܐ ܢܗܘܐ ܟܬܒܘܢ. ܘܚܕ ܒܠܦ
ܘܐܬܬ. ܐܝܟ ܦܫܝܛܐ *²⁵ܐܘܣܝܬܗ. ܘܒܪܢܫ ܠܟ ܠܟ. ܘܒܪܗ 59ʳ

---

1 + ܬܘܒ ܐܝܟܢܐ. 2 ܚܫܘܟܬܐ < a. 3 ܗܝ a (ohne Punkt c).
4 ܚܫܘܟܐ d. 5 So mit N. p. 765; ܕܒܬܪܗ acd, ܒܬܪܗ b. 6 ܕܟܠ bd.
7 ܣܒ̈ܪܬܗ a. 8 ܗܘ ܚܫܘܟ. 9 ܕܐܟܠܘܬܗ. 10 + ܟܕ d. 11 ܠ bd.
12 ܒܡܪܒܐ < a. 13 ܘܪܘܚܐ bd, ܘܒܪ̈ܘܚܐ ac. 14 ܐܬܘܬܐ. 15 ܒܡܫܒܚܘܬܐ
bis ܒܗܢ inkl. < a; ܒܡܫܒܚܘܬܐ b, ܒܡܫܒܚܘܬܐ d. 16 ܒܡܘܒܪܐ b,
ܡܘܒܪܐ a. 17 ܐܠܐ. 18 ܐܝܟܐ ܕܒܝܢ cd. 19 ܕܐܝܠܝܢ ܐܬܘܢ bcd.
20 ܠܝܕܐ a. 21 ܐܢܘܢ ad. 22 ܘܠܗ abd. 23 ܐܝܟ d. 24 ܢܬܒܪܟܘܢ ac,
ܢܬܒܪܟܘܢ d. 25 ܐܘܣܝܘܬܗ bd.

ܗܟܢܐ. ܘܟܕ ܚܙܐ ܓܒܪܐ [1]ܠܠܒܝܫܐ [2]ܕܟܝܢܬ ܘܒܥܘܪܐ ܠܟܠ ܡܢܗ [3]ܘܐܝܟܢ [4]ܗܘܐ [ܘ]ܒܬܘܩܠܢ ܬܘܩܠܢ ܐܝܟ [5]ܘܠܐ،. ܘܟܕ ܚܠܦ ܚܙܐ ܕܡܦܣܩܝܢ ܐܣܘܪ̈ܘܗܝ، ܕܟܠܐ ܘܠܫܘܬܗܘܢ،. ܕܢܫܠ ܘܐܬܬܥܝܪ. ܕܡܢܗ ܗܢܐ. ܘܠܐ [6]ܐܬܘܣ، ܒܬܪ ܟܠܐ. ܐܠܐ ܠܒܫ ܐܘܪܚܐ ܘܐܙܠ ܠܒܝܬܗ. ܘܗܕܝܢ ܡܢܗ ܐܬܒܪ̈ܬܗܘܢ ܘܐܬܐ ܥܘܫܢܬ. ܠܕܐ ܚܪܫܐ ܘܒܓܪܐ ܒܗܘܢܐ: [7]ܦܪܩܘ [8]ܕܢܦܩܘܢ [9]ܚܕ ܠܚܕ ܪܚܡܬܐ. ܘܒܥܐ ܕܢܦܠ ܐܝܟ ܐܘܠܝܢܐ. ܟܕ ܥܒܘܕܗܘܢ ܘܒܟܕܪ̈ܝܗܘܢ ܕܠܘܬ ܫ̈ܪܟܐ ܐܬܦܠܓܘ ܡܢ ܒܬܝܢܬܐ. ܡܢ ܦܘܠܓܐ ܐܝܬ ܕܡܢ ܫ̈ܘܬܐ [10]ܫܟܝܢܝܢ.

[11]ܫܠܡ ܬܫܥܝܬܐ ܕܓܒܪܬ ܡܠܟܐ ܘܣܥܘܪ̈ܬܗ ܗ̈ܢܐ.

1 ܠܒܝܫܐ b d. 2 + ܘܡܣܒܪ a c. 3 ܘܗܝܕܝܢ a c. 4 ܘܗܘܘ b.
5 Entweder ܠܗ، zu lesen oder vorher ein Verbum ausgefallen. 6 ܐܬܘܣܝܗ، ܒܬܪ b d. 7 ܦܪܩܘܢ a c. 8 ܢܦܩܘܢ a c d. 9 + ܘܠܒܥܘܢ (Dittogr.?) b d.
10 ܫ̈ܟܝܢܝܢ. 11 Unterschrift < a c.

[1]ܬܘܪܥܐ [2]ܕܓܠܗ ܘܕܓܠܐ [3]ܫܢܝܐ.

ܘܕܟܝܪܝܢ ܐܚܪܢ̈. ܕܫܡܥܬ ܗܕܐ. [4]ܕܐܝܟ [5]ܡܬܘܡܢܐ ܙܢܝܐ

ܘܟܕ [6]ܐܬܪܥܝܬ ܡܢ ܙܢܝܘܬܐ. ܘܗܫܐ ܐ̱ܢ ܡܢܫܬ ܐܚܪܢ ܠܗ ܐܦ

ܗܿܝ ܕܐܝܬܝܐ *ܒܗ ܘܢܐ ܠܒܠܥܬܐ ܘܠܐ ܢܗ̇ܘܐ ܕܢܐܬܝܗ̇. ܐܡܝܢܐ ܐܝܠܐ 59v

ܡܢܝܢ. ܘܡܢܝܢܘܢ ܐܚܪܢ̈. ܠܒܠܥܬܐ [7]ܠܡܩܒܠܢܗ̇ ܣܘܪ ܦܬܘܩ ܡܢܝܢ

ܕܠܡܐܬܝܗ̇. ܘܟܕ ܕܗܘܐ ܠܗ̇ ܘܠܐ ܢܗ̇ܘܐ ܕܢܬܗܪ ܒܗ̇: ܒܒܠ

ܐܝܠܐ ܡܢܝܢ. ܐܝܟ ܗ̇ܘ ܒܠܐ ܕܒܢ̈ܐ ܗܘܐ ܠܒܐ [8]ܕܗܘܦܟܐ. ܘܟܕ

ܡܠܝܗ̇ ܘܠܐ ܐܬܗܪ ܒܗ̇: ܐܝܠ ܡܢܝܢ. [9]ܘܕܟܝܪܝܢ ܐܚܪܢ̈. ܐܝܟ

ܗ̇ܘ ܗܢܐ ܫܪܒܐ. ܘܡܢܝܢܘܢ ܐܚܪܢ̈.

ܐܝܬ ܗܘܐ ܗܘܦܟܐ ܚܕ ܓܒܪ̈ ܒܒܪܐ ܕܡܕܐ. ܘܫܡܗ [10]ܦܠܝܢܘܣ.

ܘܡܠܟܐ ܗܘܐ ܕܗܘ̈ܦܟܐ. ܘܟܕ ܟܠ ܠܡܣܒܘܬܐ: ܗܘܦܟܐ ܚܕ ܒܠܝܢܐ

ܡܢܝܢ [11]ܕܫܪܒܐ ܐܬܬܠܝܢ ܒܡ ܒ̈ܢܝ ܒܗܕܐ ܘܠܗܘ ܗܢܐ ܕܠܐ

ܡܫܡܫ ܗܘܐ ܕܢܕܒܪ [12]ܠܡܠܟܘܬܐ ܫܠܘܗܿ ܡܢܝܢ ܘܦܬܓܡܘܗܝ. ܘܗܿܘ

1 ܬܘܒ ܬܘܪܥܐ b. 2 ܕܓܠܐ ܘܕܓܠܗ̈ b c d. 3 ܫܢܝܐ b, ܘܫܠܝܐ (sic) a c, ܫܠܝܐ d. 4 ܐܝܟ a. 5 ܡܬܘܡ. Cf. Nöld. p. 765. 6 ܐܬܪܥܝܗ̇ a.
7 So mit B; ܠܡܓ̈ܒܒܢܗ̇ a, ܠܡܩܒܒܢܗ̇ b, ܠܡܩܒܒܢܗ c d. 8 ܕܗܘ̈ܦܟܐ b d.
9 ܕܟܝܪܝܢ c. 10 ܦܠܝܢܘܣ (sic) a c, ܦܠܝܢܘܣ ܢܘܣ b, ܦܠܝܠܝܢܘܣ d. 11 ܫܪܒܐ.
12 ܡܠܟܘܬܐ b c d.

ܗܟܢܐ ܐܦ ܠܒܢܝ [1]ܐܢ̈ܫܐ ܕܬܐܪ̈ܬܐ [2]ܕܐܝܬ ܗܘܐ ܥܠ ܗܦܟ ܡܢܐ.
ܘܡܟܢܐ ܚܕ ܗܘ ܠܐܢ̈ܫܐ ܕܢܐܟܘܠ ܬܐܪ̈ܬܐ. ܘܢܬܠ ܡܢܗ ܚܕܐ
ܒܡ̈ܢܐ. ܘܐܝܬ ܗܘܐ ܟܠܐ ܚܕ ܕܡܢ ܡܢܐ ܐܚܬܐ ܗܘܐ ܘܠܒܟܘܗ̇
60r ܠܬܐܬܐ ܗ̇ܝ *ܘܐܟܠܗ̇. ܘܗܘܦܟܐ ܒܪ ܚܕܐ ܕܒܪ ܢܦܠܬ ܬܐܬܐ ܐܚܪܬܐ
ܘܠ ܦܪܘܫܗ̇: ܒܝܕ [3]ܒܝܘܠܬܗ ܥܦܪ ܠܗ ܘܥܦܪ [4]ܕܢܦܘܠܦ ܬܐܪ̈ܬܐ
ܚܕܐ ܚܕܐ ܘܢܦܠܐ ܒܡ̈ܢܐ. ܘܟܠܐ ܐܦ ܐܦ ܡܢܘܡ ܗܘܐ ܪܥܗ
ܘܗܘܡ ܟܠܐ ܠܟܠܗ ܘܐܬܬܥܝܪ: ܕܗܘܐ ܡܘܦܐ ܠܦܦ ܬܐܪ̈ܬܐ [5]ܘܥܒܪܐ
ܘܐܟܠ ܐܢܐ. ܘܗܘܘ ܒܝܘܡܐ [6]ܘܠܐ ܡܘܦܐ ܒܡܪܝ [7]ܠܒܘܪܗ ܘܠܐ
ܟܠܐ ܥܒܪܬܗ. ܘܗܘܘ ܬܘܡ ܥܘܝܐܢܬ ܘܟܢܐ. ܐܢܬܬܗ [8]ܕܝܢ ܕܟܠܐ
[9]ܡܟܢܐ ܕܫܢܬ ܕܗܡܟܢܐ ܐܘܫܪ: [10]ܗܘܠ ܐܬܬܒܝܫܬ ܘܐܡܪܬ ܘܪܡ
[11]ܡܫܒ̈ܚܢܘܬܗ̇. ܒܟܠ ܗܢܐ ܡܢ ܐܡܪܬ، ܗܘܠ ܠܚܟܡܐ. ܘܠܝܬ ܦܪܡܗ.
[12]ܘܢܫܬܐ ܐܢܐ ܕܕܡ ܢܝܫܐ ܡܪܝܡ ܐܪܒܗ. ܐܡܪܐ ܠܗ̇ ܚܕܐ
ܡܢ ܡܫܒ̈ܚܢܘܬܗ̇. ܡܫܒܚܬܝ. [13]ܐܢܬܝ ܠܐ ܬܕܪܐ ܠܒܝ. ܕܡܫܒܚ ܠܝ
ܕܗܘܐ ܒܟܠܗ ܚܝܒ ܒܒܪܐ [14]ܕܡܟܢܐ ܒܡ ܡܘܦܐ ܚܕ ܘܐܟܠ
[ܘܫܬܐ] ܘܡܬܒܣܡ. ܐܠܐ ܒܪ ܗܘ ܥܒܕܝ ܘܠܐ ܐܬܬܕܟܪܝ [15]ܐܢܬܝ
ܠܡܟܢܐ ܡܬܕܟܪܬܝ ܠܗ. ܗܝܕܝܢ ܗܦܟܬ ܢܦܫܗ̇ ܠܘܬ ܟܒܐ ܘܢܬܟܬ
60v *ܒܪܝܘܬܐ ܘܒܟܢܐ ܟܠܝܘܡ ܘܡܬܦܪܦܐ. ܘܒܬܪ ܘܟܢܐ ܒܟܠܗ̇ ܐܡܪܬ
ܒܠܒܗ. ܕܗܘܐ ܢܦܪܐ ܐܢܬ ܠܝ ܡܢ ܕܢܦܩܬ ܡܢ ܒܝܬܝ. [16]ܘܗܘܡ ܡܢ
ܐܝܟܢܐ ܕܐܢܬܘܗܝ، ܗܘܐ ܘܐܬܬܐ ܠܒܝܬܗ. ܘܟܕ ܐܬܬ ܚܙܬܗ̇ ܠܐܢܬܬܗ
ܕܝܬܒܐ ܒܐܒܠܐ. ܘܐܡܪ ܠܗ̇. ܡܢܐ ܠܟܝ ܪܘܫ ܕܐܒܝܠܐ ܐܢܬܝ،

1 ܐܢܫܐ bcd. 2 ܘܐܝܬ ac. 3 ܒܝܘܠܬܗ ac. — In d ist ܒܝܕ — ܥܦܪ ausgelassen. 4 ܕܢܦܠ ac, ܕܢܦܘܠܦ bd. 5 ܘܥܒܪܗ bd. 6 ܕܠܐ. 7 ܒܘܪܗ bd, ܒܒܘܪܗ ac. 8 ܕܝܢ < abc. 9 ܡܢ bd. 10 + ܟܠܐ bd. 11 ܡܫܒܚܢܘܬܗ bc. 12 ܘܢܫܦ. 13 ܐܢܬܝ < ac. 14 ܒܡܟܢܐ. 15 ܐܢܬ bc. 16 ܘܗܘܡ bis ܠܒܝܬܗ inkl. < b.

ܘܡܫܝܚܐ. ܘܗ̣ܘ ܠܐ ܦܢܝܬ [1] ܠܗ ܦܬܓܡܐ. ܘܬܘܒ [2] ܫܐܠܬܗ̇ ܘܠܐ
ܦܢܝܬ. ܗܝܕܝܢ ܚܙܐ ܡܢ ܡܫܬܐ̈ܠܢܘܬܗ̇ ܐܡܪܬ ܠܗ. ܡ̇ܢ ܐܢܬ ܕܐܡܪ
ܡܢ ܗܢܐ ܕܠܡܪܬܗ ܕܥܠܡܝܢ ܒܪܟ. ܕܗܢܐ ܒ̇ܪܘܚܐ ܘܒܦܪܘܫܘܬܗ̇
ܒܗܘܢ. ܘܗܟܢܐ ܦܩܕܝܢ ܠܗ̇ ܕܠܐ ܡܫܬܒܚ. ܘܡܟܝܠ [3] ܠܝܬ ܐܠܐ
ܡܫܬܘܬܗ̇. ܘܟܕ ܫܡܥܒ ܐܡܪ. ܗܟܢܐ ܕܦܩܕ [4] ܐܡܪ̇ܝ، ܠܝ. ܘܐܩܝܡ
[5] ܠܒܪ ܫܢ̈ܝܐ [6] ܕܠܐ ܡܬܒܥܝܢ ܡܕܡܥܘܗ̇ [7] ܗܐܟܢ ܐܢܐ ܠܗܘܢ. [8] ܘܗ̇ܝ
ܐܡܪܬ. ܕܒܗܢܐ ܒܐܘܪܚܐ ܢܚܡ ܬ̈ܢܐ ܡܬ̇ܪ ܡܕܒܒܝܢ. ܘܗܟܢܐ
ܘܐܫܟܘܬܐ ܠܝܬ ܐܠܐ ܠܒܐ ܕܢܘܦܐ. ܘܗ̣ܘ ܐܬܚܫܒ ܕܠܒܐ ܕܟܠܗ
61 r ܡܢ *ܐܢܫܐ ܡܬܩܢܐ [9] ܕܢܬܦܠܓ. ܐܠܐ ܐ̱ [10] ܟܕ ܐܢܐ ܢܦܠܐ
ܘܡܫܬܠܡܢܐ [11] ܗ̇ܘ ܟܠܗ ܕܫܒܩܗ [12] ܦܘܠܚܢܟ. ܘܡܢ ܐܬܚܫܒ. ܕܐ̱
ܗ̇ܘ ܒܐ̈ܢܫܝ، ܡܟܢ̇ܬ: [13] ܡܬܒܝ̈ܢܢܐ ܒܫܘܒܚܗ. ܘܐ̱ [14] ܐܢܬܬ، ܡ̇ܢܬܐ
ܡܢ ܟܠ ܗܟܢܐ ܡܬܚܫܒ ܐܢܐ ܒܫܘܒܚܗ̇. ܘܐܡܪܝ ܗܘ. ܕܙܕܩܘܬܐ
ܗܦ̇ܟ ܡܢ ܒܥܠܐ ܘܠܠ ܠܐ ܙܕܩ ܕܢܣܒ. [15] ܘܪ̈ܚܡܐ ܠܒܫܬ̣ ܦܘܠܚܢܐ
ܡܕܝܢ. ܐܠܐ ܐܢܬܬܐ ܠܒܬܐ [16] ܒܦܘܠܚܢܐ ܘܒܫܕܘܬܐ ܘܒܙܕܝܩܘܬܐ
ܡܟܕܪܘܬܐ ܗܝ. ܗܝܕܝܢ ܡܛܠ ܠܗ ܒܝܬ ܦܘܠܚܢܐ. ܘ̇ܝ ܕܐ̱ ܢܦܠܢܐ
ܠܐܚܝ ܕܐܟܠ ܘܐܫܬܝ، ܒܟܝ ܡܛܠ ܐܢܬܬ. ܠܐ ܙܒܢܐ ܡܕܡ ܐ̈ܦ
ܠܝ. ܘܗܘܐ ܡܢ ܢܦܫܐ ܘܐܙܠ ܠܒܝܬ ܡܘܦܐ. ܘܟܕ ܚܙܝܗ، ܐܡܪ ܠܗ.
ܫܒܘܩ ܗܘܐ ܒܢܦܫܐ [17] ܢܩ̈ܒܝܢ ܕܠܐ ܚܛܝܬܟ. ܡܢ ܐܢܫܐ ܐܫܟܚܬܟ.
ܐܡܪ̇ ܠܗ. ܕܠܐ ܐܬܬܝ ܓܝܪܟ ܒܗܠܝܢ ܢܩ̈ܒܬܐ ܡܛܠ ܕܐܬܚܫܒܬ
ܕܐܢܐ ܫܘܒܐ ܦܓܪܐ [18] ܚܛܝܬ ܡܢܟ ܘܡܕܡ ܠܐ ܗܦܟ ܒܐ̈ܢܫ،

---

1 ܠܗ < b d. 2 ܕܫܐܠܬܗ̇ b, ܘܬܘܒ ܕܫܐܠܬܗ d. 3 + ܘܡܟܝܠ a.
4 ܐܡܪ̇ a c d. 5 ܠܒܪ < a b c. 6 ܕܠܐ. 7 ܗܐܟܡܢܐ b c d. 8 ܘܐܡܪܬ
ܗܝ a. 9 ܕܐܬܦܠܓ. 10 ܟܒܕܢܐ c. 11 ܗ̇ܘ a, ܗ̇ܘ d, ܠܗ̇ܘ b.
12 ܦܘܠܚܢܟ. 13 ܡܬܚܫܒ ܐܢܐ b c d. 14 ܘܐܢܬܬ، a. 15 ܪ̈ܚܡܐ a.
16 ܘܦܘܠܚܢܐ a c, ܠܦܘܠܚܢܐ b, ܢܦܘܠܚܢܐ d. 17 ܢܩ̈ܒܐ a. 18 ܚܛܝܬ b d.

61ᵛ ܕܐܦܪܘܒܢ. *ܐܦ ܐܢܬ ܟܕ ܫܐܘܪܬܢ ܠܐ ܣܒܪ ¹ܐܢܬ ܒܠ
ܦܘܪܩܢܐ. ܐܠܐ ܡܢ ܢܦܫ ܬܐܡܢ ܐܢܐ. ܕܐܡܝܪܐ ܗܝ. ܕܡܒܕ
ܗܘ ܟܕ ܫܐܕܐ ܕܢܫܡܥܘܢ ܠܦܬܓܡܐ ܘܐܦ ܠܘܬ ܡܢ ܕܠܐ ܗܘܝܢ ²ܢܕܪܐ
³ܡܢܗܘܢ ܡܕܡ. ܟܕ ܠܐ ܣܒܪ ܕܢܬܦܪܥ. ܘܠܫܦܝܪܘܬܐ ܕܡܫܡܠܝܘܬܐ
ܟܐܕܘܗܝ، ܡܢ ܐܢܫ ܠܐ ܦܠܚܐ. ܘܠܗܘܢ ⁴ܦܘܪܩܢܐ ܚܕܬܐ ܒܟܪ.
ܠܗ. ܘܬܘܕܝܬ ܠܛܝܒܘܬܐ ܕܡܫܝܚܐ ܐܢܐ. ܘܗܘܦܟܐ ܐܡܪ. ܐܢܬ
ܒܗܘܢܐ ܥܙܝܙܐ ܠܐ ܬܬܚܫܒ: ܡܛܠ ܕܟܕ ܗܕܐ ܐܬܪܒܝܬ: ܡܢ
ܕܟܘ ⁵ܦܘܪܥܢܐ ܠܝ. ܘܟܕ ܐܢܐ ܡܢ ܟܠ ܠܒܝ، ܐܬܦܢܝܬ ܡܢ ܒܗܐܐ
ܗܘܐ ܠܝ. ܘܒܠܐ ܐܡܪ. ܫܘܒܚܐ ⁶ܕܐܘܣܦܢܐ ܒܗܠܝܢ ܬܠܬ ܡܠܬܐ.
ܚܕ ܕܢܐܙܠܘܢ ܠܒܝܬ ܐ̈ܒܗܝܗܘܢ. ܘܐܚܪܬܐ ܕܢܣܒܘܢ ܢܫ̈ܐ ܘܒܢ̈ܝܐ
ܕܐ̈ܒܗܝܗܘܢ. ܘܕܬܠܬ ܟܕ ܢܐܟܠܘܢ ܘܢܫܬܘܢ ܒܝܬ ܐ̈ܒܗܝܗܘܢ.
ܘܐܝܬ ܕܥܠܠ ܠܒܝܬܝ، ܠܐ ⁷ܥܠܬ ܘܥܕܡܐ ܠܐ ܐܟܠܬ ܘܐܫܬܝܬ.
62ʳ ܘܐܢܬܬܐ ܘܒ̈ܢܝܐ ܕܐܦ ܠܐ ܢܣܒܬ. *⁸ܟܠܗ ܐܡܪ. ܠܫܘ̈ܒܚܐ ܙܒ̈ܢܝܐ
ܗܘ ܕܒܫܘܒܚܐ ܡܬܒܥܐ ܠܗܘܢ. ܡܐܒܠܘܬܐ ⁹ܐܦ ܒܒ̈ܢܝܐ
ܐܒܠܐ ܘܓܢܒܐ ܒܥܠ ܠܒܝܬ ܐ̈ܒܗܘܗܝ، ܘܠܒܝܬ ܢܫ̈ܐ ܘܒ̈ܢܝܐ ¹⁰ܟܕ
ܡܬܒܥܬܐ ܘܡܬ̈ܒܥܢܐ ܣܝܡ ܠܗ. ¹¹ܟܠܐ ܐܡܪ. ܕܠܡܫܒ̈ܚܢܐ
ܬܐܓܘܪܬܐ ܠܦܬܓܡܐ: ܫܘܒܚܐ ܡܬܒܥܐ. ܘܥܒܪ ܟܠܗ ܒܠ ܣܝܡ
ܘܐܙܠ ܒܥܡܗ ¹²ܡܢܝܢܬ ܡ̈ܢܐ. ܘܐܬܬܦܩ ܗܘܐ ܟܠܗ ܠܐ ܕܠܒܫܬܐ
ܢܦܫܗ، ܠܫܘܒܚܗ ܘܡܬܦܫܝܢ ܗܘܐ ܘܡܬܦܠܓ ܒܫܘ̈ܒܚܘܗܝ.
ܘܫܐܠܗ ܗܘܦܐ. ܡܛܠ ܡܢܐ ܡܙܕܪܬܢ ܐܫܬܘܕܥܬ. ¹³ܟܠܐ
ܐܡܪ. ܐܝܟ ܡܢܐ ܡܬܚܙܝܐ ܡܢܝ. ܥܒܪܬ، ܒܪܫܐ ܗܝ. ܐܡܪ

---

1 ܐܢܬ < a. 2 L. ܢܸܕܪܸܝܢ? 3 ܡܢܗ̇ b d. 4 ܦܘܪ̈ܩܢܐ ܚ̈ܕܬܐ b.
5 ܦܘܪܩܢܐ b c d, ܦܪܩ ܐܢܐ a. 6 ܘܐܘ̈ܣܦܢܐ a b c. 7 ܥܠܬܝ a b.
8 ܘܟܠܗ b d. 9 + ܕܝܢ < d. 10 ܟܕ ܡܬܒܥܬܐ < a. 11 ܘܟܠܐ b,
ܕܟܠܐ d. 12 ܒܡܢܝܢܬ a. 13 ܘܟܠܐ b c d.

ܕܐܣܘܬܗ ܐܝܬܝܗ̇ ܠܒܢܐ ܕܩܘܦܐ. ܘܒܗܕܐ ܡܬܦܫܩܢܐ. ܘܒܢܐ ܩܘܦܐ ܘܐܡܪ. ܠܡܘܢ ܠܐ ܐܘܪܒܬܢ [1]ܕܐܝܬܝܬܗ ܠܠܒܝ ܒܒܝ. ܘܟܠܐ ܐܡܪ. ܗܕܐ ܠܒܟ ܐܝܟܘ. [2]ܘܟܠܗ ܐܡܪ. ܒܪ ܐܢܬܬ ܡܢ ܒܝܬ، ܫܒܩܬܗ ܬܡܢ. ܘܟܠܐ ܐܡܪ. ܠܡܢ ܫܒܩܬܝܗܝ. [3]ܟܠܗ ܐܡܪ. ܗܒܢܐ ܗ̇ܘ ܠܒܣܬܐ ܕܠܡ *ܩܘ̈ܦܐ. ܕܒܪ ܢܦܫܝܢ ܡܢ ܒܝܬܢ 62r ܠܐ ܢܦܬܩܝܢ ܠܡ ܒܡܢ: ܐܠܐ ܐܢ ܡܬܒܥܝܐ ܠܟ ܐܝܠ [4]ܘܐܬܝܬܘܗܝ ܠܟ. ܘܐܬܦܪܫ ܟܠܐ ܘܠܝܟ ܠܝܟ ܐܘܟܠܗ ܠܟܠܗ ܠܡܒܥܐ. ܘܒܪ [5]ܡܟܠܬܗ، ܪܗܛ ܩܘܦܐ ܘܫܠܡ ܠܐܠܠܢܐ. ܘܡܪܒ ܟܠܐ ܘܐܡܪ ܠܗ. ܢܒܝܒܝ: ܗܒ [6]ܠܟ ܠܒܟ ܘܬܐ ܕܢܐܠ ܠܐ ܢܦܪ. ܐܡܪ ܠܗ ܩܘܦܐ. [7]ܗܒܪ ܐܢܐ ܕܐܝܟ ܗ̇ܘ ܢܒܪܐ ܢܥܝܒܢܐ ܠܟ. ܕܐܡܪ ܟܠܗܘܢ، ܥܠܠ: ܕܠܝܬ ܗܘܐ ܠܗ ܠܒܐ ܘܠܐ ܐܪ̈ܢܐ. [8]ܘܟܠܐ ܐܡܪ. ܐܝܟ ܗ̇ܘ ܢܒܪܐ ܗܢܐ. ܘܟܠܗ ܐܡܪ.

ܐܝܬ ܗܘܐ ܒܢܐ ܘܒܪ̈ܝ ܗܘܐ ܒܗ ܐܪ̈ܢܐ. ܘܗܘܐ ܕܒܢܐ ܘܠܒܟ ܢܪ̈ܫܐ. ܘܐܬܒܟܪ ܘܠܐ ܡܥܒܢ ܗܘܐ ܕܢܦܘܩ ܡܢܗ. ܘܥܠ ܚܕ ܢܘܪܐ ܗܘܐ ܡܢ ܬܘܬܪ̈ܐ ܕܐܪ̈ܢܐ. ܐܡܪ ܠܗ. ܦܬܘܪܐ ܕܢܘ̈ܪܬܐ ܡܢܐ [9]ܗܘܐ ܠܟ ܕܒܟܒܪ ܐܝܬ. ܘܐܪ̈ܢܐ ܐܡܪ. ܡܢ ܢܪ̈ܫܐ ܗܘܝܢ ܐܢܝ، ܘܐܝܟ ܕܡܥܒܕ ܠܝ ܠܦܘܪܣܢܐ ܕܠܝ ܗܒܢܐ ܠܢܬ: *ܐܠܐ ܐܢ 63r ܠܒܢܐ ܘܐܪ̈ܢܐ ܕܢܒܪܐ ܕܐܟܠܢܐ. ܘܥܠܠ ܐܡܪ. ܢܒܪܐ ܠܐ ܠܐ ܒܒܗ ܠܟܠܗܒܘ. ܡܟܠܠ ܕܠܦܘܪܢܐ ܡܒܢܐ ܡܒܢܢܐ ܕܒ̈ܢܐ [10]ܐܝܬ [11]ܘܡܢܪܐ ܕܐܒܒܢܝܬ [12]ܠܒܢܫܘܪ ܒ̈ܐܢܐ ܐܬܐ ܠܬܒܡ. ܘܢܒܪܐ ܗ̇ܘ ܕܒ̈ܝܬܐ ܟܠܗܘܢ، ܒܐ̈ܪܢܐ. ܒܢܐ ܕܥܠܠܘ ܠܒܝܬܗ ܒܒܗ: ܥܒܡ ܠܗ.

1 ܕܐܝܬܝܬܗܘܢ a c. 2 ܘܟܠܗ b d. 3 ܘܟܠܗ b d. 4 ܐܬܝܬܘܗܝ b d.
5 ܡܟܠܬ a c. 6 ܠܟ < b c d. 7 ܗܒܪ̈ܢܐ b d. 8 ܘܐܡܪ ܟܠܐ a.
9 ܗܘܐ ܠܟ < b. 10 ܐܝܬ < b d. 11 ܘܡܪ̈ܐ. 12 ܠܒܢܫܘܪ (sic) a;
ܠܒܢܫܘܪ b d, ohne Punkte c.

ܘܠܗܘ ܚܡܪܐ [1]ܡܚܝܟܐ ܐܢܐ [2]ܕܐܝܬܝܘܗܝ [3]ܠܡܕܒܪܢܝ. ܘܡܚܝܠ ܐܢ̱ ܠܒܝܐ ܘܐ̱ܢ ܐܪ̈ܝܐ ܕܠܝܟ ܗ̇ܘ. ܘܐܡܪܐ ܐܡܪ. ܗܪܐ ܕܠܝܟ [4]ܗ̇ܝ. ܘܗܘ ܥܠ ܘܐܙܠ ܓܢܙ ܚܡܪܐ. ܘܐܡܪ ܠܗ. ܠܗܝܢ ܗܒܝܐ [5]ܕܠܟ ܟܢܫܬ. ܘܗܠܝܢ ܫܩ̈ܒܐ ܗ̇ܢ ܒܒܪ [6]ܒܟܝܢܟ. ܐܡ̇ܪ ܠܗ ܚܡܪܐ. ܕܡܝܪܐ ܠܝܠܝܐ ܗ̇ܘ [7]ܘܒܟܣܘܬܐ ܘܬܪܘܣܝܐ ܟܕ ܠܒܝܢ [8]ܠܝ. [9]ܘܟܠܒܝܐ ܗܟܢ [10]ܥܒܕ ܠܝ. ܘܟܠ ܗܕܐ ܟܢܫܬܐ. ܘܥܠ ܐܡܪ ܠܚܡܪܐ. ܘܠܝܢ ܡܫܬܡܗܬ ܒܡܘܢܐ ܠܦܘܪܐ. ܐܡ̇ܪ ܠܗ ܚܡܪܐ. ܘܗ̇ܝܢ
63v ܫܩܘܠ ܒܐܪ̈ܥܝ ܕܐܒܒܪ. [11]ܘܐܡܝܢ *ܐܬܦܠܠ ܗܢ ܒܢ̈ܚܫܐ. ܐܡ̇ܪ
ܠܗ ܥܠ. ܐܢ̱ ܟܢܫܬ ܐܝܟܢ ܕܡܒܬܐ ܕܬܐܙܠ ܠܗ̇. ܕܪܒܢܐ ܘܡܪ̈ܢܐ ܗܟܢ ܐܝܬ ܒܗ̇. ܘܠܐ ܦܫܘ ܠܐܢܫܐ ܕܢܐܙܠܘܢ̱ ܠܗ̇. ܘܐܦ ܚܡܪܬܐ ܕܠܝܬܗܘܢ ܐܝܬ ܬܡܢ. ܘܐܘܢܫܐ ܠܝܬ ܠܗ̇. ܘܚܡܪܐ ܐܬܦܪܫ ܘܐܡܪ ܠܥܠ. ܘܗܢܐ [12]ܠܡܒܐ [13]ܡܣܒܝܢ. ܐܢܐ [14]ܡܦܠܠ [15]ܫܘܒܐ ܐܬܪܐ ܠܬܡܢ. ܗܕܝܢ ܥܠ ܠܩܕܡ ܐܙܠ ܗܘܐ ܘܚܡܪܐ ܒܬܪܗ. ܘܐܙܠܘ. ܘܟܕ ܡܠܟܘ ܩܪܒ ܥܠ ܠܩܕܡ ܐܪܥܐ ܢܚܫܝܬ ܘܐܡܪ ܠܗ. ܗܐ ܐܢܬܬ ܠܚܡܪܐ. [16]ܘܗܘܦ ܕܗܟܢ ܗܪܟܐ. ܡܟܝܠ ܕܠܝܟ ܗ̇ܘ. ܘܐܡܪܐ ܢܗܘܢ ܘܩܘܡ ܠܒܒܗ ܒܚܝܠܗ ܘܡܠܠ ܕܡܚܝܠ ܗܘܐ ܠܐ ܐܫܟܚ ܕܢܠܒܒܗ ܠܚܡܪܐ ܘܦܠܛ ܡܢܗ. ܘܥܠ ܐܡܪ ܠܐܪܝܐ. ܡܢܘ ܕܒܒܥܬ ܒܗ ܡܢܝ. ܕܐ̱ܢ ܠܐ ܒܡܠܒܢܝܢ
64r ܥܒܕܬ ܘܠܝ: ܕܠܗܕܐ ܡܠܟ ܡܢܝ: ܕܠܒܢܝܢ ܚܡܪܐ ܠܐ *ܡܥܒܕ.
ܘܐܡܪܐ ܒܗ̇ܝ ܕܐ̱ܢ ܐܡܪ ܕܡܠܒܢܝ ܥܒܕܬܗ ܫܦܠܐ ܡܬܚܫܒܐ.

---

1 ܡܚܝܟܐ b c d. 2 ܕܐܝܬܝܘܗܝ < a. 3 ܕܠܡܕܒܪܢܝ a. 4 ܗܘ a.
5 ܕܠܗ b d. 6 ܒܟ̈ܝܢܟ a. 7 ܘܒܟܣܝܘܬܐ. 8 ܠܝ < a. 9 ܘܟܠܒܝܐ a b d.
10 ܥܒܕܘ b (ohne ܠܝ), ܥܒܕܘܠܝ c. 11 ܘܐܡܝܢ. 12 ܡܒܐ b d. 13 sic
+ ܢܣܒ a, ܘܡܣܒܝܢ ܢܣܒ c, ܡܣܒܝܢ d. 14 + ܠܟܝ d. 15 L. ܫܘܒܟ?
16 ܘܗܘܦ ܗܘ b d.

ܘܐܢ ܕܠܐ ܐܬܡܛܝܬ [1]ܡܕܠܠ ܐܢܐ. ܐܡܪ ܠܝܫܘܥ. ܐܢ [2]ܡܛܝܬ [3]ܕܬܬܘܬܘܗܝ، ܒܪܪܙ ܐܡܪ ܐܢܐ ܠܟ ܟܠ ܡܢ ܫܒܘܩܬܗ. ܘܫܟܠ ܐܡܪ. ܐܦ ܢܘܚ ܚܙܪܐ ܚܕܐ ܗܘ: ܐܠܐ [4]ܡܛܠܬܐ ܠܗ. ܘܐܙܠ ܘܟܕ ܚܙܝܗܝ ܚܙܪܐ ܐܡܪ ܠܗ. ܡܢܐ ܚܝܒܬ [5]ܕܬܬܟܒܪ ܒܝ. ܘܫܟܠ ܐܡܪ. ܐܢܐ ܫܦܝܪ ܚܝܒܬ ܠܡܬܟܒܪܘ. ܐܠܐ ܡܢܐ ܥܒܕ ܠܬܪܝܨܘܬܐ. ܐܡܪܬ [6]ܟܠܗ ܕܫܟܪܘܬܐ [7]ܡܫܘܚܐ ܠܟ. ܘܠܐ ܚܝܒܬ ܐܟܦܘܬܗ. ܗܘ̇ ܒܟܠ ܕܬܬܟܒܪܢ ܘܐܠܘ ܡܠܠ ܡܫܝܚܪ ܗܘܝܬ [8]ܬܫܘܒܬܟ ܗܘܐ ܗܘܬ. ܘܟܕ ܫܡܥ ܗܠ ܢܡܘܬܐ ܕܠܗ ܪ̈ܓܬܐ ܘܡܫܝܚܐ ܐܙܠ ܒܥܝܗ. ܘܟܕ ܚܙܝܗܝ ܐܪܥܐ ܪܗܛ ܠܒܥܝܗ [9]ܘܐܬܟܫܦܗ ܘܢܫܩܗ. ܘܐܡܪ ܠܝܫܘܥ. ܝܠ ܟܠܐ ܠܫܟܪܐ. ܐܝܠ ܐܝܫܘܥ ܢܦܩ ܘܐܬܐ. ܡܛܠ ܕܗܘܘ ܦܓܥܘܗ ܕܗܡܟܐ ܕܠܒܗ ܘܐܕ̈ܢܘܗܝ، ܕܢܐܟܘܠ ܒܪܣܐ
64v ܘܫܪܟܐ *ܕܦ̈ܓܪܗ ܢܦܪܘܟ ܕܒܫܘܬܐ ܠܐܠܗܐ. ܘܐܪܥܐ ܐܝܠ ܘܫܟܠ ܐܟܠܗ ܠܠܒܐ ܘܠܐܕ̈ܢܘܗܝ، ܕܫܟܪܐ ܕܟܕ ܢܣܒܐ ܒܫܘܟܐ ܒܢܟܐ [10]ܫܟܒܗ̇ ܘܠܐ ܢܐܟܘܠ ܡܢܗ. ܘܐܬܐ ܐܪܥܐ ܘܐܡܪ ܠܝܫܘܥ. ܐܝܟܐ ܠܒܗ ܘܐܕ̈ܢܘܗܝ، ܕܫܟܪܐ. ܐܡܪ ܠܗ ܡ̇ܢܘ. ܠܡܢܐ ܡܫܡܠܘܬ ܡܪܝ. ܠܐ ܓܝܪ ܐܝܬ ܗ̱ܘܐ ܠܒܐ ܘܐܕ̈ܢܐ ܐܝܬ ܗܘܐ ܠܗ. [11]ܟܕ ܦܠܛ ܡܢܟ ܚܙܐ ܗܘ. ܬܘܒ ܠܐ ܐܬܐ ܗܘܐ ܠܘܬܟ.

ܘܐܢܐ ܟܠ ܗܕܐ ܐܡܪܬ ܠܟ ܕܠܘ ܗ̇ܘ ܚܙܪܐ [ܐܢܐ] ܕܐܡܪ ܒܠܒܗ، ܫܟܠ ܕܠܝܬ ܗܘܐ ܠܗ ܠܒܐ ܘܠܐ ܐܕ̈ܢܐ. ܐܠܐ ܐܠ ܡܢ ܡܛܠ ܕܐܝܬ ܒܝ ܦܘܪܣܝܢ ܐܦܠܛܘܢ [12]ܘܐܦ ܐܢܐ

---

1 ܡܢ ܕܒܠ (absichtlich undeutlich geschrieben) b, ܡܢ ܕܠܠ d, ܡܢ ܕܠܗ a c.
2 ܡܛܝܬ < a. 3 ܕܬܬܘܬܘܗܝ، a d. 4 ܡܛܠܬܐ ܐܢܐ a. 5 ܕܬܬܟܒܪ bis ܚܝܒܬ (folg. Zeile) inkl. < a. 6 ܟܠܗ < a b c. 7 ܡܫܘܚܐ ܐܢܐ a. 8 ܬܫܘܒܬܟ.
9 ܘܐܬܟܫܦ a c, ܘܐܬܟܫܦܬܗ d. 10 ܫܟܒܗ a c, ܫܟܒܗ̇ b d. 11 ܘܟܕ a.
12 ܘܐܢܐ ܐܦ a.

ܫܕܠܬܟ. ܘܠܡܫܝ̈ܚܝܐ ܐܡܝܢ̈ܝܐ ܕܝܕܥܬܐ ܕܡܝܩܪܐ ܕܬܣܬܪܘܚ ܘܕܬܬܗܘܢ.
[1]ܘܟܠܐ ܐܡܪ. ܕܐܝܟ ܢܒܝܗܐ ܡ̈ܠܐ ܡܢܗܪ [2]ܘܫܘܒܪ̈ܝܐ ܡܫܟܠܐ.
ܘܡܗܝܪܐ ܫܠܡܘܬܗ ܘܠܐ ܡܢܗܬ ܘܦܠܫܘ̈ܩܐ ܫܦܝܪ̈ܐ ܠܐ ܠܒܫܐ
65 r [3]ܘܡܒܒܕܐ *ܚܝܦ ܕܢܬܠܡ. ܐܝܟܢܐ ܕܒܪ ܡܬܬܠܠ ܐܝܟ ܘܢܦܠ: ܒܢܪ
ܗܟܢܐ [4]ܕܠܗ̇ ܕܐܪܒܐ ܡܫܒܚ ܕܢܦܘܩ. [5]

---

1 ܘܫܟܠ. 2 ܘܫܘܒܪ̈ܝܐ. 3 ܘܡܒܒ̈ܕܐ a. 4 ܕܠܗ c, ܕܠܐ b d.
5 + ܥܠܡ ܬܪܒܐ ܕܟܠܐ ܘܕܟܠܗ d.

ܬܪܥܐ[1] ܕܠܐ ܡܬܟܣܝܢܘܬܐ.

ܘܕܒܝܪܘܢ ܐܡܪ. ܫܡܥܬ ܗܢܐ ܡܠܬܐ ܕܡܗܕܒ ܕܗ̇ܘ ܡܢ [2]ܕܡܫܒܚ ܠܒܢܝܬܐ. ܘܠܐ ܢܕܥ ܕܢܣܒܗܝ ܒܗ̇. ܒܟܠ ܐܝܠܐ ܡܢܗ. ܘܗܫܐ ܠܒܪܐ ܕܠܐ ܡܬܒܝܢ ܒܣܘܒܪܢܗ ܡܢ ܢ̇ܣܪ. ܘܒܢܘܕܠ ܐܡܪ. ܕܐܝܟ ܐܝܟܢܐ ܕܠܐ ܡܬܒܝܢ [3]ܒܣܘܒܪܢܘܗܝ، [4]ܘܒܒ̈ܥܕܘܗܝ، ܡܬܬܘܐ ܒܠܒܗܘܢ. ܐܝܟ ܗ̇ܘ ܡܠܘܫܐ ܕܐܬܬܘ، ܕܠܐ ܐܬܒܝܢ. ܘܡܛܠ ܪܗܘܒ ܕܢܒܝܒ ܗܘܐ ܠܗ. ܘܢܝܚ ܗܘܐ [ܠܗ] ܠܒܢܝܬܐ.

ܘܕܒܝܪܘܢ ܐܡܪ. ܐܝܟ ܗ̣ܘ [5]ܗܢܐ ܫܒܪܐ. ܘܒܢܘܕܠ ܐܡܪ.

ܐܝܬ ܗܘܐ ܡܠܘܫܐ ܒܐܪܒܐ [6]ܕܣܘܪܒܝ. ܘܐܬܝܬܗ ܠܒܢܝܬܐ ܕܠܐ ܒܕܒܝܠ ܒܠܒܬ. ܘܗܢܐ ܕܒܠܒܬ ܢܕܝ، ܘܐܡܪ ܠܐܝܬܘܬܗ. ܐܬܦܢܝ ܢܒܝܒܬ، ܡܛܠ ܕܠܠܐ ܠܕܬ، ܘܗܢܐ [7]ܕܠܕܬܝܗ، ܗܐܡ ܐܝܢܐ ܠܗ ܫܡܥܐ ܫܦܝܪܐ. *ܘܒܒܢܐ ܠܗ ܡܪܒܝܢܘܬܐ. ܘܠܒܐܝܬ 65v
ܡܪܒܝܢܐ ܠܗ ܘܫܦܝܪ ܠܒܢܝ ܐܢܐ [8]ܠܗ ܘܫܦܝܪ [9]ܕܪܕܝܐ ܠܗ [10]ܘܫܦܝܪ [11]ܡܠܦ ܐܢܐ ܠܗ. ܘܫܡܥܐ ܠܒܢܐ ܘܡܩܒܠܐ ܗܘܬ ܠܗ ܒܗ. ܐܡܪܐ

---

1 ܬܘܒ ܬܪܥܐ d. 2 ܡܫܒܚ a b. 3 ܒܣܘܒܪܢܗ b, ܒܣܘܒܪܢܐ d.
4 ܘܒܒ̈ܥܕܘܗܝ d. 5 ܗܢܐ < a. 6 ܕܣܘܪ̈ܒܝ a, ܕܣܘܪܒ̇ܝ d. 7 ܕܐܠܕܬܝܗ c,
ܕܐܠܕܬܝܗ d, ܕܐܠܕܬܝܗ a, ܕܠܕܬܝܗ (sic) b. 8 ܠܗ ܘܫܦܝܪ < a c.
9 ܘܪܕܝܐ c, ܘܪܕܐ ܐܢܐ a. 10 ܘܫܦܝܪ < a. 11 ܡܠܦܢܐ b, ܘܡܠܦܢܐ c,
ܘܡܠܦ ܐܢܐ a.

ܠܗ [1]ܗܘ̈ܢ. ܡܛܘܠ ܕܒܫܝܬܐ: ܠܟܢ ܐܡܪܬ ܡܠܬܐ ܕܠܐ [2]ܪ̈ܘܚܡ ܗܘܐ [3]ܕܬܬܐܡܪ̈ܢ ܡܕܡ [4]ܕܒܥܝܗ̇. ܡ̇ܢ ܥܒܕ ܢܠܕܐ ܐܢܐ [5]ܐܘ ܠܐ. ܘܐ̱ܢ ܢܠܕܐ ܐܢܐ [6]ܘܠܦܪ̈ܨܘܦܘܗܝ، ܡܢ ܚ̇ܙܐ ܠܗ. ܐܠܐ ܥܒܕܘܗ [7]ܒܥܕ ܐܠܗܐ ܠܡܪ̈ܝܡ. ܡܛܠ ܕܐܡܪ ܗ̣ܘ ܕܐܢܫ ܚܟܝܡܐ ܟܠ ܡܕܡ ܕܠܐ ܒܕܝܢܐ ܐܬܡܛܠ: ܠܐ ܫܐܠܢ ܬܘܒ. ܕܗܟܢ ܘܗܟܢ ܥܒܕ ܐܢܐ. ܕܠܡܐ ܚܙܐ ܠܗ ܐܝܟ ܗ̇ܘ ܡܫܒܚܐ ܫܠܝܐ ܕܐܬܐܡܪ ܡܫܝܚܐ ܘܕܒܝܐ ܥܠ ܢܥܡܗ. ܐܡܪ ܠܗ ܒܟܠܗ. ܐܝܟ ܗ̣ܘ ܗܢܐ ܥܒܕܐ. ܘܗܝ ܐܡܪܬ ܠܗ.

ܡܫܒܚܐ ܚܕ ܐܝܬ ܗܘܐ. ܫܡܗ ܗܘܐ ܠܗ ܬܘܪܣܝܢܐ ܡܢ ܒܝܬܐ ܕܥܒܪܐ ܚܕ ܒܝܬܝܪܐ. [8]ܕܒܝܫܐ ܘܡܫܝܚܝܐ [9]ܕܬܘܬܪ̈ܐ ܘܥܢܝܢܬܐ [ܘ]ܡܕܡ ܕܦܐܫ ܗܘܐ [10]ܐܝܬܘܗܝ ܠܒܝܬܗ ܘܫܦܝܘܗ
66 r *ܒܡܘܠܬܐ. ܘܬܠܬ ܒܡܫܚܬܐ ܠܟܠ ܡܢ ܐܝܢܐ ܕܡܬܢܒܗ ܗܘܐ. [11]ܒܕܡܘܬܐ ܕܐܬܡܠܟܬ ܡܘܠܬܐ. ܘܠܡܘܢܐ ܚܕ ܒܪ ܡܢܟܗ ܗܘܐ ܒܬܫܥܝܬܗ: [12]ܘܐܪܝܡ ܒܝ̈ܬܘܗܝ، ܘܚܙܐ ܘܥܢ، ܒܦܘܫܚܗ [13]ܘܐܡܪ: ܗܕܐ ܡܘܠܬܐ ܡܠܝܐ [14]ܕܗܘܐ ܡܢܗܘܢ [15]ܐܢܐ [16]ܠܗ̇. ܢܗܘܐ [17]ܘܒܕ [18]ܡܫܝܘܐ ܐܢܐ ܠܗ [19]ܕܢܕܪ̈ܐ [20]ܢ̇ܚܬܐ. [21]ܘܗ̇ܘ ܕܢܕܪ̈ܐ ܢ̇ܚܬܐ ܐܢܐ [22]ܒܗ [23]ܠܟܐ [24]ܕܕܢܕܪ̈ܐ [25]ܒܢܘ̈ܢܐ [26]ܒܗܘܢ. ܘܒܟܠܗ ܒܕܒܗܘܢ

1 ܗܘ̇ ܠܡܛܘܠ a c, ܠܡܛܠ ܐܝܬܘܗ̇ b. 2 ܪ̈ܘܚܡ < a. 3 ܬܬܐܡܪ̈ a. 4 ܕܒܥܝܗ̇ c d. 5 ܘܐܘ a. 6 ܘܠܦܪ̈ܨܘܦܘܗܝ b, ܘܠܦܪ̈ܨܘܦܗ̇ d. 7 ܒܥܕܐ ܕܐܠܗܐ (sic) b. 8 ܘܕܒܝܫܐ a. 9 ܕܬܘܬܪ̈ܐ a c d. 10 ܐܝܬܘܗ̇ a, ܐܝܬܘܗ̇ c. 11 ܘܐܟܡܐ. 12 ܐܪܝܡ b d. 13 ܘܐܡܪ < b d. 14 ܕܗܘܐ a c d. 15 ܐܢܐ < b d. 16 ܠܗ b, ܠܗ̇ a c, < d. 17 ܒܕ a c. 18 ܡܫܝܘܐ b c d. 19 ܕܢܕܪ̈ܐ b c d. 20 L. ܢ̇ܚܬܐ ? 21 ܘܗ̇ܘ ܕܢܕܪ̈ܐ a c. 22 ܒܗܘ̱ a c. 23 ܠܟܐ̈ b d. 24 ܕܢܕܪ̈ܐ b d. 25 ܕܒܢܘ̈ܢܐ b. 26 ܒܗܘܢ < b c d.

¹ܐܝܟܢܐ ܕܒܢܝ̈ܐ ܗܘܝܢ ܘܒܢ̈ܬܗܘܢ ܐܚܝܕܐ. ²ܘܟܬܪ ܫܢܝܢ ܣܓܝܐܢ
ܬܘܒ ܡܢ ܡܟܐܐ ܒܪ̈ܐ ܗܘܐ ܠܝ. ³ܘܡܢ ܟܠ ܐܪܒܥ ܡܫܘܡܝܢ ܡܕܝܢ
ܐܢܐ. ܘܐܦ ܐܢܐ ܬܘܪܬܐ ܚܕܐ ⁴ܕܝܠܕܬ̈ܐ. ܘܡܟܝܠ ܡܟܐܐ ܬܘܪ̈ܬܐ
ܕܒܪ̈ܐ ܒܗ̇ ܢܩܒܠܬܐ ܗ̇ܘܝܢ ܠܝ ⁵ܘܝܗܒܝܢܐ ⁶ܡܘܗܒܬܐ ܒܕܡ̈ܝܐ. ܘܐܦ
ܐܢܐ ܐܪܒܥܐ ܘܡܟܝ̈ܐ ܘܟܪ ܙܘܒܢܐ. ܘܐܚܪ̈ܢܝܐ ܬܘܪ̈ܬܐ ܠܒܝ ܐܢܐ
ܒܦܠܚܢܐ ܘܢܩܒ̈ܬܐ ܠܝܠܕܐ. ܘܟܕ ܗܘܐ ܙܢܐ ܠܒܣܪ ܥܬܝܕ ܡܢ ⁷ܒܠܠܬܐ
ܕܐܪܒܥܐ ܘܡܟܝ̈ܐ ⁸ܘܬܘܠܕ̈ܬܐ ܕܡܢ ܬܘܪ̈ܬܐ ܡܕܝܢ ܐܢܐ ܒܕܡ̈ܝܐ.
*ܘܐܦ ܐܢܐ ܒܒܪ̈ܐ ܘܐܡܗ̈ܬܐ ܘܒܢܬܐ ܘܡܐܟܠܬܐ ܕܒܢܬܐ. ܘܡܟܐ 66▼
ܕܗܘܐ ܠܝ ܒܗܠܬܐ ܗܝܕܝܢ ⁹ܢܦܩ ܐܢܐ ܐܢܬܬܐ ܒܡܢܬ ܠܦܘܡܟܐ
ܘܡܟܠܦ ܐܢܐ ܠܗ̇ ܘܠܕܬܐ ܠܝ ܒܪܐ ܘܗ̇ܘܐ ܒܙܢܐ ܘܠܒ ܒܙ̈ܢܐ
ܘܐܚܝܕ ¹⁰ܥܕܟܬܐ. ܘܗܐܟܢ ܐܢܐ ܠܗ ܥܠܡܐ ¹¹ܕܡܗܡܢܐ. ܘܡܠܦܢܐ
¹²ܘܡܕܘܪ̈ܥܐ ¹³ܕܪ̈ܕܐ ܐܢܐ ܠܗ ܘܦܠܚܢܐ ܠܗ. ܘܐܢ ܠܐ ܢܗܘܐ ܠܐ ܠܝ
¹⁴ܟܠܐ ¹⁵ܡܗܡܢܘܬܗ ¹⁶ܘܫܪܟ ܒܦܘܠܚܢܐ. ¹⁷ܡܫܚܐ ܐܢܐ ܠܗ ܒܫܘܦܪܐ
¹⁸ܗܒܢܐ ܥܠ ܪܥܝܗ. ܘܗܘ ¹⁹ܒܪ ܐܒܪܝܟ ܣܘܦܪܐ ܘܡܫܚܗ ܠܦܘܠܚܢܐ
ܘܬܒܪܗ. ܘܕܒܩܐ ܘܡܥܫܢܐ ²⁰ܢܫܬ ܥܠ ܪܥܝܗ. ܘܕܥܪܒܐ ܐܬܬܐܥܝܪ.
ܘܥܠ ܗܕܐ ܐܡܪܬ ܠܟ ܕܐܦ ܐܢܬ ܒܫܡܗ ²¹ܡܟܐ ܕܠܐ
ܐܬܡܟܠ ²²ܠܐ ²³ܬܬܒܘܩ. ܡܛܠ ܕܐܢܫܬܐ ܡܬܒܥܢܐ ܠܡܘܕܩ ܘܡܢ

1 ܘܐܡܒܡܐ b. 2 ܐܘ ܟܬܪ b, ܟܬܪ d. 3 ܘܡܟܝܠܐ (statt ܘܡܢ ܟܠ) bd.
4 ܕܝܠܕ̈ܐ bd. 5 ܘܝܗܒ ܐܢܐ a. 6 ܡܘܗܒܬܐ oder ܡܘܗܒܬܗܘܢ b.
7 ܒܠܠ̈ܬܐ a. 8 ܘܬܘܠܕ̈ܬܐ c. 9 ܢܦܩ < a. 10 ܥܕ̈ܟܬܐ acd. 11 ܡܗܡܢ̈ܐ
(ohne ܕ) a d, und ohne Punkte b c. 12 ܘܡܕܘܪ̈ܥܐ b c. 13 ܕܪ̈ܕܐ b c d.
14 + ܐܕܪܐ a; ܟܠܐ ܠܝ ܐܕܪܐ ܠܐ c. 15 ܡܗܡܢܘܬܗ (sic) b, ܡܗܡܢܘܬܗ d.
16 ܘܫܪܟ c (worauf ܕܦܘܠܚܢܐ zu lesen wäre). 17 ܡܫܚܐ b c d. 18 ܗܒܢܐ < a.
19 ܒܪ < b d. 20 ܐܢܫܬ a c d. 21 ܡܟܐ < b c d. 22 + ܠܒܢܐ b. 23 ܬܬܒܘܩܝܢ
a c, ܬܬܒܘܩܝܢ b, ܬܬܒܘܩ ܡܢ d.

ܡܬܬܓܪܐ ܓܘܪܬܐ. ܘܦܫ ܒܚܠܡܗ ܚܙܘܐ ܕܠܠܝܐ ܒܪܐ. ܘܟܕ
67r ܐܬܦܠܚܘ ܬܚܘܬܗ. ܐܚܪܢܐ ܠܒܚܠܡܗ. ܓܠܝ ܠܗ *ܠܛܠܝܐ. ܕܐܙܠ ܐܣܘܝܐ.
ܘܟܕ ܗܟܢ ܓܝܪ ܛܠܝܐ ܐܬܐ ܐܝܟܢܐ ܕܡܠܟܐ ܘܥܒܕܘܗܝ [1]ܐܠܝܨܐܝܬ.
ܘܦܘܪܣܢܐ ܠܐ ܗܘܐ. ܘܗܦܟ ܘܐܙܠ. ܘܐܝܬ ܗܘܐ ܒܒܝܬܐ ܪܘܦܝܠ
ܕܡܕܒܪ ܗܘܐ ܠܗ ܐܝܟ ܒܪܐ. ܘܡܥܗܕܗ ܠܪܘܦܝܠ ܓܝܪ ܛܠܝܐ. ܘܐܡܪ
ܬܪܥܐ ܘܐܙܠ. ܘܟܕ ܗܘ ܒܒܪ ܬܪܥܐ: ܢܦܩ ܚܘܝܐ ܐܘܟܡܐ
ܘܬܪܓ ܥܠ ܛܠܝܐ. ܘܚܙܝܗܝ ܪܘܦܝܠ ܘܪܗܛ ܒܠܘܗܝ, ܘܦܣܩܗ ܘܩܛܠ
ܩܛܠܗ. ܗܝܕܝܢ ܐܬܐ ܡܠܟܬܐ ܘܦܬܚܬܗ ܠܬܪܥܐ. ܘܪܘܦܝܠ ܪܗܛ
ܠܐܘܪܚܗ ܕܢܦܩܐ ܒܦܪܣܗ. ܘܟܕ ܚܙܐ ܕܡܬܓܠܓܠ ܒܦܘܡܗ [2]ܕܪܘܦܝܠ
ܒܕܡܐ. ܐܬܕܠܚ ܘܐܡܪ ܕܛܠܝܐ ܩܛܠ ܠܗ. ܘܠܐ ܐܬܒܥܝ
ܒܫܘܒܕܢܐ ܘܡܫܝܚܗ, ܠܪܘܦܝܠ ܒܫܘܦܪܗ ܘܩܛܠܗ. ܘܟܕ ܐܬܐ
[3]ܘܥܠ ܠܘܬ ܛܠܝܐ ܘܫܐܠ ܕܝܢ. ܘܠܚܘܝܐ ܐܘܟܡܐ ܕܦܣܝܩ ܘܫܕܐ
67v ܓܪܘܗܝ. ܗܝܕܝܢ ܐܫܬܥܝ *ܕܪܘܦܝܠ ܦܓܥܘܬܐ [4]ܫܟܪ ܠܗ. [5]ܗܝܕܝܢ
ܫܩܠ ܪܫܗ ܘܢܫܩܗ ܟܕ [6]ܡܡܠܠ [7]ܘܐܡܪ. ܠܘ, ܕܝܢ ܗܢܐ ܛܠܝܐ ܠܐ
ܐܬܩܛܠ. ܘܛܠܘܡܝܐ ܗܢܐ ܠܐ ܒܥܝܬ ܠܡܘܒܠܗ. ܘܡܫܝܚܐ ܐܦ
[8]ܐܝܬܝܬܗ ܐܬܬ ܘܚܝܬܗ ܘܐܡܪܬ ܠܗ. ܟܕ ܗܘܐ ܕܡܡܠܠ ܐܝܬ.
ܘܗܘܝܐ ܗܢܘ ܕܪܘܦܝܠ ܘܚܘܝܐ ܡܛܠܡ. ܘܚܘܝ ܠܗ ܥܠ ܡܕܡ ܕܗܘܐ.
ܘܐܡܪ ܕܗܠܝܢ ܦܐܪܐ ܗܢ ܠܐ ܒܗܘܢܐ.[9]

---

1 ܐܠܝܨܐܝܬ c d. 2 ܕܪܘܦܝܠ < a. 3 ܥܠ b d. 4 ܫܟܪ (sic).
5 ܗܝܕܝܢ < a c. 6 ܡܟܡܠܠ a c, ܡܟܡܠܠ b, ܡܫܡܠ d. 7 ܘܐܡܪ < b d.
8 ܐܡܪܗ b d. 9 + ܥܠܡ ܬܪܒܐ ܕ[ܠܐ] ܡܬܬܚܣܢܘܬܐ d.

ܬܪܥܐ ܕܢܦܠ ܘܡܬܘܒܪܐ.

[1]ܘܐܙܕܟܝܬ ܐܡܪܬ [2]ܠܒܝܫܐ. ܕܐܝܟ ܡܫܠܐ ܐܢ ܡܣܬܒܠ ܒܝܬ ܒܥܠܕ̈ܒܒܐ: ܘܢܦܩܘܢ ܡܬܟܬܫܝܢ ܥܠܘܗܝ، ܐܝܟ ܡܬܦܪܫ ܒܢܚܬܗ ܡܢ ܣܘܓܐܐ ܕܥܘ̈ܪܐ ܘܡܣܬܦܩܝܢ ܚܕ ܠܪܫܝܥܘܬܐ [3]ܘܬܪܒܘܬܐ. ܘܙܥܘܪܐ ܕܒܥܠܕ̈ܒܒܐ ܢܦܩܘܢ ܡܢܗ. ܘܐܦ ܗܘ̇ ܕܗܦܟ ܠܪܫܝܥܘܬܐ ܠܐ ܢܕܒܪܘܗܝ، ܒܥܠܡ. ܘܐܝܟ ܚܕ ܡܢ ܕܙܘܙܡ ܕܝܕܥ ܬܪܒܘܬܐ ܗܘܐ ܠܗ. ܒܫܡ ܐܡܪ. ܠܐ ܪܫܝܥܐ ܒܥܠܡ ܪܫܝܥܐ ܘܠܐ ܒܥܠܕܒܒܐ ܒܥܠܕܒܒܐ ܢܬܠܒܟ. ܡܛܠ [4]ܕܒܥܠܕܒܒܐ[5] ܒܝ ܘܬܪܥܐ ܡܬܟܬܫ ܡܢ ܒܥܠܕܒܒܗ: *ܠܪܫܝܥܘܬܐ ܗ̇ܦܟ. ܘܐܢ 68r
[ܪܫܝܥܐ] ܡܢ ܪܫܝܥܐ ܣܘܪܚܢܐ ܫܢܝܐ: ܠܒܥܠܕܒܒܘܬܐ ܗܦܟ. ܘܫܐܢܘܬܐ ܘܪܫܝܥܘܬܐ ܠܗܘܬ ܣܘܪܚܢܐ ܘܡܘܬܪܢܐ. ܘܐܝܟ [6]ܣܒܝܣܢܐ ܐܝܬ ܒܗ ܦܪܗܣܝܐ ܗ̇ܘ ܠܒܥܠܕܒܒܗ. ܘܐܝܬ ܒܗ ܗ̣ܘ ܫܢܝܐ ܡܢܗ [7]ܦܪܗܣܝܐ. ܘܡ̇ܢ [8]ܕܐܘܬܪܢܗ ܡܣܬܒܠ ܘܒܗ ܒܥܠܕܒܒܐ [9]ܘܪܫܝܥܘܗ [10]ܒܠܒܢ ܬܪܒܘܬܐ ܘܒܠܒܢ ܠܐ ܬܪܒܘܬܐ [11]ܡܫܟܐ ܕܢܦܫܐ: [12]ܡܬܟܢܫ

---

1 ܘܐܙܕܟܝܬܐܬ. 2 ܠܒܝܫ. 3 ܘܬܪܒܘܬܐ bis ܠܪܫܝܥܘܬܐ inkl. der folg. Zeile < a. 4 ܒܥܠܕܒܒܐ. 5 + ܒܥܠܕܒܒܐ a, ܕܒܥܠܕܒܒܐ b c d. 6 ܣܒܝܣܢܝܬ. 7 Hier ܦܐܪܗܣܝܐ b. 8 ܐܘܬܪܢܗ a b. 9 ܪܫܝܥܘܗ b. 10 ܡܠܒܢ. 11 ܡܫܟܐ. 12 ܡܬܟܢܫܐ a c; b undeutlich, ܡܬܟܢܫܐ d. Nöld. p. 765 will ܡܬܟܠܫܐ.

ܠܓܒܝܗ. ܘܡܫܟܚܐ ܠܗܕܐ ܗܿܘ ܥܘܕܪܢܐ ܕܗܘܐ ܠܟܘܡܪܐ ܟܡ
ܡܛܠ. [1]ܕܐܬܥܢܝܬ ܐܡܪ. [2]ܐܝܟ ܗܘ ܗܢܐ ܥܘܕܪܐ. ܟܕ ܚܙܐ ܐܡܪ.
ܐܝܬ ܗܘܐ ܐܠܗܐ ܕܡܬܘܡܪܐ [3]ܢܗ[ܘ]ܪܬ ܘܪܒ ܗܘܐ [4]ܘܣܓܝ̈ܐܐ
[5]ܣܪ̈ܚܒܘܬܗ. ܘܒ̈ܢܝܢ ܗܘܘ ܟܠܠܗ ܫܒܘܬܐ ܕܟܘܫ ܟܘܫ. ܘܦܪܝܫܘܬܐ
[6]ܡܬܩܢܝܢ ܒܫܘ̈ܒܚܘܗܝ. [7]ܘܒܟܘܒܟܒܗ ܕܐܠܗܐ ܐܝܬ ܗܘܐ ܒܟܘܒܪܐ
ܕܥܡܗ ܦ̈ܠܛ. [8]ܘܡܛܠ ܚܕܐ ܕܥܡܗ ܪܘܚܡܐ ܬܡܢ ܗܘܐ [9]ܢܘܒܗ.
68v ܘܓ̈ܙܪܐ ܐܝܬܝܢ ܗܘܘ *ܠܬܡܢ ܘܠܟܪܘܡ ܦܪ̈ܝܐ ܘܦܪܘܣܝܢ ܡܢ̈ܓܕܬܐ
ܠܫܢܘܬܐ [10]ܘܦܪܝܫܘܬܐ. ܘܠܠܝܐ ܚܕ ܡܢ ܡܛܠ [11]ܕܥܡܗ ܪܘܚܡܐ
ܐܬܬܚܙܬ ܒܢ̈ܟܣܐ ܘܒܟܘܡܪܐ ܠܟܕ [12]ܡܐܟܘܠܬܗ ܢܟܣ ܡܢ
ܫܪܘܪܗ. ܘܟܕܗ ܕܘܟܬܐ ܦܠܓܐ ܗܘܐ ܒܡܗܝܡܢܘܬ. ܘܚܙܗ ܠܡܛܠ
ܕܐܚܝܕܐ ܒܢ̈ܟܣܐ ܘܚܝ̈. ܘܟܕ ܚܪ ܠܒܣܬܪܗ ܗܐ ܪܗܛ ܒܟܐ
ܠܡܐܟܘܠܗ. ܘܬܠܐ ܥܝܢܗ ܠܐܠܗܐ ܘܚܙܐ ܒܡܟܐ ܕܢܦܠ ܗܘܐ
[13]ܕܢܒܠܥܗ. ܘܟܕ ܐܣܬܡܟܠ ܒܗܬ ܒܡܠ̈ܐܟܐ ܐܬܚܙܒ. ܕܐܢ
ܒܠܦ ܐܢܐ ܢܦܠ ܐܢܐ ܒܐܝ̈ܕܝ ܪܘܩܠܝ. ܘܐܢ ܠܡܪܝ ܐܠܗܐ.
[14]ܡܛܠ ܡܛܠܐ ܠܝ. ܘܐܢ ܠܚܕ ܡܢ ܒܢ̈ܝܐ [15]ܡܫܠܝܐ ܫܠܘ ܠܝ ܒܡܟܐ.
ܘܡܢ ܟܠ ܒܢ̈ܝܢ ܕܥܠܬܐ ܗܝ. ܐܠܐ ܐܡܢܐ ܕܐܢܫܘܬܐ ܘܐܒܕܗ.
ܘܐܬܦܪܣ. ܡܛܠ [16]ܕܪ̈ܒܝܢܗܘܢ ܕܫ̈ܡܝܐ ܡܒܝܢܐ ܗܘ ܒܡܝܢܐ.
ܘܠܒ̈ܥܬܐ [17]ܘܒܢ̈ܝܬܐ ܡܢܩ̈ܦܬ. ܘܠܐ ܠܒ̈ܥܬܐ ܪܚܡ ܘܠܐ ܒܢ̈ܝܬܐ

---

1 ܕܐܬܐܬܐܕ a c, ܕܐܬܥܢܬܐܡܪ d, ܕܐܬܥܢܬܐܕ b. 2 + ܐܡܪ a. 3 ܒܢܪܬ. 4 ܘܣܓܝ̈ܐܐ b. 5 ܣܪ̈ܚܒܘܬܗ b d. 6 ܡܬܩܢܝܢ. 7 L. ܘܒܟܘܒܪܗ? 8 ܡܛܠ b d. 9 ܢܘܒܗ a c, ܢܘܠܗ d. 10 ܘܠܦܪܝܫܘܬܐ b d (cf. unten Z.18). 11 ܕܥܡܗ < a c, ܕܥܡܗ ܪܘܚܡܐ b. 12 ܡܐܟܘܠܬܐ b (ܡܐܟܘܠܬܐ d). 13 ܕܢܒܠܥܗ b d. 14 ܡܛܠܐ ܠܝ ܡܛܠ b d. 15 ܡܫܠܝܐ < b. 16 ܕܪ̈ܒܝܢܗܘܢ a, ܕܪ̈ܒܝܢܗܘܢ (sic) b c (ܕܪ̈ܒܝܢܗܘܢ d). 17 ܘܒܒ̈ܢܝܬܐ b d (cf. oben Z. 8).

69r *ܡܫܬܠܚܝܢ. ܐܠܐ ܒܡܫܒܪܢܘܬܐ ܡܬܦܪܣܝܢ ܒܝܕ ܒܝܬܐ ܘܐܢܫܐ ܐܬܟܢܫܬ ܘܟܢܫܐ ܘܪ̈ܘܒܐ ܦܘܪܫܐ ܠܐ [1]ܝ̇ܕܥܐ. ܐܠܐ ܬܪܒܘܬܐ ܕܒܗ̇ ܡܠܘ. ܡܛܠ ܕܐܦ ܠܗ̇ ܒܝܕ [2]ܠܗ̇ ܘܐܢܫ ܕܒܝܕܘܗ̇ ܠܐ ܡܨܐ ܐܠܐ ܐܢܫܐ. ܘܟܒܪ ܒܗ ܫܡܥܬܗ̇ ܡܢܝ ܡܠܬܐ ܬܪܝܨܬܐ. ܡܫܬܠܡܢܐ ܘܬܪܥܝܬܗ̇ ܘܒܝܕܥܐ ܒܢܝ ܬܪܒܘܬܐ. ܘܒܢܫܐ ܦܘܪܫܐ ܡܬܦܠܓ ܐܢܫܐ. ܗܕܝܢ ܡܛܠ ܒܒܢܗ̇ ܘܐܡܪ ܠܗ̇. [3]ܕܐܝܟܢ ܚܢܢ̇ ܐܢܬ ܡܠܘ. ܗܘ̇ ܦܢܝܬ. ܕܗܟܢ ܒܐܘܠܨܢܐ [4]ܚܢܢ̇ܐ ܐܝܟ ܕܐܢܬ ܒܢܝܐ ܐܢܬ. ܐܡܪ ܠܗ̇ ܗܘ̇. [5]ܐܡܟܝܠ ܕܒܢܝܐ ܗܘܝܬ ܡܢܘܬܐ ܘܒܫܬܐ [6]ܕܠܝ. ܐܠܐ ܗܫܐ ܡܛܠܬܝ ܕܗܒܪ, [7]ܕܝܠܝ ܠܘܬܝ ܗܘ̇. ܘܠܐ ܒܢܝܐ ܡܘܬܒܝ. ܘܠܝ ܬܘܒ ܐܢܫ [8]ܕܢܦܠܛܝ ܡܢ [9]ܐܣܘܪ̈ܝ ܠܐ ܡܫܟܚ ܐܠܐ ܐܢܫܐ. [10]ܘܫܡܥܝ ܡܕܡ ܕܐܡܪܢܐ ܠܝ ܘܣܪ̇ ܕܠܐ ܒܕܒܘܪܬܐ ܡܡܠܠܢܐ. ܡܛܠ ܕܪܘܫܟ ܘܒܘܡܪܐ ܒܠܒ̈ܒܐ 69v *ܐܢܘܢ ܕܠܝ. ܘܐܢܫܐ ܡܫܠܢܐ ܘܒܫܘܪܐ ܐܢܬܝ ܠܘܬܗܘܢ. ܘܗܘ̇ ܪܘܫܟ ܡܢ ܒܫܘܪܝ ܘܒܘܡܪܐ ܠܟܠ ܡܢ ܪܥܝ ܡܬܦܩܢܝܢ ܠܝ. ܘܡܢܝ [11]ܘܡܢܝܢܘܢ ܕܢܝܢܐ ܗܢܘܢ ܕܢܝܚܝܢ ܡܢܝ. ܘܐܢ ܐܬܬܐ ܠܘܬܝ [12]ܘܐܬܒܪܝ [13]ܘܐܦܢܝ [14]ܘܡܬܠܦܬܝ ܠܝ ܡܢ ܐܢ̈ܫܝܢ. ܘܐܦ [15]ܠܒ̈ܢܝܐ ܕܝܠܝ [16]ܡܫܡܫܝܢ ܐܢܫܐ [17]ܘܐܦܢܝܢ ܡܢܝܢܘܢ. [18]ܡܛܠ ܕܗܘ [19]ܟ̇ܡ ܕܟܠ ܐܢܫ

1 ܝܕܥ ܐܢܫܐ c. 2 ܠܗ̇ < a c. 3 ܕܕܐܝܟܢ b d. 4 ܚܢܢ̇ܐ < a c. 5 ܐܠܐ ܒܢܝܐ ܗܘܝܬ a c. Man erwartete ܐܢܫܘ ܕ. 6 ܕܠܝ. 7 ܕܝܠܝ < a c. 8 ܕܢܦܠܛܝ b. 9 ܐܣܘܪ̈ܝ c. 10 ܘܫܡܥܝ a b. 11 Statt ܘܡܢܝܢܘܢ bis ܡܢܝ hat b d ܐܢܫܐ ܘܗܢܘܢ ܕܢܝܚܝܢ. 12 ܘܐܬܒܪܝ b. 13 ܘܕܦܢܝܢ (sic) a, ܘܐܦܢܝ ܘܡܬܠܦܬܝ b d, ܘܕܦܢܝ ܘܡܬܠܦܬܝ c. 14 ܘܡܬܠܦܬܝ < a. Man erwartete ܘܐܢ ܐܬܬܐ ܠܘܬܝ ܕܬܒܪܝܢ ܘܬܦܢܝܢ ܘܡܬܠܦܬܝ. 15 ܠܒ̈ܢܝܐ a c. 16 ܡܫܡܫܢܐ b d. 17 So Cardahis Kollation laut Blumenthal; ܘܐܦܪܘܩܝ ܡܢܝܢܘܢ b, ܘܐܦܫܡܘ ܡܢܝܢܘܢ d; < a c. 18 ܡܛܠ ܕܗܘܢ a c, ܡܛܠ ܕܗܘ (sic) b. 19 ܟ̇ܡ bis zum zweiten ܡܬܬܠܠ p. 89, Z. 1 < a c.

ܠܐ ܡܬܬܟܠ ܘܐܢܫ ܬܘܒ ܥܠܘܗܝ܂ ܠܐ ܡܬܬܟܠ: ܢܟ̈ܠܬܢܐ ܫܒܝܩܝܢ
ܘܠܘ ܫܒ̈ܝܩܐ ܘܕܘܢ̈ܝܗܘܢ ܡܠܟܐ. ܐܠܐ ܐܝܬܝ ܒܥܕܢ ܒܝܕ ܬܪܒܘܬܐ
ܘܗܘܝ ܒܬܘܒܠܐ ܕܠܐ ܬܘܗܝ. ܘܟܕ [1]ܫܘ̈ܕܪܝܐ ܒܕܪ̈ܬܝ [2]ܡܬܝܫܦܠ
ܐܢܐ [3]ܘܐܡܝܢ ܕܠܐ ܫܢܝܢ ܡܬܟܒܝܢ: ܗܟܢ ܐܦ ܠܝ ܫܢ̈ܝ ܠܬܫܝܘܗ
ܒܫܢ̈ܝ. ܘܥܕܡܐ ܐܝܬܝ [4]ܕܫܘܕܪܐ [5][ܕܒܢ̈ܝܢܐ] ܒܢܝܢ ܐܠܦܐ
[6]ܘ[ܕ]ܐܠܦܐ ܒܢܝ ܒܢ̈ܝܢܐ. ܘܬܪ̈ܝܗܘܢ [7]ܢܐܬܪܘܢ ܡܢ ܡܕܡ. ܘܐܦ
ܥܡ ܚܕ ܡܬܠ ܚܕ ܡܬܦܝܣܝܢ. ܘܟܕ ܫܡܥܬ ܡܠܘ ܟ̈ܠܐ ܕܗܢܐ ܙܢܐ
70r ܡܢ ܒܘܡܪܐ. ܗܝܡܢܬ *ܘܐܬܬܟܠܬ ܘܐܡܪܬ ܠܗ. ܫܪܝܪܐ ܘܠܝܘܡܐ
ܡܠܟܢ. ܐܡܪ ܠܗ ܒܘܡܪܐ. ܡܕܝܢ ܐܙܘܒ ܠܘܬܝ ܒܫܘܒܐ.
ܘܟܕ ܢܫܘܢܝ ܙܒܘܠ ܘܒܘܡܒܐ [8]ܒܥܕܢ ܒܫܘܒܐ. ܒܫܘܫ ܗܒܪܐ
ܢܐܙܠܘܢ. ܘܐܗܘܐ ܕܠܐ ܕܢܠܬܐ ܘܡܢ ܐܦܣܘܣ ܐܣܘ̈ܪܝܐ. [9]ܗܕܝܢ
ܫܡܥܬ ܠܗ ܡܠܘ ܦܪܣܝܐ ܘܒܥܘܬܗ ܒܠ ܚܕ̈ܝܗ. ܘܟܕ ܚܙܘ ܐܢܘܢ
ܙܒܘܠ ܘܒܘܡܒܐ ܒܢ ܚ̈ܕܕܐ ܒܫܘܒܐ ܦܫܘܘ ܗܒܪܐ ܘܢܚܬܘ. ܘܟܕ
ܢܙ̇ܝ ܒܘܡܪܐ ܕܢܦܫܘ ܢ̈ܒܥܐ ܒܝܬ [10]ܡܬܥܢܝܢܬ. ܘܟܕ [11]ܚܙܬܗ
ܡܠܘ ܗܟܢ ܐܡܪܬ ܠܗ. ܚܒܝܒܝ ܡܢܘ ܕܗܒܢܐ ܒܫܘܒܪܝܢ ܚܝܦܠ
ܗܘܝܬ ܘܒܫܘܒܪܝ ܕܠܝ ܡܪܢܬ ܘܕܠܝܢ ܫܠܘ ܠܫܪ. ܐܠܐ ܗܢܐ
ܫܘܒܪܐ ܠܘ ܕܬܩ̈ܢܐ ܗܘ. ܕܢܗܘܘܢ ܒܫܘܒܪܢܐ ܕܡܒܝ̈ܢܝܗܘܢ.
ܐܠܐ ܐܡܝܢ ܕܢܝܦܬ ܕܠܝܢ ܐܦ ܐܝܬܝ ܚܝܦ ܕܠܝ: ܕܐܬܦܠܦܠ ܐܦ
ܐܢܐ. ܘܐܢ [12]ܡܢܝ ܡܟܠܐ ܠܗ ܡܚܝܢ *ܠܐ ܬܗܘܐ ܡܗܡܝܢܘܬܐ. 70v
ܐܡܪ ܠܗ ܒܘܡܪܐ. ܠܘ ܡܗܡܢܘܬܐ ܗܝ. ܐܠܐ ܡܢ ܢܦܫܝ
ܡܝܬܠܢܐ ܕܕܡ ܒܪ ܦܠܛܬܝ: ܥܠ ܡܫܬܦܬܝ. ܗܕܝܢ ܒܡܗܝܡܢܘܬܐ

---

1 ܫܘ̈ܕܪܝܐ a c, ܫܘܕܪܝܐ b d. 2 ܡܬܝܫܦܠܢܐ b d. 3 ܕܐܡܝܢ b d.
4 ܫܘܕܪܐ a. 5 Vgl. Nöld. p. 767. 6 Vgl. Nöld. l. c. 7 ܕܢܐܬܪܘܢ (sic).
8 ܒܥܕܢ ܒܫܘܒܐ < a c. 9 ܕܗܕܝܢ (lies ܘܗܕܝܢ) b d. 10 ܡܬܥܢܝܢܬܐ
(sic) a. 11 ܚܙܬ a c d. 12 ܡܢ a.

ܡܫܪܪܬܐ ܗܘܬ ܠܬܪܥܝܬܗ ܕܡܬܘܟܠܢܐ ܢܗܘܐ. ܘܡܫܡܠܝܐ ܓܝܪ܆ ܕܢܦܫܗܘܢ. ܘܟܕ ܟܗܢܐ ܕܪ̈ܝܫܐ ܐܝܬܝܗܘܢ̱ ܗܘܘ ܒܗ ܫ̈ܪܪܐ ܠܟܗܢܘܬ ܘܪ̈ܫܐ ܐܬܚܙܝܘ. ܘܟܕ ܚܙܬ ܟܠܗ ܐܣܬܟܠܬ. ܗܝܕܝܢ [1]ܥܒܪ ܠܒܘܡܪܐ ܕܡܫܡܫܐ ܗܘܐ ܗܘ ܕܐܦܝܣܩܘܦܐ ܐܘܣܛܘܪܝ̈ܣ. ܘܦܫܩ ܐܢܘܢ̱ ܗܘܢܐ ܐܦܩܬ. ܘܟܠܗ ܚܙܘܬ ܠܐܢܫܐ ܘܡܘܒܪܐ ܥܠ [2]ܠܫܢܘܪܐ. ܘܟܗܢܐ ܙܢܐ ܬܪ̈ܝܢܘܢ̱ ܒܪܘܚܢܝܘܬܗܘܢ̱ ܕܒܗ ܫ̈ܪܪܐ ܐܬܚܘܝܘܢ. ܘܟܬܪ ܕܐܪܙܐ ܪ̈ܘܙܐ. ܢܚܬܬ ܟܠܗ ܘܡܪܬܗ ܠܒܘܡܪܐ. ܘܠܐ ܐܬܬܐ ܠܘܬܗ. ܐܡ̈ܪܐ ܠܗ. ܢܦܫܐ ܕܡܫܠܡܐ ܠܬܘܒܘܬܐ. ܐܬ ܠܟܝ ܠܘܬܝ، ܕܗܘܫܐ

71r ܡܛܠ ܗܘܟܝܢ ܦܬܐܪܐ ܗܘ ܕܬܬܐܒܠ. ܗܘܐ ܠܗܢܐ ܥܠ ܐܒܝ. *ܬܐ

ܠܟܝ. ܡܛܠ ܕܡܢ [3]ܕܢܦܫܐ ܩܢܝܐ ܘܠܐ ܡܬܪܡܝܐ ܒܗ. ܐܘܠܐ ܦܬܐܪܐ ܡܢ ܢܦܫܗ ܡܫܒܚܐ. ܘܐܢܐ ܚܙܝ ܐܫܬܥܬ ܒܟܝ. ܘܡܛܠ ܗܢܐ ܘܡܢ ܢ̈ܦܫܝ [4]ܘܪ̈ܘܚܝ ܗܘ ܕܬܩܒܠ ܦܬܐܪܐ ܕܠܒܘܡܪܝ. ܐܠܐ ܬܐ ܠܟܐ ܘܡܕܡ [5]ܕܠܝ ܐܢܟܝ [6]ܕܠܟܝ ܚܫܘܒ. ܘܠܐ ܬܕܚܠ. [7]ܘܡܚܘܬ ܠܗ. ܘܗܘ ܦܢ ܠܗ. [8]ܕܡܢ ܕܟܕܐ ܢܦܫܘܬܐ ܡܢ ܒܠܒܟܐ ܘܒܠܒܟܐ ܡܢ ܢܦܫܐ ܠܐ ܦܪܫ: ܗܘ ܠܗܘܢܗ ܚܕܪ ܒܠܒܟܐ. ܘܟܕ ܢܦܠ ܒܐܝܕܗ ܗܕܢܐ ܚܙܐ ܠܗ ܐܢܟܝ ܗܘ ܕܬܗܒ ܥܠ ܒܒܐ ܕܦܠܐ. ܘܕܚܠܬ ܠܒܠܒܟܐ [9]ܘܬܪ̈ܬܝܢ ܡܬܬܒܠ ܒܠܗܘܢ، ܘܠܢܦܫܗ [10]ܥܒܕ ܡܛܠ ܗܬܪܢܐ. ܘܒܗܢܐ [11]ܕܒܐܪ̈ܒܥܬ ܪ̈ܓܠܐ ܡܗܘܒ ܕܡܛܠ ܚܠܒܐ ܐܝܟ ܚܠܒܐ ܒܬܪ ܐܡܗ. ܘܡܢܐ ܕܦܫܩ ܚܠܒܐ ܗܦܟ ܒܠܒ ܡܠܗ. ܘܚܫܒܢܐ [12]ܗܘ ܗܘ ܕܗܬܪܢܗ ܘܫܘܦܪܗ ܪ̈ܒ. ܘܐܢܐ

---

[1] ܥܒܪ < a. [2] ܠܫܢܘܪܗ b d. [3] ܕܕ̈ܢܦܫܐ b. [4] ܘܪ̈ܘܚܝ < a c.
[5] ܕܕܠܝ. [6] ܕܠܟܝ < b. [7] ܘܡܚܘܬ b d. [8] ܢܦܫܐ (b + ܡܢ, d ܕܡܢ) ܕܟܕܐ ܡܫܒܚܐ (ܡܫܒܚܬܐ a) ܒܠܒܟܐ ܘܒܠܒܟܐ ܡܢ ܢܦܫܐ ܘܡܢ ܕܠܐ ܦܪܫ; die sechs letzten Worte fehlen in a. [9] ܘܬܪ̈ܬܝܢ a. [10] ܗܘܥܒܕ.
[11] ܒܐܪ̈ܒܥܬ a b c. [12] ܗܘ < a c.

ܗܟܢܐ ܡܟܪܙ. ܘܟܕ [1]ܡܢ ܠܗܠ ܡܫܟܢܐ ܠܟ ܘܐܬܬܟܠܬܟ ܕܠܐ ܒܟܐ
ܗܘܝܬ ܡܢ ܗܫܐ *ܒܟܢܐ. ܟܕ ܠܝ ܡܫܡܫܢܐ ܐܢܬ. ܘܐܦ ܐܢܬ 71v
ܐ ܡܫܡܫܐ ܐܢܬ. ܠܐ [2]ܬܦܠܠܡܢ ܠܚܒܘܬܐ. ܘܐܬܟܒܫ [3]ܪܚܡܘܬܟ
ܡܢ [4]ܪܘܫܥܐ. ܘܒܗܢܐ ܐܢܐ ܒܘܟܪܐ ܘܩܦܠ [5]ܐܫܬܥܒܕܘ. [6]

---

1 + undeutliches ܒܗܐ b (vielleicht ist ܒ̈ܟܝܐ ܘܠܗܠ gemeint).
2 ܬܦܠܠܡܝܢܝ c d, ܬܦܠܠܡܝܢܝ a, ܬܦܠܠܡܢܝ b. Oder ist ܬܦܠܠܡܝܢܢܝ gemeint, als doppelt transitiv? 3 ܕܪܚܡܘܬܟ b c d. 4 ܪܘܫܥܐ < a c. 5 ܐܫܬܥܒܕܘ < a.
6 + ܫܠܡ ܬܘܪܓܡܐ ܕܒܘܟܪܐ ܘܩܦܠ ÷ ܫܘܒܚܐ ܠܒܪܘܢܐ ܕܝܗܒ ܚܝܠܐ ܒܟܠ. ܐܡܝܢ d.

ܬܪܥܐ [1]ܕܒܣ̈ܡܐ ܘܒܥܝܪ̈ܐ.

ܘܕܒ̈ܝܪܢ ܐܡܪ. ܥܒܝܕ ܠܝ ܕܐܝܟ ܡܬܒܥܝܢܐ ܠܚܡܪܐ ܘܠܬܠܬܝܢ ܝܘܡܢܐ. ܘܐܦ ܡܢܝܐ ܢܬܪܥܐ ܐܝܬ ܡܢ [2]ܝܘ̈ܡܢܐ. ܐܠܐ ܦܩܘܕ ܡܢܐ ܘܐܡܪ ܠܝ. ܕܡܢ ܐܝܬܝܗܘܢ ܗܘ ܕܐܦ ܒܢ ܐܬܐ ܠܝܘܡܢܐ ܘܗܘܐ ܝܘܡܢܐ: [3]ܠܐ ܙܕܩ ܠܡܬܬܟܠܘ ܒܠܘܗܝ. ܘܒܥܘܕܟ ܐܡܪ. ܕܒܠ ܝܘܡܢܐ ܕܡܢ ܡܕܝܢ ܒܡܠܒܒܢܐ ܗܘܝܐ. ܠܐ ܘ̇ܠܐ ܠܡܬܬܟܠܘ [4]ܒܠܘܗܝ. ܡܛܠ ܕܡܢ ܕܡܬܬܟܠ ܒܠܘܗܝ: ܢ̇ܦܠܐ ܠܗ ܫܘܚܪܢܐ: ܐܝܟ ܗܘ ܕܐܬܡܛܠ ܠܒܣ̈ܡܐ ܡܢ ܒܥܝܪ̈ܐ. ܘܕܒ̈ܝܪܢ ܐܡܪ. ܐܝܟ ܗܘ ܗܢܐ ܥ̇ܪܒܐ. ܘܒܥܘܕܟ ܐܡܪ.

ܐܝܬ [ܗܘܐ] ܛܘܪܐ ܚܕ ܒܐܪܥܐ ܦܠܢܝܬ. ܘܐܝܬ ܒܗ ܐܝܠܢܐ
72 r ܚܕ ܕܫܡܗ [5]ܕ[ܒ]ܪܘܬܦܪ *ܘܪܒ ܘܫܒܝܚ ܒܦܐܪ̈ܐ ܘܪ̇ܓܠ [6]ܒܣܝܡܐ
[7]ܘܛܪ̈ܦܐ. ܘܥ̇ܡܪܝܢ ܗܘܐ ܒܗ ܒܥܝܪ̈ܐ. [8]ܘܐܝܬ ܗܘܐ ܬܚܝܬ ܫܘܒܒܗ ܒܥܝܪ̈ܐ ܐܠܦܐ. ܘܒܓ̇ܘܗ ܛܘܪܐ ܐܝܬ ܗܘܐ ܒܡܥܪܐ ܘܪܒܐ ܗܘܐ ܕܐܠܦܐ ܒܣ̈ܡܐ. ܘܐܡܨܝܢܬ ܒܣ̈ܡܐ ܒܗ ܒܥܝܪ̈ܐ ܒܡܠܒܒܢܘܬܐ ܐܝܬ [9][ܗܘܐ] ܠܗܘܢ. ܘܠܠܝܐ ܚܕ ܢܦܩܘ ܒܣ̈ܡܐ ܡܢ

---

1 ܕܒܣܡܐ ܘܒܥܝܪܐ. 2 ܝܘܡܢܐ c d. 3 ܘܠܐ b d. 4 ܒܠ d ܒܠܘܗܝ < a b. 5 ܕܪܘܬܘܦܪ a c, ܕܪܘܬܘܦܪ (ligiertes ܘ) b, ܕ̇ܪܘܬܘ̇ܦ̣ܪ̇ vokalisiert d. 6 ܒܣܝܡܬܐ a. 7 ܘܛܪܦܐ a c. 8 ܘܐܝܬ bis ܒܥܝܪ̈ܐ < a c.

9 Oder [ܗܘܬ], was aber dem Sprachgebrauch des Übersetzers weniger entspricht.

ܕܢܫ̈ܬܥܘܢ. ܘܢܦܠܘ ܒܠ ܒܥܘ̈ܪܐ. ܘܡܢܗܘܢ ܡܛܠܬܐ ܘܫܪܝܘ. ܘܟܕ ܗܘܐ ܦܪ̈ܥܐ ܐܬܐ ܪܒܐ ܕܒܥܘ̈ܪܐ ܘܚܙܐ [1]ܫܘܪܝܢܐ ܕܒܟܕܘ ܒܡ̈ܗܐ ܒܒܥܘ̈ܪܐ. ܘܚܙܐ ܡܢܗܘܢ ܕܐܬܚܠܘ. ܘܐܝܬ ܕܡܫܬܒܩܝܢ ܠܦ̈ܓܪܝܗܘܢ ܘܡܬܢܟ̈ܦܝܢ ܗܘܘ. ܘܐܝܬ ܕܪ̈ܓܠܝܗܘܢ ܘܐ̈ܝܕܝܗܘܢ [2]ܘܫܘ̈ܦܪܝܗܘܢ ܡܬܒܪܝܢ. ܘܒܗܕܐ ܗܘܬ ܒܗܬܬܐ ܪܒܬܐ ܘܐܬܬܒܝܒ ܘܐܡܪ ܠܪܒܝܐ ܕܒܥܘ̈ܪܐ ܕܩܕܡ. [ܚܙܝ] ܫܘܪܝܢܐ ܗܢܐ ܕܒܟܕܘ ܒܡ̈ܗܐ: ܘܦܓܥܘ ܠܦܓ̈ܥܬܐ ܕܗܘܐ ܐܬܝܢ ܠܡܪܒܐ ܒܠܠܝܐ ܘܢܦܠܝܢ ܒܠܝܢ ܘܡܒܥܝܢ ܡܢ ܫܘܪܝܢܐ. ܐܠܐ [3]ܒܪܢܫܐ ܢܗܘܐ: [4]ܢܬܒ [5]ܘܢܬܒܠܥ
72v ܕܐܝܢܐ *ܦܘܪܫܐ ܐܝܬ ܘܡܒܢܐ ܢܒܒܕ. [6]ܘܐܬܬܒܗ ܒܡܒܬܐ ܚܙܐ. ܘܐܝܬ ܗܘܐ ܒܗܘܢ ܒܥܘ̈ܪܐ ܚܡܫܐ [7]ܕܡܫܬܡܫܝܢ ܗܘܘ. ܘܫܪܝ ܒܗܘܢ ܡܢ ܠܬܚܬ. ܘܡܒܐܝܬ ܫܐܠ ܠܗܘ ܠܒܥܘܪܐ ܕܒܗܘܢ. ܡܢܐ ܕܡܬܠܐ ܠܝ ܡܢ ܒܡ̈ܗܐ ܡܢܐ ܡܬܒܒܐ ܠܡܒܒܕ. ܘܠܒܥܘܪܐ ܐܡܪ. ܦܘܪܫܐ ܚܕ ܢܒܒܐ ܕܢܫܒܘܢ ܘܢܪܫܘܢ ܡܢ ܗܪܟܐ. ܘܫܐܠ ܠܗܘ ܕܬܪܝܢ. ܕܐܝܬ ܒܡܒܐ ܠܒܝܬ ܠܡܠܬܐ ܕܐܡܪܬ ܠܒܥܘܪܐ. ܘܗܘ [8]ܦܠܓ [9]ܘܐܡܪ. ܕܠܘ ܠܦܓܥܬ ܐܡܪ. ܕܚܝܠ ܒܥܠܠ ܫܘܪܝܢܐ ܠܐ ܪܫܡ ܕܢܫܒܘܢ ܘܢܪܫܘܢ. ܐܠܐ ܢܬܒܘܢ. ܒܕ ܐܝܬܝܢ ܒܠܝܢ [10]ܘܡܒܐ ܕܦܓܥܝܢ ܐܢܠܝܢ ܒܬܪܗܘܢ. ܘܡܒܐ ܡܫܡܫܝܢ ܢܦܠܝܢ ܒܠܝܗܘܢ ܘܡܒܥܝܢ ܒܗܘܢ ܫܘܪܝܢܐ [11]ܘܦܓܥܝܢ ܠܪܘܒܬܢ. ܘܐܦ ܚܙܝܢ [12]ܕܡܫܬܠܝܢ ܡܢܝ: ܫܒܩܝܢ ܘܪܕܦܝܢ. ܘܬܪܝܗ ܫܐܠ ܠܗܘ ܕܬܠܬܐ
73r ܘܗܘ ܦܠܓ. ܕܠܐ ܡܦܠܣܢܐ *ܠܡܠܬܐ ܕܐܡܪ. ܡܛܠ ܕܒܡ̈ܗܐ ܗܘܝ ܠܐ ܡܬܪܘܣܝܢ. ܐܠܐ ܐܢܐ [13]ܐܡܪܢܐ ܕܡܬܒܒܐ ܕܢܐܬܐ ܒܢ.

1 ܫܘܪܚܢܐ a. 2 ܘܫܘ̈ܦܪܝܗܘܢ. 3 ܒܪܢܫܐ a c. 4 ܢܬܒ < b. 5 ܢܬܒܠܥ b. 6 ܘܐܬܬܒ b c d. 7 ܡܫܬܡܫܝܢ a. 8 ܦܠܓ < b d. 9 ܐܡܪ b d. 10 ܘܡܢ a. 11 ܦܓܥܝܢ (sic) b d. 12 ܕܡܫܬܠܝܢ b c d. 13 ܐܡܪ ܐܢܐ b c.

ܠܫܘ̈ܒܚܐ[1] ܕܝܢ ܙܟܝܢ ܠܡܫܒܚܘ ܒܗܘ ܥܕܢܐ. ܐܦ ܡܫܠܡܝܢ ܡܢ ܡܕܐܬܐ ܫܡܫܝܢ ܘܬܫܒܚܢ[2] ܒܪܘܟܬ ܕܠܐ ܕܫܠܐ. ܒܕܠܐ ܢܒܪܘ ܡܢ ܫܘܦܪܐ. ܘܬܘܒ ܫܐܠ ܠܗܘ ܕܐܬܒܪܟܐ. ܕܗܢܐ ܕܐܡܪ ܕܒܪܝܢ ܚܝܐ ܒܢܝ ܠܒܢܬ ܠܗ. ܘܗܘ ܐܡܪ. ܕܠܘ[3] ܠܒܐܢܬ ܐܡܪ. ܡܛܠ ܕܝܢ ܫܒܚܝܢ ܘܐܘܕܝܢ ܠܡܕܒܪܢܐ ܘܚܝܐ ܬܡܢ ܒܥܐܢܬ. ܠܒ ܡܢ ܗܝ ܕܝܒܘܬܐ ܢܚܘܝ ܬܚܝܬ ܒܚܝ̈ܬܐ ܘܡܪܕܘ̈ܬܐ. ܡܛܠ ܕܐܦ ܐܢܫܐ ܕܗܟܢ ܡܚܝܠ. ܠܐ ܡܬܟܒܐ ܕܢܦܠ[4] ܢܦܫܗ ܡܢ ܒܠܒܒܘܗܝ. ܡܛܠ ܕܝܢ ܡܫܦܠ ܡܪܚܡܢܘܗ̱ܝ ܐܚܪ̈ܢܐ ܡܬܬܪܝܡܝܢ ܥܠܘܗܝ. ܘܡܕܒܪܢܐ ܕܪܚܡܝܢ ܕܢܫܒܠ ܡܕܐܬܐ ܐܠܐ ܠܐ[5] ܙܕܩ. ܐܠܐ ܐܢ ܐܝܬ ܥܠܝܢ ܒܬܫܒܘܚܬܐ ܒܒܪܝܬܢ

73v ܒܚܡܘ̈ܗܝ ܡܪܢܐ. ܘܒܬܪܗ[6] ܫܐܠ ܠܗܘ *ܕܚܡܫܝܐ. ܕܗܘܕܐ[7] ܕܡܬܠܐ ܠܡ ܡܚܢܐ ܢܒܪ ܡܪܟܐ ܐܘ ܕܢܫܒܠ ܡܕܐܬܐ. ܐܘ ܕܢܒܪܟܐ ܒܦܘܪܫܐ ܐܚܪܢܐ. ܘܗܘ ܕܢܫܒܚܐ ܐܡܪ. ܕܚܝܢ ܒܢ ܒܦܘ̈ܡܐ ܡܪܟܐ ܠܐ ܡܬܟܒܐ ܠܝ. ܡܛܠ ܕܚܝܠܘ̱ܗܝ ܣܓܝܐܝܢ ܘܚܝܢ ܡܚܝܠܝܢ. ܘܡܢ ܕܠܐ [8]ܡܦܝܣ ܡܚܝܠܘܬܗ ܘܫܠܝܛܘܬܐ[9] ܕܒܠܒܒܗ ܘܡܪܟܐ ܒܒܚܡܗ ܒܟܪ. ܫܘܦܪܐ ܕܢܦܫܗ ܒܟܐ. ܕܝܢ ܒܘ̈ܚܡܐ ܐܦ ܠܐ ܐܝܬ ܥܠܝܢ: ܡܬܟܒܐ ܠܝ ܕܢܦܠ. ܡܛܠ ܕܒܠܒ̈ܒܐ ܐܦ ܪ̈ܚܡܝܢ [10]ܡܫܒܚܝܢ ܠܡܫܦܪܘ. ܘܐܦ ܐܝܬ ܡܚܝܡܢ ܣܓܘܬܐ: ܠܐ ܙܕܩ ܕܢܬܬܒܠ ܕܕܚܝܠܝܢ. ܘܫܒܚܬܐ ܗܘ[11] ܙܕܩ ܕܢܬܫܒܚ[12] ܕܒܒ̈ܪܝܐ ܕܢܘܬܪܢܐ ܘܠܒܬܐ ܢܒܪ[13] ܘܒܦܘܪܫܐ ܒܟܪ.[14] ܘܠܘ ܒܡܪܟܐ. ܡܛܠ ܕܫܒ̈ܚܝܐ ܐܒܪܝܢ ܒܡܪܟܐ. ܘܡܢ ܕܕܠܐ ܡܪܟܐ ܒܟܐ ܠܒܬܐ. ܐܝܬ ܒܪ ܠܐ

---

1 ܠܫܘܒܚܐ b c d. 2 ܒܪܘ̈ܟܝܬ b d. 3 ܕܠܒܐܢܬ a. 4 ܢܦܫܝ b d. 5 ܠܐ < a. 6 ܫܐܠܗ a c. 7 ܕܗܫܐ. 8 ܡܦܝܣ a c. 9 ܕܒܠܒ̈ܒܐ a. 10 ܡܫܒܚܝܢܝܢ a b c, ܡܫܒܚܝܢ (sic) d. 11 ܕܙܕܩ a. 12 ܕܒܒܪܐ b d. 13 ܐܘ ܒܦܘܪܫܐ a c, ܐܘ ܒܦܘܪ̈ܫܐ b d. 14 ܘܠܐ b.

74r ܢܦܩ ¹ܒܗ. ܘܐܝܟܐ ܗܘܝܐ ܐܡܪ ܐܢܐ *ܕܒܡܕܒܪܐ ܕܦܘܪܫܢܐ ܐܝܬ.
ܫܡ ܒܗ ܒܥܘܡܩܐ ܠܐ ܢܦܪܘܫ. ܡܛܠ ܕܗܢ ܕܒܗ ܦܠܓܐ² ³ܡܬܟܬܫ
ܒܟܘܒܐ: ܒܗ ܥܡܗ ܕܢܦܫܗ ܡܬܟܬܫ. ܗܟܢ ܐܡܪ ⁴ܪ̈ܫܝܥܘܢ
ܕܒܘܪ̈ܟܐ. ܕܐܢ ܩܪܒܐ ܠܗ ܒܕ̈ܝܘܢ: ܡܢܐ ܡܬܟܬܫܐ ܠܝ ܠܡܥܒܕ.
ܘܒܘܪܟܐ ܐܡܪ. ܡܬܟܬܫܐ ܕܢܬܡܠܟ ܒܗ ܫ̈ܕܐ. ܡܛܠ ܕܫܠܝܛܐ
ܕܝ̈ܢܒ ⁵ܠܡܬܡܠܟܘ ܘܒܗܘܢ ܒܗܘܢ ܘܢܫܒܚܐ ܘܡܬܒܪܝܢܐ ܘܡܠܟܐ
ܡܠܟܐ ⁶ܠܗ ܦܠܛܐ ܡܬܬܘܣܦܐ ⁷ܠܗ. ܐܝܟ ܕܡܬܬܘܣܦ ܢܟܐ
ܡܢ ܢܗܘܪܬܐ ⁸ܕܢܓܪܝܢ ⁹ܒܗ. ܘܐܬܬܪܝܬ ܒܪ ܡܢ ܒܪ ܡܠܟܐ ܘܡܒܪ̈ܝܢܐ
ܥܒܕ ܡܠܬܐ. ܕܠܐ ܡܛܠ ܒܥܘܬܪܐ ܘܠܐ ܡܛܠ ܪܒܘܬܐ ¹⁰ܘܠܐ
ܡܛܠ ܕܢܠܬܐ ¹¹ܕܗܢ ܪ̈ܘܚܐ ܗܦܟܝܢ. ܐܠܐ ܒܫܘ̈ܒܚܗ. ܘܗܢ
ܕܠܐ ܣܒܝܢ ¹²ܘܠܐ ܡܬܒܥܝܢ ¹³ܘܒ̈ܥܠܝ ܡܠܟܘܬܗ ܒܫܘܒܚܐ
ܘܒܗܘܢܐ ܠܐ ܗܘܝܢ. ܐܦ ܒܡܪܟܐ ܥܡܐ ܪܒܐ ܡܫܒܚ ¹⁴ܠܗ ܠܐ
74v ܡܬܬܪ ܢܦܪܐ. *ܕܐܡܪܢܐ ܠܫܘ̈ܒܚܐ. ܕܒܪܢܫܘܬܐ ܠܐ ܠܐ ܣܢܝܪܐ
ܠܦܘܡܒܐ. ܠܐ ܠܥܡܐ ܘܠܐ ܠܫܪܝܬܐ. ܐܠܐ ܠܘܬ ܗܘ ܐܝܠܢܐ
ܕܐܝܬܘܗܝ ܫܒܝܚܐ ܘܡܫܒܚܐ. ¹⁵ܘܡܒܪ̈ܝܢܐ ܦܠܚܐ ܐܝܬ ܠܗ. ܘܐܝܬ
ܫܒܝܚܐ ܐܝܬܝܟ. ܘܐܝܟܢܐ ܡܠܬܐ ܕܒܟܝܢ ¹⁶ܐܝܬ ܕܒܝܢܐܝܬ. ܘܐܝܬ
ܕܟܝܢ ܘܠܝܟ ܐܡܪ ܐܢܐ. ܘܗܫܐ ܕܫܐܠܬܢ ܡܠܬܐ ܒܝܢܐܝܬ
ܗܕܐ ܐܝܬܝܗ̇. ܕܐܝܟܢܐ ܕܠܐ ܒܢܝܐ ܒܡܪܟܐ: ܐܦܠܐ ܕܢܦܠ
ܡܕܐܬܐ ܘܢܒܥܝܟ ¹⁷ܢܦܫܝ ܒܢܝܐ. ¹⁸ܘܠܐ ܒܫܘܒܗܪܐ ܒܗ ܥܡܐ
ܦܠܓܐ ܘܠܠ ܫ̈ܢܐ ܘܪܡ ܠܗ ܠܡܒܥܒܐ. ܢܛܪ ¹⁹ܡܢ ܕܒܗ ܒܗܬܬܐ

1 ܒܗ̇ a. 2 + ܡܢ b d. 3 ܢܬܟܬܫ a. 4 ܪ̈ܫܝܥܘܢ a. 5 ܠܡܬܡܠܟܘ. 6 ܠܗ̇ a. 7 ܠܗ̇ a. 8 ܕܢܓܪܝܢ a c. 9 ܠܗ b d. 10 ܘܠܐ ܡܛܠ < a. 11 ܡܢ a. 12 ܘܡܬܒܥܝܢ a c. 13 ܘܒܥܠ. 14 ܐܠܐ a. 15 ܘܡܒܪ̈ܝܢܐ ܦܠܚܐ b d. 16 ܕܐܝܬ a. 17 ܢܦܫ̈ܬ b, ܢܦܫܝܢ d. 18 L. ܘܠܐܢܫ ܒܫܘܒܗܪܐ? 19 ܕܡܢ a.

[1]ܚܢ̈ܢܐ ܦܓ̈ܝܢܐ. ܐܠܐ ܒܗ̇ܘ ܡܕܡ ܕܐܬܐ ܠܗ ܠܡܒܥܒܥܘ. [2]ܕܠܐ ܡܥܡܘܕܝܬܐ ܦ̇ܠܐ ܠܡܒܥܘ. ܕܡܥܡܘܕܝܬܐ ܒܠܬܐ ܗ̣ܝ ܕܒܠܗܘܢ ܒ̈ܢܝܬܐ. ܘܗ̇ܘ ܕܒܐܘܪܐ ܝܳܕܥܝܢ ܕܢܦܠܠ. ܒܐܘܪܐ ܢܗܘܐ. ܡܛܠ ܕܢܒܘܬܐ ܕܥ̈ܠܝܠܬܐ ܒܗܘܢܐ: ܘܗܘܢܐ [ܒ]ܡܠܬܐ. ܘܡܠܬܐ ܒܗܕܐ ܠܘܬ ܐܚܘܢ ܒܠ ܐܡܬܝ، ܕܐܘܪܐ ܘܡܪܐܝܬ ܢܛܪܝܢ ܠܗ. [3]ܘܐܡܬܝܪܐ

75r ܗ̇ܝ. *ܡܠܬܐ ܕܐܘܪܐ ܡܢ ܩܕܡ ܫܬܐ ܡܬܒܠܥܐ. ܡܢ [4]ܡܕܪܗ ܕܐܘܪܐ: ܐܘ ܡܢ ܒܟܠ ܡܠܬܐ: ܐܘ ܡܢ ܡܫܠܡܢ̇ ܕܡܠܬܐ: ܐܘ ܡܢ ܐܝܠܝܢ ܕܢܛܪܝܢ [5]ܒܡ̈ܐܢܐ ܠܡܫܡܫܘ: [6]ܐܘ ܡܢ ܒܒܝܬܐ [7]ܐܘ ܡܢ ܕܗܡܢܐ. ܘܡ̣ܢ [8]ܕܒܐܘܪܐ ܘܡܪܐܝܬ ܢܛܪ̇: ܘܬܘܪܢܐ ܗ̣ܘ ܡܕܝܢ. ܘܥܠܝܬܐ ܐܦ ܗܘ ܚܝܡ ܐܝܟ ܠܢܘܪܐ ܕܢܗܝܪܐ ܗ̣ܝ. ܘܡܒܢܐ ܕܗܡܢ [9]ܠܗ̇ ܚܠܦ ܠܘܬ ܢܗܪܐ. ܘܐܬܐ [10]ܠܒܟܠ ܡܠܬܐ ܕܗ̇ܝ، ܡܠܬܐ ܕܐܡܪ ܥܠܝܬܐ ܦܬܐܝܬ [11]ܥܒ̇ܕ ܘܒܗ̇، ܕܥܠܝܟ [12]ܒܗ̇ [13]ܡܥܡܪ [14]ܠܗ. ܘܐܦ ܡܕܡ ܐܚܪܢ ܒܢܬܗܘܢ ܐܪܙܢܝܬ ܡܬܬܠܝܢ. ܘܡܢ ܠܐ ܫܘܬܐ ܕܐܚܝ ܘܕܒܪ ܡܠܝܗ ܠܒܠܬܒܥܐ ܘܬܘܪܢܐ ܘܠܗ ܫܘܦܪܢܐ ܡ̇ܬܐ. ܐܒܢܐ ܕܗ̇ܘ ܕܢܦܫ ܥܐܕܐ ܒܠܚܘܕ ܥܬܐ ܘܥܒܕܗܘܢ، ܒܠ ܐܚܝ. ܕܐ ܡܬܦܠܐܝܬ ܠܐ ܢ̇ܒܥ [15]ܕܢܦܫܗܘܢ، [16]ܘܥܒܕܗܘܢ، ܗ̇ܦܟ ܒܠܗܘܢ، ܘܦ̇ܠܛ ܠܗ. ܘܗ̇ܘ ܥܠܝܬܐ ܕܐܘܪܗ

75v ܒܗܢܘ ܢܛܪܝܢ ܠܗ *[17]ܘܒܥܘܒܕܐ ܠܐ ܢ̇ܒܥ [18]ܠܗ̇: ܒܝܘܬܐ ܡܕܝܢ ܠܐ ܗܦܟܐ. [19]ܘܒܒ̇ܪܐ ܕܐܘܪܐ ܡܕܝܢ [20]ܘܠܗ ܙܪܥ. ܘܐܝܬ

---

1 ܚܢܢܐ ܦܓܝܢܐ b, ܚܢ̈ܢܐ ܦܓ̈ܝܢܐ (sic) c. 2 ܠܐ ܕܠܐ ܠܐ b, ܠܐ ܘܠܐ d.
3 ܘܐܡܬܝܪܐ ܗܘ a. 4 ܕܐܘܪܐ ܘܡܪܗ (!) a (vgl. Z. 5). 5 ܒܡܐܢܐ bcd.
6 ܘܡܢ abc, ܡܢ d. 7 ܘܡܢ. 8 ܕܒܐܘܪܐ b, ܐܘܪܐ ܥܕ d. 9 ܠܗ.
10 ܢܒܥܐ ac. 11 ܥܠܡ. Cf. N. p. 765. 12 ܒܗ ac. 13 ܡܥܡܪ. Cf. N. p. 765.
14 ܠܗ̇. 15 ܕܢܦܫܗܘܢ < ac. 16 ܕܥܒܕܗܘܢ bd, ܕܥܒܕ ܕܢܦܫܗܘܢ (sic) ac. 17 ܕܒܥܘܒܕܐ b. 18 ܠܗ bc. 19 ܘܐܒܒܪܐ (!) a. 20 ܠܗ cd.

[1]ܕܒܗ [2]ܚܕ ܘܐܝܬ ܕܒܗ ܬܪ̈ܝܢ ܘܐܝܬ ܕܬܠܬ. ܐܝܟܢܐ ܕܐܝܬܘܗܝ
ܒܪ̈ܝܐ. ܐܠܐ ܒܗܘܢܐ ܗܘܟܢܝܐ ܕܝܠܗ ܕܒܗ ܒܡ̈ܠܐ ܠܐ ܢܬܒܥܐ
ܕܐܠܗܘܬܟ ܒܗܘܢܐ ܐܝܪܐ. ܐܠܐ ܐܝܟܢ ܐܝܬܝܐ. ܬܪ̈ܬܝܢ ܕܝܠܟ
ܘܬܪ̈ܬܝܢ ܕܝܠܟ. ܘܚܕ ܙܒܢܐ ܘܠܥܠܡ. ܘܡܟܐ ܬܪ̈ܝܗܘܢ ܘܟܠܗ ܘܬܘܒ
ܡܫܬܪܐܝܬ. ܘܐܬܡܠܟܘ ܒܗ ܫ̈ܪܕܐ. [3]ܘܪܝܫܐ [4]ܕܒܘܪ̈ܟܐ ܐܡܪ.
ܕܗܟܢ ܡܕܡ ܚܙܐ ܘܫܡܥ ܠܟ. ܐܠܐ ܐܝܟ ܕܫܡܥ ܠܟ ܒܐܝܕܐ
ܥܠܬܐ ܗܘܬ ܠܗܘܢ ܠܒܣ̈ܡܐ ܒܗܝܢ ܒܥܠܝܒܘܬܐ. ܒܒܘܪܟܐ
ܐܡܪ. ܡܛܠ ܥܠܬܐ [5]ܕܒܘܪܟܐ ܚܕ ܗܘܬ ܠܗܘܢ [6]ܠܒܣ̈ܡܐ
ܒܥܠܝܒܘܬܐ ܒܗܝܢ. [7]ܘܪܝܫܐ ܐܡܪ. ܐܝܟ ܗܘ [8]ܕܪܘܒܐ ܗܢܐ.
ܒܒܘܪܟܐ ܐܡܪ.

ܕܗܘܐ ܝܒܫܐ ܚܕ ܘܠܝܬ ܗܘܐ ܢܗܠܐ ܠܦܪ̈ܚܬܐ. [9]ܘܐܬܒܢܝ
ܥܠܗܝܢ ܦܪ̈ܚܬܐ ܠܚܕܐ ܕܗܘܬܐ ܗܟܢܐ ܡܢ ܒܘ̈ܪܟܐ ܕܐܬܒܢܝܘ
ܢܗܠܐ. ܘܐܬܡܠܟܘ ܘܒܬܪ *ܠܒܘܡܐ [10]ܠܡܠܟܘܬܐ. ܘܒܗ̇ ܒܥܠܬܐ 76 r
ܐܬܚܙܝ ܒܘܪܟܐ ܚܕ. [11]ܘܐܬܒܢܝܘ ܦܪ̈ܚܬܐ. ܕܡܛܘܠܗܝܢ ܒܪ̈ܡܟܐ ܠܗܢܐ
ܕܐܝܬܝܐ ܒܘܪܟܐ [12]ܘܐܦ ܠܗ ܡܬܐܠܝܢ. ܘܟܕ ܐܬܬܐ ܒܘܪܟܐ
ܫܐܠܘܗܝ. [13]ܘܒܒܘܪܟܐ ܐܡܪ. ܕܐܦ ܗܘܒܪ ܠܝܬ ܗܘܐ [14]ܒܡܥܪ̈ܬܐ
ܘܦܬܘ̈ܐ ܘܗܘ̈ܪܐ [15]ܘܡܘܪ̈ܠܐ ܘܦܬܦܬܗ ܘܡܥܒܪܐ ܕܗܠܝܢ ܐܟ̇ܚܕܝܢ.
[16]ܒܗܘܡܐ ܠܡܠܟܘܬܐ ܠܐ [17]ܗܘ̇ܐ. ܡܛܠ [18]ܕܗܫܐ [19]ܒܚܝܘܗܝ ܗܘ
ܘܒ̈ܢܝܢ ܒܢܝ̈ܗܝ، ܘܒܝܫ ܒܗܘܢܗ ܘܫܒܩܬ ܘܕܠܐ ܪ̈ܘܚܐ ܗܘ.

---

1 ܒܗ a. 2 ܚܕ ܘܐܝܬ ܕܒܗ < a c. 3 ܪܝܫܐ b. 4 ܕܒܘܪ̈ܟܐ < b.
5 ܒܘܪܟܐ b d. 6 ܠܒܣ̈ܡܐ < a. 7 ܪܝܫܐ c. 8 ܗܢܐ ܪܘܒܐ b d.
9 ܘܐܬܒܢܝܘ a c d (in b ist der letzte Buchstabe verklebt). 10 ܠܡܠܟܘܬܐ
< a c. 11 ܘܐܬܒܢܝܢ a. 12 ܕܐܦ b d. 13 ܒܘܪܟܐ b. 14 ܒܡܥܪܬܐ
b c d. 15 ܘܡܘܪ̈ܠܐ b d. 16 ܒܗܘ̈ܡܐ a c d. 17 L. ܐܘܫ ? ܗܘܝܢ a c.
18 ܕܗܫܐ < a. 19 ܒܚܝܘ̈ܗܝ (sic) a, ܒܚܝ̈ܘܗܝ b c, ܒܚܝܘܗܝ d.

ܘܐܦ ܒܐܝܡܡܐ ܠܐ ܚܙܐ. ܘܡܛܠ ܣܟܠܘܬܗ ܘܒܝܫܘܬ ܕܒܢܝ̈ܘܗܝ
ܐܝܟ ܠܐ ܡܟܣܢ [1]ܕܢܦܩܘܢ ܠܘܬܗ ܘܠܡܫܡܠܘ ܡܢܗ ܦܘܩܕܢܐ.
ܘܐܬܡܢܥܐ. ܡܠܟܐ ܐܦ ܒܥܘܢܝܢ ܒܝܫ. ܡܛܠ ܕܫ̈ܒܩܗܘܢ. ܫܒܩܝܢ
ܫܘܒ̈ܩܢܗܘܢ. ܥܒܕ [2]ܡܢܝܢܐ ܕܢܗܘܐ ܒܥܡܗ. ܐܝܟ ܕܐܡܪܝܢ ܕܐܪ̈ܝܒܐ
[3]ܚܕ ܡܢ ܦܪ̈ܨܘܦ ܡܢܗ ܒܡܠܬܐ ܚܕܐ ܠܟܠܗܘܢ ܐܪ̈ܝܒܐ [4]ܚܕܘܬܐ
ܘܪܘܙܐ ܒܒܕ ܠܗܘܢ. ܘܦܪ̈ܝܫܘܬܐ [5]ܐܡܪܝܢ. ܐܝܟ ܗ̇ܘ ܗܘܐ ܥܪܒܐ.
ܘܒܘܪܒܐ ܐܡܪ.

ܕܒܠܝܠܘܬ ܐܪܥܐ ܥܢܢܐ ܚܕ ܒܒܗܐ ܠܐ ܗ̣ܘܐ *ܡܬܚܙܐ. [6]ܘܢܘܪ̈ܒܐ 76v
ܘܢܘܪܐ ܘܡܫܒܐ ܒܝܕ ܗܘܐ ܘܐܦ ܢܗܘܪ̈ܬܐ ܘܒܢܝ̈ܬܐ ܐܬܒܪܝܘ.
ܘܟܠܗܘܢ ܚܝ̈ܘܬܐ ܘܬܪܐܬ ܦܢ̈ܝܐ ܗܟܢ ܐܬܐܠܝܘ. [7]ܘܦܢ̈ܝܐ ܟܠܗܘܢ
ܡܪܟܘ ܠܘܬ [8]ܡܠܟܗܘܢ ܘܐܡܪܘ ܠܗ. [9]ܒܫܒܟܐ ܘܦܘܪܩܢܐ ܘܐܦ ܡܢ̈ܝܐ
ܠܝܬ ܠܢ. ܐܠܐ ܚܙܝ ܠܢ ܦܘܪܩܢܐ ܕܠܐ ܢܗܘܐ ܡܢ ܓܗܢܐ. ܘܡܠܟܐ
ܥܒܕ ܠܟܠ ܒܥ̈ܝܢ ܕܢܣܒܘܢ ܐܢܫܐ ܐܝܬ ܡܢ̈ܝܐ. ܘܐܬܬܐ ܦܠܐ ܚܕ
ܘܐܡܪ ܠܗ. ܕܐܝܬ ܚܢܢܐ ܪܒܬܐ ܒܟܠܢܫܬ ܕܘܒܬܐ [10]ܡܒܥܒܥ
ܥܒܕܗ. ܘܐܦ ܟܠܐ ܐܝܬ ܬܒܢ. ܘܗܘ ܡܠܟܐ ܒܗ ܦܢ̈ܝܐ ܟܠܗܘܢ
[11]ܘܐܙܠܘ ܠܚܢܢܐ ܗ̇ܘ. ܘܐܝܬ ܗܘܐ ܚܙ̈ܝܗ̇ ܕܗ̇ܝ ܚܢܢܐ ܒܪ̈ܒܐ
ܕܐܪ̈ܝܒܐ. ܘܒܕ ܡܛܠ ܦܢ̈ܝܐ ܬܒܢ ܘܐܙܠܘ ܕܢܫܬܘܢ ܡܢ̈ܝܐ. ܕܒܗ
ܒܪ̈ܒܐ ܕܐܪ̈ܝܒܐ ܘܫܘܟܐ ܡܛܠܘ ܒܚܪ̈ܘܪܝܗܘܢ. ܘܒܕ ܐܫܬܘ
ܡܢ̈ܝܐ ܘܐܙܠܘ. ܗܠܝܢ ܐܪ̈ܝܒܐ [12]ܕܦܫ ܐܝܬ ܠܘܬ ܡܠܟܐ ܕܐܪ̈ܝܒܐ
[13]ܘܐܡܪܝ ܠܗ. ܕܦܢ̈ܝܐ ܗܟܢ ܡܠܠܘ ܡܢܢ. ܐܠܐ ܚܙܝ ܠܢ ܦܘܪܩܢܐ.

1 L. ܕܢܩܪܒܘܢ oder ܕܢܬܩܪܒܘܢ (100 18). 2 ܠܡܢܝܢܐ (sic) a d. 3 ܚܕܐ (cf. 99 1). 4 ܘܚܕܘܬܐ a. 5 ܘܐܡܪܘ b c d, ܐܡܪܝ a. 6 ܘܢܘܪ̈ܒܐ a. 7 ܘܡܪܟܘ ܠܘܬܗܘܢ a, ܘܡܪܟܘ ܠܘܬ ܡܠܟܗܘܢ c; ܘܦܢ̈ܝܐ ܟܠܗܘܢ ܡܪܟ d. 8 ܡܠܟܗܘܢ (sic!) b. 9 ܘܒܫܒܟܐ b d. 10 ܡܒܥܒܥܥ a b c, ܡܒܗ̣ܒܥ d. (Das ܥ ist Dittogr.) 11 ܘܐܙܠ a d. 12 ܘܦܫ. 13 ܘܐܡܪܘ.

ܡܛܠ ܕܦ̈ܝܠܐ ܫܕܝܢ ܐܘܪܚܐ ܠܡܫܬܝܐ *ܡܕ̈ܝܢܐ. ܘܐܝܬ ܗܘܐ ܐܘܪܒܐ 77r
ܚܕ ܕܫܡܗ ܗܘܐ ܦܢܘܪ. ܕܐܦ [1]ܗܘ ܡܠܟܐ [2]ܕܐܘܪ̈ܒܐ ܡܦܩ ܗܘܐ
ܒܝܡܘܬܗ. ܘܐܡܪ ܗܘ ܐܘܪܒܐ. ܕܠܐ ܬܕܚܠܘܢ̱ ܡܛܠ ܕܐܢܐ
ܥܒ̣ܕ ܐܢܐ ܕܦ̈ܝܠܐ ܒܪ̈ܕܝܢ ܠܗܘܪܒܐ ܠܐ ܐܬܝܢ. ܐܠܐ ܡܟܠ ܐܢܫ
ܐܪ̈ܥܬܐ ܕܚܪܐ. ܘܐܪܥܐ ܐܡܪ. ܕܐܢܬ ܡܫܡܫܢܝܬ ܘܥܕ̈ܪܬ. ܘܠܐ
ܒܟܢܐ ܡܢܝ ܗܫܒܪܐ. ܐܠܐ ܙܠ. ܘܗܘ̇ ܡܟܐ [3]ܕܡܢ ܦܪ̈ܝܓܘܦ ܕܠܐ
ܡܬܟܒܐ: [4]ܐܝܬ ܡܢ ܢܦܫܝ [5]ܐܝܟܢܐ ܕܡܟܕܪ ܐܡܪ. ܡܛܠ ܕܡܠܟܐ
ܫܡܫܐ ܡܢ ܡܫܒܠܢܗ̇ ܕܡܠܬܐ ܡܣܬܟܠ. ܕܗܘ̇ [6]ܕܫܠܚ ܠܝ ܡܠܬܐ
ܗܕܐ ܗܘܝܢ ܡܟܘ. ܘܐܘܪܒܐ ܦܢܘܪ ܒܪ ܚܝܐ ܗܫܒܪܐ ܒܟܠܗ ܡ̈ܛܪܐ
ܐܙܠ ܠܘܬ ܦ̈ܝܠܐ. ܘܡܢ ܕܚܙܐ ܒܗܫܒܬܐ ܕܦ̈ܝܠܐ ܐܬܚܫܒ ܕܐܢܐ
ܠܟܘܪܐ ܐܢܐ ܘܦ̈ܝܠܐ ܙܘܟܝܢ. ܘܐܢ̱ ܡܪܒ ܐܢܐ ܠܗܘܢ. ܐܢ̱ ܐܦ
ܗܢܘ̱ ܠܐ ܝܕܥܝܢ ܕܡܛܠܘܢ. [7]ܐܠܐ ܬܘܒ ܬܫܒ̈ܚܬܗܘܢ̱ ܡܟܐܬ
ܐܢܐ. ܡܛܠ ܕܢܟܝܦ ܕܫܐܦ ܠܬܘܒܐ ܒܐ̈ܪܚܘܗ̱ܝ: [8]ܐܦ ܬܘܒܐ ܠܐ
ܢܛܠ ܠܗ: ܐܠܐ ܡܢ ܠܗܘܢܐ ܕܦܘܡܗ ܡܟܐܬ. ܘܟܢ ܕܡܫܬܒܥܕ
*ܠܟܘܪܐ ܒܫܝܢܐ: ܐܦ ܠܒܐܝܬ [9]ܡܕܒܪ: ܐܠܐ ܒܫܝܢܐ ܒܫܬܐ ܒܟܪ. 77v
ܐܠܐ ܐܫܘ ܠܗܘܟܬܐ ܙܟܘܬܐ ܘܗܘ ܡܟܐ ܕܡܬܟܒܐ ܠܡܐܡܪ
ܐܡܪ ܐܢܐ. ܘܠܐ ܡܡܟܪ ܐܢܐ ܢܦܫ. ܘܒܟܪ ܗܟܢܐ. ܘܐܡܪ
ܠܡܠܟܐ ܕܦ̈ܝܠܐ. [10]ܕܗܫܒܪܐ ܥܒܕܝܢ [11]ܠܘܬܟܝ ܘܡܕ̈ܝܢܬ [12]ܕܡܫܒܠܢܐ
ܐܦ [13]ܒܟܠܬܐ ܒܫܬܐ ܐܬܬܐ ܠܐ ܢܛܠܝܢ ܠܗ ܘܠܐ [14]ܐܫܟܚܝܢ ܠܗ.

---

1 ܗܘ < a c. 2 + ܗܘܐ a b c. 3 ܕܡܢ ܕܐܝܬܐ ܦܪ̈ܝܓܘܦ (sic) (d. h. ܕܐܝܬ ܡܢ ܦܪ̈ܝܓܘܦ) b, ܕܐܝܬ ܡܢ ܦܪ̈ܝܓܘܦ ܕܠܐ (sic) d. 4 ܐܝܬ ܡܢ < b d. 5 ܐܝܟܢܐ. 6 + ܕܡܢ (sic) b, ܡܢ d. 7 ܐܢܐ a c d. 8 ܐܦ ܬܘܒܐ < a. 9 L. ܡܬܕܒܪ? 10 ܕܠܗܫܒܪܐ ܥܒܕ̱ܝܢ. 11 ܠܘܬܟܝ < a c. 12 ܗܘ̇ ܕܡܫܒܠܢܐ a, ܕܡܫܒܠܢܗ b c d. 13 ܒ̈ܟܠܬܐ b d. 14 ܐܫܟܚܝܢ b.

ܘܡܠܟܐ ܐܡܪ. ܕܐܡܪ ܡܠܟܘܬܟ. ܐܝܙܓܐ[1] ܐܡܪ. ܕܡܠܟܬ، ܗܕܐ
ܗ،. ܕܥܙܝܙ ܫܗܪܐ ܠܘܬܟ[2] ܘܐܡܪ ܙܠ[3] ܘܐܡܪ ܠܡܠܟܐ ܕܦܬܠܐ.
ܕܢܚ ܕܒܟܡܝܬܠܐ[4] ܡܫܘܪܐ ܫܠܝܘܬܘܬܗ ܘܚܟܒܐ ܕܐܦ ܒܡܢ ܢܚ ܕܫܝܠܬ
ܡܩܝܗ ܢܬܬܥ: ܩܝܗ ܡܦܠ. ܘܐܝܬ ܫܠܝܢ[5] ܒܡܘܪܟܐ ܒܡܢ ܫܩ̈ܘܬܐ
ܢܦܫܬ. ܘܐܦ ܒܡܢ ܡܬܬܥܝܪ ܐܝܬ.[6] ܘܐܝ̈ܙܓܐ[7] ܕܐܝܬ ܗܘܐ ܒܫܪܪ،
ܒܝܕܐ[8] ܕܡܬܬܘܪܐ ܒܥܒܕ ܘܦܠܛ ܘܠܡܕ̈ܝܢܐ ܕܠܝܫܬ. ܐܠܐ ܕܒ ܕܐ
ܗܘܡ ܬܟܒܕ. ܗܘܐ ܒܟܪ ܐܝܟܐ ܥܒܘܕܐ[9] ܘܡܦܠܚܐ. ܘܡܗܘܒ ܐܝܟܐ
78r ܫܬ̈ܝܩܢ.[10] ܘܐ݇ ܦܠܝܓܬ ܒܗܘܕܐ ܡܠܟܘܬܐ ܡܢܘܒ *ܠܘܬ ܒܝܬܐ. ܘܐܦ
ܐܝܟܐ ܡܟܬܒ ܐܝܟܐ ܒܪܟܐ ܕܐܬܬܝ. ܘܒܪ ܥܡܟܒ ܦܠܓܐ ܗܘܟ
ܐܬܕܡܪ. ܘܗܘ ܘܐܙܠ ܒܡܢ ܐܝܙܓܐ ܕܢܝܫܐ ܐ݇ ܥܙܪ. ܘܒܪ ܡܦܠܘ
ܡܢܒ ܐܝܙܓܐ ܘܫܘܒ ܦܠܠܗ ܕܗܘܪܐ ܒܦܘ ܡܚ̈ܝܢܐ. ܘܐܡܪ ܠܦܠܓܐ.
ܫܒ ܒܫܦܘܬܟ ܡܚ̈ܝܢܐ ܘܐܥܝܟ ܘܫܟܒܪ. ܘܒܪ ܥܡܠ ܫܝܐ ܦܠܠܐ
ܕܗܘܪܐ ܕܙܟܠ. ܘܐܡܪ ܦܠܓܐ. ܡܦܠ ܡܢܝܐ ܙܟܠ ܗܘܪܐ. ܘܐܡܪ
ܠܗ.[11] ܡܦܠ ܕܦܠܓܥܬ ܫܦܘܬܟ ܒܡܚ̈ܝܢܐ ܐܬܥܝܩܬ. ܘܒܪ ܫܝܐ ܦܠܓܐ
ܐܬܥܝܟ ܕܥܙܝܙܐ ܐܝܙܓܐ ܕܐܬܥܝܩܬ ܗܘܪܐ ܒܠܗ. ܗܘܝܡ ܫܟܪ
ܘܐܡܪ. ܕܒܟܪ ܦܠܓ̈ܬܐ ܗܘܪܐ ܡܢܝܐ ܕܠܐ ܠܐ ܬܬܝܒ ܒܠܗ. ܡܦܠ
ܕܬܘܒ ܠܐ ܐܬܝܡ ܠܗܘܪܒܐ.

ܘܗܠܝܡ ܐܡܪܬ ܡܦܠ[12] ܕܠܒܘܟܐ ܒܫܘܐ ܠܡܬܬܘܪܒܘ ܕܝܫܡܬ
ܘܚ̈ܢܫܝܡ ܕܘܒܪ̈ܘܗܝ. ܘܡܦܠ[13] ܫܪܝܘܬܗ ܠܐ ܒܪܙ ܠܥܘܠܦܢܐ. ܘܡܢ
ܕܒܡ ܥܠܝܦܐ ܝܥܒܕܐ[14] ܘܫܪܒܐ ܫܢܐ.[15] ܗܘܡ ܚܪܥ ܠܗ ܐܝܟ
78v ܕܒܥܕܥ ܠܐܝܙܓܐ ܘܠܗܘܢܠ ܕܠܒܘܟܘ *ܕܝܢܐ ܘܥܡ ܡܦܠܘ

---

1 ܘܐܝܙܓܐ b d. 2 ܘܐܡܪ < a c d. 3 ܐܡܪ a. 4 L. ܡܫܘܪܐ?
5 ܒܡܘܪܟܐ < bc, ܘܡܘܪܒ d. 6 ܘܐܝܙܓܐ a c d. 7 ܐܝܬ a b c. 8 ܕܡܬܬܘܪܐ a.
9 ܘܡܦܠܚ b, ܘܡܦܠܚ̣ d, ܘܡܦܠܚܢ (sic) c. 10 ܐ݇ a d. 11 ܡܦܠ < a.
12 ܕܠܒܘ̈ܟܐ b c d. 13 ܫܪܝܘܬܗ. 14 ܘܫܪܒܐ. 15 ܘܗܘܡ b d.

[1]ܫܪ̇ܒܐ ܡܢܝܢܐ. ܘܦܪ̈ܫܘܬܐ [2]ܐܡܪܘ. ܕܐܝܟ ܗ̇ܘ ܗܘܝܐ ܥܪ̇ܒܐ.
ܘܡܘܪ̇ܒܐ ܐܡܪ̇.

ܕܒܐܝܠܢܐ ܕܐܢܐ ܢܚ̇ܡ [3]ܗܘܝܬ ܒܗ. ܐܝܬ ܗܘܐ ܒܪܒܐ ܘܡܒܥ̇ܪ ܗܘܐ ܒܗ ܡܘܬܐ ܚܝ. ܘܗܟܢ [4]ܢܦܩܝܢ ܗܘܘ ܠܒܢܝܢܐ [5]ܠܡܣܪ̈ܕܐ. ܘܗܡܟܐ ܚܝ ܒܒܝܬܗ ܠܡܘܬܐ ܕܢܒܠܠ [6]ܘܬܦܪ̇ܢܓܐ ܒܗ ܫܪ̈ܕܐ ܐܝܟ ܒܪܕܐ. ܘܠܐ ܐܫܒܚܬܗ. ܘܒܬܪܬ ܦܘܪܐ ܚܝ. ܘܟܕ ܠܐ ܐܬܬܐ ܐܬܬܚܒܫܬ ܘܪܚܝܬ. [7]ܕܠܒܪܐ ܡܛܠ ܐܘ ܢܓܪ ܘܐܟܣܪ ܐܘ ܕܡܒܬܐ ܕܡܚܘܬܐ ܐܫܒܚ. ܘܡܢ ܐܬܬܐ ܐܪܒܥܐ ܚܝ ܠܕܡܒܬܗ ܕܡܘܬܐ. ܘܟܕ ܠܐ [8]ܫܢܬܗ ܐܬܚܫܒܬ. ܕܟܕ ܪܚܡܝ ܠܚܬܢܗܝ ܒܗ ܐܪܒܥܐ ܠܐ [9]ܢܓܕ ܐܢܐ. ܘܒܬܪ ܕܒܢܐ ܚܠܦ ܡܘܬܐ. ܘܐܡܪ ܠܐܪܒܥܐ. ܕܗܕܐ ܕܡܒܬܐ ܕܝܠܝ ܐܬܬܝܗ. ܐܠܐ ܡܘܡ ܡܢ ܗܪܒܐ. ܘܐܪܒܥܐ ܐܡܪ̇.
79 r ܕܐܢܐ ܕܡܒܬܝ ܠܐ ܥܒܕ ܐܢܐ. ܘܐܦ ܢܓܪܬ *ܐܘܠܨܢܐ [10]ܘܕܪ̇ܐ ܐܢܐ ܒܒܢܝ. [11]ܡܘܬܐ ܐܡܪ̇. [12]ܕܡܒܬܐ ܕܝܠ ܗܝ ܘܡܣܪ̈ܕܐ ܐܝܬ ܠܝ. ܘܐܪܒܥܐ ܐܡܪ̇. ܡܕܡܝܬ ܕܢ̇ܐ ܠܬܠܒܒܐ ܘܡܢ ܣܡ̈ܕܐ. ܘܡܘܬܐ ܐܡܪ̇. ܕܐܝܬ ܕܢ̇ܐ. ܘܐܪܒܥܐ ܐܡܪ̇. ܕܟܡ̇ ܐܬܬܗܘܢ ܕܢ̇ܐ. ܘܡܘܬܐ ܐܡܪ̇. ܐܝܬ ܢܡܪܐ ܦܠܡ ܘܡܪܒ ܟܠ ܣܦܪܗ ܐܝܬ ܡܛܠ ܕܢܡܪܐ. ܘܟܠ ܢܓܪܐ ܦ̇ܓܪ ܠܒܣܒܪܐ ܘܡܕܡ ܠܐ ܡ̇ܛܠ. ܘܢܓܪܡ ܐܡܝܢܐܝܬ ܘܪ̇ܒܐ ܟܠܐ ܘܡܬܐ ܡܢ̈ܐ. ܘܒܒܝܢ ܡܢܗ ܘܚܒ̇ܪ ܠܝ ܕܢܐ. ܘܐܪܒܥܐ [13]ܟܕ ܫܡܥ ܕܡܕܒܠܘ ܡܕܒܠ ܘܐܡܪ ܕܢܗܪܐ ܠܝ. ܘܐܘܠܘ ܠܗܘܬ ܡܛܠܘ. ܘܐܡܦ ܐܢܐ ܐܘܠܬ ܒܒܗܡܘ ܕܐܡܢܐ. ܘܡܢ ܡܛܠܘ ܠܬܠܡ. ܘܚܢܐ ܐܢܘ ܡܛܠܘ ܡܢ ܙܘܦܢܐ. ܘܠܐܠܟܬ ܡܢ

---

1 ܫܪ̇ܒܬܐ a b c. 2 ܐܡܪ̇ d. 3 + ܐܢܐ a d. 4 ܘܢܦܩܝܢ.
5 L. ܕܡܣܪ̈ܕܐ (Nöld. p. 765)? 6 ܘܬܦܪ̇ܢܓܐ. 7 ܕܕܠܒܪܐ d. 8 ܫܢܬ a b c, ܫܢܐ d. 9 ܢܓܕܐ ܐܢܐ d. 10 + ܢܓܪܬ ܕܐܘܠܨܢܐ (!) a. 11 ܘܡܘܬܐ b d.
12 ܕܕܡܒܬܐ d. 13 + ܐܡܪ̇ b.

ܥܠ ܪ̈ܓܠܘܗܝ ܠܡܦܠ ܫܡܫܐ ܘܣܓܕ ܗܘܐ. ܘܟܕ ܚܙܐ ܐܢܐ ܐܘܪܚܐ
ܐܬܕܟܪ. ܘܟܕ ܒܫܠܡܬܐ ܩܪܒ ܠܘܬܗ [1]ܘܐܬܟܪܘ. ܕܕܚܠܐ ܐܢܬ ܠܝ
79v ܒܗ ܫܥܬܐ. ܐܠܐ ܒܚܫܝܡ ܗܘ، ܠܝ ܕܝܢܐ. [2]ܘܐܬܟܪܘܗܝ، *ܠܕܝܪܗܘܢ
ܡܕܒܪܗܘܢ. [3]ܘܦܘܠܘ ܐܡܪ. [4]ܕܡܠܠ ܫܒܘܚܬ، ܒܪܝܢ ܥܒܕ ܐܢܐ.
ܐܠܐ [5]ܩܪܘܒܘ ܘܒܥܠܐ ܙܕܩܐ ܡܠܠܘ. ܘܟܡ ܩܪܘܒ ܡܠܠ ܐܚܪܢ.
ܘܐܬܟܪܘܗܝ، ܠܕܝܪܗܘܢ ܒܥܠܐ ܙܕܩܐ. ܘܗܘܘ ܒܗ، [6]ܕܢܬܬܟܠܘܢ
[7]ܒܠܘܗܝ، ܘܢܬܡܪܟܢܘܢ ܐܡܪ ܠܗܘܢ. ܕܢܫܒܘܢ [8]ܫܡܫܝܢ ܠܝ. ܐܠܐ
ܡܛܠ ܐܢܐ ܠܒܘܢ ܡܫܠܡܢܐ [9][ܕܕܝܢܐ] [10]ܒܡܘܫܬܐ [11]ܬܒܥܘܢ.
ܡܛܠ ܕܟܡ [12]ܕܕܝܢܐ ܒܪܝܫܐ ܒܥܐ: ܐܝܟ ܚܢܢ: ܕܒܝܐ [13]ܢܫܡܥ
ܢܦܫܗ. ܘܟܡ ܕܒܫܠܡܘܬܐ ܒܥܐ: ܐܝܟ ܕܒܝܐ ܗܘ: ܫܡܥܐ ܢܫܡܥ
ܢܦܫܗ. ܡܛܠ ܕܟܡ ܗܢܐ ܒܠܥܐ ܠܐ ܐܙܠ ܒܗ ܐܢܫ ܡܕܡ ܐܠܐ
ܒܕ̈ܝܢܘܗܝ، ܠܟ̈ܠܐ ܘܟܠ ܡܕܡ ܡܘܗܒܐ ܦܐܫ. ܘܡܕܡ ܕܗܘܢܐ ܐܢܫ
ܐܘܡܢܘܬܐ ܘܡܚܝܪܐ ܠܗ ܢܬܒܥܠ ܕܢܘܟܪܝܘܗܝ، [14]ܘܡܕܡ ܕܠܐ ܡܬܡܪܐ
ܢܦܩ ܘܦܘܠܚܢܗ، ܘܠܫܘܡܠܝܐ ܕܡ ܕܢܦܩ ܥܠ ܡܕܡ ܕܢܦܩ ܡܢܗ
ܐܝܟ ܒܐܦܐ. ܘܡܘܬܪܐ ܒܠܗ ܐܝܟ ܒܦܪܐ ܘܢܦܩ ܒܠܥܐ ܐܝܟ
80r ܢܦܫܗ. ܘܒܗܢܐ ܡܬܠܠܐ ܐܦܢ ܐܢܘܢ *[15]ܒܡܕܒܪܐ ܕܩܪܒܘ ܠܘܬܗ.
ܘܟܕ ܚܙܐ ܐܢܘܢ ܕܩܪܒܘ ܣܓܝ ܘܒܪܟ ܐܢܘܢ ܘܡܠܠ ܐܢܘܢ.
ܘܡܛܠ ܗܢܐ ܐܬܟܪܬ [16]ܡܬܠܬܐ ܗܢܐ ܕܐܝܟ ܒܦ̈ܘܡܐ [17]ܫ̈ܪܟܡ

---

1 ܘܐܬܟܪܪ a c. 2 ܘܐܬܟܪܘܗܝ، (sic) b. 3 ܘܦܠܘ b. 4 ܡܠܠ b.
5 ܩܪܘܒܘ < a, ܩܪܘܒ b d. 6 ܕܢܬܟܠܘܢ a. 7 ܒܠܘܗܝ، < b d.
8 ܫܡܫܝܢ < a. 9 Die Ergänzung nach den Verss. — Der Schreiber der Mardiner Handschrift ist vom ersten ܕܕܝܢܐ auf das zweite übergesprungen.
10 ܕܡܘܫܬܐ a c. 11 ܒܥܐ a b c. 12 ܕܝܢܐ a. 13 ܢܦܫܗ ܬܫܡܥ.
14 ܘܡܕܡ bis ܘܦܘܠܚܢܗ، inkl. < a c. 15 ܕܡܕܒܪܐ b c d. 16 ܠܡܬܠܬܐ a.
17 ܫ̈ܪܟܡ a b c (ܫ̈ܪܝܟܡ d).

ܘܒ̈ܝܫܝܢ ܘܐܟ̈ܠܝ ܚ̈ܝܘܬܐ ܐܝܟܢ. ܘܟܕ ܡܫܬܒܩܝܢ[1] ܦܪ̈ܝܫܬܐ ܕܟ̈ܝܐ
ܕܒܥܝܪܐ ܐܝܟ[2] ܫܠܝ̈ܢ[3] ܒܠܗܝܢ[4] ܘܠܐ[5] ܐܬ̈ܠܝܗ[6] ܠܒܥܝܪܐ. ܘܗܘܬ
ܐܚܬܐ ܒܠܒܗ ܕܒܥܝܪܐ ܘܐܡܪ ܠܚܘܪܒܐ. ܕܥܒܕܐ ܚܘܣܪܢܐ ܡܠܟܝ
ܡܢ ܕܐܬܡܪܬ ܡܠܬܐ ܕܐܬܚܣܪܬܝ. ܐܠܐ ܕܟܕ ܕܐܝܠܝܢ ܕܡܬܦܣܩܘܢ
ܡܨܐ. ܘܡܚܣܢܬܐ ܕܢܦܫܐ ܡܬܐܡܪܐ. ܐܠܐ ܡܚܣܢܬܐ ܕܠܥܠܡ
ܠܐ ܡܐܦܐ ܠܕܡܘܬܗ[7]. ܘܠܠܝܬܐ ܘܫܘܟܐ ܡܫܬܡܠܝܢ. ܐܠܐ
ܡܠܬܐ ܕܡܫܚܐ ܐܝܟ ܠܠܝܬܐ ܒܠܒܐ ܡܬܡܠܟܐ. ܘܢܘܪܐ ܟܕ
ܚܙܝܐ ܒܥ̈ܝܢܐ ܡܬܡܦܫܐ. ܘܫܡܫܐ ܕܒܗܘܬܐ ܒܫܡܝܢܐ[8] ܕ̈ܗܦܢ
ܐܝܟ. ܘܒܗܘܬܐ ܒܡܫܝܢܘܬܐ ܐܝܠܐ. ܐܚܬܐ ܒܚܕܐ ܠܐ ܕܒܥܐ
ܘܠܐ ܡܬܢܝܚܢܐ[9]. ܐܠܐ ܐܝܬܘܗܝ ܒܥܘܪܐ ܢܝܚܘܬܐ ܒܥܘ̈ܪܐ
80ᵛ ܢܝܚܘܬܐ ܒܗܡ ܐܚܬܐ ܘܒܠܐ ܕܒܠܕܡܘܬܐ* ܕܠܒܠܡ. ܘܒܫܒܚܬܐ
ܪ̈ܚܬܐ ܡܦܩ ܡܢ ܒܥܘܪܐ. ܘܒܗ ܒܚܒܬܐ ܐܬܬܘܗܝ ܒܥܘܪܐ
ܘܐܡܪ. ܕܒܫܐܝܬ ܒܟܕܬ. ܡܛܠ ܕܢܘܗܪܐ ܕܠܒܗ ܠܒܐ ܗܘ. ܠܐ
ܢܕܥ ܗܘܐ ܕܐܦܪܘܫ ܘܐܬܚܬܫ ܘܢܛܪ ܡܕܒܪܗ. ܘܐܡܪܬܐ ܗܝ.
ܕܡܠܬܐ ܕܠܐ ܒܪܒܗ ܡܬܐܡܪܬܐ ܠܐܢܫ ܒܫܠܡܘܬܐ. ܠܘ ܡܠܬܐ
ܗܝ ܐܠܐ ܢܘܪܐ. ܢܛܪ ܕܝܢ[10] ܟܕ ܒܠܕܒܒܘܬܐ ܡܠܕܐ. ܘܐܦ
ܐܝܟ ܚܠܬܐ ܘܡܠܝܠܐ ܠܐ[11] ܢܬܬܠ ܠܟܠ ܐܝܟ ܡܕܝܢܬܐ. ܕܐܡܪ
ܡܠܬܐ ܕܗܘܐ ܡܢܗ ܐܚܬܐ. ܘܐܝܟ ܚܫܝܒܐ ܕܐܝܬ ܠܗ ܐܢܫܐ
[12]ܘܫܡ̈ܫܬܗܝܢ ܕܠܐ ܢܘܬܪܐ ܠܐ ܫܬܐ ܫܡܥܐ. ܘܥܒܕܐ ܦܪܘܫܐ
ܦܠܓ ܡܢ ܡܠܬܐ ܫܘܠܬܐ. ܘܥܒܕܐ ܦܪܘܫܐ ܒܫܠܡܗ ܡܬܠܘܫ
ܘܡܠܬܐ [13]ܫܦܝܪܬܐ ܒܥܘܪܐ ܡܬܠܘܫܐ. ܐܠܐ ܠܫܪܬܐ ܠܢܦܫ ܠܗ.

---

1 ܫܒ̈ܝܩܝܢ a. 2 ܫܠܝܘ b. 3 ܒܠܗܘܢ. 4 ܠܐ a c. 5 ܐܬܠܝܗܘ.
6 ܠܒܥ̈ܝܪܐ a c d. 7 + ܘܠܐ ܡܨܐ (unnütze Wiederholung von ܡܨܐ Z. 5).
8 ܒܫܡܝܢܐ b c, ܒܫܡ̈ܝܢܐ d. 9 ܡܬܢܝܚܢܐ a b, ܡܬܢܝܚܢܐ d, ohne Punkte c.
10 ܕܝܢ < b. 11 ܢܬܬܠ c d. 12 ܘܫܡ̈ܫܬܗܝܢ b d. 13 ܫܦܝܪܘܬܐ.

ܘܗܕܐ ܒܫܠܡܘܬ، ܐܡܪܬ. ܘܠܐ ܐܬܡܠܟܬ ܒܗ̇ ܘܠܐ ܡܫܬܚܫܐ
ܕܐܬܦܢܝܗ̇[1]. *ܘܐܡܝܢܐ ܕܐܢܫ[2] ܕܢܬܡܠܟ ܒܪ̈ܢܫܐ ܘܒ̈ܢܝ ܡܠܟܐ 81r
ܡܬܒܥܝܐ ܘܠܒܘܬܐ ܡܠܟ ܡܢ ܒܒܝܬܗ. ܘܒܪ ܐܢܫܘܬܐ ܫܘ̈ܒܐ
ܡܫܥܒܕܐ ܗܘܝܢ ܠܗ ܕܠܐ ܢܣܒ. ܘܗܠܝܢ ܐܡܪ ܘܡܢ ܘܐܙܠ ܡܢ
ܒܢܝܐ ܕܦܪ̈ܝܫܘܬܐ. ܘܗܕܐ ܗܝ، ܐܝܬܝܐ ܘܒܠܒܒܘܬܐ ܕܒܘ̈ܡܕܐ
ܒܗܡ ܡܛܠ[3] ܡܠܬܐ ܕܒܘܪܟܐ.

[4]ܘܪܝܫܐ [5]ܕܒܘܪ̈ܟܐ ܐܡܪ. ܕܫܡܥܬ ܡܢܢ ܕܐܡܪܬ. ܐܠܐ
ܗܢܐ ܢܐܡܪ [6]ܡ̈ܠܐ ܕܢܘܬܪܐ. ܡܛܠ [7]ܕܒܘ̈ܡܕܐ ܒܪ̈ܝܪܢ ܐܬܝܢ
ܘܫܘܦܪܐ ܒܒܝܬܝ ܠܝ. ܐܠܐ ܡܢܐ ܡܬܒܥܐ ܠܡܒܥܒܕ ܒܡܗܘܐ.
ܒܘܪܟܐ ܐܡܪ. ܕܫܡ ܒܗ ܒܘ̈ܡܕܐ ܠܐ ܡܪܟܐ ܠܡܥܒܕ. ܘܠܐ
ܡܕܐܬܐ ܢܦ̇ܠ. ܘܒܠܬܐ ܕܗܕܐ [8]ܐܡܪܝܢ ܠܝ. ܐܠܐ [9]ܒܦܘܪ̈ܣܐ
ܒܒܝܬܝ ܒܡܗܘ ܫܘܦܪܐ ܡܢܐ. ܐܝܟ [10]ܕܠܒܠܝܠ ܕܐܬܦܪܫܘ
ܒܬ̈ܪܐ ܝܡ̈ܝܢܐ ܘܒܡܒܝܬ ܕܫܬܘܬ ܗܘܐ [11]ܒܗ ܐܬܦܠܓܘ ܒܠܗܘܢ،
[12]ܪܝܫܐ ܐܡܪ. ܕܐܝܟܢ ܗܘ ܗܢܐ ܫܘܪܝܐ. [13]ܘܒܘܪܟܐ ܐܡܪ.
[14]ܕܠܒܠܝܠ ܚܕ. *ܕܟܝܢ ܗܘܐ ܠܗ [15]ܒܪܝܫܐ ܘܡܟܐ ܗܘܐ [16]ܕܚܕܚܕܗܘܢ. 81v
ܘܒܪ ܐܝܠ ܠܒܝܬܗ ܠܒܪ̈ܐ ܚܕ ܒܒܝܬܐ ܐܬܡܠܟܘ ܘܐܬܘ ܠܘܬܠܗ
ܦܪܝܫܐܝܬ ܚܕ ܚܕ. ܘܐܡܪ ܚܕ ܡܢܗܘܢ [17]ܠܒܠܝܠ. ܕܠܡܢܐ ܡܬܒܥܐ
ܠܝ ܒܠܒܐ ܗܢܐ ܕܠܒܝܬ [18]ܒܣܘܓ݂ܪ̈ܐ. ܘܐܚܪܢܐ ܐܡܪ. ܕܠܚܡܝܪܐ

---

1 ܕܐܬܦܢܝܗ b, ܕܐܬܦܢܝܗ̇ d. 2 So B; a b c d ܕܡܬܡܠܟ ܒܪ̈ܢܫܐ ܡܬܒܥܝܐ (ܡܬܒܠܥܐ b) ܘܒܢ̈ܝ ܡܠܟܐ ܠܒܘܬܐ ܡܠܟ ܡܢ ܒܒܝܬܗ. 3 ܡܠܬܗ c. 4 ܪܝܫܐ b. 5 ܕܒܘܪ̈ܟܐ < abc. 6 ܡܠܐ b. 7 ܒܘ̈ܡܕܐ a. 8 ܐܡܪܝܢ. 9 ܒܦܘܪܣܐ acd. 10 ܠܠܒܠܝܠ. 11 ܒܗ < a. 12 ܘܪܝܫܐ bd. 13 ܒܘܪܟܐ b. 14 ܕܠܒܠܝܠ. 15 ܐܡܪܝܢ a. 16 ܕܚܕܚܕܗܘܢ، a. 17 ܠܒܠܝܠ. 18 So vokalisiert b c, ܣܘܓ݂ܪ̈ܐ d (a ohne Punkte). Änderung in ܒܣܓܘܪܐ untunlich, bevor neue Belege für das Wort vorhanden sind.

ܒܥܝܬ ܠܡܐܙܠ ܕܠܒܝܬ ܠܥܠܡܐ. ܘܐܚܪܢܐ ܐܡܪ݂. ܕܡܟܝܢ ܐܢܬ
ܠܗܢܐ ܥܠܡܐ ܕܠܒܝܬ. ܘܐܚܪܢܐ ܐܡܪ݂. ܗܢܐ ܗܘܐ ܒܪ ܡܬܘܪܒ
ܗܘܐ ܠܗ ܥܠܡܐ ܫܢܝܐ ܗܘܐ ܘܡܕܒܪܐ ܢܦܫܗ. [1]ܘܕܒܝܩ ܒܪ ܫܡܥ
ܡ̈ܠܝܗܘܢ ܐܬܚܫܒ ܒܠܒܗ. ܕܫܬܐܬܬ ܥܠܡܐ ܠܟܢ ܐܢܐ.
ܘܗ݁ܘ ܕܐܒܘܗ ܠܡܐܚܕ. [2]ܚ̈ܝܐ ܠܟܢ ܘܠܟܢ ܠܒ̈ܢܝ ܕܠܐ ܐܚܪܐ.
ܘܙܪܥܗ̇ [3]ܠܒܪܢܫܐ ܘܫܒܩܗ̇ ܘܐܙܠ ܠܒܝܬܗ ܘܗܫܐ ܘܕܒܪܗ̇ ܠܢܦܫܗ.
ܘܒܪ ܚܝܘ [4]ܕܙܒܢܘ [5]ܕܒܝܩ ܠܒܪܢܫܐ ܠܒܝܬܗܘܢ ܘܐܟܠܘܗܝ.

ܘܗܢܐ ܡܬܠܐ *ܐܡܪܬ ܠܟܢ ܡܛܠ ܕܒܗ̈ܡܬܐ ܒܦܘܪܫܢܐ 82 r
ܡܬܒܥܝ ܒܗܘܢ ܚܘܣܪܢܐ ܡܥܢܐ. ܘܦܘܪܫܢܐ ܗܘ ܕܡܬܚܫܒܬ
ܡܢܝ ܥܠ ܠܚܡ ܒ̈ܢܝ ܒܝܬܐ. ܘܐܡܪܝ ܥܠ [6]ܒ̈ܢܝ ܥܕܬܐ. ܘܦܩܘܕ
ܕܢܣܒܠܘܢ ܒܩ̈ܐ ܘܕܘܒ̈ܪܝ ܘܢܟܣܘܗܝ [7]ܒܥܘܕ̈ܪܢܗܘܢ ܘܢܦܠܦܠܘܢ
ܒܕܡܐ ܘܢܙܕܗܘܢ ܒܒܘܪܟ ܕܐܠܗܐ ܗܢܐ. ܘܡܢܝ ܒܡ ܥܠܘܗܝ ܒܝܬܐ
ܢܐܙܠ ܠܦܠܝ ܕܘܟܬܐ. ܘܗܘܘ ܬܡܢ ܒܕܡܐ ܕܚܢܐ ܐܢܐ ܦܘܪܫܢܐ
ܡܛܠ ܐܒܢܐ ܕܟܘ̈ܡܪܐ. ܐܬܐ ܐܢܐ ܠܘܬܟܢ ܘܡܫܬܒܚܢܐ ܠܟܢ.
ܗܢܝܢ ܦܘܩ ܪ̈ܒܐ [8]ܕܒܘ̈ܪܟܐ ܘܒܟܪܘ ܠܗ ܗܢܝܢܐ. ܘܒܪ ܗܘܐ
ܪ̈ܚܡܐ ܘܐܬܘ ܟܘ̈ܡܪܐ ܘܠܐ ܐܙܕܒܢܘ ܬܡܢ [9]ܒܘ̈ܪܟܐ ܘܐܦ ܠܗܘ
ܒܘܪܟܐ ܠܐ ܚܙܘ. ܘܗ̇ܘ ܐܬܚܫܒ. ܡܢܘ ܝܬܒܪܢܐ ܒܒܝܫܬܐ ܗܕܐ
ܕܒܦܫܝ ܐܢ̱ ܒܠܦܢ ܘܠܐ ܚܙܝܢ ܠܝ. ܘܡܢ ܟܠܗ̇ ܝܘܡܬܐ ܒܕܡܐ
ܕܐܡܟܢ ܟܘ̈ܡܪܐ ܘܦܪܟܘ ܠܘܬܗ. ܘܒܪ ܚܝܘ ܒܘܪܟܐ ܚܝܐ
[10]ܕܡܣܬܪܩܠ ܘܡܦܠܦܠ ܒܕܡܐ ܘܙܕܐ ܒܒܘܪܐ ܕܐܠܗܐ. *ܐܘܕܝܘ 82 v
ܠܪ̈ܫܢܘܗܝ. ܘܦܩܕ ܪ̈ܫܢܘܗܝ ܘܫܟ̈ܢܐ ܡܢ ܒܢܝ ܒܝܬܗ ܕܢܐܠܦܘܢ
ܡܢܗ ܕܒܘ̈ܪܟܐ ܐܝܟܐ ܐܝܬ݂ܘ. ܘܦܩܕ ܠܒܗܡܬܐ ܚܕ ܕܢܐܠܝܦܘܗܝ

---

1 ܘܕܒܝܩ. 2 ܚܝܝܐ b d. 3 ܠܐܟܪܐ a. 4 ܕܙܒܢܘܗ a c d.
5 ܕܒܝܩ. 6 ܒܢܝ ܥܕܬܐ b. 7 ܒܥܘܕܪ̈ܢܗܘܢ a c. 8 ܕܒܘ̈ܪܟܐ < a c.
9 ܒܘܪܟܐ c d. 10 ܕܡܣܬܪܩܠ b, ܕܡܣܬܪܩܠ c d.

ܕܐܝܬ ܗ̇ܢ[1] ܐܝܬ ܘܡܘܕ̈ܥܢܐ ܐܝܟܢܐ ܐܝܠܝܢ. ܘܡܘܕܥܢܐ ܐܡܪ. ܕܐܝܟܢܐ ܦܠܓ ܐܝܬ. ܘܐܝܟܢܐ ܒܗܕܡ ܕܒܫܒܝ [2]ܐܪܙܝܗܘܢ ܕܡܘܕܥܢܐ ܕܐܝܟܢܐ ܐܢܘܢ ܡܢ ܐܝܟܢܐ [3]ܕܢܒܥܐ. ܘܐܝܟܠܗ ܒܡܕܡܐ. ܕܗܟܢܐ ܢܒܥ [4]ܠܝ. ܘܦܠܓ: ܕܗܕܡ ܕܣܝܡܬ. [5]ܘܪܫܐ ܕܒܡ̈ܕܡܐ ܐܡܪ. ܕܗܟܢܐ ܒܡܘܪܒܐ ܒܪ [6]ܐܪܙܐ ܘܒܪ ܡܠܟܐ ܕܪܫܐ ܕܡܘܪ̈ܒܐ ܐܬܘܗܝ، ܗܘܐ. ܐܠܐ ܐܝܠܘܗܝ، ܕܗܟܢܐ [7]ܐܣܬܟܠܬ ܕܗܕܐ ܒܝܫܬܐ ܒܕܝܫܬܟ. [8]ܘܒܡܘܪܒܐ ܐܡܪ. [9]ܕܗܕܐ ܒܝܫܬܐ ܡܛܠ ܣܟܠܘܬ، ܡܛܠܬ ܟܠ. ܡܛܠ ܕܡܢ ܡܕܡ ܘܟܠܐ ܘܠܐ ܢܠܘܬܗ ܒܠ ܒܡܘܪ̈ܒܐ ܘܫܘܫܝܐ ܪܒܐ ܒܒܝܬܗ ܒܗܘܢ. ܘܐܬܒ ܪܫܐ ܘܐܬܬܟܠܝ ܒܝ ܘܒ̈ܢܝ ܡܠܟܗ. ܕܗܟܢܐ ܙܕܩ ܠܡܥܒܕ ܒܗ (83 r) *ܒܡ̈ܕܡܐ. ܘܫܘܟܠܗܘܢ ܐܡܪܘ. ܕܡܪܒܐ ܢܥܒܕ. ܘܐܝܟܢܐ ܐܡܪܬ. [10]ܒܡ̈ܕܡܐ ܝܬܝܪ̈ܬܐ ܘܣܡ ܡܣܝܠܝܢ. ܘܐܦ ܒܥܒܕܝܢ [11]ܡܪܒܐ ܒܥܒܕܗܘܢ ܠܗܘܢ [12]ܢܗܘܐ. ܘܬܪܝܢܐ ܘܠܡ ܫܘܫܝܐ. ܐܠܐ ܫܒܐ ܡܢ ܬܪ̈ܬܝܢ ܙܕܩ ܠܝ ܕܢܥܒܕ. ܐܦ ܡܫܒܚܝܢ ܫܟܝܚܐ ܙܕܩ ܠܝ ܠܡܥܒܕ. ܘܐܦ ܫܟܝܚܐ ܠܝܬ: ܫܒܝܚܝܢ ܘܒܪܝܟܝܢ ܡܢ ܡܫܒܚܝܢܘܗܝ ܠܗܘܬܐ ܐܝܬܝܬܐ. ܘܐܡܫܪܐ ܗܝ، ܕܡܫܝܠܐ ܒܗ ܫܠܝܬܐ ܠܐ ܠܐ ܙܕܩ ܕܢܬܒܥܐ. ܐܠܐ ܠܐ ܕܢܬܒܥ ܢܦܫܗ ܘܠܐ ܫܦܝܪ. ܐܝܟܢܐ ܕܒܠܐ ܒܕ ܢܥܒܐ ܒܗ ܪܘܚܐ ܡܫܝܚܬܐ ܡܪܝܡ ܪܫܗ ܡܕܡܗܝ ܘܒܓܘܪܐ. ܘܕܡܬܒܥܬܐ ܒܗ [13]ܕܫܠܝܬ ܡܢܗ ܫܦܝܪ. ܐܝܟ ܒܗܐ ܕܡܬܒܥܬܐ ܒܗ ܢܘܪܐ ܕܫܠܗܒ ܡܢܗ ܘܢܦܠ ܒܗ ܘܡܐܟܠܬ. ܘܚܙܘ ܗܠܝܢ ܕܐܡܪܬ ܠܐ ܠܗܘܢ [14]ܘܐܬܬܚܡܬܘܢ [15]ܘܐܡܪܘ. ܕܒܪ ܡܠܟܐ [16]ܕܒܡ̈ܕܡܐ

1 ܗܟܢܐ bcd. 2 ܕܐܪ̈ܙܝܗܘܢ (sic) ac. 3 ܢܒܥ ܐܝܟܢܐ b. 4 ܒܝ bd. 5 ܪܫܐ b. 6 ܐܪܙܗ bcd, ܘ ܐܪܙܐ ܒܪ < a. 7 ܐܣܬܟܠܬ. Cf. Nöld. p. 766. 8 ܒܡܘܪܒܐ b. 9 ܕܗܕܐ. 10 ܕܒܡ̈ܕܡܐ b, ܘܒܡ̈ܕܡܐ d. 11 ܒܥܒܕܗܘܢ ܡܪܒܐ bd. 12 ܢܗܘܐ < b; d ܢܗܘܘܢ statt ܢܗܘܐ ܠܗܘܢ. 13 ܫܠܝܬ a. 14 ܘܐܬܬܚܡܬ. 15 ܘܐܡܪܘ bd. 16 ܕܒܡܕܡܐ bcd.

ܐܝܬ. ܘܠܟܠܗܘܢ ܘܒܕܘ ܒܗ ܒܫܥܬܐ ܗܕܐ. ܘܟܕ ܪܫܐ ܕܟܘܡܪ̈ܐ
ܗܕܐ ܥܡܕ. ܫܐܠ ܠܟܘܡܪ̈ܐ *ܕܥܡܗ ܚܕ ܚܕ. ܕܡܢܐ ܢܥܒܕ. 83ᵛ
ܠܡܠܟܐ ܒܥܘܬܐ. [1]ܘܡܬܪܥܝܢܐ ܐܡܪ. ܟܠ ܫܘܐܠܐ ܠܐ ܙܕܩ ܐܠܐ
ܡܣܪܐ ܢܬܡܠܟ. ܡܛܠ ܕܒܪ̈ܢܫܐ ܕܒܥܘ̈ܬܐ ܡܫܬܡܥ ܒܫܪܒܬܐ.
ܘܟܕ ܗܢܐ ܡܬܡܠܟ ܒܠܚܘܕ ܬܘܒ ܐܬܪܥܝܢ ܗܘܘ. ܘܐܡܪܝܢܐ
ܗܝ. ܕܟܡ ܕܒܢܫܘܬܐ ܐܬܬܐ ܠܘܬܗ ܘܠܐ ܡܩܒܠ ܠܗ. ܠܓܒܪ
ܠܗ ܒܕܗ ܘܡܦܝܣ ܡܢܗ. ܘܟܡ ܕܐܒܢܐ ܒܢܐ ܠܗ ܘܗܘ ܒܢܝܢܐ
ܠܐ ܒܥܐ ܗܘ ܡܢܐ ܕܒܢܝܐ. ܦܩܕ ܡܢܗ ܘܒܢܐ ܘܠܐ ܡܫܬܡܥ
ܠܗ. ܘܪܫܐ ܫܐܠ ܠܐܣܝܪܐ. ܕܐܝܬ ܡܢܐ ܐܡܪ ܐܝܬ. ܘܗܘ
ܐܡܪ. ܕܐܝܢܐ ܐܡܪ ܐܝܢܐ ܕܠܐ ܙܕܩ ܕܢܬܡܠܟܘܢ. ܡܛܠ ܕܡܬܒܥܐ
ܕܢܗܘܐ ܐܚܝ ܥܠ ܟܠܗܘܢ. ܟܕ ܡܬܡܠܟܝܢ [2]ܘܡܬܚܫܒܘܢ ܒܗ
ܬܪܝܨܐܝܬ ܟܕ ܠܫܒܘܚܬܐ ܡܕܡ ܣܓܝ ܠܘܬܗ ܘܕܢܝܢ ܠܗ ܒܕܡܗ.
ܐܝܟ ܕܒܥܕ ܬܓܪܐ [3]ܟܠܝܠܐ ܕܥܠ ܓܒܪܐ ܠܒܫܬܗ [4]ܘܡܛܠ ܘܠܝܠ
ܢܫܡܐ ܕܢܫܐ ܐܡܪ *ܠܓܒܪܐ. ܕܢܣܒܗ [5]ܕܐܒܘܗܝ ܒܬܪ ܗܘܐ ܘܡܢܝܢ: 84ʳ
ܗܫܐ [6]ܡܛܠܬܟ ܗܘܐ ܒܥܝܬ ܠܝ. ܐܠܐ ܥܠ ܡܘܬܐ ܠܝ ܟܘܬܐ ܕܒܫܝܬ ܡܢ
ܒܝܬܝ ܫܒ ܘܠܝ. [7]ܘܪܫܐ ܕܟܘܡܪ̈ܐ ܐܡܪ. ܕܐܝܟ ܗܘ ܗܢܐ ܫܪܒܐ.
ܘܗܘ ܦܠܛ.

ܐܝܬ ܗܘܐ [ܬܓܪܐ] ܚܕ ܒܬܘܪܐ ܫܡܗ ܒܪ ܬܡܐܝܢ ܥܬܝܪ ܘܐܝܬܘܗܝ ܦܠܛܐ. ܘܟܠܝܠܐ ܕܐܝܬܐ ܡܓܠܫܐ ܗܘܬ ܒܕܡܗ. ܡܛܠ ܒܠܚܘܕܝܬܐ ܕܪܐ ܗܘܬ ܠܗ. ܘܫܢܝܐ ܗܘܐ ܒܥܘܬܗ [8]ܬܓܪܐ ܡܛܠ ܫܒܘܬܗ. ܘܟܕ ܬܓܪܐ ܡܢ ܗܘܐ ܠܘܬܗ. ܗܝ ܕܢܫܐ ܗܘܬ ܢܦܫܗ ܘܡܢܝܢܘܬܐ. ܘܡܢ ܠܠܝܐ ܚܕ ܥܠ ܓܒܪܐ ܠܒܝܬ ܬܓܪܐ. ܘܗܘ

---

1 ܘܪܥܝܢܐ. 2 + ܘܡܬܚܫܒܝܢ b d. 3 ܕܠܠܝܐ. 4 ܡܛܠ b c d.
5 ܕܒܬܪ a. 6 ܡܛܠ ܐܝܬܘܬ, ac, ܡܛܠ ܐܝܬܘܬܟ bd. Vgl. 108 6. 7 ܪܫܐ c.
8 ܬܐܓܪܐ d (und so nachher).

ܕܡܟܝܢ ܗܘܐ. ܘܗܿܝ ܒܥܪܐ ܗܘܬ. ܘܟܕ ܚܙܬܗ ܠܛܘܒܢܐ ܕܢܚܬ ܠܘܩܒܠ ܘܒܥܘܬܗ ܠܬܪܥܐ ܘܫܒܩܬܗ ܠܘܬܗ. ܘܐܬܬܟܪܝ ܘܚܙܐ ܕܐܬܬܗ ܒܥܘܬܐ ܠܗ. ܘܐܡܪ. [1]ܕܡܢܘ ܥܒܕ ܒܝ ܛܝܒܘܬܐ ܗܕܐ ܕܒܥܘܬܝ ܐܚܬܝ. ܘܟܕ ܚܙܐ ܠܛܒܝܐ ܗܕܐ ܕܗܟܢ ܕܚܙܬܗ̇ ܒܥܘܬܗ ܘܐܡܪ
84r ܠܛܒܝܐ. *ܕܪܘܚܐ ܕܐܬܓܠܝܬ ܥܠܝܗ̇ ܗܘܐ ܘܡܬܪܥܡ ܗܟܢ. ܗܟܢܐ ܡܛܠܬܟ [2]ܒܥܘܬ ܠܝ. ܐܠܐ ܥܠ ܨܒܘܬܐ [3]ܕܒܥܝܬ [4]ܡܢ ܒܥܠܝ ܗܒ ܘܐܠ.

ܘܪܥܝܐ ܥܐܠ ܠܘܬܗ̇ ܕܬܠܬܐ. ܘܗܿܘ ܐܡܪ. [5]ܕܠܐ ܢܪܡ ܕܢܬܡܠܠ. ܡܛܠ [6]ܕܢܘܬܪܐ ܗܿܘ ܕܐܡܪ ܒܗ ܒܠܒܒܗ̈ܘܢ، ܚܕ ܥܡ ܚܕ ܦܪܫܘ ܘܫܒܩܘܢ. ܘܒܬܠܬ ܫܘܒܩܢܗܘܢ ܕܒܢ ܫ̈ܪܕܐ ܘܢܘܬܪܐ ܗܘܐ ܠܗ. ܐܝܟ ܕܗܘܐ ܠܛܒܝܐ ܚܕ ܕܡܛܠ ܬܒܬܫܘܐ ܕܗܘܐ ܠܫܐܕܐ ܒܗ ܠܡܦܠܓܐ ܚܕ. ܗܿܘ ܐܬܦܠܓ ܡܢ ܒܫܬܐ. [7]ܘܪܥܝܐ ܐܡܪ. ܕܐܝܟ ܗܘ ܫܪܒܐ ܗܢܐ. ܘܗܿܘ ܐܡܪ.

ܕܐܝܬ ܗܘܐ ܕܢܦܩ ܚܕ ܘܡܣܒ ܠܗ ܐܢܫ ܬܘܪܬܐ ܕܚܠܒܐ ܒܚܕܘܬܐ. ܘܚܙܗ̇ ܠܡܦܠܓܐ ܚܕ ܘܐܙܠ ܒܬܪܗ ܕܢܒܥ ܟܢܒ ܠܗ̇. ܘܐܬܚܣܦ ܠܗ ܫܐܕܐ ܕܠܒܫ ܗܘܐ ܕܡܘܬܐ ܕܒܪܢܫܐ. ܐܦ ܗܿܘ ܐܙܠ ܗܘܐ [8][ܒܗ̇] ܕܟܕ ܕܡܛܠ ܕܢܦܩ ܠܒܪ ܐܢܐ ܠܗ. ܘܫܐܠܗ ܠܡܦܠܓܐ ܠܫܐܕܐ. ܕܡܢ ܐܝܟܐ ܐܢܬ ܘܠܐܝܟܐ ܨܒܝܬ ܠܡܐܙܠ.
85r ܘܫܐܕܐ ܐܡܪ. ܕܐܢܐ ܫܐܕܐ ܐܢܬ، *ܘܒܬܪ ܕܢܦܩ ܗܢܐ [9]ܐܙܠ ܐܢܐ ܕܟܕ ܕܡܛܠ ܒܠܠܐ ܠܡܛܠ ܐܢܐ ܠܗ. ܘܐܦ ܠܡܦܠܓܐ ܐܡܪ ܠܗ. ܕܐܦ ܐܢܐ ܒܬܪܗ ܐܙܠܢܐ. ܟܕ ܡܫܟܚ ܐܢܐ [10]ܠܛܒܝܐ ܠܗ̇

---

1 ܘܕܡܢܘ a b c. 2 ܒܥܘܬܝ d, ܒܥܘܬܝ b c, ܒܥܘܬܝ a. 3 ܕܒܥܝܬܝ a. 4 ܡܢ ܒܥܠܝ < a. 5 ܘܠܐ b. 6 ܘܢܘܬܪܐ a c. 7 ܪܥܝܐ b. 8 Die Ergänzung ist entbehrlich, wenn das ܐܢܐ (drittletztes Wort der Zeile) gestrichen wird. 9 ܐܙܠܢܐ b c d. 10 ܠܛܒ ܐܢܐ b d.

ܠܬܘܪܬܗ. ܘܐܙܠܘ ܫܘܐܠܘܬ. ܘܟܕ ܟܠܗ ܕܡܫܝܚ ܠܒܝܬܗ ܒܒܪ ܗܘܐ
ܠܠܝܐ. ܘܠܬܘܪܬܐ ܢܦܩܘ ܒܗ ܒܫܥܬܐ ܘܗܘ ܐܟܠ ܠܦܨܚܐ ܘܕܡܟܝܢ.
ܘܠܦܨܚܐ ܐܬܚܫܒ ܕܐܢ ܫܐܕܐ ܠܟܘܢ ܠܡܫܝܚ ܒܒܪ ܡܢ ܩܠܗ
ܡܬܬܒܥܝܢ ܐܢܫܐ ܘܠܐ ܡܫܟܚ ܐܢܫܐ ܕܐܢ ܠܒܢܝܗ. ܘܐܡܪ ܠܫܐܕܐ.
ܕܒܬܪ ܐܢܬ ܒܕܡܘܬܐ ܕܡܩܒܠ ܐܢܫܐ ܠܗ ܠܬܘܪܬܐ. ܘܡܢ ܠܟܘܢ ܐܢܬ
ܠܡܫܝܚ. ܘܫܐܕܐ ܐܬܚܫܒ ܕܐܢ ܠܦܨܚܐ ܡܩܒܠ ܠܗ ܠܬܘܪܬܐ
ܒܒܪ ܕܒܫܝܢ ܐܢܫܐ ܘܡܒܣܝܢ ܠܗ ܠܡܫܝܚ. ܘܠܐ ܡܫܟܚ ܐܢܫܐ
ܕܐܠܒܒܗ. ܘܐܡܪ ܠܠܦܨܚܐ. ܕܒܬܪ ܒܕܡܘܬܐ ܕܠܟܘܢ ܐܢܫܐ ܠܗ
ܠܡܫܝܚ. [1]ܘܡܢ ܕܒܪ ܐܢܬ ܠܗ [2]ܠܬܘܪܬܗ. ܘܒܗܘܢܐ ܙܢܐ ܠܐ
ܐܫܬܠܡܘ ܠܝܗܘܕܝܐ [3]*ܘܐܬܚܫܒܘܬܐ ܬܪܘܗܝܢ. ܗܘܝܢ ܫܐܕܐ ܩܪܐ 85v
ܠܡܫܝܚ. ܕܗܘܐ [4]ܗܘܐ ܠܦܨܚܐ ܒܒܐ [5]ܕܢܟܘܒ ܠܬܘܪܬܟܘܢ. ܘܠܦܨܚܐ
ܐܡܪ. ܕܗܘܐ [6]ܗܘܐ ܫܐܕܐ [7]ܒܒܪܐ ܕܠܟܘܢ ܠܟܘܢ. ܘܕܡܫܝܚ [8]ܒܡ
ܫܪܒܐ ܕܒܢ̈ܝ ܒܝܬܗ [9]ܐܬܬܒܥܝܪܘ [10]ܡܢ ܫܬܘܗܝ ܘܗܘܘ ܘܠܦܨܚܐ
ܘܫܐܕܐ ܒܪܘܗ.

ܘܡܛܠ ܗܕܐ ܐܡܪܬ ܗܠܝܢ. ܕܐܢܫ ܢܒܝܗܐ ܒܝܘܬܢܐ ܪܒܐ
ܫܒܩ [11]ܠܗ ܠܗ̇ ܕܡܫܬܒܚܝܢ ܒܠܒ̈ܒܘܗܝ [12]ܚܕ ܒܡ ܚܕ. [13]ܐܘ
ܡܬܦܪܐ ܢܣܟܐ [14]ܕܒ̈ܠܒܒܘܗܝ ܒܠܫܢܘܗܝ ܘܡܫܬܒܚܝܢ. ܘܟܕ
ܗܢܐ ܒܗܝܡܐ ܕܬܠܬܐ ܗܠܝܢ ܐܡܪ. ܬܘܒ ܗܘ ܡܕܡܝܐ ܐܡܪ.
ܕܗܢܐ ܒܗܪܒܐ [15]ܚܙܐ ܐܢܫܐ ܕܒܡܠܬܗ ܐܫܬܪܪܬܘܗܝ. ܡܛܠ
ܕܢܒܝܗܐ ܦܘܪܫܐ ܕܒܠܒ̈ܒܐ ܚܙܐ ܘܒܡܠܬܐ [ܠܐ] ܡܫܬܪܪ.

---

1 ܘܒܕ. 2 ܠܬܘܪܬܐ b. 3 ܘܐܬܚܫܒܘܬ c d. 4 ܕܗܘܐ c d.
5 + ܕܠܟܘܢ ܠܟܘܢ b d (!). 6 ܕܗܘܐ b d. 7 ܒܒܪܐ < b d. 8 ܘܫܪܒܐ b d.
9 ܐܬܬܒܥܝܪ b d. 10 ܘܗܘܘ ܡܢ ܫܬܘܗܝ a c. 11 ܠܗ̇. 12 + ܒܠܫܢܘܗܝ
a (aus Zeile 17 eingedrungen). 13 ܘܐܘ a. 14 ܕܒܠܒ̈ܒܘܗܝ b.
15 ܕܚܙܐ.

ܐܠܐ ܕܝܢ. ܘܟܒܪܐ ܫܠܐ[1] ܦܫܝܩܐܝܬ[2] ܕܢܝܘܣܦܝܐ ܒܡܠܬܐ. ܡܛܠ
86r ܕܡܢ ܕܡܬܚܫܒܝܢ ܠܡܪܝܡ ܕܐܬܒܥܕ ܝܠܕ ܡܢ ܡܪܝܡ ܕܒܬܘܠܘܬܗ̇ *ܚܙܐ.
ܗ̇ܘܐ ܐܝܟ ܗ̇ܘ ܝܠܕܐ ܕܡܪܝܡ ܕܐܬܒܥܕ ܗܫܝܢ ܝܠܕ ܡܢ ܡܪܝܡ
ܕܚܙܐ. [3]ܘܪܒܐ ܕܒܗܘܢܐ ܐܡܪ. [4]ܐܝܟܢ ܗܘ ܗܘܝܐ ܫܪܒܐ.
ܒܗܘܢܐ ܐܡܪ.

ܕܐܝܬ ܗܘܐ ܠܒܪܐ ܚܕ ܘܪܫܡ ܗܘܐ ܐܝܬܘܬ ܝܠܕܐ. ܘܟܕ ܢܕܥ ܒܢ̈ܝ ܒܝܬܗ ܕܝܠܕܐ ܐܘܕܥܘܗܝ [5]ܠܝܠܕܐ. [6]ܘܫܪܝ [7]ܕܢܬܚܫܒ. ܕܠܐ ܙܕܩ [8]ܕܡܬܚܫܒܝܢ ܐܢܫܐ ܡܠܬܐ ܕܐܝܟܢܐ ܒܥܕܢܐ ܕܒܢ̈ܝ ܐܢܫܐ. ܘܐܡܪ ܠܐܝܬܘܬܗ. [9]ܕܒܥܕܢܐ ܡܫܡܠ ܠܗ ܒܟܠܗ̇ ܕܡܠܬܐ. ܘܐܝܟܢܐ ܠܬܡܢ ܚܙܘ ܐܝܟܐ. ܐܠܐ [10]ܦܩܕ ܠܗ ܙܒܢܐ ܠܟܠܗ [11]ܡ̈ܘܡܬܐ ܕܐܝܠܝܢ ܒܗܝܢ. ܘܗ̇ܝ [12]ܟܕ ܫܡܥܬ ܚܙܬ ܚܙܘܬܐ ܪܒܬܐ. ܘܒܒܥܬ ܐܡܝܢܐ ܕܐܡܪ ܠܗ̇. ܘܟܕ ܗܘܐ ܕܡܫܐ ܐܡܪ ܠܗ̇ ܝܠܕܐ ܠܐܝܬܘܬܗ. ܕܐܝܟܢ [13]ܬܪܒܐ ܘܡܬܕܪܝܐܝܬ [14]ܘܐܬܕܗܪ ܒܚܝܠܬܐ. ܘܗܘܐ [15]ܗ̇ܘ ܘܬܠܡܝܕܘܗܝ ܘܐܝܠܘ. ܘܡܢ ܒܠܒ ܝܠܕܐ ܡܬܦܫܐܝܬ ܘܟܠ ܠܚܝܠܬܐ ܘܐܬܦܩܕ ܬܚܝܬ ܒܪܘܫܐ. ܘܐܝܬ ܠܗ ܚܝܘܗܝ. ܘܗ̇ܝ ܐܬܦܬܚܬ
86v ܕܐܙܠ ܝܠܕܐ ܘܐܘܕܥܘܗܝ ܠܢܫܡܬܗ̇. ܕܒܟܠ *ܐܙܠ ܠܦܘܠܚܢܐ ܘܠܝܠܕܐ ܐܬܐ. ܐܠܐ ܫܪܒܐ ܠܒܪܝܐ. ܘܐܬܬ ܠܘܬܗ [16]ܘܐܡܠ ܘܐܫܬ, ܒܗ ܐܝܬܘܬܗ ܕܝܠܕܐ ܘܚܕܘ ܒܗ ܬ̈ܕܕܐ. ܘܟܠ ܡܕܡ ܕܒܥܕܘ ܚܙܐ ܗܘܐ ܝܠܕܐ. ܘܒܠܝܠܝܐ ܫܠܘ ܘܐܙܠܘ ܒܪܘܫܗ ܕܝܠܕܐ. ܘܝܠܕܐ ܦܩܕ ܒܫܬܐ. ܘܐܝܟ ܕܒܠܝܠܘ ܬܚܝܬ ܒܪܘܫܐ ܦܫܛ

---

1 ܦܫܝܩ b (ܦܫܝܩ d). 2 ܕܢܝܘܣܦܝܐ ad. 3 ܘܪܒܐ c. 4 ܐܝܟܢ bis ܐܡܪ inkl. < b d. 5 ܠܝܠܕܐ < a c. 6 ܘܝܠܕܐ ܐܬܬܫܒܚ b d. 7 ܢܬܚܫܒ a c. 8 ܕܡܬܚܫܒܝܢ ܐܢܫܐ a c. 9 ܒܥܕܢܐ a c. 10 ܦܩܕ. 11 ܘܡܘܡܬܐ a c d. 12 ܟܕ < a. 13 ܬܪ̈ܒܐ c. 14 ܘܐܬܕܗܪ a c d. 15 ܗܘܐ b d. 16 ܘܐܡܠ b.

ܒ̈ܢܘܗܝ. ܘܟܕ [1]ܚܙܬܗ ܐܢܬܬܗ ܕܐܝܟܢܐ ܒܨܘܪܐ ܗܘ̇. [2]ܠܢܟܝܬ ܠܪ̈ܚܡܘܗܝ. ܕܫܐܠܝܢ ܒܡܠܐ ܪ̈ܒܐ ܕܠܝ [3]ܪ̈ܚܡܬܝ، ܐܘ ܠܒ̈ܥܠܝ. ܘܫܐܠܬܗ ܗܝ، ܦܬܚܬ ܠܗ. ܕܪ̈ܚܡܝ ܠܐ ܗ̣ܘܐ ܠܟܝ [4]ܕܬܫܐܠܝܢ ܡܠܬܐ ܗܕܐ. ܡܛܠ ܕܚܢܢ ܢ̈ܫܐ ܟܓܒܪܐ ܘܒܪܬܐ ܠܐ ܚܙ̈ܝܢ ܠܚܒܪܬܗ ܘܠܐ ܠܓܒܪܗ. ܐܠܐ ܟܕ ܡܬܡܛܠܐ ܠܗܘܢ ܪ̈ܚܡܬܢ ܒܠܚܘܕ. [5]ܕܡܫܬܟܚܝܢ ܒܗ. ܐܠܐ ܒܡܠܐ ܒܐܪܒܐ ܘܡܬܪܢܝܢܐ ܠܒܢܝܢ ܠܗ. ܡܛܠ ܕܟܠ ܦ̈ܬܓܡܐ ܕܡܬܚܫܒܢ ܒܒܪܐ ܘܒܒܪܬܐ. ܡܛܠ [6]ܐܢܬܬܗ ܘܒ̈ܢܘܗܝ،
87r ܒܒܪܐ. ܘܐܢܬܬܐ ܕܒܠܬܐ ܗ̇ܢ ܕܬܬܚܫܒ *ܒܠ ܕܠܐ ܡܦܪ ܒܠܒܗ ܒܠܒܗ ܐܝܟ ܢܦܫܗ. ܘܐܦ ܐܢܐ ܪ̈ܚܡܐ ܐܢܐ ܠܗ. ܘܟܕ ܫܡܥ ܓܒܪܐ ܕܐܡܪܬ [7]ܕܪ̈ܚܡܬܐ ܠܗ. ܐܬܬܐ ܠܗ ܒܒܝܬܐ ܘܐܬܚܫܒ [8]ܒܠܒܐ ܕܐܝܟ ܕܚܙܐ ܐܢܐ ܐܢܬܬܝ، ܐܝܟ ܫ̈ܢܝܗ [9]ܪ̈ܚܡܬܐ ܠܝ. ܘܟܕ ܓܒܪܐ ܟܕ ܐܙܠ ܪ̈ܚܡܗ ܡܢ ܠܘܬܗ. ܗܝ، ܕܪܚܡܬܐ ܗܘܬ. ܘܥܡ ܓܒܪܐ ܡܢ ܬܚܝܬ [10]ܒܪܫܗ ܘܢܦܩ ܠܘܬܗ ܒܠ ܒܪܫܐ ܘܡܥܒܕ ܗܘܐ ܡܢܗ ܕܒܒ̈ܐ. ܘܟܕ [11]ܐܬܬܒܪܬ ܐܡܪ ܠܗ. ܕܕܡܟ ܠܟ ܢܦܫ ܡܛܠ ܕܗܢܝ ܥܡܘܕ ܒܠܠܝܐ. ܘܐܠܘ ܠܐ ܕܡܬܬܒܣܡܐ [12]ܗܘܝܬ، [13]ܢܟܐ ܗܘܝܬ ܒܗ ܒܒܪܐ ܗܘ. ܘܢܓܪܐ ܒܠ ܡܕܡ ܕܚܙܐ ܒܒ̈ܢܘܗܝ، ܐܟܡܐ ܘܗܘ ܕܫܡܥ ܡܢ [14]ܐܢܬܬܗ ܒܡܫܬܐ [15]ܗܡܝܢܘܬܗ.

ܘܒܠ ܗܕܐ ܐܡܪܬ [ܗܠܝܢ] ܡܛܠ ܕܐܦ ܗܢܐ ܒܥܘܪܐ ܠܐ ܗܘ̇ ܕܢܬܗܝܡܢ ܠܒ̈ܢܘܗܝ. ܡܛܠ ܕܒܕܡܘܬܐ ܠܗܘܢܐ ܠܐ ܡܬܟܢܫ
87v [16]ܗܘܐ ܕܡܬܢܟܦ ܠܝ. ܘܗܫܐ ܒܡܬܐܬܝܬܗ *ܘܐܦ ܒܡܘܠܕܢܐ ܡ̈ܠܐ

1 ܚܙܬ ܐܢܬܬܐ b, ܚܙܐ ܐܢܬܬܐ d. 2 ܢܟܝܬ abc. 3 ܪܚܡܬܝ. 4 ܕܬܫܐܠܝܢ ad. 5 ܕܕܡܫܬܟܚܝܢ a (ܕ wohl Dittographie). 6 ܐܢܬܬܐ bd. 7 ܕܪܚܡܬܐ ܐܢܐ a, ܕܪܚܡܬܐ ܠܗ d. 8 ܒܠܒܗ c. 9 ܪܚܡܬܗ bd. 10 ܒܪܫܗ bcd. 11 ܐܬܒܪܬ cd. 12 ܗܘܬ ac. 13 ܢܟܐ ܗܘܐ ܠܗ ܒܗ bd. 14 ܐܢܬܬܐ bd. 15 ܗܝܡܢܘܬܗ. 16 ܗܘܐ < ac.

ܫܘܦܪܐ ܡܬܬܡܠܟܐ ܠܝ. [1]ܘܡܠܟܐ ܕܗܘ ܒܗܢܐ ܕܐܡܪܝܢ [2][ܕܢܬܡܠܠ] ܠܐ ܐܬܩܒܠ. ܘܦܘܫ ܗܪܟܐ [3]ܘܦܠܓܘܬܗܝ، ܠܒܪܢܫܐ ܡܢ ܬܡܢ ܒܐܝܩܪܐ ܠܕܡܘܬܐ ܕܒܢ̈ܝܢܫܐ. ܘܬܘܒ ܗܘ ܒܗܢܐ ܕܐܡܪܝܢ ܕܢܬܡܠܠ ܒܪܢܫܐ ܐܡܪ ܠܢܫܐ. ܕܐܢ ܦܘܫ ܐܢܬ ܕܐܝܟ ܠܐ ܢܣܒܬ ܕܢܬܡܠܠ ܐܠܐ ܢܬܠܒܟ ܒܕܡܘܬܐ ܕܟܠܒܒ̈ܐ. ܐܝܟ ܗܘ ܕܡܫܬܡܠܐ ܢܦܫܗ. ܘܡܫܒܚ ܕܢܒܒܪ ܒܫܬܐ ܟܢ ܘܒܟܠܗ ܒܗܪܢ. ܡܛܠ ܕܒܩܪܒܐ ܗܢܐ ܓܢܒ ܘܡܟܣܪ̈ܘܣܐ ܠܗܬܪܐ ܕܢܦܫܗ ܐܬܐ ܠܩܪܒܐ. ܘܪܫܐ ܘܫܪܒܐ ܕܒܢ̈ܝܢܫܐ ܫܦܠܝܢ ܗܘܘ ܠܩܪ̈ܒܘܗܝ، ܘܠܒܩܪܒܐ ܒܐܝܩܪܐ ܡܫܬܪܐ ܠܒܝܫܝܢ ܗܘܘ. ܘܐܦ ܒܩܪܒܐ ܗܘ ܠܒܝܫ ܗܘܐ ܠܢܦܫܗ. ܘܐܦ ܡ̈ܠܐ ܗܠܝܢ ܡܛܠ ܗܘܐ ܕܒܪ ܫܒܩ ܗܪܟܐ ܕܒܢ̈ܝܢܫܐ ܒܗܢ ܫܪܒܐ [4]ܕܒܢ̈ܝ ܡܠܘܗܝ [5]ܬܬܪܐܝܬ [6]ܡܬܬܟܠܝܢ ܗܘܘ ܒܠܘܗܝ. ܘܟܕ ܡܢ ܘܡܬ̈ܠܐ ܐܡܪ ܠܗܘܢ ܒܩܪܒܐ ܠܒܢ̈ܝܢܫܐ. [7]ܘܐܦ ܠܢܫܐ ܕܒܢ̈ܝܢܫܐ

88 r *ܫܠܝ ܘܐܦ ܗܘ ܕܠܘܩܒܠܗ [8]ܕܒܩܪܒܐ ܬܡܢ ܗܘܐ. ܘܐܡܪ ܠܗܘܢ. ܕܐܢܐ ܡܢ [9]ܒܩܪ̈ܒܐ ܒܢ̈ܫܬܐ ܣܓܝ̈ܐܬܐ ܫܡܝ ܠܝ. ܘܓܒܪܐ ܐܢܐ ܕܐܦܪܘܩ ܐܢܐ. [10]ܘܒܦܓܪ̈ܐ ܕܒܩܪ̈ܒܐ ܠܐ ܡܫܒܚ ܐܢܐ ܕܐܒܒܪ. ܠܗܘܢ ܫܘܦܪܐ. ܘܡܫܒܚ ܠܝ ܕܡܢ ܕܡܟܠܝܢ [11]ܦܓܪܗ ܘܢܦܫܗ [12]ܘܒܣܝܡܘܬܗܝ، ܡܛܘܠ ܢܦܫܗ ܒܡܘܬܐ ܘܫܠܝܐ ܬܡܝܡܘ̈ܬܐ ܡܢܟܐ ܠܗ ܢܘܪܐ. ܘܐܦ ܬܫܒܘܚܬܐ ܕܟܠܢܐ ܡܫܒܚ. ܘܐܢ ܙܢܝ ܡܢܝ، ܘܦܘܫ [13]ܕܢܘܨܚܢ ܒܢܘܪܐ ܒܗ، ܥܒܕܬܐ ܕܡܫܪܝܢ ܠܝ ܒܟܢܫܐ ܒܕܘܬܐ ܕܐܘܦܝܢ ܘܐܗܘܐ ܒܗܢܐ. ܘܗܕܐ ܒܫܬܐ ܕܢܨܚܐ ܠܝ ܡܢ

1 ܘܡܢ ܡ̈ܠܐ (ܡܠܐ d) ܕܗܘ. 2 Cf. Nöld. p. 766. 3 ܘܦܠܓܢܘܬܗܝ، a.
4 ܕܡ̈ܠܘܗܝ، a c, ܡ̈ܠܘܗܝ، b d. 5 ܬܬܪ b, ܬܬܪܐ c d. 6 ܡܬܟܠܝܢ a.
7 ܘܠܢܫܝܗܘܢ ܫܠܝ a c. 8 ܕܠܒܩܪܒܐ b d. 9 ܒܩܪܒܐ b c d.
10 ܘܦܓܪ̈ܐ. 11 ܦܓܪܐ b d. 12 ܒܣ̈ܝܡܘܬܗܝ، a. 13 ܕܢܘܨܚܢܘܗܝ، a c,
ܕܢܘܨܚܢܝܗܘܢ، b d.

[1]ܒܘܪ̈ܟܐ ܒܦܢܝܐ. ܟܕ ܡܢ، ܡܥܡܕ [2]ܐܢܐ ܦܪܘܩܐ ܠܒܘܪ̈ܟܐ.
ܘܗܘ ܒܗܡܟܐ ܕܠܘܩܒܠܐ ܐܡܪ ܠܗ. ܕܗܡܟܐ ܐܬܬܢܝ ܕܝܢܟܪܐ
ܢܝܚܐ ܘܕܟܝܐ ܕܪܟܐ ܒܡܟܐܢܐ ܘܢܝܚܬ ܒܗ ܡܕܪܐ. ܐܠܐ ܐܦ
ܐܝܬ ܐ̱ ܡܗܘܕ ܐܝܬ ܦܢܝܢ. ܐܠܐ ܕܗܡܟܝܢ ܘܒܟ̈ܝܢ ܘܒܢܝܢ
88v ܠܐ ܡܢܝܐ ܕܢܐܘܕܘ̱. ܡܛܠ ܕܒܠ *ܐܢܫܐ ܕܐܙܠ ܐܝܬ ܒܪܕܘܫ
ܠܒܢܝܢ ܡܦܢܝܢ ܐܝܬ ܐܢܝܢ ܗ̇ܝ ܒܡܘܒܪܬܐ ܕܐܬܓܘܕܝܬ ܒܒ̈ܠܐ
ܫܚܫܐ ܘܒܫܡܐ ܘܪܘܚܐ ܘܒܢܝܚܐ [3]ܕܠܦܘܪܐ. [4]ܘܫܒܘܩܬ ܐܢܘ̱
ܠܒܠܗܘ̱ ܘܡܦܟܬ ܠܒܢܝܗ̇ ܘܗܘܬ [5]ܒܢܫ̈ܐ ܠܒܘܢܒܪܐ ܒܪ
ܒܢܝܗ̇. ܘܒܡܘܪܒܐ ܐܡܪ. ܕܐܝܟ ܗܘ ܗܢܐ ܫܪܒܐ. ܘܒܡܟܐ
ܐܡܪ.

ܐܝܬ ܗܘܐ ܕܢܝܚ ܚܕ ܙܕܘܩܐ. ܘܫܪܪܐ ܗܘܬ ܒܡܪܬܗ
ܘܠܦܬܗ. ܘܢܬܒ ܗܘܐ ܒܠ [6]ܠܒ ܢܘܗܪܐ. ܘܦܪܚܬ ܠܒܠ ܡܢܗ
ܕܢܬܐ ܚܕܐ. [7]ܘܠܒܢܝܐ ܗܘܬ ܒܪ̈ܒܠܝܗ̇ ܒܡܘܒܪܬܐ. ܘܟܕ ܡܛܠܬ
ܠܗܬ ܕܢܝܚ ܘܢܛܠܬ ܡܢܗ̇ ܒܡܘܒܪܬܐ ܡܕܒܪܗ̇. [8]ܘܕܢܝܚ [9]ܚܠܦ
ܒܠܝܗ̇ ܘܦܫܛ ܐܝܕܗ ܘܢܣܒܗ̇ ܘܣܡܗ̇ ܒܠ ܦܪܘܣܐ ܚܕ ܘܗܘܐ ܕܢܬܬܗ̇
ܠܒܢܬܗ. ܕܠܐ ܢܬܠܠܗ̇ ܐܢܫ. ܘܟܕ ܐܙܠ ܒܐܘܪܚܐ ܐܬܬܘ
ܘܐܡܪ. ܕܠܐ ܡܬܒܒܐ ܕܢܦܠܐ ܗܘܬ ܠܗ ܡܢ ܐܪܒܐ. ܕܟܕ
ܡܬܦܬܠܐ ܗܘܐ ܐܒܘܗ̇ ܘܐܡܗ̇ ܘܡܒܠܝܢ ܗܘܘ ܠܗ̇. ܕܐܢܐ
89r ܒܥܘܐ *ܒܠ ܕܐܪܒܗ̇. ܘܐ̱ ܠܐ ܡܒܪܐ ܐܢܐ ܠܗ̇ ܫܦܪ ܐܢܐ
ܒܗ̇ ܕܫܠܬܗ̇. ܐܠܐ ܐ̱ ܗܘܐ ܦܬܠܬܐ ܗܢܪ ܦܥܡ ܠܝ ܕܐܪܒܗ̇.
ܘܒܪܗ̇ ܘܐܡܪ. ܕܗܦܟܝܢ ܗܘܘ̈ܗ̇، ܦܬܠܬܐ ܫܦܪܬ ܚܝܘܗ̇. [10]ܘܗܘܬ.
[11]ܘܐܘܒܠܗ̇ ܠܒܢܬܗ ܘܐܡܪ ܠܐܢܬܬܗ. ܕܗܕܐ ܦܬܠܬܐ ܐܝܟ

---

1 ܒܘܪܟܐ a c d. 2 ܐܢܐ < b, ܡܫܡܫܢܐ c d. 3 ܘܠܦܘܪܐ a b c.
4 ܫܒܘܩܬ c. 5 ܒܢܫܐ b d. 6 ܠܒ b. 7 ܘܠܒܢܝܬ b c d. 8 ܘܕܢܝܚ < c.
9 ܘܚܦ a c. 10 ܘܗܘܬ < b d. 11 ܘܐܘܒܠܗ̇ c.

ܒܪܬܗ ܠܡܥܡܕܘܗ̇ [1]ܘܐܡܪ ܕܠܐ ܐܥܡܕܝܗ̇. [2]ܘܗܝ̣ ܒܒܪܬ ܡܒܢܐ. ܘܟܕ ܗܘܬ ܒܪܬ ܬܪ̈ܬܥܣܪܐ ܫܢ̈ܝܢ. ܕܡܝܟ ܐܬܡܣܟ. ܘܐܡ ܠܗ̇ ܕܐܒܒܪ ܠܗ̇ ܡܕܡ ܕܣܢܐ ܠܒܪܬܐ ܠܒܪܬܗ. ܘܪܒܢܐ ܡܦܠܐ [3]ܕܬܗܘܐ ܠܒܪܬܐ. ܘܐܡܪܬܐ ܠܡܫܬܝܢܐ. [4]ܕܦܠܓܘܬܐ ܗܘ ܕܝܢ ܕܒܪܬܗ ܒܒܝܬܗ ܠܐ ܫܬܐ [5]ܒܒܣܡܐ. ܘܫܐܠܗ̇ ܘܐܡܪ ܠܗ̇. ܕܒܪܬܝ ܗܫܐ ܙܒܢܐ ܗܘ ܕܬܗܘܝܢ ܠܒܪܬܐ. ܘܗܘܝ ܘܣܢܝ. ܟܠ ܕܝܢ ܕܐܒܘܬܝ [6]ܒܢܝܬܟܝ. [7]ܐܡܪܬ ܠܗ. ܘܐܢ ܐܬܝܬܘܢ ܡܢ [8]ܒܝܬܐ ܒܒܪ. ܐܢܐ ܠܗ [9]ܦܓܪܐ ܘܢܦܫ ܠܝ ܒܒܬ̈ܐ. ܘܗܝ̣ ܦܢܝܬ. ܕܐܢܐ ܗܘ̇ ܒܪܬܐ ܒܢܝܢܐ ܕܣܠܩܬ ܡܢ ܟܠܗܘܢ ܒܢܝ̈ܢܫܐ. ܘܐܙܠ ܕܡܝܬܟ ܠܘܬ ܫܡܥܘܢܐ *ܘܐܡܪ [10]ܠܗ. ܕܦܠܓܘܬܐ ܗܕܐ ܫܦܝܪܬܐ ܗܝ̣ ܘܠܐ 89v
ܡܩܒܠܐ ܒܒܝܬܐ. [11]ܘܗܘ̇ ܒܪܬܐ [12]ܒܢܝܢܐ ܕܣܠܩܬ ܡܢ ܟܠܗܘܢ ܒܢܝ̈ܫܐ. ܐܠܐ ܬܗܘܐ ܠܟ ܐܢܬܬܐ. ܘܫܡܥܐ ܐܡܪ. ܕܐܢܐ ܣܠܩܬ [13]ܐܢܐ. ܐܠܐ ܒܥܡܪܐ ܣܠܩܬ ܡܢܝ. ܡܛܠ ܕܒܪ ܢ̈ܦܫܐ ܠܘܬܝ ܡܒܣܡܐ ܟܠܗ ܙܢܐ ܘܡܕܪܫܐ ܕܠܝ. ܘܐܙܠ ܠܘܬ ܒܥܡܪܐ ܘܐܡܪ ܠܗ ܡܒܣܡܬ. ܘܒܥܡܪܐ ܐܡܪ. ܕܐܢܐ ܣܠܩܬ ܐܢܐ. ܐܠܐ ܪܘܫܐ ܣܠܬܘܬܐ [14]ܗܝ̣ ܡܢܝ. ܡܛܠ ܕܪܘܫܐ ܡܩܒܠܐ ܘܡܥܬܪܐ ܠܝ ܐܡܪ ܕܒܢ̈ܝܐ. ܘܐܙܠ ܕܡܝܬܟ ܠܘܬ ܪܘܫܐ ܘܐܡܪ ܠܗ̇ ܡܒܣܡܬ. ܘܪܘܫܐ ܐܡܪܬ ܠܗ. [15]ܕܐܢܐ [16]ܣܠܬܘܬܐ ܐܢܐ. ܐܠܐ ܦܓܪܐ ܣܠܩܬ ܡܢܝ. ܒܗ̇ ܕܡܐܡܪ ܠܡܩܒܠ ܦܬܓܡܝܢ ܠܝ ܡܢ ܙܘܒܐ. ܘܐܢܐ ܠܐ

---

1 ܘܕܠܝܟ ܐܬܡܣܟ d; ܘܐܡܪ ܕܠܐ ܐܥܡܕܝܗ̇ < b c; ist in a vielleicht Dittographie der vorigen Worte; + ܬܪ̈ܬܥܣܪܐ ܫܢ̈ܝܢ a d (antezipiert!).
2 ܘܗܘܝ ܒܥܕܬ a. 3 ܘܬܗܘܐ b d. 4 ܕܦܠܓܘܬܐ. 5 ܒܒܣܡܐ.
6 ܒܢܝܬܟ. 7 ܐܡܪ a b d. 8 ܒܝܬܐ a. 9 ܦܓܪܐ b. 10 ܠܗ̇.
11 ܘܗܘ̣ a c. 12 ܘܒܢܝܢܐ a. 13 ܐܢܐ < a c. 14 ܗܝ̣ < a c. 15 < a c, ܕܐܢܐ b d. 16 ܕܣܠܬܘܬܐ a c.

ܡܫܝܚܐ ܐܢܐ ܕܐܬܒܣܡܘܗܝ. ܘܐܙܠ ܠܘܬ ܒܢܝܐ ܕܦܘܪܐ ܘܐܡܪ
ܠܗ ܗܘ ܒܪ ܗܘ. ܘܒܢܝܐ ܕܦܘܪܐ ܐܡܪ. ܕܐܢܐ ܫܠܝܚܐ ܐܢܐ.
90r ܐܠܐ [1]ܒܡܘܒܪܐ [2]ܫܠܝܚܘܬܐ ܗܘܐ. ܡܛܠ [3]ܕܒܝܕ ܠܗ ܠܦܘܪܐ *ܘܠܐ
ܡܫܝܚ ܐܢܐ ܕܐܬܒܣܪ [4]ܒܗ ܡܪܝܡ. ܘܕܢܝܚ ܐܡܪ ܠܡܘܒܪܐ.
ܕܗܘܐ ܦܠܓܘܬܐ ܒܒܝܬܐ ܒܒܪܐ ܕܫܠܝܚܘܬܐ ܡܢ ܟܠܗܘܢ ܒ̈ܢܝܢܫܐ.
ܐܠܐ ܬܘܗܡܐ ܠܝ ܐܝܬܝܬܐ. ܘܒܡܘܒܪܐ ܐܡܪ. ܕܐܢܐ [5]ܐܢܫܐ
ܢܦܩ ܐܢܐ ܠܗ̇ ܒܢ̈ܝܐ ܕܒܪ ܐܢܐ ܘܒܗܘܪܐ ܐܢܐ ܘܡܒܝܢ [6]ܚܢܢ.
ܘܗܕܐ ܒܦܠܓܗ̇ ܗܘܐ ܘܠܐ ܡܫܝܚܐ ܕܒܐܠܗܐ ܒܪܗ. ܘܡܪ ܚܙܐ
ܕܢܝܚ ܕܐܬܦܠܓܘܬ ܠܗܕܐ ܘܫܠܡ ܓܒܝܗ ܐܬܒܪܟ ܘܗܦܟܬ ܦܠܓܘܬܐ
ܘܗܘܬ ܒܡܘܒܪܬܐ. ܘܝܗܒܗ̇ ܒܢ̈ܝܐ ܠܡܘܒܪܐ.

[7]ܘܦܪܫܐ ܕܒܡ̈ܠܐ ܐܡܪ. ܘܠܝܡ ܡ̈ܠܐ ܕܐܡܪ ܗ̇ܘ ܒܡܠܐ
[8]ܥܬܝܩ. ܘܗܘܝܢ ܡܢܗܪܬܐ ܐܝܟܢܐ ܠܗ̇ܘ [9]ܒܡܘܒܪܐ ܒܕܡܐ ܕܠܗܘܢ
ܠܟܠܗ ܐܪܙܐ ܘܦܘܪܫܐ ܕܒܡ̈ܠܐ. ܘܒܝܕ ܦ̈ܬܓܡܘܗܝ ܘܕܘܒܪܗ ܘܡܢܗܘܢ
ܘܐܬܝܠܕ. ܘܗܘܝ ܒܦܠܓܢܐ ܘܐܙܠ ܠܘܬ ܒܡ̈ܘܒܪܐ ܘܐܡܪ ܠܗܘܢ.
ܕܢܕܘܬܐ ܘܐܬܬܬܠܘ. ܕܗ̇ܘ ܡܕܡ ܕܪܙܗ ܗܘܐ ܠܝ ܠܡܒܕܪ ܒܕܪܬ.
90v ܘܒܡܒܬ *ܘܠܘܬ ܢܘܪܐܝܬ. ܘܐܦ ܐܢܬܘܢ ܡܬܚܫܦܬܘܢ ܕܪܫܐ
ܕܒܡ̈ܠܐ ܒܡ ܒܠܗ̇ ܒܪܕܗ ܒܪ ܡܫܘܬܦ ܘܕܡܒܒܘܢ ܠܟܝ ܐܢܐ.
ܘܦܪܫܐ ܕܒܡܘܒܪܐ ܐܡܪ ܘܟܠܗܘܢ ܐܚܝܕܐ [10]ܒܡܕܡ: ܕܗܘܐ ܚܝܡ
ܡܦܠܓܝܢ. ܐܡܪ ܠܝ. ܡܢܐ ܡܬܒܒܐ ܠܡܒܕܪ. [11]ܒܡܘܒܪܐ ܐܡܪ.
ܒܡ̈ܠܐ ܒܟܠ ܕܒܟܬܐ ܒܒܪܝܡ. ܘܒܐܡܬܡܠܐ ܒܢܝܢ ܒܠܗܘܢ
ܠܢܕܐ ܕܒܟܬܐ. ܘܠܘܬ ܗܝ ܕܒܟܬܐ ܡܩ̈ܦܐ ܐܝܬ ܒ̈ܢܝܐ. ܘܐܝܬܝܗܘܢ
ܟܠܝܕ ܡܢܒܘܢ ܥܒܠܬܘܢ ܡܩ̈ܦܐ [12]ܒܡܠܐ ܕܡܥܒܝܬܘܢ. ܘܒܢܕ

---

1 ܒܡܘܒܪ̈ܐ b d. 2 ܫܠܝܚܝܢ b d. 3 ܕܒܝܕܝܢ b d. 4 ܒܗܘܢ. 5 ܐܢܫܐ. 6 ܚܢܢܐ. 7 ܦܪܫܐ b. 8 ܥܬܝܩ b. 9 ܒܡܘܒܪ̈ܐ b d. 10 Statt ܒܡܕܡ hat b d ܐܡܪ ܠܗ. 11 ܘܒܡܘܒܪܐ d. 12 ܒܡܠܐ < a.

ܫܐܦܐ [1]ܐܝܠܝܬܘܢ ܠܗܘܢ. ܘܬܪܒܐ ܕܒܝܬܐ ܡ̈ܠܝܬܘܢ ܡܬܩܢܐ. ܘܐܝܬ ܠܗܘܢ ܠܦܪܐ ܕܒܩ̈ܪܐ. ܘܢܘܪܐ [2]ܐܝܬ ܠܗܘܢ [3]ܘܢܦܫ ܐܢܐ [4]ܠܗ̇ ܘܐܡܪ. [5]ܘܗܐܡܢ ܐܢܐ ܟܠ ܡܬܩܢܐ ܘܐܝܬܘܗܝ ܦܫܘܩ ܒܦܘ̈ܩܕܢܘܗܝ ܒܕܡܐ [6]ܕܠܒܝ ܢܘܪܐ. ܘܒܪ ܗܘܝܬ ܒܒܪܗ [7]ܡܢ ܒܗ̈ܡܝܐ [8]ܡܢ ܕܢܦܩ ܡܢ ܒܢܘܪܐ. [9]ܘܗܘܠܝܢ [10]ܕܠܒܗ [11]ܡܬܝܠܗ ܒܛܝܒܐ. ܘܡܠܠܘ ܠܟܠܗܘܢ

91 r ܒܗ̈ܡܝܐ. ܘܒܗܘ̈ܪܒܐ ܒܠܦܘ ܠܬܘ̈ܒܝܬܗܘܢ. ܗܝܕܝܢ *ܕܢܚܐ ܕܒܘ̈ܪܒܐ

ܫܐܠܗ ܠܗܘ ܒܘܪܒܐ ܕܐܝܒܐ ܡܫܝܚܐ ܗܘܝܬ ܕܬܘܟܐ ܒܢ ܒܗ̈ܡܝܐ ܢ̈ܘܚܐ ܗܘܝܬ. ܘܒܘܪܒܐ ܐܡܪ. ܐܢܐ ܫܡܝܢܐ ܒܪ ܡܬܡܠܠܐ ܠܗ ܗܘܟܠܐ ܘܢܦܩ ܕܗܘܟܠܐ [12]ܒܒܪ [13]ܘܠܒܬܐ [14]ܢܦܘܐ ܡܢܢܗ. ܫܐܠܬ ܡܘܒܠ ܠܗ. ܘܐܡܪ ܠܝܚܢܗ. ܡܠܬܐ ܕܘܡܝܐ ܐܝܟ ܠܘܠܝܬܐ ܡܠܠ ܗܬܘܪܐ ܕܡܫܘܬܠ ܡܘܒܠ ܘܠܐ [15]ܡܬܬܒܝܢ ܘܡܝܠܬܐ ܕܡܢ [16]ܒܠܒܒܒܐ ܡܫܝܚܪ. ܘܠܐ ܡܫܘܐ ܝܒܝܢܗ ܗܬܘܪܐ ܡ̈ܠܦܐ ܠܗ. ܡܠܠ ܕܐܦ [17]ܐܘܪ ܠܒܢܪܐ ܕܐܦ ܠܫܐܪܐ ܘܕܘ̈ܢܐ ܐܫܒܚ ܗܘܐ ܕܢܦܠܠ. ܘܒܪ ܡܦܠܝܗ̇ ܗܘܟܠܐ. ܠܒܘܫܐ ܕܢܫܐ ܠܒܫ. [18]ܘܠܐ [19]ܐܢܫ ܢܒܗ. ܘܐܦ [20]ܒܢܝܢ ܕܒܢܝܬ̈ܐ [21]ܦܠܓܘܬܐ ܠܐ ܡܢܝܢ ܗܘܘ ܠܗܘܟܠܗ. [22]ܒܪ ܡܦܠܝܗ̇ ܗܘܟܠܐ ܡܢ [23]ܠܒܝܫܐ ܫܪ ܘܒܠ ܡܠܬܐ ܕܒܢܫܐ ܗܘܬ ܡܢ ܠܘܠܝܬܐ. ܡܠܠ ܕܡܫܝܪ ܗܘܐ ܠܗ

---

1 ܐܝܠܝܢ ܐܢܬܘܢ bd. 2 ܐܝܬ ܠܗܘܢ < ac. 3 ܢܦܫ ac. 4 ܠܗ̇ ܘܐܡܪ < ac. 5 ܘܗܐܡܢܐܢܐ cd, ܗܐܡܢܐܢܐ b. 6 ܠܒܝ bd. 7 ܡܢ < ac. 8 ܡܢ ܕܢܦܩ < ac. 9 ܘܗܘܠܝܢ < ac. 10 ܕܒܠܒܗ ac, ܕܠܒܗ d. 11 ܘܡܬܝܠܗ c, ܘܡܬܝܠܬ a. 12 ܒܒܪ. 13 ܘܠܒ̈ܬܐ b. 14 ܘܒܦܘܬܐ ac, ܘܒܦܘܠܐ b, ܘܢܦܘܐ d. 15 ܡܬܬܒܝܢ b; ܡܬܬܒܝܢ bis ܘܠܐ inkl. < ac. 16 ܒܠܒ̈ܒܒܐ b. 17 ܐܘܪ ܠܒܢܪܐ d, ܐܘܪ ܠܒܢܪܐ c, ܐܘܪ ܠܒܢ̈ܪܐ ab. 18 ܘܡܢܐ ac. 19 ܕܐܢܫ c, ܕܢܐܢܫ (!) a. 20 ܒܢܝܢ ܕܒܢܝܬܐ ܕ ܒܪ ܒܢܝܢ ܕܡ bcd, ܒܢܝܢ ܡܬܒܢܝܢ ܕܐܢܫ ܕ.ܒܢܝܬܐ. Vgl. Nöld. p. 759, Nr. 3. 21 ܦܠܓܘܬܐ < a. 22 ܘܒܪ b. 23 ܠܒܝܫܬܐ.

ܘܬܪܥܐ. ܘܪܫܐ ܕܒܘܪܟܐ ܐܡܪ. ܐܡܪ ܠܝ ܕܒܡܘܬܐ ܕܡܫܝܚܐ [1]ܐܝܟ ܐܢܘܢ. ܒܘܪܟܐ ܐܡܪ. ܗܦܟ *ܡܢ ܗܘ ܕܐܡܪ ܡܬܠܦܬ، 91v ܕܪܘܡ ܕܢܬܡܠܠ. [2]ܬܪܥܐ ܡܕܡ ܠܐ ܥܒܕܝܢ. ܘܐܦܠܐ ܒܪ ܟܠ ܘܬܪܘܨܘܬܗ ܐܡܪ ܐܢܫ ܡܫܟܚ ܘܠܐ [3]ܐܬܚܫܒܘ ܕܒܘܪܟܐ ܒܡܫܒܚܬܐ ܡܫܒܚܝܢ. ܘܒܬܪ ܗܢܐ ܒܘܪܟܐ [4]ܒܦܘܪܣܐ ܒܥܕܐ ܡܥܒܕܝܢ. ܘܗܘ ܒܗܢܐ ܕܠܘܩܒܠܐ ܕܝܠܗ ܕܡܫܒܚܬܗ ܐܪܐܝܬ ܫܘܕܥ. ܐܡܪ ܗܘܐ ܠܗܘܢ ܘܡܠܦ ܗܘܐ ܠܗ. ܘܐܡܪܢܐ ܠܡܫܝܚܐ ܕܒܗ [5]ܒܥܕܐ ܘܬܘܬܒܐ [6]ܕܢܦܩ ܡܢ ܒܠܥܕܒܐ ܪܘܚ ܠܡܬܝܠ ܡܢܗ. ܐܝܟ ܕܡܢ ܒܝܬܐ ܕܐܝܬ ܒܗ ܫܘܝܐ. ܘܐܝܟ ܕܪܘܚ ܐܠܗܐ ܕܫܪܝܪ ܡܢ [7]ܘܢܐ ܕܢܚܘܢܐ ܒܐܠܗܐ ܕܢܦܩܬ. ܒܪ ܢܬܒܐ ܠܘܬܗ، [8]ܐܬܠܐ ܒܪ [9]ܘܙܕܩܗ ܘܫܪܪܐ ܠܘܬܗ، ܘܡܢ ܙܕܩܗ [10]ܕܟܡ ܒܥܘܡܪ ܘܢܟܐ ܘܡܘܟܟ ܠܗ. ܘܐܡܪܢ ܕܐܢܫ ܥܠܝܬܐ ܪܘܚ ܠܗ ܕܦܓܪܗ ܢܦܪ ܡܢ ܡܢܝܢܐ [11]ܘܐܝܠܐ [12]ܕܡܝܬܠܠ *ܒܗ [13]ܘܡܟܐܢܐ [14]ܘܬܫܘܥܬܐ ܕܢܬܒ ܠܘܬܗ. 92r ܘܦܘܫܢܐ ܘܦܪܓܐ ܕܪܚܒ. ܘܢܝܚܐ ܕܫܪܡ ܠܘܬܗ، ܘܡܟܐܒܘܬܐ ܕܐܟܠ. ܘܦܘܚܡܢܐ ܕܥܬܐ. ܘܠܠܝܐ ܕܦܐܐܡ. ܘܐܦܦܪܢܘܣܐ ܘܒܫܡܐ ܘܡܥܢܝܐ ܕܡܟܫ. ܗܠܝܢ ܢܦܪ ܡܢ ܒܠܥܒܒܘܗܝ. ܘܪܫܐ ܕܒܘܪܟܐ ܐܡܪ. ܕܪܫܐ ܕܒܡܘܬܐ ܒܫܬܪܘܬܗ ܘܒܫܠܘܬܐ ܕܟܠ. ܡܠܟܗ ܐܒܐ. ܘܒܘܪܟܐ ܐܡܪ. ܕܐܢܘ ܕܐܬܡܦܪܬ ܠܗ ܒܪܘܬܐ ܘܠܐ ܐܫܬܟܚܪ. ܘܐܢܐ [15]ܕܐܬܬܥܒܕ ܒܪܚܡܬ ܢܪܐ ܘܠܐ ܗܘܐ ܒܘܥܝܐ. ܘܐܢܘ ܕܐܬܠ ܠܟܠ ܡܢ ܡܫܥܘܬܗ ܘܠܐ ܐܬܦܢܝܗ.

---

1 ܐܝܟܐ a.
2 ܘܬܪܥܐ b c d.
3 ܐܬܚܫܒ a c d.
4 ܒܦܘܪܣܐ a c d.
5 ܕܒܥܕܐ a.
6 ܢܦܩ c.
7 ܘܪܢܐ.
8 ܐܬܠܗ c.
9 ܙܕܩܗ a.
10 ܕܟܡ.
11 ܘܐܝܠܐ vokalisiert c (a b ohne Punkte).
12 ܕܡܝܬܠܠ vokalisiert c, was richtig ist, wenn nicht ܢܦܫܗ ausgefallen ist.
13 ܘܡܟܐܢܐ c.
14 ܕܬܫܘܥܬܐ b.
15 ܕܡܬܬܥܒܕ a b c, ܕܐܬܬܥܒܕ (sic) d.

ܘܐܚܘ ܥܠܝܛܠܐ ܕܒ̈ܝ ܡܠܟܗ ܒܥܝܢ ܘܠܐ ܫܡܘ̈ܟܠܐ ܡܫ̈ܟܢܝܐ [1]ܐܬܡܛܠܘ ܠܗ. ܘܪܫܐ ܐܡܪ. ܫܛ ܒܣܘܣܐ ܗܘܬ ܥܠܝܟ [2]ܕܡܡܟܢ ܗܘܝܬ ܢܦܩܢ ܬܘܚܬ ܡܪ̈ܒܘܗܝ، ܕܪܫܐ ܕܒܡ̈ܢܐ. ܘܒܥܘܪܒܐ ܐܡܪ. [3]ܕܒܣܘܣܐ ܗܘܬ ܒܠ. ܐܠܐ ܡܛܠ ܢܝܫܐ [4]ܕܠܢܝܪܬܐ ܡܣܬܒܪ ܗܘܝܬ [92v] [5]*ܐܘܠܝܓܪܐ. ܘܐܡܪܬܐ ܠܡܫܝܚܘܬܐ. ܕܐܝܟ ܫܦܝܪܬܐ ܡܛܠ ܢܝܫܐ ܕܢܝܪܐ ܠܢܝܪܬܐ. ܐܦ ܒܡܠܟܘܬܗ ܦܠܓ ܠܗ ܥܠ ܒܪܬܗ ܘܠܐ ܫܒܩ ܠܗ ܘܡܪܐ. ܐܝܟ ܗܘ ܫܘܝܐ ܐܦܝܣܩܘܦܐ ܕܡܛܠ ܘܡܬܪܢܐ ܐܝܪܒ ܐܘܪ̈ܬܕܘܟܣܐ ܥܠ [6]ܒܬܦܬܗ. ܘܪܫܐ ܐܡܪ. ܕܐܝܟ ܗܘ ܗܢܐ ܫܪܟܐ. ܘܒܥܘܪܒܐ ܐܡܪ.

ܐܝܬ ܗܘܐ ܚܘܪܐ ܐܦܝܣܩܘܦܐ. ܘܟܕ ܡܛܠ ܠܡܫܒܘܬܐ ܐܬܬܚܝܒ [7]ܕܡܚܝܠ ܠܐ ܡܫܒܚ ܐܢܐ ܠܟܝ ܐܢܐ ܢܦܫ، ܐܠܐ ܒܦܘܪ̈ܣܐ. ܡܛܠ ܕܣܒܐ ܐܝܬܝ، ܘܡܚܝܠܐ. ܘܠܐ ܡܫܒܚ ܐܢܐ ܕܐܬܬܟܪܢ ܠܕܘܟ ܕܘܟ. ܘܣܡ، ܘܐܙܠ ܠܒܝܬܐ ܚܕܐ ܕܡ̈ܠܟܐ ܗܝ، ܕܐܝܟܐ ܗܘܐ ܗܘܐ ܡܠܘܗܝ ܐܘܪ̈ܬܕܘܟܣܐ ܡܢ ܡܕܝܢ. ܘܐܦ ܫܘܠܛܢܐ ܕܐܘܪ̈ܬܕܘܟܣܐ ܐܝܬ ܗܘܐ ܒܗ. ܘܬܒ ܬܡܢ ܒܡܪܘܬܐ. ܘܟܕ ܚܙܐܘܗܝ، ܐܘܪ̈ܬܕܘܟܣܐ ܫܐܠܘܗܝ، ܕܡܢܘ، ܠܡܢܐ ܐܬܝܬ ܒܐܟܠܐ. ܘܗܘܐ ܐܡܪ. ܕܐܝܟ ܠܐ ܠܐ ܪܢܐ [93r] ܐܢܐ. ܕܒܕܡܐ ܠܗܫܐ* ܢܝܪܐ ܗܘܝܬ [8]ܘܡܫܒܚ ܗܘܝܬ [9]ܐܘܪ̈ܬܕܘܟܣܐ ܘܐܒܠ ܗܘܝܬ. ܘܗܫܐ ܫܡܘܟܠܐ [10]ܡܛܠܝ. ܕܐܦ ܡܢܝܢ ܐܘܪ̈ܬܕܘܟܣܐ [11]ܒ̈ܐܠܝܢ ܠܦܘܡ ܠܐ ܡܫܒܚ ܐܢܐ [12]ܐܒܠ [13]ܐܢܝܢ. ܘܐܙܠܘ ܐܘܪ̈ܬܕܘܟܣܐ [14]ܘܐܘܕܒܘ ܠܡܠܟܗܘܢ ܘܐܡܪ̈ܝܢ ܠܗ. ܕܚܣܝܘܬܐ ܗܘܬ ܠܟ ܕܡܢܘ ܫܘܝܐ ܐܦܝܣܩܘܦܐ ܕܐܬܐ ܗܘܐ ܠܡܪܥܝܐ ܘܐܝܟ ܗܘܐ ܐܘܪ̈ܬܕܘܟܣܐ

---

1 ܐܬܡܛܠ. 2 ܕܡܡܟܢ a. 3 ܒܣܘܣܐ a. 4 ܕܢܝܪܬܐ a, ܕܠܢܝܪ̈ܬܐ b.
5 ܐܘܠܝܓܪܐ b. 6 ܒܬܦܬܗ (sic) b. 7 ܡܚܝܠ b d. 8 ܕܡܫܒܚ ܗܘܝܬ b d.
9 ܐܘܪ̈ܬܕܘܟܣܐ bis ܡܢܝܢ < a c. 10 ܡܛܠܐ a c d. 11 ܒܐܠܝܢ b. 12 ܐܒܠ ܐܢܐ ܠܗܝܢ b d. 13 ܐܢܘܢ a c. 14 ܘܐܘܕܝܘ b d.

ܡܪܒܐ ܐܝܬܘܗܝ܂ ܘܐܡܪ̇ ܕܡܟܝܠ ܠܐ ܡܫܟܚܢܐ ܕܐܓܘܪ ܐܘܪ̈ܕܢܐ܂ ܘܒܪ ܫܡܥܢ ܚܙܝ، ܘܐܙܠ ܘܩܡ ¹ܠܘܩܒܠܗ ܕܫܘܥܐ ܡܢ ܪ̇ܘܫܐ ܘܫܐܠܗ܂ ܕܡܛܠ ܡܢܐ ܫܒ̇ܩܬ ܐܢܬ܂ ܘܫܘܥܐ ܐܡܪ̇܂ ܡܟܝܠ ܐܢ ܐܢܫ ܠܐ ܡܥܕܡ ܒܝ ܘܡܫܘ̇ܕܥ ܠܝ ܐܘܪ̈ܕܢܐ ܕܐܟܘܠ ܠܐ ܡܫܟܚ ܐܢܐ ܕܐܓܘܪ ܐܢܐ܂ ܡܛܠ ܕܐܢܫܬ ܟܠܠܐ ܐܘܪ̈ܕܢܐ ²ܕܒܐܟܠܐ ܠܒܝܬܐ ܕܕܡܝܟ ܚܙ ܘܠܘܬ ܒܬܪ̇ܗ ܘܒܢܬܐ ܢܫ̇ܩܬܟ ܗܘܐ܂ ܘܒܪ̇ܗ ܕܕܡܝܟ ܢܦܩ ܡܢ ܠܗܘ܂ ܘܐܬܦܪ̇ܫܬ [ܡܢ] ܢܟܕܐ ³ܕܪ̈ܓܠܗ ⁴ܘܠܒܟܬܗ ܒܒ̈ܝ ⁵ܘܒܫܬܬܗ ܘܦܠܓܐ ܒܪ̇ ܥܒܬܗ ܢܚܬ܂ ܘܐܢܐ ܒܪ̇ܘܚܬ܂ *ܘܕܡܝܟ ܪܘܦ ܒܐܝܪ، 93v ܘܦܠܓ܂ ܕܐܢܬ ܫܘܝܐ ܕܦܠܓܬ ⁶ܠܦܠܓܐ ܗܢܐ ܒܪ ܠܐ ܐܫܟܠ ܒܝ ܗܟܝܢܐ ܘܠܠܐܝܬ ⁷ܬܗܘܐ ܪܘܫܐ ܠܡܠܒܢܐ ܕܐܘܪ̈ܕܢܐ ܘܠܐ ܬܬܡܨܐ ܠܡܐܟܠ ܐܘܪ̈ܕܢܐ܂ ܐܠܐ ܗܠܝܢ ܕܡܫܘ̇ܕܥ ܠܝ ܒܪ̇ܘܚܬܐ ܡܠܟܐ ܕܐܘܪ̈ܕܢܐ܂ ܘܐܢ ܐܚܪܢܐܝܬ ܬܒܥܐ ܬܦܘܣ܂ ܘܗܘܐ ܐܝܬܝܗ ܠܡܕܒܪܢ܂ ܘܟܠ ܐܢܫܬܝ، ܕܢܒ̇ܥܬ ܕܬܬܒܥ ܡܐ ܡܦܠܓܢܐ܂ ܘܡܠܟܐ ܕܐܘܪ̈ܕܢܐ ܐܡܪ̇ ܒܗ̇، ܕܒܪ ⁸ܪ̇ܒܒܢܐ ⁹ܠܫܘܥܐ ܪܘܪܒܐܝܬ ܡܫܬܡܗܢܐ܂ ܗܠܝܢ ܘܪ̇ܒܒ ܟܠ ܒܬܘܗ ܕܫܘܥܐ܂ ܘܒܪ ܡܬ̈ܝܬܐ ܪ̇ܒܒ ܟܠ ܫܘܥܐ ܐܡܪ̇ ܠܗ ܫܘܥܐ܂ ܕܐܢܐ ܡܛܠ ܠܘܦܬܐ ܗ̇ܝ، ܕܠܘܬܟ ܐܢܐ ܠܐ ܡܫܟܚ ܐܢܐ ܕܐܓܘܪ ܐܢܐ܂ ܐܠܐ ܐܢ ܦܩܕ̇ ¹⁰ܡܪܝ، ¹¹ܗܟܝܠ ܪܘܫܐ܂ ܘܡܠܟܐ ܐܬܘܫܒ܂ ܕܒܥܐܝܬ ܒܒܪ̇ ܐܢܐ ܕܫܘܥܐ ܡܢ ܡܫܬܒܒܪ ܠܝ ܘܠܐ ܡܫܟܚ ܠܗ ܬܘܪܣܐ܂ ܘܦܩܕ܂ *ܘܡܦܩ ܠܗ 94r ܒܠܚܘܕ ܬܪ̈ܬܝܢ ܐܘܪ̈ܕܢܐ܂ ܘܫܘܥܐ ܒܐܘܠܨܢܗ ܒܗܘܢܐ ܗܘܐ ܐ̇ܟܠ ܒܗܬܬܐ ¹²ܟܡ ܡܬܦ̈ܠܓܐ ܕܟܡܘܢ ܡܫܬܐܢܐ ܗܘܐ܂ ܐܢܫܢܐ ܕܒܠܬܗܘܢ ܥܒܪ ܫܢܐ ܗܘܐ܂

---

1 ܠܘܩܒܠ. 2 ܕܒܐܟܠ a. 3 ܕܪ̈ܓܠܘܗܝ. 4 L. ܘܠܒܟܬܗ̇? 5 L. ܘܒܫܬܬܗ̇? 6 ܦܠܓܐ b d. 7 ܗܘܝ b d. 8 ܪܒܒ ܐܢܐ b. 9 ܫܘܥܐ b d. 10 + ܐܢܬ b d. 11 ܘܡܦܩ ܠܝ b. 12 ܘܟܡ (eventuell in ܕܟܡ zu ändern).

ܡܛܠ ܗܢܐ ܐܡܪܬ ܗܢܐ ܡܬܠܬܐ ܕܐܦ ܥܠ ܗܝ ܗܐ ܒܗܬܬܐ ܒܒܪܬ ܡܛܠ ܙܗܘܪܐ ܕܡܢܝ، ܕܒܥܠܕܒ̈ܒܘܗܝ، ܥܠܝܗܘܢ [1]ܢܦܩܘ ܘܐܒܕܘ. [2]ܪܕܝܐ [3]ܕܒܥܘ̈ܪܒܐ ܐܡܪ. ܕܐܝܬ ܒܥܘܪܗܘܢ ܘܒܥܡܗܘܢ [ܐܘܒܕܬ]. ܘܟܕ [4]ܢܦܠܐ [ܢܦܕܢܐ] ܠܐܠܗܐ ܘܪ̈ܕܝܐ ܘܒܥܘܪܐ [ܠܐ] ܡܫܟܚ. [ܐܠܐ ܡ̈ܢܝܐ] ܐܦ ܡܢܢܝܢ ܒܣܘܦܐ ܡܢܝܢ ܠܐܠܗܐ ܘܡܢ ܥ̈ܒܕܘܗܝ، ܒܥܒܪ ܠܗ. ܘܐܝܬ ܠܗ ܒܡܫܝܚܘܬܐ ܐܠܐ ܒܡܢܝܚܘܬܐ [ܐܘܒܕܬ ܐܝܟ]. ܘܐܡܝܢܐ ܕܡܢ [5]ܢܦܩܬܐ ܘܡܢ [6]ܢܘܪܐ [7]ܘܡܢ [8]ܒܥܠܕܒܒܐ ܐܦ ܩܠܝܠ ܦܐܫ ܡܢܗ: ܩ̇ܠܐ ܠܗ ܠܡܫܝܚܐ ܕܢܚܠ. ܘܒܥܘܪܐ ܐܡܪ. ܕܠܐ ܗܘܐ ܦܠܚܘܬ، ܕܥܠ ܐܠܐ ܕܡܢܝ،. ܡܛܠ ܕܡܢܝ، ܦܘܠܚܢܐ 94v ܗܘ. ܘܟܠ ܒܒ̇ܢܝܐ ܕܒܒܪ ܐܘ ܦܩ̇ܕ ܠܐܢܫ ܐܢܫܝܢ ܕܒܒܪ *ܡܛܠ ܦܘܠܚܢܗ ܕܡܢܝ، ܬܡܝܗܐܝܬ ܫܠܡ. ܘܐܡܝܢܐ. ܕܒܪ ܕܐܝܬ [9]ܬܪ̈ܝܢ: ܐܢܫ ܒܥܕܢܐ ܐܢܫܐ ܡܢܗܘܢ ܕܢܦܠܘ. ܢܛܪ ܠܒܝܬ. [10]ܘܟܕ ܡܢܗܘܢ ܫܒܝܩ. ܡܛܠ [11]ܕܐܢܫܐ ܕܐܝܬܘܗܝ، ܦܘܠܚܢܐ. ܥܠܝܗܘܢ ܒܒܢ̈ܘܗܝ، ܦܠ̈ܚܝܢ. ܘܡ̣ܢ ܕܢ̈ܦܠܘ ܠܡܬܬܒܥܘ ܒܗ ܡܪܘܬܗܘܢ ܐܒܕܢܐ ܕܡܫܢܗܘܢ ܡܬܬܒܪ. ܢܛܪܐܝܬ [12]ܒܕ ܒܥܘܬܐ ܡܒܕܪܐ ܠܗ. ܘܢܛܪ ܒܕ ܐܢܫܘܗܝ، ܐܝܟ ܡܪܘܬܟ ܕܒܡܫܡܠܝܐ ܬܬܪܐܬܟ ܡ̈ܢܝܐ ܘܫܘ̈ܚܠܦܟ ܡܫܝܢܝܢ ܘܡܬܠܒ̈ܬܐ ܠܐ ܡܫܬܡܥܪ ܐܝܬ ܘܪܒܢܐ ܕܒܒܪܐ ܢܛܪ ܐܝܬ. ܘܒܢܒܢܐ ܕܫܡܬܐ ܡܫܒܒܐ. ܘܟܬܪ ܡ̈ܠܐ

1 ܢܦܩ a. 2 ܘܪܕܝܐ b d. 3 ܕܒܥܘ̈ܪܒܐ < a c. 4 ܢܦܠܐ b d (ohne Punkt c). 5 ܢܦܩܐ. 6 ܢܘܗܪܐ a b c, ܘܢܘܗܪܐ d. 7 ܡܢ b d. 8 ܒܥܠܕܒ̈ܒܐ b c d, ܒܥܠܕܒܒܘܬܐ a. 9 ܬܪ̈ܝܢ ܐܢܫ ܒܥܕ̈ܢܐ b d. — Man erwartete etwa: ܕܒܪ ܕܐܝܬ ܬܪ̈ܝܢ ܐܢܫܐ ܒܥܕ̈ܢܐ: ܫܠܡ ܡܢܗܘܢ ܐܢܫܐ ܕܢܛܪ ܠܒܝܬ. ܘܟܕ ܬܪ̈ܝܢܗܘܢ ܠܒ̈ܝܬܝܢ: ܐܢܫܐ ܕܢܛܪ ܫܒܝܩ. ܘܟܕ ܬܪ̈ܝܢܗܘܢ ܫܒ̈ܝܩܝܢ: ܐܢܫܐ ܕܢܛܪ ܦܘܠܚܢܗ. ܡܛܠ . . . 10 ܘܟܕ a. 11 ܐܢܫܐ. 12 ܕܒܥܘܬܐ a.

ܠܐ ܕܡܦܩ ܐܢܬ. ܘܦܓܪܐ ¹ܕܡܢ ܦ̈ܓܪܐ ܕܗܠܝܢ ܕܦܪܕܝܣ. ܘܠܡܕܒܪܢܟ
ܫܟܪ ܐܢܬ ܒܗܘܢܐ. ܘܦܓܪܐ ܕܠܗܘ̈ܢܐ ܐܡܪ. ܡܛܠ ܫܒܝܚܘܬܟ
95r ܐܟܙܢ ܒܗ̈ܡܐ. ܘܐܡܪܐ ܕܡܪܬܢܐ ܚܕ ܐܘ ܬܪ̈ܝܢ *ܘܟܕ ܫܡܥ
ܒܣܪܐ ܡܛܠ. ܐܝܟ ܫܡܝܢܐ ܒܫܡܝܢܘܬܗ ܡܠܟܐ ܘܐܬܪܗ ܡܥܡܪ.
ܘܡܬܕܡܪ ܐܢܐ ܕܟܕ ܗܘܝܬ ܒܥܡܗܘܢ ܫܡܥܬܟ ܘܐܬܚܙܝܬܟ ܠܐ
ܐܬܚܠܝܬ. ܘܠܗܘܢܐ ܐܡܪ. ܕܡܛܠ ܗܝ ܘܠܒܢܐ ܕܡܬܪܘܬܟܘܢ ܥܠ
ܥܠܝܗ ܡܫܝܢܐܝܬ ܡܬܒܪܟ ܗܘܝܬ. ܘܐܡܪܬܐ ²ܕܡܬܡܬܡ ܕܡܫܡܫܢܘܬܐ
ܘܗܝ ܠܡܚܒܒ ܒܗ ܒܫܘܪܐ ܒܡܫܝܚܘܬܐ ܗܟܢܐ ܐܢܐ ܗܘܝܬ ܠܒ.
ܐܝܟ ܐܝܠܢܐ ܙܟܐ ܕܗܘܢܝ. ܘܟܕ ܢܦܩ ܕܦܩܣܝܢ ܠܗ ܠܗܘܢܘܗܝ
ܡܫܡܫܝܢ ܠܗ ܘܗܢ ܦܩܣܝܢ ܠܗ. ³ܘܦܓܪܐ ⁴ܕܠܗܘ̈ܢܐ ܐܡܪ. ܕܐܝܟܐ
ܡܛܠܬܟ ⁵ܢܝܚܐ ⁶ܒܫܘܥܒܕ. ܘܐܡܪܬܐ. ܕܡܢ ܕܫܒܩܐ ܠܗ ܐܫܬܐ
ܢܐܚ ܠܒܗ. ܘܕܫܪܐ ܠܒܝܬܐ ܡܢ ܒܬܘܗ ܡܕܡ̈ܘܗܝ ⁷ܠܢܝܚܝܢ.
ܘܕܡܫܬܡܠܐ ܒܝܬܗ ܒܡܚܐ ܕܒܒܐ ܬܐܪܬܗ ܘܫܘܥܒܕܗܘܢ
95v ⁸ܡܬܬܚܝܢ. ܗܕܝܢ ܒܗܘܢܐ ܒܬܘܗ ܠܦܓܪܐ. *ܕܢܚܬܬ ܐܝܟܢ
ܒܠܘ̈ܚܒܐ ܐܝܟ ܒܢܝܟ. ܘܗܦܟܐ ܡܠܒܘܬܐ ⁹ܕܒܝܢܘܬܐ ܬܬܦܩܪ
ܠܟ ܒܫܘܘܬܐ ܕܐܒܪܐ ܢܒܝܐ ܕܒܒܐ ܘܢܘܕܐ ܐܦ ܠܒ̈ܢܝ ܒܢܝܟ. ܡܛܠ
ܕܡܠܟܐ ܕܐܬܪܗ ܘܒܢܝܗ ܠܐ ܡܢܝܕܐ ܕܡ̈ܠܐ ¹⁰ܠܥܠܡ ܬܪ̈ܝܢ ܕܗܘ̈ܝܢ
ܕܒ̈ܢܐ ¹¹ܕܢܦܩܝܢ ܒܡܕܠܐ ܕܒܢܐ. ܕܟܕ ܡܟܐܢ ܠܗܘܢ ܒܢܝܐ ܠܐ ܠܐ
ܫܪܐ ܒܗܘܢ. ܘܦܓܪܐ ܐܡܪ. ¹²ܦܓܪܐ ܕܒܗ̈ܡܬܐ ܐܝܟ ܗܘܐ ܠܘܬ
ܒܢ̈ܝ ܒܢܝܗ. ¹³ܠܗܘܢܐ ܐܡܪ. ܕܢܬܦܪܐ ܘܫܠܡܐ ¹⁴ܘܡܗܝܡܢܘܬܐ.

---

1 ܡܢ b. 2 ܕܡܬܡܬܡ abc, (sic) ܕܡܬܡ ܕܡܬܡ d. 3 ܦܓܪܐ b. 4 ܕܠܗܘ̈ܢܐ < ac. 5 ܢܝ̇ܚܐ a, ohne Punkte c, ܢܝܚܐ b. 6 ܘܫܘ̈ܥܒܕ bd. 7 ܢܝܚܝܢ b. 8 ܡܬܬܚܝܢ c. 9 ܘܒܝܢܘܬܐ b. 10 ܠܥܠܡ ac. 11 ܕܠܦܩܝܢ a, ebenso d, aber aus ܕܢܦܩܝܢ korrigiert. 12 ܕܦܓܪܐ bd. 13 ܘܠܗܘܢܐ bd. 14 ܘܡܗܝܡܢܘܬܐ.

ܐܦ ܟܕ ܡܠܟܗ ܣܦܪ ܡܢ ܗܘ ܕܠܡܘܟܠܐ ܕܠܗ. ܒܠܚܘܕܝܗܘܢ ܫܠܝܡ ܗܘܘ ܘܟܢܫܝܢ. ¹ܘܪܫܝܐ ܐܡܪ. ܡܟܝܠ ܚܙܝܬ ܒܗܘ ܒܗܘܢܐ ܕܗܘܢ ܡܟܝܠ ܐܝܬ ܠܗ. ܒܘܪܟܐ ܐܡܪ. ܕܗܟܢ ܡܕܝܢ ܚܙܝܬ ܒܗ. ܘܬܪܬܐܝܬ ܡܠܬܐ ܕܐܡܪ ܡܛܠܬܗ. ܘܬܘܒ ܟܕ ܐܝܬ ܗܘܐ ܡܠܬܐ ܡܫܘܚܬܐ ܕܒܬܘܠܬܐ. ܟܕ ܒܠܬܐ ܐܡܪ ܗܘܐ ܠܗ ܡܕܡ ܪܫܝܐ ܟܕ ܠܐ 96r ܥܒܘܕ ܗܘܐ ܠܗ. ܘܫܘܐܝܬ *ܡܩܒܠ ܗܘܐ ܠܗ ܪܫܝܐ. ܘܐܦ ܡܗܝܡܢܘܬܐ ܐܘ ܫܬܘܦܘܬܐ ܚܙܐ ܗܘܐ ²ܠܗ ܒܩ̈ܠܐܬܐ ܘܒܡ̈ܕܝܢܬܐ ܐܝܟ ܗܘܐ ܠܗ. ܐܝܟܢܐ ܕܪܫܝܐ ³ܡܗܝܡܢܗ ⁴ܚܙܐ ܗܘܐ ܘܟܠܗܘܢ ܠܐ ܡܫܬܘܕܥ ܗܘܐ. ܘܫܡܥܬ ܕܐܡܪ ⁵ܠܡܠܟܐ ܡܢ ܦܪܨܘܦ ܒܒܪܐ ܕܐܡܪ ܠܡܠܟܐ. ܡܬܒܥܐ ܠܐܢܫ ܕܡܬܗܘܢ ⁶ܒܡܠܟܘܬܐ ܡܛܠ ܕܒܗܘܐ ܠܡܬܘܗ ܒܐܝܢܘܬܐ ⁶ܕܡܠܟܘܬܐ. ܘܟܕ ܠܐ ܡܬܗܘܢ ܠܐ ܡܫܟܚ ⁷ܕܢܬܒ ⁸ܘܫܠܐ ܐܦܠܐ ܘܠܠ. ܐܝܢܐ ܕܒܠܗ [ܠܐ] ܡܫܟܚ ܠܡܬܒ ܘܠܡܫܬܘ. ܘܒܝܢܘܬܐ ܘܠܠܐ. ܘܡܢ ܕܐܬܐ ܠܐܢܫܗ ܕܙܡ ܕܢܙܕܗܪ ܒܗ. ܡܛܠ ܕܠܐ ܡܒܬܪܐ ܒܐܢܫ. ܐܝܟ ܡܢܝܐ ܦܬܘܪܐ ܕܢܠܘܦܪ. ܘܠܠܠܐ ܡܢ ܪܘܫܐ ܘܒܫܡܐ ܕܡܒܪܗ ܡܢ ܬܘܫܢܝܐ. ⁹ܘܠܠܐܝܬ ܦܠܘܓܐ ܐܝܟ ܪܡܬܐ ¹⁰ܡܢ ܡܦܪܫܐ. ܘܡܢ ܟܕܡ ܠܐ ܐܬܝܗ ܐܝܟ ܦܪܬܐ ܕܒܠܥܐ ܡܬܘܚܡ. ܘܟܠ ܡܠܟ̈ܐ ܕܗܘܘ 96v ܡܢ ܒܪܝܫܝܬ ܘܠܘܩܒܠܐ. ܫܒܩ ܘܫܒܩܘܢ *ܘܫܪܒܝܗܘܢ ܥܡܠܗ ܘܒܢܘܗܝ ܘܕܝܢܗ ܠܗܘܢ ܘܐܙܠܘ.¹¹

---

1 ܪܫܝܐ b. 2 ܠܗ̇. 3 ܡܗܝܡܢ̈ܗ bc. 4 ܚܙܝ ܗܘܐ b. 5 ܠܡܠܟܐ bis ܕܐܡܪ inkl. < a c. 6 ܘܡܠܟܘܬܐ. 7 ܕܢܬܒ. 8 ܘܒܥܝܐ b. 9 ܘܠܠܐܝܬ b. 10 ܕܡܢ. 11 + ܥܠܡ ܬܪܥܐ ܕܒܝܬܐ ܘܡܕܝ̈ܢܬܐ d.

ܬܘܒܐ [1]ܕܦܣܝܩܘܬܗ̇ ܦܪܘܫܬܐ ܘܒܪ̈ܗܢܝܢ ܡܠܟܐ.

ܘܕܒܝܪܢ ܐܡܪ. ܒܪܐ ܡܠܟܐ ܕܥܠ ܒܥܠܕܒ̈ܒܘܗܝ ܡܬܬܟܠ. ܘܥܠ ܙ̈ܝܢܘܗܝ ܠܐ ܡܬܬܟܠ. ܐܝܟ ܙ̈ܝܢܘܗܝ ܡܬܬܟܠܝܢ ܥܠܘܗܝ. ܘܗ̇ܘ ܒܥܠܕܒܒܐ [2]ܙܪ̇ܩ ܠܗ ܕܢܬܟܠܘܗ̇. ܐܝܟ ܡܫܥܒܕܢܐ [3]ܕܢܬܟܠܘܗ̇. ܘܒܢ̈ܝܢܘܗܝ ܐܝܟ ܦ̇ܠܚܝܢ. ܘܡܫܘܕܥ ܐܡܪ. [4]ܒܪܐ ܡܠܟܐ ܙܪܩ ܠܗ ܕܒܥܠܕܒ̈ܒܐ ܚܕ ܐܠܘ ܐܝܟ ܕܐܬܬܚܝܒܘ. [5]ܡܛܠ ܕܐܝܬ ܒܥܠܕܒ̈ܒܐ ܕܒܥܠܕܒܒܘܬܗ ܡܢ ܗ̇ܝ ܕܐܬܬܚܝܒܗ̇ [6]ܕܙ̈ܝܢܬܐ. ܘܗ̇ܘ ܬܘܒ [7]ܡܢ ܗ̇ܘ ܐܬܬܚܘܗܝ ܕܗܘܝܐ ܠܡܥܒܕ ܙ̈ܝܢܐ. ܘܠܐ ܙܪܩ ܠܡܬܬܟܠܘ ܥܠܘܗܝ. ܐܝܟ ܕܡܢ ܗ̇ܘ ܫܪܟܐ ܡܬܢܨܚ. ܕܗܘܐ ܠܒܪ̈ܗܢܝܢ ܡܠܟܐ ܒܡ̣ ܦܪܘܫܬܐ ܕܐܡܪܗ̇ ܦܣܝܩܘܬܗ̇. ܘܕܒܝܪܢ ܐܡܪ. ܐܝܟ ܗ̣ܘ ܗܘܢܐ
97 r ܫܪܟܐ. ܘܡܫܘܕܥ *ܐܡܪ.

ܕܡܬܪ̈ܬܝ ܡܕܝܢܬܐ ܐܝܬ ܗܘܐ ܡܠܟܐ ܘܡܬܬܢܪܐ ܒܪ̈ܗܢܝܢ. ܘܐܝܬ ܗܘܐ ܠܗ̇ ܦܪܘܫܬܐ ܚܕܐ ܕܡܬܬܢܪܐ ܗܘܬ ܦܣܝܩܘܬܗ̇. ܘܫܝܢܐ ܗܘܬ ܘܡܫܡܠܝܐ ܡܕܝܢܬܐ ܗܘܬ. ܘܟܕ ܚܙܐ ܕܒܝܢܐ ܠܗܝ ܡܠܟܘܬܐ ܠܫܝܢܐ ܗܘܬ ܘܐܝܠܝܐ ܗܘܬ ܠܗܝ ܗܘܬ ܒܬܪ ܒܫܝܢܗ̇ ܘܐܬܬܐ ܗܘܬ. ܘܟܕ ܒܝܢܐ ܗ̇ܘ ܠܐܕ ܡܠܟܘܬܐ ܒܪܐ. ܘܐܦ ܦܣܝܩܘܬܗ̇ ܐܬܦܣܩܬ

---

1 ܕܦܣܝܩܘܬܗ̇ (und so auch nachher stets ܦܣܝܩܘܬܗ̇). 2 L. ܕܙܪ̇ܩ ? 3 ܕܢܬܬܟܠܘܗ̇ b d. 4 ܒܪܐ d. 5 + ܒܥܠܕܒܒܘܬܐ b d. 6 ܕܙ̈ܝܢܬܐ c, ܙ̈ܝܢܬܐ a. 7 ܡܢ̇ b.

[1]ܒܒܝܬܗ ܕܡܠܟܐ [2]ܦܪ̈ܘܓܝܢܗ. ܘܠܓܠܝܐ ܒܗ [3]ܗܘ ܦܪܘܓܝܐ ܫܘܬ
ܠܒܝܬܝܢ ܗܘܘ. ܘܗܘܐ ܠܗܘܢ ܫܘܒܚܐ ܘܪܘܚܡܬܐ ܒܗ ܩ̈ܕܝܫܐ.
ܘܦܢܝܘܗ̇ ܐܝܟ ܕܒܫܘܓܐ ܫܠܝܐ ܗܘܬ ܠܓܠܘܪܐ [4]ܘܡܫܬܒܚܐ ܗܘܬ
ܡܓܕܝܐ ܕܠܐ ܢܕܒ ܗܘܐ ܐܝܟ ܕܢܦܘ. ܘܟܕ ܫܡܥܐ ܗܘܬ ܠܦܪܘܓܝܗ̇
ܘܟܕ ܠܓܠܝܐ. ܘܐܬܪܝܗܘܢ ܡܓܠܠ ܗܘ ܡܓܕܝܐ ܒܕܒܠܐ ܕܒܘܪܐ
ܐܬܚܠܠ ܘܐܬܪܚܡܬܐ ܐܬܬܢܒܝܬ ܒܗܘܢ. ܘܡܘܒܐ ܚܕ [5]ܡܢ ܐܝܠܝܢ
97ᵛ *ܗܘܬ ܦܢܝܘܗ̇ ܠܡܬܠܘ ܐܝܟܐ. ܗܘ ܦܪܘܓܝܐ ܗܠܝܢ ܘܠܝܬ ܒܝܢܗ̇
ܕܡܬܒܝܢܬܐ ܕܗܘ ܓܠܝܐ. ܘܟܕ ܚܙܐ ܐܬܬܚܝܡ ܘܡܠܝܢ ܠܦܪܘܓܝܐ
ܘܡܒܝܢܘܗ̇ ܥܠ ܐܝܕܐ ܘܡܒܪܟ. ܘܟܕ ܐܬܬ ܦܢܝܘܗ̇ ܘܚܙܬ [6]ܠܦܪܘܓܝܗ̇
ܕܟܪܬ. ܐܬܒܥܝ ܥܠܝܗ̇ ܒܐܝܕܗ̇. ܒܟܬ ܘܐܬܠܠܬ ܘܐܡܪܬ. ܘ ܠܗܘܢ
ܠܦܪ̈ܘܓܝܐ ܕܠܝܬ ܬܘܒܠܐ ܥܠܝܗܘܢ. ܘ ܬܘܒ ܠܟܢ ܕܒܢ ܦܪ̈ܘܓܝܐ
ܐܝܬܘܗܝ ܒܟܕܐ. ܡܓܠܠ ܕܠܝܬ ܠܗܘܢ ܐܝܟ ܕܪܚܡܝܢ ܠܗ ܘܡܒܝܢܝܢ
ܠܗ. ܘܐܦ [7]ܐܝܬ ܕܪܚܡܝܢ ܠܗ ܡܓܠܠ ܕܢܦܠܘܢ ܒܗ ܒܟܪܝܗܘܢ.
ܘܡܟܐ [8]ܕܒܒܪ ܒܟܪܝܗܘܢ. ܐܦ ܟܕ ܠܝܬ ܠܗ ܒܢܓܪܐ [9]ܕܢܗܡܝܢ ܠܗ
ܡܢ ܪܚܡܘܬܗܘܢ. ܘܐܫܬܡܥܐ ܪܚܡܝܢ. ܘܦܢܝܘ ܠܗܘܢ ܠܡܫܪܝ
ܥܠ ܒܢ̈ܬܐ. ܘܡܫܒܐ [10]ܡܢ ܗܘ [11]ܒܦܐ ܠܦܩܘܬܐ ܘܕܠܐ ܪ̈ܚܡܐ
98ʳ ܕܒܢ̈ܘܗ ܕܒܫܡܗ ܐܝܟ *ܘܐܫܬ ܘܐܬܪܝ ܐܬܒܥܠ ܘܡܓܠܠܗ ܕܠܐ
ܗܠܝܬܐ. ܒܢܬܐ ܬܒܒܐ [12]ܐܝܢܐ. [13]ܘܐܬܪܗܝܬ ܪ̈ܓܠܝܗ̇ ܘܡܫܒܚܬܗ
ܠܓܠܝܐ ܗܘ ܥܠ ܒܢ̈ܘܗܝ. [14]ܘܒܡܪܬ ܐܢ̈ܫ. ܘܦܪܫܬ ܘܐܝܠܬ ܫܒܝܬ
ܥܠ ܪܘܡܐ ܚܕ. ܘܟܕ ܫܒܒ ܡܠܟܐ ܐܬܬܒܥܝ ܗܝܟ ܘܐܬܡܢܪܢܐ
ܘܒܒܐ. ܘܒܝܢ ܥܠܘܗܝ، ܒܐܒܐ ܕܠܒܗ ܘܒܟܒܐ ܗܘܐ ܕܐ ܡܓܪܐ

---

1 ܒܒܝܬܗ ܕܡܠܟܘܬܐ b d. 2 L. ܦܪܘܓܝܗ? 3 ܦܪܘܓܝܐ ܗܘ b.
4 ܘܡܫܬܒܚܐ a. 5 ܡܢ a c d. 6 ܠܦܪܘܓܝܐ a c d. 7 ܠܝܬ a c. 8 ܕܒܒܪܐ.
9 ܕܕܢܗܡܝܢ a. 10 ܠܡ b. 11 ܒܦܐ < a b. 12 ܘܐܝܢܐ a. 13 ܘܐܬܪܗܝܬ a c.
14 ܘܒܡܪܬ b, ܘܒܡܪܬ a c, ܘܐܒܡܪܬ d.

ܢܬܠܝܘܗ̇ ܠܐܝܕܗ. ܘܗܟܢ ܘܐܝܟ ܠܐܢܫܐ ܕܐܬܝܗܒܬܗ̇ ܗܘܬ. ܘܦܪܘܗ̇ ܘܟܪܒܐ ܗܘܐ [1]ܕܢܬܠܝܘܗ̇. ܘܠܐ ܝܗܒܬ ܦܘܫܩܗ̇. ܐܠܐ ܡܢ ܙܘܥܐ ܐܡܪܬ ܠܟܠܒܐ. ܕܗ̇ܘ [2]ܕܡܬܬܠܝܠ ܥܠ ܙܘܥܗ ܘܠܐܝܬ ܢܛܠܐ ܠܗ ܦܘܪܥܢܐ. ܘܐܢ ܒܒܒܠ ܠܐ ܢܛܠܐ ܠܚܪܬܐ ܢܛܠܐ. ܘܐܢ ܠܚܪܬܐ ܠܐ ܢܛܠܐ ܠܒܢܘܗܝ ܘܠܒܢܬܗܘܢ. ܘܐܢ ܠܥܠܡ ܠܐ ܢܛܠܐ. ܗ̇ܘ ܢܛܠܐ ܐܝܟ ܒܗܘܢ ܘܡܬܦܪܥ ܒܥܠܡܐ ܕܒܬܪ. ܐܠܐ ܗ̇ܘ ܡܕܡ ܕܥܒܕ ܒܝ ܒܢܝ [3]ܐܢܐ ܘܠܐܝܬ ܦܪܥܬܗ. *ܘܡܠܟܐ ܐܡܪ. ܕܗܢܝ ܒܥܒܕܝܢ 98v ܒܝ ܚܘܣܪܢܐ ܘܐܢܬܝ [4]ܦܪܥܬܝ ܡܕܡ ܕܒܥܒܕܝܢ ܒܝ. ܗܫܐ ܠܐ ܠܝ ܠܘܬܟ ܚܘܒܬܐ ܘܠܐ ܠܝ ܠܘܬܟ. ܐܠܐ ܚܠܘܦ ܘܬܝ ܠܘܬܟ. ܘܦܘܫܩܗ̇ [5]ܐܡܪܬ. ܕܠܐ ܐܬܬܐ ܐܢܐ [6]ܕܐܡܪܐ ܗܝ, [7]ܕܐܬܪܥܝܬ ܡܢ ܡܪܒܝܬܐ ܗ̇ܘ ܕܗ̇ܘ ܡܢ ܕܐܝܬ [8]ܠܗ ܡܢܝ ܚܘܣܪܢܐ. ܘܟܬ̈ܒܐ ܘܡ̈ܠܐ ܒܡܬܩ̈ܪܒܬܐ ܠܐ ܬܬܬܠ ܚܠܘܗܝ. ܡܛܠ ܕܠܐ ܡܟܣܢܐ ܕܒܗܘܢ [9]ܕܠܐ ܕܢܠܐ ܒܗ̇ ܐܒܬܐ ܐܝܟ ܒܢ̈ܬܗܘܢ. ܘܐܢ ܡܬܬܬܠ ܚܠܘܗܝ ܒܡܢܟ ܕܢܦܫܗ ܕܠܐ ܚܠܘܐ ܢܥܒܕܝܢ ܠܗ. ܐܡܪܢܐ ܗܝ, ܕܐܡܟܐ [10]ܘܐܡܟܐ [11]ܒܪ̈ܚܡܬܐ. [12]ܘܐܢ̈ܫܐ ܒܒ̈ܢܝ ܒܢܬܐ. ܘܐܢܬܬܐ [13]ܒܡܬܦܬܦܬܐ. ܘܒܪܐ ܒܡܪܒܝܬܐ. [14]ܘܒܪܬܐ ܒܡܘܒܪܢܘܬܐ. ܘܒ̈ܢܝ ܠܒܢܫܐ [15]ܬܬ̈ܒܥܝܢ ܒܐܡܪܘܗ. ܘܦܓܥܗ ܕܐܢܫ ܣܬܪܐܝܬ [16]ܕܙܕܩ ܕܢܠܒܘܟ. ܘܐܢܐ ܒܗܢܐ ܒܐܒܐ ܣܬܪܝܬܐ ܐܢܐ ܘܒܠܫܘܢ [17]ܡܒܪܪܐ ܐܢܐ. ܐܠܐ ܦܘܫ ܒܥܠܡܐ ܕܐܢܐ ܐܝܟ ܐܢܐ. ܘܡܠܟܐ ܐܡܪ. ܕܐܢ ܗ̇ܘ ܡܕܡ

---

1 ܕܢܬܠܝܘܗ̇ b. 2 ܕܡܬܬܠܝܠ b. 3 ܐܠܐ a c d. 4 L. ܦܪܥܬܝܗ? (cf. 126 3). 5 ܐܡܪ b. 6 ܗܘ ܕܐܡܪܢܐ c. 7 ܕܐܬܬܥܝܬ (sic) b, ܘܐܬܬܥܝܬ d. 8 ܠܝ ܡܢܗ b. 9 ܘܠܐ bd. 10 ܕܐܡܟܐ abd. 11 ܒܪܚܡܬܐ b d. 12 ܘܐܢܫܐ. 13 ܒܬܦܬܦܬܐ. 14 ܘܒܪܬܐ bis inkl. ܒܡܘܬܪܐ p. 127 4 < a b c. 15 ܬܬܒܥܝܢ ܒܐܡܪܘܗܝ Hs. 16 ܕܙܕܩܐ Hs. 17 ܡܒܪܪ Hs.

ܕܥܒܕܝܢ ܒܗ̇ ܠܐ ܦܪܥ ܗܘܐ ܠܗ̇. [1]ܐܘ ܐܢ ܦܘܪܥܢܐ ܕܥܒ̈ܕܘܗܝ، ܠܐ ܗܘܐ ܚܝܢ ܐܫܬܠܡ ܒܥܘܠܐ. ܠܐ ܙܕܩ ܗܘܐ ܕܬܬܚܠܡ ܐܠܐ ܕܬܬܕܝܢ. ܐܠܐ ܗܫܐ ܚܝܢ ܒܥܒܕܝܢ ܘܐܢܬ، ܦܪܥܬ،. ܡܛܠ ܗܢ ܠܐ ܡܬܚܠܦܬ،. ܐܠܐ [2]ܚܠܘܦ ܗܘܬ،. ܘܦܘܢܝܗ̇ ܐܡܪܬ. ܕܐܢ ܒܗܕܐ ܢܦܩܬ ܐܢܬ ܕܬܫܘܐ، ܕܠܐ ܢܛܪܐ ܠܒܟ ܐܬܘܬܐ ܒܗ̇. ܟܠ ܗܕܐ ܠܒܐ ܙܕܝܩܐ ܒܢܐ. ܠܐ ܗܘܐ ܠܥܢܝܐ. ܘܠܐ ܠܗ ܡܗܝܡܢ ܠܢܦܫܟ ܘܐܦܠܐ ܠܗ ܡܗܝܡܢ. ܒܠ ܠܒܟ ܕܠܐ ܢܛܪܐ ܒܗ ܐܬܘܬܐ. ܘܡܠܟܐ ܐܡܪ. ܕܡܫ̈ܬܐܠܢܐ ܐܝܟܢ ܕܥܒܕܝܢ ܚܘܫܒܐ ܒܝ̈ܫܐ ܘܗܘܝܐ ܠܗܘܢ ܐܬܘܬܐ ܘܒܠܥܒܕܘܬܐ. ܘܕܚܠܝܢ ܡܢ ܒܝܬܐ ܕܕܝܢܐ. ܘܡܢ ܡܕܚܠܝܢ ܠܗ̇ ܘܠܐ ܥܒܕܝܢ ܕܒܝܫܐ ܒܠܥܒܕܘܬܗܘܢ. ܘܦܘܢܝܗ̇ ܐܡܪܬ. ܕܡܢ ܕܐܝܬ ܠܗ ܐܬܘܬܐ ܘܡܬܬܥܝܩܝܢ ܒܗ ܒܡ̈ܠܐ ܒܫܪܒܬܐ ܕܒܕܚܠܬܗ̇ ܕܠܐ ܦܘܪܥܢܐ. ܠܐ ܙܕܩ ܕܢܬܬܟܠ ܐܠܐ ܢܕܚܠ ܐܡܟܝܢܐܝܬ ܡܢ ܒܝܬܐ. ܡܛܠ ܕܐܝܬ ܒܠܥܒܕܐ ܕܒܝܫܬܐ ܠܐ ܦܫܩ ܠܡܠܬܐ [3]ܐܝܕܐ ܕܗܝ. ܘܡ̈ܠܐ ܒܫܪ̈ܒܬܐ ܦܫܝܩܐܝܬ [4]ܡܦ̈ܫܩܝܢ ܘܡܬܬܢܝܢ ܠܗ. ܐܝܟܢܐ ܕܡܬܒܥܝܢ ܒܦܠܐ ܡܒܥܝܐ ܦܠܐ ܕܕܝܢܐ. ܘܡܠܟܐ ܐܡܪ. ܟܕ ܐܝܬ ܠܗ ܒܗ ܐܢܫ ܚܘܒܐ [5]ܘܪܚܡܘܬܐ: [6]ܐܦ ܐܝܬ ܠܗ ܕܫܠܝܬܐ ܡܢ ܚܘܒܗ، [7]ܘܠܐ ܡܬܬܟܠ ܒܠܘܚܘܗܝ: [8]ܠܐ ܗܦܟܝܢ ܡܢ ܚܘܒܗ. ܘܗܕܐ ܐܦ ܒܫܘܬܐ ܒܝܪܬܐ ܕܐܬܒܥܬ ܬ̈ܠܝܢ ܡܬܕܒܪܐ. ܡܛܠ ܕܐܦ ܒܢܫܐ ܕܡܬܦܪܐ ܙ̈ܕܩܝܢ ܕܒܠ̈ܥܐ ܡܠܠܝܢ ܘܐܡܠܝܢ ܐܠܐ ܠܠ̈ܟܐ ܕܐܝܬ ܠܗܘܢ ܒܥܒܗ ܚܘܒܐ: [ܠܐ] ܗܦܟܝܢ [9]ܡܢܗ. ܘܦܘܢܝܗ̇ ܐܡܪܬ. ܕܐܬܘܬܐ ܒܗ ܠܒܠܒ ܒܝܫܐ ܘܬܪܥܝܬ ܒܗ ܦܘܪܥܢܐ. ܘܦܘܪܥܢܐ ܡܥܒܕܝܢ ܠܡܦܪܥ ܒܝܬܐ. ܘܡܢ

---

1 ܘܐܢ Hs. 2 ܚܠܘܦ Hs. 3 ܠܐܝܕܐ Hs. 4 ܡܦ̈ܫܩܝܢ Hs. 5 ܘܪ̈ܚܡܘܗܝ Hs. — Cf. Nöld. p. 766. 6 ܕܐܦܢ Hs. 7 ܐܠܐ ܠܐ Hs. 8 ܘܠܐ Hs. 9 ܒܢܗ Hs.

ܦܪܚܝܢ ܡܬܚܫܒܢܘܬܗܝܢ ܘܡܫܢܝܐ ܐܒܗܘܬܐ ܠܒܢܝܗܘܢ. ܐܝܟ ܕܡܫܢܐ ܢܘܪܐ
ܒܡܫܚܐ ܢܒ̈ܝܐ. ܕܒܪܟܐ[1] ܕܕܠܩܐ ܒܟܠܗܬܐ ܐܝܟܐ ܕܗܝ. ܘܗܢܘܢ
ܒܪ ܢ̈ܦܫܐ ܠܗܘܢ ܫܘܦܪܐ ܡܢ ܐܒܪ. ܘܡܛܠ ܚܠܦܬܐ[2] ܫܚܝܢ ܕܠܗܐ
ܐܒܗܘܬܐ ܕܠܒܢܝܗܘܢ[3] ܒܐܒܝܕܘܬܗܘܢ. [4]ܘܠܐ ܒܡܟܘܬܪܐ[5] ܘܠܐ
[6]ܒܡܒܒܒܐ ܘܠܐ [7]ܒܡܬܠܠܐ ܒܡܫܚܐ ܘܠܐ ܒܬܫܡܫܬܐ ܕܡܬܪܝܡ
ܠܗܘܢ ܡܬܦܩܕܝܢ ܘܠܐ ܒܒܠܗܘܢ ܒ̈ܢܝܐ ܕܒܝܬܐ ܡܢܝܢܐ
[8]ܠܒܪ ܒܒܘܬܗ. ܘܐܝܬ ܦ̈ܠܓܘܬܐ ܕܒܪ ܐܝܬ ܠܗܘܢ ܐܒܗܘܬܐ. ܠܫܪܬܐ
99 r *ܗܘܐ ܠܗܘܢ ܘܡܘܬܪܢܐ ܡܢ ܫ̈ܪܒܐ. [9]ܡܛܠ ܗܘ ܘܡܘܬܪܢܐ ܒܟܠܠܐ
ܐܒܗܘܬܐ. [10]ܐܠܐ ܐܢܐ ܡܢܐ ܘܡܘܬܪܢܐ ܐܝܬ ܠܝ ܕܐܥܒܕ ܠܟ. ܕܗܝ
ܐܒܗܘܬܐ ܕܐܝܬ ܠܟ ܥܠ ܐܘܠܐ ܡܢܟ ܘܡܢ ܠܒܟ. ܘܐܦ ܐܝܟ
ܕܐܬܒܪܬ ܕܠܝܬ ܠܟ ܐܒܗܘܬܐ ܠܒܟ. ܐܠܐ.ܐܢܐ ܡܛܠ ܡܢ ܕܒܕܝܬ.
[11]ܒܒܪܐ ܕܒܒܝܬܟ ܗܘܝܐ ܐܢܐ. ܒܗܒܬܐ ܘܒܪܢܫܘܬܐ ܫܪܐ ܐܢܐ.
ܐܠܐ ܐܬܒܢܐܝܬ[12] ܫܠܝܡ ܗܘܝ. ܘܐܦ ܐܢܐ ܐܘܠܐ ܐܢܐ ܒܫܘܠܡܢܐ.
ܘܡܠܟܐ ܐܡܪ. ܕܠܝܬ ܕܡܥܒܕ ܕܢܒܒܪ ܒܫܒܪܗ ܡܘܬܪܢܐ ܘܫܘܦܪܐ.
ܡܛܠ [13]ܕܒܫܘܠܡܐ ܘܒܪܒܢܐ ܢ̈ܦܫܐ ܠܗ. ܘܐܦ ܡܘܠܕܐ ܕܒܠ ܕܚܐ
ܕܒ̈ܢܝܢܐ ܘܕܒܠ ܡܕܡ ܒܪܒܢܐ ܢ̈ܦܫܐ ܠܗ. ܘܐܦ ܡܘܬܐ ܕܒܠ
ܕܚܝܝܢ ܘܐܒܪܢܐ ܕܒ̈ܢܝܢܐ ܘܕܒܠ ܡܕܡ ܒܪܒܢܐ ܗܘܐ. ܘܠܐ ܠܝ
ܠܗܬܒ [ܘܠܐ] ܠܗܘܢ ܡܫܢܝܐ ܠܗ ܒܫܒܬܐ. ܡܛܠ ܕܗܘ ܡܢܐ
ܕܢ̈ܦܫܐ ܠܗܬ̈ܝܢ ܫܠܝܡ ܗܘܐ ܥܠܝܢ ܘܫܝܢ ܗ̇ܘܝܢ ܥܠܬܐ. ܘܒܠ ܡܕܡ
ܒܫܘܠܡܐ ܗܘ. ܠܒܪܢܐ ܒܫܒܬܐ ܕܒܝܢ ܡܛܠܬ ܒܪܠܐ [14]ܐܝܬܝ، ܠܝ ܒܗ.

---

1 ܕܒܪܒܟܐ Hs. 2 ܫܘܚܡ Hs. 3 L. ܠܐܒܝܕܘܬܗܘܢ? 4 ܘܕܠܐ Hs. 5 Hier setzen a b c wieder ein. 6 ܒܡܡܠܠܢܐ b. 7 ܒܡܒܡܠܐ a c. 8 ܠܒܪܒܒܘܬܗ c. 9 L. ܘܡܛܠ oder ܕܡܛܠ (= «so daß»)? 10 ܐܠܐ bis ܐܒܗܘܬܐ inkl. < a. 11 ܘܒܒܪܐ. 12 ܫܠܝܡܐ. 13 ܕܒܫܘܠܡܐ d, ܒܫܘܠܡܐ b. 14 ܐܝܬ.

ܟܕ ܐܦ ܚܕ ܡܢ ܕܝܠܢ ܠܗ ܟܬܒܢ *[1] ܕܕܒܪܬ܂ ܘܫܘܠܡܗ ܐܡܪܬ܂ ܕܐ 99v
ܠܡܕܝܢ ܒܫܠܡܐ ܗܘܐ [2] ܡܛܠ ܕܒܐ ܐܝܬ ܒܟܠܗܝܐ ܘܫܒܩܐ
ܘܬܬܥܝܪܐ܂ ܘܐܬܬܐ ܘܒܟܠܕܒܒܘܬܐ܂ [3] ܘܡܛܠ ܕܒܐ ܗܘܐ ܗܘܘ ܫܪ̈ܝܐ
ܘܠܡܕܝܢܐ ܢܦܝܠܝܢ ܟܠܦܘܬܐ ܘܒܟܝܢ ܐܢ̈ܫܘܬܐ [4] ܒܒܘܪܗܢܐ ܘܡܬܝܢ
ܡܫ̈ܡܫܢܐ [5] ܘܡܬܬܚܡܨܝܢ ܒܫܘܦܪܢܐ܂ ܘܠܡܕܝܢܐ ܡܬܚܡܨܝܢ ܡܢ ܫܠܝ̈ܛܢܐ
ܘܦܠܚܝܢ ܠܕܚܠܬܐ܂ ܐܠܐ ܠܐ ܙܕܩ ܠܐܢܫ ܕܢܗܡܐ ܡܢ ܒܢ̈ܝܗܘܢ
ܥܠ ܬܘܟܠܢܐ ܕܫܠܡܐ ܐܠܐ ܒܪܡ ܘܠܠܗ ܠܦܘܠܚܢܐ ܕܠܗ܂ ܘܐܡܪܐ
[6] ܒܡܪܬܐ ܒܢ̈ܝܗܘܢ, [7] ܕܒܪܡ܂ ܘܗܢܐ ܒܫܪܬܗ ܫܒܩܬ ܕܬܘܟܠܢ܂
[8] ܘܐܡܪܬ ܕܫܠܡܐ ܗܘ܂ ܡܛܠ ܕܒܫܪܬܐ ܗܘܝܐ [9] ܕܪܕܐ ܠܗ܂ ܘܐܦ
ܬܘܒ ܒܢ̈ܝܢܐ ܡܛܠ ܬܠܬ ܒܝܢ ܠܦܪ̈ܘܫܬܐ܂ ܐܘ ܕܢܬܐܠܦ ܒܗܝܢ
ܐܘ ܕܢܐܟܠܘܢ ܐܢܝܢ ܐܘ ܕܢܗܘܘܢ [10] ܦܘܪܒܢܐ܂ [11] ܘܐܝܢܐ [12] ܐ ܠܐ
ܬܘܟܠܢ ܒܫܪܬܐ܂ [13] ܘܠܐ ܠܡܐܟܠܬܐ ܗܘܝܐ ܐܝܟ ܐܝܢܐ ܘܠܐ ܠܡܐܬܠܬܐ܂
*ܘܟܠܗ ܙܢܝ ܚܝ̈ܘܗܝ, ܘܕܝܠ ܡܢ ܡܘܬܐ܂ [14] ܘܐܝܟ ܚܕܝܢܐ ܡܢ 100r
ܕܚܝܠܬܐ ܕܡܢ ܡܘܬܐ ܥܒܕ ܚܕܘܬܗ ܕܒܠܒܐ ܘܗܘܝܐ ܚܝܕܐ
ܕܒܟܪ ܢܬܘܒ ܡܢ ܦܘܪܫܢܬܐ ܕܠܐ ܒܥܐ ܠܡܥܒܕ ܙܒ̈ܢܝܬܐ
[15] ܡܢ̈ܝܐܬܐ ܘܠܡܚܝܠܐ ܒܚܝ̈ܠܬܐ܂ ܡܛܠ ܕܒܗܘܢ ܡܘܠܕܐ ܘܒܗܘܢ
ܒܦܘܪܗܢܐ܂ ܘܒܗܘܢ ܗܘܝܐ ܐܝܬܐ ܘܒܗܘܢ [16] ܦܘܪܥܢܐ [17] ܕܪ̈ܚܡܐ܂ ܘܒܗܘܢ ܗܘܝܐ
ܫܒܩܬܐ܂ ܘܢܛܪ ܒܗܘܢ ܡܘܬܐ ܘܒܡܘܬܐ ܕܡܦܩܢܐ [18] ܠܐܢܫ܂ ܘܗܘ
ܒܡܘܬܐ ܕܐܢܫܐ ܒܟܕܪܬ ܟܝ ܐܢܫܐ ܢܛܪ ܕܒܟܪܐ ܕܒܗܘܢ ܗܘܝܐ

---

1 ܕܕܒܪܬ a. 2 ܡܛܠ < a. 3 ܡܛܠ a c. 4 ܒܒܘܪܗܢܐ b c d. 5 ܘܡܬܬܚܡܨܝܢ b. 6 ܒܡܪܬ. 7 ܕܒܪܡ < a c. 8 ܘܐܡܪ. 9 ܕܪ̈ܐ. 10 ܦܘܪܒܢܐ. 11 ܘܐܝܢܐ a c. 12 ܠܡ. 13 ܘܐܠܐ b d. 14 ܘܐܝܟ bis ܡܘܬܐ inkl. < b, in d am Rande. 15 ܡܢ̈ܝܐܐ a b c; in d ܡܢ̈ܝܐܬܐ aus ܡܢ̈ܝܐ korrigiert. 16 ܦܘܪܥܢܐ. 17 ܕܪ̈ܐ, (im Original wohl Abkürzung am Zeilenende). 18 ܠܐܢܫܘܬܗ, ܒܡܘܬܐ c.

ܠܡܕܢܚ ܡܢ ܠܒܪܐ. ܡܛܠ ܕܐܦ ܠܝ ܡܬܠܬ. ܘܟܠ ܐܡܬܝ،
[1]ܕܡܬܒܥܕܪܢܐ ܡܕܡ ܕܒܒܪܬܗܘܢ ܒܝ. ܘܐܢܬܘܢ [2]ܡܒܥܕܪܢܝܬܘܢ
ܠܡܕܡ ܕܒܒܪܬ ܒܟܘܢ. ܐܡܝܢܐܝܬ [3]ܕܠܝܬܝܢ ܢܘܟܪܝܢ. ܡܠܒܒܐ
ܐܡܪܢ. ܕܠܐ ܗܘܐ ܢܟܪܐ [4]ܕܕܝܢ ܕܢܬܢܟܪܘܢ ܐܝܟܢ ܕܐܝܬ ܠܟܘܢ
ܐܒܗܬܐ ܕܟܢ ܢܘܟܪܝܐ. ܘܠܐ ܡܬܒܛܠܝܢ ܠܗ ܡܢ ܠܒܟܘܢ. *ܘܒܟܪܘܗ 100v
[5]ܐܡܪܢܬ. ܕܡܢ ܕܐܝܬ ܠܗ ܒܘܝܢܐ ܬܝܒܘܬ ܪܚܡܗ. ܐܝܟ ܒܪ ܗܠܟ
ܡܟܘܢ ܘܡܬܗܠܟܝܢ ܠܐ ܡܨܝܐ ܕܠܐ ܡܬܬܦܪܐ ܒܘܝܢܗ. ܘܡܬܘܣܦ
[6]ܒܐܒܗ. ܘܟܢ ܕܡܕܒܪܐ ܒܝܫܗ ܘܡܬܗܠܟܝܢ ܒܪܘܚܐ ܘܬܪ ܒܬܪ ܒܐܒܘܗ.
ܘܟܢ ܕܐܙܠ ܒܐܘܪܚܐ ܕܐܝܬ ܒܗ ܕܢܝܚܬܐ ܟܠ ܬܘܟܠܢܐ ܕܢܝܚܗ.
ܡܨܝܐ ܕܢܦܫܗ ܒܟܪܐ. ܘܐܝܟ ܥܘܝܪܐ ܕܠܐ ܦܪܫ ܐܘܪܚܐ ܠܓܒܬܐ ܡܢ
ܒܥܬܐ. ܐܝܬ ܒܪ ܐܦ ܟܕ [8]ܕܕܒܪܐ ܐܟܪ ܡܕܡ. ܘܟܢ ܕܠܐ ܢܕܥ
ܡܒܣ̈ܝܡܘܬܐ ܕܦܘܡܗ ܘܫܐܪ ܒܥܝܢܐ ܪܒܬܐ. ܐܝܬ ܕܗܝ ܚܘܪܐ
ܠܗ. [9]ܘܐܝܢܐ ܕܐܙܠ ܡܐܟܘܠܬܐ ܕܠܐ ܡܨܝܐ ܢܘܪܗ ܕܐܣܛܘܡܟܗ
ܡܦܪܢܐ ܠܗ. ܐ܏ ܡܟܐܪܬ ܠܐ [10]ܗܘܐ ܒܡܨܝܐ ܕܢܦܫܗ ܡܟܐܪܬ. ܘܗܘ
ܕܠܐ ܝܕܥ ܒܠܒܒܗ ܘܒܫܪܠܐ ܕܡܠܐ ܒܫܝ̈ܡܬܐ ܡܬܬܟܠ. ܗܘ
ܫܘܦܪܐ ܕܢܦܠܐ ܠܗ. ܡܢ ܒܬܪ ܐܦܪܘ̈ܗܝ ܢܦܠܐ ܠܗ. ܐܠܐ ܐܝܟ
ܫܒܝܒܐ ܟܠ *ܫܠܡܐ ܠܐ ܡܬܬܟܠ. ܐܠܐ ܡܬܚܫܒ ܒܒܥܒܕܘܗܝ. 101r
ܡܛܠ ܕܫܠܡܐ ܠܐ ܐܝܟ ܚܙܐ ܠܗ. ܘܒܒܪܐ ܡܫܒܚ ܐܝܟ ܢܕܥ ܠܗ.
ܐܝܟ ܫܒܝܒܐ ܕܫܠܡܐ ܘܙܒܢܬܐ ܠܐܝܟ ܠܐ ܡܫܘܐ. ܘܒܕܘܒܬܐ
ܕܐܝܬ ܒܗ ܕܫܠܡܐ [11]ܘܙܒܢܬܐ ܠܐ ܡܒܬܪ. ܘܐܝܢܐ ܕܠܐ ܫܒܠܘܬܐ
ܐܝܬ. [12]ܘܐܝܢܐ ܕܐܙܠܢܐ ܚܙܐ ܐܢܐ. ܘܟܢ ܕܚܫܒܐ ܡܕܡ [13]ܫܒܝܚܝܢ

---

[1] ܕܡܬܒܥܕܪܢܐ ܐܢܐ bd. [2] ܡܒܥܕܪܝܢ ܐܢܬܘܢ bd. [3] ܕܠܝܬܝܢ.
[4] ܕܗܝ. [5] ܐܡܪܬ b. [6] ܒܐܒܐ b d. [7] ܒܪܘܚܐ bd. [8] ܕܕܒܪܗ ac, ܕܕ̈ܒܪܐ d. [9] ܘܐܠܐ b, ܘܐܝܢܐ d. [10] ܗܘܐ ab. [11] ܘܙܒܢܬܐ < bd. [12] ܘܐܝܢܐ bd. [13] ܫܒܝܚܝܢ b.

ܠܗ. ܕܢܠܒܟ ܢܦܫܗ ܡܫܟܚ ܕܐܠܐ ܫܠܝܘܬܐ. [1]ܬܫܡܫܬܐ [2]ܘܕܘܪܫܐ
ܘܡܠܦܢܐ ܘܕܘܒܪ̈ܐ ܫܦܝܪ̈ܐ ܘܡܫܡܠܝܬܐ. ܡܛܠ ܗܠܝܢ ܣܓܝܐܐ
ܢܨ̈ܚܢܐ ܡܢ ܕܘܟܬܐ ܕܐܝܬ ܒܗ̇ ܕܢܠܬܐ [3]ܐܪܦܐ [4]ܙܕܩ ܠܗ
ܕܢܬܪܘܡ. ܐܠܐ ܐܦ ܒܡܘܬܪܐ ܘܐܢܬܬܐ ܘܒܢ̈ܝܐ ܘܒܢܝ̈ ܒܝܫܐ
ܘܢܣ̈ܟܐ ܘܡܕܪܐ ܘܐܬܪܐ ܒܝܫܐ ܙܕܩ ܠܗ ܕܢܬܠ ܠܟܠܗܘܢ ܬܘ̈ܠܦܐ
ܕܢܦܫܗ ܘܢܦ̈ܫܐ. ܡܛܠ ܕܡܟܝܟ ܕܢܦܫ ܐܒܗܬܗܘܢ. ܐܠܐ ܒܪ ܗ̇ܘ ܗܘ
ܐܒܪ̇ ܬܘܠܦܐ ܕܢܦܫܗ ܠܐ ܡܫܟܚ. ܘܐܢܬܬܐ ܒܝܫܬܐ ܐܢܬܬܗ
*ܗ̇ܝ ܕܠܐ ܫܢܝܐ ܒܟܠܗ̇ ܒܒܝܬܗ̇. ܘܒ̈ܢܝܐ ܒ̈ܝܫܐ ܐܝܠܝܢ ܕܠܐ 101v
ܡܫܬܡܥܝܢ ܒܗܘܢ ܐܒܗ̈ܝܗܘܢ. ܘܒܢ̈ܝ ܒܝܫܐ [5]ܒ̈ܢܝܐ ܐܝܠܝܢ
ܕܡܣܬܟܠܐ [6]ܠܐ ܡܬܕܪܝܢ. ܘܢܣܟܐ ܒܝܫܐ ܗ̇ܘ ܕܠܐ ܬܒܝܠ
ܟܠܗܘܢ ܐܝܟ. ܘܡܕܪܐ ܒܝܫܐ ܗ̇ܘ ܕܠܐ ܢܦ̇ܩ ܒܛܘ̈ܒܗܘܢ ܡܢ ܒܝܫܬܐ.
ܘܐܬܪܐ ܒܝܫܐ ܗ̇ܘ ܕܠܐ ܡܫܟܚ ܐܢܫ ܚܢ̇ܐ ܒܗ ܠܒܐܢܬ ܕܠܐ
ܕܢܠܬܐ. ܒܗ ܒܢܝܐ ܐܦ ܐܢܐ ܕܒܢܝܬܟ ܕܠܐ ܢܠܬܐ ܠܐ
ܡܣܬܢܝܐ ܕܐܢܫܐ ܡܛܠ ܚܣܡܗ̇، ܕܠܬܠܝܟ. [7]ܘܦܘܫܘܗ̇ ܡܒܣܬ
ܟܠܬܐ ܐܡܪܬ. ܘܡܒܣܬ ܘܐܙܠܬ ܡܢ ܬܡܢ ܒܐܘܪܚܗ̇.[8]

1 ܘܬܫܡܫܬܐ. 2 ܘܕܘܪܫܐ. 3 ܐܪܦܗ̇ a, ܐܪܦܗ c. 4 ܘܙܕܩ bd.
5 ܒܢܝܐ b. 6 ܐܠܐ b. 7 Rest fehlt b. — d ܕܦܘܫܘܗ̇ ܐܡܪܬ. ܡܒܣܬ ܟܠܬܐ ܐܡܪܬ.
8 + ܥܠ ܬܪܒܐ ܕܦܘܫܘܗ̇ ܦܪܘܬܐ ܘܒܪܡܪܝܢ. ܘܠܒܪ ܫܒܝܫܐ d.

ܬܪܥܐ ܕܦܛܪ̈ܘܢܐ ¹ܕܡܬܩܪܐ ܦܘܫܩܐܝܬ ²ܫܚܠ.

ܘܕܒܝܫ ܐܡܪ. ܫܡܥܢ ܠܝ ܗܢܐ ܫܪܒܐ ³ܕܒܪܗܡܢܝ ܡܠܟܐ ܒܢ ܦܢܘܗܝ. ܐܠܐ ܐܢ ܟܠ ܕܡܬܦܪܫܐ ܡܢ ܡܠܟܐ ⁴ܘܗܘܝܐ ܠܗ ܡܬܦܪܫܢܘܬܐ. ܠܐ ܙܕܩ ܕܢܬܬܟܠ ܥܠܘܗܝ ܒܪܢܫ. ܡܕܝܢ ܡ̈ܠܟܐ ܠܐ ܡܫܬܡܥܝܢ *ܕܢܗܘܘܢ ܐܝܟ ܬܫܠܡܘܬ ⁵ܒܥܒܕܝܗܘܢ ܘܒܝܘܡܝ 102 r ⁶ܣܓܝܐܐ ܒܝ̈ܘܡܝܗܘܢ. ܡܛܠ ܕܒܥ̈ܒܕܝܗܘܢ ܣܓ̈ܝܐܝܢ. ܘܒܝܫܬܐ ܣܓ̈ܝܐܬܐ ⁷ܡܬܒܥܝܢ ⁸ܕܢܗܘܘܢ ܒܝ̈ܘܡܝܗܘܢ. ⁹ܘܕܢܗܘܐ ܒܥܠܡܐ ܗܘ ܒܙ̈ܒܢܐ ¹⁰ܘܒܡܪ ܘܢܣܒ ܠܢܦܫܗ ܡܫܬܒܚ. ܐܪܥܐ ܕܝܠܗܘܢ ܠܗܘܢ ܐܝܟܐ ¹¹ܕܡܬܒܥܝܢ ܠܡܠܟܐ ܒܒ̈ܥܝܐ. ܘܒܙܒܢ ܐܡܪ. ܠܐ ܗܘܐ ܟܠ ܕܡܬܦܪܫܐ ܡܢܗ ¹²ܕܡܠܟܐ ܘܗܘܝܐ ܠܗ ܡܬܦܪܫܢܘܬܐ. ܒܪܢܫ ܠܐ ܙܕܩ ܕܢܬܬܟܠ ܥܠܘܗܝ. ܐܠܐ ܙܕܩ ܠܡ̈ܠܟܐ ܕܢܬܒܥܘܢ ܠܐܢܫܐ ܕܫܘܝܢ ¹³ܒܥܒ̈ܕܝܗܘܢ. ܡܛܠ ¹⁴ܕܡ̈ܠܟܐ ܫܦܝܪ ܡܢ ܡܕܒܪܢܐ ܠܐ ܗܘܝܢ. ܘܐܢ ܡܢ ܡܕܒܪܢܘܬܗܘܢ ܠܐ ܡܫܬܡܥܝܢ ܠܗܘܢ. ܘܐܦ ܡܫܬܘܕܝܢ ܘܢܣܒܝܢ ܘܠܐ ܫܒܩܝܢ ܘܡ̈ܬܒܥܝܢ. ܠܐ ܡܫܬܡܥܝܢ ܕܢܕܒܪܘܢ ܒܝ̈ܘܡܝܗܘܢ ܦܠܚܐܝܬ. ܐܝܟܢܐ ܕܡܬܚܙܝܐ ܕܠܐ ܒܡ̈ܫܘܠܐ ܐܘ

1 ܕܡܬܩܪܐ < b. 2 ܫܚܠ b. 3 ܘܒܪܗܡܢܝ a. 4 ܗܘܝܐ b.
5 ܒܥܒ̈ܕܝܗܘܢ b. 6 ܘܣܓܝܐܐ. 7 ܒܥܝܢ. 8 ܕܢܗܘܘܢ (!) b d. 9 ܘܕܢܗܘܐ a.
10 ܘܒܫܪܐ. 11 ܕܡܬܒܥܝܢ b, ܕܡܬܒܬܒܥܝܢ a c, ܕܒܬܒܥܝܢ d. 12 ܡܠܟܐ.
13 ܒܥܒܕܝܗܘܢ b d. 14 ܡ̈ܠܟܐ.

ܒܥ̈ܠܬܐ ܕܠܝܬ [1]ܠܗܘܢ ܦܘܪ̈ܢܐ ܠܐ [2]ܢܚܫܘܢ ܠܒܪ̈ܝܬܐ. ܘܐܝܟܢܐ *ܕܡܢ̈ܝܐ 102v
ܕܦܣܩܘ ܐܢܘܢ ܒܒܪ̈ܝܬܐ. ܟܠ ܒܐܝܬܘܬܗܘܢ ܘܒܨܒܝܢܗܘܢ
ܘܡܫܝ̈ܢܘܬܗܘܢ ܘܡܫܬܪܝܘܬܐ ܕܐܝܬ ܠܗܘܢ. ܗ̇ܘ ܒܨܒܝܢܗ ܡ̇ܠܐ ܠܗ
ܕܢܣܒ. [3]ܘܐܝܟܢܐ ܗܘ ܕܗܘܐ ܠܐ ܡܨܒܐ ܕܢܣܒ [4]ܡܢ ܡܕܡ ܩܘܪ̈ܒܢܘܗܝ, ܘܕܡ
ܠܗ ܕܢܣܒ ܕܡܢ [5]ܐܝܬܘܗܝ, ܘܡܢ [6]ܠܝ̈ܢܫܐ ܐܝܬ ܠܗ [7]ܘܡܢ ܫܡܝܪܘܬܐ.
ܘܠܐܢܫܐ ܒܒܪ̈ܝܬܐ [8]ܠܝܬ. [9]ܘܡܕܡܢܐ ܐܝܬ [10]ܠܗ ܡܕܡ ܝܘܬܪܢܐ ܘܡܕܡܢܐ
ܫܘܦܪܢܐ. ܘܠܟܠܢܫ [11]ܗ̇ܘ ܒܒܪ̈ܝܬܐ ܕܗܘ ܒܨܒܝܢܗ ܐܘ ܒܡܕܡ̈ܝܢܘܬܗ,
ܢܣܒ ܚܠܦܘܗܝ. ܕܐܝܟܢܐ [12]ܕܒܒܪ ܒܚܫܬܐ ܠܐ ܡܬܚܫܐ ܠܗ ܗ̇ܘ
ܕܡܕܒܪ [13]ܚܫܘܟ ܦܪܥ ܠܗ. ܡܛܠ ܕܐܢ ܡܢ ܒܒܪ ܒܚܫܬܐ [14]ܡܬܚܫܐ
[15]ܠܗ ܗ̇ܘ ܕܡܕܒܪ ܚܫܘܟ ܠܐ ܦܪܥ. ܗ̇ܘ ܕܒܒܪ ܒܚܫܬܐ ܬܘܒ
ܡܬܕܝܢ ܠܡܚܒܪ. ܘܕܒܒܪ ܦܠܛܬܐ ܗ̇ܘܐ [16]ܡܬܡܢܝܢܐ ܒܫܘܒܚܘܗܝ.
ܘܡܛܠܐ ܕܗܟܢ ܠܐ ܡܬܢܣܒ ܗܟ ܫܘܦܪܢܐ ܗ̇ܘܐ ܠܗ. ܘܐܦ
ܐܢܫܐ ܡܬܦܪܥ ܒܗ. ܘܕܘܡܝܗ ܕܗܢܐ ܥܒܪܐ

ܐܝܬ ܗܘܐ ܒܐܪܥܐ ܕܦܠܣܛܝܢܐ ܒܐܬܪܐ ܕܪܩܘܡ ܡܠܟܐ ܚܕ
*ܘܫܠܝܛܢܐ ܘܒܥܝܬܐ ܣܓܝܐܬܐ ܥܒܕ ܗܘܐ. ܘܡܛܠ ܣܓܝܐܘܬ 103r
ܫܘܠܛܢܗ, ܒܕ ܡܛܠ ܐܙܠܬ ܢܦܫܗ ܠܪܘܡܐ ܕܦܠܣܛܝܢ ܚܕܐ. ܘܐܬܬܗ
[17]ܗ̇ܝ, ܦܠܣܛܝܢ [18]ܒܪܒܗ̇. ܘܡܛܠ ܕܠܝܬ ܦܬ̈ܘܬܐ ܕܡܨܪ ܗܘܐ [19]ܐܬܬܕܒܪ
ܒܗ ܒܟܘ̈ܪܝܗ̇ ܕܦܠܣܛܝܢ. ܕܡܢ [20]ܡܬܝܕܥ ܡܠܟܐ ܗܘܐ ܗܘܬ. ܘܡܛܠ
ܒܝ̈ܬܐ ܕܡܕܝܢܬ ܐܝܬܝܬ [21]ܒܟܘ̈ܪܝܗ̇ ܕܦܠܣܛܝܢ. ܘܐܬܬܝܗܘܢ, ܡܢ ܒܝ̈ܬܐ

---

1 ܠܗܘܢ abc. 2 ܢܚܫܫܘܢ abc. 3 ܘܐܝܟܢܐ a. 4 ܡܢ bis ܕܢܣܒ inkl. < a. 5 ܕܐܝܬܘܗܝ, abc. 6 ܕܠܝ̈ܢܫܐ abc. 7 ܘܫܡܝܪܘܬܐ ac. 8 ܠܝܬ < ac. 9 ܘܡܕܡ̈ܝܢܐ ac. 10 ܠܗ < bd. 11 ܗ̇ܘ < ac. 12 ܕܒܒܪܐ. 13 ܚܫܘܟ. 14 ܡܬܚܫܐ bis ܒܚܫܬܐ inkl. Z. 10 < a. 15 ܠܗ̇ bcd. 16 ܡܬܡܢܝܢܐ. 17 ܗ̇ܝ b, ܗ̇ܝ d. 18 ܒܪܒܗ acd. 19 ܘܐܬܬܕܒܪ a, ܐܬܕܒܪ bcd. 20 ܡܬܝܕܥ a. 21 ܒܟܘ̈ܪܝܗ̇ b, < d.

ܕܥܒܕ. ܘܡܗܠܟܢ ܗܘܐ ܥܡ ܦܛܪܘܣ ܘܐܢܕܪܐ ܘܬܠܡ̈ܝܕܐ ܒܢ̈ܝ
ܟܢܫܗ. ܘܠܐ ܦܪܝܫ ܗܘܐ ¹ܘܫܘ̈ܬܦܘܬܐ ܠܐ ܦܠܓ ܗܘܐ. ܘܒܣܪܐ
ܠܐ ܐܟ̇ܠ ܗܘܐ. ܘܒܬܪ ²ܟܢܫܗ ܠܐ ³ܘܠܫܘܡܗ̇ ܠܥܒܕ ܕܥܒܕ ܗܘܐ.
ܘܒܢܝܢ ⁴ܟܠܗܘܢ ܟܠܗܘ̱ܢ ܘܦܬܓܡܘܗܝ ܕܡܠܠ ܡܪܢ ܠܐ ܦܠܓ ܘܠܐ
ܐܟ̇ܠ ܒܣܪܐ. ܘܡܢ ܕܢܚ ܒܥܕܢܝܢ ܠܐ ܚܒܪ. ܘܦܛܪܘܣ ܐܡܪ.
ܡܛܠ ܕܠܐ ܡܫܠܡ ܐܢܐ ܠܥܒܕ ⁵ܕܥܒܕܝܬܘ̱ܢ. ܘܡܢܘ̱ܢ ܐܡܪܘ.
103v ܕܒܪ ܒܥܡ ܡܗܠܟܢ ܐܢܬ ܥܡܗ ܘܡܢܘܪ̈ܐ *ܘܒܪ ܟܢܫܐ ܕܠܡ ܐܝܬܝܟ.
ܒܪ ܠܐ ܫܦܝܪ ܐܝܬ ܕܒܥܐ. ܡܢܐ ܐܚܪܢܐ ܥܒܝܕ ܠܟ. ⁶ܘܦܛܪܘܣ
ܐܡܪ. ܕܐܢܐ ܡܛܠ ܗ̇ܝ ܕܡܕܡܢ ܐܢܐ ܘܥܒܕ ܠܐ ܫܦܝܪ ܐܢܐ
ܠܐ ⁷ܡܬܚܫܒܢ ܠܝ ܚܛ̈ܗܐ. ܡܛܠ ⁸ܕܚܛ̈ܗܐ ܘܙܕܝܩܘܬܐ ܕܥܒ̇ܕ
ܐܢܫ. ܠܐ ܗܘܐ ܡܛܠ ܕܥܒܕܬܐ ܡܬܚܫܒܢ ܐܠܐ ܡܛܠ ܒܥܒ̈ܕܐ.
ܡܛܠ ܕܐ̱ܢ ܒܪ ܒܥܘܕܬܐ ܦܓܥܬܐ ܐܝܬܘܗܝ، ܐܢܫ ܕܙܕܝܩܘܬܐ ܗܘܝܐ
ܠܗ. ܘܒܥܘܕܬܐ ܒܚܛܝܬܐ ⁹ܚܛ̈ܗܐ ¹⁰ܗܘܐ. ܐܝܟ ܡܠܬܗܘ̱ܢ. ܡܢ ܕܢܚ
ܕܝܢ ܕܒܥܝܬܐ ܕܐܠܗܐ ܥܡܠ ܙܕܝܩܐ. ܡܛܠ ܕܥܒܕܬܐ ܙܕܝܩܘܬܐ
ܫܒܝܩܐ ܠܗ. ¹¹ܘܗܘ، ܕܒܥܒܕ ܡܢܘܪ̈ܐ ܡܢܗܐ ܬܝ̈ܒܘܬܐ ܕܙܕܝܩܘܬܐ ܗ̇ܝ
ܒܥܒܕܐ ܚܛܗܐ ܫܒܝܩ ܠܗ. ܐܠܐ ¹²ܠܐ ܗܟܢܐ. ܐܢܐ ܕܝܢ ¹³ܒܦܓܪܝ،
ܒܡܢܘ̱ܢ ܐܢܐ. ܐܠܐ ܠܘ ܒܥܒ̈ܕܐ. ܡܛܠ ܕܦܐܪܐ ܕܥܒ̈ܕܐ ܛ̇ܒܐ
ܠܡܢܘ̱ܢ. ܘܗ̇ܘ ܦܛܪܘܣ ¹⁴ܡܛܠ ܡܠܬܐ ܕܒܥܕܢܗ، ܠܐ ܐܚܐܒ
ܕܡܥܕܢܗ. ܘܡܢܗ̇ ܕܥܒܕܬܐ ܐܝܬ ܗܘܐ ܐܪܥܐ ܚܕ. ܘܒܚܕ ܡܛܠ
104r ܕܡܥܕܢܗ، ܘܬܘܒܘܬܐ ܕܗܘ ܦܛܪܘܣ ܘܒܥܒܕܘܗܝ، *¹⁵ܘܡܫܡ̈ܠܝܘܬܐ ܒܥܒܕܐ
ܠܒܗ ܒܢܫܐ ܠܬܘܗ ܘܐܡܪ ܠܗ. ܕܥܒ̈ܕܐ ܦܬܓܡܝܢ. ܘܡܥܕܪܢܐ

---

¹ ܘܫܘܬܦܘܬܐ c. ² ܟܢܫܐ bd. ³ ܘܠܫ bd. L. ܘܠܫܘ? ⁴ ܟܠܗܘ̱ܢ < bd. ⁵ ܕܥܒܕܬܘ̱ܢ ac. ⁶ ܦܛܪܘܣ b. ⁷ ܡܬܚܫܒܢܘ̱ܢ ac. ⁸ ܕܚܛܗܐ bd. ⁹ ܚܛ̈ܗܐ a. ¹⁰ ܗܘܝ. ¹¹ ܘܗܘ̤ܝ b, ܘܗܘ̣ܝ d. ¹² ܠܐ < a. ¹³ ܒܦܓܪ bd. ¹⁴ ܡܛܠ < a. ¹⁵ ܡܫܡ̈ܠܝܘܬܐ a.

[1]ܒܚܙܝܢܐ. [2]ܘܐܝܟ ܡܛܠ ܕܘܟ̈ܝܢ [3]ܘܡܬܚܙܝܢ ܡܫܬܡܥ ܠܝ. [4]ܐܠܐ ܗܘ݂
ܒܗ̇ ܗܘܘ، ܟܕ ܒܝܬܐ ܘܒܡܘܪܟܐ ܕܠܗ. ܕܦܘܫ ܐܢܐ [5]ܒܚܙܝܐ.
ܘܦܘܪܫܢ ܐܡܪ. ܕܒܚܙܘܐ ܡܠܟܐ ܕܡܪܒܥܘܬܐ ܒܚܝܠܐ ܕܢܦܘܩ.
ܒܚܙܐ ܠܐܝܟ. ܘܗ̇ܘܐ ܐܝܟ ܕܗܘ ܕܢܦܘܩܐ. ܡܛܠ ܕܝ ܠܐ ܢܦܠܐ
[ܠܐ] [6]ܘܠܐ ܕܢܦܘܩܗ. [7]ܘܗ̣ܘܐ ܐܝܟ ܕܠܐ ܘܠܐ ܕܢܦܘܩܗ ܐܦ ܫܟܝܚ
ܘܗ̣ܘ ܠܐ ܢܦܠܐ. [8]ܠܐ ܙܕܩ ܕܢܦܘܩܗ. ܘܐܦ̱ ܦܘܫ ܠܗ ܫܘܠܛܢܐ
ܗ̇ܘܐ ܡܢܗ. ܘܐܝܢܐ ܠܫܘܠܛܢܐ ܠܦܠܓܘܬܐ ܒܚܝܠܐ. ܘܐܝܠܐ ܐܝܢܐ
ܚܫܚ ܐܢܐ ܠܡܫܘܪܘ ܠܫ̈ܘܠܛܢܐ. ܡܛܠ ܕܠܐ [9]ܡܫܡ ܠܝ ܡܕܡ ܫ̈ܘܠܛܢܐ.
ܘܐܝܠܐ ܡ̇ܒܝܢܐ ܐܢܒܝܐ ܢ̇ܦܩܬ ܠܡܒܝܢ. ܘܐܝܟ ܐܝܬܝܟ ܡܠܟܐ.
104r ܘܒܬܪܟܢ ܫܘܒܚܐ ܕܦܘܪܫܢ ܘܢܘܗܪܐ *ܘܙ̈ܝܘܐ ܘܒܥܘ̈ܬܐ ܫܘ̈ܒܚܐ.
ܫܒ̈ܝܚܬܐ ܘܡܫܡ̈ܗܐ. ܘܡܫܒܚܝܢ ܠܡܕܒܪܢܘ ܒܗ ܚ̈ܝܝܢ ܘܠܡܫܝܚܐ
ܟܬܪܒܝܢ ܘܗܘܐ ܠܗܘ̱ܢ ܫܘܬܐ. ܡܛܠ ܕܡܕܡ ܫ̈ܘܠܛܢܐ ܗܠܝܢ
ܬܡ̈ܢ ܡܫܒܚܝܢ ܫܡܗ. ܒܚܙܐ [10]ܫܒܝܚܬܐ ܕܗܘ ܒܝܬܐ ܠܐ ܕܢܦܠ
ܘܡܕܒܪ ܢܦܫܗ [11]ܒܫܒܚܬܐ. [12]ܘܡܬܬܪ̈ܝܡ ܒܚܙܐ ܠܐ ܡܠܠܐ. ܡܛܠ
ܕܠܐ ܫܟܚ ܠܡܕܡ. ܠܐ ܫܦܝܪ ܒܗ ܐܝܟ. ܡܛܠ [13]ܕܗܘ ܕܒܬܪܝܟܘܬܐ
ܘܫܦܝܪܘܬܐ ܘܫܘܒܚܐ ܕܫ̈ܘܠܛܢܐ ܕܠܐ ܢܣܒܘܬܐ ܘܦܘܪ̈ܫܢܐ ܢܒܥܐ
ܕܢܫܐ. ܠܐ ܡܫܒܚ [ܡܛܠ] ܫܒܝܚܬܐ. ܘܠܟܠ ܕܐܝܬ ܠܫ̈ܘܠܛܢܐ ܢܫܐ
ܡܢܗ. ܘܬܘܒ ܕܠܒܬܐ [14]ܒܡܒܗܘ̱ ܐܚܠ ܠܗ̇ ܘܗܘܝܢ ܠܗ ܒܡܠܟ̈ܘܬܐ
ܘܡܬܦܪܫܝܢ ܒܠܗܘܢ. ܘܐܢܪܐ ܐܡܪ. ܕܠܐ ܬܪܥܠ ܕܗܘ ܡܪ̈ܒܝ ܡܦܝܐ
ܐܢܐ ܠܝ ܘܒܕܪ ܐܢܐ ܒܗ ܠܒܘܬܐ. ܘܦܘܪܫܢ ܐܡܪ. ܐܦ̱

---

1 ܒܚܝܠܐ b d. 2 ܘܡܛܠ b d. 3 ܘܡܬܚܙܝܐ a. 4 ܐܠܐ < a c.
5 ܠܝ einzuschieben? 6 ܘܠܐ (ohne Punkt) b c d. 7 ܘܗ̣ܘܐ ܒܗ ܕܠܐ b.
8 ܠܐ ܙܕܩ < a. 9 ܡܛܡ b. 10 L. ܢܦܠܬܐ oder ܢܦܝܠܬܐ? 11 L. ܒܢܦܠܬܐ
oder ܒܢܦܝܠܬܐ? 12 ܘܡܬܬܪ̈ܝܡ b d. 13 ܡܒܠܐ (sic). 14 ܒܗ ܗܘ d,
ܠܗ ܗܘ a b c.

105r ܡܪܝ ܠܒܪܬܐ ܓܒܐ ܕܢܒܥ ܒܝ. ܢܒܘܥ ܕܐܘܠܦܢܟ ܒܡܘܢܐ *ܡܕܒܪܢܐ
ܘܪܒܐ ܐܢܐ ܠܐ ܐܬܪܐ ܟܠܐ ܘܥܬܪܐ ܐܢܐ ܡ̈ܢܐ ܘܫܪܐ ܐܢܐ ܕܠܐ ܫܘ̈ܒܚܐ
ܘܕܠܐ ܕܝܠܐ. ܘܡܢ ܪܘܚܐ ܪܢܐ [1]ܐܢܐ ܘܡܬܚܒ ܐܢܐ ܠܟ. ܡܛܠ
ܕܟܢ ܕܡܕܡ ܬ̈ܠܡܝܕܐ ܡܗܠܟ. ܡܢ ܥܕܬܐ ܘܡܬܦܪܫܘܬܐ ܒܡܕܒܪܐ
ܥܒܕܐ ܡܦܠܐ ܠܗ [...]. ܘܬܘܒܡܐ ܡܪܝ، ܒܡܕܒܪܐ [2]ܕܐܡܕܒܪܢܐ. ܕܐܦ
ܡܐܟܘܠܬܐ ܕܥܡܟ ܒܡܕܒܪܐ ܟܕ ܕܝܠܬܐ ܡܬܐܟܠܐ ܠܐ ܡܗܝܡܢܐ.
ܘܡܐܟܘܠܬܐ ܒܥܢܝܬܐ ܕܠܐ [3]ܕܝܠܐ [4]ܘܦܘܠܓܐ [5]ܬܘܪ ܒܡܥܒܕܢܐ.
[6]ܐܘܪܐ ܐܡܪ. ܕܢܫܡ̈ܬܟܡ ܠܝ ܩܠܝܠ ܒܠܚܘܕ. ܐܠܐ ܐܢܬ ܗܘ، ܒܪܝ.
ܘܡܢ ܩܕܡܝ ܠܐ ܬܕܚܠ. ܐܢܫ ܠܐ ܡܫܟܚ ܡܒܐܫ ܠܟ. [7]ܠܦܘܪܩܢ
ܐܡܪ. ܕܐܢ ܠܐ ܡܬܦܠܓ ܡܪܝ، ܐܠܐ ܕܐܝܬܘܗܝ ܒܟܝܢܗ. ܢܫܝܩ
ܬܘܒ، ܒܪܝ. ܕܐܢ ܗܠܝܢ ܕܠܒܟ ܡܪܝ، ܒܒܪ̈ܝܬܐ. ܐܝܟܢܐ ܕܙܕܩ ܘܡܝܬܪ
105v ܡܢܝ ܘܕܝܠ [8]ܕܐܢܐ ܐܝܟ ܠܕ̈ܝܢܗ. ܐܘ ܗܘ *ܕܒܢ̈ܝܢ ܡܢܝ [9]ܘܡܬܦܪܢܣ
ܠܕ̈ܝܢܐ ܕܝܠܝ. ܗܠܝܢ ܐܘ ܐܢܫ ܐܘܕܝܢ [10]ܐܟܠܝܢ ܡ̈ܢܝ، ܘܐܬܡܢܝܢ ܒܠܒ
ܕܒܢܫ ܡܕܡ ܡܪܝ. ܒܕܒܪܐ ܕܡܚܒܒ ܒܠܒܫܢܐ ܘܟܠܗܐ [11]ܘܡܬܕܒܪܝܟ
ܥܙܝܙܐ. ܠܐ ܢܫܒܚܝ [12]ܡܫܡܠܝܢܐ ܘܐܦ ܐܢܐ ܒܦܘܠܚܢܟ ܓܒܝܢܐ ܗ̇ܘܐ
ܐܢܐ ܒܡܢܟ ܘܡܣܐܬ ܐܢܐ ܬܘܒ، ܕܗ̇ܘ ܡܢܐ ܕܦܩܕܬ ܡܪܝ، ܡܬܦܪܢܣ
ܐܢܐ ܒܗ ܘܠܐ ܡܬܦܢܝܢ ܐܢܐ [13]ܒܡ̈ܕܒܪܐ ܕܡܗܡܢܘܬܐ. ܘܐܦ
ܐܘܪܐ ܫܡ ܗܕܐ ܡܠܬܐ. ܘܦܘܪܩܢ ܒܒܒ̈ܕܐ ܕܦܘܪܗ ܘܦ
ܬܡܗܐܝܬ ܒܡܘܢܐ [14]ܘܒܫܒܡܬܐ. ܐܝܟ ܕܐܦ ܐܘܪܐ ܒܪܒܢܐ
ܘܒܘܪܐ ܙܢܚܗ ܘܠܫܡܗ ܘܡܪܗ ܘܐܘܪܒܗ ܘܡܢܚܡܗ ܒܠ ܠܐ ܒܠܗܘܢ
ܡ̈ܕܒܪܢܘܗܝ. ܘܡܒܠܗ ܥܠܡܝܢܐ ܒܠܗܘܢ. [15]ܘܫܡܫܒܘ ܒܗ [16]ܒܦܘܪܩܢ

---

1 ܐܢܐ < a c. 2 ܕܐܡܕܒܪ ܐܢܐ b d. 3 ܕܝܠܬܐ b d. 4 ܦܘܠܓܐ b d.
5 ܘܬܘܪ b d. 6 ܘܐܘܪܐ b d. 7 ܘܦܘܪܩܢ d. 8 ܕܠܐ. 9 ܡܬܦܪܢܣ a c.
10 ܐܟ̈ܠ b. 11 ܘܡܬܕܒܪܪܟ (sic) b d. 12 ܡܫܡܠܝܢ a c, ܡܫܡܠܝܘܬܐ d.
13 ܒܡܕܒܪܐ a c d. 14 ܘܫܒܡܬܐ a c. 15 ܘܫܡܫ b d. 16 ܒܦܘܪܩܢ < a c.

ܘܒܣܘܪ̈ܝܫܐ ܠܐ ܡܨܝܢ ܗܘܘ ܡܦܣܩܝܢ[1] ܠܗ. ܘܒܡ̈ܠܐ ܘܫ̈ܕܠܐ
ܠܐ ܡܬܟܢܫܝܢ ܗܘܘ [2]ܡܫܬܠܛܝܢ ܠܗ. ܐܬܟܠܒܘ ܒܗ *ܚܝ̈ܕܐ ܘܫܒܘ 106r
ܣܦܪܐ ܚܕ ܗܕܝܢ ܗܘ ܕܐܫܠܡ ܐܘܪܚܐ ܠܦܘܠܘܣ ܘܟܣܝܗ ܕܠܡܫܪ
ܠܒܘܟܝܗܝ ܡܕܡ. ܘܟܕ ܠܐ ܐܫܟܚ ܦܘܠܘܣ [3]ܫܕܪܘ ܘܫܒܩܘܗܝ
ܒܒܝܬܗ. ܘܠܡܫܪ ܒܪ ܒܟܐ ܐܘܪܚܐ ܡܐܟܘܠܬܐ ܦܘܠܘܣ ܠܐ
ܐܫܬܒܩ ܬܡܢ. ܘܗܢܘܢ ܠܐ ܐܬܘ ܣܦܪܐ ܠܐܘܪܚܐ. ܘܫܐܠ
ܐܘܪܚܐ. ܕܐܝܟܘ ܣܦܪܐ. ܘܗ̇ܢܘܢ ܕܒܥܝܢ ܗܘܘ [4]ܚܙܘ ܚܕ ܒܝܕ.
ܡܕܡ ܐܘܪܚܐ ܡܛܠ ܐܟܪܝܗ ܕܦܘܠܘܣ. ܘܚܕ ܡܢܗܘܢ [5]ܒܟܐ [6]ܘܐܡܪ.
ܕܐܢܐ ܠܐܘܪܚܐ ܘܠܡܣܘܪܢܐ ܕܡܪܝ، ܚܙܪ ܐܢܐ ܘܠܐ ܚܙܪ ܐܢܐ
ܠܐܘܪܚܐ ܕܐܙܠ ܐܚܝܢ. ܕܗ̇ܘ ܣܦܪܐ ܒܦܘܠܚܢܐ ܫܒܩ ܠܦܘܠܘܣ.
ܘܐܘܒܠ ܠܗ ܠܒܝܬܗ. ܘܐܡܪ [7]ܕܐܡܪܝ. ܕܒܫܘܩܐ [8]ܗ̇ܝ ܗܕܐ
ܠܡܫܡܫܢܘ[9]. ܐܠܐ ܦ̇ܠܐ ܕܢܚܒ ܫܪܪܐ. ܡܛܠ ܕܗܐ ܡܬܒܥܒ
[10]ܘܡܫܬܒܥܝܢ ܣܦܪܐ ܒܒܝܬܗ ܕܦܘܠܘܣ. ܟܠ ܕܐܡܪܝܢ ܗܘܘ ܟܠܗܘܢ
[11]ܡܛܠܠܬܗ [12]ܙܕܩ [13]ܠܡܫܡܫܢܘ. *ܘܐܡܪ [14]ܕܐܡܪܝ. ܕܒܗ ܠܒܪܐ 106v
ܡܠܟܐ ܒܦܘܪ̈ܣܐ ܠܐ ܙܕܩ ܕܢܫܠܛ ܡܛܠ ܕܠܫܪܬܐ ܡܬܟܠܘ
ܡܬܟܠܝܢ. ܘܐܡܪ [15]ܕܐܡܪܝ. ܕܐܦ ܗ̇ܘ ܕܐܡܪܝ ܕܠܐ ܐܟ̇ܠ [16]ܣܦܪܐ
ܒܚܪܒܘܬܐ [17]ܗ̇ܝ. ܘܐܡܪ [18]ܕܐܡܪܝ. ܕܚܪܒܘܬܐ ܐܦܠܐ [19]ܒܗ
ܚܒܪܗ [20]ܦ̇ܠܐ ܕܒܒܪ. ܐܘܦܐ [21]ܒܗ ܡܠܟܐ. ܘܐܡܪ [22]ܕܐܡܪܝ. ܕܗܐ

---

1 + ܗܘܘ b d. 2 ܕܡܫܬܠܛܝܢ a c. 3 ܫܕܪ ܘܫܒܩܘܗܝ b d.
4 ܚܙܐ b d. 5 ܒܟܝܢ a c d, ܒܟܝܐ b. 6 ܐܡܪ b. 7 ܕܐܡܪܘ. 8 ܗܝ ܗܕܐ
< b d. 9 + ܕܐܘܒܠ ܠܒܝܬܗ ܒܦܘܠܚܢܐ b d. 10 ܡܫܬܒܥܝܢ a c.
11 ܡܛܘܠܬܗ a c, ܡܛܠܠܬܗܝܢ b d. 12 ܙܕܩܐ b. 13 + ܕܠܐ ܐܟܠ ܣܦܪܐ
(s. Z. 16!) a c. 14 ܕܐܡܪܘ. 15 ܕܐܡܪܘ a c, ܕܐܡܪܝ b d. 16 + ܐܢܐ b d.
17 ܐܡܪ (statt ܗܝ) b d. 18 ܕܐܡܪܘ a b c. 19 ܒܗ < a, ܒܗܝܢ b.
20 + ܠܐ a c. 21 ܒܗ b. 22 ܕܐܡܪܘ.

ܡܫܬܒܚ ܕܒܦܓܥܐ ܐܘܒܠܗ ܒܣܪܐ ܠܒܝܬܗ. ܘܪܡ ܠܡܗܝܡܢܘ
ܗ̇ܝ، ܕܫܡܥܬ ܡܡܠܠܬܗ ܕܟܠ ܦܘܪܢܣ ܣܘܪܚܢܐ ܣܪܝܚ ܠܗ. ܘܐܣܝܪܐ
ܐܡܪ. ܕܐܦ ܚܒܬ ܘܐܡܪܬ ܒܒܢܐ ܘܣܡܪ ܥܠܝ. ܕܗܢܐ ܕܡܣܝܢܐ
ܢܦܫܗ ܕܠܐ ܒܡܢܝܢ. ܠܡܪܬܐ ܘܐܦܐ ܙܒܢܐ ܡܫܬܒܚ ܒܬܪܗ. ܘܐܡܬ
ܕܐܡܪ[1]. ܕܠܐ ܡܒܗܝܢ ܐܢܐ ܕܗܘ ܛܘܒܐ [2]ܕܢܒܥܐ ܒܒܥܐ ܕܐܢܝ
ܗܢܐ. ܘܐܡܬ [3]ܕܐܡܪ. ܕܐܢ ܒܦܓ̈ܥܬܐ ܗܠܝܢ [4]ܒܥܐ [5]ܦܓܥܘܬܐ.
ܒܡܕܡ ܐܢܫ ܠܐ ܦܠܐ ܕܢܦܒ. ܘܐܣܝܪܐ ܐܡܪ. ܕܫܪ̈ܝܪܘܬܐ
107 r ܒܗ*ܡܗܝܡܢܘܬܐ ܘܡܫܒܚܢܘܬܐ. [6]ܘܐܡܬ [7]ܕܐܡܪ. ܕܐܢ [8]ܡܫܬܒܚ
ܒܣܪܐ ܒܒܝܬܗ ܒܦܘܪܣܘܗܝ، ܡܢܟܐ ܢܦܫܗ. ܘܒܗܠܝܢ ܦܘܪ̈ܣܐ
ܘܡ̈ܢܘܬܐ ܕܐܡܪܘ ܐܬܦܠܓ ܐܘܪܚܐ ܘܫܪܝ [9]ܘܣܘܪܗܝ، ܘܫܐܠܗ ܘܐܡܪ
ܠܗ. ܕܗܘ ܒܣܪܐ ܕܐܫܠܡܬ ܠܟ ܘܦܩܕܬܟ [10]ܕܬܦܪܢܣܘܗܝ، ܡܢܐ
ܥܒܕܬ ܒܗ. [11]ܦܘܪܫܢ ܐܡܪ. ܐܫܠܡܬܗ ܠܟܠ ܘܦܩܕܬܗ ܕܠܒܝܬܗ
ܠܒܢܘܗܝ ܡܢ ܡܪܝ، ܘܟܕ ܫܐܠܗܘܢ ܠܗܘ. ܐܡܪ. ܕܠܐ ܡܫܠܡ ܠܗ
ܠܝ ܒܣܪܐ. ܘܫܕܪ ܚܕ ܫܪܝܪܐ ܠܒܝܬܗ ܘܐܫܟܚܗ ܠܒܣܪܐ ܒܒܝܬܗ
ܘܐܝܬܝܗ ܠܩܕܡ ܐܒܐ. ܘܗܝܕܝܢ [12]ܡܢ ܣ̈ܓܝܐܐ ܕܠܐ ܡܠܠܘ ܗܘܘ
ܒܥܘܪܐ ܠܘܬ ܠܗ ܠܐܘܪܐ. ܕܐܢ ܦܩܕ ܡܪܝ، ܡܦܣܝܢ ܠܗ ܠܒܪ.
ܐܦ ܐܢܬ ܠܗ ܚܠܬܐ ܐܣܝܪܬܐ ܠܐ [13]ܡܒܣܪܝܢ ܐܢܫ ܕܐܡܪ.
ܘܦܩܕ ܘܐܦܩܘܗܝ، ܘܦܩܕ ܕܢܒܒܘܢ ܒܠ ܩ̈ܛܠܘܬܗ. ܘܥܕ ܡܒܥܘ
107 v *ܐܡܪ. ܕܘܡܒܪܐ ܕܒܕ ܡܪܝ، ܢܒܝܩ ܘܡܘܒܪܐ ܢ̇ܒܠ ܘܡܘܢܐ ܒܕܡܟܐ
ܠܡܫܐ ܠܐ ܢܒܥܗ. ܘܐܣܝܪܐ ܐܡܪ. ܠܐ ܡܬܝܐ ܕܠܐ ܢ̇ܒܠ ܗܘܐ

---

1 ܕܐܡܪܘ a b c. 2 ܢܒܒܥ b d. 3 ܕܐܡܪܘ a c (b aber ܐܡܪ). 4 ܒܥܘܪ a c. 5 ܒܦܓܥܘܬܐ a, ܦܓܥܘܬܐ c. 6 ܕܐܡܬ a c d. 7 ܕܐܡܪܘ a c (b aber ܐܡܪ). 8 ܡܫܬܒܚ. 9 ܘܣܘܪܗܝ bis ܒܣܪܐ (Z. 11) ist in b d in die folgende Zeile geraten. 10 ܕܬܦܪܢܣܝܗ b d. 11 ܘܦܘܪܫܢ d. 12 add. ܚܕ? 13 ܡܒܣܪܝܢ b.

ܠܗ. ¹ܗܢܘ ܕܐܡܪܐ ܕܝܘܢܝܐ ܡܫܚܐ ܕܠܒܟܠܗ. ܘܗܘ ܕܡܬܩܒܠ ܗܘܐ
ܥܠܬܐ ܒܝܬ ܐܪܝܐ ܠܦܘܪܦܘܪܝ. ܐܝܟ ܕܐܦ ²ܦܘܠܘܣ ܦܘܪܦܘܪܝ ܡܫܐܝܠܬ
³ܐܡܪܝ ܘܐܬܦܫܩ ܕܘܟܝܗ ܕܐܪܝܐ ܘܦܘܠܘܣ ܕܢܘܬܦܠܠ. ܘܫܡܥܬ ܐܡܪܗ
ܕܐܪܝܐ ⁴ܕܦܘܠܘܣ ܕܢܘܬܦܠܠ ܘܐܬܬܬ ܠܘܬ ܐܪܝܐ ܘܫܐܠܬܗ. ܕܟܐܢܐ
ܥܠܬܐ ܦܘܠܘܬ ⁵ܥܠ ܗܢܐ ܕܢܘܬܦܠܠ. ܘܐܘܕܥܗ ܠܐܡܗ ܗܘܦܪܝܐ.
ܘܥܒܕܬ ܕܫܦܝܦܐܝܬ ܘܕܠܝܐ ܒܗܝܢ ܦܘܠܘܣ. ܘܐܡܪܬ ܠܗ ⁶ܕܒܪܝ، ܫܒܝܩܐ
ܡܛܠ ܡܗܝܡܢܘܬܐ ⁷ܘܡܬܒܝܢܢܘܬܐ ⁸ܡܛܠܗܘܢ ܒܒ̈ܢܝܗܘܢ ܘܠܐ
ܡܬܬܘܢ ܡܛܠ ܕܠܐ ⁹ܡܬܒܝܢܝܢ. ܘܡܗܝܡܢܘܬܐ ܠܐܠܗܐ ܡܬܬܒܥܐ.
¹⁰ܘܬܘܪܐܝܬ ܠܥܠܝܦܐ. ܡܛܠ ܕܝܠܦܘܗ̇ ܕܐܝܬܝܬܐ ܒܟܠܗ̇. ܘܕܒ̈ܢܝܐ
ܐܟܢܐ *ܘܐܡܟܢܐ. ¹¹ܘܕܬܠܡ̈ܝܕܐ ¹²ܕܟܝܢܗܘܢ. ܘܕܒ̈ܢܝܐ ܡܕܝ̈ܢܗܘܢ. 108 r
¹³ܘܕܒ̈ܘܢܝܐ ܒܝܘܬܗܘܢ. ܘܠܟܠ ܐܢܫ ܡܬܠܦܪ ܡܠܟܐ. ¹⁴ܘܗܘ
ܒܫܡܡܬܗ ¹⁵ܢܬܠܦܪ ¹⁶ܢܦܫܗ ¹⁷ܘܡܫܬܘܕܠ ܒ̈ܢܝܢܐ ܘܒܦܘܪܥܢܘܬܗ ܠܒܢܝ
ܠܗܘܢ ܘܢܦܩ ܡܢܗܘܢ ܦܐܪܐ ܠܒ̈ܢܐ. ܘܠܐ ܡܫܬܒܠܝܢ ܚܕ ܥܠ
ܚܕ. ܘܠܐ ܡܘܡܝܢ ¹⁸ܠܡ̈ܪܕܐ ܒܟܠܗ. ¹⁹ܘܡܕܡܪ ܠܒܐܝܬ ²⁰ܢܬܦܪ
ܠܗ. ܘܐܝܬ ܒܗ ܡܠܬܗ̇، ܠܦܘܪܦܘܪܝ ܒܝܘܡܐ ܒܟܠ ܒܠܗܘܢ، ܘܢܦܩܬ
ܥܠ ܕܡܕ̈ܝܢܘ، ܘܡܘܣܝܐ. ܘܒܕܡܟܐ ܠܗܢܐ ܡܥܠ ²¹ܗܘܐ ܠܦܘܪܢܘܬܐ.
ܘܫܡܥܐ ܘܫܡܝܢܐ ܠܒܢܝ ²²ܗܘܐ ܠܟ. ܘܬܪܐ ܗܘܬ ܘܠܗ̈ܘܢ.

---

1 ܗܢܝܐ b d. 2 ܦܘܠܘܣܐ ܕܦܘܪܦܘܪܝ b d. 3 ܐܡܪܝܘ a. 4 ܕܦܘܠܘܣ ܕܢܘܬܦܠܠ < a c. 5 ܥܠ ܗܢܐ < a b c. 6 ܒܪܝ، ܕܫܒܝܩܐ a b c, ܕܒܪܝ، ܕܫܒܝܩܐ d. 7 ܘܡܬܒܝܢܢܘܬܐ ac, ܘܡܬܒܝܢܘܬܐ b d. 8 ܡܛܠܗܘܢ. 9 ܡܬܒܝܢܝܢ ac, ܡܬܒܝܢܝܢ b d. 10 ܘܬܘܪܐܝܬ ܠܥܠܝܦܐ b, ܘܬܘܪܐܝܬ ܠܥܠܝ̈ܦܐ d. 11 ܘܬܠܡ̈ܝܕܐ a c, ܕܬܠܡ̈ܝܕܐ b d. 12 ܕ̈ܟܝܢܐ b, ܕܟܝܢܐ (sic) d. 13 + ܘܒܝܘܬܐ (!) b d. 14 ܘܡܠܟܐ b d. 15 ܡܬܠܦܪ b d. 16 ܢܦܫܗ b (d <). 17 ܘܡܠܟܐ ܕܡܫܬܘܕܠ b d. 18 ܚܕ ܥܠ ܚܕ b d. 19 ܘܡܕܡܪ ac. 20 ܢܬܦܪ ܠܗ < a c. 21 ܗܘܬ ܠܦܘܪܢܘܬܗ b d. 22 ܗܘܬ ܠܗ b d.

ܘܗܟܢܐ ܡܛܠ ܡܘܦܪܓܐ ܕܢܟܦ̈ܘܗܝ، ܕܟܕ ܗܘܕܥܐ ܕܟܣܝܐ [1]ܬܬܦܣܩ.
ܕܢܬܦܠܠ [2]ܗܢܐ ܒܟܕܝܐ ܠܬ̈ܠܡܝܕܐ ܠܐ ܙܕܩ [3]ܕܢܟܬܒܘܢ ܒܐܝ̈ܕܝ،
ܐܚܪ̈ܢܐ. ܐܢ ܥܒܕܝܢ ܠܗ ܒܢܝܬܐ ܡܫ̈ܡܫܢܝܬܐ ܒܐܝܕܝܢ ܒܗ. ܘܐܦ
108r ܒܟܕܝܐ ܕܟܝܢܐ *[4]ܡܫ̈ܡܫܢܐ ܙܕܩ ܕܢܥܒܕܘܢ ܟܠܗܘܢ. ܟܕ ܒܢܫ ܙܢܐ
ܡܬܥܒܕܝܢ ܡܫܐܠܢܐܝܬ. ܘܡܢ ܩܕܝܡ ܠܗ ܡܢ ܡܠܟܐ ܕܐܠܗܘܬܗ،
ܐܝܟܢܐ ܕܡܫܒܝܩܐ ܙܕܩ ܕܢܥܒܕ ܐܢܫ ܥܠ ܓܒܝܗ ܘܪܫܡܗ ܘܦܓܪܗ.
ܘܐܢ ܥܠ ܚܕ ܡܥܡܕ ܐܢܬ. ܒܐܪܙܢܝܘܬ ܡܫܝܚܘܬܐ. ܐܝܟ ܗܘ
ܕܢܝܢܐ ܘܙܕܩ ܒܢܝ̈ܗܘܢ، [5]ܒܕܘܟܬܐ ܐܝܟ ܡܢܬܐ ܕܟܠܝܐ. ܘܟܕ ܫܪܪ
ܒܗܘܢ ܡܢܝܢܐ ܠܐܚܪ̈ܢܐ ܕܐܢ ܡܢܬܐ ܗܝ. ܘܡܟܐ ܕܐܢܕ ܕܠܐ
ܡܢܬܐ ܗܝ، ܐܬܦܪܫ. ܐܝܟ ܗܘ ܒܗܐ ܕܡܢܗ ܟܠܠܐ ܐܝܟ ܢܘܪܐ.
ܘܡܢ ܕܠܐ ܐܢܕ [6]ܡܢܝ ܕܢܘܪܐ ܗܝ. ܘܡܟܐ ܕܡܥܝܢ ܥܠ ܐܢܫܗ ܐܢܕ
ܕܠܐ ܥܕܪ ܡܢ ܕܐܡܪ. ܒܗ ܟܝܢܐ ܐܦ ܐܢܬ ܙܕܩ ܗܘܐ ܕܬܬܠܝܢ
ܒܡܥܡܘܕܝܬܐ. ܕܟܕ ܒܣܪܐ ܠܐ ܐܟܠ. ܘܐܦ ܗܘ ܕܢܣܒ ܗܘܬ ܠܗ
ܒܪܘܚܐ ܡܕܡܝܢ ܦܐܝܢ ܗܘܐ ܠܗ. ܠܐ ܙܕܩ ܗܘܐ ܕܬܬܦܠܓ.
109r ܘܬܬܪܐܝܬ ܟܕ ܘܗܪܬܗ، *ܕܠܡܥܒܪ ܠܟܘܟܒܗ، [7]ܡܕܡ. ܒܪܝܟ ܗܘܐ
ܠܗ ܘܡܥܘܠ ܗܘܐ ܠܗ ܠܒܝܬܗ. ܘܡܦܩ ܗܘܐ ܕܠܐ ܚܝܐ ܠܝ. ܐܠܐ
ܗܟܢܐ ܦܩܘܕ ܘܥܒܕ ܫܘܒܚܐ. ܡܛܠ ܕܒܐܡܬܝܢ ܡܕܘ̈ܪܓܐ ܥܠ
ܫܘ̈ܬܠܛܐ ܘܠܐ ܬܘ̈ܟܠܐ ܥܠ ܬܘ̈ܟܠܐ ܘܠܐ ܡܢܬܪܐ [8]ܥܠ ܡܢܬܪܐ
ܘܒ̈ܢܝܐ ܥܠ ܦ̈ܓܪܐ ܡܫܬܟܚܝܢ ܘܢܦܫܗܝܢ ܒܗܘܢ. [9]ܘܦܘܪܫܢ
ܫܘܠܬ ܘܢܝܫܡ. ܘܡܛܪ ܟܕ [10]ܡܥܡܕ ܐܢܬ ܢܘܪܬ ܕܗܘ ܕܟܣܝܐ

---

1 ܕܬܬܦܣܩ b d. 2 ܡܛܠ ܕܒܟܕܝܐ ܕܬ̈ܠܡܝܕܐ b d, ܗܕܐ (c ܠܬ̈ܠܡܝܕܐ) ܠܬ̈ܠܡܝܕܐ a c. 3 ܕܢܟܬܒܘܢܗ̇ a c. 4 ܕܡ̈ܫܡܫܢܐ.
5 ܒܼܕܘܟܬܐ a c, ܒܕܘܟܬܐ d, ܒ̇ܕܘܟܬܐ b. 6 ܡܢܝܚܢܐ b d.
7 ܘܡܕܡܥܗ (sic) a. 8 ܥܠ ܡܢܝܬܪܐ < a. 9 ܘܦܘܪܫܢ a c.
10 ܡܬܥܡܕ.

¹ܦܠܓܘܬܐ ²ܐܘܒܠܬ ³ܘܣܒܪܘ ܒܚܝܠܗ ܕܦܘܪܩܢ. ⁴ܘܦܠܓܘܬܐ ܡܛܠ
ܘܬܪܬܝܢ ܕܦܨܠܘܢ ⁵ܠܡܣܘܪܝܢ ܠܐ ܫܒܩܝܢ. ܘܐܦ ܠܫܘܬܦܘܬܢ
ܐܬܟܢܝܢ ⁶ܘܠܡܣܘܪܝܢ ܠܐ ܬܫܠܘܡ. ܡܛܠ ܕܟܠܟܢ ⁷ܘܬܬܪܐܝܬ
ܫܠܝܛܘܬܐ ܬܪܝܢ ܡܕܡ ܗܘ ܕܢܣܒܘܢ ܚܘܣܪܢܐ. ܕܢܣܒܐ ܠܒܐ
ܘܡܫܘܠܛܢܐ ܕܐܒܐ ܡܬܚܙܝܢܘܢ ܘܡܕܒܪܢܐ ܕܐܝܬ ܠܗܘܢ ⁸ܕܟܢܫܝܢ.
ܘܦܘܪܩܢ ܬܘܕܝܬܐ ܗܘܬ. ⁹ܘܡܛܠܬܗܘܢ ܐܘܪܚܐ ܕܡܟܪܙܝܢ، ܫܪܝܪ.
ܘܡܛܠ ܬܘܕܝܬܢ ܕܡܨܪܝܢ *ܘܡܛܠ ܫܘܝܢ ܫܦܝܪܐ ¹⁰ܠܦܨܠܗ. ܘܟܠܗܘܢ 109ᵛ
ܐܢܫܝܗ̈ܘܢ ܟܠܗܝ ܡܪܚܡܝܢ. ¹¹ܕܢܚܬܐ ܕܒܗܝܐ ܗܢܐ ܒܦܫܛܐ ܕܐܒܐ
ܘܐܒܐ ܗܘ ܕܢܬܠܒܝܢ. ܘܟܕ ܐܒܘܗ ܕܐܝܟܢܐ ܗܠܝܢ ܐܡܪܬ. ܡܢ
¹²ܦܠܓܘܬܐ ܐܬܬܐ ܚܕ ܘܐܡܪ ܠܐ ܢܩܒܘܠܗ ܕܦܘܪܩܢ. ܘܐܘܕܥܗ
ܠܐܪܥܐ ܟܠܗ ܦܘܪܩܢܐ. ܘܟܕ ܝܕܥܬ ܐܡܗ ܕܐܬܦܬܠ ¹³ܠܦܘܠܡܘܣܐ
ܕܦܘܪܩܢ ¹⁴ܘܐܪ̈ܙܝܗܘܢ ܕܒܗ ܫ̈ܪܪܐ. ܐܡܪܬ ܠܐܪܥܐ. ܕܠܡ̈ܠܝܗܘܢ
ܕܗܠܝܢ ܘܠܦܘܪ̈ܣܝܗܘܢ ܠܐ ܬܬܦܣܩ. ܐܠܐ ܦܩܘܕܝܗ ܠܗ، ܐܝܟܘܬܐ
ܕܢܨ̈ܒܝܗܘܢ ܕܒܗ ܫ̈ܪܪܐ. ܕܠܐ ܢܗܘܐ ܚܘܣܪܢܐ. ܘܡܫܟܢܐ
ܟܕ ܕܠܐ ܢܬܚܝܠܘܢ ܒܗ ܫ̈ܪܪܐ ܒܪ̈ܫܝܢ. ܟܕ ܠܐ ܡܬܬܥܝܩܬ
ܠܟܠܗܘܢ. ܘܠܐ ܬܬܦܠ ܕܠܐ ܡܬܚܐ ܒܫܠܡܗܘܢ. ܡܛܠ ܕܐܦ
ܠܐ ܬܫܘܒܐ ܘܪܦܝܐ ܒܟܕܢ ܡܟܝܢ ܢܟܠܐ ¹⁵ܘܐܣܪܝܢ ܒܗ ܦܠܐ
¹⁶ܦܘܪܐ. ¹⁷ܘܦܘܪܩܢ *ܦܪܝܗ، ܠܗܬܝܢ. ܠܐ ¹⁸ܬܪܬܐ ܕܐܫܬܠܚܬܗ 110ʳ
ܘܟܕ ܟܕ ܒܝ ܢܩܘܪܐ. ܡܛܠ ܕܠܐ ܗܘܐ ܟܠ ܐܡܬܝ، ܕܡܬܦܠܓܐ

---

1 ܦܠܓ̈ܘܬܐ d. 2 ܐܘܒܠܗ b d. 3 ܘܣܒܪܘ a, ܣܒܪܗ b d.
4 ܘܦܠܓܘܬܐ < ac; ܘܦܠܓܐ ܓܘܬܐ d. 5 ܘܠܡܣܘܪܝܢ ac. 6 ܘܒܡܣܘܪܝܢ.
7 ܘܬܬܪ ܡܢ ܫܠܝܛܘܬܐ bd. 8 ܒܢ̈ܫܝܢ ac. 9 ܡܛܠܬܗܘܢ ac. 10 ܕܦܨܠܗ bd.
11 ܘܪܢܚܬܐ b, ܘܪ̈ܢܚܬܐ d. 12 ܘܦܠܓܘܬܐ b. 13 ܠܦܘܠܡܘܣܐ a b c,
ܠܦܘܠܡܘܣ d. 14 ܘܐܪ̈ܙܝܗܘܢ ac, ܘܐܪ̈ܙܗܘܢ (sic) bd. 15 ܕܐܣܪܝܢ bd.
16 ܦܘܪܐ < a c, ܦܘܪܐ ܦܠ̈ܐ b d. 17 ܦܘܪܩܢ a c. 18 ܬܪܬܐ a.

ܥܠܝܠܬܐ ܒܐܝܕ: ܗܿܘ ܕܕܘܝܕ ܘܦܣܩܗ ܡܕܝܢܐ ܡܢ ܡܠܟܘܬܐ. ܐܠܐ
ܗܿܘ ܠܗ ܕܐܬܒܣܡܗ. ܘܐܦ ܫܘܦܪܐ ܕܕܝܢܐ[1] ܢܒܥܗ. ܡܛܠ ܕܐܝܬ
ܐܝܟܐ ܕܐܦ[2] ܦܪܥܡ ܠܗ ܠܐ ܐܠܐ ܕܢܬܥܫܢܘ ܒܪܕܝܐ ܒܫܘܒܚܗ.
ܘܡܢ ܕܐܬܝܗܘܢ، ܒܦܝܐ ܠܒܣܝܡܘܬܐ ܘܢܝܠܐ ܘܒܘܠܐ ܕܠܐ ܙ̈ܘܥܐ
ܘܫܠܡܘܬܐ ܘܒܢܝܐ ܘܫܦܝܪܐ ܒܪܟܬ ܠܒ̈ܢܝܐ. ܘܗܿܘ ܕܡܬܠܛܪܐ
ܘܡܗܝܡܢܘܬܐ ܠܐ ܡܬܪܥܝܐ. ܘܗܿܘ ܕܐܬܝܗܘܢ، ܢܪܒܐ ܘܦܬܘܪܐ.
ܘܡܢ ܕܐܝܬܘ ܒܡܠܟܘܬܐ ܘܒܫܘܠܛܢܐ[3] ܘܒܐܣܦܠܘܬܐ[4] ܘܒܐܝܕܝܘܬܐ[5]
ܘܡܪܢܝܬܐ[6] ܕܠܐ ܒܡܗܬ. ܘܗܿܘ ܕܠܐ ܡܗܝܡܢ ܕܡܬܦܪܥ ܒܚܝܠܗ
ܒܠܠܐ ܕܒܝܬ. ܐܝܟܐ ܕܒܗܠܝܢ ܡܬܝܢܐ. ܐܚܪܢܐ ܕܐܝܬ ܦܘܪܣܐ
ܠܐ ܗܿܘ ܠܐܝܢ ܕܢܘܪܝܗܘܢ، ܘܐܦܠܐ ܕܒܕܝ ܒܟܠܗ ܚܘܒܐ.
110ᵛ *ܘܐܝܟܢܐ[7] ܕܢܪܐ ܠܒܬܐ ܘܡܪܕܐ ܘܫܘܒܚܗ ܥܕܪ. ܘܡܠܟܘܬܐ ܘܡܗܒ
ܗܿܕܬܐ ܘܪܫܡ ܒܒܢ̈ܝܢܐ ܘܕܠܐ ܐܒܝܬܐ[8] ܘܠܐ ܫܦܪ ܠܫܘܦܪܐ
ܕܠܐ ܡܢ ܡܒܝܢܐ. ܘܠܦܪ ܫܘܒܐ ܠܐܝܟܢܐ ܘܡܬܬܚܝܢ ܘܒܗܘܬ.
ܐܝܟܐ ܕܒܗܝܐ ܢܟܐ ܗܿܘ ܕܢܬܗܢܝܢ ܘܢܬܠܒܟ ܒܪ̈ܢܫܐ ܥܕܪ̈ܐ.
ܘܦܠܘܪܛܐ[9] ܡܒܥܝ ܠܟ ܘܗܿܘ ܕܬܬܦܪܢܣܘܢ[10]. ܘܒܕ ܗܘܠܝܢ ܥܒܕ ܐܢܐ
ܡܢ ܐܒܗ ܥܦܪ ܒܒܝ̈ܬܗܘܢ، ܘܒܒܢܝܗ، ܠܦܠܘܪܛܐ ܘܡܛܠ ܗܢܐ ܕܒܕܝ
ܒܗ ܒܕܝ ܡܕܡ ܒܪܘܚܐ. ܕܒܒܕܝܟ ܠܟܝ ܐܝܢܐ ܠܟ ܡܗܝܡܢܘܬ.
ܘܦܠܘܪܛܐ[11] ܐܡܪ. ܦܪܝܡ[12] ܠܐܝܕ ܕܝܕܥ ܕܢܫܒܐ[13] ܐܝܢܐ ܕܠܐ
ܫܦܪ ܠܡܠܟܘܬܐ ܕܢ̈ܫܡܗܘܢ، ܐܠܐ ܠܡܠܟܘܬܐ ܕܦܪܝܣܗ. [14]ܘܡܒܪ̈ܐ

---

1 ܢܒܥܗ. 2 ܦܪܥܡ. 3 So schon B; ܕܢܝܚܐ ܕܝܕ̈ܥܐ a c, ܕܢܝܚܐ ܕܕܝܕ̈ܥܐ b, ܕܠܝܚܐ ܕܕܝܕ̈ܥܐ d. 4 ܒܐܣܦܠܘܬܐ a c. 5 ܘܕܒܝܘܬܐ a c. ܘܕܠܝܘܬܐ d. 6 ܠܐ a c. 7 ܘܐܝܟܢܐ b d. 8 ܐܬܬܬܐ b. 9 ܦܠܘܪܛܐ a c. 10 ܕܬܬܦܪܢܣܘܢ a c. 11 ܦܠܘܪܛܐ a c. 12 ܕܦܪܝܡ b d. 13 ܕܢܫܒܐ. 14 ܘܡܒܪ̈ܐ steht in a c als ܡܒܪ̈ܐ (sic) hinter ܠܟܝ; ܘܡܣܒܪ̈ܐ d.

ܒܚܘܒܐ ܠܬ̈ܝܒܘܗܝ، ܫܘܝܐ ܘܠܘܬܗ ܪ̈ܚܡܘܗܝ ܢܬܠܝܢ[1]. ܐܠܐ
ܠܥܠܡܐ ܕܢܦܫ ܐ̈ܢܫܐ ܐܢܫܐ ܕܡܠܟܘܬܐ ܕܫܡܝܐ ܐܦ ܗܢ ܠܐ ܢܪ̈ܚܡ
ܐ̈ܢܫܐ ܠܐ ܢܬܪ ܠܪ̈ܚܡܘܗܝ ܐܠܐ ܐܡܪ ܘܬܪܝܨܘܗܝ. ܘܠܐ
111r ܢܬܒܥܐ ܥܠ ܡܢܝ، *ܕܐܬܟܪܝܐ. ܥܠܡܝܢ ܠܐ ܡܢܝܢܐ ܕܐܬܬܥܠ ܘܠܐ
ܕܐܣܘܬܐ ܒܥܡܝ. ܡܛܠ ܕܥܠܝܠܬܐ[2] ܥܠ ܐܢܫܐ ܕܒܪ ܠܐ ܐܫܟܚ
ܐܬܪܐ[3]، ܡܢܗ[4] ܐܘ ܥܠ ܐܢܫܐ ܕܒܒܪ ܒܗ ܚܘܫܒܐ ܐܘ ܥܡܠ
ܥܠܝܠܘܬܗ ܘܥܠܗ ܒܒܪܗ. ܐܘ ܢܦܫ ܒܡܬܪܗ ܕܠܐ ܥܠܬܐ. ܘܒܪ
ܒܡܗܡܢܐ ܗܘ ܕܢܦܫܗ[5] ܕܠܐ ܥܠܬܐ. ܐܘ ܒܝܕ ܕܪܓܗ. ܐܘ ܠܐ
ܒܪ ܠܘܬܗ ܦܓܥܬܐ[6]. ܐܘ ܐܬܦܢܝ ܡܢ ܚܛܗܘܗܝ. ܐܘ ܒܪ ܦܠܚܘܬܐ
ܗܘܐ ܘܠܐ ܒܪ ܠܗ ܕܢܫܐ. ܘܕܠܐ ܫܟܠ[7] ܒܟܠ ܒܥܒܕܐ ܐܬܬܥܝܩ
ܘܐܫܬܟܠ[8]. ܐܘ [ܒܪ] ܐܫܟܠ: ܕܗ̇ܘ ܗܘܐ ܕܢܬܒܥ ܠܗ. ܒܐܢܫܐ
ܕܚܕ[9] ܡܢ ܗܠܝܢ ܐܬܒܥܝ[10]: ܠܥܠܝܠܬܐ ܠܐ ܗ̇ܘ[11] ܕܢܬܬܥܠ ܒܠܘܗܝ.
[ܡܛܠ][12] [ܕ]ܒܥܠܕܒܒܘܗܝ ܕܥܠܝܠܬܐ ܦܫܛ ܕܢܬܒܥܐ[13] ܢܦܫܐ. ܘܐܝܟܢܐ
ܗܢܐ ܒܡܘܦܪܢܐ ܕܒܥܠܕܒ̈ܒܘܗܝ ܕܡܢܝ. ܘܐܦ[14] ܒܪ ܫܟܝܚ ܫܘ̈ܝܢ
ܘܠܝ[15] ܐܫܟܪ ܒܫܘܒܚܗ ܕܡܢܝ، ܐܝܟ ܕܒܡܗܡܢܘܬܐ ܒܗ̇، ܕܠܐ ܫܘ̈ܝܢ
111v ܘܠܐ ܠܝ ܡܬܦܠܓ *ܒܥܡܗ. ܒܟܪ[16] ܐܡܪ ܕܦܘܪܥܢ[17] ܡܛܠ ܥܢܘܬܐ
ܕܚܝܪ ܡܢ ܠܐ ܢܦܩ ܠܝ. ܐܠܐ ܡܢ ܐܠܗܘܬܐ ܡܫܝܚܐ ܠܝ ܫܘܒܚܐ.
ܘܐܦ[18] ܕܚܠ ܐܢܐ ܕܡܦܪܢܝܐ ܢܬܡܫܚ. ܕܠܡܐ ܢܦܘܩ ܠܝ. ܐܘ

---

1 + ܡܪܝܐ a c. 2 ܕܥܠܝ̈ܠܬܐ a b c, ܘܥܠܝ̈ܠܬܐ d (vielleicht ist aber geradezu das gewöhnlichere ܕܥܠܝܠܬܐ herzustellen). 3 + ܠܐ. 4 ܡܢܗܘܢ ܐܠܐ ܐܢܫܐ. 5 ܕܢܦܫܘܗܝ a, ܕܢܦܫܗܘܢ b c d. 6 ܒܦܓܥܬܐ b d. 7 ܐܫܟܠ a. 8 ܐܘ ܫܬܟܠ (sic) b, ܠܘ ܫܬܟܠ d. 9 ܕܚܕܐ. 10 ܐܬܒܥܝ ܒܥܠܝܠܬܐ. ܠܐ ܗ̇ܘ. 11 + ܠܥܠܝܠܬܐ b d. 12 ܒܥܠܕܒ̈ܒܐ c, ܒܥܠܕܒ̈ܒܘܗܝ b. 13 ܢ̈ܦܫܐ a. 14 ܫܟܝܚ ܒܪ a. 15 ܐܫܟܘܪ. 16 ܕܒܟܪ. 17 ܦܘܪܥܢ a c. 18 ܕܚܠܝܐ b.

ܕܠܐ ܢܬܚܫܘܢ ܕܓ̈ܠܐ. ܡܕܒܪܝܢ ܘܐܡܪܝܢ ܡܛܠܬܗ، ܒܒ̈ܥܬܐ. ܘܡܕܒܪܢ ܕܐܡܪܝܢ ܡܪܝ، ܠܐ ܒܒܐ [1]ܡܕܝܢܬܗܘܢ ܗܕ̈ܪܐ ܘܬܫܘܬܐ ܗܘ ܦܘܠܚܢܐ [2]ܕܐܬܦܠܓ ܡܪܝ، ܒܠܝ. ܘܫ̈ܘܒܚܘܗܝ ܕܡܪܝ، ܠܐ ܢܕܒܐ ܠܗܘܢ. ܘܐܦ ܗܘܐ ܠܒܗ ܕܡܪܝ، ܒܒܝ ܐܝܟ ܕܡܕܒܪܢܘܬܐ ܙܕܩ ܠܝ ܕܐܕܢܠ. ܕܒܪ ܡܛܠ ܗܘ ܡܕܡ ܕܒܒܕ ܒܝ ܠܐ ܬܒܢܠ ܒܠܝ. ܘܡܕܡ [3]ܕܡܗܪܒܝܢ ܒܠܝ ܐܚܪܢܝܘܬ ܡܗܒܠ ܡܕܝܢܬܗܘܢ. ܘܒܪ ܐܢܫܐ ܒܠ ܡܪܝ، ܘܡܪܝ، ܒܠܝ [4]ܒܒܠܬܐ ܕܐܡܪܬ ܠܐ ܡܨܝܐ ܕܢܬܬܒܠ ܒܠ ܫ̈ܕܪܐ. ܡܟܝܠ ܡܛܠ ܡܬܡܪܒܢܘܬܐ ܕܠܝ ܕܒܕܪܕܪ ܢܬܒܝ ܡܪܝ.
112r ܘܐܪܢܐ ܐܡܪ. ܕܐܢܬ ܡܕܝܢܗ ܐܢܬ ܠܝ. ܘܐܦ ܒܠ ܕܘܒ̈ܝܟ *ܡܒܡܒ
[5]ܠܝ. [6]ܡܟܝܠ ܒܕܘܟܬܐ ܕܬܘ̈ܒܢܐ ܠܟܝ ܐܢܐ ܠܟ. ܡܛܠ [7]ܕܐܢܐ ܬܘܢܐ ܒܫܢܐ ܦܓܥܬܐ ܕܫܢܐ ܡܢ ܐܢܫ. ܐܦ ܒܬܪܝܢ ܫܢ̈ܐ ܡܟܐܐ ܘܬܒܬܐ ܦ̈ܓܥܬܐ ܡ̈ܒܒܪ ܠܗܝܢ ܡܢ ܠܒܗ ܡܛܠ ܦܓܥܘܬܐ ܕܫܢܐ. ܘܐܢܫ ܒܫܢܐ ܒܡܠܝܠ [8]ܡܬܦܪܢܣܘܬܐ ܕܗܘܝܐ ܠܗ ܐܦ ܫܢܐ ܠܗ ܦܓܥܬܐ ܗܘ̈ܦܟܬܐ ܐܝܟ ܕܫܢܬ ܡܕܝ. ܗܠܝܢ ܕܪܫܡܐ ܦܓܥܐ ܠܗ. ܘܡܟܝܠ ܘܠܗܠ ܠܒܝ ܒܠܝܟ ܠܐ ܡܬܦܠܓ. ܘܐܢܬ ܐܬܬܒܠ ܒܠܝ ܘܡܫܒܚ ܐܢܬ ܦܓܥܬܐ ܘܫܘܕܥܬܐ.[9]

---

1 ܡܕܝܢܬܗܘܢ < acd. 2 ܐܬܦܠܓ c. 3 ܕܡܗܪܒܝܢ. 4 ܒ̈ܠܠܬܐ abc, ܒܠܠܬܐ d. Cf. Nöld. p. 766. 5 ܠܝ < ac. 6 ܘܡܟܝܠ d. 7 ܕܐܢ̈ܫܐ ܬܘ̈ܒܢܐ. 8 ܡܬܦܪܢܣܘܬܐ bcd. 9 + ܫܠܡ b; ܫܠܡ ܬܪܥܐ ܕܦܘܪܫܢ ܘܐܪܥܐ d.

ܬܪܥܐ[1] ܕܒܠܐܪ[2].

ܘܕܒܝܪ ܐܡܪ. ܕܥܡܝܕ ܠܗ ܗܘܐ ܚܪܒܐ ܕܦܠܘܪܝܢ.[3] ܐܠܐ ܐܝܟ ܢܒܝܐ [4]ܕܬܐܡܪ ܠܗ ܕܒܪܝܐ ܡܠܟܐ [5][ܐܝܟ ܡܫܝܚܐ] ܠܡܕܒܪܘ ܢܦܫܗ ܥܦܪ ܘܠܡܬܘܪܘ ܥܘܠܬܗ ܒܫܡܫܡܘܬܐ [6]ܐܘ ܒܢܝܢܫܐ ܐܘ ܒܥܒܕܐ. ܘܫܘܘܚ ܐܡܪ. ܕܡܠܟܐ ܠܡܕܒܪܘ ܢܦܫܗ ܥܦܪ ܘܠܡܬܘܪܘ ܥܘܠܬܗ [7]ܘܡܠܟܘܬܗ ܠܡܫܡܫܘ ܒܫܡܫܡܘܬܐ ܢܬܪ *ܡܥܡܘܫ. [8]ܘܡܬܩܦܢܐ ܕܫܡܫܡܘܬܐ ܐܬܬܘܗܝ ܕܘܟܪܐ ܥܦܪܐ. 112v ܘܬܗܪ ܡܬܬܘܣܦܐ ܡܢ [9]ܟܕ ܡܠܟܐ ܫܡܫܐ ܘܣܦܘܠܬܐ. ܡܛܠ ܕܠܟ ܐܝܟ ܘܬܗܪ ܠܡܠܟܐ ܡܢ ܟܠ ܢܫܡܐ ܚܕ ܢܝܫܐ ܕܬܗܪ ܦܟ: ܫܡܫܬܐ ܘܐܬܬܐ ܦܟܬܐ ܘܕܟܘܬܫܬܐ ܘܟܪܬ ܢܒܝܐ ܘܟܪ ܡܠܟܐ ܫܡܫܐ ܘܡܗܝܡܢܐ ܘܦܟ [10]ܢܒܝܐ. ܡܛܠ ܕܐܝܟ ܕܐܬܘܗܝ [11]ܫܠܝܬܐ ܘܡܥܒܪܐ. ܘܫܡܫܬܐ [12]ܠܐ ܡܕܒܪܐ ܠܗ. ܘܟܪ ܡܠܟܗ ܒܝܚ. ܐܝܟ ܒܒܪܐ ܚܕ ܕܒܘܪܐ [13]ܡܫܠܛܐ ܘܕܠܐ ܕܒܬܐ ܡܥܬܒܫ. ܘܐܝܟ ܓܪܕ ܘܥܡܐ ܡܗܘܪܢܐ ܡܥܒܫ. ܐܠܐ ܠܫܪܬܐ ܠܐܡܕܢܐ ܘܠܡܬܬܘܣܘܬܐ ܢܦܠܐ. ܘܒܕܢܐ ܡܕܡ ܗܘ

---

1 ܘܬܘܒ ܬܪܥܐ d. 2 ܕܒܠܐܪ (a ܕܒܝܠܐܪ) abcd, und so nachher immer. 3 (sic) ܐܠܐ ܢܒܝܐ b. 4 ܐܡܪ ac, ܢܒܝܬ ܐܡܪ d. 5 Cf. Nöld. p. 767. 6 ܘܠܒܢܝܢܫܐ ac. 7 ܘܡܠܟܘܬܐ bd. 8 ܘܡܬܩܦܢܐ b, ܘܡܬܩܦܢܐ d. 9 ܟܠ ܡܠܟܐ ac. 10 ܢܒܝܐ b. 11 ܫܠܝܬܐ. 12 ܠܐ < a. 13 ܘܡܫܠܛܐ.

ܕܟܠ ܟܠ ܒܢ̈ܝܐ ܡܣܬܘܟܠ ܘܟܠ ܠܡܕܝܢ ܫܠܝܛ. ܐܠܐ ܠܗܘ
ܫܪܝ ܡܟܝܪ ܕܐܬܘܗܝ، ܟܕ ܡܠܟܘ ܒܢܘܒܬܗ ¹ܘܟܕ ܐܕܘܪ
ܡܗܝܡܢܐ. ²ܘܟܠܒܬܐ ܕܗܕܪ ³ܗܘܐ ܟܕ ܓܒܝܢܐ ܕܡܠܟܐ.
113ʳ ܘܡܠܟܐ ܕܐܝܟ ܗܕܢܐ ܗܘ ܒܡܠܟܘ *ܣܢܚܪܝܒܘܗܝ، ܘܕܝ̈ܢܘܗܝ،
ܡܠܟܘܬܐ ܡܥܒܕ ܥܠ ܒܥܠܕܒ̈ܒܘܗܝ، ܘܠܐ ܡܥܒܕ ܡܬܟܠܝܢ
⁴ܒܠܘܗܝ. ܘܗܘ ܒܟܪ̈ܝܬܐ ܕܢܦܫܗ ܘܒܐܟܪܝܐ ܕܒܥܠܕܒ̈ܒܘܗܝ، ܐܝܟ
ܓܒܝܢܗ ⁵ܫܪܝ. ܘܐܦ ܓܒܪܐ ܠܡܣܒܪ ܡܕܡ ܕܠܘܩܒܠܐ. ܡܛܠ
ܫܒܚܬܐ ܕܟܕ ܡܠܟܐ ܡܢ ܒܘܠܐ ܡܬܦܝܓܐ ܘܫܠܝܛ. ܘܟܠ
ܒܥܠܕܒ̈ܒܘܗܝ، ܡܕܝܪ ܘܒܗܬܐ. ܕܡܬܝܕܥ ܡܢ ܗܘ ܫܪܒܐ ܕܢܬܦܪܩ
ܡܠܟܐ ܕܗܝܡܢܘ̈ܬܐ ܥܡ ܐܬܘܬܗ ܐܢܝܢܐ. ܐܢܫܐ ܕܗܝ، ܫܒܝܒܐ ܗܘܬ
ܒܠܘܗܝ، ܡܢ ܒܠܘܡ ܢܦܩܘܗܝ. ⁶ܘܒܠܐܕ ⁷ܐܬܘܗܝ، ܗܘܐ [ܟܕ] ܐܕܘܪ
ܘܟܕ ܒܠܒܗ ܕܡܠܟܐ. ܘܕܒܪܝܡ ܐܕܪ. ܕܐܝܟ ܗܢܐ ܫܪܒܐ.
⁸ܘܒܢܘܗܝ ܐܕܪ.

ܐܡܪܝܢ ܕܒܠܐܕ ܒܫܒܘܚܬܐ ܕܐܠܗܘܬܐ ܘܬܫܒܘܚܬܐ
⁹ܡܫܡܠܝܬܐ ܗܘܐ. ܘܡܫܘܚܬܐ ܘܕܘܒܪܢܘܬܐ. ܘܥܕ ܘܡܢܐ ܡܠܟܘ
113ᵛ ܗܘܐ ܡܠܟܐ ܒܥܕ ܡܢ *ܡܠܘ̈ܟܘܗܝ، ܘܬܡܢܐ ܙ̈ܒܢܝܢ ܐܬܬܒܪ
ܘܕܟܝ. ܘܫܠܡ ܬܡܢܝܐ ܫ̈ܢܝܐ. ܘܠܫܪܬܐ ܒܕ ܐܬܬܒܪ ܗܘܐ.
ܟܕ ܐܢܘܢ ܠܒܠܘܗܝ ¹⁰ܒܙ̈ܒܢܐ ܘܟܠܟ ܡܠܘܗܝ ܕܫ̈ܢܝܐ
ܢܦܩܘ ܠܗ. ܘܫ̈ܢܝܐ ܐܕܪ ܡܕܒܪܘ. ¹¹ܘܒܙ̈ܒܢܐ ܐܕܪܘ.
ܕܒܙ̈ܒܢܐ ¹²ܐܠܝܡ ܘܡܟܝܡ ܫ̈ܢܝܐ ܕܫܢܬ. ܕܫܡ ܠܗ ܥܕܡܐ ܠܡ

---

1 ܘܐܬܘܗܝ، ܟܕ ܐܕܘܪ bd. 2 L. ܟܠܒܬܐ (ohne ܘ)? 3 L. ܗܘ? 4 ܒܠܘܗܝ < bd. 5 ܫܪܝ. 6 ܘܒܠܐܕܪ, vgl. oben 144, N. 2. Im folgenden nehme ich von der falschen Namensform keine Notiz mehr. 7 L. ܕܐܬܘܗܝ? 8 ܒܢܘܗܝ a. 9 ܡܫܡܠܝܬܐ. 10 ܒܙ̈ܒܢܐ ac. 11 ܘܒܙ̈ܒܢܐ ac. 12 ܐܠܝܡ ab.

ܘܠܐ ܚܙܐ ܠܝ ܕܐܝܟ ܚܙܐ ¹ܫ̈ܠܡܬܐ ܕܒܗܢܐ ܙܢܐ. ܐܠܐ ܐܢ
ܢܦ̈ܫܬ ²ܐܬܠܝܢ ܘܫ̈ܝܢܝܢ ܒܥܘܗܕܢܐ ܘܠܦܝܢ ܕܫ̈ܠܡܬܐ ܗܠܝܢ ܕܗܘܝ
³ܘܥܝܢ ܡܠܟܐ ܡܫܒܚܐ ܕܗܘܐ ܡܢܗܘܢ. ܘܡܗܕܒܝܢ ܠܟ. ܒܪ
ܡܫܒܚܝܢ ܕܢܚܘܡ ܒܫܘܬܐ ܗܕܐ ܡܠܟ. ܘܡܠܟܐ ܡܠܘ ⁴ܠܗܘܢ ܡܢܐ
ܕܐܡܪܘ. ܘܐܡܪ ⁵ܠܗܘܢ. ܕܢܗܘܐ ܘܚܒܪܘ ܐܝܟ ܕܐܡܪܬܘܢ.
⁶ܘܒ̈ܪܒܪܒܐ ܒܪ ܢܫܘܘ ܡܛܠ ܚܪ̈ܬܗܘܢ ܒܥܒܐ ܐܬܒܥܒܘ ܒܠܗܘܢ
ܐܚܝܕܐ. ⁷ܐܝܟ ܕܠܐ ܢܗܘܐ ܒܫܘܬܗܘܢ ܢܘܒܪܐ. ܘܐܬܡܠܟܘ ⁸ܒܬܪ
ܚ̈ܕܕܐ *ܘܐܡܪܘ. ܕܒܫܘܬܗܘܢ ܕܠܝܬ ⁹ܐܒܕܢܐ ܡܢ ܕܗܘܐ ܗܢܐ ܡܠܟܐ 114 r
ܘܡܛܠ ܡܢܝ ܬܪܥܘܬ ܐܠܦ̈ܐ ܢܦ̈ܫܬܐ. ܘܗܫܐ ܗܐ ܟܠܗ ܐܪܥܗ
ܡܕܡܝܢ. ܒܟܢܐ ܗܘܠܟܗ ܕܗܢܐ ܗܘܒܪܢܐ. ܗܐ ܐܚܝܕܝܢ ܕܦܪܥܝܢ
ܠܗ ܗܝ ܒܪܬܐ. ܐܠܐ ܢܐܙܠ ¹⁰ܒܫܐܠܬ ܘܢܫܐܠܬ ¹¹ܢܐܡܪ ܠܗ.
ܕܗܟܝܠ ܒܠܗܘܢ ܚܒ̈ܝܒܝܟ ¹²ܘܡܗܝ̈ܡܢܝܟ ܕܢܬܟܠ ܐܚܘܢ. ܡܛܠ
ܕܒܕܡܗܘܢ ܡܫܒܚܐ ܠܡܕܝܢ ܡܠܟ ¹³ܗ̇ܝ ܒܫܘܬܐ. ܘܐܢ ܡܫܐܠ.
ܡܠܟܐ ܗܘ ܒܫܘܬܗܘܢ. ܒܫܝܢ ¹⁴ܡܕܡ ¹⁵ܪܫܐ ¹⁶ܕܡܠܟܘܬܐ ¹⁷ܐܡܪܬܐ
ܕܒܦܪ ¹⁸ܐܬܪܐܕ ܡܫܒܚܘܬܐ. ܘܒܦܪ ¹⁹ܒܪܗ ²⁰ܕܢܥܒܕ ܠܗ. ܘܟܕ
²¹ܐܚܘܗܝ ²²ܕܪܥܡ ܩܠ ܒܐܪܕ ²³ܟܕ ܡܠܟܐ ܘܦܩܘܕܗ. ²⁴ܘܦܐܡ
ܦܩܕܗ ܡܗܝܡܢܐ. ܘܦܩܕܗ ܗܘ ܕܠܝܬ ܠܗ ܚܒܪܐ. ܘܩ̈ܠܠܐ ܗܘܝܢ

---

1 ܫܠܡܬܐ bd. 2 + ܡܠܟܐ bd. 3 ܒ̈ܥܝܢ b. 4 ܠܡܢܐ ܕܐܡܪܘ bd.
5 ܠܗܘܢ < bd. 6 ܘܒ̈ܪܒܪܒܐ abc, ܘܒ̈ܪܒܪܒܐ d. 7 ܐܝܟ ܠܐ bd,
ܐܝܟ ܕܠܐ ac. 8 ܠܚ̈ܕܕܐ a, ܠܚ̈ܕܕܐ ܘܐܡܪܘ ܘܐܬܡܠܟܘ c. 9 ܘܐܒܕܢܬܐ.
10 L. ܒܫܐܐܠܬ? 11 ܘܢܐܡܪ ac, ܐܡܪܝܢ ܠܗ b, ܐܡܪܝܢ ܠܗ d.
12 ܘܡܗܝ̈ܡܢܝܟ b, ܘܡܗܝ̈ܡܢܝܟ d. 13 ܗ̇ܕ (sic) a c. 14 ܒܠܒ d, < a b c.
15 ܪܫܗ. 16 ܕܡܠܟܘܬܐ. 17 ܐܡܪܗ b. 18 ܐܬܪܐܕ b, ܐܬܐܪܕ d.
19 ܒܪܗ c. 20 ܕܢܥܒܕ ܠܗ < a c. 21 ܐܚܘܗܝ b. 22 ܕܪܥܡ ܩܠ
< a b. 23 ܟܕ ܡܠܟܐ bis ܚܒܪܐ inkl. < a c. 24 ܘܦܐܡ.

ܫܘܪܐ ܒܬܪ̈ܗ، ܘܩܪܐ [1]ܕܫܘܫܢܐ ܠܐ ܡܬܕܟܪ ܠܗܘܢ ܡܢ
ܠܬܠܬܗܘܢ. ܘܗܠܝܢ ܬܪ̈ܬܝܢ ܦܠ̈ܠܬܐ ܪ̈ܘܚܢܝܬܐ [2]ܕܡܬܦܫ̈ܩܢ
ܡܢ ܦܠܓܐ ܕܒܪܐ. ܘܒܬ̈ܠܬܐ [3]ܗܘ̈ܓܝܐ ܕܗܘܦܠܐ ܕܐܠܗܝܢ ܗܘܝܐ.
[4]ܘܚ̇ܙܝܢ ܡܢܗ [5]ܡܫܬܐܪܘܢ [6]ܡܕܡܕܡܝܬܐ [7]ܘܠܒܝܫܬܐ [8]ܒܠܘܚ̈ܐ
ܢܡܘ̈ܣܐ ܕܐܝܬܘܗܝ، ܡܫܠܠܢ ܐܝܟ ܕܐܠܗܐ. ܘܒܗܘܒܗܬ ܡܕܡ
ܦܪܝܫܝܢ ܠܗ *ܗ̇ܘ، ܒܝܬܪܘܬܐ ܘܐܡܬܪܝܢ. ܕܗܠܝܢ ܕܗܘܝܢ ܒܫܡ̈ܗܘܗܝ. 114ᵛ
ܦܠܐ ܕܬܘܬܦܠܠ ܘܕܡܗܘܢ ܢܛܝܠܝܢ، ܒܡܐܠܝܐ ܫܕ.
[9]ܘܠܡܒܘܬܒܘܬܗ̇ ܒܕܡܐ ܗ̇ܘ. ܘܒܕ ܦܠܡ ܐܝܬ ܡܢ ܡܐܝܠܐ ܗ̇ܘ.
ܟܠܡ [10]ܒܬ̈ܕܡܝܬܐ ܬܘܝܢ ܒܠܥܕܝܢ ܢܡܘܣܐ ܘܦܫܝܢ ܒܐܦ̈ܝܗ̇ ܪܘܚܐ.
ܘܕܡܝܐ ܡܦܦܪܝܢ ܒܐܦܝܢ ܕܗܘܠܐ ܒܕܡܐ ܕܡܬܕܒܪܬ. ܘܗܕܝܢ
[11]ܡܦܪܦܪܝܢ ܠܗ̇ ܒܥ̈ܠܡܐ. [12]ܘܡܬܚܫܚܝܢ ܠܗ̇ ܡܚܫܚܐ ܒܫܘܕܥܐ.
ܘܗܕܝܢ ܐܪܐ ܐܝܬ ܠܒܝܬ ܡܠܟܘܬܗ̇ ܡܕܒܪܬܐ. ܘܗܘܒܐ ܡܬܕܢܚܐ
ܡܢܗ̇ ܒܥܠܬܐ ܗܕܐ. ܘܐܢ ܐܝܬ ܡܠܟܐ ܡܗܝܡܢ ܐܝܬ [13]ܘܡܕܡܕܡܝܐ
ܐܝܬ ܒܠ ܕܚܙܝܢ ܡܢܗ̇. ܒܕ ܗܠܝܢ ܦܠܠܝܢ ܠܦܝܗ̇. ܦܠܓ ܐܝܬ
ܡܢ ܒܥܠܬܐ ܗܕܐ. ܘܐܢ ܠܐ ܡܬܒܣܡ ܐܝܬ. ܒܗܘܬܐ ܪܒܬܐ
ܡܠܦܐ ܠܗ̇. ܘܫܕܐ ܡܢ ܬܪ̈ܬܝܢ ܒܕܫܐ ܠܗ̇. ܐܘ ܡܟܐܬ ܐܝܬ.
ܐܘ ܚܙܕܝܢ ܡܠܒܘܬܗ̇ [14]ܡܢܗ̇. ܘܒܕ *ܗܘܒܐ ܐܡܬܪܝܢ ܠܗ [15]ܚܙܪ 115ʳ
ܫܠܡ ܘܡܬܫܠܝܢ ܒܠܗܘܢ. ܘܐܝܟ ܕܚ̇ܙܝܢ ܦܠܠܝܢ ܠܗ. ܘܗܘܒܐ

---

1 ܕܠܠܠ (d ܘܠܠܠ) ܐܝܟ ܪܘܚܐ ܘܠܝܬ ܫܘܫܢܐ ܕܡܬܕܟܪ ܠܗܘܢ.
2 ܕܡܬܦܫܩܢ a. 3 ܗܘ̈ܓܝܐ. 4 ܘܚܙܝܢ ܘܗܠܝܢ b d. (d ܘܗܘܝܢ) ܡܢܗ < a c. 5 ܘܡܫܬܐܪܘܢ b, ܘܡܫܬܐܪܘܢ a. 6 + ܕܕܡܝܐ b d.
7 ܘܠܒܝܫܐ d. 8 ܒܠܘܚ̈ܐ bis ܕܐܠܗܐ inkl. < a c. 9 Vielleicht ܘܠܡܒܘܬܒܘܬܗ̇ b. 10 ܒܬ̈ܕܡܝܬܐ a c, ܒܬ̈ܕܡܝܬܐ b. 11 ܡܦܠܦܠܝܢ a c.
12 ܘܡܬܚܫܚܝܢ. 13 ܘܡܕܡܕܡܝܐ ܒܠ bd. 14 ܡܢ ܗܘܒܐ b, ܡܢܗ̇ ܘܡܢ ac.
15 ܕܚܙܪ.

ܘܐܙܠܘ ܠܘܬ ܡܠܟܐ ܘܐܡܪܘ ܠܗ. [1]ܕܐܙܠܝܢ ܘܒܠܥܘܗܝ ܢܟ̈ܘܣܐ ܘܡܠ̈ܦܢܐ[2] ܕܠܟܢܫܝܢ ܐܬܟܢܫܘ. [3]ܕܐܝܟܢܐ ܢܥܒܕ [4]ܕܬܒܕܪܝܟ ܠܥܒܘܕܬܐ ܘܬܡܠܝܟ ܠܒܬܐ. ܐܠܐ ܦܘܩܕ [5]ܕܢܦܩܘܢ ܐܢܫܐ ܡܢ ܡܕܝܢܬܟ. ܕܐܡܪܝܢ ܠܟ ܐܝܟ ܗܢܐ. ܘܦܩܕ ܕܗܟܢܐ ܢܦܩܘܢ. ܘܢܦܩ ܗ̣ܘ [6]ܘܟܪ̈ܣܛܝܢܐ ܕܡܫܬܐܪܝܬ [7]ܘܐܡܪܘ ܠܡܠܟܐ ܐܝܟܢܐ ܕܢܦܩܬܗܘܢ ܐܬܡܠܟܘ. ܘܟܕ ܡ̈ܠܐ ܗܠܝܢ ܫܡܥ ܡܠܟܐ ܐܡܪ ܠܗܘܢ [8]ܕܡܘܬܐ ܬܗܘܐ ܠܟ ܡܢ ܢ̈ܫܐ [9]ܕܟܠܗܝܢ ܐܟܘܬܐ ܕܢܫ̈ܝܟ ܫܢܐ ܐܝܟܐ. ܟܕ ܝܠܕ ܠܒܪܬܐ ܒܗܘܬܐ ܗ̣ܘ. ܡܛܠ ܕܢܫ̈ܘܗܝ ܕܟܪܣܛܝܢܐ ܠܒܘܫܝܢ [...]. ܘܐܦ ܟܠܐܕ [10]ܘܦܐܡ ܠܐ ܡܫܟܚܝܢ ܡܕܡ. ܘܠܝܢ ܕܟܡܐ ܡܠܟܘܬܐ. ܟܕ ܡܢ ܕ̈ܟܝܐ ܠܟܐ ܘܡܢ [11]ܗܘ̈ܟܝܐ [12]ܘܡܢ ܦܠܓܐ ܟܬܒ̈ܐ ܡܪܟܐ ܘܦܠܓܬܐ ܕܗܠܟܬܐ *[13]ܐܫܬܪܝܘ. ܘܐܝܟܢܐ ܐܫܟܚܘ ܢܦܫܗ ܡܠܟܐ. ܟܕ [14]ܒܠܥܘܗܝ 115v ܕܥܒܘ [15]ܟܪ̈ܣܛܝܢܐ [16]ܘܡܠܟܝܢ ܘܡܟܘܒܝܢ. ܘܡܢܐ ܕܗܘܘܬܐ [17]ܗܘܝܐ ܠܟ ܒܐܟܪܝܘܬܗ. [...] ܘܟܠܐܕ ܟܕ ܚܙܐ ܕܡܠܟܐ ܒܟܘܬܐ ܐܢܬܘܢ, ܐܬܚܙܒ. [18]ܕܠܐ [19]ܪܘܡ ܠܝ ܕܐܟܠܘܢ ܘܐܫܬܠܡܘܢ, ܕܡܛܠ ܡܕܝܢܐ ܙܢܝܬ ܘܡܕܝܢܐ ܗܝ, ܒܥܘܬܐ ܗܕܐ. ܘܦܩܕ ܘܐܙܠ ܠܘܬ ܐܢܬܬܐ ܐܡܪܗ ܕܒܥܐ ܘܐܡܪ ܠܗ. ܕܡܢ ܟܕ ܚܙܐ ܠܝ ܡܠܟܐ. ܠܐ ܒܥܐ ܐܢܐ. ܕܡܕܝܢ ܠܒܘܪܐ [20]ܘܪܒܐ ܒܥܐ ܠܗ ܗܦܟ ܡܢ ܡܠܟܐ ܕܠܝ. ܐܠܐ ܒܟܠ ܡܕܝܢ ܟܪ ܐܙܠܗ ܐܝܟ, ܗܘܝܬ. ܘܗܫܐ ܡܥܢܐ ܐܢܐ ܕܡܠܟܐ

---

1 ܕܐܙ̈ܠܝܢ b d, ܐܙܠܝܢ a c. 2 ܕܠܟܢܫܢܝܢ a. 3 ܘܐܝܟܢܐ b. 4 ܕܢܒܕܪܝܟ ac. 5 ܕܐܢܫܐ ܢܦܩܘܢ ac. 6 ܘܟܪ̈ܣܛܝܢܐ ac. 7 ܘܐܡܪ a. 8 ܡܘܬܐ a c. 9 ܕܟܠܗܝܢ, ܒܐܟܘܬܐ b, ܕܟܠܗܝܢ ܒܐܟܘܬܐ d, ܕܟܠܗܝܢ, ܐܟܘܬܐ a c. 10 ܘܦܐܡ b d, ܘܦܩܕ a c. 11 ܗܘ̈ܟܝܐ. 12 ܡܢ d, ܘܦܠ̈ܓܬܐ a c. 13 ܐܫܬܪܝܘ < b d. 14 ܒܠܥܘܢ b. 15 ܟܪ̈ܣܛܝܢܐ a c. 16 ܘܡܠܠܝܢ ܘܡܟܘܒܝܢ. 17 ܗܘܝܐ. 18 ܕܠܐ. 19 ܠܝ < b d. 20 L. ܘܐ ܪܒܐ?

ܠܐ ܡܕܒܪܐ ܗܘܐ ܠܕܝܪ. ܡܛܠ ܕܡܕܒܪܢܐ ܠܗܢܐ ܒܪ ܡܠܟܐ ܗܘܬ ܠܗ ܡܕܝܢܬܐ ܡܕܒܪܐ ܗܘܐ ܢܦܫܗ ܘܒܝ ܡܬܡܠܟ ܗܘܐ. ܡܛܠ ܕܡܫܪ ܘܪܘܡ ܗܘܐ ܠܝ ܛܒ ܡܢ ܟܠܗܘܢ ܒܢ̈ܝ ܕܘܪܗ. ܘܐܦ ܠܦܠܛܝܢ
116r ܡܫܠܛܐܝܬ ܒܐܠ ܗܘܬ. ܘܗܫܐ ܗܐ ܫܒܒܐ *ܘܥܡ̈ܡܝܢ ܕܒܗ̇ [1]ܒܝ̈ܬܡܕܒܪܢܐ ܡܬܡܠܟ. ܘܠܐ [2]ܡ̇ܕܒܪܢܐ ܗܘܘ ܫܪܒܗ. [3]ܘܕܚܝܠ ܐܢܐ [4]ܕܒܥܪ ܒܢ̈ܝ, ܒܢ̈ܫܬܐ ܡܠܟܝܢ ܡܠܟܐ ܕܠܗ ܘܠܝ ܡܫܬܒܚ. ܐܠܐ [5]ܐܢܬ, ܘܗܘܝ ܠܗܬ ܡܠܟܐ [6]ܘܫܐܠܢܘܗܝ, ܕܡܕܒܪܢܐ [7]ܪܢܝܬ. ܘܐܡܪܐ ܡܠܟܬܐ ܫܒܒܬ ܡܢ [8]ܒܝ̈ܬܡܕܒܪܢܐ ܕܡܕܒܪܬ ܒܗ̇. ܘܐܡܕܒܪܐ [9]ܕܠܦܘܬ, ܐܘܕܒܝܬ. ܡܛܠ ܕܐܢܐ ܠܐ ܡܕܒܪܢ ܐܢܐ ܕܐܙܠ ܘܐܫܐܠܢܘܗܝ. ܡܛܠ ܕܒܥܪ [10]ܒܝ̈ܬܡܕܒܪܢܐ ܡܛܠܬ, ܐܡܪ̈ܝ ܠܗܘܢ ܥ̈ܠܬܐ ܒܢܫ̈ܬܐ. ܘܐܢܐ ܦܠܚܗ ܡ̇ܕܒܪܐ ܕܒܪ ܡܬܚܫܒܬ ܠܐ ܡܫܟ̈ܚ. [11]ܘܒܪ ܡܬܚܫܒܐ ܒܠܗܘܢ, ܡܕܡ ܛܒܐ ܘܒܗܘܪܐ. ܘܒܥܪ ܡܛܠ ܗܠܝܢ ܒܢ̈ܝ, ܒܢܫ̈ܬܐ ܢܦܩ ܛܘܒܗ ܒܠ. ܘܐܡܪܐ ܐܡܪܝܬ. ܕܗܠܝܢ ܡܠܟܬܐ ܗܘܬ ܠܗ ܒܗܝ. ܘܗܫܐ ܕܡܬܚܫܒܬ ܠܐ ܛܒܐ ܐܢܐ ܠܗܬܗ. ܘܠܐܡܪ ܐܡܪ ܠܗ̇. ܡܛܠ ܡܕܡ ܥܡܠܐ ܠܐ ܒܦܘܪܩܢܐ ܬܠܒܝܢ ܐܒܬܐ. ܡܛܠ
116v ܕܐܝܟ ܐܚܝܢ ܠܗܬ ܕܒܥܠ *ܒܠܗܘܢ,. ܡܛܠ ܕܪܒ̈ܘܬܐ ܫܒܝܚܘܬܐ ܥܒܝܕ ܠܝ ܡܢܗ ܕܐܡܪ. [12]ܕܐܝܟ ܒܡܬܐ ܫܒܝܚܘܬܐ ܡܠܟܐ ܠܝ. ܒܪ ܚܝܐ ܐܢܐ ܠܐܚܪܢܐ ܐܡܪܗ ܕܒܦܪ. ܒܠܗ ܒܗܬܐ ܘܡܪܚܝܬܐ ܠܡܪܘܬܐ ܗܦܟܐ. ܐܠܐ ܐܢܬ, [13]ܒܒܪܬ [14]ܦܠܓܘܬܐ ܡܢܬܪܬ [15]ܡܠܟܘܬܐ ܡܪܬ ܢܫ̈ܐ [16]ܥܒܕܬ ܚܘܝܐ. ܒܗܝ, ܠܗܬܗ ܘܐܫܬܡܥܬܗܘܢ, ܡܢ ܒܗܬܐ

[1] ܒܝ̈ܬܡܕܒܪܢܐ abc. [2] ܐܢܐ ܡܕܒܪ bcd. [3] ܘܕܚܝܠܐ ܐܢܐ b. [4] ܘܒܥܪ ac. [5] ܐܢܬ bd. [6] ܘܫܐܠܢܘܗܝ b. [7] ܪܢܝ. [8] ܒܝ̈ܬܡܕܒܪܢܐ ac, ܒܝ̈ܬܡܕܒܪܐ b. [9] ܕܠܦܘܬ bd. [10] ܒܝ̈ܬܡܕܒܪܢܐ ac, ܒܝ̈ܬܡܕܒܪܐ bd. [11] L. ܒܪ? [12] ܐܝܟ b. [13] ܒܒܪ a, ܒܒܪܝ, bc. [14] ܦܠܓܘܬܐ ac. [15] ܡܠܟܘ̈ܬܐ abc. [16] ܘܥܒܕܬ bd.

ܕܒܗ ܙܒܢܐ. [1]ܘܐܡܪ ܠܗ ܐܝܟ ܥܒܕܘܬܟ. ܘܡܕܡ ܕܒܒܪܬܗ
ܐܘܪܚܝ. ܘܡܢ [2]ܒܒܪܝ ܠܒܥܘܬܐ [3]ܘܫܝ ܥܠܗ ܡܠܒܘܬܐ ܠܒܝ ܫܪܪܐ.
ܘܟܕ ܫܡܥܗ ܒܠܬ ܐܪܐܕ. [4]ܠܡܪܦܘܠܐ ܘܐܬܒܬ ܐܦܣ̈ܩܘܦܗܝ، ܕܡܠܟܐ
ܘܐܪܥܒܬ [5]ܪܫܢܗ ܘܫܐܠܬܗ. ܕܠܡܠܟܐ [6]ܒܡܥܪܬ ܘܒܪܐ ܠܟ ܐܘ
ܡܠܟܐ ܡܫܒܚܐ. ܘܐܡܪܐ ܡܠܬܐ ܕܒܥܘܬܐ ܫܡܥܬ ܡܢ [7]ܦܪ̈ܢܣܝܐ
ܕܡܕܝܢܐ ܒܝܫܐ ܠܟ ܒܗ. ܘܐܦ ܒܥܘܬܐ ܡܠܦܬ [ܕ]ܙܪܘܩ ܕܬܪܝܢܐ
117r ܒܗ. *ܐܦ ܠܝ ܐܘܪܚܝ. ܕܐܦ ܐܢܐ ܐܬܬܒܥܬ ܒܒܟܝ. ܘܐܦ
ܠܝܬ ܒܥܘܬܐ ܗܘܝ ܒܒܝ ܡܕܡ ܕܚܣܪ ܒܚ̈ܝܠܟ. ܡܛܠ ܕܒܪ̈ܝܐ
ܕܥܕܘܬܐ ܒܒܝ ܚܕܐ ܗܘܬ. ܘܗܫܐ ܕܡܛܠܬ ܒܥܘܬܐ ܗܒ ܠܝ
ܡܢܗ ܡܢܬܐ. ܘܡܠܟܐ ܐܡܪ ܠܗ. ܕܐܪܐ ܐܢܬܬܐ ܡܢܐ [8]ܡܗܡܣܐ
ܐܢܬܝ، ܠܝ [9]ܒܥܘܬܐ ܒܠ ܒܥܘܬ. [10]ܐܘ ܒܡܕܝܢܐ ܒܥܘܬܐ ܡܢܐ ܡܫܐܠܬܝ،
[11]ܠܝ. ܘܐܡܪܐ ܐܡܪܬ. [12]ܕܡܬܦܠܬܝ ܠܡܕܝܢܐ ܕܗܕܐ ܦܘܠ ܦܬܟܪܐ
[13]ܒܒܪܬ ܠܝ. ܕܒܝ ܡܬܡܦܠܢܐ ܠܗ ܒܥܘܬܐ ܫܪܐ ܦܘܪܣܐ ܘܡܫܪܠ
ܢܦܫܗ. ܘܐܦ ܡܢ ܙܘܕܐ ܡܗܡܠ [ܡܠܟܐ] ܐܝܟܢܐ ܕܠܐ ܢܗܘܐ ܒܠܒܗ
ܒܘܒܐ. [14]ܡܛܠ [15]ܕܒܝ ܡܦܠܢܐ ܠܐܢܫ ܒܥܘܬܐ ܒܫܒܚܬܐ ܘܒܗܘܢܐ
ܗܦܒܐ ܠܡܕܘܬܐ. ܐܠܐ ܐܢܬ ܠܐ ܬܪܢܐ. ܡܛܠ ܕܡܢ ܙܪܐ ܘܬܪܢܐ
ܠܝܬ ܐܠܐ ܐ ܒܐܟܐ ܘܫܘܡܐ [16]ܕܡܬܪ̈ܡܪܬ ܒܠܒܐ ܕܙ̈ܘܥܟ
ܘܡܬܪܕܪܬ ܠܦ̈ܪܣܝܟ. ܘܟܕ ܕܗܘܐ ܒܒܪ ܠܐ ܢܒܥܐ ܐܬܘܗܝ، ܘܠܐ
ܫܒܝܒܐ. ܘܡܠܟܐ ܐܡܪ ܠܗ. ܕܐܪܐ ܐܢܬܬܐ ܗܟܐ ܐܠܝܟ [17]ܐܢܬܝ،

1 ܘܐܡܪ ܠܗ d, ܘܐܡܪ ܥܠܘܗܝ a c, ܘܐܡܪ ܥܠܘܗܝ b. 2 ܒܒܪ b d. 3 ܘܫ̈ܝ b d, ܘܫܪܝ a c. 4 ܠܡܪܦܘܠܝܐ b. 5 ܪܫܢܗ a d. 6 ܒܡܥܪܬ ܐܢܬ b, ܒܡܥܪܐ ܐܢܬ d. 7 ܦܪ̈ܢܣܝܐ a c, ܦܪ̈ܢܣܐ b, ܦܪ̈ܣܝܐ d. 8 ܡܗܡܣܐ ܐܢܬ b, ܡܗܡܣ ܐܢܬܝ c, ܡܗܡܣ ܐܢܬ a. 9 ܒܥܘܬܐ < b d. 10 L. ܘܒܡܕܝܢܐ? 11 ܠܝ < b. 12 ܕܡܬܦܠܬܝ b d. 13 ܒܒܪܬܝ a c d. 14 ܡܛܠܐ. 15 ܕܒܝ ܡܦܠܢܐ < a c. 16 ܕܡܬܪܡܪܬ b d. 17 ܐܢܬ a d.

*ܠ. ܘܠܐ ܒܫܢܝܐ ܕܐܬܒܪܢܫ. ܕܐܦ [1]ܡܫܟܚܬ ܐܢܫܐ ܘܐܒܕ ܐܢܫܐ. 117v
ܐܘ ܐܢܬ، ܘܒܪܢ ܘܠܫܡܗܘܢ ܚܟܝܡܝ ܡܬܠܡܝܢ. [2]ܡܛܠ [3]ܕܗܘܝܐ ܐܡܪܘ
[4]ܒܪ̈ܢܫܐ. ܘܬܘܒ ܠܗ ܒܠܘ ܫܪܒܐ. ܘܐܡܪܐܕ ܒܪ ܗܠܝܢ ܫܡܥܬ.
[5]ܒܫܡܥܬܗ ܘܒܝܕܥܬܗ ܠܐ ܢܦܠܬ ܐܢܫ ܗܘ ܕܐܬܬܠܡܝܬ
ܒܗܕܐ ܡܠܬܐ. ܘܦܫܬ ܠܗ. ܕܐܝܬܘܗܝ ܒܡܗܘܬܐ ܕܠܐ ܠܐ
ܬܬܒܝܢ. ܘܦܪܫ ܬܐܠ ܠܦܝܫܘܢ. ܘܠܒܘܢ ܦܬ̈ܓܡܐ ܘܫܪܘܬܐ
ܢܬܦ̈ܠܝܢ. ܕܠܒܘܢ ܐܝܬ ܢ̈ܦܫܐ ܐܚܪܢܝܬܐ ܡܦܪ ܡܢ. [6]ܒܠܥܠܘܗܝ
ܘܫܬܬܒܥܘܢ ܐܠܦܐ ܒܦܠܓܝܢ ܕܠܒܘܢ ܕܠܫ̈ܝܢ. ܐܠܐ ܐܢܐ ܗܕܐ
ܠܚܘܕ ܒܫܢܝܐ ܘܒܫܘܒܐ ܬܠ̈ܬܝܐ ܠܗܘܢ ܕܒܬܪ ܡܢܗܬ، ܕܐܝܬܘܗܝ
ܒܠ [7]ܒܪ̈ܢܫܘܬܐ ܠܐ ܬܬܒܠܘܢ ܘܠܐ ܢܒܠܒܐ ܬܘܒܠܘܢ ܡܕܡܘܢ.
ܘܐܢܫ ܠܐ ܬܦܠܠܘܢ [8]ܒܕܡܘܬܐ ܕܒܣܪ ܘܕܡܡ [9]ܡܬܒܫܒܫܬܘܢ
ܫܬܐܬܬ ܕܠܐ ܡܬܬܘܬܘܢ ܘܡܬܐܬ. ܡܛܠ ܕܗܘ ܗܘ ܕܡܬܦܠܠ
*ܠܐ ܡܬܚܘܬܘܢ ܒܕܪܫ ܠܡܫܘܬܗ. ܘܐܡܪܐ ܗܝ. ܕܐܦ ܡܕܡ 118r
ܡܢܝܢ ܕܠܐ ܒܗ̇ ܡܫܒܫ ܐܢܬ. ܠܐ ܬܫܬܘܗܝ، ܒܕܡܐ ܕܡܫܘܢܐ
ܐܢܬ ܠܗ ܠܚܫܝܪܐ ܐܢ̈ܫܝܢ ܕܒܒܪ ܡܫܬܒܠܝܢ ܒܗ ܡܕܡ ܕܐܢܬ ܠܐ
ܢ̇ܒܐ ܐܢܬ. ܘܡܫܐ ܐܢܬ ܒܠܒ̈ܒܝܢ ܠܐ ܬܫܪܐ ܒܠܝܢ. ܘܒܗܕ
ܕܠܘ ܬ̈ܫܒܝܢ ܐܢܘܢ [10]ܐܠܐ ܒܠܒ̈ܒܝܢ. ܡܛܠ ܕܠܝܬ ܢܦܓܥܐ
ܕܝܒܠܐ ܕܡܦܠܠ ܡܕܡܘܢ ܬܪܡܙ ܐܠܦܐ. ܘܡܗܕܪܬ ܕܦܓܥ ܠܗܘܢ.
ܘܠܐ ܙܕܡ ܗܘܐ ܕܬܬܓܠܐ ܠܗܘܢ ܬ̈ܠܡܝܢ. ܘܬܘܒܠ ܡܕܡܘܢ
ܢܒܠܒܐ ܒܢܫܐ ܕܗܦܘܢ ܗ̇ܝ، ܐܡܬܬܐ ܠܐ ܐܠܐ ܡܕܡܘܢ. ܘܗܘܡ
ܢܩܡ ܕܒܥ̈ܒܝܢ ܦܬ̈ܓܡܐ ܘܡ̈ܠܟܐ ܘܢ̈ܫܐ ܕܗܘ̈ܝܢ ܒܠܝܢ ܘܒ̈ܠܝܢ

---

1 ܡܫܟܚܬ ܐܢܫܐ ܐܢܫܐ ܐܘ ܐܒܕܐ ܐܢܬ، ܘܒܪܢ b (ähnlich d).
2 ܡܛܠ < a c. 3 ܗܘܝܐ a c. 4 ܒܪ̈ܢܫܘܬܐ a c, ܒܪ̈ܢܫܐ b, ܒܪ̈ܢܫܐ d.
5 ܒܫܡܥܬܐ a. 6 ܒܠܥܠܘܗܝ a c. 7 ܒܪ̈ܢܫܘܬܐ a c, ܒܪ̈ܢܫܐ b, ܒܪ̈ܢܫܐ d.
8 ܒܕܡܘܬܐ < a c. 9 ܒܫܒ a c. 10 ܐܠܐ ܒ' < a c.

ܘܒ̈ܢܝܟܝ ܘܡܫܡ̈ܫܢܝܟܝ [1]ܘܡܩܝ̈ܡܢܝܟܝ ܠܡܫܠܡܘ[2]. ܘܐܙܠܘ ܠܡܥܡܕ. ܘܟܕ
ܩܕܡ ܕܢܦܩ ܫܠܝܚܝ ܡܫܬܥܠܝܢ ܠܒܢܝ ܘܩܪܒܘ ܒܥܘܬܐ ܘܠܒܒܝܢ
[3]ܡܠܟܘܬܟܝ ܐܝܟ ܕܟܬܝܒܐ. ܐܠܐ ܗܘܐ [4]ܡܫܬܐܪܘܢ ܕܢܕܒ ܟܠ
ܢܟܣܘ. ܠܐ [5]ܠܡܘܬܗ ܘܟܠ ܬܠܡ̈ܝܕܝܟܝ. *ܡܛܠ ܕܢܕܒ ܒܠܒܐ ܡܢܗ. 118v
ܘܡܠܟܐ ܗܘܐ ܒܫܘܪܝܗ ܘܡܠܟܐ ܗܘܐ ܒܫܘܠܡܗ. ܘܒܝܫܐ ܕܐܠܗܐ
ܗܘ. ܘܪܕܦ ܘܢܚܡ ܘܐܟܠ ܡܢ ܠܚܡܗܘܢ [6]ܒܕ̈ܡܥܐ. ܘܠܝܬ ܡܕܡ
ܕܩܢܝܢܗ ܡܢܗ. ܐܠܐ ܐܢ ܐܝܬ ܦܘܪܣܐ [7]ܠܐ ܫܐܠ ܡܢܗ [8]ܡܕܡ
ܕܢܣܒ. ܘܐܢ ܐܦ ܗ̇ܘ ܗܘܐ ܐܡܪ. ܡܟܝܠ ܟܕ [9]ܐܝܟ [10]ܕܐܡܪ
ܠܝ. ܘܐܢ ܐܫܬܟܚܬ ܐܡܪ. ܗܐ ܐܢܬ ܐܝܬܝܟܝ ܡܠܟܐ. ܒܟܕ
[11]ܝܗܒܬܝ [12]ܒܝܕ ܘܠܢܦܫܝ. ܘܟܕ ܫܡܥ ܡܠܟܐ [13]ܠܡܠܟܬܐ ܗܢܐ.
ܐܬܚܫܠ ܠܗ ܘܒܟܐ ܫܘܫܢܐ ܘܪܕܦ ܘܐܙܠ ܠܗܬ ܡܫܬܐܪܘܢ.
ܘܫܟܪ ܠܗ. ܘܡܫܬܐܪܘܢ ܐܡܪ ܠܗ. [14]ܡܢܐ ܠܝ [15]ܘܠܡܠܟܬܐ ܐܬܬ
ܠܗܬ، ܟܕ ܡܠܟܐ ܐܝܬ ܒܐܟܐ [16]ܘܗܘܝܢ ܒܥܘܐ ܕܐܩܝ̈ܡܝܢ. ܘܠܝܬ
ܬܒܥܐ ܒܥܢܝܢ [17]ܘܐܦܠܐ ܒܠܠܐ. ܘܡܠܟܐ ܐܡܪ ܠܗ. [18]ܗܟܢܐ
[19]ܚܕ ܕܡܢܝܢ ܗܘܝܬ ܒܥܕ ܡܢ ܡܬܠܗܝ. ܘܡܢ ܥܠܝܐ ܥܡܟܬ ܘܠܐ
ܡܢܐ ܡܢ ܐܪܒܥܐ. ܘܐܬܬܒܥܪܬ. ܘܬܘܒ ܕܡܟܬ. ܘܫܢܝܬ ܬܡܢܝܐ
*ܬܠܡ̈ܝܕܐ [20]ܘܐܬܒܪܬ ܐܢܘܢ ܡܕܡ [21]ܒܕ̈ܡܥܐ. ܘܫܟܪ [22]ܡܟܝܢܐ. 119r

1 ܘܡܠ̈ܦܢܝܟܝ d. 2 + ܒܫܡ. 3 ܡܠܟܘܬܐ ac. 4 ܡܫܬܐܪܘܢ b.
5 ܡܢ ܕܡܘܬܗ b, ܠܕܡܘܬܗ d. 6 ܒܕ̈ܡܥܐ ac, ܒܕܡܥܐ b, ܒܕ̈ܡܥܐ d.
7 ܠܐ < ac. 8 ܕܢܣܒ ܡܕܡ < ac; ܫܐܠ ܠܡܫܬܐܪܘܢ ܡܕܡ bd.
9 ܐܝܟ < a. 10 ܐܡܪ a. 11 ܝܗܒܬܐ. 12 ܕܒܝܕ. 13 ܠܡܠܟܬܐ < a,
ܘܡܠܟܬܐ ܟܕ ܡܠܟܐ ܗܢܐ ܫܡܥ b, ܘܡܠܟܬܐ ܗܢܐ ܫܡܥ d. 14 ܕܡܢܐ bd.
15 ܘܡܢ bd. 16 ܘܗܘܝܢ bd. 17 ܐܦܠܐ bd. 18 ܕܗܟܢܐ bd.
19 ܟܕ abc, ܒܟܕ d. 20 + ܘܫܠܡܬ ܬܠܡܝܢ b, ܘܫܠܡܬ ܬܠܡܝܢ d.
21 ܒܕ̈ܡܥܐ ac, ܒܕܡܥܐ b. 22 ܡܟܝܢ ܐܢܐ bd.

ܕܒܒܪ ܡܢ ܟܠܗܐ ܒܪܘܪܐ ܥܠ ܒܫܥܬܐ ܘܡܐܬ ܐܢܐ [1]ܒܣܒܪܐ ܐܘ
ܫܠܡܝܢ ܡܠܟܘܬܗ ܒܡܦܠܓܐ. [2]ܘܫܘܬܐܦܘ ܐܡܪ[3]. ܕܐܝܬ ܡܢ ܗܪܟܐ
ܠܐ ܬܕܥܘܠ ܘܠܐ ܬܒܥܐ ܢܦܫܟ ܘܫܘܒ̈ܩܢܐ ܒܥܝܐ [4]ܠܐ [5]ܢܬܒܥܘܢ.
ܡܛܠ ܕܗܢܐ ܠܐ ܡܫܐܠܬ ܐܢܬ ܘܠܐ ܡܠܟܘܬܟ ܢܒܥܝܢ. ܘܠܐ
ܒܫܥܬܐ ܡܠܦܢܐ ܠܟ. ܐܠܐ ܗܠܝܢ ܬܡܗܝܢܐ ܫ̈ܠܡܐ ܕܫܠܡܬ ܗܢܐ
ܐܬܘܗܝ ܒܫܘܫܛܗ. ܗܠܝܢ ܬܪ̈ܝܢ [6]ܢ̈ܘܢܐ ܫ̈ܘܡܗܝ ܒܢܝܐ ܕܫܢܝܬ
[7](ܕܣܦܩܘ) ܕܦܣܩܘ ܥܠ ܬ̈ܠܝܢ. ܐܬܐ ܠܟ ܫܠܝܚܐ ܡܢ ܫܡܦܘܪ
ܡܠܟܐ ܘܡܒܣܪ ܠܟ [8]ܒܐܘܪ̈ܚܬܗ، ܡܕܢܚܐ ܫܪ ܘܠܒܐ [9]ܕܡܬܒܘܢܢܝܢ
ܒܡܕܒܪܢܘܬܐ ܕܦܠ̈ܓܝ ܐܪܒܥܐ ܐܠܦܝܢ ܠܦܪ̈ܩܐ ܕܕܗܒܐ. ܘܡܬܚܫܒܐ
ܡܕܒܪܢܝܢ. ܘܗܠܝܢ [10]ܬܪ̈ܬܝܢ ܦ̈ܐܐ ܕܫܢܝܬ ܕܦܪܫ ܡܢ ܒܣܘܬܪܟ ܘܐܬܪ̈
ܠܡܕܒܪܢܟ. ܐܬܐ ܠܟ ܫܠܝܚܐ ܕܬܪ̈ܝܢ ܡܢ ܡܠܟܐ [ܕ]ܒܒܠ. ܘܡܬܢܝܐ
119ᵛ ܠܟ [11][ܬܪ̈ܝܢ] ܕ̈ܒܪܐ ܘܡܫ̈ܬܒܚܬܐ [12]ܬܪ̈ܬܝܢ ܕܠܝܬ ܐܒܗܬܗܘܢ *ܒܒܠܗ̇
ܡܠܟܘܬܟ. ܘܗܐܟܢ ܡܕܒܪܢܟ. ܘܫܘܪܐ ܗ̇ܘ ܕܫܢܝܬ ܕܗܠܡ ܥܠ ܒܦܠܓܟ
ܕܗܡܠܐ. ܐܬܐ ܠܟ ܫܠܝܚܐ ܕܬܠܬܐ ܡܢ [13]ܓܪ̈ܕܝܐ ܡܠܟܐ ܘܡܬܢܝܐ
[14]ܠܟ ܗܦܟܐ [15][ܕ]ܦܘܠܓ. ܘܡܬܚܫܒܐ ܡܕܒܪܢܟ. ܘܕܫܢܝܬ ܕܒܠܗ ܦܠܓ̈ܢ
ܡܫܪܝܢ ܗܘܐ ܒܕܒܐ. ܐܬܐ ܠܟ ܫܠܝܚܐ ܕܐܪܒܥܐ ܡܢ ܦܪ̈ܣܝܐ
ܡܠܟܐ. ܘܡܬܢܝܐ ܠܟ ܬܠܒܫܬܐ [16]ܕܡܬܦܪܫܐ [17]ܒܦܠ ܒܦܠܐ
ܠܦܠܓܘ. ܕܡܗܪܐ ܒܫܘܒܚܐ. ܘܡܬܚܫܒܐ ܡܕܒܪܢܟ. ܘܕܫܢܝܬ ܕܒܠܗ

---

1 ܒܣܘܒܪܐ a b, ܒܣܘܒܪ̈ܐ d. 2 ܘܫܘܬܐܦܘ b d. 3 + ܠܗ̇ d.
4 ܠܐ < a. 5 ܢܛܠܒܘܢ a. 6 ܢ̈ܘܢܐ. 7 ܕܣܦܩܘ scheint durch das folgende ܕܦܣܩܘ berichtigt werden zu sollen. 8 ܒܐܘܪ̈ܚܬܗ، < a c. 9 ܕܡܬܒܘܢܢ b.
10 ܬܪ̈ܬܝܢ. 11 ܬܪ̈ܝܢ ergänzt aus den Verss. und 156 3. ܬܡܢܝܐ d. 12 ܬܪ̈ܝܢ.
13 ܓܪ̈ܕܝܐ a c, ܓܪ̈ܕܝܐ b. 14 ܠܟ < b. 15 ܦܘܠܓ (oben verbessert nach 156 3).
16 ܕܡܬܦܪܫܐ a. 17 ܒܦܠ ܒܦܠܐ ܠܦܠܓܘ a, ܒܦܠ ܒܦܠܐ ܠܦܠܓܘ b,
ܒܦܠܓ̈ܐ ܠܦܠܓܘ d.

ܦܠܓܝܢ ܒܫ̈ܢܝܐ ܡܬܛܠܠ ܗܘܐ. ܐܬܐ ܫܠܝܚܐ ܕܡܫܒܚܐ ܡܢ ܬܪ̈ܝܢ ܡܠܟܐ [1]ܘܡܫܘܬܐ [ܠܢ] [2]ܒܩܘܫܬܐ [3]ܡ̈ܠܟܘܬܐ. ܘܡܫܘܚܬܐ ܡܙܕܡܢ. ܘܕܢܚܬ ܬܘܒ ܕܢܣܒ ܗܘܬ ܥܠ ܦܓܪܐ [4]ܚܘܪܐ. ܐܬܐ ܫܠܝܚܐ ܕܢܬܐ ܡܢ [5]ܦܢܘ̱ ܡܠܟܐ. ܘܡܫܘܬܐ ܦܠܓܐ ܚܘܪܐ ܕܠܐ ܡܕܝܢ ܠܗ ܩܘܫܬܐ ܪ̈ܗܛܐ. ܘܡܫܘܬܐ ܡܙܕܡܢ. ܘܕܢܚܬ [6]ܕܐܝܟ [7]ܚܘܪܐ ܥܒܕܬ ܠܗ ܢܦܫܢ. ܐܬܐ ܫܠܝܚܐ ܕܡܫܒܚܐ ܡܢ *ܡܠܟܐ ܕܕܪܐ 120r
ܘܡܫܘܬܐ ܠܢ ܗܘܐ ܘܡܫܘܬܐ ܡܙܕܡܢ. ܘܗܝ ܦܪܫܘܬܐ ܕܢܚܬ ܕܡܫܝܚܐ ܒܦܘܪܩܢܗ ܥܠ ܢܦܫܢ. ܗܘ ܠܐ [8]ܐܡܪ ܐܢܐ ܠܗ ܠܢ. [9]ܘܐܦܠܐ ܬܕܥܠ ܕܠܘܫܐ ܗܘܐ ܡܛܠ ܕܠܐ ܡܟܐ. ܐܠܐ ܡܠܠ ܕܠܐ ܢܦܘܩܐ ܗܘܐ ܠܢ ܒܗ ܡܢ ܕܢܚܬ ܢܚܒܫ ܒܠܝܢ ܘܡܢܪ. ܘܡܠܝܢ ܫܠܝܚܐ ܕܐܡܪܬ ܠܢ ܡܟܐ ܠܫܒܒܐ ܢܣܒܝܢ ܐܬܝܢ [10]ܡܙܕܡܢ. [11]ܘܡܠܟܐ ܒܗ ܗܠܝܢ ܥܒܕ ܡܢ ܘܫܡܥ ܠܗ ܠܡܬܐܬܪܘ̱ ܘܡܦܢ ܠܒܝܬܗ. ܘܐܡܪ ܡܠܟܐ. ܕܫܡܥ ܚܙܝܢ ܡܬܐܬܪܘ̱. ܐܠܐ ܡܒܥܠ ܐܘܣܐ ܕܐ̱ ܥܪܪ ܡܕܝܢ ܕܐܡܪ ܠܗ. ܘܠܡܘܡܐ ܕܥܒܕܐ ܠܒܪ ܡܠܟܐ ܠܒܢ̈ܝܐ ܡ̈ܠܟܐ ܘܐܓܠܝܬ ܘܢܬܒ ܥܠ ܡܘܬܒܐ ܕܡܠܟܘܬܗ. ܘܒܗܐ ܐܢܘ̱ ܠܪ̈ܒܢܘܗܝ ܘܡܕ̈ܝܢܘܗܝ ܘܐܚ̈ܪܢܘܗܝ. ܘܐܬܐ ܫܠܝ̈ܚܐ ܗܢܘ̱ ܥܠ ܥܠ ܕܐܡܪ ܡܬܐܬܪܘ̱. ܘܡܢܗ ܡܙܕܡܢܘܗܝ. ܘܒܗ ܚܙܐ ܡܠܟܐ ܠܗܠܝܢ ܫܠܝ̈ܚܐ ܘܫܡܥ ܘܡܙܕܡܢܘܗܝ ܚܕ ܘܪܒܐܝܬ ܘܐܡܪ. [12]ܕܠܐ *[13]ܡܬܟܢܫܢܘܬܐ ܒܟܕܘ ܒܗ ܫ̈ܠܝܚܐ ܡܢ ܒܠܒܒܗܝܢ ܐܡܪܬ ܠܗ 120v

[1] ܡܫܘܬܐ abc, < d. [2] ܒܩܘܫܬܐ (vgl. 156 4). [3] ܡ̈ܠܟܘܬܐ bd, ܕܡ̈ܠܟܘܬܐ ac (vgl. 156 4). [4] ܚܘ̈ܪܐ a, ܚܘܪܐ b c d. [5] ܦܢܘ̱ a, ܡܢܘ̱ b c d. [6] ܐܝܟ a c. [7] ܚܘܒܐ. [8] ܐܡܪܢܐ a. [9] ܘܦܠܐ. [10] ܠܡܙܕܡܢ b d. [11] ܡܠܟܐ a c. [12] ܘܕܠܐ. [13] ܡܬܚܒܒܬ ܡܬܚܒܒܢܘܬܐ (sic) a c, ܡܬܚܒܒܢܘܬܐ ܡܬܚܒܒܬ b, ܡܬܚܒܬ ܘܡܬܚܒܢܘܬܐ d.

ܐܝܟܢ. ܘܗܒܘܢ ܗܘ ܡܢ [1]ܒܬܪܗ ܘܐܡܪܝܢ ܠܗ. [2]ܐܠܐ ܐܢ ܕܥܒܕܘܗܝ܆ ܕܐܠܗܘܬܐ ܕܕܝܠܗ ܒܠܝ. ܘܠܠܐܠܗܘܬܗ ܐܬܬ ܐܢܫܐ ܠܘܬܗ܆ [3]ܐܝܢܐ ܡܢ ܦ̈ܬܘܗܝ ܕܒܠܒܐ [4]ܡܫܬܥܝܢ ܗܘܬ. ܐܠܐ ܗܘ ܕܡܫܬܒܚ ܐܝܟ ܡܢ ܫܡܥܗ ܘܡܢ̈ܒܥܗ ܡܢܗ ܕܢܦܩ ܠܗ. ܕܐܦ ܐܢܫܐ ܡܠܒܐ ܦܓܪܐ ܡܠܒܘܫܝ. ܘܐܦ ܡܠܒܘܫܗ ܡܢܗ̇. ܘܫܪܘܬܐ ܡܠܒܫ ܡܢ ܡܠܒܫܗ̇. [5]ܘܒܫܠܡܘܢ ܕܝܫܘܥ ܐܦ ܡܠܒܫܬ܆ ܫܡܥܬܗ̇. ܘܐܦ ܡܫܬܐܪܘܢ ܬܒܪ ܡܢ ܒܬܪܗ ܕܐܝܒܐ ܫܒܩ ܘܫܒܠܬܢ. ܗܕܝܢ ܦܘܫ ܡܠܒܐ ܘܦܪܘ ܠܦܓܪ ܘܠܒܠܐܢ [6]ܘܠܘܐܡ ܫܦܝܪܐ ܘܐܡܪ ܠܗܘܢ. ܕܗܠܝܢ ܒܫܘܒܚܬܐ ܘܒ̈ܢܝܐ ܘܕ̈ܝܢܐ ܒܝܢܐ ܕܡܠܒܐ ܠܐ ܗܘܐ ܕܢܒܠܘܢ. ܐܠܐ ܡܠܦܢ ܐܢܐ ܠܗܘܢ ܠܐܢܫܐ. *ܕܡܠܒܬ ܒܠܒܐ ܦܓܪܐ. ܘܠܒܘܢ 121 r ܕܡܬܠܒܫܝܢ ܗܘܘܬܐ ܠܡܫܒܚ ܠܗ. ܘܗܘܝܐ [7]ܢܣܒܢܐ ܕܡܫܝ̈ܚܬܐ ܗܘܝܬܘܢ ܘܐܢܫܐ ܐܫܬܘܕܝܘ ܠܝ ܒܝܕܝܢ. ܘܐܡܪܝ [8]ܒܠܐܝܬ. [9]ܠܐ ܗܟܢ [10]ܡܕܡ ܙܒܢܐ ܗܘ ܡܢ ܡܠܒܐ [11]ܕܒܕܝܢܐ ܕܡܫܝܚܬ. ܒܠ ܐܦ ܡܢܗ. ܘܐܝܟ ܒܕܝܢܐ ܕܠܐ ܦܠܐ ܕܢܠܒܫ ܢܦܫܗ ܠܘܬ [12]ܡܢܗ. ܐܠܐ ܐܦ ܙܒܢܐ ܕܠܐ ܢܠܒܫ ܢܦܫܗ ܠܘܬ ܙܒܢܗ ܠܗ ܒܟܪܝܐ ܗܘ. ܐܝܟܐ ܒܕܝܢܐ. [13]ܐܠܐ ܐܪܙܐ ܐܡܪܝܢܐ [14]ܕܗܠܝܢ ܒܫܘ̈ܒܚܬܐ ܡܬܠܒܫܬܐ ܠܝ ܕܐܝܬܝ ܒܕ̈ܝܢܐ ܠܐ ܙܕܩ. ܐܠܐ ܠܦܓܪ [15]ܒܪܬܗܘܢ ܢܒܝܢܐ ܙܕܩ ܕܢܫܘܠ. ܘܡܠܒܐ ܐܡܪ. [16]ܐܝܢܐ ܫܦܝܪ ܠܝ ܚܝܒܐ ܘܡܫܒܚܢܐ ܕܐܝܬ ܠܝ ܒܫܘܢܐ ܚܙܒܐ. ܐܠܐ ܒܠܐܝܬ (ܡܢ ܗܢܐ ܚܙܒܐ) ܠܐ [17]ܬܬܒܥܢ. ܐܠܐ ܗܘ ܡܢܐ ܕܦܓܪܐ ܠܝ ܗܒ ܘܫܝ ܒܗ. ܘܒܠܐܝܬ.

---

[1] ܘܒܬܪܗ. [2] L. ܐܠܘ ܠܐ? [3] ܐܠܐ. [4] ܡܫܬܥܝܢ. [5] ܒܫܠܡܘܢ ac. [6] ܘܠܘܐܡ. [7] ܢܣܒ ܐܢܐ bd. [8] ܠܒܠܐܝܬ b. [9] ܘܠܐ bd. [10] ܡܕܡ < ac. [11] ܕܒܕܝܢܐ b. [12] ܡܢܗ bis inkl. ܠܘܬ Z. 15 < ac. [13] ܐܢܐ ac. [14] ܗܠܝܢ a. [15] ܒܪܬܗܘܢ c. [16] ܕܐܠܐ (sic) bd. [17] ܬܬܒܥܢ.

ܐܡܪ. ܕܒܡܕܝܢܬܗ ܕܡܪܝ ܢܘܚܐ. ܐܠܐ ܡܕܡܝܢܬ ܐܝܬܘܗܝ ܡܕܡ
121v ܕܡܬܝܒܘܬܗ ܟܘܠܗ. ܗܝܕܝܢ ܡܠܟܐ ܥܠ ܗܘ ܦܠܚܐ ܚܘܪܐ. *ܘܒܠܒܪ
ܚܕ ܡܢ ܬܪ̈ܝܢ ܕܒܥܐ ܥܠ. ܘܡܠܐܟ ܥܠ ܗܘ ܣܘܣܝܐ ܕܥܠܠ.
ܘܐܡܪ ܗܘ ܣܘܣܝܐ ܕܬܪ̈ܝܢ. ܘܡܬܪ̈ܐ. ¹ܘܡܬ̈ܬܢܝܬܐ ²ܕܡܠܟ̈ܢܝܬܐ
ܥܕܪ ܐܢܘܢ ܠܡܬܢܐܪܘ. ܘܡܠܐܟ ܡܛܠ ܬܠܡܝܕܘܬܐ ܕܒܝܫܘܬ
ܒܫܘܒܚܐ ܘܬܘܕܝܬܐ ܐܡܪ. ܕܗܠܝܢ ܬܫܒ̈ܘܚܬܐ ܕܥ̈ܠܝܐ ܐܢܝܢ. ܘܐܦ
ܡܠܐܟܐ ܘܠܗܘܢ ܘܐܡܪ ܠܗ. ܕܗܟܢ ܐܢܘܢ ³ܘܬܘܒ ⁴ܒܬܪܝ. ܘܥܠ
ܡܠܐܟܐ ܠܬܠܬܝܢ ܕܝܠܗ ܘܟܒܐ ܠܐܢܫܐ. ܘܠܡܠܟܘܬܗ ܘܐܬܝ، ܘܡ̈ܛܠ
ܡܕܡܥܘܗܝ، ܘܐܡܪ ܡܠܐܟܐ ܠܡܠܐܟܐ. ܕܬܪ̈ܝܗܘܢ ܡ̈ܠܐܟܐ ܠܒܘܫ
⁵ܡܕܡ ܐܢܫܐ. ܘܐܢܫܐ ܕܟܦܢ ܒܒ̈ܣܝܡܗ ⁶ܬܫܒܚ. ܘܫܢܬ ܐܢܫܐ.
ܕܬܪ̈ܝܗܘܢ ܦܩ̈ܝܢ ⁷ܘܡܕܝܢ̈ܝܢ. ܘܠܟܠ ܥܕܪܬ ܠܡܠܐܟܐ ⁸ܕܐܢܫܐ ܟܦܢ.
ܘܡܠܐܟܐ ܢܩܦ ܬܠܡܝܕܘܬܐ. ܘܡܠܐܟܐ ܐܝܟ ܫܢܬܗ ܘܫܢܐ. ܘܟܕ ܡܕܒܬ
122r ܐܢܫܐ ܕܫܢܐ ܕܡܠܐܟܐ ܫܢܘ، ܕܠܐ ܢܗܘܐ ܠܗ *⁹ܫܘܥܒܕܐ ܒܥܒܐ.
ܥܒܘܬ ܬܠܡܝܕܘܬܐ ܘܢܩܒܬ ܬܠܐ. ܘܐܦ ܐܢܫܐ ܠܐ ܐܬܫܒܚܬ
ܗܟܢ ܘܐܦ ܟܠܐܕ ܗܘܪ ܚܙܝܗ ܡܢ ¹⁰ܗܘ ܘܗܒܐ ܒܕܒܪܐ ܕܟܝܢܬ
¹¹ܒܫܘܒܚܬܗ. ܗܘ ܘܗܒܐ ܘܠܐ ܚܙ ܡܕܡܘܢ ܡܢ ܡܗܘܬܐ ܥܠܝܟ
ܗܘܐ. ܘܡܣܬܒܪܐ ܐܝܬ ܗܘܐ ܠܡܠܐܟܐ. ܕܐܢܫܐ ܘܒܬܠܡܝܕܘܗܝ
ܠܢܘܦ ܚܙܐ ܡܕܡܝܢ ܗܝ، ܕܐܝܟܢܐ ܗܘܐ ܠܗ ܡܬܚܙܝܐ ܗܘܬ ܢܘܪܐ
ܒܕܒܪܐ. ܗܘ ܘܗܒܐ ܠܐܢܫܐ ܡܛܠܐ. ܕܬܟܝܠ ܘܬܘܩܦ ܡܕܡ
ܡܠܐܟܐ. ܘܟܠܬ ܢܘܪܐ ܘܐܢܘܪܬ ܥܠܝܢܐ ܕܕܗܒܐ ܘܗܟܢܬ ܡܕܡ
ܡܠܐܟܐ. ܘܥܠܝܐ ܒܐܝܕܗ ܘܬܠܝܐ ¹²ܥܠ ܪܝܫܗ. ܘܒܬܠܡܝܕܘܗܝ ܠܟܐ

---

1 ܘܡܬ̈ܬܢܝܬܐ a. 2 ܕܡܠܟ̈ܢܝܬܐ bd. 3 ܘܬܘܒ < a, (sic) ܘܬܒܬܪ b, ܘܬܒܬܪܐ d, ܘܒܬܪ ܕܥܠ ܡܠܐܟܐ c. 4 ܘܒܬܪ (sic) a. 5 ܡܕܡ < b.
6 ܬܫܒܚ a c. 7 ܘܡܕܝ̈ܢܝܢ a c. 8 ܕܐܢܫܐ. 9 ܫܘܥܒ̈ܕܐ a.
10 ܘܗܒܐ ܗܘ a. 11 ܒܫܘܒܚܬ (sic). 12 ܒܪܝܫܗ a c.

ܗܘܬ ܒܐܝܕܐ. ܘܠܡܝܕܬ ܗ̇ܝ ܬܠܡܝܕܬܐ ܘܡܟܪܬ ܡܕܡܘܗܝ. ܘܗܘܝܐ
ܡܠܟܐ ܗܘܬ ܬܠܡܝܕܬܐ ܐܝܟ ܗ̇ܘܐ ܕܢܦܫܐ [1]ܘܕܝܢܬ ܒܠ ܡܗܘܬܗ
ܕܡܠܟܐ. ܘܐܦ ܗ̇ܝ ܒܟܠܦܘܗ̇ ܡܕܝܢܬܐ [2]ܘܥܒܕܝܢܐ ܗܘܬ ܒܗ̇.
122v ܬܠܡܝܕܬܐ *ܐܝܟ ܚܕ ܡܢ ܐܠܗܐ. ܘܟܕ ܚܙܗ̇ ܗܘܐ ܠܚܬܢܗ̇. ܗܝܕܝܢ
ܐܡܪ ܠܡܪܝܐ. ܕܐܢܬܬܐ ܫܠܡܬܐ ܐܝܬܝ ܐܡܪܐ. ܕܥܠܡܝ ܬܠܡܝܕܐ
[3]ܘܥܒܕܬܗ̇ ܬܠܡܝܕܬܐ. [4]ܘܐܡܪܐ. ܟܕ ܥܒܕܬ [5]ܕܠܘܩܒܠܗ ܠܟܠܦܘܗ̇
ܘܠܗ̇ ܟܕ ܘܩܪܗ̇ ܫܠܡܬܐ ܐܬܚܙܝܬ ܘܒܥܬ ܠܗ̇. [6]ܘܗ̇ܝ ܝܕܥܐ
ܒܗ̇ ܙܘܓܐ [7]ܕܒܗ̇ [8]ܡܫܝܚܘܬܗ̇ ܒܠ ܪܚܡܗ. ܘܙܘܓܐ ܢܣܒܬ ܒܠ ܪܚܡܗ
ܘܬܠܡܝܕܬܗ. [9]ܘܥܪܩ ܐܦ ܗ̇ܘ ܢܠܟܐ ܕܬܟܡܢܐ ܕܪܥܝܢ ܡܢܬܐܪܘ
ܘܠܐ ܐܫܟܚܗ. ܘܡܚܕܐ ܒܒܝܬܗ ܡܠܟܐ ܠܒܠܐܕ ܘܐܡܪ ܠܗ. ܕܢܚܬ
ܒܠܐܕ ܡܠܟܐ ܕܐܒܝܬ [10]ܕܐܢܬܬܐ ܕܐܝܟ ܗܕܐ ܐܣܬܟܠܬ
ܘܡܒܒܬܐ. ܗܟܢܐ ܠܐ [11]ܬܬܪܚܩ ܒܠܗ̇ ܐܠܐ ܕܒܪܗ ܘܢܦܫܗ
ܪܚܡܗ. ܘܒܠܐܕ ܕܒܪܗ ܡܢ ܡܕܡ ܡܠܟܐ ܘܐܬܚܙܒ ܕܠܐ ܙܕܩ ܠܗ
[12]ܕܐܘܟܠܝܗ ܒܕܡܐ ܕܢܬܚܝܚ ܡܢ ܪܘܟܒܗ. ܡܟܠ ܕܡܪܬܐ
123r ܠܡܬܚܝܬܐ ܘܡܕܒܚܝܬܐ *ܐܢܬܬܗ. ܘܐܦ ܒܫܒܡܬܐ ܘܥܒܕܪܐ
ܠܝܬ ܠܗ̇ ܦܫܡܐ. ܘܐܦ ܡܠܟܐ ܡܕܒܪܐ ܕܠܐ ܡܣܒܪ [13]ܒܠܒܪܗ.
ܘܚܙܬܐ ܥܡܝܩܬܐ ܦܝܫܬ ܡܢ ܡܗܘܬܐ. ܘܦܠܓܬܐ ܘܡܫܝܚܘܬܐ ܕܠܐ
[14]ܡܬܢܝܡ ܥܡܝܩ ܠܗ̇. [15]ܘܐܦ ܥܡܪܐ ܘܬܘܒܠܢܐ ܒܠܗ̇ ܐܝܬ [16]ܠܝ.
ܘܕܝܢ ܐܢܐ ܬܘܒ ܕܠܡܟܐ [17]ܡܬܦܠܓ ܡܠܟܐ ܕܕܝܢܬ ܦܘܪܢܗ.
ܘܐܬܦܬܚܘ ܫܘܥܒܕܘܗܝ ܒܠ ܗܕܐ ܕܐܦ ܡܟܐܬ ܐܢܐ ܒܗܝܐ

---

1 ܘܕܝܢܬ b d. 2 ܘܥܒܕܝܢܐ. 3 ܘܥܒܕܬ a. 4 ܕܐܡܪܐ a.
5 ܕܠܘܩܒܠܗ b d. 6 ܘܗ̇ܘ a c. 7 ܕܒܗ a b c. 8 ܡܫܝܚܘܬܗ a b c.
9 ܘܥܪܩ. 10 ܐܢܬܬܐ a c. 11 ܬܬܪܚܩ b, ܐܬܪܚܩ d. 12 ܕܐܘܟܠܝܗ̇ a.
13 ܒܪܗ̇ b d. 14 ܡܬܢܝܡ < a. 15 ܘܐܦ bis ܠܝ < b. 16 ܠܝ. 17 ܡܬܦܠܓ
oder ܡܬܦܠܓ b.

ܥܒܕܐ. ܠܐ ܦܠܛ ܐܢܐ ܠܗ̇. ܘܠܗ ܡܫܝܚܐ ܐܢܐ [1]ܠܗ. ܐܢ
ܡܬܬܘܐ ܘܡܬܬܘܬܒܝܢ ܒܠܒܗ̇ ܒܪ. ܫܢܐ ܠܟܝ ܐܢܐ ܠܗ̇ ܡܪܟܡܘܗܝ.
ܘܬܠܬ ܦܠܓܘܬܐ ܙ̈ܘܪܒܬܐ ܗܟܢ ܐܢܐ. ܫܢܐ ܕܡܦܠܓ ܐܢܐ ܠܐܪܙܐ.
ܒܫ̈ܢܐ. ܘܕܬ̈ܬܝܢ ܐܦ ܡ̇ܠܟܐ ܗܘ̇ܐ ܕܠܐ ܒܡܐ. ܘܕܬܠܬ ܕܒܥܪ.
ܐܢܐ [2]ܦܠܓܘܬܐ ܐܡܬܝ̇. ܘܐܢ ܠܐ ܡܬܕܒܪ ܘܠܐ ܒܥܐ [3]ܠܗ̇. ܒܥܪ.
ܐܢܐ ܗ̇ܘ ܡܕܡ ܕܦܩܕ ܠܝ. ܘܫܒܩܗ̇ ܡܫܬܐܠܢܘܬ ܒܬܘܒܐ ܫܪ.
123v ܘܐܬܘܬܒ ܥܠ ܬܪܥܐ ܬܪ̈ܝܢ ܡܫܝܚܝܐ ܕܡܠܟܐ *ܕܡܫܝܚܝܢ ܗܘܘ
ܥܠ ܒܠܗܝܢ ܢ̈ܫܘܗܝ. ܘܦܩܕ ܐܢܘܢ ܕܢܦܪܘܣܘܢ ܫܦܠܐܝܬ ܐܝܟ ܕܠܐ
ܐܢܫ ܢܪܓܫ ܒܗܕܐ ܕܚܙܐ ܡܢܐ ܓܒܪ ܠܫܪܬܐ. ܘܒܠܐܪ ܦܪܝܫܗ
[4]ܠܦܪܨܘܦܗ ܒܕܡܘܬܐ [5]ܘܡܫܡܫܢܘܬܐ ܥܠ [6]ܩܕܡ ܡܠܟܐ ܘܐܡܪ. ܕܒܥܝ.
ܠܐ ܦܪܝܫܝ ܡܪܝ ܡܠܟܐ. ܘܠܐ ܗܘܐ ܢܦܪܘܫ ܘܐܬܬܚܝܫ ܙܒܢܝܢ
ܕܡܠܟܐ ܘܐܬܕܒܪܗ̇ ܠܐܪܙܐ ܘܫܪ ܕܬܬܚܝܫ ܘܒܒܥܐ ܘܒܥܘܬ ܠܗ.
ܘܡܬܒܥܐ ܗܘܐ ܕܢܐܠܗ ܠܒܠܐܪ ܕ[ܒ]ܥܪܪܐ ܡܦܠܠܐ ܠܟܝ ܐܘ ܠܐ.
ܘܡܦܠܠ ܢܦܩܬܗ ܕܒܠܐܪ ܦܠܝܓ ܗܘܐ ܕܒܥܪ ܠܐ ܡܦܠܠܐ [7]ܠܗ
[8]ܐܡܝܢ ܕܒܥܪ. ܗܕܝܢ ܒܠܐܪ [9]ܒܫܡܫܬܗ ܙܒܢܬܐ ܕܩܡ ܐܠܗܐ
ܐܡܪ [10]ܠܡܠܟܐ. [11]ܕܠܐ ܬܬܒܝܫ ܘܠܐ ܬܪܢܐ. ܡܛܠ [12]ܕܪܢܝܐ
ܘܬܪܢܐ [13]ܠܝܬ ܒܗ ܐܠܐ ܒܐܒܐ ܘܫܘܦܪܢܐ ܕܐܢܫ ܘܕ̈ܝܫܡܘܗܝ.
ܘܡܫܪܐ ܠܒܠܕ̈ܒܒܘܗܝ. ܘܐܝܠܝܢ ܕܡܡܟܝܢ ܠܐ ܡܬܠܗܝܢ. ܐܠܐ
124r ܐܬܟܢܫܐ ܘܠܐ ܬܬܒܝܫ ܘܐܬܦܪ *ܥܠ ܡܕܡ ܕܠܐ ܫܪܝܬ ܠܗ ܒܪܥܝܢ.
ܐܠܐ ܐܢ ܨܒܝܬ ܐܡܪ ܐܢܐ ܠܟܝ ܡܬܠܐ ܫܪ. ܕܕܡܝܐ ܠܥܒܕܐ
ܗܢܐ. ܘܡܠܟܐ ܐܡܪ. ܐܡܪ ܡܬܠܐ. ܘܒܠܐܪ ܐܡܪ.

---

1 ܠܗ < a c d. 2 ܦܠܓ̈ܘܬܐ. 3 ܠܗ b. 4 ܠܦܪܨܘܦܐ a. 5 ܘܡܫܡܫܢܘܬܐ a c. 6 ܡܪܟܡܘܗܝ (statt ܩܕܡ ܡܠܟܐ) b d. 7 ܠܗ̇ b. 8 ܠܐܡܝܢܗ a c. 9 ܒܫܡܫܬܐ a c d. 10 ܡܠܟܐ b d. 11 ܠܐ a c. 12 ܙܢܝܐ a c, ܕܡܢ ܙܢܝܐ b d. 13 ܠܐ ܡܦܠܓܐ (statt ܠܝܬ ܒܗ) b d.

ܐܝܬ ܗܘܐ ܬܪ̈ܝܢ ܢܘ̈ܢܐ ܕܒܪܐ [1]ܘܢܦܩܬܐ. [2]ܘܦܘܢ̈ܝܗܘܢ ܩ̈ܠܝܢ ܗܘܘ [3]ܠܗܘܢ ܫ̈ܠܝܐ ܘܫܘܒܚ̈ܐ. [4]ܘܕܒܪܐ ܐܡܪ ܠܢܦܩܬܗ. ܕܒܟܒܐ ܕܡܫܒܚܝܢ ܬܘܪܣܝܐ ܡܢ ܠܒܪ. ܡܢ ܗܢܐ ܠܐ ܐܟܠܝܢ. ܘܡܫܬܘܬܐ ܒܪ ܗܘܝܐ ܡܬܪܬܐ ܘܡܬܦܪܢܐ. ܘܠܐ ܡܫܒܚܝܢ ܡܕܡ ܠܒܪ. ܐܟܠܝܢ ܡܢ ܗܢܐ. ܗܘ̇ܝ ܡܠܘܫܬ ܘܐܡܬܪܬ. [5]ܢܗܘܐ. ܡܕܡ ܕܒܪܐ ܐܝܟ ܡܛܠ ܠܡܛܠܐ. ܘܒܪ ܐܝܟ: ܫ̈ܠܝܐ ܘܫܘܒܚ̈ܐ [6]ܬܠ̈ܬܝܢ [7]ܗܘܘ [8]ܘܪ̈ܛܒܝܢ ܘܡܠܝܢ [7]ܗܘܘ. [9]ܘܡܢܐ. ܘܒܪ ܗܘܐ ܡܛܠܐ ܘܟܕ ܫ̈ܠܝܐ ܒܝܪ̈ܐ، ܡܢ ܡܫܒܚܘܬܐ ܗ̇ܝ. [10]ܘܒܪ ܫܢܐ ܕܒܝܪ̈ܐ ܡܢ ܡܫܒܚܘܬܐ ܐܡܪ ܠܗ̇. ܕܒܪ ܐܡܪܬ ܕܠܐ ܐܟܠܝܢ ܡܢ [11]ܗܠܝܢ ܫ̈ܠܝܐ. ܡܛܠ ܡܢܐ ܐܟܠܬ. ܗܘ̇ܝ ܢܣܒܬ ܕܠܐ ܐܟܠܬ ܠܝ. ܘܠܐ [12]ܗܦܟܬܗ̇ ܘܡܫܚܬܗ̇ ܘܡܛܠܬܗ̇. ܘܒܪ ܡܛܠܐ
124v ܫܬܝܐ ܗܘܘ ܡܛܠܐ ܘܡܛܠܬ *ܠܗܘܢ ܪ̈ܛܒܘܬܐ ܐܬܬܟܠ، ܘܡܢܗ ܫ̈ܠܝܐ ܘܫܘܒܚ̈ܐ. ܘܢܦܠ ܒܠ ܐܦ̈ܝܗ، ܘܐܬܬܒܝܢ ܘܐܡܪ. ܕܠܡܢܐ ܐܟܠܝܢ [13]ܠܝ ܫ̈ܢܝ ܕܐܘܪܝܬܐ ܘܠܐ [14]ܡܫܒܚܢ ܐܢܐ ܠܗ.

ܐܠܐ [15]ܗܫܐ ܕܝܕܥܬ ܘܐܘܕܝܬ ܠܐ ܡܫܬܪܚ [16]ܒܠ ܡܛܠܐ ܕܐܝܬ. ܘܡܬܐ ܡܛܠ ܡܕܡ ܒܝܪܐ ܕܒܕܝܗ. ܐܬܬܘ، ܐܝܟ ܗܘ ܢܘܢܐ ܕܦܫ ܕܒܝܬ ܒܗ ܬܪ̈ܝܢ. ܫܐܠ ܕܢܛܠܐ ܡܕܡ ܐܠܗܐ. ܘܬܘܒ ܕܦܫ ܠܢܘܕܝ̈ܗ، ܘܡܫܒܚ ܠܝ

ܕܒܪܐ ܛܒܝܢ ܗܘܐ ܒܪܬܐ ܕܛܠܝܬܐ. ܘܒܠ ܡܝܬ ܐ̈ܢܫܐ ܘܡܫܒܚ ܠܒܪܬܗ ܘܕܒܝܢ. ܘܬ݁ܠܝܐ ܢܦܫ ܡܢ [17]ܐ̈ܢܫܐ [18]ܘܡܫܠ ܡܢ

---

1 ܢܦܩܬܐ a. 2 ܘܦܘܢ̈ܝܗܘܢ ܩܠܝܢ ܗܘܘ abc, ܘܦܘܢܝܗ̈ܘܢ، ܩܠܝܢ ܗܘܘ d.
3 ܠܗܘܢ < acd. 4 ܕܒܪܐ ܘܐܡܪ b, ܘܐܡܪ (ohne ܕܒܪܐ) d. 5 ܕܢܗܘܐ d.
6 ܬܠܬܠܝܢ. 7 ܗܘܘ a (c undeutlich). 8 ܘܪܚܒܝܢ (emendiert mit Bickell).
9 ܡܢ̈ܐ b (ܡܠ̈ܐ d). 10 ܘܒܪ bis inkl. ܡܫܒܚܘܬܐ < a c. 11 ܗܠܝܢ b d.
12 ܗܦܟܬܗ̇ a. 13 ܠܝ < a. 14 ܡܫܒܚܢܢܐ b. 15 ܗܫܐ < a. 16 ܠܐ a.
17 ܐ̈ܢܫܐ a. 18 ܒܠܠܐ (statt ܘܡܫܠ) b.

ܦܠܘ̈ܣܐ ܚܙ݂. [1]ܙܘܪܐ ܘܗܠܡ ܠܐܝܠܢܐ. ܘܢܦܠ ܚܙ݂. ܦܠܘܣܐ ܘܢܣܒܬ
ܒܬܪܗ ܘܟܒܫܗ̇. ܘܠܐ ܐܫܟܚܗ. ܘܐܬܚܫܒܬ ܘܐܡܪ ܠܢܦܫܗ ܕܐܝܟܢ݂
ܗܘܐ ܒܐܝܕܗ ܒܕܡ ܐܝܟܢ.

ܐܠܐ ܐܦ ܐܢܬ ܡܠܟܐ ܐܢܬ ܠܟ ܢ̈ܦܫܐ ܒܥܠܕܒܒܝܢ ܕܝܠܟ
ܫܬܬܒܥܘܢ ܐܠܦܝܢ ܘܠܐ [2]ܡܫܬܐܠ ܐܢܬ ܒܗܘܢ. *ܐܠܐ ܡܬܡܟ 125r
ܐܢܬ ܒܬܪ ܡܕܡ ܕܠܐ ܡܕܪܟ ܐܢܬ ܠܗ. ܘܟܕ ܚܙܐ ܡܠܟܐ ܕܟܠܐ.
ܒܗܘܢܐ ܙܢܐ [3]ܐܡܪ ܠܗ. ܐܬܚܫܒ ܕܬܬܒܠܐܢܬ ܘܦܠܠܐ ܐܚܪܢܐ.
[4]ܘܒܚܫܒܬܐ ܪܒܬܐ [ܐܡܪ] ܠܟܠܐ. ܕܗܝܡ ܒܒܪܐ ܐܬܬܟ.
ܕܡܕܡ ܕܦܩܕ ܐܢܐ ܠܟ ܒܗܘܢܡܟܐ ܒܒܪ ܐܢܬ ܠܗ. ܘܦܩܕ ܐܢܬ
ܒܚܕܐ ܡܠܬܐ. ܘܟܠܐ ܐܡܪ. ܕܚܙ ܗܘ ܕܦܩܕ ܒܚܕܐ ܡܠܬܐ.
ܘܡܠܬܗ ܚܕܐ ܗܝ. ܘܠܐ ܡ̈ܗܦܟܝܢ [5]ܡܠܬܐ ܘܠܐ ܡܬܒܪܒ ܒܗ̇.
[6]ܡܠܟܐ ܐܡܪ. ܕܟܢ ܐܢܬܘܢ. ܘܟܠܐ ܐܡܪ. ܐܠܗܐ ܕܡܠܬܐ
ܠܐ ܡ̈ܗܦܟܝܢ ܘܠܐ ܡܬܒܪܒ ܒܗ̇. ܘܟܠ ܕܐܡ̈ܪ ܫܪܝܪ ܘܩܐܡ ܠܥܠܡ.
[7]ܘܡܠܟܐ [8]ܐܡܪ ܕܗܟܢ ܡܟܝܠ ܐܢܐ ܒܡܘܬܗ̇ ܕܐܝܪܐ. ܐܡܪܗ
ܕܒܪܘܪ. ܘܟܠܐ [9]ܐܡܪ. [10]ܬܬ̈ܪܝܢ ܐܝܟܢ ܕܙܘܓܡ ܕܢܬܬܒܥܘܢ. ܚܙ݂.
ܗܘ ܕܐܬܒܢܝܢܬ ܒܫܬܐ ܘܣܦܝܬܐ ܗܟܢ. ܘܕܬܬ̈ܪܝܢ ܗܘ [11]ܕܒܘܠܢܝܢܬ
ܦܒܬܐ ܠܐ [12]ܗܡܢܝܐ ܠܗ. ܡܛܠ ܕܢ̈ܫܝܗܘܢ ܬܫܢܬ ܒܗܘܗܢܐ
*ܐܝܟܢ. ܘܗܪܟܐ [13]ܢܣ̈ܝܡ [14]ܒܥܕܢܬ. ܘܒܟܠܡܟܐ ܕܒܬܪ ܗܢܘܡ 125v
ܡܢ ܐܒܪܐ [15]ܘܡܫܬܒܢܝܢ ܠܥܠܡ. [16]ܡܠܟܐ [17]ܐܡܪ. ܕܐܢ ܚܙܐ
ܐܢܐ ܠܗ̇ ܠܐܢ̈ܬܐ ܒܫ̈ܢܐ. ܬܘܒ ܠܥܠܡ ܠܐ ܡܬܬܒܥܝܢܐ.

---

1 ܙܘܘܐ. 2 ܡܫܬܐܠ a b c d, und nachher ܒܗܘܢ a b c. 3 ܐܡܪܗ̇ (statt ܐܡܪ ܠܗ) b. 4 ܘܒܚܫܒܬܐ a c d. 5 ܡܠܬܐ < a c. 6 ܘܡܠܟܐ d.
7 ܡܠܟܐ b. 8 ܐܡܪ < b. 9 ܐܡܪ < b. 10 ܬܬ̈ܪܝܢ a c, ܕܬܬ̈ܪܝܢ b.
11 ܕܬܒܠܐܢܬ a c, ܕܒܠܐܢܬ d. 12 ܗܡܢܝܪ a. 13 ܢܣܝܡ b. 14 ܒܥܕܢܬ b.
15 ܘܡܫܬܒܢܝܢ b. 16 ܘܡܠܟܐ d. 17 ܐܡܪ < b.

¹ܒܠܥܕ ²ܐܡܪ. ܕܬܪ̈ܝܢ ܐܢܘܢ ܐܝܠܝܢ ܕܠܐ ܙܕܩ ܕܢܬܢܘܢ. ܚܕ ܗ̇ܘ ܕܐܡܝܢ ܣܟܢ ܠܛܒ̈ܬܐ ³ܘܕܬܪ̈ܬܝܢ ܗ̇ܘ ܕܒܝܫܬܐ ܠܐ ⁴ܣܟܝܪܐ ܠܗ. ܘܠܗܘܢ ܙܕܩ ܕܢܬܝܗܒܘܢ. ⁵ܡܛܠܗܕܐ ⁶ܐܡܪ. ܕܦܫܝܩܐ ܕܠܐ ܚܙܐ ܐܢܐ ܬܘܒ ܠܐܚܪܢܐ. ⁷ܘܒܠܥܕ ⁸ܐܡܪ. ܕܬܪ̈ܝܢ ܐܢܘܢ ܕܠܐ ܚܙܝܢ. ܚܕ ܣܡܝܐ ⁹ܘܕܬܪ̈ܬܝܢ ܒܚܕ ܗܘܢܐ. ܕܐܝܟ ܕܠܐ ܚܙܐ ܣܡܝܐ ܠܢܗܝܪܐ ¹⁰ܘܠܐܪܒܥܐ ܘܠܐ ܙܒܢܐ ¹¹ܘܒܡܘܡܐ ܘܠܐ ܡܕܒܪܐ ¹²ܘܪܓܫܐ. ܗܟܢܐ ܒܚܕ ܗܘܢܐ ܠܐ ܦܪܫ ܠܛܒܬܐ ܡܢ ܒܝܫܬܐ ܘܠܛܒܐ ܡܢ ܒܝܫܐ ܘܡܫܝܢܐ ܡܢ ܣܟܠܐ ܘܚܟܝܡܐ ܡܢ ܙܕܝܩܘܬܐ. ¹³ܡܛܠܗܕܐ ܐܡܪ. ܚܙܘܬܐ ܗܘܝܐ ܗܘܬ ܠܝ. ܐܢ ܚܙܐ ܗܘܝܬ ܠܐܚܪܢܐ. ¹⁴ܒܪ ܢܫܐ. ¹⁵ܘܒܠܥܕ ¹⁶ܐܡܪ. ܕܬܪ̈ܝܢ ܐܢܘܢ ܕܚܙܝܢ. ܚܕ ܗ̇ܘ *¹⁷ܕܫ̈ܠܝܛܝܢ 126 r ܒܒ̈ܝܬܗ ܘܕܬܪ̈ܬܝܢ ܐܝܟ ܚܟܝܡܐ. ܡܛܠ ܕܚܙܐ ܒܚܟܡܬܗ ܘܦܪܫ ¹⁸ܣܟܠܐ ܡܢ ܙܕܝܩܘܬܐ ܘܪܘܡܐ ܡܢ ܒܡܘܡܐ ܘܠܛܒܬܐ ܡܢ ܒܝܫܬܐ. ܘܒܬܪ ܠܒܠܥܐ ܕܒܗܬܐ. ܘܐܙܠ ܒܐܘܪܚܐ ܬܪܝܨܬܐ ܐܝܟ ܕܝܢܗ ܕܐܠܗܐ. ¹⁹ܡܛܠܗܕܐ ²⁰ܐܡܪ. ܕܡܢ ܚܙܬܗ ܕܐܚܪܢܐ. ²¹ܕܗܦܟ ܠܗ ²²ܗܦܟܬ. ²³ܒܠܥܕ ²⁴ܐܡܪ. ²⁵ܕܬܪ̈ܝܢ ܐܢܘܢ ܕܗܦܟ ܠܗ ܗܦܟܝܢ. ܐܝܟ ܚܝܠܐ ܕܡܬܥܒܕ ܠܚܘܒܐ ܡ̈ܬܝܢܐ ܘܠܚܘܒܐ ܗ̈ܦܝܟܬܐ. ²⁶ܘܕܬܪ̈ܬܝܢ ܐܝܟ ²⁷ܚܝܠܐ ²⁸ܕܥܒܕܢ ܕܢܫܬܡܠܝܢ ܡܟܘܡܘܗܝ ܐܟܠ. ܘܐܦ ܕܠܐ ܕܢܬܗܘܢ

---

1 ܘܒܠܥܕ d. 2 ܐܡܪ < b. 3 ܘܕܬܪ̈ܬܝܢ b c d. 4 ܣܟܝܪ.
5 ܘܡܛܠܗܕܐ d. 6 ܐܡܪ < b. 7 ܒܠܥܕ b. 8 ܐܡܪ < b. 9 ܘܕܬܪ̈ܬܝܢ ac.
10 ܘܠܐ ܠܐܪܒܥܐ bd. 11 ܘܠܐ ܒܡܘܡܐ bd. 12 ܘܠܐ ܪܓܫܐ bd.
13 ܘܡܛܠܗܕܐ b d. 14 ܒܪ < a. 15 ܒܠܥܕ b. 16 ܐܡܪ < b.
17 ܕܫ̈ܠܝܛܝܢ ܒܒܝܬܗ c, ܕܫ̈ܠܝܛܝܢ ܒܒܝܬܗ a, ܕܫ̈ܠܝܛܝܢ ܒܒܝܬܗ d.
18 ܣܟܠܐ a. 19 ܘܡܛܠܗܕܐ d. 20 ܐܡܪ < b. 21 ܕܗܦܟ b d.
22 ܗܦܟܝܢ b d. 23 ܘܒܠܥܕ d. 24 ܐܡܪ < b. 25 ܕܬܪ̈ܝܢ b d.
26 ܘܕܬܪ̈ܝܢ. 27 L. ܠܚܝܠܐ? 28 ܕܥܒܕܢ < a.

ܒܪܐ ܕܐܒܠ. ¹ܡܠܟܐ ²ܐܡܪ. ³ܠܒܪܐ ܚܙܝܐ ܐܬܚܙܝ. ⁴ܕܐܡܪ ܠܗ ܕܐܪܝܐ ܡܢܝ. ⁵ܘܡܠܟܐ ⁶ܐܡܪ. ܕܡܢ ⁷ܬܪܝܢ ܦܠܓܐ ⁸ܠܐܝܟ ܕܢܚܪܘܢ ⁹ܠܗ. ܚܕ ܗܘ ܕܐܡܪ ¹⁰ܕܠܐ ܠܛܒܬܐ ܐܝܬ ܘܠܐ ܒܝܫܬܐ. ܘܠܐ ܡܬܦܪܥܝܢ ܒܢܝܫܐ ܣܘܥܪܢܝܗܘܢ ܘܠܝܬ ܐܠܐ ܗܘܝܐ ܚܠܦܐ. ¹¹ܘܕܬܪܬܝܢ ܐܝܟܐ ܕܐܪܥ ܡܕܡ [ܕ]ܕܐܬܚܙܝܐ. ܘܠܐ ܡܬܠܒܫ ܠܐ ¹²ܐܕ̈ܢܘܗܝ،

126ᵛ ܡܢ ܥܡܝܩܐ ܕܠܠܐ ܘܠܐ ܠܒܪܘܬܗ ܡܢ ܢ̈ܚ *ܚܒܪ̈ܘܗܝ، ܘܠܐ ܠܗܘ ܡܢ ܚܘ̈ܫܒܐ ܒܢ̈ܫܐ. ܘܠܚܪܬܐ ܡܬܬܘܡ ܒܡܕܒܪܢܘܬܗ ܕܡܘܬܐ. ¹³ܡܠܟܐ ¹⁴ܐܡܪ. ܕܦܪܫ ܗܘ ܥܒܕܗ ܕܐܝܪܐ. ¹⁵ܘܡܠܟܐ ¹⁶ܐܡܪ. ܕܬܠܬܐ ܐܝܟ ¹⁷ܡܕܡ ܕܦܪܫܝܢ. ܚܕ ܢܘܪܐ ܕܦܪܫ ܡܢ ܡ̈ܝܐ. ܘܐܬܪܐ ܕܠܝܬ ¹⁸ܠܗ ܡܠܟܐ. ܘܐܬܬܐ ܕܠܝܬ ܠܗ̇ ܒܥܠܐ. ¹⁹ܡܠܟܐ ²⁰ܐܡܪ. ²¹ܕܠܒܝܒܐܝܬ ܡܦܝܣ ܦܬܓܡܐ ܘܡܬܩܒܠܬ. ²²ܘܡܠܟܐ ²³ܐܡܪ. ܕܬܠܬܐ ܐܝܟ ܕܡܬܩܒܠܝܢ. ܡܠܟܐ ܕܡܬܩܒܠ ܠܡܬܠ ܡܗܝܡܢܘܬܐ ܡܢ ܥܡܗ. ²⁴ܘܕܬܪܬܝܢ ܐܢܬܬܐ ܕܡܬܩܒܠܐ ܠܒܪܐ ܒܪܚܡܐ ܕܐܒ̈ܘܗ. ܘܕܬܠܬܐ ܒܪܐ ܚܟܝܡܐ ܕܡܬܩܒܠ ܒܝܠܦܢܐ ܕܡܠܦܢܘܬܐ ܕܢܡܘܣܐ ܕܐܠܗܐ. ²⁵ܡܠܟܐ ²⁶ܐܡܪ. ²⁷ܕܪܢܝܐ ܪܒܐ ܐܝܬ ܠܝ ܒܡܕܡ ܕܒܕܒܪܬ ܒܝ. ܡܠܟܐ ²⁸ܐܡܪ. ²⁹ܕܬܠܬܐ ܐܝܟ ܕܗܘܝܢ ܕܢܝܐ. ܗܘ ܕܐܝܬ ܠܗ ܣܘܣܝܐ ³⁰ܕܥܩܪܝܢ ܘܥܒܪ

¹ ܘܡܠܟܐ d. ² ܐܡܪ < b. ³ ܕܠܒܪܐ d. ⁴ ܘܐܡܪ bd. ⁵ ܡܠܟܐ b. ⁶ ܐܡܪ < b. ⁷ ܬܪܝܢ a. ⁸ + ܠܗ bd. ⁹ ܠܗ < bd. ¹⁰ ܠܐ ac. ¹¹ ܘܕܬܪܝܢ bcd. ¹² + ܡܢ abc. ¹³ ܘܡܠܟܐ d. ¹⁴ ܐܡܪ < b. ¹⁵ ܡܠܟܐ b. ¹⁶ ܐܡܪ < b. ¹⁷ ܡܕܡ zu streichen? ¹⁸ ܠܗ a. ¹⁹ ܘܡܠܟܐ d (und so später). ²⁰ ܐܡܪ < b. ²¹ ܠܒܝܒܐܝܬ b. ²² ܡܠܟܐ b. ²³ ܐܡܪ < b. ²⁴ ܘܕܬܪܝܢ. ²⁵ ܘܡܠܟܐ cd. ²⁶ ܐܡܪ < b. ²⁷ ܪܢܝܐ b. ²⁸ ܐܡܪ < b. ²⁹ ܬܠܬ (sic) bcd. ³⁰ ܥܩܪܢܐ b.

127r ܘܒܟܝܐ. *ܘܢܝܫܢܐ ܠܝܬ ܠܗ. ܘܗܘ ܡܢ ܕܡܠܒܫ [1]ܫܪܘܬܐ ܘܡܛܠ
ܚܪ̈ܒܐ ܘܬܘܪ̈ܐ ܚܫܘܟܐ ܘܗܘܐ [2]ܠܗ [3]ܫܠܡܐ ܘܠܐ ܐܬܝܢ ܠܫܪܘܬܗ.
ܘܠܒܪܐ ܡܫܡܫܢܐ ܘܡܫܠܡܢܐ ܕܐܝܬ ܠܗ ܐܝܬܘܬܐ ܫܪܝܪܬܐ ܒܪܬ
ܙܘܓܢܐ. ܘܠܝܬ [4]ܠܗ ܕܠܟܝܢ ܠܗ̇ ܐܝܟ ܕܐܢܫ. ܘܗܘ ܡܫܡܫܢܐ
ܘܡܫܡܫܢܐ [5]ܠܗ. ܡܠܟܐ [6]ܐܡܪ. [7]ܠܐ ܕܡܫܬܐܠܬ [8]ܐܘܕܥܬ ܠܐܢܫܐ.
ܡܠܐܟ [9]ܐܡܪ. ܕܬܠܬ ܝܘܡܬܐ ܠܐ ܕܝܢ ܕܡܫܬܐܠܬ. ܚܕ ܠܒܪܐ
ܡܢܝܢܐ ܕܠܒܝܫ ܠܒܘܫܐ ܚܘܪܐ ܘܢܦܩ [10]ܒܘܪܐ ܘܠܒܘܫܐ ܐܘܟܡ
ܟܬܝܢܐ. ܘܠܒܪܐ [11]ܡܪܝܐ ܕܠܒܝܫ ܠܒܘܫܐ ܡܠܟܝܐ ܘܩܐܡ ܒܡܨ̈ܥܐ.
[12]ܘܠܒܪܐ ܠܗ ܠܒܪܐ ܕܢܦܩ ܦܠܓܘܬܐ ܥܡܪܝܬ ܚܘܪܐ ܘܡܥܪܒܐ ܠܗ
ܘܢܚܡ ܒܐܘܪܚܐ ܘܫܡܘܬܐ. ܡܠܟܐ [13]ܐܡܪ. ܕܠܡܕܒܪܢܘܬܐ ܡܫܝܚܬܐ
ܥܡܝܬ ܡܠܐܟ. ܡܠܐܟ [14]ܐܡܪ. [15]ܕܬܠܬܐ ܐܝܟ ܐܝܠܝܢ ܕܥܡܝܢ
ܠܡܕܒܪܢܘܬܐ. ܚܕ ܗܘ [16]ܕܡܦܪܫ ܒܝܫܬܐ ܘܡܚܝܒ ܕܠܐ ܒܘܣܪ. ܘܐܝܢܐ
127v ܕܡܢ *ܒܝܘܡܬ ܢܦܫܗ ܐܙܠ ܠܡܫܬܥܝܘܬܐ ܒܗ ܠܐ ܡܕܝܢ. ܘܐܝܢܐ
ܕܒܟܐ ܡܢ ܢܦܫܗ ܡܕܡ ܕܠܝܬ ܠܗ. ܡܠܟܐ [17]ܐܡܪ. [18]ܕܠܒܘܪܐ
ܥܡܝܬ ܡܠܐܟ. ܡܠܐܟ [19]ܐܡܪ. ܕܬܠܬܐ ܥܡܝܢ [20]ܠܒܘܪܐ. ܚܕ
ܠܒܪܐ ܠܒܪܐ ܕܠܟܝܢ ܚܝܘܬܐ ܒܐܝܕܗ ܘܡܫܟܐ ܡܫܟܐ. ܘܡܒܪܟ
[21]ܒܒܝܬܐ ܘܒܘܪܐ ܕܡܬܬܠܐ ܒܝܬܐ ܡܫܟܐ [ܘ]ܡܬܐܠܝܢ ܗܘ
ܘܐܝܬܘܗܝ ܘܒܝܘܡܗ. ܘܠܒܪܐ ܐܚܪܢܐ ܕܢܦܩ ܕܒܟܐ [22]ܒܡܪܕܝܬܐ ܘܠܐ
ܡܬܟܝܢ ܒܦܓܪܐ ܕܐܢܫܐ. ܘܐܝܢܐ ܕܡܠܟܐ ܠܐܬܪܐ ܕܒܠܒ̈ܟܐ

---

1 ܫܪܘܬ ac. 2 ܠܗ < a. 3 ܫܠܡ̈ܐ. 4 ܠܗ < ac. 5 ܠܗ̇ ac.
6 ܐܡܪ < b. 7 ܕܠܐ bd. 8 ܐܘܕܥܬ ܐܢܫܐ bd. 9 ܐܡܪ < b.
10 ܒܘܪܐ abc. 11 ܡܣܘܪܐ. 12 + (oder ܬܠܒܪܐ) ܬܠܒܪܐ ܘܕܐܝܬ b,
ܬܠܒܪܐ ܘܕܐܝܬ d (Dittogr.). 13 ܐܡܪ < b. 14 ܐܡܪ < b. 15 ܕܬܠܬ abc.
16 ܕܐܝܬܘܗܝ ܦܪܫ bd. 17 ܐܡܪ < b. 18 ܕܠܒܘܪܐ acd, ܕܠܒܘܪܐ b.
19 ܐܡܪ < b. 20 ܠܒܘܪܐ acd, ܠܒܘܪܐ b. 21 ܒܝܬܐ bd. 22 ܘܡܪܕܝܬܐ ac.

ܘܠܒܢ̈ܝܟ ܬܘܒ ܐܢܬܬܐ ܘܒܪܬܐ ܒܝܬܐ ܘܠܐ ܗܦܟ ܠܐܬܪܗ ܘܦܐܫ
ܦܘܠܚܢܗ ܠܒܥܠܕܒ̈ܒܘܗܝ. ¹ܘܡܠܟܐ ܐܡܪ. ܕܐܦ ܗܘܐ ܠܟ ܕܬܬܒܥ
ܒܕܡܐ ܕܢܦܫܐ ܗܘܝܬ ܢܡܘܣܝ. ܒܠܐܕ ²ܐܡܪ. ³ܕܬܠܬܐ ܐܢܘܢ
ܕܙܕܩ ܕܢܒܕܩܘܢ ܒܕܡܘܬܗܘܢ ܒܢܝܫܐ. ܗܘ ܕܫܠܡ ⁴ܠܦܠܘܬܐ. ܘܐܢܫܐ
ܕܐܟܠ ܢܦܫܐ ܘܗܘ ܕܢܟܪܐ ܕܢܒܕܩ ܒܒܪܐ ܪܒܐ. ܡܠܟܐ ⁵ܐܡܪ.
⁶ܕܒܢܝܐ ܗܘܝܬ *ܒܠܫܘܕ ܕܢܟܪܐ ܗܘܝܬ ܠܐܢܫܐ. ⁷ܘܒܠܐܕ ⁸ܐܡܪ. 128
⁹ܕܬܠܬܐ ܐܢܘܢ ܕܒܢܝܢ ܘܠܐ ܡܬܒܢܝܢ. ܒܒܪܐ ܡܕܝܢܐ ܘܦܠܓܐ
ܕܥܒܕܐ ܕܡܘܬܗ ܒܢܝܐ ܕܒܝܬܐ ¹⁰ܕܡܫܬܪܐ ܘܒܢ̈ܝ ܠܒܢܬܐ.
ܘܒܒܪܐ ¹¹ܘܠܘܦܐ ܕܒܢܝܐ ܕܡܦܠܐ ܠܪܓܠܐ ܕܥܩ̈ܒܘܗܝ ܡܗܘܡ̈ܢܘܬܐ.
ܘܐܢܫܐ ܕܝܗܒ ܠܡܕܝܢܐ ܕܒܢܝܢܐ ܘܒܢܝܐ ܕܒܝܬܐ ܕܡܬܚܫܒܢܐ
ܘܕܝ̈ܠܝ ܐܠܗܐ. ¹²ܡܠܟܐ ¹³ܐܡܪ. ܐܢܐ ܫܡܥܬ ܒܢܦܫܝ ¹⁴ܗܢܐ
ܒܐܒܐ ܡܪܝܐ. ܒܠܐܕ ¹⁵ܐܡܪ. ¹⁶ܕܬܠܬܐ ܐܢܘܢ ܕܡܬܬܒܥܝܢ
ܒܐܒܐ ܠܒ̈ܢܝܗܘܢ. ܐܢܫܐ ܕܐܙܠ ܠܡܪܟܒܐ ܘܠܐ ܡܕܡܪ ܒܕܡܐ
ܕܡܬܡܠܠ. ܘܗܘ ܕܐܝܬ ܠܗ ܒܥܬܪܐ ܘܡܦܩܐ. ܘܐܝܬܘܗܝ ܢܝܫܐ.
ܘܠܝܬ ܠܗ ܒܪܐ ܘܠܐ ܐܚܐ. ܘܡܘܬܗ ܒܥܘܬܪܐ ܒܪܝܬܐ ܠܢܘܟܪ̈ܝܐ
ܘܡܪܟܒܐ ܠܗ. ܘܒܒܪܐ ܡܒܐ ܕܢܦܩ ܠܠܝܬܐ ܥܦܪܬܐ ܘܡܪܝܬܐ
ܘܐܝܬܐ. ܘܐܡܪܝܢܐܝܬ ¹⁷ܒܒܢܝܐ ܕܠܗ ܡܢܝܬ ܗܘܐ *ܡܒܐ ܕܗܘܐ 128ᵛ
ܠܐܝܠܢܐ. ܘܠܐܪܬܐ ܐܚܪ. ܡܠܟܐ ¹⁸ܐܡܪ. ¹⁹ܕܗܠܟ ܥܡܟ ܐܢܐ
ܒܒܢ̈ܝܟ ܕܡܪܝܐܝܬ ܡܒܠܠ ܐܢܬ ܘܡܕܡ. ܒܠܐܕ ²⁰ܐܡܪ. ²¹ܕܬܠܬܐ

1 ܡܠܟܐ b. 2 ܐܡܪ < b. 3 ܬܠܬܐ b. 4 ܒܦܠܘܬܐ a c.
5 ܐܡܪ < b. 6 ܒܢܝܐ b. 7 ܒܠܐܕ b. 8 ܐܡܪ < b. 9 ܬܠܬܐ b.
10 ܕܡܫܬܪܐ b. 11 ܘܦܠܓܐ. 12 ܘܡܠܟܐ a d. 13 ܐܡܪ < b.
14 ܗܢܐ ܒܐܒܐ ܡܪܝܐ < b. — ܡܪܝܐ ܡܠܟܐ ܫܡܥܬ d. 15 ܐܡܪ < b.
16 ܬܠܬܐ b. 17 ܒܒܢܝܐ b d. 18 ܐܡܪ < b. 19 ܗܠܟ b. 20 ܐܡܪ < b.
21 ܬܠܬܐ b.

ܐܝܟܢ [1]ܕܫܐܝܠܝܢ ܥܠܝܗܘܢ ܡܪ̈ܝܗܘܢ. ܒܒܪܐ [2]ܦܘܩܕܐ ܕܒܢ̈ܝܐ
ܕܡܫܐܠܝܢ ܠܗ [3]ܘܠܐ ܡܫܐܠܝܢ ܠܗ ܘܟܠ ܡܠܬܐ ܕܡܦܠܛܐ ܠܟܢ
ܘܡܒܣܡ ܠܡܪܗ. ܘܒܒܪܐ [4]ܒܒܪܐ ܕܐܝܬ ܠܗ ܒܥܘܬܐ ܫܦܝܪܐ
ܘܡܪܗ ܡܫܒܚ ܘܡܢ ܒܥܘܬܗ ܠܐ ܡܥܕܪ ܠܡܪܗ. ܘܒܒܪܐ ܕܠܟܢ
ܠܡܪܗ ܒܪܢܫܐ ܘܥܒܕܐ ܠܗ ܠܫܪܝܪܐ [5]ܘܠܡܣܝܡܘܬܐ ܘܡܦܘܪܫܐ [6]ܦܬܓ̈ܡܐ
ܡܫ̈ܪܐ. ܡܠܟܐ [7]ܐܡܪ. [ܡܟܝܠ ܐܝܬ ܒܗ ܒܠܐܕ.] ܫܒܩ [8]ܕܝܢ
ܗܘܝܬ ܕܠܐ ܡܦܠܛܐ ܗܘܝܬ ܐܡܪܬ. [9]ܘܒܠܐܕ. [10]ܐܡܪ. [11]ܕܬܠܬܐ
ܐܝܟܢ ܕܪܘܡ ܕܡܫܟܢܘܢ ܒܗܘܢ. ܗܘ ܕܝܢ ܕܐܡܪ. ܕܠܡܫܪܝܐ
ܫ̈ܦܝܪܐ ܐܡܪܬ ܠܝ ܘܫ̈ܦܝܪܐ ܡܦܠܛ ܘܡܪܝܡ ܠܝ. ܘܠܐ [12]ܡܬܚܫܒܐ
ܒܦܓܪܗ ܐܝܬܐ ܕܪܘܚܐ ܠܐ ܡܫܡܠܝܐ [13]ܕܒܐܪܐ ܘܠܐ [14]ܕܕܒܥܐ.
129r ܘܐܡܪܐ *ܕܐܡܪ. [15]ܕܝܨܒܐ ܘܕܘܗܒܐ ܐܝܟ. ܘܡܫܡܥ ܘܝܠܦ [16]ܒܦܓܪܗ
ܠܒܪ ܡܢ ܐܝܠܝܢ ܕܠܐ ܝܨܒܝܢ. ܡܛܠ ܕܐܝܠܝܢ ܕܝܨܒܝܢ ܥܡܘܪܝܢ ܠܠܬܘ̈ܬܐ
ܒܬܫܒܘ̈ܚܬܐ ܕܐܠܗܐ ܘܒܝܘܡ ܐܝܠܝܢ ܘܡܣܝܒ ܦܓܪܗܘܢ ܘܡܫܪܐ
ܒܗܘܢ ܕܐܦ̈ܝܗܘܢ. ܘܦܠܛܬܐ ܒܬܘܠܬܐ ܕܡܫܒܚܘܬܐ ܒܐܪܥܬ
ܒܒܪܐ ܘܠܐ ܡܒܥܐ ܡܟܢܐ ܗܘܐ ܡܟܝܢ. ܡܠܟܐ [17]ܐܡܪ. [18]ܫܦܝܪܬ
ܠܝ ܒܠܐܕ. ܒܠܐܕ [19]ܐܡܪ. ܬܠܬܐ ܐܝܟܢ [20]ܫܦܝܪ̈ܐ [21]ܕܡ̈ܟܝܢ [22]ܒܗ
ܬ̈ܠܬܐ ܡܫܡܠܝܢ. ܗܘ ܕܝܢܐ ܕܠܩܒܠܐ [23]ܘܡܫܡܫܢܘܬܐ ܠܢܦܫܗ.
ܘܫܘܝܢ ܡܛܠ ܫܠܡܘܬܗܘܢ ܠܐ ܡܫܠܡܝܢ ܡܢܗ ܘܦܠܠ ܘܠܡܫܪܬܐ
ܡܬܬܘܐ. ܘܐܡܪܐ [24]ܕܡܫܒܠܠ ܒܗ ܐܢܫܐ ܫܠܡܐ ܘܡܕܝܩܘܬܐ ܒܕܡܝܐ

---

1 ܕܫܐܠܝܢ b. 2 ܦܘܩܕܢܐ. 3 ܘܠܐ ܡܫܐܠܝܢ ܠܗ < a. 4 ܒܒܪܐ d.
5 ܘܠܡܣܝܡܘܬܐ b. 6 ܦܬܓܡܐ ܡܫܪܐ b. 7 ܐܡܪ < b. 8 ܕܝܢ.
9 ܒܠܐܕ b. 10 ܐܡܪ < b. 11 ܬܠܬܐ b. 12 ܡܬܚܫܒܐ a. 13 ܕܒܐܪܐ b.
14 ܕܕܒܥܐ. 15 ܝܨܒܐ b. 16 ܦܓܪܗ a c. 17 ܐܡܪ < b. 18 ܫܦܝܪܬ a.
19 ܐܡܪ < b. 20 ܫܦܝܪܐ. 21 ܕܕܡܟܝܢ a c. 22 ܕܒܗ b d. 23 ܘܠܡܫܡܫܢܘܬܐ b d. 24 ܕܡܫܠܠ a c, ܕܡܟܠܠ b, ܕܡܫܠܐ d.

ܕܡܬܒܥܐ ܠܗ ܘܡܫܬܐܠ ܠܗ ܘܬܘܒܐ ܠܗ ܡܣܬܒܪܐ ܕܠܐ [1]ܡܥܕܢܝܢ ܒܗ.
ܘܟܠ ܕܡܫܒܚ ܐܡܪ. ܒܪܝ ܥܘܪܐ. [2]ܘܗܘ ܕܠܐ ܡܒܣܡ ܠܗ ܒܗ [3]ܚܠܐ
ܠܗ ܐܪ̈ܙܐ ܪ̈ܘܚܢܐ ܕܬ̈ܠܡܝܕܐ [4]ܘܡ̈ܠܦܢܘܬܐ [5]ܘܡܬܬܒܠ ܒܠܒܗ. ܐܝܟ
ܦܓܪܐ [*] [6]ܠܢܦܫܗ. ܡܠܦܢܐ [7]ܐܡܪ. [8]ܕܐܢܫܐ ܐܠܝܬܗ ܠܢܦܫܗ ܒܗܠܝܢ 129ᵛ
ܫܘܒܚܐ. ܒܠܐܕ. [9]ܐܡܪ. ܬܠܬܐ ܐܢܘܢ ܕܡܬܐܠܝܢ ܡܢ ܒܪܝ.
ܐܢܫ̈ܘܗܝ. ܚܕ ܗܘ ܕܡܬܚܫܒܐ ܒܗ ܒܒܪܐ ܕܠܐ ܡܒܣܡ ܠܗ
ܒܢܦܫܐ ܐܘ ܒܦܓܪܐ ܐܘ ܒܒܝܪܐ. ܘܐܚܪܢܐ ܕܪܗܛ ܠܒܣܬܪܗ
ܘܡܬܬܒܠ ܘܢܦܠ ܒܒܝܪܐ ܐܘ ܒܓܘܒܐ ܘܡܬܬܒܪܝܢ ܓܪ̈ܡܘܗܝ. ܘܗܘ
ܕܡܫܬܟܗܪ ܘܐܡܪ. ܕܠܐ ܕܝܠ ܐܢܫ ܡܢ ܦܪܟܐ. ܘܬܠܝܬܝܐ ܒܠ
ܗܘ ܓܒܐ ܕܒܝܫܬܐ. [10]ܘܡܢܐ ܕܐܝܠ ܠܦܪܟܐ ܡܢ ܕܢܠܬܗ ܡܬܬܒܥܠ
ܠܒܗ ܘܢܦܪ ܕܐܬܝܐ ܡܬܒܥܝ ܒܝܬ ܦܘܠܚܐ. ܡܠܦܢܐ [11]ܐܡܪ. ܫܘܒܐ
ܪ̈ܒܐ ܗܘ ܕܡܢ ܦܪܝܩ [12]ܕܐܝܬ ܗܘܐ ܠܗ ܒܪܝܟ. ܗܫܐ ܒܪ ܠܗ
[13]ܒܠܐܕ. [14]ܐܡܪ. [15]ܕܬܠܬܐ ܐܢܘܢ ܕܡܠܠܐܝܬ ܒܪ ܫܘܒܚܗܘܢ.
ܚܕ ܗܘ ܕܡܬܚܪܐܝܬ [16]ܠܒܪܝ ܢܝܫܐ ܘܐܙܠ ܒܐܘܪܚܐ ܘܠܐ ܡܬܕܪ
ܠܗ ܐܓܪܬܐ. ܘܫܬܝܐ ܕܡܥܝܢ ܠܗ ܒܝܬ [17][ܪ̈]ܫܡܘܗܝ. ܘܡܚܟܡ
[*]ܒܡܘܢ. ܘܐܚܪܢܐ ܕܐܟܠ ܘܫܬܐ ܒܡ ܪ̈ܫܡܘܗܝ ܘܡܚܢܩ ܕܐܝܬ 130ʳ
ܒܢܐ. ܘܗܘ ܡܚܢܩ [ܠܗ] ܢܦܫ [18]ܘܦܠܚܘܬܐ ܠܐ ܦܪܥ. ܡܠܦܢܐ
[19]ܐܡܪ. ܕܠܐ ܡܬܬܚܡܢܝܬ ܒܥܕܬ ܕܦܠܠܬܗ ܠܐܢܪܐ. ܒܠܐܕ
[20]ܐܡܪ. [21]ܕܬܠܬܐ ܐܢܘܢ ܕܒܥܝܢ ܕܠܐ ܒܫܘܠܐ. ܗܘ ܢܦܫ
ܕܡܥܠܝ ܒܡܬܗ ܠܢܦ ܕܠܐ ܡܒܣܡ ܠܗ. ܘܡܦܩ ܡܟܠ ܢܦ ܕܠܐ

---

1 ܡܥܕܢܝܢ c. 2 ܘܗܘ̇ a c. 3 ܘܚܠܐ b d. 4 ܘܕܡ̈ܠܦܢܘܬܐ b.
5 ܘܡܬܬܒܠ b d. 6 ܕܢܦܫܗ b d. 7 ܐܡܪ < b. 8 ܐܢܫܐ b. 9 ܐܡܪ < b.
10 ܘܡܢ. 11 ܐܡܪ < b. 12 L. ܐܝܬ? 13 ܒܠܐܕ < a. 14 ܕܐܡܪ a, < b.
15 ܬܠܬܐ b. 16 ܠܒܪܝ a b c. 17 ܫܡ̈ܘܗܝ. 18 ܦܠܚܘܬܐ a. 19 ܐܡܪ < b.
20 ܐܡܪ < b. 21 ܬܠܬܐ b.

ܢ̇ܒ ܠܗ. [1]ܘܓܒܪܐ [2]ܫܦܠܐ ܘܡܟܝܟܐ ܕܐܡܪ. ܕܡ̇ܘܪܒ ܐܢܐ ܡܪ̈ܟܐ ܙ̈ܘܪܟܐ ܘܟܢܐ ܐܢܐ ܟ̈ܬܐ ܘܡܦܩܐ ܐܢܐ ܒܡܬܪܐ ܘܡܚܡܪ ܐܢܐ ܡ̈ܠܟܐ ܘܕ̈ܡܝܐ. ܘܡܕܡ ܠܐ ܚܒܪ. ܘܐܝܢܐ ܕܢܚܘ ܒܠܒܐ ܘܠܒ̈ܢܝ ܙܘܢܝܬܐ ܒܐܘܡܢܘܬܐ ܘܢܪܟܐܝܬ ܙ̇ܒܢ ܢܦܫܗ [3]ܡܕܒܪ. ܡܠܟܐ [4]ܐܡܪ. [5]ܕܢܝܚܐ ܐܝܬ ܒܠܐܕ. ܘܠܐ [6]ܗܘܐ ܫܠܝܐ. ܒܠܐܕ. [7]ܐܡܪ. [8]ܕܬܠܬܐ ܐܢܘܢ ܐܝܠܝܢ ܕܙܕܩ ܠܡܬܒܘܢ ܒܗܘܢ. ܓܒܪܐ ܐܫܟܚܐ ܕܢܦܫ ܒܕܘܒܬܐ ܙܡܬܐ ܘܢܦܠ [9]ܡܟܬܒܗ ܠܬܚܬ ܘܒܬܠܠ

130ᵛ ܘܢܦܫ [10]ܡ̇ܟܢܬܐ ܠܗ. *ܘܓܒܪܐ ܫܦܝܪܐ ܕܢܒܝ ܓܒ̈ܪܐ ܐܪ̈ܟܐ ܘܒܕ. ܝܐܦ ܢܦܠܝܢ ܒܗ ܡܠܦ̈ܢܐ ܘܒܬܠܠ ܒܪ ܥܒܪܐ ܠܗܘܢ. ܘܓܒܪܐ ܫܦܝܪܐ ܕܡܫܦܪ ܫܒܪܐ ܕܢܒܙ̈ܘܗܝ ܘܢܐܪ ܠܒܐ ܘܠܒܐ ܘܡܫܦܪ ܠܗ ܘܒܝܐ ܠܡܚܘܝܐ. ܡܠܟܐ [11]ܐܡܪ. ܐܝܬ ܡܫܒܚ ܐܝܬ [12]ܕܬܘܫܠܐ ܠܟܠܗ ܐܬܪܐ ܘܐܦܠ ܝܒܢܬ [12]ܕܬܘܫܠܐ. ܒܠܐܕ. [13]ܐܡܪ. [14]ܕܬܠܬܐ ܐܢܘܢ ܕܐܡܪܝܢ [15]ܕܠܘܩܒܠ ܐܘܡܢܘܬܐ ܕܒܕܒܠ [16]ܙܕܩ ܠܗܘܢ ܠܡܐܠܦ. ܚܕ. ܗܘ ܕܪܚܡ ܒܡܘܬܪܐ ܘܗܘ ܕܪܚܡ ܒܐܒܘܒܐ ܘܗܘ ܕܢܦܫ ܒܦܠܓܐ ܘܠܐ ܡܫܡܫܝܢ ܕܢܝܘܗܝ ܒܗ ܫ̈ܕܪܐ. ܘܓܒܪܐ ܝܪܬܐ ܝܐܪ [17]ܦܪ̈ܨܘܦܐ ܕܐܢܫ ܘܠܐ ܡܫܬܠܠ ܡܬܒܪܢܐ ܕܡܝܬܘܢ ܠܦܪ̈ܨܘܦܐ. ܘܗܘ ܕܐܡܪ ܕܠܐ ܫܠܘ ܐܢܐ ܠܡܐܠܦ ܐܘܡܢܘܬܐ ܕܢܒܝܐ ܒܠ ܡܕܡ. ܘܠܐ ܢ̇ܒ ܒܢܝ ܡܕܝܘܩܐ ܠܡܠܠܐ ܘܐܦܠܐ ܕܢܡܠܠ. ܡܠܟܐ [18]ܐܡܪ.

131ʳ [19]ܕܠܐ ܕܗܐܝܬ ܡܠܬܗ ܠܐܢܫܐܕ. *ܒܠܐܕ. [20]ܐܡܪ. [21]ܕܐܪܒܥܐ

---

1 ܕܓܒܪܐ a. 2 L. ܫܦܝܠܐ? 3 ܘܡܕܒܪ. 4 ܐܡܪ < b.
5 ܢܝܚܐܝܬ b. 6 ܗܘܐ < ac. 7 ܐܡܪ < b. 8 ܬܠܬܐ b. 9 ܘܡܟܬܒܗ a.
10 ܘܡܟܢܬܐ b d. 11 ܐܡܪ < b. 12 ܕܬ̇ܫܦܠܐ a, ohne Punkt b c d.
13 ܐܡܪ < b. 14 ܬܠܬܐ b. 15 ܕܠܘܩܒܠ b d, ܠܘܩܒܠ a c. 16 + ܠܐ.
17 ܦܪܨܘܦܐ a c. 18 ܐܡܪ < b. 19 ܠܐ b. 20 ܐܡܪ < b.
21 ܐܪܒܥܐ b.

ܐܝܟ ܕܠܐ ܒܪܘܚܐ. ܒܒܪܐ ܕܠܒܫܗ ܠܐ [1]ܬܪܝܢ ܒܡܫܝܚܘܬܐ. ܘܐܝܟܢܐ ܕܒܒܪ̈ܝܢ ܠܡܐܟܠ ܘܒܟܒܪܐ ܕܡܢܝܢ [2]ܘܠܦܘܠܚܢܐ ܠܐ ܒܥܪ ܘܠܐ ܒܡܪܟܒܐ ܙܟܐ. ܘܐܝܟܢܐ ܕܠܐ ܡܫܒܚ ܡܠܦܢ ܚܝܘܬܗ. ܘܡܠܟܐ ܕܒܒܪ ܡܕܡ ܒܪ ܠܐ ܡܬܚܫܒ. ܡܠܟܐ [3]ܐܡܪ. ܕܐܢ ܕܕܐܬܝܬ ܒܫܒ ܗܘܐ [4]ܠܝ. ܠܐ ܡܬܠܠܐ ܗܘܬ ܠܝ ܐܡܗ ܕܒܦܪ. ܒܠܐܕ [5]ܐܡܪ. ܕܐܘܪܒܐ ܐܝܟ ܕܒܒܕܡ ܡܕܡ ܕܕܐܬܝܬ. [6]ܚܕ ܗܘ ܘܡܠܦܢ ܡܐܒܘܠܬܐ ܘܦܠܓ̈ܘܬܐ ܕܕܝܢ ܠܗ ܒܪܒܗ. ܘܐܝܟܢܐ ܕܡܬܦܠܓܝܢ [7]ܒܐܢܬܬܗ. ܘܡܠܟܐ ܕܒܒܪ ܒܒܠܟܐ ܕܒܪ [8]ܒܠܟܘܢ. ܘܫܝܢܟܐ ܕܡܠܦܢ ܚܝܘܬܗ. ܡܠܟܐ [9]ܐܡܪ. ܕܠܡܕܝܢܬ [10]ܡܢܝܢ ܘܠܐ ܒܠܐܕ[11]. ܒܠܐܕ ܐܡܪ. [12]ܕܕܐܘܪܒܐ ܐܝܟ ܕܕܝܢܝܢ ܘܠܐ ܦܠܐ ܕܕܝܢܝܢ. ܗܝ ܦܪܘܬܐ ܕܡܗܠܟܐ ܒܢܬ ܐܬܠܐ ܘܕܡܒܐ ܒܠ ܚܝܗ. ܘܡܪܕܝܬܐ ܕ̈ܟܠܗ

131r ܘܐܡܪܐ. ܕܐܢ ܢܫܬܐ *ܫܡܝܐ ܗܡܟܐ ܐܝܟ ܠܗ ܒܪ̈ܟܠ. ܘܡܘܪܠܐ ܕܗܘܐ ܒܠ ܚܕܐ ܪ̈ܟܠܗ ܘܐܡܪ. ܕܐܢ ܗܡܝܢ ܐܝܟ ܐܚܪܬܐ ܠܐ ܡܫܒܚܐ ܐܪܒܐ ܦܓܪܐ ܠ [14]ܘܢܝܫܬܐ ܬܫܡܬ. [15]ܘܗܝ ܬܘܠܒܬܐ [16]ܦܫܡܬܐ ܕܡܗܠܟܐ ܒܟܠ ܐܪܒܐ ܘܐܟܠܐ ܒܒܪܐ ܘܐܡܪܐ. ܕܐܪܒܐ [17]ܒܡܐܟܘܠܬܗ ܚܒܪܐ. ܘܦܫ̈ܪܐ ܕܠܐ ܡܐܟܘܠܬܐ [18]ܘܡܫܬܘܬܐ. ܘܦܪܫܘܕܐ [19]ܕܠܠܐ [20]ܕܐܡܪܐ. ܕܠܝܬ ܒܪܝܬܐ ܡܕܡ ܕܒܐܐ ܘܚܦܪ ܡܢ. ܘܠܐ ܦܪܫܐ ܒܐܡܗܬܐ ܡܛܠ ܫܘܦܪܗ ܕܠܐ ܢܕܝܢ ܠܗ. ܡܠܟܐ [21]ܐܡܪ. [22]ܗܟܢ ܒܡܪܬ ܒܪ ܡܬܠܝܬ

---

1 ܬܪܝܢ a c d. 2 ܘܠܐ ܦܘܠܚܢܐ ܒܥܪ b d. 3 ܐܡܪ < b.
4 ܠܝ < a. 5 ܐܡܪ < b. 6 ܚܕ < a c. 7 ܒܐܢܬܬܗ ܢܚܘܢ b d.
8 ܡܠܟܐ b d. 9 ܐܡܪ < b. 10 ܘܠܐ ܡܢܝܢ b d. 11 + ܒܒܐ ܢܝܒܐ ܐܝܬ.
12 ܐܡܪ < b. 13 ܐܘܪܒܐ b. 14 ܢܝܫܬܐ a c. 15 ܗܝ a.
16 ܦܫܡܬܐ d. 17 ܒܡܐܟܘܠܬܐ ܕܠܐ b d. 18 ܘܡܫܬܘܬܐ ܐܝܟ a.
19 ܕܠܠܐ b. 20 ܐܡܪܐ a c. 21 ܐܡܪ < b. 22 ܕܗܟܢ d.

ܠܐܢܫܐ[1]. ܒܠܚܘܕ [2]ܐܡܪ. [3]ܕܐܘܪܚܐ ܐܝܟ ܕܠܐ ܙܕܩ ܠܐܢܫ [4]ܕܢܥܒܪ
ܘܢܣܠܩ. ܘܗܟܢܐ [5]ܕܡܬܪܒܒܬܐ ܠܒܪܐ ܘܥܒܪ ܒܫܘܩܗ ܘܠܚܝܫ ܒܫܠܡ
(ܘܡܠܟܐ [6]ܢܨܝܚ ܠܐ ܩܠܐ [7]ܕܢܥܒܪ ܘܢܦܠ ܠܗ). [8]ܘܬܘܪܐ ܕܦܕܢܐ
132r ܠܒܪܐ. ܘܐܢܬܬܐ ܕܝܠܕܬ ܒܚܠܡܗ ܘܡܫܬܪܬ ܥܦܪ̈ܬܐ. *ܘܒܒܪܐ ܠܒܪܐ
ܕܡܐܟ ܡܢܟ ܡܕܝܢܗ ܒܡܘܫܚܬܐ ܘܡܚܝܪ ܠܗ [9]ܕܢܡܐܬ ܒܠܒܐ ܫܠܡܐ.
ܡܠܟܐ [10]ܐܡܪ. [11]ܠܐ ܡܫܠܡ ܐܢܫ ܠܟ ܕܬܫܠܛ ܠܐܢܫܐ. ܒܠܚܘܕ
[12]ܐܡܪ. [13]ܕܐܘܪܚܐ ܐܝܟ ܕܠܐ ܙܕܩ ܕܢܬܩܠܩܠܘܢ. ܒܒܪܐ
ܢܚܫܬܐ ܕܡܬܩܠܠ ܒܗܝ ܗܕܡܐ. [14]ܘܠܐ ܙܕܩ ܡܬܠܠ ܕܠܐ ܡܫܠܡ
ܫܡܫܬܐ. ܘܐܝܠܝܢ ܕܠܚܡܝܢ ܐܣܦܪ̈ܓܝܐ ܘܫܘ̈ܩܐ ܡ̈ܠܝܐ ܒܕܘ̈ܟܝܬܐ
ܫ̈ܒܬܐ ܕܠܒܝܬ ܡܫܬܥܬܐ ܘܫܘܬܐ ܕܡܢ. ܘܠܒܒܐ [15]ܕܡܬܠܠ
ܠܒܝܬܗ ܒܠܚܘܕ ܒܢܝ̈ܬܐ ܗܢܝܢ. ܘܐܢܫ ܡܠܟܐ ܒܢܫܐ ܕܢܓܢܝܢ
ܫܘ̈ܒܩܗ، ܒܠܚܘܕ. ܡܠܟܐ [16]ܐܡܪ. ܕܠܝܬ ܕܡܫܬܚܠܦ ܐܝܟ
ܐܡܗ ܕܓܒܪ. ܒܠܚܘܕ [17]ܐܡܪ. [18]ܕܐܘܪܚܒ ܕܒܘ̈ܬܐ [19]ܒܒ̈ܬܝܢ
ܕܢܬܚܡܝܢ. ܐܢܬܬ ܐܐܪܒܠܬܐ ܕܡܬܦܠܣܐ [20]ܒܝܬ ܒܒܪܐ. ܘܒܒܪܐ
132v ܕܡܚܝܢ ܠܒܝܬ ܘܚܫܒܐ ܕܐܡܪ ܫܪܪܐ. ܘܒܒܪܐ *ܕܚܫܒܐ ܒܦܪ
ܒܝܬܗ ܘܚܫܒܐ ܕܢܦܩܢ ܢܦܫܗ. ܘܒܒܪܐ [21]ܪܘܚܐ ܘܫܬܝܪܐ
[22]ܘܚܫܒܐ [23]ܠܬܫܘܝܬܗ ܘܢ̈ܝܚܘܗ، ܘܠܡܬܒܪܘ ܥܦܪ. ܡܠܟܐ [24]ܐܡܪ. ܠܗ،
ܗܕܐ ܕܒܬܐ ܡܢ ܡܢܗ ܗܘܬ. ܒܠܚܘܕ [25]ܐܡܪ. [26]ܕܐܘܪܚܒ ܒ̈ܝܬ

---

1 + ܐܡܗ ܕܓܒܪ b d. 2 ܐܡܪ < b. 3 ܐܘܪܚܐ b. 4 ܕܢܥܒܪ b, ܕܢܥܒܘܪ a c; ܕܢܥܒܪ d. 5 ܕܡܬܪܒܒܬܗ. 6 Sic! 7 ܕܢܥܒܘܪ. 8 ܘܬܘܪܐ ܕܦܕܢܐ ܠܒܪܐ b d. 9 ܦܘܩܐܝܬ a, so oder ܦܘܬܩܐܝܬ c. 10 ܐܡܪ < b. 11 ܕܠܐ a d. 12 ܐܡܪ < b. 13 ܐܘܪܚܐ b. 14 ܠܐ a c. 15 ܡܬܠܠ a c. 16 ܐܡܪ < b. 17 ܐܡܪ < b. 18 ܐܘܪܚܒ b 19 ܒܒ̈ܬܝܢ b. 20 ܒܝܬ. 21 ܐܪܘܚܐ b d. 22 ܕܚܫܒܐ b d, ܚܫܒܐ a c. 23 ܠܬܫܘܝ̈ܬܗ، ܢ̈ܝܚܘܗ، a. 24 ܐܡܪ < b. 25 ܐܡܪ < b. 26 ܐܘܪܚܒ a c.

ܘܙܢ ܠܐܢܫ ܕܢܕܥ ܐܢܫ ܡܢ ¹ܡܕܡ ܒܕܝܢܐ. ܗܘ ܕܡܠܦ ܠܡܕܒܪ
ܡܪܒܐ ܒܗ ܒܡܠܒ̈ܒܐ. ܘܡܢ ܡܕܡ ܕܒܝܐ ܡܠܦ ²ܫܘܪܝܐ ܠܢܦܫܗ
ܘܠܐܬܪܗ. ܘܐܝܟܢܐ ³ܕܡܬܦܠܓܢ ܒܙܒܢܘܬܐ ⁴ܘܦܠܓ̈ܢܘܗܝ، ⁵ܒܬܪ̈ܐ
ܘܕ̈ܟܠܐ ܐܬܘܬܗܘܢ ܘܕܠܐ ܙ̈ܒܢܐ. ܘܡܠܦ ܕܝܢܐ ܬܪܝܨܐ ܡܢ
ܡܕܡ ܕܒܝܐ ܕܠܐ ܢܦܩ ܒܐܦ̈ܐ ⁶ܘܠܐ ܫܦܠ ܫܘܝܐ. ܘܐܝܟܢܐ
ܕܐܝܬ ܠܗ ܒܗܬܪܐ ܘܡܢܝܢܐ ܪܒܐ ⁷ܘܙܘܡ ܕܝܠܦ ܐܢܫ ܢܚܫܒܐ
ܘܕܘܒܬܢܐ ܕܢܕܒ ܠܡܬܘܡܘ. ܘܐܝܟܢܐ ܕܡܬܠܐ ܠܗ ܠܗ ܒܒܪܐ ⁸ܪܒܐ
ܘܡܢ ܡܕܡ ⁹ܕܒܝܐ ¹⁰ܡܠܦ ܫܘܪܬܐ ܘܡܕܡ *ܕܙܘܢ. ܘܗܘ ¹¹ܠܐ 133r
ܡܫܬܘܚ ܘܗܘܐ [ܠܐ] ܡܬܬܫܝܦ ܘܠܐ ¹²ܡܬܕܟܠ. ܡܠܟܐ
¹³ܐܡܪ. ¹⁴ܠܐ ܦܠܓܬܐ ܡܫܬܚܠ ܐܝܬ ܘܠܐ ܒܫܬܐ. ܒܠܐܕ
¹⁵ܐܡܪ. ܐܪܒܐ ܐܢܘܢ ܕܠܐ ܡܫܬܚܠܦܝܢ ܦܠܓܬܐ ܘܒܫܬܐ.
ܐܝܢܐ ܕܒܪܝܗ ܒܒܐܒܐ ܒܫܡܝܐ. ܘܐܝܟܢܐ ܕܐܝܬ ܠܗ ܕܝܠܬܐ
ܘܒܬܪܬܐ ܡܢ ܡܠܟܐ. ܘܐܝܟܢܐ ܕܫܪܝܟ ܠܗܝܢ ܕܪܒ ܡܢܗ. ܘܐܝܟܢܐ
ܕܡܬܝܪܐ ܒܗ ¹⁶ܒܡܠܒ̈ܒܐ ܐܝܟܢܐ ܕܐܝܬܝܟ ܘܒܥܝܢ ܚܝܠܗ. ܡܠܟܐ
¹⁷ܐܡܪ. ܠܗ، ¹⁸ܡܪܟܒܐ ܗܘܬ ܠܝ ܐܡܬܗ ܕܒܪܝ. ܒܠܐܕ ¹⁹ܐܡܪ.
ܐܪܒܐ ܐܢܘܢ ܕܙܘܢ ܕܢܫܬܡܫ ܐܢܫ. ܡܢ ܠܒܗ ܒܠܚܘܕ ܗܘܦ̈ܟܗܘܢ،
ܕܒܠܒܐ. ܡܢ ܚܘ̈ܫܒܐ. ܘܒܠܗ ܒܚܙܬܐ ܚܠܦ ܢܦܫܐ. ܘܢܦܫܐ
ܚܠܦ ܡܠܟܐ. ܘܡܠܟܘܬܐ ܕܢܒܘ ܡܠܟܐ ܢܬܒܥ. ܡܠܟܐ ܐܡܪ.
ܕܦܠܓ ܠܦܬ ܦܘܠܚܢܐ ²⁰ܒܠܐܕ. ܒܠܐܕ ²¹ܐܡܪ. ܐܪܒܐ ܐܢܘܢ

---

¹ ܡܕܡ < a. ² ܫܘܪܝܐ a. ³ ܕܡܬܦܠܓܢ b. ⁴ ܘܦܠܓ̈ܢܘܗܝ b, ܘܦܠܓܐ ܒ̈ܢܘܗܝ d. ⁵ ܒܬ' ܘܕ' ܐܬܘܬܗܘܢ bd. ⁶ ܘܕܠܐ bd.
⁷ ܘܙܘܡ ac. ⁸ ܪܒܐ a. ⁹ ܒܝܐ. ¹⁰ ܡܬܠܦ bd. ¹¹ ܕܠܐ.
¹² L. ܡܬܕܟܠ? ¹³ ܐܡܪ < b. ¹⁴ ܕܠܐ bd. ¹⁵ ܐܡܪ < b.
¹⁶ ܒܡܠܒ̈ܒܐ. ܘܐܝܟܢܐ. ¹⁷ ܐܡܪ < b. ¹⁸ ܡܪܟܒܐ bd, ܡܪܟܒܐ
ܐܝܟܢܐ ac. ¹⁹ ܐܡܪ < b. ²⁰ ܒܠܐܕ < ac. ²¹ ܐܡܪ < b.

¹ܕܪܘܕܡ ܠܗܘܢ ܕܐܬܠܩܘܢ *ܬܘܡܘܬܐ. ܐܝܟܢܐ ܕܟܠܬܐ ܦܓܪܗ 133v
ܒܡܫܚܘܬܐ. ܘܐܝܟܢܐ ܕܢܦܩܬ ܘܡܫܬܘܕܥܢܘܬܗ. ܘܐܝܟܢܐ ܕܡܟܝܠ ܠܡܫܡܥ
ܡܫܡܥܘܬܐ. ܘܐܝܟܢܐ ܕܐܬܝܗܘܢ ²ܦܪܘܫܐ ܘܠܐ ܡܩܒܠ ³ܬܘܡܘܬܐ.
ܡܠܟܐ ⁴ܐܡܪ. ⁵ܠܐ ܪܘܕܡ ܕܢܬܟܠ ܥܠܝܟ ܐܚܝ. ܒܠܐܕ ⁶ܐܡܪ.
ܐܘܟܝܢܐ ܐܝܟܢ ܕܠܐ ⁷ܪܘܕܡ ܠܐܚܝ ܕܢܬܬܟܠ ܥܠܝܗܘܢ. ⁸ܥܠ ܚܘܒܐ
ܫܘܟܢܐ. ⁹ܘܥܠ ܚܘܬܐ ܒܫܒܬܐ ¹⁰ܘܥܠ ܒܢܝܐ ܒܥܠܐ ܘܢܦܩܐ
¹¹ܘܥܠ ܕܐܡܪ ܥܠ ܕܠܐ ܕܠܗ ܘܥܠ ܦܓܪܐ ܡܫܬܪܝܢܐ. ܡܠܟܐ
¹²ܐܡܪ. ܒܢܝܐ ܒܪ ܚܐܪܐ ܠܐ ܪܘܕܡ ܕܢܬܟܠ ܒܐܚܝ. ܒܠܐܕ
¹³ܐܡܪ. ܥܡ ܐܘܟܝܢܐ ܐܢܫܝܢ ܠܐ ܪܘܕܡ ¹⁴ܠܡܬܟܠ ܘܠܡܬܬܟܠܘ.
ܐܝܟ ܙܒܢܐ ܥܡ ¹⁵ܡܕܘܢܝܬܐ. ܘܒܢܝܐ ¹⁶ܥܦܪ ܢܚܘܫܐ ܘܫܢܝܢܐ.
ܘܠܐ ܥܡ ܫܪܟܐ ܘܠܐ ܥܡ ¹⁷ܪܘܚܐ ܘܫܪܟܐ. ܡܠܟܐ ¹⁸ܐܡܪ. ܠܐ
ܪܘܕܡ ܠܝ ܕܐܬܬܟܠ ܒܥܝܢ ܕܡܬܠܬ ܐܪܐܕ. ܒܠܐܕ ¹⁸ܐܡܪ. ܐܘܟܝܢܐ
134r ܐܝܟܢ ܕܠܐ ܡܬܬܟܠܝܢ *ܥܡ ܫܪ̈ܕܐ. ܐܝܟܢܐ ܥܡ ܠܠܝܐ. ¹⁹ܘܡܘܪܐ
ܥܡ ܫܘܒܟܐ. ²⁰ܘܫܟܝܚܐ ܥܡ ܡܪܝܐ. ²¹ܒܥܠܬܐ ܥܡ ܒܫܬܐ.
ܡܠܟܐ ²²ܐܡܪ. ²³ܠܐ ܪܘܕܡ ܠܡܥܒܪ ܒܥܝܢ. ܒܠܐܕ ²⁴ܐܡܪ. ܥܡ
ܐܘܟܝܢܐ ܠܐ ܪܘܕܡ ܠܡܥܒܪ. ܥܡ ܐܢܬܬܐ ܘܒܢܝܐ ܘܬܠܡܝܕܐ
ܕܠܐ ܘܒܢܝܐ ²⁵ܦܟܝܐ ܘܫܠܝܛܐ ܐܚܪܢܐ. ܡܠܟܐ ²⁶ܐܡܪ. ܗܝܟ

---

1 ܕܠܗ ܪܘܕܡ ܕܐܬܠܩܘܢ b d. 2 So B; ܦܪܘܫܐ a, ܦܪܘܫܒܐ oder ܦܪܝܫܒܐ b, ܦܪܝܫܒܐ c d. Vielleicht ܦܠܘܫܒܐ? 3 L. ܬܘܡܘܪܬܐ? 4 ܐܡܪ < b.
5 ܕܠܐ b d. 6 ܐܡܪ < b. 7 ܪܘܕܡ < a. 8 ܥܠ < a b c. 9 ܘܚܘܬܐ b c, ܘܚܘܐ a. 10 ܒܢܝܐ b, ܘܒܢܝܐ a c. 11 ܘܕܒܡܡ a b c. 12 ܐܡܪ < b.
13 ܐܡܪ < b. 14 ܠܡܬܟܠܝܢ b. 15 ܡܕܘ̈ܢܝܬܐ a. 16 ܥܦܪܐ ܕܢܚܘܫܐ a c. 17 ܪ̈ܘܚܐ a. 18 ܐܡܪ < b. 19 ܘܡܘܪܐ b d. 20 ܘܫܟܝܚܐ b d.
21 ܘܒܥܝܢܬܐ ܥܡ ܒܥܠܬܐ b d. 22 ܐܡܪ < b. 23 ܕܠܐ a d.
24 ܐܡܪ < b. 25 ܦܟܝܐ c d. 26 ܐܡܪ < b.

¹ܡܚܣܢ ܐܝܟ ܒܗ̇ ܫܪܝܐ ܐܝܟ ܫܬܬܚܣܪ ܐܠܩ̈ܐ ܢܩ̈ܝܐ ܘܠܡܫܬ
²ܒܝܬܗܘܢ ܐܟܙܢ ܕܓܘܦܐ. ܒܠܥܕ ³ܐܡܪ. ܕܒܐܒܕܢܐ ⁴ܕܗܠܝܢ
ܫܡܗܐ ܐܢܘܢ ⁵ܕܐܒ̈ܗܐ ܠܐ ܐܢܘܢ ܕܡܢܝܢܐ ܐܝܬ. ⁶ܚܕ ܒܗ̇ ܐܝܬܘܬܐ ܦܫܝܛܬܐ
⁷ܗܝ. ܘܒܗ̇ ܐܝܬܘܬܗ̇ ܠܝܠܦܬܐ ⁸ܘܡܫܪܝܬ ܕܘܟܝ̈ܐ. ⁹ܘܒܗ̇ ܐܝܬܘܬܗ̇
ܡܕܪܫܬܐ. ¹⁰ܘܒܗ̇ ܐܝܬܘܬܗ̇ ܪܚܝܠܬܐ ¹¹ܘܩܢܝܬ ܕܘܟܝ̈ܐ. ¹²ܘܒܗ̇ ܠܐ
ܐܪܡܟܐ ܠܒܥܠܗ̇. ܡܠܟܐ ¹³ܐܡܪ. ܐܝܟ ܟܠ ܫܘܒܠܗ̇ ܕܐܬܪܐ ܕܝܪ
ܡܫܡܫܢܐ. ܒܠܥܕ ¹⁴ܐܡܪ. ¹⁵ܕܒܐܒܕܢܐ ¹⁶ܕܗܠܝܢ ܫܡܗܐ ܐܢܘܢ ܕܗܝ
ܠܐܝܬ ܕܐܝܬܘܬܗܘܢ. ¹⁷ܒܗ̇ ܐܝܬܘܬܐ ܒܝܢܬܗܘܢ ¹⁸ܕܐܒ̈ܗܐ. ¹⁹ܒܗ̇ ܫܪܝܪ ܐܝܬ
ܒܦܪܨܘܦܗ̇. ²⁰ܘܒܗ̇ ܫܡܝܫܘܬܐ ܘܕܒܝܬܘܬܐ. ²¹ܘܒܗ̇ ܒܩܢܘܡܗ̇ *ܡܦܪܫܐ 134v
ܘܗܕܝܪܐ. ²²ܘܒܗ̇ ܡܦܪܝܫ ܐܢܫ. ܘܡܬܚܫܒܢܐ ܘܡܬܒܪܬܐ ܒܝܬܗ.
²³ܘܒܗ̇ ܪܫܡܐ ܒܟܠܗ̇ ܘܡܫܡܫܢܐ ܒܝܬܗ ܘܪܫܡܐ. ܡܠܟܐ ²⁴ܐܡܪ.
ܒܡܬܪܬܐ ܘܫܝܢܐ ܪܒܐ ܢܗܘܪܐ ܗܘܝܬ ܠܗܘܢ ܕܒܗ̇ ܗܘܐ ܠܗ ܠܐܦܪܐ.
ܒܝ̈ܬܐ. ܒܠܥܕ ²⁴ܐܡܪ. ܫܡܗܐ ܐܢܘ̱ ܕܪܫܡܝܢ ܩܢܝܐ ܘܡܬܪܬܐ
ܕܝܪ ܗܡ ²⁵ܢܦܫܗܘ̱. ܐܢܐ ²⁶ܕܐܙܠ ܠܡܪܟܒܐ ܘܪܫܠ. ܘܐܢܐ
²⁷ܕܡܫܝܬܗ ܫܠܠܐ ܘܪܕܐ ܒܝܢܐ ܡܚܠܠ ܒܡܬܪܬܐ. [...]. [...]

---

1 ܡܫܡܫܢܐ a. 2 ܒܝܬܗܘ̱. 3 ܐܡܪ < b. 4 ܕܫܡܗܐ (ohne ܕܗܠܝܢ) b. 5 ܕܐܒ̈ܗܐ < a c. 6 ܚܕ. ܒܗ̇ < a c, ܚܕ ܒܗ̇ ܐܝܬܘܬܐ < b. 7 ܗܝ. ܘܒܗ̇ ܐܝܬܘܬܗ̇ ܠܝܠܦܬܐ < a b c. 8 ܡܫܪܝܬ a b c. 9 ܘܒܗ̇ ܐܝܬܘܬܗ̇ < a b c. 10 ܘܒܗ̇ ܐܝܬܘܬܗ̇ ܪܚܝܠܬܐ < a b c. — ܪܚܝܠܬܐ: d ܘܕܠܓܗ. 11 ܩܢܝܬ a c, ܩܢܝܬ (sic) ܘܕܠܓܗ b. 12 ܘܒܗ̇ < a b c. 13 ܐܡܪ < b. 14 ܐܡܪ < b. 15 ܒܐܒܕܢܐ a. 16 ܕܫܡܗܐ (ohne ܕܗܠܝܢ) b. 17 ܒܗ̇ ܒܝܢܬܗܘܢ ܐܝܬܘܬܗܘܢ, ܕܐܒ̈ܗܐ b d. 18 ܕܐܒ̈ܗܐ gehört wohl hinter ܐܢܘܢ. 19 ܘܫܪܝܪ (sic) ܒܦܪܨܘܦܗ b. 20 ܘܒܗ̇ < a c. 21 ܘܒܗ̇ < a c, ܘܒܩܢܘܡܗ̇ b. 22 ܘܒܗ̇ < a c, ܘܡܦܪ̈ܝܫ b. 23 ܘܒܗ̇ < a c, ܘܪܫܡܐ b. 24 ܐܡܪ < b. 25 ܕܒܪܟܐ. 26 ܕܕܫܠ ܘܐܙܠ ܠܡܪܟܒܐ b d. 27 ܕܡܫܝܬܗ < b d.

¹ܕܒܟܐ ܕܬܐܘܕܘܪܘ̱ ²ܠܗܠܡܘ̱ ܒܢ̈ܝܢܫܐ. ܘܗܘ ܕܥܒܠ ܥܘܫܢܐ
ܘܡܠܟܐ ܕܝܢܐ. ܘܠܗܟܐ ³ܐܡܪ. ܣܦܩ ܠܝ ܟܠ ܟܠ ܕܢܣܒܬ. ܟܠܐܕ
⁴ܐܡܪ. ܒܗܠܝܢ [ܒܣܒܪܐ] ܕܡܬܚܫܝܢ ܒܢ̈ܝܢܫܐ. ܠܒܪܐ ܡܪܟܒܬܐ
⁵ܒܢܝܪܐ ⁶ܕܒܟܪ ܕܡܬܚܫܢܐ ܒܐܝܫܘܬ ܒܢ̈ܝܢܫܐ. ⁷ܘܠܒܪܐ ܠܢܝܪܐ
⁸ܡܢ ܙܘܒܐ ܕܙܘܪܒ ܕܡܬܚܫܢܐ ܣܝܦܘܬܗ. ⁹ܘܠܒܒܪܐ ܪܒܐ
135 r ¹⁰ܒܡܒܝܒܘܬܗ *ܕܡܬܚܫܢܐ ܗܘܝܘ. ¹¹ܘܠܒܪܐ ܒܒܪܐ ¹²ܒܒܘܬܐ
ܕܡܠܝܐ ܠܗ ¹³ܕܡܬܚܫܢܐ ܡܢܗ ¹⁴ܒܪܝܫܝܬ ܒܢ̈ܝܢܫܐ. ܘܠܒܪܐ ܬܠܝܬܐ
¹⁵ܡܢ ܫܘܒܚܐ ܕܡܬܚܫܢܐ ¹⁶ܕܬܪܝܨܘܬܗ. ¹⁷ܘܠܒܪܐ ܪܚܡܐ
¹⁸ܕܡܬܩܪܝܐ ܕܡܬܚܫܢܐ ¹⁹ܠܡܬܪܘܬ ܫܘܒܚܐ. ²⁰ܘܠܒܪܐ ܒܢܝܐ
ܘܫܦܝܠܐ ²¹ܒܐܘܠܨܢܗ ܕܡܬܚܫܢܐ ܒܚܘܪܬܗ. ²²ܘܠܒܪܐ ܙܕܝܩܐ
²³ܕܡܬܥܒܕܬܐ ܐܢܫܝܬܐ ܕܡܬܚܫܢܐ ܡܫܒܚܘܬܗ. ²⁴ܘܠܒܪܐ ܥܦܝܐ
ܕܡܗܝܡܢܘܬܐ ܒܡܬܪܫܡܢܘܬܐ ²⁵ܕܡܬܚܫܢܐ. ²⁶ܘܠܒܪܐ ܕܡܣܒܒܢܐ
ܕܡܣܒܪ ܕܡܣܟܢܘܬܗ ܕܡܬܚܫܢܐ ܒܡܠܒܪܬ ܪܘܚܗ. ܘܠܗܟܐ ²⁷ܐܡܪ.
²⁸ܕܒܫܡܬܐ ܕܡܠܠ ܐܢܬ ܡܢܟ ²⁹ܟܠܐܕ. ܟܠܐܕ ³⁰ܐܡܪ. ܒܣܒܪܐ

---

1 ܒܟܐ a c, ܕܒܟܝܐ b. 2 ܠܗܠܡܘ̱. 3 ܐܡܪ < b. 4 ܐܡܪ < b. 5 ܕܒܢܝܪܐ b, ܕܡܢ ܢܝܪܐ d. 6 ܕܒܟܪ ܕܡܬܚܫܢܐ < b. 7 ܘܠܒܪܐ < b. 8 ܕܡܢ a c d. 9 ܠܒܪܐ b. 10 ܒܡܒܝܒܘܬ ܗܘܝܘ. (ohne ܕܡܬܚܫܢܐ) b, ܒܢܣ ܒܡܒܝܒܘܬܗ d. 11 ܘܠܒܪܐ < b. 12 ܕܒܒܘܬܐ. 13 ܕܡܬܚܫܢܐ ܠܗ ܡܢܗ b. 14 ܒܪܝܫܝܬ ܒܢ̈ܝܢܫܐ < b. 15 ܕܡܢ a c d, ܡܢ ܫܘܒܚܐ ܕܡܬܚܫܢܐ < b. 16 ܬܪܝܨܘܬܗ a c d. 17 ܘܪܚܡܐ b. 18 ܕܡܬܩܪܝܐ ܕܡܬܚܫܢܐ < b. 19 ܕܠܡܬܪܝܨ ܐܘ ܬܘܫܒܘܚ b (!). 20 ܘܒܢܝܐ b, ܘܠܒܪܐ ܠܒܢܝܐ d. 21 ܕܒܐܘܠܨܢܗ a c d. 22 ܘܙܕܝܩܐ b. 23 ܕܡܬܥܒܕܬܐ b d. 24 ܘܥܦܝܐ b. 25 ܕܡܬܚܫܢܐ < b. 26 b einfach ܘܡܣܒܒܢܐ ܒܡܠܒܪܬ ܪܘܚܐ. 27 ܐܡܪ < b. 28 ܒܫܡܬܐ b. 29 ܟܠܐܕ < a c. 30 ܐܡܪ < b.

ܐܝܟ ¹ܕܡܫܡܠܝܢ ܒܫܠܡܘܬܐ. ²ܓܒܪܐ ܡܠܟܐ ܒܪ ³[ܠܐ] ܗܘܐ.
[ܘܗܘܢܐ ܕܠܐ ܡܬܚܙܐ.] ⁴ܘܡܬܚܙܝܢܐ ܕܠܐ ⁵ܡܬܚܙܝܢ. ⁶ܘܡܬܚܫܚܢܐ ܕܠܐ
ܡܬܕܪܟ. ܘܡܬܕܪܟܢܐ ⁷ܕܠܐ ܡܬܕܪܟ. ܘܡܬܚܫܢܐ ܕܠܐ ܚܫܝܫ. ܘܚܫܝܫܐ
135ʳ ܠܐ ⁸ܡܬܡܫܚܢܐ. ܘܕܝܢܐ ܕܠܐ ܡܬܕܝܢܐ. *⁹ܘܐܝܠܢܐ ܕܡܪܝܡ ܘܠܐ
ܡܬܡܟܟ. ¹⁰ܘܗܘ ܕܢܗܪ ܘܟܠܗ ܕܢܬܬܠܘܢ ܡܢ ܟܢܝܫܐ. ܡܠܟܐ ¹¹ܐܡܪ.
¹²ܕܠܐܝܬ ܒܠܥܕ. ܘܐܦ ܠܐ ܬܗܘܐ ܐܠܐܝܬ. ܒܠܥܕ ¹³ܐܡܪ. ܒܫܪܪܐ
ܐܝܟ ܕܠܐܝܢ ܘܐܦ ܠܐܣܝܪܐ ܡܠܐܝܢ. ¹⁴ܐܝܢܐ ܕܬܘܠܝܘܬܗ ܕܟܠ.
ܘܬܫܒܘܚܬܗ ܫܒܝܚܝܢ. ¹⁵ܘܐܝܟ ܕܐܡܪܝܢ ܒܟܬܒܘܗܝ, ܘܠܐ ܡܬܚܫܒ.
¹⁶ܘܗܘ ܕܗܘܦܟ ܟܠܗ ܡܢܗ ܕܠܐ ܡܬܪܢܝܢ ܠܗ. ¹⁷ܘܐܝܟ ܡܬܥܒܪܐ
ܘܫܬܪܐ. ܐܦ ܪܘܚܐ ܥܒܘܕܐ ܗܘܝܐ ¹⁸ܡܫܡܫܢܘܬܐ. ܘܠܐ ܡܬܡܠܠ
ܒܠܫܢܐ. ܘܐܝܢܐ ܕܒܗ ܡܠܟܐ ܡܬܡܠܠ ܠܫܡܥ ܘܠܐ ܚܙܐ. ܘܐܝܟ
ܒܪܝܐ ܕܡܬܦܫܩ ܡܕܡ ܕܒܟܠ ܡܢܗ. ܘܡܠܟܐ ܗܠܟܐ ܕܠܐ ¹⁹ܡܬܕܒܪ
ܫܦܝܪ. ²⁰ܘܐܝܢܐ ܕܦܫܛ ²¹ܒܒܪܝܐ ²²ܐܚܪܢܐ ²³ܦܓܪܐ ܘܩܢܘܡܐ. ܘܐܝܢܐ
ܕܒܟܠ ܐܝܟ, ܘܠܐ ²⁵ܡܬܦܫܩ ܠܫܡܥܐ. ²⁶ܘܐܝܢܐ ܕܫܦܝܪ ܒܒܪܝܐ
ܕܠܐ ²⁷ܡܬܕܒܪ ܠܗ. ܗܘܝܢ ܒܠܥܕ ܥܠܡ. ܘܡܢ ²⁸ܫܬܐܣܬ ܕܡܠܟܐ
136ʳ *ܒܪܐ ܠܗ ܠܐܘܪܚܐ ܘܗܠܟ ܪܘܡ ܠܗ. ܘܡܢܗ ܒܡܗܘܬܗ ܘܗܘܝܐ

---

1 ܡܫܡܠܝܢ a c d. 2 ܓܒܪܐ < a. 3 Die folgenden Ergänzungen hat schon B (p. 112) vorgenommen. 4 ܡܬܚܙܝܢܐ b. 5 ܕܡܬܚܙܝܢ a c. 6 ܡܬܚܫܚܢܐ b. 7 ܠܐ ܡܬܚܫܚܢܐ a b c. 8 L. ܡܬܡܫܚܢܐ?? 9 ܘܕܡܪܝܡ b. 10 ܘܡܥܒܕܢܐ ܕܢܗܪ ܘܟܠܗ ܡܢ ܐܚܪܢܐ b. 11 ܐܡܪ < b. 12 ܕܠܐܝܬ b. 13 ܐܡܪ < b. 14 ܐܝܢܐ < b. 15 ܕܐܡܪܝܢ b, ܘܐܝܟ ܕܐܡܪܝܢ d. 16 ܘܕܗܘܦܟ b. 17 ܘܡܬܥܒܪܐ b. 18 ܡܫܡܫܬܐ a. 19 ܡܬܕܒܪܐ b d. 20 ܘܕܦܫܛ b. 21 ܒܒܪܝܐ a c. 22 ܐܚܪܢܐ b d, ܕܐܚܪܢܐ a c. 23 ܦܓܪܐ a c (ob = ܦܓܪܐ? Cf. ܦܓܪܢܘܬܐ P. Sm. 3178). 24 ܘܕܒܫܝܢܝܢ b. 25 ܡܬܦܫܩ < a. 26 ܘܕܫܦܝܪ b. 27 ܡܬܕܒܪܐ b. 28 ܕܫܬܐܣܬ b d.

ܠܫܪܬܗ̇. ܐܬܚܫܒ ܕܟܕ ܗܘܐ ܢܘܪܐ ܠܗ̇ ܡܠܟܐ ܪܫܡ ܠܝ ܕܠܒܢܝ ܐܢܐ ܠܗ̇ ܡܕܒܪܢܘܬܗ̇. ܡܛܠ ܕܫܦܪ ܒܥܝܢܘܗܝ [1]ܒܡܫܡܠܝܐ ܘܦܘܫ ܦܬ̈ܓܡܐ ܡ̈ܠܐ ܕܒܦܘܡܐ ܗܘܬ ܠܗ. ܘܠܐ ܐܬܚܫܒܬ ܒܗ ܘܠܐ ܐܫܠܡܬ ܠܡܪܕܘܬܐ. ܡܠܟܐ ܐܡܪ ܠܡܠܐܟ. ܕܐܬܚܘܝܬ ܠܝ [2]ܒܡܠܐܟ. ܘܗܫܐ ܠܐ ܡܫܡܠܠ ܐܢܬ. ܡܠܐܟ [3]ܐܡܪ. ܡܪܝ، ܐܢܐ ܡܫܡܠܐ ܘܡܗܕܝܢܐ ܘܒܡ̈ܢܝܢܐ ܗܘܝܢ [4]ܐܡܪܝܢܐ. ܕܟܠܗ̇ ܐܪܥܐ ܠܝܬ ܡܠܟܐ ܕܪܒܐ ܠܝ ܘܐܦܠܐ ܡܢ ܒܪܢܫܐ ܘܠܐ ܗܫܐ ܘܠܐ ܠܡܪܬܐ ܗ̇ܘܐ [5]ܐܫܬܘܝܬ. ܐܢܐ ܕܐܢܐ ܡܫܡܠܐ ܘܡܫܪܐ ܒܟܠ ܡܕܡ ܕܐܡܪܬܘܢ ܗܘܝܬܘܢ ܡܦܩܐ ܗܘܝܬ ܘܐܢܬܘܢ ܠܐ ܐܬܚܫܒܬܬܘܢ ܘܠܐ ܦܩܕܬܘܢ ܥܠ ܒܥܬܐ. ܐܠܐ ܐܢܬ ܡܪܝ، ܡܠܟܐ ܡܛܠ ܕܡܠܠܬܘܢ ܫܒܩܬܐ. ܡܕܡ ܕܠܐ ܒܥܕܢܐ ܠܐ ܦܩܕܬܘܢ. ܐܠܐ ܓܒ ܘܒܥܝܪ ܝܒܠܗܘܢ
136ᵛ ܡܢ ܚܠܫ ܘܟܠ̈ܝܬܐ ܕܚܠܫ *ܢܟܣܬܘܢ. ܘܐܝܟ ܡܠܟܐ ܠܒܗܘܢ ܡܢ ܡܠ̈ܘܫܐ ܕܒ̈ܥܝܐ ܕܢܫܡܥܘܢ ܐܘ ܢܩܪܐ ܠܗ ܡܫܬܒܥܝܢܘܬܘܢ. ܐܠܐ ܒܡܟܝܟܘܬܐ ܡܫܬܝܢܘܬܘܢ ܥܠ ܕܡ̈ܠܦܐ. ܘܐܝܢܐ ܕܠܐ ܡ——ܡ ܒܚܫܝܗܘܢ ܒܪ̈ܟܘܬܐ ܘܫܐ ܘܫܬܪ ܘܡܫܦܠ ܠܚܠܫ ܘܠܪܫܝܥܐ ܒܬܘܒܐ ܘܡܫܡܥܢܐ ܒܗ̇ܝܬ ܒܗ ܘܕܢܘܢ ܠܗ ܡܢ ܠܘܬܗ. ܘܟܕ ܡܠܦܐ ܡܘܡܠܐ ܐܫܬܟܚܘ ܫܘܒ̈ܩܘܗܝ، ܘܒܚܘܒ ܠܗ. ܐܠܐ ܐܢܬܘܢ ܒܗ، ܕܡܢ ܚܫܘܟܐ ܕܐܠܗ̈ܐ ܐܢܬܘܢ [6]ܒܡܟܝܟܘܬܐ [7]ܘܡܫܝܢܝܘܬܐ ܫܘܬܦܘܢ ܠܘܬ ܒܥܝܐ ܕܐܟܘܬܗ،. ܘܡܟܘܒܠ ܐܢܐ ܦܪܥܘܬܟܘܢ [8]ܐܢܐ ܒܥܝܐ ܘܡܗܕܝܢܐ ܕܠܐ ܦܩܕܬܘܢ [9]ܕܐܬܦܠܠ. ܘܗܫܐ ܡܦܠܓ ܐܢܐ ܒܦܠܓܪ، ܘܒܢܦܫ ܡܕܒܪܢܘܢ. ܘܐ ܠܦܪܝܫܘܬ ܒܟܪܝܬ [10]ܘܟܠܐ ܦܪܥܘܬ،.

---

1 ܒܡܫܡܠܐ a c. 2 ܒܡܠܐܟ < a c. 3 ܐܡܪ < b. 4 ܐܡܪ ܐܢܐ a.
5 ܐܫܬܘܝܬܘܢ b d. 6 ܒܡܟܝܟܘܬܐ. 7 ܘܡܫܝܢܝܘܬܐ (sic) b.
8 ܐܢܐ ܒܥܝܐ ܘܡܗܕܝܢܐ < a c. 9 ܘܐܬܦܠܠܬ b (ܘܐܬܦܠܠܬ d).
10 ܡܟܠ a b c.

ܘܐܦ̱ ܐܝܟ ܕܒܪܐ ܕܠܐ ܥܡܠ ܦܘܪܩܢܐ [1]ܕܡܪܢ ܘܡܠܟܐ ܕܪܘܚ
[2]ܦܘܪܩܢܐ ܕܡܪܢ. ܐܝܬܘ̱ [3]ܥܠܝܠܘܬܗܘ̱ ܟܠ ܕܦܘܪܩܢܗܘ̱ ܠܡܟܒܪ.
137r ܟܡܗ. ܡܪܟܒܢܘ̱ ܡܛܠ ܐܢܐ. [4]ܐܡܪܝܢܢ ܚܢܢ. [5]ܘܒܪ ܥܒܕ *ܡܠܟܐ
ܕܐܡܪܝܢܢ ܒܕܚܝܠ ܚܢܢ. ܫܪܝ ܫܪܪܘܬܐ ܕܟܬܒܐ [6]ܘܐܡܟܝܪ ܠܗ ܠܟܠܐܕ.
[7]ܕܐܢܐ ܠܐ ܐܬܚܫܒܬ ܒܠܚܘܕ ܡܛܠ [8]ܕܡܒܥܢܐ ܕܪܘܫܡ ܐܝܬ ܠܗ
[9]ܒܡܘܫܚܬܐ ܡܫܡܠܝܐܝܬ[10]. ܘܐܦ ܡܫܪܪܐ ܐܝܬ ܗܘܐ ܠܗ ܟܠ ܡܫܡܫܬܟ
ܕܟܒܪ ܠܐ ܡܠܠܐ ܠܟ ܐܡܪ̇ܐ. [11]ܘܐܝܟ ܕܫܟܚ ܫܪܝܬ [12]ܐܡܪ̇ܐ. ܘܡ̈ܠܐ
ܡܫܝܚܬܐ ܐܡܟܪܬ ܠܗ. ܡܟܒܢܐ ܕܠܐ ܗܘܐ ܡܛܠ ܒܠܒܒܘܬܐ ܐܠܐ
ܡܛܠ [13]ܕܝܠܝܬ [14]ܗܘܬ ܒܢܫ̈ܐ ܡܟܪ̈ܬܗ [15]ܐܡܟܝܪܬ ܗܘܬ. ܘܪܕܡ ܗܘܐ
[16]ܠܗ ܠܡܫܟܢܘ ܘܠܡܦܠܓ ܡܟܢܗ. ܡܛܠ ܕܐܢܐ ܐܫܟܠܬ ܘܐܝܬ ܠܗ
ܡܟܬ̇. ܗܘ̣ ܟܪ ܦܠܚܬ ܦܬܓܡܐ ܕܟܡܘܪܐ ܐܡܟܪܝܬ ܡܛܠ ܢܫܒܢܐ
ܕܠܗ. ܘܠܐ ܡܟ ܗܘܝܬ. ܕܟܪܪܐ ܐܡܟܪܬ ܠܟ ܡܟܪܡ ܕܐܡܟܪܬ.
ܐܠܐ ܐܫܟܪܬ [17]ܕܠܟ ܡܫܘܟܐ ܐܢܐ. ܘܗܘܪܐ ܡܒܒܢܐ ܕܐܢܝܬ
ܢܟܒܬ. ܕܐ̱ [18]ܡܫܟܘܪܐ ܐܢܐ ܕܟܫ̈ܢܐ ܐܝܬܘܗ̇. ܡܫܪܐ ܦܩܪ
ܘܦܠܠܡ ܠܗ. [19]ܚܘܣ ܕܐܢܐ ܗܪܐ ܐܟܒܪ. ܐܠܐ [20]ܡܟܡܒܠ ܐܢܐ
137v ܠܒܘܬܐ ܕܗܪܐ ܠܒܬܐ *ܒܟܪܬ ܒܝ. ܐܠܐ ܙܠ ܘܠܐܠܝܬ [21]ܘܐܝܬܝܗ̇
ܠܐܝܪܐ [22]ܕܐܚܝܕܗ̇ ܐܝ̱ ܙܥܘܪܝܬ ܚܢܐ ܘܠܐ ܡܟܬܐ. ܘܡܠܐܪ.

---

1 ܕܡܪܢ < b d. 2 ܦܘܪܩܢܐ ܕܡܪܢ < a c. 3 ܥܠܝܠ ܐܝܠܘ̱ (sic!) b d. 4 ܐܡܪܝܢܢ ܚܢܢ < b d. 5 ܘܡܠܟܐ ܒܪ ܥܒܕ ܕܐܡܪܝܢܢ b d. 6 ܘܡܫܪܪܘܬܐ ܐܡܟܝܪ a c d. 7 ܐܢܐ a c. 8 L. ܕܡܒܥܬ? 9 ܘܒܡܘܫܚܬܐ a c d. 10 + ܪܘܫܡ ܐܝܬ ܠܗ d. 11 ܕܐܝܟ ܫܟܚ b d. 12 ܐܡܪ̇ܐ < b. 13 ܕܝܠܝܐ b, ܕܝܠܠܐ d. 14 ܗܘܬ < a c. 15 ܐܡܟܝܪܬ ܗܘܬ < a c. 16 ܠܗ < b d. 17 ܠܟ d. 18 ܡܫܟܘܪܢܐ b. 19 ܘܚܘܣ b. ܘܚܘܣ d. 20 ܡܟܡܒܠܢܐ b d. 21 ܘܐܝܬܝܗ̇ a b c (ܘܐܝܬܝܬܘ d). 22 ܕܐܚܝܕܗ̇ b d.

ܢܦܩ ܒܫܪܒܬܐ ܪܟܝܬܐ ܘܐܠܒܫܗ̇ ܠܐܝܕܐ ܕ[1]ܘܝܬܒܗ̇. ܘܡܫܒܚܢܐ ܫܦܝܪܐ ܗܘܬ ܘܡܕܪܝܐ ܐܝܟ ܕܡܢ ܐܠܗܘܬܐ ܐܬܝܠܕܬ. ܘܒܠܥܬ [2]ܩܕܡ ܡܠܟܐ. ܘܒܪ ܫܡܗ ܫܪܝ، ܫܪܒܬܐ ܕܟܬܐ. ܘܠܐ ܫܡܥܢ ܘܒܟܐ. ܘܫܪܝ ܠܡܡܠܠܘ ܒܡܬܗ̇ [3]ܘܡܫܒܚܢܐ ܕܡܟܝܐ ܗܘܬ ܒܒܢܘܗ̇، ܐܝܟ ܗ̇ܘ ܕܒܡ ܡܬܝܬܐ ܡܡܠܠ. ܘܐܡܪ ܠܗ̇. ܕܡܢ ܗܫܐ ܟܠ ܕܪ̈ܝܢܐ [4]ܐܝܬܝ، ܒܒܪ،. ܡܛܠ ܕܠܐ ܡ̈ܗܦܟܢ ܐܢܐ ܡ̈ܫܠܝ. ܘܐܡܪܐ ܐܡܪܬ. ܕܐܝܬܝܗܘܢ ܐ[5]ܡܟܝܢܐܝܬ ܘ[6]ܠܟܠܗ ܫܪܒܬܐ ܬܫܒܘܚܬܐ ܠܗܘܢ ܡܛܠ ܗܕܐ ܡܬܬܘܣܦܢܘܬܐ ܗ̇ܝ. ܐܠܐ ܐܦ ܡܛܠ ܐܠܗܘܬܗܘܢ ܘܡܪܕܝܘܬܗܘܢ ܠܐ ܙܕܩ ܗܘܐ ܕܬܗܘܐ ܠܗܘܢ ܒܠ ܒܪܘܬܐ. ܡܛܠ [7]ܕܐܦ ܒܡܕܡ ܕܐܢܐ ܗܒܪܬ ܡܛܠ [8]ܒܫܡܗܬ ܠܟ، ܐܝܟ ܕܒܫܪܬܗܘܢ ܒܠ ܡܦܠܬܐ ܗܘܝܬ. ܘܐܦ

138 r ܠܟܠܗ ܠܐ ܡܬܕܒܪܝܢ ܗܘܝܬܘܢ *ܠܝ ܫܘܢܐ ܗܘܝܬ. ܐܠܐ ܐܝܬܝܗܘܢ ܐܠܗܝܬ ܒܒܪܬܗܘܢ ܒܪ ܗܘܐ ܡܟܠܗܘܢ ܦܪܘܫܘܬܗ ܕܟܠܐܪ ܕܠܐ ܡܠܠܝ. [9]ܐܠܐ ܐܦ [10]ܟܠܐܪ ܬܘܒ ܒܗ̇، ܕܬܒܥܠ ܗܘܐ ܒܠ ܐܠܗܘܬܗܘܢ ܘܐܦ ܗܘ [11]ܐ ܠܘ ܢܦܪ [12]ܫܘܒܐ ܘܡܪܚܡܢܐ ܗܘܐ. ܘܐܦ ܐܝܟ ܕܒܫܪܬܗܘܢ ܒܒܪ ܗܘܐ ܠܗ. ܒܪܝ ܐܒܪ ܗܘܐ [13]ܗ̣ܘ ܡܘܡܣܗ ܒܗܘܢܐ ܙܪܟܐ. [14]ܘܡܠܟܐ ܐܡܪ ܠܟܠܐܪ. [15]ܠܝ ܦܪܘܬܐ ܡܟܢܬܐ ܒܒܪܐ ܠܝ ܠܗܬ، ܕܠܐ ܡܟܝܢܐ [16]ܕܢܒܫܘܢ ܡ̈ܠܟܐ [17]ܒܡܫ̈ܒܕܢܘܬܗܘܢ [18]ܐܒܗܬܗ̇ ܕܗܡ ܟܪܐ ܘܡܠܟܐ ܡܢ ܗܪܐ [19]ܕܒܒܪܐ ܠܝ. ܘܡܡܠܠ ܐܢܐ ܦܪܘܬܟ. ܒܪ ܢܦܫܐ ܗܪܐ

---

[1] ܝܬܒܗ̇ b. [2] ܠܩܕܡ b d. [3] ܗܡܒܟܐ a c. [4] ܐܝܬ. [5] ܐܡܟܝܢܐܝܬ < a c. [6] ܠܟܠܗ a c. [7] ܕܒܡܕܡ. [8] ܒܫܡܗܬ ܒܪܘܬ، (sic) b, ܒܫܡܗܬ ܒܪܘܬ، d. [9] + ܠܗ b d. [10] a c ܗܘ statt ܬܘܒ ܟܠܐܪ. [11] + ܬܘܒ b d. [12] + ܗܘܐ a. [13] ܒܡܘܡܣܗ (ohne ܗܘ) a c. [14] ܡܠܟܐ a b c. [15] ܕܠܝ b d. [16] ܡܫܒܚܢ b d. [17] ܡܫܒܕܢܘܬܗܘܢ (sic) b, ܡܫܒܕ ܠܗܘܢ d. [18] ܐܒܗܬܗ̇ ܐܝܟ ܦܪܘܬܐ ܕܟܪܐ b d. [19] ܕܒܒܪ b c d.

ܫܒܝܚܘܬܐ ܕܗܘܝܢ ܙܢܝܫ ܗܘܝܬ ܠܗ̇ ܢܨܝܚܬ ܠܝ. ܐܠܐ ܐܝܟ ܕܗܢ
ܦܘܪܫܢܐ ܕܝܠܝ ܡܬܠܝܐ ܗܘܬ. ܘܐܢܬ ܒܥܝܬ ܠܗ̇ ܡܢܝܚܘܬܐ. ܘܡܫܟܚܘܬܗ̇
ܠܝ ܒܫܝܢܐ. ܘܗܫܐ ܗܐ ܡܫܠܡ ܐܢܬ ܒܠܗ̇ ܡܠܟܘܬܝ. ܘܟܠ
[1]ܕܢܝܪܐ ܐܢܬ ܠܡܥܒܕ ܒܪ ܢܒܝܐ [2]ܐܢܬ. ܘܠܐܝܕ *ܐܡܪܬ. [3]ܐܢܐ 138v
ܒܥܒܕܘܢ ܡܫܒܘܢ ܒܪܝܐ. ܕܡܢܝܠ ܘܠܗܠ ܢܩܒܘܬܐ ܕܗܘܝܐ ܪܒܐ
ܕܒܗܘܬܐ ܘܡܫܪܝܘܬܐ ܕܐܝܟ ܗܕܐ ܢܝܫܐ ܠܗ̇ ܠܐ ܬܥܒܕܘܢ.
ܘܠܐ ܐܢܐ ܡܛܠ ܒܡܪܐ ܗܠܝܢ ܠܐܢܫܘܬܐ ܕܐܝܟ ܗܕܐ ܕܒܡܥܪܬܐ
ܒܠܗ̇ ܒܪܬ ܦܫܟܐ ܠܝܬ ܠܗ̇ ܒܡܘܪܗܒܐ ܠܐ ܬܦܘܩ ܒܫܝܬܐ.
ܐܠܐ ܒܡܘܟܠܐ ܢܩܘܐ ܡܥܕܡ [4]ܕܒܥܕܬܘܢ. ܡܠܟܐ ܐܡܪ.
[5]ܕܫܒܝܚܐܢܝܬ ܘܫܪܝܪܐ ܐܡܪܬ. ܘܐܦ ܐܢܐ ܡܩܒܠ ܐܢܐ. [6]ܘܠܘ
ܡܛܠ ܕܗܘܝܐ ܪܒ. ܐܠܐ ܡܛܠ ܡܬܬܦܝܣܢܘܬܐ ܕܡܛܠܬ ܗܕܐ
ܪܒܢܘܬܐ ܐܦ ܒܥܕܐ ܚܕ ܙܒܘܪܐ ܢܬܪ ܒܒܘܝܐ ܒܒܪ ܐܢܐ. ܗܕܝܢ
ܬܠܒܫܬܐ ܗ̇ܝ، ܒܗ ܡܗܝܡܢܘܬܐ ܕܪ̈ܘܚܢܝܬܐ ܘܐܬܪܐ ܚܕ ܝܗܒ
ܠܐܢܪܕ. [7]ܘܠܟܠܐܕ ܝܗܒ [8]ܐܬܪܐ ܚܕ ܢܛܪܐ ܘܐܫܠܡܗ̇ ܥܠ ܟܠܗ̇
[9]ܡܠܟܘܬܗ. ܘܡܠܟܐ ܒܚܕܘܬܐ ܪܒܬܐ ܥܠ ܠܦܠܛܝܢ ܕܝܠܗ. ܘܡܬܪܡ
ܟܠܐܕ [10]ܗܘ ܘܐܢܪܐܕ ܐܬܡܠܟܘ ܥܡ ܫ̈ܢܝܐ *ܘܠܗܘܢ [11]ܒܪ̈ܟܡܢܐ 139r
ܡܛܠ ܘܐܘܒܕܘ. ܘܡܠܟܐ ܥܡ ܫ̈ܪܘܗܝ، ܘܪ̈ܘܪܒܢܘܗܝ، ܚܕܘܬܐ
ܘܦܨܝܚܘܬܐ ܗܘܬ [12]ܠܗܘܢ ܘܫܒܚܘ [13]ܘܐܘܕܝܘ ܠܐܠܗܐ [14]ܘܡܪܒܝܢܗܘܢ،
[15]ܠܡܫܝܬܐܪܘܢ ܘܡܠܟܘ ܠܦܪܘܬܗ. ܕܡܛܠ ܫܒܝܚܘܬܗ ܡܠܟܐ ܐܬܦܠܛ
ܡܢ [16]ܒܫܘܬܐ. ܘܐܦ ܢ̈ܫܘܗܝ، ܘܒܢ̈ܘܗܝ، ܘܟܠܗܘܢ ܪ̈ܚܡܘܗܝ، ܘܫܒ̈ܒܘܗܝ،

1 ܕܢܝܪܬ b d. 2 ܐܢܬܝܢ b, ܐܢܬܝ c d. 3 ܕܐܢܐ b d. 4 ܕܒܥܕܬܘܢ b. 5 ܫܒܝܚܐܝܬ a c. 6 ܠܘ b c d. 7 ܘܟܠܐܪ b d. 8 ܬܒܪܐ (l. ܐܒܪܐ?) d. 9 ܡܠܟܘܬܐ a d. 10 ܗܘ ‿ b. 11 ܒܪ̈ܟܡܢܐ b. 12 ܠܗܘܢ < a. 13 ܘܐܘܕܘ. 14 ܘܡܪܒܘ a. 15 ܠܡܫܝܬܐܪܘܢ a c, ܠܡܫܝܬܪܘܢ b. 16 ܒܫܘܬܐ < a.

ܐܫܬܘܕܥܘ ܡܢ ܡܢܘܬܐ ܘܠܐܠܗܘܢ ܒܠܐܒ̈ܗܘܗܝ، ¹ܐܘܒܕܘ ²ܘܫܒܪܘ
³ܘܩܛܠܘ ܡܢ ܐܪܒܥܐ ܒܢܝܢܗ ܪܒܐ ܕܐܠܗܐ⁴.

---

1 ܐܘܒܕ a c. 2 ܘܫܒܪ a c. 3 ܘܩܛܠܐ a c. 4 + ܫܠܡ b; ܫܠܡ ܬܫܥܝܬܐ ܕܐܚܝܩܪ ܒܪ ܡܠܟܐ ܚܟܝܡܐ ܘܠܐܠܗܐ ܫܘܒܚܐ d.

ܬܪܥܐ[1] ܕܡܕܒܪܐܝܬ[2].

[3]ܘܕܒܝܘܡ ܐܡܪܬ. ܕܡܫܡܫ ܠܝ ܗܢܐ ܥܒܕܐ. ܐܠܐ ܐܦ ܗܕܐ
ܐܡܪܬ ܠܝ. ܕܐܝܟ ܙܕܩ ܠܐܢܫ ܕܢܥܒܕ ܒܪ ܡܠܟܐ [4]ܘܡܗܝܡܢܐ ܘܬܪܝܨܐ
ܐܝܬ ܡܢܗ. ܘܡܫܬܘܕܥ ܐܡܪܬ. ܕܟܢ ܕܒܪ ܡܠܟܐ ܫܡܫܐ ܚܕ
ܕܢܘܕܐ ܒܟܠܗ ܫܡܫܘܬܗ ܡܢ ܣܘܓܐܐ ܕܒܥ̈ܘܬܐ ܡܫܡܫܢܘܬܟ.
ܘܠܣܘܓܐܐ ܕܛܠ̈ܝܬܐ ܢܦܩܐ. ܐܝܟ ܗܘ ܠܒܘܟܪܐ ܕܐܬܘܗܝ،
139v ܗܘܐ ܒܪ ܡܠܟܐ ܕܪܝܫܐ ܕܒܘܟܪ̈ܐ [5]*ܘܡܛܠ ܫܡܫܘܬܗ ܠܪܫܐ
ܕܒܘܟܪ̈ܐ ܘܠܟܠܗܘܢ [6]ܫܪ̈ܟܘܗܝ ܗܘܐ ܘܬܪܝܨܐ ܪܒܐ. ܘܕܒܝܘܡ
ܐܡܪܬ. ܕܐܝܟ ܗܘ [7]ܗܢܐ ܥܒܕܐ. ܘܡܫܬܘܕܥ ܐܡܪܬ.

ܕܟܐܪܟܐ [8]ܕܒܪ̈ܢܫܐ ܕܡܬܘܪܐ ܐܝܬ ܡܬܕܒܪܐ [9]ܕܘܪܐܟ.
ܕܡܢ ܒܝܬܐ ܠܒܝܬܐ ܗܘܐ ܐܠܗܐ ܦܪܘܫܐ. ܘܡܬܡܠܟܘܬܗ ܐܝܬ
ܡܬܢܝܚܘܬܐ ܚܕܐ ܕܡܬܘܪܐ [10]ܐܢܫܪ̈ܟܘܢ ܒܡܫܝܚܘܬܐ ܘܡܬܡܠܟܘܬܐ
ܘܒܢ̈ܝܢܐ ܕܒܡܪܝܡ ܒܗ ܫܠܝܡ ܐܝܟ ܕܫܠܝܚܘܢ ܒܟܒܫܘܢܘܬܐ.
ܘܐܝܬ ܗܘܐ ܠܗ̇ ܡܬܢܝܚܘܬܐ ܒܡܘܒܪܐ ܕܢܫܡܫ ܗܘܐ [11]ܡܕܒܪܐܝܬ.

---

1 Überschrift in b nur ܡܕܒܪܐܝܬ (sic), in c ܬܪܥܐ ܕܡܕܒܪܐܝܬ.
2 ܕܡܕܒܪܐܝܬ a. 3 ܘܕܒܝܘܡ a. 4 ܕܡܢ a c, ܘܡܢ d. 5 ܕܡܛܠ a b c.
6 ܠܒܘܟܪ̈ܐ b d. 7 ܥܒܕܐ ܗܢܐ b. 8 ܕܒܪ̈ܢܫܐ a, ܕܒܪ̈ܢܫܐ c.
ܕܒܪ̈ܢܫܐ b. 9 ܕܘܪܐܟ (ܕܘܪܐܟ a). 10 ܐܢܫܪ̈ܟܘܢ.
11 ܡܕܒܪܐܝܬ a.

ܘܥܠ ¹ܒܥܘܒܕܪ̈ܐ ܕܐܝܬ ܗܘܐ ܒܡܕܝܢܬܐ ܘܫܪ̈ܪܗ̇. ܒܥܘܒܕܘܗܝ ܗܘܘ.
ܘܐܝܬ ܗܘܐ ܠܗ ܬܠܬܐ ܒ̈ܢܝ ܡܠܟܐ. ܕܫܡܗ ܕܚܕ ²ܘܪܕܐܡܣܕ.
³ܕܡܦܩ̈ܫ ܗܘܐ ܒܓܢܒܪܘܬܗ ܘܒܕܘܒܪܬ݂ ܗܘܐ ܘܦܪܣܘܬ݂. ܘܐܚܪܢܐ
ܕܡܬܩܪܐ ܫܪܝܪ ܘܐܚܪܢܐ ⁴ܒܙܕܕ. ܘܡܬܩܪܐ ܒܫ̈ܡ ܬܠܬܐ ܒ̈ܢܝ
140ʳ ܡܠܟܘܬܗ ܡܛܠ *ܘܡܠܟܘܬܐ ܕܒܝܬ ܦܪܣ ܗܘܐ ܒܝܕܝܗܘܢ ܫܠܝܛܝܢ.
ܘܢܦܩܘ ܡܢ ⁶ܐܡܪܘ. ܐܝܟ ܡܫܡܫܢܐ ܠܡܠܟܘܬܐ ܗܕܐ ܒܫܢܬܐ
ܕܫܠܝܛܐ ⁷ܕܡܢ ⁸ܩܘܛܝܐ. ⁹ܕܒܝܘܡܬܐ ܫܪܝܬ ܒܠܝܢ ܡܢ ܐܒ̈ܗܝܢ.
¹⁰ܘܡܬܩܪܐ ܐܡܪ ܠܗܘܢ. ܕܫܡܥܬ ܠܝ. ܕܐܝܟ ܒܥܕܢܐ ܕܡܫܡܫ
ܡܛܠ ܢܦܫܗ ܘܒܠܒܗ ܬܪ̈ܝܢ ܗܘܕ̈ܝܐ ܘܐܢ ܠܗ ܕܢܐܟܘܠ ܕܢܣܒܗ
ܘܗܘ̈ܦܪܢܐ ¹¹ܘܡܘܬܪܢܐ ܕܐܠܗܝܢ ܘܬܘܦܪܘ ܕܢܒܒܙ. ܘܡܘܬܪܢܐ ܚ̈ܙܬܐ.
ܘܠܝܢ ܡܛܠ ܒܒ̈ܙܐ ܠܒ̈ܢܐ ܕܐܒ̈ܗܝܢ ܠܡܠܟܘܬܐ ܘܫܝܫܐ ܐܝܬ ܠܝ.
ܘܗܕܐ ¹²ܚܕܐ ܫܢܬܐ ܐܝܬ ܠܝ ܕܫܡܫܐ ܡܢ [ܒܠ] ܒܗܢܐ ܕܫܠܝܛܐ
ܘܗܘܦܪܢܐ ܕܡܢ ܩ̈ܘܛܝܐ. ܐܠܐ ܢܬܦܪܣ. ܡܛܠ ܕܗܢܐ ܦܘܪܣܐ
ܐܝܟ ܠܐܒ̈ܗܝܢ ܒܒܝܬ ܗܘܐ. ܘܬܪ ܠܡܠܟܘܬܐ ܐܝܬ ܗܘܐ ܠܝ ܘܫܝܫܐ.
ܘܗܫܐ ܐܦ ܗܟܢ ܠܡܠܟܘܬܐ ܐܝܬ ܠܝ. ܐܠܐ ܡܢ ܕܫܠܝܛܘܬܐ ܚ̈ܝܐ
140ᵛ *ܕܢܐܡܝܢ ܕܠܐ ܠܡܒܥܐ ¹³ܐܝܟ. ܘܐܡܪܝܢܐ ܗܝ ܕܗܘ ܕܡܢ ܐܬܘܗ
ܘܕܘܒܬܗ ܘܒܝܬܗ ܦܪܫ ܘܒܕܘܒܬܐ ܠܘܒܪ̈ܝܬܐ ܕܡܢܟ ܘܡܐܡܪ

¹ ܒܥܘܒܕܪܐ a d. ² ܘܪܕܐܡܣܕ a, ܘܪܕܐܡܣܕ b, ܘܪܕܐܡܣܕ c d.
³ ܕܡܦܩܫ. ⁴ ܒܙܕܕ (und so, oder ܒܙܕܕ, im folgenden) a, ܒܙܕܕ c, ܒܙܕܕ oder ܒܙܕܕ (undeutlich) b, ܡܒܙܕܕ d. ⁵ ܘܡܬܩܪܐܝܬ. ⁶ ܐܡܪ. ⁷ ܘܡܢ a.
⁸ ܩܘܛܝܐ a. ⁹ ܕܝܘܡܬܐ. ¹⁰ ܘܡܬܩܪܐܝܢ a b, ܘܡܬܩܪܐܝܬ c d.
¹¹ + ܕܐܠܗܝܢ ܘܡܘܬܪܢܐ ܚܙܬܐ. ܘܬܘܦܪܘ ܕܢܒܒܙ ܘܗܘܦܪܢܐ ܕܐܠܗܝܢ.
ܕܐܠܗܝܢ. ܘܡܘܬܪܢܐ ܚܙܬܐ ܡܬܦܪܘ ܕܢܒܒܙ a, ܘܡܘܬܪܢܐ (ܘܫܢܝܢ etc.
ܕܐܠܗܝܢ ܘܡܘܬܪܢܐ ܚܙܬܐ. ܘܬܘܦܪܘ ܕܢܒܒܙ b, ܘܗܘܦܪܢܐ (ܘܫܢܝܢ etc.
ܘܗܘܦܪܢܐ (ܘܫܢܝܢ etc.) c d. ¹² ܚܕ b d. ¹³ ܐܝܟܢ.

[ܒܪ][1] ܐܡܝܢܐܝܬ ܕܚܠܬܐ ܕܡܢ ܝܘܡܘܗܝ، ܐܝܬ ܠܗ. ܫܢ̈ܝܐ ܒܡܗܝܡܢܘܬܐ ܘܡܗܝܡܢܘܬܐ ܒܫܢ̈ܝܐ ܗ̇ܘ ܕܐܫܬܥܝ. ܘܒܪ ܩܠܝܠ ܐܡܪ [2]ܡܗܝܡܢܐܝܬ. ܫܒܩ [3]ܘܟܕ ܪܒܝܘܗܝ، [4]ܘܐܡܪܘ ܠܗ ܕܠܡܢܐ ܠܝ ܕܐܬܝܬܘܢ ܠܝ ܪܒܐ. ܡܛܠ ܕܬܘܕܝܬܐ ܐܝܬ ܘܐܣܝܪ ܒܫܢ̈ܝܐ ܘܡܫܒܚ ܒܫܘܒܚܐ. ܘܐܡܪܝܢܐ ܗܝ. ܕܡܫܒܚܢܘܬܐ ܕܡܪܝܗ ܣܓܝ. ܐܦ ܫܒܩ ܡܛܠ [5]ܡܕܒܪܢܘܬܗ ܡܬܬܥܝܩ. ܘܐܡܪܝܢܐ ܗܝ. ܕܗܠܝܢ ܬܪ̈ܝܢ ܟܢ̈ܫܐ ܕܒܢ̈ܝܬܐ. ܐܠܐ ܐܢ [6]ܡܕܒܪܢܐ ܣܓܝܐܐ [7]ܘܡܫܒܚ ܘܡܫܒܚܐ [ܠܐ] [8]ܡܬܕܝܢܝܢ. ܐܠܐ ܒܐܝܕ ܐܢܫܝܢ ܐܘ ܒܡܕܡ [9]ܐܢܫܝܢ ܠܐ ܡܬܕܝܢܝܢ. ܚܕܐ [10]ܗ̇ܝ، [11]ܕܫܟܝܚܐ ܘܕܬܝܬܝܢ ܗ̇ܝ، ܕܡܢ ܐܟܘܬܐ [12]ܒܝܘܒܠܐ ܡܛܠܬܐ. ܐܠܐ ܣܡ ܬܒܠܝܢ ܒܠ ܣܓܘܢܬܐ ܕܡܪܢܘܬܟ. ܕܡܛܠ ܦܘܠܚܢܘܬܗ ܕܡܪܢܘܗܝ ܕܡܪܝ. *ܐܦܝܣܢ ܒܠܗܝܢ ܦܠ̈ܚܬܐ ܐܝܬܝܢ. ܘܬܘܒ ܐܢ ܒܗܘܢܐ 141 r

ܒܒܪܐ ܠܝܒܝܫܝ [13]ܡܬܠܝܢ. ܘܠܡܪܝ، ܘܠܝ ܗ̇ܘܐ ܠܝ ܒܗ ܥܒܕܐ ܠܒܠܡ. ܘܐܦ ܡܛܠ ܗ̇ܝ، ܕܐܡܪܝ ܡܪܝ، ܗ̇ܘ ܕܒܠܗܘܢ ܒܗܘܒܪܐ ܘܬܘܒ ܣܡ ܢܗܘܐ ܒܠ ܥܒܕܠ ܟܝܢܗ ܕܡܪܝ، ܘܬܘܒ ܒܗܘܢܐ ܒܒܪܐ ܕܢܠܡ ܦܓܪ̈ܝܢ ܘܢܦܫܬܢ. [14]ܘܒܗܘܢܐ ܥܪܒܐ ܠܡܗܒܠܗ ܦܠܚܘܬܐ ܕܡܪܘܬܒܢ. ܘܗܘ ܡܢܐ ܕܗܘܒܐ ܠܝ ܢܗܘܐ. ܒܡ ܗ̇ܝ، ܕܡܛܠ ܦܘܠܚܢܘܬ ܕܡܪܢܒܢ ܒܠ ܒܒܪܐ ܒܕܡܘܬ ܡܠܐܟܐ ܡܫܡܠܝܢܘܬܢ ܠܗ. ܐܠܐ ܣܡ ܣܦܝܩܝܢ ܠܡܫܡܠܝܘ ܟܝܢܢ. ܘܒܡܢܐ ܕܫܒܩ [15]ܘܟܕ ܡܠܘ [16]ܡܗܝܡܢܐܝܬ [17]ܠܢܘܕܐܡܪ ܚܙܝ ܗܘܐ.

---

1 ܒܪ ergänzt mit Nöld. p. 20. 2 ܡܗܝܡܢܐܝܬ a, ܡܗܝܡܢܐܝܬ b c d. 3 ܘܟܕ c. 4 ܘܐܡܪ a c d. 5 ܡܕܒܪܢܐ a. 6 ܡܕܒܪܢܐ. 7 ܕܡܫܒܚ. 8 ܡܬܕܝܢܝܢ b. 9 So mit B; ܐܢܫ̈ܝܐ a, ܐܢܫܝܐ b c d. 10 ܗ̇ܝ، b d, ܗ̇ܝ، c. 11 ܕܫܟ̈ܝܚܐ ܘܕܬܝܬܝܢ ܗ̇ܝ، < a c d, ebenso b, wo zudem ܒܝܘܒܠܐ fehlt. 12 ܒܝܘܒܠܐ c, ܒܝܘܒܪܐ d. 13 ܡܬܠܝܢ a. 14 ܘܒܗܘܢܐ ܥܪܒܐ will N. p. 20 tilgen. 15 ܘܟܕ c. 16 ܡܗܝܡܢܐܝܬ. 17 ܠܢܘܕܐܡܪ a, ohne Vokale c.

[1]ܘܠܗܘܢ ܡܢܐ [2]ܕܡܠܠܘ [3]ܘܡܬܐܡܪܝܢ ܠܐ ܗܘܝ ܦܬܓܡܐ. ܘܐܡܪ
ܠܡܬܐܡܪܝܢ ܕܗܟܢ ܒܬ̈ܢܝܢܐ ܐܝܬ ܒܡܫܪܬܐ ܘܬܘܒ ܡܕܒܪ̈ܢܐ.
[4]ܘܐܝܢܐ ܕܡܫܒܚܝܢܗ ܚܝܝܢ ܐܦ ܗܢ̈ܘ ܠܐ ܫܦܘ ܠܡܒܥܝܘ. ܡܬܡܠܟܝܢ
141v ܘܡܬܚܫܒܝܢ ܠܡܒܥܝܘܗ. ܘܒܠܬܐ ܕܡܬܚܫܒܝܢ *ܘܠܐ ܡܬܚܫܒܝܢ.
ܐܝܟ ܡܡܠܠܐ ܕܐܠܝܢ ܕܒܗܘܢ̱ [5]ܡܬܡܠܟܝܢ. ܘܐܦ ܡܕܡ ܕܐܡܪܬ
ܐܦ ܠܐ ܡܠܟܐ ܕܢܗܘܐ. ܐܠܐ ܐܝܟܢܐ ܕܐܝܬ ܐܝܬ. ܘܗܘ ܕܬܒܥ
ܠܝ ܦܘܢ ܦܬܓܡܐ. ܘܠܐ ܬܘܕܝܐ [6]ܠܫܘܐܠܐ ܘܠܐ ܬܦܢܐ ܠܝ
ܦܬܓܡܐ. [7]ܘܡܢ [8]ܡܫܘܐܠܬ ܗܟܢ ܐܡܪ ܘܡܬܐܡܪ ܕܒܟ ܕܡܠܠ
ܕܠܐ ܦܢܝܬ ܦܬܓܡܐ ܐܫܬܘܩ. ܗܝܕܝܢ ܐܡܪ [9]ܠܡܫܘܐܠܬ. ܐ̱ ܡܪ̈ܐ
ܡܪܝ، [10]ܡܛܠ ܗ̇ܝ ܕܠܐ ܦܢܝܬ ܦܬܓܡܐ ܠܐ ܢܕܝܠ. ܡܛܠ ܕܐܡܪܬ
[11]ܕܠܘܬܟ ܫܡܥܢܐ ܦܬܓܡܐ ܕܠܗܘܢ̱ ܘܠܐ ܥ̇ܒܕ ܐܢܐ ܡܡܠܠܐ.
ܘܗܝܕܝܢ ܡܕܡ ܕܢܕܥܐ ܐܡܪܢܐ. [12]ܘܡܫܘܐܠܬ ܐܡܪ. ܗܫܐ
ܐܡܪ. [13]ܘܡܬܐܡܪ ܐܡܪ. ܕܦܘܢ ܦܬܓܡܝ ܗ̇ܘ [14]ܕܐ̱ ܠܐ ܐ̱ ܡܪܝ،
ܟܠ [15]ܗܢܐ ܫܪܒܐ ܦܘܪܫܐ ܚܕ [16]ܚܢܐ ܠܗ. [17]ܐܝܢܐ ܕܫܡܠܝܐ
ܕܗܘܒܪܐ ܡܫܡܫ ܕܢܕܥ ܡܠܗ. [18]ܠܘ ܗܘ ܕܟܠ ܗܢܐ ܒܒܪܐ
142r ܬܫܦܠ. ܡܛܠ ܕܡܕܡ ܕܡܢ ܐܟ̈ܘܬܐ ܥܒ̇ܝܕ. *ܡܠܐܟܐ ܠܐ ܡܫܡܫ
[19]ܕܢܦܩܘܢ، ܘܢܒܥܘܢ، ܐܬܢܚܝܬ ܐܪܦܐ ܒܢ̈ܝܫܐ. [20]ܡܫܘܐܠܬ

---

1 ܘܒܗ̇ܘ. 2 ܕܡܠܠ a. 3 ܘܡܬܐܡ̈ܪܝܢ (sic) a, ohne Vokale b c. 4 ܐܝܢܐ a c. 5 ܐܬܡܠܟܝܢ a c. 6 ܠܫܘܐܠܐ. 7 + ܘܠܐ ܬܘܕܝܐ ܠܫܘܐܠܐ a. 8 ܡܫܘܐܠܬ a, ܡܫܘܐܠܬ b c d. 9 ܠܡܫܐܠܬ b, ܠܡܫܘܐܠܬ a c d. 10 ܕܡܛܠ b c. 11 ܕܠܘ ܡܕܡ a, ܕܠܘ ܡܕܡ b c, ܕܠܘ، ܡܕܡ d. 12 ܡܫܘܐܠܬ b, ܘܡܫܘܐܠܬ a c d. 13 ܘܡܬܐܡܪ c. 14 + ܗܘ b. 15 ܗܢܐ < a. 16 ܚܢ̈ܐ a, ܚܢܐ c, ܚܢܐ ܐܢܐ b (ܚܐܢܐ d). Zur Emendation vgl. unten 186 7 f. 17 ܐܝܢܐ b. 18 ܘܗܘ. Cf. Nöld. p. 23. 19 ܕܢܦܩܘܗ ܘܢܒܥܘܗ b d. 20 ܡܫܘܐܠܬ a b c, ܘܡܫܘܐܠܬ d.

ܐܡܪ. ¹ܕܠܘ ܡܕܡ ܕܡܢ ܗܘܠܐ ²ܗܘ ܒܠܚܘܕ. ܐܠܐ ܐܦ ܡܕܡ ܨܝܪܐ ܠܗ ܡܫܬܡܠܝܐ ܐܠܐ ܒܡܫܪܝܘܬܐ ܕܡܢ ܠܒܪ. ܡܛܠ ܕܫܘܡܠܝܐ ܕܟܠ ܚܕܕܐ ܒܗ. ܘܟܠܐ. ³ܗܘܘ ⁴ܘܟܠܐ ܚܠܝܦ ܡܢ ܒܢܝܢܐ. ܘܫܦܝܠܘܬܐ ܕܒܢܝܢܐ ܒܗ ܡܫܟܚܐ. ܐܒܢܐ ܕܢܘܗܪܐ ⁵ܕܒܢܝܢܐ ⁶ܒܢܘܗܪܐ ܕܫܡܫܐ ܘܣܗܪܐ ܘܟܘܟܒܐ. ܘܐܦ ܘܟܠܐ ܒܫܦܝܠܘܬܐ ⁷ܘܫܦܝܠܘܬܐ ܒܟܠܐ ܡܫܟܚ ÷ ⁸ܘܕܐܡܪܢ ܐܡܪ· ܕܗܟܢ ⁹ܗܘ ܐܝܟ ܕܐܡܪ ܡܪܝ. ܘܐܦ ܐܢܐ ܗܕܐ ܐܡܪܢܐ. ܕܒܟܠܐ ܕܦܘܪܫܐ ܐܝܬ. ܟܢ ܗܘܠܐ ܠܐ ܡܬܬܚܙ. ܡܛܠ ܕܗܘ̇ ܕܡܬܬܚܙ ܟܢ ܗܘܠܐ ܠܒܪ ܠܗ ܟܕ ܬܩܢ. ܘܐܝܬ ܟܕ ܢܬܪ ܒܢܝܢܐ ܒܢܬܗ ܢܬܪ ܡܢ ܥܘܪܐ. ܘܫܘܦܪܐ ܐܝܟ ܢܦܩ ܡܢܗ ¹⁰ܐܦܢ ܠܢܟܝܐ ܠܐ ܠܡܫܘܚܘܬܐ ܡܕܡܝܬܐ ܚܠܦ. ܐܝܟ ¹¹ܕܐܡܪܝܢ
142ᵛ ܡܛܠ ܡܠܟܐ ܚܕ. *¹²ܘܡܫܝܚܐܝܬ ܐܡܪ. ¹³ܐܝܟ ¹³ܐܡܪܝܢ ܡܛܠ ܡܠܟܐ. ܘܠܕܡܢ ܐܡܪ.

¹⁴ܒܐܪܒܥܐ ܕܟܠ ܢܠܘܗ ܢܗܪܐ. ܐܝܬ ܗܘܐ ܡܠܟܐ ܕܡܬܩܪܐ ܗܘܐ ܗܘܦܐܟܪ. ܘܐܝܬ ܗܘܐ ܬܚܝܬ ܦܘܪܐ ܚܕ. ܕܡܬܩܪܐ ܗܘܐ ܐܘܫܟܒܪ. ܘܗܘ ܦܘܪܐ ܗܘܝܘ ܒܐܬܪܐ ¹⁵ܘܡܒܢܝܬܐ ܘܒܗܘܢ ܘܫܦܝܪ ܗܘܐ. ܘܠܗܘܢ ܫܘ̈ܬܐ ܕܐܪܒܥܐ ܗ̇ܝ ¹⁶ܬܪܒܝܬܗܘܢ ܘܬܪܒܝܬܗܘܢ ܡܢ ܗ̇ܘ ܦܘܪܐ ܗܘܐ. ܘܒܥܒܕܗ ܕܗ̇ܘ ܦܘܪܐ ܐܝܬ ¹⁷ܗܘܐ ܚܙܘܪܐ ܚܕ. ܘܪܘܚܐ ܕܗܠܝܢ ܬܠܬܐ ܠܚ̈ܡܐ ܘܦܠܓܗ

---

1 Cf. Nöld. p. 22, N. 1; ܕܐܪܦܐ ܡܕܡ ܕܡܢ ܗܘܠܐ a b c (d). 2 ܗܘ ܒܠܚܘܕ < bcd. 3 ܕܗܘܘ bd. 4 ܘܟܠܐ < a. 5 ܕܒ̈ܢܝܢܐ ac. 6 ܒܫܡܫܐ ac. 7 ܘܒܫܦܝܠܘܬܐ b. 8 ܘܘܕܐܡܪܢ b c d. 9 ܗ̣ܘܐ a b c. 10 ܘܐܦܢ. Cf. Nöld. p. 24, N. 4. 11 ܕܐܡܪܝܢ. 12 ܡܫܝܚܐܝܬ b, ܘܡܫܝܚܐܝܬ a c d. 13 ܐܡܪܝܢ ܐܝܟ a. 14 ܕܒܐܪܒܥܐ b d. 15 ܘܡܒ̈ܢܝܬܐ c, ܘܒ̈ܢܝܬܐ d, ܘܒ̈ܢܝܬܐ b. 16 ܬܪܒܝܬܗܘܢ ܘܬܪܒܝܬܗܘܢ a. 17 ܗܘܐ < b d.

ܡܢ ܥܒܕ ܡܠܟ̈ܐ ܚܕܐ ܡܢܘܬܐ ܡܢ ܗܘ ܚܘܪܐ ܢܦܫܐ ܗܘܬ.
ܘܒܡܘܪܒܐ ܕܗܘ ܚܘܪܐ ܐܝܬ ܗܘܐ[1] ܒܢܝܬܐ ܕܡܠܘܬܪܐ
[2]ܡܫܚܠܦܝܢ ܒܐܝܕܝ ܕܫܒܩ ܥܦܪ ܘܕܠܐ ܦܫܡܐ ܗܘ. [3]ܘܡܘܦܠܐܒܐܕ
ܘܐܒܗ̈ܘܗܝ، ܒܗܘ ܒܢܝܬܐ ܒܗܪܘ. ܘܡܛܠ ܫܠܝܐܘܬ ܙܘܢܐ ܙܒܢ
[4]ܒܐܒܗ ܡܬܐܠܝܢ ܗܘܘ. ܐܠܐ ܡܛܠ ܕܒܠܐ [5]ܘܬܡܟܫܘܬܗ
143r ܕܒܢܝܬܐ. [6]ܒܫܡ *ܗܘܐ ܠܗ ܠܡܫܒܚܘ ܠܕܘܒܪܬܐ. ܘܐܝܬ ܗܘܐ
ܠܗ ܒܪ ܡܠܟܐ ܚܕ. ܘܐܬܡܠܟ ܒܒܗ ܘܐܡܪ ܠܗ. ܕܢܚܡ ܡܛܠ
ܒܚܪܘܬܐ ܕܐܒܗ̈ܝܢ ܠܒܢܝ̈ܢ ܠܒܪܬܐ ܐܝܬ ܠܝ ܘܫܘܒܚ̈ܝܢ ܬܫܒܚܢ.
ܘܐܦ ܒܢܝܬܐ ܗܢܐ ܫܦܝܪ ܡܢ ܫܠܝܐܘܬ ܙܘܢܐ ܕܘܒܪܐ ܗܘ
ܕܦܪܢܣܐ. ܐܠܐ [7]ܢܬܦܪܘܣ ܒܒܪ ܡܫܒܚܝܢ ܫܒܪܝܢ ܠܗ ܠܚܘܪܐ
ܗܘ ܕܢܦܫܐ ܡܢܗ ܙܘܢܐ. ܘܐܦ ܒܗܢܐ ܠܡܠܟܐ ܗܘܐ ܠܝ ܦܪܢܣܐ
ܬܫܒܘܚܬܐ. ܘܐܦ ܒܒܢܝܐ ܗܢܐ ܗܘܐ ܠܝ ܒܗܘܢܝܐ ܕܠܒܝ.
ܘܒܪ ܡܠܟܗ ܐܡܪ ܠܗ. ܕܐܢܐ [8]ܡܫܒܒܢܐ ܐܢܐ ܠܟ ܠܟ ܘܡܫܬܒܠܐ
ܒܢܝܟ ܐܝܬ. [9]ܘܡܘܦܠܐܒܐܕ ܐܡܪ. ܕܗܕܐ ܡܠܬܐ ܕܐܡܪܬ
[10]ܠܘ ܦܘܢ ܦܬܓܡܐ ܗܝ. [11]ܘܒܪ ܡܠܟܗ ܐܡܪ. ܕܐܢܐ ܒܗܘ
ܡܢܐ ܕܡܪܝ، ܐܡܪ. ܦܘܢ ܦܬܓܡܐ ܐܫܘܢܐ ܠܐ ܢܒܢܐ. ܡܛܠ
ܕܡܪܝ، ܙܒܢܐ ܗܝ، ܫܒܩܬܗ ܘܢܘܒܠܬ. ܘܡܢ ܒܢܫܐ ܘܡܠܟܐ
143v ܕܐܠܗ̈ܐ ܗܘ. ܘܐܦ ܗܘ ܐܠܗܐ ܕܒܒܪܬܐ ܗܘ. *[12]ܘܗܕܐ ܡܠܬܐ
ܒܐܠܗܘܬܐ ܗܘ ܘܠܐ ܒܐܢܫܘܬܐ [13]ܗܘܝܐ. ܡܛܠ ܕܒܪܐ ܗܝ،

---

1 ܗܘܐ < b d. 2 ܒܝܕ ܡܫܚܠܦܝܢ ܒܒܢܝܐ b c d, ܡܫܚܠܦ ܒܒܢܝܐܕ a.
3 ܘܡܘܦܠܐ ܠܒܢܐ ܕܐܒܗ̈ܘܗܝ a, ܕܐܒܗ̈ܘܗܝ (sic) b, ܘܡܘܦܠܐܒܐܕ ܐܒܗ̈ܘܗܝ c.
4 L. ܒܒܗܝܢ? 5 ܘܡܛܠ ܬܡܟܫܘܬܗ b d. 6 ܒܫܡܫܐ ܗܘܐ a.
7 ܐܬܦܪܘܣ a. 8 ܡܫܒܒܢܝܢ b d. 9 ܘܡܘܦܠܐܒܐܕ b c d. 10 ܕܠܘ.
11 + ܕܐܡܪܬ b (falsche Wiederholung aus der vorigen Zeile); l. [ܕܗܘ ܡܢܐ]
ܕܐܡܪܬ oder ܕܐܡܪܬ [ܕܡܢܐ]? 12 ܗܕܐ a. 13 ܗܘܝܬ b d, ܗܘܬ a c.

ܡܠܬܐ ܗܕܐ ܘܠܐ ܙܕܩ ܠܒܢܝ̈ܐ ܕܢܬܡܪܚܘܢ [1]ܠܗ̇. ܘܡܗܝܡܢܐ ܕܐܡܪ. ܕܠܘ [2]ܗܕܐ ܡܠܬܐ ܒܠܚܘܕ ܐܠܐ ܐܦ ܓܒܪܐ ܟܠܗ ܠܟ [3]ܒܡܬܚܫܒܢܘܬܐ ܘܒܦܘܪܫܢܐ ܡܢ ܠܒܪ ܐܝܬܘܗܝ. ܐܠܐ ܫܘܒܗܪܐ ܘܕܘܒܪ̈ܐ ܠܒ̈ܢܝܢܫܐ ܡܫܒܚܝܢ. ܘܐܦ ܒܗܘܢ [4]ܒܝܕ ܦܘܫܩܐ ܡܬܝܕܥ ܘܡܬܝܗܒ ܕܢܥܒܕ ܕܢܒܥܘܗ̇. ܘܗܢܐ ܒܒܪܐ ܕܒ̈ܢܝܢܫܐ ܐܝܬܘܗܝ. ܘܠܐ ܗܘܐ ܕܐܠܗܘ̈ܬܐ. ܐܠܐ ܐܝܬ ܡܕܡ ܕܝܕܥ ܐܝܬ ܐܡܪ. ܘܡܪ ܡܠܟܘܗ ܐܡܪ. ܕܐܢܐ ܗܘܝܬ ܕܝܢܐ. ܕܐܠܗܐ ܐ̱ ܡܪܝ، ܐܘܪܚܐ ܫܪܐ ܐܢܐ ܠܗ ܟܠ ܗܢܐ ܫܘܒܗܪܐ ܕܐܬܬܐܝܬ ܡܬܝܕܥ ܡܢܗ̇ [5]ܘܫܠܡܘܗ ܕܒܒܪܐ. ܘܫܪܐ ܘܡܬܬܟܝܢ ܘܬܪܬܝܢ ܘܫܘܦܪܢܐ [6]ܕܝܗܒ ܗܢܐ ܒܒܪܐ ܒܫܡ ܠܒ̈ܢܝܢܫܐ [7]ܕܢܬܒܥܘܢܗ. ܐܠܐ ܫܘܪ ܠܡܐܡܪ. ܕܒܟܪ ܡܬܬܦܢܝܢܘܬܐ [8]ܗܘܝܐ ܡܢ ܗܢܐ ܒܒܪܐ. ܐܝܟ ܗܘ ܫܡܥܢܐ ܕܐܬܠ ܕܒܒܟܐ ܡܪܢܐ *[9]ܘܦܘܫܩܘ ܐܝܟ ܠܐܕܢ̈ܘܗܝ. [10]ܘܡܗܝܡܢܐܕ 144 r
ܐܡܪ. [11]ܕܐܝܟ [12]ܗܘ ܗܢܐ ܥܪܒܐ. ܘܟܪ ܡܠܟܘܗ ܐܡܪ.

ܕܐܝܬ ܗܘܐ ܫܡܥܢܐ ܫܝ [13]ܕܒܪܐ ܘܥܒܕܝܢ ܘܦܠܚܝܢ ܗܘܐ. ܘܐܟܠܘܗܝ، ܠܬܦܐ ܕܢܫܬܐ ܡܢ̈ܐ. ܘܫܪܐ ܡܢ ܪܘܫܢܐ ܐܬܪܐ ܫܕܐ. ܘܒܪ ܫܡܗ̇ [14]ܒܫܘܡܗ [15]ܠܒܫܘܗ ܘܢܒܪ. ܘܗܘ ܕܠܒܫܝܢ [16]ܗܘܐ [17]ܠܗ

---

1 ܠܗ a. 2 ܗܕܐ ܡܠܬܐ a. 3 + ܡܢ ܓܒܪܐ ܕܟܠ. 4 + ܒ̈ܢܝܢܫܐ b d (überflüssig und müßte ܒܒ̈ܢܝܢܫܐ heißen). 5 ܫܠܡܗ a c. 6 (etc. ܒܫܡ) ܕܝܗܒ ܗܢܐ ܕܒܒܪܐ b c d (nach ܕܒܒܪܐ wiederholt c falsch ܘܡܬܟܝܢ ܘܬܪܬܝܢ ܘܫܘܦܪܢܐ ܕܝܗܒ ܗܢܐ ܒܒܒܪܐ.) 7 ܕܢܬܒܥܘܢܗ < a. 8 ܕܗܘܝܐ a, ܗܘܝܐ ܗܝܡ b d. 9 ܘܦܘܫܩܘ ܠܐܕܢ̈ܘܗܝ a c, ܘܦܘܫܩܘ ܐܝܟ ܠܐܕܢ̈ܘܗܝ b d. 10 ܘܡܗܝܡܢܐܝܬ (sic) a, ܘܡܗܝܡܢܐܕ d. 11 ܐܝܟ a c. 12 ܗܘܐ b c d. 13 ܕܫܢܐ a c, ܕܫܢܐ b d. 14 ܒܫܘܡܗ a, ܒܫܘܡܗ b c d. L. ܒܫܘܡܐ? 15 ܠܒܫܘܗ c d. 16 ܗܘܐ < b d. 17 ܠܗ < b c.

[1]ܟܕ ܚܙܐ ܕܩܦܝܪ ܕܝܠ ܕܠܡܐ ܦܠܓ ܡܢܗ ܘܐܡܪ ܘܡܢܘܗ ܙܟܝ.
ܘܐܣܪܗ ܒܐܝܠܢܐ [2]ܕܒܠ ܬܦܐ. ܘܠܗ̇ܝ ܐܬܘܢܐ ܦܩܕ ܘܐܬܩܛܠܗ̇
ܡܢ ܬܡܢ. ܘܫܡܥܐ ܡܛܠ ܦܥܠܘܬܐ ܕܬܠܡܝܕܘܗܝ ܗܘܐ ܥܙܪ̈ ܐܠܗܐ.
ܘܐܪܝܡ ܪܫܗ ܘܚܙܐ ܥܢܢܐ [3]ܕܒܢܝܢ. ܘܐܡܪ ܕܗܢܐ [4]ܡܪܘܪܬܐ ܗܝ
ܫܠܡܟܐ. ܐܠܐ ܡ̇ܢ ܡܚܘܬܐ ܕܐ ܘܐܢܐ ܐܚܪܢܐ ܠܝܬ. ܘܟܕ
ܒܬܢܝܢܐ ܠܐ ܗܘܐ ܠܡܦܩ ܠܗ ܒܟܕܐ. [5]ܘܡܦܪܢܣܘܬܐ ܠܐ ܡܕܒܪ
ܐܢܐ: [6]ܡܛܠ ܕܗܕܐ ܡܪܘܪܬܐ ܠܟܠܢܐ ܒܠܚܘܕ ܢܦܫܐ. [7]ܘܟܕ ܠܒܝܬܗ
ܡܢ [8]ܒܟܝܘ ܕܐܦ ܒܢܝܢܐ ܘܙܢܝܐ ܐܚܪܢܐ ܠܐ ܡܬܒܢܝܢ
141v *[9]ܠܡܒܢܝܘ. ܘܐܡܪ ܕܐܢܐ ܐܢܫ ܐܢܐ ܠܡܥܒܕܘ. ܐ̱ [10]ܡܠܟܐ
ܠ ܢܣܒܐ ܡܢ ܡܟܐ ܦܬܓܡܐ ܠܐ ܡܫܟܚ ܐܢܐ. ܐܠܐ ܙܒܢ ܕܐܬܦܢܝ.
ܡܛܠ ܕܗܢܐ ܦܘܪܣܐ ܐ̱ [11]ܠܐܟܣܗ̇، ܒܟܢܫ ܗܘܐ. [12]ܐܢܐ ܠܗܕܐ
ܒܥܘܬ ܕܢܐ ܠܐ ܡܠܟܐ ܗܘܝܬ. ܘܟܕ ܗܘ ܡܬܚܙܐ. ܡܢܗ ܒܠ
ܬܦܐ ܕܒܪ ܒܕܒܪܐ ܕܢܫܐ [13]ܦܘܪܥܢܗ. ܘܗܘܐ ܐܠܗܐ ܚܙ ܕܒܪܐ
ܒܬܚܘܬܐ ܪܒ ܡܬܬܐ ܘܐܬܚܘܗܝ، ܘܗܘܐ ܕܢܒܪܐ ܒܪ ܚܐܪ̈ܐ. [14]ܘܠܒܢܝܢ
ܘܗܘܐ ܠܗ ܒܝܠܐ ܘܡܬܚܡ [15]ܗܘܘ ܠܗ ܠܬܦܐ ܕܒܪܬܐ ܬܟܐ.
ܘܫܡܥܐ ܟܕ ܚܙܐ ܐܠܗܐ ܒܗܘ ܙܢܐ. ܠܗܘ ܡܟܐ ܕܐܬܚܙܒ ܬܘܪ
ܐܬܪܓܪܓ ܘܐܡܪ ܕܗܢܐ ܐܠܗܐ ܢܘܟܐ ܘܡܕܒܪܢܘܬܐ ܘܪܕܝܐ ܕܙܢܝܐ
ܥܒܕ ܠܗܘܢ. ܐܦ [16]ܒܦܪܢܣܘܬܐ ܡܕܒܪ. [17]ܘܐ̱ ܡܬܒܢܝܢܐ ܕܟܢ

---

1 So ist wohl herzustellen; ܚܙܐ ܕܩܦܝܪ ܕܠܡܐ ܦܠܓ ܡܢܗ ܘܡܢܘܗ ܙ̇ܟܝ. ܘܐܡܪ ܐܫܪܗ ac ܕܢܫܐ ܦܘܪܥܢܗ ܕܝܠ ܕܠܡܐ ܡܛܠ ܡܢ, (sic) b ܘܐܫܪܗ (sic) ܒܬܟܒ. — d verderbt. 2 ܒܠܘܗ̇ܝ، ܕܬܦܐ b d. 3 L. ܕܒܢܝܢ? 4 So vokalisiert a, ܡܪܘܪܬܐ d. 5 ܘܡܦܪܢܣܘܬܐ; geändert nach Arab. mit Nöld. p. 29. 6 ܡܛܠܠܗܕܐ a. 7 ܘܟܕ ܠܒܝܬܗ b. 8 ܒܟܢܘ a c. 9 ܠܡܒܢܝܘ a. 10 ܡ̈ܠܟܐ a. 11 ܠܐ ܒܟܣܗ a c d, ܠܗ ܒܟܣܗ b. 12 ܐܠܐ a c d. 13 ܦܘܪܥܢܐ a c d. 14 ܕܠܒܢܝܢ a c. 15 ܗܘܘ < b. 16 ܒܦܪܢܣܘܬܐ. 17 ܐ̱ c.

ܐܝܟܢܐ ܕܐܡܪܬ. ܗܟܝܠ ܠܡܕܒܪܢܐ[1] ܐܘ ܠܡܬܕܒܪܢܘܬܐ[2] ܠܐܠܗܘܬܐ ܗܘܐ.
[3]ܘܟܝܢܐ ܦܫܝܛ ܚܕ. ܒܡܢܐ ܠܡܬܘܗ[4] ܗܘܐ ܐܝܟ ܐܢܐ ܘܡܫܬܡܫܢܘܬܐ.
145r [5]ܘܡܦܪܫܘܬܐ *ܡܬܦܪܫܢܝܬܐ ܐܝܟܢܐ ܕܡܟܠ ܐܡܪܬ ܕܒܬܪ ܐܝܟܢܐ
ܗܘܐ ܠܝ ܡܫܘܚܬܐ ܗܘܐ ܕܢܘܚܐ[6]. ܘܡܟܝܠ ܡܫܘܬܦܘܬܐ [7]ܘܦܪܫܘܬܐ
ܕܡܫܡܫܐ ܐܠܗܐ ܠܐ [8]ܡܫܡܫ [ܗܘܐ] ܡܢܗ ܠܡܫܘܬܐ. ܘܐܠܗܐ ܡܫܟܚ
ܗܘܐ ܗܘ ܒܡܫܡܫܐ. ܘܡܫܡܫܐ ܐܬܚܫܒ ܕܗܘܢܐ ܐܠܗܐ ܡܟܝܠ ܕܐܡܪܬ
ܠܗ ܒܝ ܢܦܫܐ ܠܐ ܐܚܪܬܐ ܡܢܗ ܐܠܗܐ ܡܫܟܚ ܒܝ ܘܦܓܪܐ. ܘܐܡܪܬ
[9]ܕܒܗ ܗܢܐ ܢܣܒ ܠܝ ܘܐܢܐ ܠܡܬ ܗܘܐ ܠܝ ܡܫܡܫܐ [10]ܐܬܘܬܗ ܐܠܗܐ
ܠܗܘܢܐ ܐܠܗܐ ܠܡܪܢܐ. ܘܕܝܢܐ ܗܝ ܕܟܝܢܐ ܠܡܫܡܫ ܠܗ ܦܓܪ.
ܐܠܗܐ ܒܠ ܡܫܡܫ ܠܟܝܢܐ ܦܓܪ: ܘܗܕܐ ܒܦܘܡܗ ܕܒܠܝܐ [11]ܐܬܘܬܗ
ܘܟܝܢܐ ܗܘܢܐ ܒܓܒܐ ܕܝܠܗ. ܘܡܟܝܠܘܬܐ ܐܬܝܠܝܬ ܕܗܘܢܐ ܡܫܡܫ ܕܟܐ
ܐܬܝܠܘ ܠܝ. ܘܒܕ ܡܫܡܫܐ ܡܬܚܫܒ ܘܗܘ ܕܠܒܝܫ ܗܘܐ [12]ܠܐܠܗܐ.
ܒܕ ܢܦܫܐ ܕܡܫܡܫܐ ܠܗ ܐܚܪܬܐ ܐܝܟ ܕܡܠܟܘܬܐ. [13]ܘܡܫܘܚܬܐ [14]ܡܕܝܢ
145v ܗܘܐ ܠܗܘ ܡܫܘܚܬܐ*[15]ܘܡܕܝܢ ܗܘܐ ܠܗ. ܕܡܫܘܚܬܐ ܗܝ ܐܫܘܕ ܗܘܐ
ܡܫܡܫܐ. ܘܡܫܡܫܐ [16]ܗܘ ܕܒܝܐ ܘܐܚܪܬܐ ܒܒܠܝܘܬܐ ܗܘ. ܘܗܟܢ
ܠܡܫܡܫܐ ܐܚܪܬܗ ܠܡܫܘܚܬܐ. ܘܒܕ ܡܟܝܠ ܠܡܫܘܚܬܐ ܐܫܘܕܗ ܒܠ

---

1 L. ܘܠܡܬܕܒܪܢܘܬܐ statt 'ܐܘ ܠܡ? 2 ܠܐܠܗܐ. 3 ܘܟܝܢܐ.
4 ܗܘܝܐ b d. 5 ܘܡܦܪܫܘܬܐ. 6 ܕܐܠܗܐ. 7 ܘܦܪܫܘܬܗ b c d.
8 ܐܫܬܡܫ a. 9 Vielleicht entstellt. Nöld. p. 30, N. 4 möchte ܕܗܘܢܐ ܐܠܗܐ
ܕܒܗ ܐܠܗܐ ܢܣܒ ܠܝ ܒܠ... ܐܬܘܬܗ ܠܗܘܢܐ oder aber ܢܣܒ ܠܝ ܘܒܕ ܐܢܐ
lesen. 10 ܐܬܘܬܗ b. 11 ܐܬܘܬܗ b c d. 12 ܐܠܗܐ b d. 13 ܘܡܫܘܚܬܐ < b.
14 ܕܡܕܝܢ b. 15 ܘܠܡܫܘܚܬܐ ܕܐܫܘܕ ܗܘܐ ܒܗ ܡܫܡܫܐ b. 16 ܗܘ
ܕܒܝܐ ܘܐܚܪܬܐ a, ܗܘ ܕܒܝܐ ܘܐܚܪܬܐ c. Dagegen b: ܘܡܫܡܫܐ ܐܚܪܬܐ
ܠܡܫܘܚܬܐ ܗܘ ܘܐܚܪܬܗ ܠܡܫܘܚܬܐ ܘܐܫܘܕܗ ܒܠ ܐܚܪܬܐ ܘܪܒܝܐ ܠܗ
ܡܟܝܢܐ.

ܐܘܪܚܐ ܘܪܕܗ ܠܗ ܬܒܥܐ. ܘܫܢܪܐ [1] ܡܛܠ ܕܡܫܡܫ ܗܘܐ ܕܢܝܐܝܠ ܠܘܬ ܐܠܗܐ. ܠܐ ܐܟܠ ܗܘܐ [2] ܡܐܟܘܠܬܐ. ܐܠܐ ܡܬܦܪܣ [3] ܗܘܐ ܘܡܬܢܨܒ [4] ܕܢܒܥܘܢ. ܘܟܕ ܗܘܐ ܠܠܝܐ ܐܢܫܐ ܟܠܗܘܢ ܠܡܐܟܘܠܬܐ [5] ܘܠܬܫܒܘܚܬܐ [6] ܗܘܐ [7] ܟܠܗܘܢ. [8] ܘܐܬܬܟܫ ܫܢܪܐ [9] ܘܦܠܓܗ ܠܐܦܣܘܪܗ ܡܢ ܪܫܗ ܘܗܘܐ ܒܬܪ ܘܐܙܠ ܠܬܪܥܐ ܕܗ̇ܝ ܕܪܬܐ ܐܝܟܐ ܕܐܝܬܘܗܝ ܗܘܐ ܐܠܗܐ. ܘܟܕ ܡܛܐ ܠܬܡܢ. ܬܪܥܐ ܐܚܝܕ ܗܘܐ. ܗܝܕܝܢ ܚܪ ܒܫܢܘܪܐ ܕܬܪܥܐ ܘܚܙܝܗ ܠܐܠܗܐ ܗ̇ܘ ܕܡܢ ܐܘܪܚܐ ܥܠ ܗܘܐ. [10] ܘܒܐܡܨܥܬ ܕܠܐ ܢܚܘܢܝ ܐܢܫܐ. ܘܡܢ ܠܘܬ ܘܒܬܪ. ܘܟܕ ܐܠܗܐ ܢܦܩ ܡܢ ܒܝܬܐ ܘܠܒܪܐ ܕܐܚܝܕ ܗܘܐ ܠܗ [11] ܘܕܒܪܗ̇, ܗܠܟ. [12] ܫܢܪܐ ܘܠܠܐܝܬ *[13] ܡܩܪܒ ܠܘܬ ܐܠܗܐ ܘܡܗܠܟ [14] ܗܘܐ 146r
ܩܕܡܘܗܝ. ܘܡܛܠ ܗ̇ܝ ܒܒܥܘܬܐ ܐܡܪ ܗܘܐ ܠܐܠܗܐ. ܘܐܠܗܐ ܠܫܢܐ ܕܫܢܪܐ ܠܐ ܝܗܒ ܗܘܐ. [15] ܘܡܛܠ ܕܠܐ ܡܦܩ ܗܘܐ [16] ܒܠܫܢܗ ܕܫܢܪܐ ܡܫܥܪ ܗܘܐ ܠܡܬܬܒܥܘ ܒܩܕܡ. ܘܗܘ̇ ܕܠܒܫܝܟ ܗܘܐ ܠܐܠܗܐ ܚܪ ܠܡܫܬܪܗ [17] ܘܚܙܐ ܠܫܢܪܐ ܕܡܗܠܟ ܩܕܡ ܐܠܗܐ. ܘܚܙܐ ܕܠܒܒܗ ܠܫܢܪܐ. ܗܝܕܝܢ ܐܬܚܫܒ. ܕܒܒܪܐ ܠܟܝ ܐܢܫܐ ܠܫܢܪܐ. ܐܠܗܐ [18] ܡܬܒܬܥ ܒܩܕܡ ܘܦܠܓ ܡܢ ܐܢܪ. ܘܐܒܪ. ܘܐܦ ܡܢܗ ܕܫܢܪܐ ܐܬܐ ܘܒܪܐ ܠܗ. ܘܡܢ ܡܪܝ ܡܛܠܐ ܠܝ ܥܒܠܘܬܐ. ܗܝܕܝܢ ܒܥܒܕܐ ܕܒܐܝܕܗ ܡܫܝܚܐ ܠܫܢܪܐ ܘܕܫܡܗ ܡܢ ܠܘܬ

---

[1] ܡܫܡܫ ܗܘܐ b. [2] ܬܒܥܐ b. [3] ܗܘܐ < b. [4] + ܗܘܐ b.
[5] ܘܬܫܒܘܚܬܐ b. [6] ܗ̣ܘܐ a. [7] ܟܠܗܘܢ a. [8] ܐܬܬܟܫ.
[9] ܠܐܦܣܘܪܗ a c, ܠܐܦܣܘܪܐ ܘܦܠܓܗ b, ܘܦܠܓܗ ܠܐܦܣܘܪܗ d. [10] ܒܐܡܨܥܬ a c. [11] ܠܘܕܒܪܗ̇ b.
[12] ܘܫܢܪܐ. [13] ܡܩܪ̈ܒ a, ܡܩܪܒ B. [14] ܗܘܐ < a. [15] ܡܛܠ a c.
[16] ܒܠܫܢܐ b d. [17] ܘܫܢܪܐ ܚܙܐ ܕܡܗܠܟ ܩܕܡܘܗܝ ܕܐܠܗܐ b d.
[18] ܐܬܬܟܫ.

ܐܠܐ. ܗܘܐ ܡܡܠܠ ܗܘܐ. ܘܚܣܕܐ [1] . . . . . . ܒܕܪܕܪ
ܘܐܬܦܪܩ[2] ܠܘܬ ܐܠܗܐ. ܘܐܠܗܐ[3] ܒܕܪܕܪ [4]ܢܟܐ ܗܘܐ ܠܡܬܬܟܫܘ
ܒܥܡܗ [5]ܕܫܡܝܐ. ܘܐܦ ܒܒܪܐ [6]ܒܕܪܕܪ ܡܫܝܚܗ، ܠܫܡܝܐ ܗܘ̇
ܘܕܫܡܘܗ ܡܢ ܠܘܬ ܐܠܗܐ. ܘܗܘ̇ ܫܡܝܐ ܒܕܡܟܐ ܠܥܒܕ [7]ܘܠܬܡܢܐ
ܕܟܘ̈ܬܐ ܒܗ ܒܝܬܐ ܦܪܝ ܗܘܐ *ܠܘܬ ܐܠܗܐ. ܘܠܒܪܐ ܡܫܝ̇ܚܐ ܗܘܐ 146v
ܠܗ. ܘܗܕܝܢ ܫܡܝܐ ܐܬܚܙܝ: ܕܐܝܟܐ ܬܫܬܠܝܬ ܠܘܬ ܐܠܗܐ ܠܐ
ܡܫܡܫܢܐ ܕܐܬܚܙܝ. ܘܡܕܝܢ ܕܢܟܐ ܐܝܟܐ ܕܐܡܠܠ ܒܥܡܗ ܠܐ
ܢܕܥ. ܘܐܦܠܐ [8]ܕܐܬܬܠܝܠ ܒܠܘܗܝ. ܘܗܘ̇ ܒܒܪܐ [9]ܠܒܢܝܢ ܗܘܐ
ܠܗ [10]ܠܐܠܗܐ [11]ܒܐܝܕܗ: [12]ܘܪܗܛ [13]ܗܘ ܫܡܝܐ ܘܠܒܫܗ ܠܒܪܐ
ܒܫܢܝܗ ܒܛܘ̈ܦܘܗܝ، ܡܥܐܛ. ܘܠܘܒܪܐ ܕܒܒܢܐ ܠܡܫܡܫ ܢܟ̇ܝܫ ܗܘܐ.
ܘܒܒܪܐ ܗܘ̇ ܒܕ ܫܠܘܬܗ ܘܦܘܪܬܗ ܕܫܡܝܐ ܚܙܐ. ܐܬܚܙܝ
[14]ܕܐ̱ ܠܒܢܝܢ ܐܝܟܐ ܠܗ ܒܒܪ ܟܒܪ ܒܝ ܡܗܡܟܐ. ܐܠܐ ܫܐܢܡ
ܐܝܟܐ [15]ܐܬܬܐ [16]ܠܫܡܝܐ [17]ܕܡܢܟܐ ܐܝܟܐ ܠܡܕܒܪܗ. ܘܬܒܒܢܐ ܡܢ
ܡܢܗ ܬܒܒܬ، ܘܡܪ ܐܦܘ ܫܒܝܢܐ ܚܕܐ ܙܒܬܐ ܕܠܒܢܝܢ ܗܘܐ.
ܘܦܫܡ [18]ܐܢܫ ܠܬܘ̈ܬܡܝܢ ܐܪ̈ܢܘܗܝ، [19]ܘܫܡܝܐ [20]ܗܦܟܝܢ ܡܢ ܬܡܢ
ܘܐܙܠ ܠܒܝܬ ܡܪ̈ܘܗܝ. ܘܒܡܘܬܐ ܗ̇ܝ ܕܬܪ ܡܥܐ ܗܘܬ ܕܡܢ ܐܢ̈ܫ، ܡܪ̈ܘܗ
ܫܐ. ܗܕܝܢ ܐܬܚܙܝ ܘܐܡܪ. ܕܗܢܐ ܦܘܪܩܢܐ ܡܗܝܡܢܐ *ܗܘ. 147r
ܡܦܩܪ ܐܝܟܐ ܕܐܦ ܐܢ̈ܫ، ܢܟܝܢ ܗܘܘ ܠܡܬܦܪܫܘ. ܐܠܐ ܡܠܠ
ܡܠܝܢ ܦܘܩܕܢܐ ܒ̈ܢܝܐ ܕܢܦܩܝܢ ܠܗ. ܠܐ [21]ܐܫܟܚܘ ܠܡܫܠܡܘܬܗ.

---

1 ܐܬܦܠܓ paßt nicht. 2 ܐܬܦܪܩ a. 3 ܒܕܪܕܪ < b. 4 ܢܟܐ (statt ܢܟܐ ܗܘܐ) b. 5 ܕܫܡܝܐ < b. 6 ܒܕܪܕܪ < b. 7 ܘܬܡܢܐ b. 8 ܕܐܬܬܠܝܠ und ohne ܒܠܘܗܝ b d. 9 ܕܠܒܢܝܢ a b c. 10 ܠܐܠܗܐ < b d. 11 ܒܐܝܕܗ < b. 12 ܪܗܛ b. 13 ܗܘ < b. 14 ܐ̱ b. 15 ܐܬ̣̈ܬܐ b c. 16 ܒܫܡܝܐ b. 17 ܕܐܬܒܫܡܗܝ b. 18 ܐܢܫ < b. 19 ܕܫܡܝܐ (ohne vorherige Interpunktion) b. 20 ܗܦܟܝܢ b. 21 ܐܫܟܚ.

ܗܘܦܠܣܐ̣ ܐܡܪ: [1]ܕܗܘܠܝܢ ܥܡܝ̈ܢ ܠܝ. ܐܠܐ ܐܢܬ ܡܢ ܗܪܟܐ ܠܐ ܬܕܘܫ. ܡܛܠ ܕܐ̱ [2]ܚܘܣ ܘܗܘܝܐ [3]ܫܘܒܪܐ ܠܫܘܡܠܝܐ ܠܐ ܦܠܘ. ܐܠܐ ܢܛܪܝܢ ܢܦܫ. ܕܡܢ ܗܢܐ ܥܪܒܐ ܫܘܫܢܐ ܠܐ [4]ܢܡܠܠ. [5]ܘܒܪ ܡܠܟܗ [6]ܒܪ. ܚܙܐ ܕܗܘܦܠܣܐ. ܗܕܡ ܐܝܟ̱ ܕܢܫܒܘܪ ܗܢܐ ܫܘܒܪܐ. ܬܘܒ ܠܐ ܐܬܢܪ, ܒܗܡ ܐܠܐ ܒܪܗ ܘܐܡܪ. ܕܢܚܠܘܢ ܠܗ ܐܠܗܐ ܒܗܘܢܐ ܒܒܝܐ ܕܚܪܝܬ ܒܗ. ܘܐܝܢܐ ܒܡܠܬ, ܗ̇ܝ ܡܕܡܚܬܐ [7]ܕܐܝܢܐ ܒܒܪ. ܐܝܢܐ ܦܘܡܒܒܘ̱ [8]ܐܢܬ، ܗܢܘܢ [9]ܗܘܦܠܣܐ. [10]ܐܘܕܒܗ ܠܟܠܗ ܐܬܪܐ. ܕܟܠ ܒܒܪܐ ܒܠܫܢܐ [11]ܘܒܒܪܐ ܕܢܫܢܐ ܕܠܐ ܒܟܐ. ܠܟܠܗ ܢܫܢܐ ܘܗܘܡܐ. [12]ܒܒܪ ܒܒܪ [13]ܠܦܘܪܐ ܢܐܘܠ. ܘܫܒܐ ܡܫܘܪܬܐ ܕܡܘܩ̈ܕܐ ܢܬܐ. [14]ܘܒܒܪܘ ܗܒܢܐ. [15]ܘܗܘܦܠܣܐ. [16]ܐܡܪ. [17]ܠܦܘ ܙܒܢܐ ܕܘܫܢܐ. ܘܒܪ ܚܒܒ ܕܘܫܢܐ ܒܢܪ *ܐܬܬܐ. 147ᵛ ܦܘܪ ܕܡܘܩ̈ܕܐ ܒܠܫܘ̱ ܢܬܬܫܝܒܘ̱ ܒܠ ܦܘܡܗ ܕܢܘܪܐ ܗ̇ܘ. ܘܒܒܪܘ ܗܒܢܐ. ܘܒܪ ܪܘܫܢܐ ܐܬܟܠܝܬ ܡܢ ܕܠܡܦܘ ܠܐܬܪܐ ܪܘܫܢܐ ܠܐ ܐܬܡܦܠܬ. ܒܢܝ̈ܫܐ ܥܬܐ. ܒܠ ܐܬܠܝܐ ܘܡܡ̈ܠܠܬܐ [18]ܘܟܠ ܡܒܪܢ ܕܒܒܐ ܗܘܐ. [19]ܒܐܪܒܥ ܦܢܝܬܗ ܕܦܘܪܐ ܒܒܪܐ ܠܡܐܐ ܦܪ̈ܫܢܐ. ܒܪܘ. [20]ܘܢܬܪ ܦܪ̈ܣܘܗܝ. ܘܠܫܘ̱ ܒܢܝ̈ܪܐ ܘܬܪܐ ܘܒܢ̈ܝܐ ܘܫܝ̈ܢܬܐ ܐܬܦܪܣܘ ܘܐܬܒܪܗܘ ܒܐܝܟܢܝܬ. ܗܢܘܢ [21]ܐܢ̈ܫܐ ܐܬܪܐ ܐܬܡܠܝܘ. ܘܒܙܒܢܝܐ ܘܫܠܐ ܐܪܥܘ ܠܬܪܒܗ

---

1 ܗܘܠܝܢ b. 2 Cf. 54 11. 3 ܒܒܪܐ b d. 4 ܡܛܠܐ b. 5 ܒܪ b.
6 + ܐܡܪ c d, ܐܡܪ ܕܗܘܦܠܣܐ ܕܒܪ a. 7 ܕܐܝܢܐ < b. 8 ܐܢܬ، < b; ܐܢ̇ܬ، a. 9 ܗܘܦܠܣܐܪ (sic) b d. 10 ܒܒܪ ܘܐܘܕܒܗ b d. 11 L. ܒܒܪ̈ܐ? 12 ܒܒܪ ܒܒܪ < b, ܒܒܪ̈ܐ ܒܒܪ a c, ܒܒܪܐ ܒܒܪ d.
13 ܢܐܘܠ ܠܦܘܪܐ b. 14 ܘܒܒܪ abd. 15 ܘܗܘܦܠܣܐ a, ܘܗܘܦܠܣܐܪ bd.
16 ܐܡܪ < b. 17 ܠܦ. 18 ܘܟܠ ܡܒܪܢ < b. 19 ܒܐܪܒܥ bis ܦܪ̈ܫܢܐ inkl. < b. 20 ܘܢܬܪ b. 21 ܐܢ̈ܫܐ ܬܪ̈ܝܢ (!) b.

[1]ܕܗܘܦܠܟܐ. [2]ܘܦܠܛܘ ܠܗ ܘܠܒܢܝ ܡܠܟܘܬܗ ܘܐܬܬܢܝܚܘ ܘܒ̈ܢܘܗܝ، ܐܚܝܕܐ [3]ܒܠܗܘܢ̱ : ܘܠܡܦܠܛ ܢܦܩܐ ܗܘ̇ ܕܒܐܒ̈ܐ ܡܢ ܚܘܪܢܐ ܘܒܡܫ̈ܚܐ [4]ܐܘܫܕܘ ܢܘܪܐ. ܘܗܦܟܘ ܘܐܙܠܘ. ܘܟܕ ܡܫ̈ܚܐ ܫܕܘ ܥܠܠ ܢܘܪܐ ܕܒܐܬܚܙܝܬܐ ܢܘ̈ܪܐ [5]ܠܐ ܢܓܥܬ. ܦܠܛܬ ܒܡܫܝܚܐ ܡܢ ܚܘܪܢܐ ܗܘ̇. ܘܫܒܚܬܗ ܠܢܘܪܐ ܘܕܪ̈ܬܗ ܒܟܠܗ ܐܬܪܐ. ܘܬܪ̈ܝܢ [6]ܠܠ ܐܣܟܡ ܗܢܝܢ ܢܨܒܬ ܗ̇ܝ، ܢܘܪܐ *[7]ܕܒܟܪ̈ܝܗܬܐ ܘܚܓ̈ܝܪܐ ܘܥܘ̈ܝܪܐ 148 r ܘܐܬ̈ܠܝܐ ܘܡܫܪ̈ܝܐ ܘܚܪ̈ܫܐ ܘܟܐܒ̈ܝܐ ܕܐܬܪܐ ܗܘ̇. ܐܠܐ̱ ܥܠܠ ܡܕܡ ܐܬܦܠܛܘ ܘܕܝܪ̈ܐ ܒܢܘܪܐ ܫܕܘ [8]ܘܐܬܬܟܪܘ ܘܐܬܚܠܡܘ.

[9]ܘܟܠܠ ܗܕܐ ܐܣܟܡܬ ܗܘܐ ܥܒܕܐ ܕܡܕܡ ܕܒܠܒܐ ܕܡܢ ܡܕܡ ܒܗܘܢ ܠܡܗܝܡܢܘܬܗ. ܘܟܕ ܡܬܚܦܛܝܢ ܕܢܗܦܟܘܢ ܠܚܘܣܪܢܐ ܢܦ̇ܩ ܡܢܗܘܢ.

[10]ܡܫܝܚܐܝܬ ܐܡܪ [11]ܕܥܒܝܕ ܠܗ ܗܘܐ [12]ܥܘܕܪܢܐ. ܐܠܐ ܐܡܪܝܢܐ. ܕܗܘ̇ [ܕܡܢ] ܒܒܝܬܐ ܒܗܘܢܐ ܘܕܚܝܠܐ ܒܪ ܡܣܓܝܐ ܕܗܘܐ ܠܒܐܝܬ. ܒܗ̇ܝ، ܠܡ ܕܕܡ ܒܫܐܝܬ [13]ܢܗܘܐ ܢܦܪ ܢܦܫܗ ܗܦܪ ܡܢ ܒܟܐܢܐ ܠܒܒܝܬܐ ܪܒܐ ܠܐ ܡܦܠܐ. ܘܡܟܕܪܘܬܗ ܕܪܒܢܐ ܗܕܐ ܐܝܬܝܗ̇. ܒܪ ܐܝܬ ܒܟܠܗܝܢ ܗܘܐ ܠܒܝܒ ܒܫܦܝܪܘܬܐ. ܘܒܗ̇ܘ ܟܠܗܐ ܗܘ̇ܐ ܙܪܘ ܢܦܫܐ. ܡܛܠ ܕܗܘܝܐ ܡܕܡ ܗܕܪ ܡܟܠ ܟܠ ܒ̈ܝܫܬܐ ܕܗܘܐ ܠܗܘܢ̱ ܒܟܠܗܝܢ ܗܘܐ ܥܒܕܐ ܠܒܐ ܠܢܕ̈ܕܝܢ.

1 ܕܗܘܦܠܟܐ b d. 2 ܘܦܠܛܘ a c; ܗܘ̇ ܘܒܢܝ ܡܠܟܘܬܗ ܘܐܬܬܢܝܚܘ ܘܒ̈ܢܘܗܝ، ܐܚܝܕܐ ܘܦܠܛܘ b. 3 ܒܠܗܘܢ̱ < b d. 4 ܐܘܫܕ. 5 ܠܐ < a. 6 ܠܠ ܐܣܟܡܗܘܢ̱ ܢܨܒܬ a c. 7 ܥܠ ܟܪ̈ܝܗܬܐ a c. 8 ܐܬܬܟܪܘ a, ܘܐܬܬܟܪܘ ܘܐܬܚܠܡܘ < b. 9 ܟܠܠ b. 10 ܡܫܝܚܐܝܬ a c, ܘܡܫܝܚܐܝܬ b d. 11 ܥܒܝܕ a c. 12 ܡܬܠܐ, darüber von erster Hand ܥܘܕܪܢܐ c. 13 ܗܘܐ a b c, ܗܘܝ d.

ܡܛܠ ܕܡܢ ܗܘܐ ܒܠܒܐ ܐܚܪ ܕܢܘܒܠ ܒܗܡ ܡܕܡ ܠܐ ܡܫܟܚ.
ܐܠܐ ܡܕܡ ܕܫܦܝܪ. ܘܐܬܡܢܝܐ ܗܘ. ܕܐܦ ܗܘ *[1]ܕܢܣܒܐ ܐܠܦ ܫ̈ܢܝܢ 148v
ܘܟܠܗܝܢ ܦ̈ܬܓܡܐ ܒܗܢ ܙܒܢܝܗ ܬ̈ܓܠܝܢ ܠܗ ܒܟܬܒܐ ܕܒܢܝܢ ܗܟܢ
ܗܩ̈ܡ ܒܒܢܝܗܘܢ، ܗܠܝܢ ܐܠܦ ܫ̈ܢܝܢ ܐܝܟ ܕܟܠ ܦܠܓܐ ܒܪ ܢܚܫܒܘܢܐ
ܫ̈ܢܝܢ ܘܦܠܓܘܬܐ ܒܪܬ [2]ܬܪܬܥܣܪܐ [3]ܫ̈ܢܝܢ. [4]ܕܢܣܒܝܢ [5]ܠܫ̈ܪܒܐ [6]ܘܣܪ
ܠܣܪ ܪ̈ܚܡ. ܒܪ ܒܣܝܪ̱ ܠܠܝܐ ܕܒܟܝܢ ܠܘܬ ܫ̈ܪܒܐ ܘܪܒܘܪܐ
ܡܬܚܫܒ ܒܚܝ̈ܠܘܗܝ̱ [7]ܗܘ ܠܠܝܐ. [8]ܘܠܐܡܪܢ. ܐܡܪ̇. [9]ܐܡܪܝܢܐ.
[10]ܗܘ̇ ܕܡܢ ܒܬܪ ܐܪ̈ܒܥܗ، ܡܠܝܐ ܠܗ ܒܥܘܬܐ. ܠܐ ܫܦܝܐ ܠܫܘܘܕܐ
ܕܡܢ ܗ̇ܝ ܒܥܘܬܐ. [11]ܕܡܦܠܓܐ ܠܗ ܡܢ [12]ܒܬܪ ܐܪ̈ܒܥܗ، ܡܥܘܬܐ
ܒܦܪ̈ܫܢܐ ܕܥܘܬܐ ܠܘܬ ܠܗ. ܘܒܬܪܐ ܫܥܘܬܐ [13]ܒܬܪܗ ܫܥܝܢ.
ܘܗ̇ܘ ܡܕܡ ܕܡܬܝܐ ܕܢܗܘܐ ܬܬܫܥܦ ܒܗ. ܘܗ̇ܘ ܕܠܐ ܡܬܝܐ
ܠܐ ܗܟܝܡ ܐܢܫܗ ܒܠܘܗܝ. [14]ܘܡܬܚܫܒܪܐܢ [15]ܐܡܪ̇. [16]ܕܐ̱ ܗܫܐ
ܡܠܝܢ ܐܝܬ ܠܝ. ܗܟܢܐ ܐܡܪܝܢܐ ܕܡܬܒܟܐ ܠܝ ܠܡܬܚܫܦܘ ܒܠ
ܗ̇ܘ ܗܘܒܢܐ. [17]ܘܠܕܐܡܪ ܒܪ ܣܝܗ، [18]ܠܡܚܫܒܪܐܢ ܕܙܒܢܝܟ
ܠܡܫܒܪܗ ܠܗܢܐ ܗܘܒܢܐ ܐܦ ܦܘܪܫܗ ܕܒܒܕܐ *[19]ܦܠܒ. ܐܡܪ̇ 149r
[20]ܠܡܫܒܪܐܢ. ܐܢܐ ܡܠܝܢ ܐܝܬ ܠܝ. ܘܐܦ ܠܗ̇، ܡܠܬܐ ܡܛܠ
ܗܕܐ [21]ܬܘܒ ܐܡܪܬܗ. ܕܡܢ، ܣܝܡ ܘܐܢܐ ܒܟܪ ܕܒܥܘܬܐ ܐܝܬ.

---

1 ܕܢܣ̈ܒܐ a c d. 2 ܕܬܪܬܥܣܪ a c. 3 ܫ̈ܢܝܢ < b d. 4 ܕܪܣܒܝܢ c d.
5 ܣ̈ܪܒܐ b d. 6 ܘܪܚܡ ܠܫ̈ܪܒܐ b. 7 ܗܘ (ohne Vokale) b c.
8 ܘܠܕܐܡܪܢ b c d. 9 ܕܐܡܪܝܢܐ b d. 10 ܕܗ̇ܘ b d. 11 ܕܡܦܠܓܐ bis
ܐܪ̈ܒܥܗ inkl. < b. 12 ܒܬܪ < a. 13 ܒܬܪ ܠܗ b. 14 ܘܡܚܫܒܪܐܢ a c d,
ܡܚܫܒܪܐܢ b. 15 ܐܡܪ̇ < b. 16 ܐ̱ b. 17 ܘܠܕܐܡܪ b;
ܒܪ ܐܡܪ̇ ÷ (sic) ܘܠܕܐܡܪܐ a; ܘܠܕܐܡܪ ܐܡܪ̇. ܒܪ c d. 18 ܠܡܚܫܒܪܐܢ.
19 ܕܦܠܒ (aber Kustos ܦܠܒ) a. 20 ܠܡܫܒܪܐܢ a c, ܠܡܚܫܒܪܐܢ b.
21 ܬܘܒ < a.

ܘܐܡܝܪܐ ܗܘ. ¹ܕܒܫܪܝܢܐ ܘܡܠܟܐ ܘܡܕܒܪܢܐ ܕܛܝܝܐ ܩ̈ܠܐ ܥܡ
ܫܒ̈ܝܚܐ ²ܘܫܒ̈ܚܬܐ ܥܡ ܩ̈ܠܐ ܗܘܘ ܕܢܬܡܠܟܘ. ³ܕܗܘܐ ܡܢܐ
ܕܡܬܡܠܟܝܢ ܐܦ ܟܕ ܫܡܠܐܝܬ ܢܛܪ ܡܢ ܘܠܝܬܐ ܐܡܪܝܢ. ܒܫܒܝܚܐ
ܠܐ ⁴ܒܟܠ. ܐܠܐ ܫܒܝܚܐ ܡܫܒܚܐ ܘܗܘܐ ܕܥܠܝܠ ܡܢܛܪ ܘܦܠܓܐ
ܒܒܕܐ ⁵ܠܟܝ ܠܗ. ܘܗܘܐ ܐܝܟ ܕܦܐܐ ܠܟܝ ܠܗ ܠܫܡܠܐ. ܘܗܘܐ
ܡܕܡ ܕܐܡܪ ܡܛܠ ܥܡܒܐ ܕܡܢܗ ⁶ܕܒܒܕܐ ⁷ܕܡܬܡܠܟܝ ܟܠܗܘܢ
ܠܟܐܝܬ ܛܒ ⁸ܕܒܒܕܗ. ܐܝܟ ܬܪ̈ܝܢ ܫܒ̈ܝܚܐ ܕܡܬܢܝܢ ܒܫܡܝܬܐ.
ܘܗܕܐ ܐܡܝܪܐ ܗܘ. ܕܒܒܪܢܐ ⁹ܟܕ ܝܒܢܐ ܕܒܒܕ ܒܒܕܐ. ܟܕ ܡܛܒ
ܫܒܝܚܐ ¹⁰ܥܡ ܫܒܝܚܐ ܢܬܡܠܟܝ. ܘܟܕ ¹¹ܫܒܝܚܐ ܠܐ ܡܛܒ ¹²ܐܦ
ܥܡ ¹³ܩ̈ܠܐ ܒܒܘܒܐ ܢܠܒܘܟ ܠܡܠܬܐ. ¹⁴ܘܐܦ ܐܢܐ ܒܡܢܐ
ܦܒܪܝܢܐ ܢܛܪ ܐܬܡܠܟܬ ¹⁵ܕܐܒܕܬ ܠܐ ܡܫܬܥܐ ¹⁶[ܡܪܝ] ܟܠ.
¹⁷ܘܡܫܒܚܢܐ ܐܡܪ*. ܐܠܐ ܐ ܫܒܐ ܕܐܡܪܬ ܟܠ ܒܝܢܬܐ 149ᵛ
ܕܒܬܟ. ܐܠܐ ܕܥܒܕܐ ܒܠܒܒܡ ܡܠܠܐܝܬ ܐܡܪܬ. ܘܐܝܬ
ܫܒܝܡ ܐܝܬ. ܘܐܦ ܕܥܘܬܐ ܕܝܠ ܡܛܠ ܫܒܝܚܟ ܢܗܪܐ ܘܗܕܪܐ
ܘܡܬܪܐ. ܐܝܟ ܒܒܪܐ ܫܒܝܚܐ ܕܠܝܬ ܠܗ ܥܘܠܦܢܐ ¹⁸ܘܡܬܪܡ
ܡܦܠܐ ܠܗ ¹⁹ܐܦ ܥܘܠܦܢܐ. ܘܡܛܠ ܥܘܠܦܢܐ ²⁰ܡܬܗܕܪ ܘܡܬܗܪ.
ܘܐܝܟ ܒܒܪܐ ²¹ܡܦܪ ܢܡܘܣܐ ²²ܕܥܘܒܐ ܕܢܡܘܣܐ ܠܐ ܠܦ

---

1 ܕܒܫܪܝܢܐ, emendiert mit Nöld. p. 40, Nr. 3. 2 ܘܫܒ̈ܚܬܐ ܥܡ ܩ̈ܠܐ < b. 3 ܘܗܘܐ b. 4 ܒܟܠܐ. 5 ܕܠܟܝ b c. 6 ܒܒܕܐ a c d, ܒܒܕ b. 7 ܡܬܡܠܟܝ a. 8 ܕܒܒܕܗܘܢ b. 9 ܕܟܕ. 10 ܒܫܒܝܚܐ (statt ܥܡ ܫܒܝܚܐ) b. 11 ܫܒܝܚܐ < b. 12 ܐܦ < b. 13 ܩܠܐ a c. 14 ܘܐܦ. 15 ܕܐܒܕܬ a, ܕܐܒܕܬ b, ܕܐܒܕܬ d. 16 ܡܪܝ, ergänzt mit B. 17 ܘܡܫܒܚܢܐ a c d, ܡܫܒܚܢܐ b. 18 ܘܡܬܪܡ bis ܐܦ ܥܘܠܦܢܐ inkl. < a. 19 ܐܦ ܥܘܠܦܢܐ ܘܡܛܠ ܥܘܠܦܢܐ < b. 20 ܘܡܬܗܕܪ b. 21 ܐܝܬ ܡܦܪ (sic) b, ܡܦܪ d. 22 ܕܥܘܒܐ ܕܢܡܘܣܐ < a c.

ܘܟܬܪܝܢ ܐܦ ܦܘܫܘܢ ܠܗ ܘܡܬܠܠܬܗ [1]ܐܦ ܡܬܬܠܝܘ ܘܡܬܬܝܪ.
ܘܐܢܫܐ ܐܦ ܗܕܐ ܡܠܬܐ ܥܠ ܬܘܒܠܝܐ ܕܫܡܥܬܘܢ ܝܬܝܪ ܐܬܬܚܫܒܬ
ܠܚܝܠܬܗ ܗܢܐ ܒܒܢܐ ܠܫܘܡܠܝܐ. ܘܫܘܒܪܐ ܒܠܝܢ [2]ܝܬܝܪ ܐܝܬ ܠܝ.
ܘܒܪ ܗܠܝܢ ܐܡܪ [3]ܡܫܘܕܪܐܢܝ ܘܕܐܡܪ [4]ܐܡܪ. [5]ܕܐܢ ܪܒܐ
ܡܪܝ، ܠܐ ܢܚܘܠ ܢܦܫܗ. [6]ܕܐܦ ܒܠܗܘܢ ܕܐܡܪ ܡܪܝ، ܒܡܘܫܚܬܐ
ܗܘܝ. ܡܛܠ ܫܒܝܚܘܬܗ [7]ܘܦܠܚܘܬܗ ܪܫܝܢܘܬܗ ܘܙܘ ܕܢܗܘܐ.
ܘܐܡܪܝܢܐ ܗܘ، ܕܡܢ ܕܒܗ ܬܘܕܝܐ ܗܘܐ ܬܘܕܝܬܐ ܠܗ. ܘܗܘ
150r ܕܒܗ ܒܝܫܐ ܒܥܘܬܐ [8]ܡܒܕܪ. ܐܝܟ ܢܘܪܐ ܕܒܪ *ܡܦܩܐ [9]ܠܙܢܝܐ
ܒܚܘܫܒܐ: [10]ܒܚܘܫܒܐ ܡܬܝܬܐ. [11]ܘܒܪ ܠܙܢܝܐ ܩܘܪܐ ܡܦܩܐ ܩܘܪܐ
ܡܬܝܬܐ. ܘܡܪܝ، ܗܫܐ ܗܕܐ ܡܠܬܐ ܢܒܥܘܗܝ ܘܠܐܝܕܐ ܕܐܝܬ
ܡܬܒܥܝܐ ܢܦܘܩ. ܗܢܘܢ [12]ܡܫܘܕܪܐܢܝ ܡܢ ܗܠܝܢ ܬܠܬܐ ܟܕ ܡܠܟܘ
ܠܒܝܢ ܡܢ ܠܬܚܬ: ܘܫܐܠ ܠܗܘ ܕܒܘܪܐ. ܐܝܬ ܒܗܢܐ ܥܘܒܐ
ܡܟܢܐ ܐܡܪ ܐܝܬ ܕܡܬܒܥܝܐ ܠܡܒܥܐ. ܘܒܒܘܪܐ ܐܡܪ. ܐܢܐ
ܗܕܐ ܐܡܪ ܐܢܐ. ܕܝܠܟܐ ܡܬܒܥܝܐ ܠܚܝܠܬܗ. ܘܒܠ ܡܦܩ ܠܚܠܬܐ
ܫܪ ܒܡܕܠܗ. ܘܒܪ ܐܝܠܝܢ ܘܐܬܘܢ ܬܪܝܢ ܒܗܘܢ. [12]ܘܡܫܘܕܪܐܢܝ [13]ܫܐܠ
ܠܗܘ ܕܬܪܝܢ ܕܐܝܬ ܐܝܟܢܐ ܠܒܝܬ ܠܡܠܬܐ ܕܐܡܪ ܠܒܘܪܐ.
[14]ܘܕܬܪܝܢ ܐܡܪ. ܕܠܐ ܡܠܘܫ ܐܢܐ ܠܗ ܡܛܠ ܕܐܦ ܡܬܝܢ
ܪܒܐ ܐܠܐ ܡܢܘ ܕܡܬܒܥܐ [15]ܕܢܬܠܐ ܐܢܘ ܒܡܕܠܗ ܕܡܦܩ. ܐܠܐ
ܐܡܪܢܐ ܕܢܘܗܡ [16]ܒܠܡ ܫܘܐܝܬ ܘܢܦܘܩ ܡܢ ܡܬܒܝܢܘܬܐ ܗܕܐ [17]ܫܢܝܬܐ

---

1 ܐܬܬܠܝܘ ܒܐܝܕܪܐ b. 2 ܝܬܝܪܐܝܬ ܠܝ ac. 3 ܡܫܘܕܪܐܝܬ. 4 ܐܡܪ < b. 5 ܐܢ < b. 6 ܘܐܦ ac. 7 ܘܦܠܚܘܬܗ ܘܪܫܝܢܘܬܗ b. 8 ܡܒܕܪ. 9 ܠܙܢܝܐ ܒܚܘܫܒܐ. 10 ܒܚܘܫܒܐ acd, < b. 11 ܘܒܪ ܠܙܢܝܐ ܩܘܪܐ ܡܬܝܬܐ b, ܘܒܪ ܡܦܩܐ ܠܩܘܪܐ ܩܘܪܐ ܡܬܝܬܐ d. 12 abcd wie oben. 13 ܐܡܪ. ܫܐܠ ac. 14 ܕܬܪܝܢ b. 15 ܕܢܬܠܘܢܝ b, ܕܢܬܒܠܘܢܝ d. 16 ܫܘܐܝܬ ܒܠܡ b. 17 ܫܢܝܬܐ bcd.

ܚܙܐ ܠܡܕܒܪܢܐ. ܒܕܡܘܬܐ ܕܐܢܫܝܢ ܒܫܢ̈ܝܢܐ ܕܠܐ ܦܪܘ ܒܡܘܒܪ̈ܐ ܒܗܕܐ ܡܕܒܪܢܘܬܐ. [1]ܗܕܝܢ ܐܦ ܡܠܦܢܘܬܐ ܠܐ ܡܬܒ̈ܥܝܢ: ܘܟܕ ܗ̇ܢܘܢ ܡܬܚܒܝܢ ܕܠܝܬ ܒܡܘܒܪܐ: ܠܟܠܗܝܢ ܡܠܦܢܘܬܐ ܡܠܠܝܢ ܘܦܬ̈ܓܡܝܢ. ܗܘܝܢ

150v ܚܢܢ *ܠܦܠܚܝܢ ܒܙܒܢ̈ܐ. [2]ܘܡܣܬܒܪܐܢܬ ܫܐܠ [3]ܠܡܬܕܡܪܘ. [4]ܡܕܡ ܕܗܠܝܢ [5]ܐܡܪܬܘ ܒܟܡ [6]ܠܒܢܝ̈ ܐܢܬ ܠܗ. ܘܗܘ [7]ܐܡܪ. ܕܠܐ ܡܠܘܫ ܐܢܐ ܠܗ. ܡܛܠ [8]ܕܐܦ ܚܕ ܢܦܫܝܢ ܡܢ ܡܕܒܪܢܘܬܐ. ܐܠܐ ܒܚܕܐ [9]ܫܥܬܐ ܡܠܦܢܘܬܐ ܡܢ ܡܕܒܪܢܘܬܐ ܠܐ ܡܬܬܟ̈ܠܝܢ. ܘܚܕ ܒܪ ܒܡܕܒܪܢܐ ܗܦܟܝܢ. ܗܟܢ ܦܝܠܘܣܦܐ ܚܟܝܡ. ܘܗܕܐ ܒܥܘܬܐ ܠܘ [10]ܒܝܬܝܬܐ ܗ̄ܝ. ܡܛܠ ܕܦܝܠܘܣܦܐ ܠܐ [11]ܐܬܒܥܝܢ. ܐܠܐ [12]ܐܦ ܒܡܕܒܪܢܐ ܒܚ̈ܝܝܢ. ܒܕܡܘܬܐ ܕܡܠܦܢܘܬܐ ܡܬܬܟ̈ܠܝܢ ܘܒܙܒܢܐ ܠܦܠܚܝܢ. ܐܠܐ ܗ̄ܝ ܠܐ ܚܠܝܨܘܬܐ ܗ̄ܝ ܘܡܠܝܠ ܘܒܢܐ ܗܘܢܐ. ܘܬܘܒ ܐܢܫܐ ܒܙܒܢܐ ܡܬܠܦܝܢ ܡܠܦܢܘܬܐ. ܘܡܫܡܥ ܐܟܪ. [13]ܡܣܬܒܪܐܢܬ [14]ܐܡܪ. ܗܫܐ ܐܢܬ ܐܡܪ. ܘܕܡܪ [15]ܐܡܪ. [16]ܕܐܢܐ ܦܘܪܫܐ ܗܘܢܐ ܕܒܢܝܐ. ܕܡܪܝ ܒܠܚܘܕ ܒܡܘܒܪܐ ܕܡܕܒܪܢܘܬܐ ܘܕܫܘܕ̈ܪܗ̇ ܡܬܚܙܝܐ [17]ܡܕܒܪܢܘܬܗ̇. ܘܦܠܓ ܠܗܘܢ ܕܚܕ ܚܕ ܡܢܗܘܢ ܒܗܘ ܒܝܬܐ [18]ܕܒܡܕܪ ܒܗ. ܢܒܕܐ ܚܘܪܐ ܚܕ ܕܢܒܥ ܒܠܚܘܕ ܒܡܘܒܪܐ ܒܗܘܪܐ ܘܗܘܦܟܝܢ ܘܬܘܒ̈ܠܐ ܬܫܒܚܬܐ ܢܒܥܘܢ

151r ܒܡܘܪܗ ܕܐܘܣܬܐ. ܘܬܠܬܐ *ܠܐܒܗܬܐ ܕܐܒ̈ܗܝܐ ܘܬܫܡ̈ܫܬܐ ܫܪ̈ܝܪ ܗܢܝܢ. ܘܒܟܠ [19]ܒܥܬܐ ܢܒܥ ܡܐܒܘܠܬܐ ܕܐܒܠܝܢ ܒܡܘܒܪܐ [20]ܒܠܚܘܕ ܒܗܘܪܐ ܡܘܡ̈ܢ. ܘܡܢ ܡܢܡܝܢ ܒܠܝ ܘܐܘܠܝܢ ܡܕܡܝܢ ܠܗܘܢ

---

1 ܘܐܦ bd. 2 ܘܡܣܬܒܪܐܢܬ a c d, ܡܣܬܒܪܐܢܬ b. 3 ܠܡܬܕܡܪܐ a
4 ܕܡܕܡ ܗܠܝܢ b c d. 5 ܐܡܪܬܘ < b d. 6 ܠܒܢܝܐ. 7 ܐܡܪ < a.
8 ܕܐܦ. 9 ܫܥܬܐ b. 10 ܒܝܬܝܐ a. 11 ܐܬܒܥܝܢ bd. 12 ܘܐܦ bd.
13 ܡܣܬܒܪܐܢܬ a b c, ܘܡܣܬܒܪܐܢܬ d. 14 ܐܡܪ < b c. 15 ܐܡܪ < b.
16 ܐܢܐ b. 17 ܠܡܕܒܪܢܘܬܗ̇ b d. 18 ܕܒܡܕܝܢܐ ܒܗ b. 19 ܒܥܬ a b d.
20 ܒܠܚܘܕ < b d.

ܒܬܐ ܕܢܬܪ ܒܬܪ. ܘܐܡܬ ܠܗ ܡܠܘ ܣܒܐ. ܘܒܠܝܡ ܠܫܘܪܪܐ ܗܘ̇. ܘܒܗܠܝܢ ܬܫܒܚܬܐ ܬܘ̈ܕܝܬܐ ܒܟܠ ܡܢ ܠܒܗ ܒܗܘܒܪ̈ܐ [1]ܕܡܫܒܚܝܢ ܘܣܘܥܪܢܐ ܡܢ ܡܠܬܐ ܠܐ ܢܦܠܐ ܠܝ. ܘܟܠ ܣܒܪܐ ܐܬܬܐ ܡܠܘ ܡܢܟܐ ܟܠ ܬܘܕܝܬܐ ܕܫܘ̈ܪܪܐ ܗܠܝܢ ܘܐܦ ܐܝܠܐ ܘܐܬܬܐ ܣܝܡ ܠܗ̇. ܘܒܗ̇ܝܢ̱ ܬܠܬܐ ܬܘ̈ܕܝܬܐ [2]ܐܣ̈ܪܢܐ ܢܥܡܝܢ ܦܬܓܡܐ. ܘܒܬܫܒܘ̈ܚܬܐ ܘܬܘ̈ܕܝܬܐ ܘܫܘܒܚܐ ܕܡܪܝܡ ܐܣܝܡ ܘܠܥܠ ܣܘܓܕܢܐ ܒܒܪܝܡ. ܘܐܢܫܐ [3]ܕܣܝܡ ܣܘܟ̈ܠܐ [4]ܕܒܗܢܐ ܙܢܐ ܐܣܝܪܐ ܐܡܪܝܢ. ܕܫܒܐ ܡܠܘ ܠܐ ܣܦܩܐ. ܘܡܬܠܝܢ ܡܠܘ ܐܣܝܪܬܐ. ܘܠܘ ܐܢ̱ [. . .] ܡܬܠܝܢ ܬܠܬܐ [5]ܐܣܝܪܬܐ ܣܡ ܡܫܒܚܝܢ ܘܣܘܓܕܢܐ [6]ܒܒܗܐ ܕܢܬܪ ܡܫܒܚܝܢ ܒܒܪܝܡ. ܘܡܫܘܚ̱ ܒܙ ܣܘܓܕܢܐ [7]ܗܢܐ ܣܝܡ ܘܠܦܘܪܣ ܠܐ ܡܒܪܟܝܢ [8]ܠܬܘܕܝܬܐ ܘܣܘܓܕܢܐ ܕܢܫܒܚܘܢ̱

151v *ܣܝܡ ܘܒܗܐ ܕܣܝܡ [9]ܕܐܝܟ ܒܒܗܐ ܕܫܠܝܡ ܡܠܬܐ. ܣܒܠܐ ܢܛܪ

ܦܠܚܐ ܠܦܘܬ ܢܡܘܣܐ ܕܡܒܠܐ. ܗܘܝܡ ܡܦܩܝܢ ܣܒܐ ܡܠܘ ܡܢ ܬܡܢ. [10]ܘܡܢ ܣܡ ܣܒܠܐ ܒܝܬ ܢܒܙ. [11]ܘܒܙ ܣܝܡ ܐܢܫܐ [12]ܕܒܝܬ ܣܘܓܕܢܐ. ܘܐܦ ܗ̇ܝ ܕܬܘ̈ܬܝܡ ܡܦܩܝܢ ܠܗ̇. ܘܐܦ ܣܡ ܒܝܬ ܣܒܠܐ ܒܒܪܝܡ. ܘܒܙ ܣܝܡ ܡܬܘܪܢܐ ܗܢܐ. ܐܦ ܗ̇ܝ ܕܬܠܬ ܡܦܩܝܢ ܠܗ̇ ܠܒܪ. ܘܐܦ ܣܡ ܢܥܡܝܢ ܡܢ ܗ̇ܘ ܒܠܬܐ. ܘܠܣܙ ܣܙ ܡܢ ܬܠ̈ܬܐ ܒܗܢܐ [13]ܙܢܐ ܘܢܣܒܐ [14]ܡܫܬܦܩܝܢ. ܘܒܙ ܐܢܫܐ ܣܘܓܕܢܐ ܕܙܒܢܐ ܗܢܐ ܣܝܡ ܘܣܝܡ ܡܢ ܡܠܬܐ ܡܦܩܝܢ ܘܒܒܬܐ ܠܐ ܠܒܒܝܢ ܠܗܝܢ. ܘܐܦ ܠܗܠܝܢ [15]ܕܒܣܪ̈ܒܬܐ ܡܫܒܚܝܢ ܡܠܝܢ ܘܡܒܒܪܝܡ ܠܗܝܢ. ܘܡܫܒܚܪ ܐܢܐ ܕܙܒܐ ܕܝܠܬܐ ܗܢܝܢ ܢܛܪ ܡܫܒܚܝܢ ܠܝܫܘܥ. ܘܒܒܙܘ ܒܗ

---

1 ܘܡܫܒܚܝܢ. 2 ܐܣ̈ܪܢܐ < b d. 3 ܕܣܝܡ < b d. 4 ܒܗܢܐ a c, ܘܒܗܢܐ d. 5 ܐܣܝܪܝܢ b d. 6 ܒܒܗܐ ܕܡܫܒܚܝܢ b. 7 ܗܢܐ < a c. 8 ܘܠܬܘܕܝܬܐ. 9 ܐܝܟ. 10 ܘܒܙ. 11 ܘܕܣܝܡ b. 12 ܕܒܝܬ. Cf. Nöld. p. 48. 13 ܢܣܒܐ b d. 14 ܡܫܬܦܩܝܢ a c. 15 ܕܒܣܪ̈ܘܬܐ b d.

ܒܢܝܐ. ܘܒܙܒܢܐ ܫܬܐ ܠܒܗܝܢ ܩܠ̈ܝܬܐ ܕܐܝܬ ܗܘܐ ܒܡܕܝܢܬܐ ܗ̇ܝ ܒܠܩ. ܗܝܕܝܢ ܟܬܪ ܘܒܢܐ ܒܪ ܐܬܬܠ ܕܪܐ ܐܚܪܢܐ ܕܡ̈ܫܝܚܝܐ ܒܗ̇ܝ ܡܕܝܢܬܐ ܗܘܝܢ ܠܒܝܫܝܢ ܗܘܘ. ܕܐܬܩܛܠ[1] ܕܗܠܝܢ ܚܒܠܐ ܡܢ ܒܩܘܒ̈ܪܐ ܒܡ̈ܐܟܠܐ ܡܬܬܚܝܐ ܗܘܐ. ܗܢܘܢ ܐܡ̈ܪܝܢ ܗܘܘ. ܕܒܒܪ ܩܠܘ[2]

---

1 ܘܐܬܩܛܠ b. 2 Schluß fehlt.

KALILA UND DIMNA

SYRISCH UND DEUTSCH

VON

FRIEDRICH SCHULTHESS

II

ÜBERSETZUNG.

BERLIN.
VERLAG VON GEORG REIMER.
1911.

Druck von ADOLF HOLZHAUSEN in Wien,
K. UND K. HOF- UND UNIVERSITÄTS-BUCHDRUCKER.

INHALT.

Verzeichnis der Literatur und Siglen.[1]

M Mardiner Handschrift (unzugänglich).

a, b, c, d } Kopien derselben.

A. Pehlewī-Rezensionen.

Syrer (Σ, überliefert in M).

Gust. Bickell, Kalilag und Damnag. Alte syrische Übersetzung des indischen Fürstenspiegels. Text und Übersetzung. Mit einer Einleitung von Theodor Benfey. Leipzig 1876 (B.).

Araber.

S. de Sacy, Calila et Dimna ou Fables de Bidpai. Paris 1816. (de S.)

J. Guidi, Studii sul testo arabo del libro di Calila e Dimna. Roma 1873. (Guidi).

L. Cheikho, La version arabe de Kalîlah et Dimnah d'après le plus ancien manuscrit arabe daté. Beyrouth 1905. (Ch.)

H. Zotenberg, Le moine mendiant et la cruche cassée: Journ. as. 1886, S. 111 ff.

Th. Nöldeke, Die Erzählung vom Mäusekönig und seinen Ministern. Abh. d. K. G. W. Gött. Bd. XXV, 1879. (Für das letzte Kapitel.)

[1] Zur gesamten Literatur bis zum Jahre 1892 vgl. V. Chauvin, Bibliographie des ouvrages arabes, vol. II, Liège 1892.

Joseph Derenbourg, Deux versions (s. u.), S. 351 ff. (Gleichfalls für das letzte Kapitel.)

Jüngerer Syrer.

W. Wright, The book of Kalilah and Dimnah. Oxford, London 1884. (ح.)

Hebräer.

Joseph Derenbourg, Deux versions hébraïques du livre de Kalîlâh et Dimnâh. Bibl. de l'École des Hautes Études. Quarante-neuvième fascicule. Paris 1881. Enthält: a) die Übersetzung des R. Ioël (I), b) die des Jacob b. Eleazar (J.).

Lateiner.

Johannis de Capua, Directorium vitae humanae, ... publiée et annotée par Joseph Derenbourg. Bibl. de l'École des Hautes Études. Soixante-douxième fascicule. Paris 1887. (Cap.)

Spanier.

Pascual de Gayangos, Calila é Dymna de Abdallah ben al-Mocaffa. Biblioteca de autores españoles, tom. 51, Madrid 1860, p. 1—78. (Gay.)

C. G. Allen, L'ancienne version espagnole de Kalila et Digna. Paris 1906. (Thèse.) (Allen).

Grieche.

Στεφανίτης καὶ Ἰχνηλάτης. Quattro recensioni della versione greca del كتاب كليلة ودمنة. Pubblicate da Vittorio Puntoni. Pubblicazioni della Società Asiatica Italiana, vol. II. Roma-Firenze-Torino 1889. (Puntoni.)

B. Pantschatantra.

Tantrākhyāyika. Die älteste Fassung des Pañcatantra. Aus dem Sanskrit übersetzt mit Einleitung und Anmerkungen von Johannes Hertel. Zwei Teile. Leipzig und Berlin 1909. (Tantr.)

Theod. Benfey, Tantschatantra. Fünf Bücher indischer Fabeln, Märchen und Erzählungen. Aus dem Sanskrit übersetzt mit Einleitung und Anmerkungen. Zwei Teile. Leipzig 1859. (B. P.)

Śār. = Hss. des Tantr. (s. Hertel, Bd. I, S. 66 f.).

S. P. = Südliches Pantschatantra (s. Hertel, Bd. I, S. 43).

MBh = Mahābhārata (s. Anm. 309 zu Kapitel V).

C. Tibeter.

Mahâkâtjâjana und König Tschaṇḍa-Pradjota. Ein Zyklus buddhistischer Erzählungen. Mitgeteilt von A. Schiefner. Mém. de l'Acad. Imp. . . . de St. Petersbourg 1875. (Schiefner.)

D. Varia.

Th. Benfey in Bickell, s. oben, A. (Benfey, Einl.)

Th. Nöldeke, Anzeige von Bickells Werk ZDMG XXX (1876), S. 752—772. (Nöld., S. 752 ff.)

Imm. Löw, Bemerkungen zu Nöldekes Anzeige: ebenda XXXI (1877), S. 535—540. (Löw.)

E. Prym, Anzeige von Bickells Werk in der Jenaer Literaturzeitung 1878, S. 98 ff.

Th. Nöldeke, Die Erzählung vom Mäusekönig usw. (s. oben, A), enthält u. a. eine verbesserte Übersetzung des Schlußkapitels aus dem alten Syrer mit vielen Textverbesserungen. (Nöld. S. 1 ff.)

J. G. N. Keith-Falconer, Kalilah and Dimnah or the Fables of Bidpai. Cambridge 1885. (K.-F.)

L. Blumenthal, Kritische Emendationen zu Gust. Bickells Kalilag und Damnag: ZDMG XLIV (1890), S. 267—320.

Einleitung.

1. In den Vorbemerkungen zum syrischen Teil sind die Überlieferungsverhältnisse des Textes genauer beschrieben und ist dargelegt, daß das seit Bickells Ausgabe hinzugekommene Material zwar die Lesarten der einzigen und unerreichbaren Hs. (M) viel besser kennen lehrt, aber doch noch lange nicht zur diplomatisch genauen Feststellung ihres Wortlautes ausreicht. Hier haben wir der übrigen Hilfsmittel zu gedenken, die unserer Neuausgabe zustatten gekommen sind. Es sind dies die gleich Σ aus dem Pehlewī übersetzte arabische Version mit ihren wichtigsten Deszendenten und das indische Original. Pehlewī-Rezensionen.

Die arabische Übersetzung, die Ibn al Muqaffaʿ († c. 140/757) aus dem Pehlewī angefertigt hat, ist uns in ihrer ursprünglichen Gestalt nur unvollkommen bekannt, da das Werk, früh zum Volksbuch geworden, in vielfach variierenden Rezensionen umgegangen ist, welchen die ursprüngliche zum Opfer fiel.[1] Ob und inwieweit sie sich rekonstruieren läßt, kann erst eine Sammlung, Sichtung und Gruppierung aller erreichbaren arabischen Handschriften und Drucke lehren. Einstweilen besitzen wir aber in Cheikhos Ausgabe[2] eine hervorragend wichtige, vollständige Rezension, deren Beurteilung der Herausgeber überdies durch die Mitteilung vieler

[1] Vgl. Nöldeke, ZDMG LIX, S. 794.

[2] Über sie handelt Nöldeke a. a. O.

Varianten und Zusätze aus andern Handschriften erleichtert hat. Ihr Wert erhellt gerade am besten aus einer Vergleichung mit dem alten Syrer, dem sie im ganzen sehr nahe steht. Neben Ch. tritt de Sacys Text, bekanntlich eine Kompilation, ziemlich zurück, aber für die Textkritik von Σ (bezw. M) ist er, wie auch Guidis Exzerpte[1] (die zum großen Teil aus erweiterten Rezensionen stammen), immer noch sehr brauchbar. Außer diesen Hauptmaterialien stehen noch Rezensionen einzelner Kapitel (Der Asket und der zerbrochene Krug oder Der Vater des Mhpi̯'; Mihrājār, s. oben das Literaturverzeichnis) zur Verfügung, sowie allerlei längere und kürzere Zitate, die uns in der Adab-Literatur und andern Werken erhalten sind. Solche hat bereits Cheikho mitgeteilt, namentlich aus dem ʿIqd. des Ibn ʿAbd Rabbihi († 328/860); diejenigen aus Ibn Qutaibas († 276/889) ʿUjūn al aḫbār[2] und al Ǧāḥiẓ' († 255/869) Kitāb al ḥajawān[3] habe ich gesammelt und, soweit sich Gelegenheit dazu bot, berücksichtigt.

Für die Kritik des Syrers ist der Araber, in diesem weitesten Sinne genommen, insofern von Wert, als er nicht selten die Emendierung innersyrischer Verderbnisse ermöglicht; noch mehr aber dadurch, daß er uns mechanische Lücken in M[4] erkennen läßt, sowie Zusätze, Umschreibungen und Mißverständnisse, die auf den Übersetzer (Būd) selbst zurückgehen.

[1] Das Buch heißt hier (N. 1): كتاب كليلة ودمنة فى سِيَر الملوك والسلاطين, d. i. «Das Buch K u D über die Wege der Könige und Fürsten».

[2] Hier meist als كتاب الهند zitiert, seltener als كتاب كليلة ودمنة, vereinzelt als كتاب من كتب الهند.

[3] Zitiert als كتاب كليلة ودمنة. — Vgl. Goldziher im «Islām» I, 23 f.

[4] Die auffälligsten und größten Lücken dieser Art, die durch Blätterverlust oder Überschlagen seitens eines Kopisten zu erklären sind, hat schon Benfey, Einl. S. XXIV und CX, erkannt, vgl. meine Anmerkungen 2, 59, 495, 662. Dazu kommen aber noch viele kleinere, s. Anm. 21, 33, 39, 41, 91, 110, 117, 175, 196, 213, 216, 235, 250, 255, 287, 317, 384, 455 (?), 496, 513, 550, 575, 649, 652, 660. Sie lassen sich zum Teil schon aus M allein heraus erkennen; die Versionen dienen dann zur Bestätigung.

Von den aus dem Araber geflossenen Übersetzungen[1] sind für unsere Zwecke weitaus die wichtigsten Wrights jüngerer Syrer (σ),[2] der Hebräer (I) und Johannes von Capua (Cap.). Diese und Ch. sind gemeint, wenn in den Anmerkungen kurzweg von den «Versionen» die Rede ist. Andere hat bereits Derenbourg in den Noten zu Cap. vielfach herangezogen, worauf ich gegebenen Falles verweise. Neu hinzugekommen sind Allens Spanier und Puntonis Grieche an Stelle von Gayangos, bezw. S. G. Starks und Typaldos' Ausgaben. Jacob b. Eleazar ist, weil textkritisch belanglos,[3] nur vereinzelt gehört. Wir arbeiten also in der Hauptsache mit folgendem Material:[4]

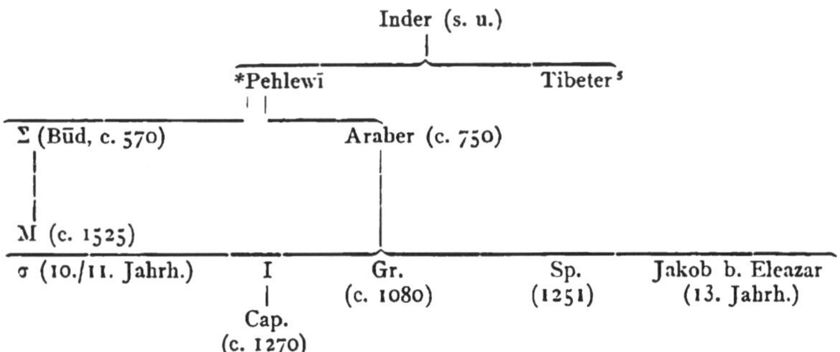

2. Was für außerordentliche Veränderungen und Entstellungen das indische Original durch den Pehlewisten erfahren hat, zeigt uns jetzt für das erste, zweite, dritte, vierte Inder.

[1] S. Keith-Falconers Einleitung und Chauvins Bibliographie.

[2] σ hat den alten Syrer gekannt und bisweilen benutzt, vgl. die Anmerkungen 516 und 529. Daher konnten auch einige leichtere Versehen in Σ einfach nach σ verbessert werden. — Bei den Lexikographen habe ich kein sicheres Zitat aus Σ gefunden. B. Bahlūl erwähnt nur einmal den Titel des Buches (Duval 1789), s. Anm. 14. Vgl. noch Anm. 618, Ende.

[3] Vgl. K.-F. S. LXXIII, 16ff.

[4] Vgl. K.-F. S. LXXXVI.

[5] Von der Bī'd-Erzählung, die nicht zum ursprünglichen Pantschatantra gehört, hat Schiefner den Tibeter deutsch veröffentlicht (s. Lit.-Verz.). Der Tibeter hat, wie der Pehlewist, aus dem Sanskrit übersetzt, aber der Text ist sehr stark überarbeitet.

und sechste Kapitel das Tantrākhyāyika.[1] Da sein Entdecker und Bearbeiter, Joh. Hertel, in der Einleitung zur deutschen Übersetzung alle einschlägigen Fragen und auch das Verhältnis der semitischen Rezensionen zu den alten Sanskritfassungen ausführlich behandelt,[2] genügen hier einige wenige orientierende Bemerkungen, die ich ebenfalls ihm verdanke.

Das Tantrākhyāyika, das in sechs in Śāradā geschriebenen Handschriften vorliegt, enthält die sog. Kaśmīr-Rezension,[3] d. h. den einzigen authentischen, leider nicht ganz vollständigen Sanskrittext des Pantschatantra. Wir besitzen sie in zwei Subrezensionen (Śār. α und Śār. β), die beide einige eingeschobene Erzählungen enthalten.

Der Pehlewist hat außer dem Tantrākhyāyika noch andere Werke übersetzt; so erklärt es sich, daß seine Übersetzung außer jenen fünf Büchern des Pantschatantra noch einige andere Erzählungen enthält (vergleiche Hertel, Bd. I, S. 56).

Soweit sich die Pehlewī-Rezension mit ihm deckt, herrscht zwischen beiden völlige Übereinstimmung des Textes, die sich vielfach bis auf den Wortlaut erstreckt. Freilich ist diese durch besondere Umstände wieder stark alteriert worden. Die vergleichenden Textproben, die Hertel[4] mitgeteilt und erläutert hat, zeigen eine Fülle von Mißverständnissen auf Seiten der semitischen Rezensionen (Σ und Araber); sie stammen großenteils daher, daß der Pehlewī-Übersetzer mit Hilfe eines Inders arbeitete, der ihm das Sanskritoriginal paraphrasierte.

[1] S. oben das Literaturverzeichnis unter B. Zu Hertels Forschungen überhaupt vgl. die Referate von L. v. Mańkowski, Extrait du Bulletin de l'Ac. des Sciences de Cracovie, Oct.-Nov. 1908, S. 123ff. und M. Winternitz in der Deutschen Literaturzeitung vom 22. Okt. 1910.

[2] Vgl. ferner Hertels Arbeiten in WZKM XX, S. 113ff., 184ff., ASGW XXII, Nr. 5, XXIV, Nr. 5.

[3] S. WZKM XX, S. 184ff., Tantr. I, 66.

[4] Tantr. Bd. I, S. 60ff. und 70ff.

Paraphrasiert sind namentlich die schwierigen metrischen Stellen. An allen politischen Stellen und solchen, die indisches Recht, indische Sitten und Religion berühren, fällt der Übersetzer stark ab.

So erklärt sich ein guter Teil der sinnlosen und einander widersprechenden Übersetzungsversuche des Syrers und Arabers, und zugleich die Tatsache, daß gerade die Strophen durch Paraphrasierung, Zusammenziehung, Auslassungen usw. so sehr gelitten haben.[1] Dagegen wird, weil die Pehlewī-Übersetzung für immer verloren ist, erst eine kritische Ausgabe des Arabers in gewissem Umfange ein Urteil darüber zulassen, welche Veränderungen dem Pehlewisten, und welche seinem syrischen und arabischen Nachfolger zuzuschreiben sind.

Der Wert des Tantrākhyāyika in bezug auf Σ, bezw. M kommt also in erster Linie dem Formalen und der sogenannten höheren Textkritik zustatten. Damit ist nicht ausgeschlossen, daß auch der syrische Wortlaut von ihm eine Verbesserung erfahren kann; das gilt z. B. bei einigen indischen Eigennamen. Um von der formalen Seite des Buches eine deutliche Vorstellung zu geben, die bequeme Vergleichung des Syrers mit dem Inder zu ermöglichen und die Unterschiede zwischen den Fassungen kenntlich zu machen, habe ich in diesem deutschen Teil die Strophen und, am äußeren Rand, die Erzählungen in derselben Weise gezählt, wie es Hertel in seiner Konkordanz[2] getan hat, ferner am innern Rand die Entsprechungen von Śār. notiert. Konsequenterweise mußte ich dann auch solche Partien als Strophen bezeichnen und im Drucke hervorheben, die Σ (oder schon der Pehlewist) irrtümlich für Prosa genommen hat.

---

[1] Hin und wieder haben der Syrer oder der Araber, oder beide (in diesem Falle also schon der Pehlewist), Prosastellen als Strophen (Sprüche) verstanden und demgemäß mit dem «Es heißt» eingeführt.

[2] Tantr., Einl. III, § 5.

Būd. 3. Wenden wir uns nun, unter Voraussetzung des über M Bemerkten,[1] zu Σ selbst, d. h. zur syrischen Übersetzung des Būd, so erhebt sich von neuem die Schwierigkeit, zwischen beiden zu unterscheiden und jedem das Seine zu geben. Während manche Auslassungen in M durch die übrigen Pehlewi-Rezensionen als Kopistensünden erwiesen werden — die Überlieferung zwischen Būd und M erstreckt sich ja über einen Zeitraum von $9^{1}/_{2}$ Jahrhunderten! — können Zutaten, die sich in jenen nicht finden, ebensowohl von einem Kopisten als von Būd herrühren.

Verhältnismäßig oft steht die syrische Übersetzung dem Inder (Śār.) näher als der Araber und seine Deszendenten: da haben wir natürlich den echten Būd vor uns, vgl. Anm. 220, 266, 375, 401, 406, 438. Aber Būd hat offenbar auch allerlei Eingriffe in den Text vorgenommen: Verstellungen (Anm. 205), harmlose Zusätze (Anm. 30, 520) und Auslassungen (Anm. 285), ferner aber Abschwächungen des Sinnes aus dogmatischen oder moralischen Gründen (Anm. 90, 150, 559), biblische Reminiszenzen (Anm. 90, 132, 248, 383, vgl. auch 512, sowie die Schlußworte der Bl'd-Erzählung, die in den übrigen Versionen fehlen).[2] Auf ungeschickte Übersetzung haben wir öfter hingewiesen (z. B. 51, 76, 168). Dafür, daß er sich wohl auch einmal in der Pehlewī-Vorlage versah, haben wir ein sicheres und ein halbwegs sicheres Beispiel (s. Anm. 489 und 37). Das erstere betrifft den Namen *Gaupal*; im übrigen aber zeugt gerade die

---

[1] S. die Vorbemerkungen im syrischen Teil.

[2] Indessen könnte auch allerlei auf Barzōye, den Pehlewisten, zurückgehen, zumal wenn er wirklich Christ war, wie eine arabische Tradition es vermutet (B. P. I, 76, vgl. K.-F. XXVI). Seine sicher bezeugte asketische Sinnesrichtung auf den Buddhismus zu beziehen, wie es Benfey tun will, haben wir keinen Grund, während bei dem Leibarzt eines Sāsānidenkönigs die christliche Konfession durchaus nichts Überraschendes hätte. Auch Ibn al Muqaffa' hat sich ja, von seinem muslimischen Standpunkt aus, Änderungen am Texte erlaubt. — Den arabischen Bericht über Barzōyes Sendung nach Indien habe ich nach Ch.'s Text ins Deutsche übersetzt bei J. Hertel, Tantr. I, 45—52.

Art, mit der Būd die fremden Eigennamen behandelt, für seine Sorgfalt: während Barzōye die indischen Namen gern ins Pehlewī übersetzte,[1] verfährt Būd nur ein einziges Mal so (s. Anm. 189), und die beim Pehlewisten zweimal vorkommende Ersetzung eines unbekannten Namens durch einen bekannten (Anm. 452, 519), wie sie der Araber und später wieder der jüdische Übersetzer liebten, trifft man bei ihm gleichfalls nur einmal (Anm. 529).

Völlig ratlos stehen wir aber einer andern Frage gegenüber. Ist es wirklich Būd, der ein solches Syrisch geschrieben hat, oder hat die Überlieferung dem Texte noch weit gefährlicher zugesetzt, als wir ohnehin wissen, indem sie sich auch des Grammatischen, Stilistischen und Lexikalischen bemächtigte?[2] Leider sind uns von Būd[3] keine andern Schriften erhalten, aber wenn er u. a. allem Anscheine nach eine griechische Schrift philosophischen Inhaltes ins Syrische übersetzt hat, so sollte man erst recht meinen, er habe diese Sprache völlig beherrscht. Anderseits hat man freilich Grund zu der Annahme, seine Muttersprache sei das Persische, nicht das Syrische gewesen.[4] Wie dem auch sei, Tatsache ist, daß unser Text nach Abzug der gewöhnlichen Schreibfehler ein sprachliches Kolorit aufweist, mit dem sich an Inferiorität kaum ein anderes syrisches Literaturprodukt messen kann[5] — und dabei soll er letztlich aus dem 6. Jahrh. stammen! Ob

---

[1] S. Anm. 153. 189. 198. 305. 349. 350. 367. 450. 482. 483. 508, und vgl. 192.

[2] S. die Vorbemerkungen zum syrischen Teil.

[3] ܒܘܕ, resp. ܒܘ̇ܕ (so die Cambridger Hs. von Ebed Jesus Katalog). Er übersetzte (nach einer zwar unkontrollierbaren, aber wohl richtigen Angabe bei Assemani III, I, 219) noch zu Chusrau Anōšarwāns Lebzeiten, also wie Barzōye, und folglich ganz kurze Zeit nach der Verfertigung der Pehlewī-Übersetzung durch diesen.

[4] Vgl. Nöldeke, ZDMG XXX, S. 754.

[5] Auch nicht der ebenfalls aus dem Pehlewī übersetzte Alexanderroman.

manchmal der Sprachgebrauch des Pehlewī-Originals einwirkt, kann ich nicht beurteilen. Ich greife aufs Geratewohl einiges Auffällige heraus:

In ܕܗܘ ܐܢܫ «eines solchen» 63 7, ܠܗ ܠܐܢܫ «jemandem» 66 4, 71 11, ܫܩܠ ܐܢܘܢ ܠܡܐܢܐ «er nahm die Kleider(?) fort» 12 8, ܫܡܥܗ ܠܡܠܬܐ «er hörte das Wort» 88 4, ܐܘܒܠܗ ܠܒܣܪܐ «er schaffte das Fleisch weg» 137 1 könnte man jüngere Verderbnis sehen; aber weiter: ܚܫܒ ܒ «für etwas halten» (cf. acc.) 80 13, 109 15, vgl. 4 6, ebenso ܠܘܬ gebraucht 94 4, 125 14—17, 93 14, vgl. Anm. 399, dessen vielseitige Anwendung noch unten zur Sprache kommen wird, — die ausgesprochene Vorliebe für das Partizipium statt des Imperfekts in abhängigen Sätzen nach ܕ,[1] wie 6 4, 13 17, 23 11, 42 3, 109 12, 111 20, 115 8, 164 17 (ܕܗܘܝܐ «damit sie werde»), 165 2 u. o., und so nach ܐܝܟ ܕ «damit» 21 11, 158 9, — die Einführung der Apodosis durch ܘ «und» («so») 5 19, 8 4, 11 8, 13 5, (acd), 20 2 (ac), 61 4, 84 14, 101 19, 102 2, 112 17, 113 14 usw., — die Rektion in Fällen wie ܠܚܒܪܘܗܝ ܐܡܪ ܒܪܬܐ ܘܠܗ ܐܡܝܢܐ ܡܬܒܥܝܢ ܗܘܘ 36 10, vgl. 61 14 f., 109 12, 124 1,[2] oder in ܐܢܫ ܡܫܟܚܢܐ . . . ܐܡܪܬ ܠܗܘܢ ܠܚܝܘܬܐ 60 19; — der Adverbialausdruck in Sätzen wie ܠܛܒܐܝܬ ܗܝ «sie ist gut» 36 13, ܟܢܫܐܝܬ ܐܢܘܢ «sie sind beisammen» 44 19,[3] oder in ܝܚܝܕܐܝܬ . . . ܢܦܫܗ ܢܚܫܘܒ ܕܠܒܘܕ «er muß sich für alleinstehend halten» 125 17, — die asyndetische Anreihung von Sätzen wie 63 15, 83 9, 101 21, 107 19 (ܟܠܠ), 119 15, 124 10, 156 11, 175 1. 4, — das merkwürdige ܥܫܝܢ ܠܟܝܢܐ «ist von fester Natur» 56 8, — die 3. P. des Verb. im Sinne von «man» (ohne ܐܢܫ), wie ܘܠܐ ܢܥܒܕܘܢ «man soll (nicht etwa ‚wir sollen‘!) tun» 136 18, — ܐܠܐ als Folgerungspartikel «darum» 4 18, 19 4, 107 15 und sehr oft, — Ausdrücke

[1] Vgl. einige Beispiele aus andern Schriften bei Nöldeke, Syr. Gr.[2] § 272 (erster Abschnitt).

[2] Etwas anders als die Beispiele bei Nöldeke[2] § 319 Ende; vgl. ebenda § 322 das letzte Zitat (Afraates).

[3] Vgl. Anm. 430.

wie ܟܠ ܐܡܬ، «immer» 61₁₈, ܟܡܣܘܬ «so» 147₅, ܒܐܚܪܢܐܝܬ «anders» 139₇ (vgl. Anm. 467), — (ܕ)ܡܬܒܥܐ in der Bedeutung «brauchbar» 7₉.₁₀, 9₃, 10₁₈, 67₁₉, 76₆ u. oft, — in lexikalischer Hinsicht ferner ܚܡܪܬܐ «Eselin»[1] 79₁₁, als wäre ܚܡܪܐ generis communis, wie denn für das m. ܚܡܪܐ ܕܟܪܐ vorkommt (s. Anm 635), — die auffallende Bevorzugung des Verb. ܠܒܟ (vgl. oben) auf Kosten von ܐܚܕ, ܢܣܒ usw. in Ausdrücken wie ܠܒܟ ܐܢܐ ܠܟ ܒܐܦܐ ܕܫܘܒܚܐ «ich gebe der Freundschaft mit dir den Vorzug» 57₁₂, ܠܒܟ ܐܢܬܬܐ «heiraten» 164₁, ܠܒܟ ܥܡ «bei, mit jem. anfangen» 195₁₂, ferner mit Akk. und ܩܪܒ «jem. etwas hinhalten = präsentieren» 14₈, 115₁₇, 136₄, 137₁₃, 139₁₅, 175₁, — ܥܒܕ «begrüßen» 58₁₈, 67₆, 69₁₀, — ܠܥܣܡܐ «Essen, Mahlzeit» 13₁₆, 60₁₉ (s. o.), 62₁₇, 109₂.[2]

4. Wenn die verbesserte Gestalt des Syrers für die Untersuchung der literarischen Zusammenhänge zwischen dem Pantschatantra und den vorderasiatischen (und okzidentalischen) Erzählungsstoffen kaum von irgendwelchem selbständigen Werte sein kann, so möchte ich hier doch noch eine literarische Materie berühren und damit einen bescheidenen Nachtrag zu Benfeys immer noch maßgebenden Arbeiten liefern. Es betrifft die nahe Verwandtschaft von Sprüchen unseres Buches mit solchen der jüdischen und der von ihr abhängigen Weisheitsliteratur.[3] Schon Bickells Ausgabe von KuD hätte diese Spruchweisheit im Verhältnis zur jüdischen

[1] Vgl. جارة GGA 1909, S. 922.

[2] Wie aram. Dan. 5₁, vgl. Qoh. 10₁₉. Auch im syrischen Aḥiqār, wo es wie in der Peš. Wiedergabe von לְחֶם ist.

[3] Auf weitere «Parallelen» lasse ich mich hier nicht ein, sonst müßten von semitischer Literatur nicht nur die Sprichwörter, Luqmān usw. herangezogen werden, sondern namentlich auch der ganze Ḥadīth, dessen Lebens- und Anstandsregeln, zum großen Teil aus der Fremde eingetragen, oft genug an die unten angeführten erinnern. — Sehr unzweideutige Anklänge finden sich auch im 14. Abschnitt des mandäischen Sidrā rabbā, der «Gnomologie» (Brandt) Johannes des Täufers, die Sch. Ochser in ZA XX (1907), S. 4ff. in Text und Übersetzung neuerdings mitgeteilt hat. Es heißt da S. 13 (S. R. 217)₁₈ff. — etwas abweichend von Ochser —: «Die Worte des Weisen sind für den Toren

Entdeckung gestattet, wie übrigens auch die andere, daß sich der Syrer manchmal unter biblischem Einfluß vom Inder (Pantsch.) entfernt; aber allerdings ist das alles nunmehr viel deutlicher, wo der Inder eine weitgehende Kontrolle des Syrers gerade hinsichtlich der Strophen (Sprüche) ermöglicht und das jüdische Vergleichsmaterial in den Aḥiqār-Sprüchen,[1] deren es nach Ausweis der Berliner Papyrusfragmente aus Elefantine in Verbindung mit einer Aḥiqār-Erzählung bereits im 5. vorchristlichen Jahrhundert in aramäischer Sprache gegeben hat,[2] eine besonders wertvolle Bereicherung erfahren hat.

Die Beispiele, die ich hier zusammenstelle, mögen für sich reden. Bei einigen sind es mehr nur Anklänge, bei andern steht die Abhängigkeit außer Zweifel. Den jeweiligen Ursprung zu bestimmen, wäre ein gefährliches Unternehmen, wenn auch z. B. das Ideal des beschaulichen Lebens (vgl. unter *c*) vor allem nach Indien weist. Man muß sich auch hiebei gegenwärtig halten, daß, wie oben gezeigt ist, der Text des Tantrākhyāyika, soweit er sich überhaupt mit K u D deckt, absichtliche und unfreiwillige Änderungen und Entstellungen seitens des Pehlewisten (und dieser wieder seitens des Syrers und Arabers) erfahren hat, so daß die echte Form der Sprüche gar nicht immer feststeht. Übrigens scheint es fast, daß schon

---

wie weiße Kleider für den Glasarbeiter, . . . wie Schuhe für den Walker, . . . wie ein Prachtkleid für den Gerber», vgl. die Bl'd-Sprüche S. 147 unserer Übersetzung. Für das relativ junge Datum der Abfassung jenes Abschnittes zeugt das arabische Wort. דאבאגא = دبّاغ. — Über die Heimat der Tierfabeln läßt sich nichts feststellen. Auch bei den Babyloniern finden wir sie ja, vgl. meine Einleitung zu Umajja b. Abi ṣṢalt. — Allerlei stammt aus «Tischzuchten».

[1] The story of Aḥiḳar . . . by F. C. Conybeare, J. Rendel Harris, and Agnes Smith Lewis. London 1898. — R. Smend, Alter und Herkunft des Achikar-Romans. Beihefte zur ZATW XIII (1908), S. 57—125. — F. Nau, Histoire et sagesse d'Aḥikar l'Assyrien. Paris 1909. — Ältere Literatur s. bei V. Chauvin, Bibliogr. III, 39—41, VI, 36—42.

[2] S. einstweilen Naus Mitteilungen a. a. O. S. 288—291.

der Pehlewist solche benutzt hat, die wir jetzt bei Aḥiqār lesen (vgl. die Note zum Beispiel *k*).

Zunächst aber seien zwei bloß scheinbare Beziehungen erwähnt, mit denen es in Wirklichkeit nichts auf sich hat. Den Namen ܠܒܫܠܡ in Aḥiqār glaubte Rendel Harris S. XXXV in دبشلم (s. Anm. 190) zu finden, weshalb er ihn für eine Interpolation aus der arabischen Übersetzung von KuD hielt; aber F. Nau hat (S. 12f.) demgegenüber mit Recht ܠܒܫܠܡ für einen babylonischen Namen erklärt. Und weiter: Wenn es bei Bickell S. 106 heißt: «Drei sind es, deren Liebe schnell wieder verschwindet, ... ein Bräutigam, der seine Schwiegereltern, in deren Hause er geehrt wird, verspottet», so erinnert das an Aḥiqār III 58 nach dem unedierten cod. Sachau[1] bei Nau S. 172: «comme celui qui rit et se moque et qui demeure dans la maison de son beau-père». Allein der Sinn des Arabers (Ch. 193_{20}, Guidi XLVII$_{2}$[2]) ist: der Freund, der von seinen Kameraden gefeiert wird, aber sich nicht an sie kehrt, sondern über sie spottet und lacht. Da in dem ganzen Spruch von internen Freundesangelegenheiten die Rede ist, so muß das sinnlose ܚܡ̈ܘܗܝ der Hss. nicht in ܚܡ̈ܘܗܘܗܝ «seine Schwiegereltern» geändert werden (Nöldeke S. 763, Bickells deutsche Übers.), sondern in ܚܒ̈ܘܗܝ [ܪ] «seine Freunde», vgl. Anm. 566. Mit ܚܬܢܐ «Bräutigam» wird Σ immerhin das Ursprüngliche bewahrt haben, aber der Zusammenhang mit dem Aḥiqār-Spruch fällt dahin.

Anders verhält es sich mit den folgenden:

a) Stier und Löwe, Str. 49 (S. 25): «Wie der gekrümmte Schweif des Hundes: mag man ihn noch so sehr in die Form zwängen, daß er sich strecke, er kehrt doch,

---

[1] Der Syrer der Cambridger Ausgabe (R. Harris usw.) S. ܡܗ, 1—2 ist kürzer.

[2] σ 361_{7} übersetzt frei.

sobald man ihn losläßt, zu seiner Natur zurück und krümmt sich».

Tantr. (deutsch) S. 27, Str. 77: «gleich einem Hundeschwanz, den man durch Schweißmittel, Salben [und andere] Mittel nach unten gebogen hat». Vgl. Benfey, Einl. S. CXXIII.

In Anm. 104 habe ich auf die weite Verbreitung dieser sprichwörtlichen Redensart hingewiesen.

b) Ebenda, Str. 5 (S. 4): «Der Hund wedelt lange seinen Schweif [bis man ihm einen Knochen vorwirft]».

(S. Anm. 21). Tantr. S. 8, Str. 8: «Ein Hund führt vor dem, der ihm einen Brocken schenkt, Schweifwedeln, Niederfallen vor die Füße ... aus».

Vgl. Aḥiq. גנו, 5: «denn der Schwanz des Hundes verschafft ihm Brot». Dazu weiter Smend S. 69.[1]

c) Ebenda, Str. 6 (S. 4): «Wer ruhmvoll und mit vielen lebt, wird, wenn er auch nur kurze Zeit lebt, für langlebig geachtet, aber wer unter Plagen allein lebt, dessen Leben wird, auch wenn er lange lebt, nicht für ein Leben, sondern für ein Unleben geachtet».

(Vgl. Anm. 23. Araber bei Ch. 56_7: «der ist, auch wenn er lange lebt, kurzlebig». — Tantr. S. 8, Str. 10.)

Taube Bunthals, Str. 35 (S. 65): «Wer sich gezwungen sieht, seinen Lebensunterhalt von andern zu erbitten und in fremder Wohnung zu schlafen und zu ruhen, dessen Leben hat für Tod zu gelten und sein Tod für Ruhe».

Tantr. S. 78, Str. 72.

---

[1] Wenn der Hund im älteren Judentum wie bei den Indern als Haustier vorkommt (vgl. Joh. Müller, Beiträge zur Erklärung und Kritik des Buches Tobit, Beihefte zu ZATW XIII, 1908, S. 10, Smend a. a. O. S. 125; Böhtlingk, Indische Sprüche 2851, zitiert von Benfey S. CXXIII), trotzdem er für unrein gilt, so widersprechen sich da religiöse Vorschrift und Praxis, wie ja auch im alten Islām.

Mihrājār (indischen Ursprungs?, s. «Nachtr.» zu Anm. 616), Str. 2 (S. 159): «Wer sein Land, seinen Ort und sein Haus verläßt und an fremder Stätte schläft und verweilt, indem er beständig für sein Leben zu fürchten hat, bei dem muß man das Leben für Tod und den Tod für Leben erachten».

Vgl. Aḥiqār ܣܘܪ, Nr. 50: «Besser ist der Tod als das Leben für einen Mann, der keine Ruhe hat». Anklänge auch in Sir. 30_{17}, 41_{2}, Qoh. 4_{1} ff.

d) Stier und Löwe, Str. 108 (S. 50): «Deinen Ruf kann nicht irgend jemand ändern».

(Tantr. S. 56, Str. 176: «Der Ruhm der Menschen wurzelt in ihren Taten».)

Eulen und Raben, Str. 13 (S. 92): «Es steht dem Stolzen besser an, ein kurzes Leben mit gutem Namen zu wünschen, als ein langes Leben mit Schande».

Tantr. S. 107, Str. 31.

Mihrājār, Str. 5 (S. 166): «Denn das stellen die Menschen besonders hoch, daß sie in dieser Welt einen guten Namen haben für alle Zeiten. Kann doch niemand etwas aus dieser Welt mit sich fortnehmen, als was er getan hat«.

Vgl. Aḥiqār ܣܘܪ, Nr. 49: «Besser ein guter Name als viel Schönheit, denn der gute Name besteht ewig, während die Schönheit welkt und verdirbt». S. cod. Sachau bei Nau S. 173, Nr. 64. — Sir. 41_{12} (Smend): «Sei besorgt um den Namen, denn er bleibt dir länger, als tausend kostbare Schätze», vgl. 37_{26}, Prov. 10_{7}, Qoh. 7_{1}.

e) Affe und dumme Schildkröte, Str. 13 (S. 81): «Ein Weiser macht wenig Worte und handelt viel und bekennt seinen Fehltritt ohne Scham ... und bestrebt sich, mit Taten wieder gutzumachen, wie einer, der strauchelt und fällt, mit Hilfe der Erde selbst wieder aufstehen kann».

(Tantr. S. 156, Str. 18: «Die [Fälle, in denen] der Verstand ausgleitet, diese selben [Fälle] sind Belehrungen des Verstandes», in der zweiten Hälfte ganz anders.)

Vgl. Ahiqār S. ٤, 6 v. u.: «Selbst wenn der Weise strauchelt, verliert er nicht den Halt, und selbst wenn er fällt, steht er rasch wieder auf». (S. auch Salhani bei Nau S. 164, N. b.)

f) Stier und Löwe, Str. 10 (S. 5): «Ein Weiser erkennt aus jemandes Gesicht, Gewohnheiten und Blick seine Gesinnung und was er tun will».

(Tantr. S. 9, Str. 16: «Der kluge Mann errät auch das Unausgesprochene. Denn der Verstand der Menschen fruchtet nur dadurch, daß er die Gebärden anderer richtig zu deuten versteht»; dazu S. 10, Str. 28: «Der Kluge dringt durch das Wesen, das irgendeinem eignet, in diesen ein und kann ihn auf diese Weise schnell in seine Gewalt bringen».)

Vgl. Sir. 19_{29} (Smend): «An seinem Aussehen wird der Mann erkannt, und seinem Gesicht gegenüber erkennt ihn der Kluge».

g) Ebenda, Str. 25 (S. 9): «Wer nicht rechts und links unterscheiden kann, mit dem soll man nicht gehen».

(Ähnlich Araber, s. Anm. 47; also hat schon der Pehlewist das Original, Tantr. S. 12, Str. 39 mißverstanden, wo es heißt: «Wo kein Unterschied ist zwischen der linken und der rechten Hand, welcher Edle, dem ein [anderer] Gang bekannt ist [der die Wahl hat], würde dort auch nur einen Augenblick verweilen?».)

Ebenda, Str. 100 (S. 44): «Belehre nicht den, welcher durchaus nicht zu belehren ist, denn man scheidet Eisen nicht mit Wasser» usw.

Ebenda, Str. 106 (S. 48): «Vertraue nicht auf einen listigen Weisen, sondern geh klug mit ihm um und empfange Belehrung von seiner Weisheit; wende dich aber rechtzeitig von ihm ab und vertraue nicht auf ihn. Von einem einfältigen

Toren wende dich nicht ab und lerne nicht von seiner Torheit, wohl aber laß dir's soviel als möglich leid tun um ihn und lehre ihn Einsicht. Dem törichten Listigen aber geh weit aus dem Wege».

Vgl. Prov. 13_{20}, $26_{4.5}$, Sir. $22_{7.13}$, Aḥiqār ܒܝܐ, Nr. 11. 12 (Nau S. 160, Nr. 16. 18).[1]

h) Der in KuD immer wiederholte Gedanke, daß der König unter allen Umständen viele und gute Ratgeber haben müsse, findet sich Prov. 11_{14}.

i) Bl'd, S. 149_{13}: «Verrückt ist ... wer einem, den er noch nicht erprobt hat, die wichtigen Geheimnisse der Könige und Fürsten offenbart und ihm vertraut wie seinem eigenen Ich».

Vgl. Aḥiqār, cod. Sachau nach Nau S. 160: «Tant que tu n'as pas éprouvé un homme, ne le loue pas, mais éprouve-le et ensuite fréquente-le». Araber S. ε, 7. Vgl. auch Sir. 6_7.

k) Stier und Löwe, Str. 17 (S. 7): Gefährlich ist's, «daß man einem Weibe vertraut und ihm sein Geheimnis offenbart».

Tantr. (S. 10): «Kluge Menschen ... ergötzen sich sogar mit Weibern». Wie die Übereinstimmung des Arabers (Ch. 58_{16}, vgl. ς 15_{13}) mit Σ zeigt, hat bereits der Pehlewist den indischen Wortlaut verlassen. Seine Fassung erinnert an Aḥiqār, Griech. 121, Nr. 9: τῇ γυναικὶ μηδέποτε πιστεύσῃς ἀπόρρητα, Nau S. 261, Nr. 151) sowie Menander bei Nau S. 43.

l) Bl'd S. 152_{15}: Unbedacht ist «wer sich mit einem Gegner in Streit einläßt, der zum Groll neigt und vielvermögend ist».

---

[1] Beiläufig sei zu Aḥiqār III 80 (Nau S. 180): «Wenn der Rabe weiß sein wird wie der Schnee, dann wird der Tor weise werden» bemerkt, daß sich diese Wendung auch im Testament Efraims (Overbeck) S. 149_{11} findet: «Wenn es möglich ist, daß der Rabe weiß wird, dann wird der Gottlose gerecht». Vgl. dazu Nābiġa 4_1 حتّى يشيب الغراب Ǧāḥiẓ, Opusc. 73_{16}, Lüderitz, Sprichwörter aus Marokko, Nr. IV.

Vgl. Aḥiqār ܣ, Nr. 65: «Prozessiere nicht mit jemand an seinem Tage» (Hebr.: «am Tage seiner Macht»).[1]

m) Ebenda S. 147_{27}: Strafe verdient, «wer von sich aus zu einem Gastmahl geht, ohne eingeladen zu sein».

Vgl. Aḥiqār (Armenier) bei Nau S. 266, Nr. 181: «Si l'on ne t'a pas appelé, ne va à aucune réunion»; S. 280, Nr. 283 (Rumänier); «ne va pas à une table étrangère sans être invité».

n) Ebenda S. 148_{24}: Seinen Herrn verachtet «der Fasler, der gern gefragt sein möchte und den man doch nicht fragt».

Vgl. Aḥiqār in dem vorigen Spruch, Nau S. 266: «et si l'on ne t'interroge pas, ne donne aucune réponse».

o) Ebenda 146_{25}: Unersättlich ist «ein Begehrlicher, der ißt, was man ihm vorsetzt, und dazu noch solches zu essen begehrt, was man nicht aufträgt».

Vgl. Aḥiqār, syr. Fragm. S. ܠܗ, Nr. 15: «Iß deine Portion und lange nicht nach der deines Genossen»; s. Smend S. 107, Nau S. 162, sowie Prov. $23_{1-3.6}$.

p) Ebenda 146_{34}: Zurückziehen muß man sich «vor dem, der nicht sein Glied in Zucht hält vor den Frauen seiner Nächsten».

Vgl. Aḥiqār ܡ, Nr. 6: «Brich nicht die Ehe mit der Frau deines Nächsten» (Nau S. 157f., Menander ebenda S. 44), und Prov. 2_{16}.

q) Taube Bunthals, Str. 27—29 (S. 63): «Die Einsicht desjenigen ist vorzüglich, der in vorzüglichen Vermögensverhältnissen ist und die Kraft desjenigen [ist stark], der durch seinen Reichtum stark ist. — Wer

[1] Dazu als zweite Vershälfte: «und widerstehe nicht dem Strom mit seiner Flut», was zu Sir. 4_{26} stimmt, wo aber die erste lautet: «Schäme dich nicht, deine Sünden zu bekennen». Vgl. übrigens *Mibḥar happ^enīnīm* 49_{16} (zitiert von Smend, Die Weisheit des Jesus Sirach, S. 45): «Widerstehe nicht dem König, wenn er grollt, noch dem Strome, wenn er reißend ist»; Menander bei Nau S. 181, 5 v. u., Demokrit ebenda S. 41, Nr. 83.

an Vermögen reich ist, der hat auch viele Freunde und Verwandte und wird durch seine Einsicht berühmt, und seine Taten werden anerkannt. Dem Armen aber gelingt keine Tat, die er unternimmt».

S. Tantr. S. 75, Str. 51. 52.

Vgl. Ahipār [illegible], Nr. 44: «Wessen Hand voll ist, heißt weise und angesehen, wessen Hand aber nichts hat, heißt töricht und gemein»; dazu Nau S. 172, Nr. 55, Menander ebenda S. 45: «L'opulence est proche de l'honneur»; Prov. 19 4, Sir. 13 21 - 23.

r) Stier und Löwe, Str. 97 (S. 44): «Der Glanz des Herrschers ist seine zahlreiche Umgebung».

Entsprechend der Araber, s. Anm. 171. Tantr. S. 48, Str. 150: «Ein von zahlreichen Dienern umgebener König glänzt, aber durchaus nicht ein vereinsamter; die, welche ihn vereinsamt wünschen, sind als seine Feinde erkannt».

Vgl. Prov. 14 28: ברב־עם הדרת־מלך ובאפס לאום מחתת רזון. Dazu die wohl originalere Wendung bei al Qālī, Amālī I, 104 4 فى وجه مالك تُعرف أمرته «am Gesicht eines Regenten erkennst du, ob er zahlreiche Untertanen hat».

Schließlich ist in diesem Zusammenhange noch an die Zahlensprüche in der Bl'd-Erzählung zu erinnern, doch darf man nicht vergessen, daß solche nicht bloß bei den Indern und Juden, sondern auch bei Arabern, Persern und andern Völkern beliebt sind.

Zur deutschen Übersetzung.

5. Im Schlußkapitel durfte ich mich ziemlich eng an Nöldekes Übersetzung im «Mäusekönig» anschließen, da weder Derenbourgs Araber noch meine eigenen Textverbesserungen größere Änderungen bedingten.

Die Anmerkungen sollen meine Übersetzung rechtfertigen, wo der Syrer Schwierigkeiten macht. Es handelt sich im letzten Grunde immer bloß um die Rekonstruktion des Wortlautes von M. Eine durchgehende Vergleichung mit dem Araber (der ja noch lange keine einheitliche Größe

ist) oder gar mit dem Inder hätte für unseren Zweck keinen Sinn, sondern würde nur zu Digressionen führen; sie ist deshalb unterblieben. Im Araber und in seinen Abkömmlingen sind ziemlich viele Strophen erhalten, die der Syrer vermutlich auch einmal besessen hat; aber wenn sich weder mechanische Lücken noch Störung des Zusammenhangs nachweisen lassen, so müssen das Fragen sein, die zeitlich hinter M liegen.

Bezüglich der Transkription der Eigennamen habe ich die semitistische Methode befolgt, wonach solche Wörter, deren Aussprache nicht genau bekannt ist, durch die bloßen Konsonanten wiedergegeben werden; daher *Bl'd* = ܒܠܐܕ, *Snzbug* = ܣܢܙܒܘܓ usw. Nur die persischen Namen habe ich, soweit sie durchsichtig sind, nach europäischer Art transkribiert. Wo sich eine falsche syrische Form nur, oder doch am bequemsten, aus der Pehlewī-Schrift erklärt, habe ich sie, als Būds Schreibung, beibehalten, also dem *Ḳlilg* sein *i*, dem *Snzbug* und *Ndnug* ihr *u* gelassen, während in diesen beiden Namensformen zugleich eine innersyrische Verderbnis zu verbessern war.[1] Den Punkt unter dem *K* von *Ḳlilg* habe ich mir auf dem Titelblatt, wo die beiden Schakalhelden doch einen lesbaren Namen (und darum am besten in der herkömmlichen Aussprache) verdienten, geschenkt; in semitischen Wörtern ist *q* statt *ḳ* gebraucht.

Ganz besonderen Dank schulde ich Herrn Professor Dr. Joh. Hertel, der mich durch fortwährende Mitarbeit in liebenswürdigster Weise unterstützt hat. Wie ich mit seiner Hilfe die deutsche Übersetzung des Syrers seiner Tantr.-Übersetzung äußerlich möglichst genau angepaßt habe, um dem Leser eine mühelose Vergleichung zu ermöglichen, so hat

[1] S. Anm. 9 und 10. — Innersyrische Verderbnis liegt ferner in den Namensformen ܩܐܓ, ܦܢܘܣ, ܒܠܐܪ vor; sie waren also durch ܩܐܟ *Ḳāḳ* usw. zu ersetzen.

er sich in der Identifizierung von Parallelen aus dem Pantschatantra und auch aus andern indischen Werken nie genug sein lassen und mir noch während der Korrektur, die er mitzulesen die Güte hatte, immer neue Funde mitgeteilt. Ich bedaure aufrichtig, daß ich aus Rücksicht auf den Umfang des Buches nicht alles, was er mir zutrug, in den Anmerkungen unterbringen konnte; es ist jedoch zu hoffen, daß Herr Prof. Hertel das Fehlende anderswo bekannt macht.

Königsberg i. Pr., Dezember 1910.

Friedr. Schulthess.

Erstes Kapitel.

Kapitel vom Stier und Löwen.[1]

[Dbšrm,[2] der Inderkönig, sprach zu Bi̭du̮g, dem Haupt der Philosophen: «Erzähle mir in einem Beispiel, wie es zwei Männern geht, die einander in Liebe zugetan sind und welche dann ein Betrüger und Verräter einander abspenstig macht und zur Feindschaft treibt.»

Bi̭du̮g sprach: «Wenn zwei Männer, die einander in Liebe zugetan sind, das Unglück haben, daß ein Betrüger und Verräter zwischen sie tritt, so werden sie einander abspenstig und ziehen sich von einander zurück. Ein Beispiel dafür ist folgende Geschichte:

A 4 Im Lande Dstb'[3] war einmal ein reicher Kaufmann, der hatte Söhne. Als diese herangewachsen waren, hatten sie nichts Eiligeres zu tun, als das Vermögen ihres Vaters zu verschleudern, und trieben kein Geschäft, um Geld zu verdienen. Da tadelte sie ihr Vater und redete ihnen zu, indem er unter anderem folgendes sprach: ‚Kinder, wer in dieser Welt lebt, muß drei Dinge erstreben, die er nur durch viererlei erlangt. Die drei Dinge, die erstrebt werden, sind: bequeme Vermögensverhältnisse, Position unter den Menschen und ein Zehrpfennig für das Jenseits. Die vier Dinge aber, durch die allein
A 5 jene drei erlangt werden, sind: daß man das Vermögen auf rechtmäßige Weise erwirbt; sodann, daß man das Erworbene gut verwaltet und es nachher vermehrt; sodann, daß man es auf eine der Lebensführung förderliche Weise verwendet und damit den Verwandten und Brüdern Gutes tut, so daß man im Jenseits den Nutzen davon selbst zurückempfängt; und endlich, daß man sich vor allem Unheilstiften hütet. Wer eine von diesen vier Eigenschaften vernachlässigt, kommt nicht zu dem, was er vorhat. Denn wenn er nicht erwirbt und kein Vermögen hat, findet er keinen Lebensunterhalt und wird von dem Vermögen nicht ernährt.[4] Wenn er aber Vermögen und Erwerb hat, jedoch aus seinem Vermögen keinen Nutzen zieht

und es nicht gut verwaltet, so schwindet es bald und verliert er es schließlich. Gibt er es aber aus, ohne es zu vermehren, so wird es, auch wenn er nur kleine Ausgaben macht, unfehlbar bald aufgebraucht sein, gerade wie das Kuhl,[5] von dem man ja nur stäubchenweise[6] nimmt, doch bald aufgebraucht ist. Endlich wenn er zwar erwirbt und profitiert und vermehrt, es aber nicht über sich bringt, es auf gehörige und nützliche Weise auszugeben, muß er zu den Armen und Unvermögenden gerechnet werden und ist trotzdem nicht sicher davor, daß ihm das Vermögen durch irgendwelche Zufälle abhanden kommt und dahin geht, wo er nicht will], * S. 1

Śār. A 5 1. und er gleicht einem Wasserbecken, in welches beständig Wasser eintritt, das aber kein Abflußrohr[7] hat, durch welches es von seinem Wasser entsprechend abgeben könnte, so daß es dann leicht plötzlich einen Riß bekommt und sich jenes nutzlos verschüttet: und die Freuden und Pläne, um deretwillen er gesammelt und erworben hatte, entschwinden ihm, als hätte er nie etwas besessen.»

Śār. A 6 Nachdem der Kaufmann solchergestalt seine Söhne beraten, machte sich sein ältester Sohn auf und reiste in Geschäften in die Gegend von Mṭu̯r[8] und nahm viele Waren mit sich. Und er hatte einen Wagen bei sich, vor den zwei Stiere gespannt waren, von denen der eine Snzbu̯g,[9] der andere Nndu̯g[10] hieß. Da stieß er auf eine schwierige Stelle und der Wagen zerbrach, und der Stier namens Snzbu̯g versank in den Lehmgrund.[11] Der Kaufmann verzögerte, da er den Stier herausziehen wollte, drei Tage lang, aber als er damit nicht zustande kam, ließ er einen Mann * bei ihm und setzte selbst die Reise fort. Tags darauf ging der Mann, der bei dem Stier gelassen worden war, dem Kaufmann nach und sagte: «Der Stier ist eingegangen.» Der Stier aber ging von der Stelle, wo man ihn gelassen hatte, gemächlich fort und gelangte zu Wasser und reicher Weide; und in wenigen Tagen wurde der Stier fett und dick, und er wetzte und schärfte die Hörner am Boden und erhob seine Stimme.

A 1 — S. 2.

ir A 7. 8 In einiger Entfernung von ihm war ein Löwe, der jene A 2
Ebene im Besitz hatte, und bei ihm befanden sich in Menge Schakale, Füchse und wilde Tiere aller Gattungen. Dieser Löwe war unklug[12] und unpraktisch und durch sein Regiment übermütig gemacht. Als nun der Löwe und sein Gefolge die Stimme des Stieres Snzbu̯g hörten, fürchteten sie sich, weil sie noch nie einen Stier gesehen, noch seine Stimme gehört hatten; aber in der Erwägung: «mein Gefolge darf nicht merken, daß ich in Furcht geraten bin,» stellte sich der Löwe furchtlos und blieb ruhig auf seinem Platze stehen.

Śār. A 9 An der Pforte des Löwen nun hielten sich zwei Schakale A 3
auf, von denen der eine Ḳli̯lg,[13] der andere Dmng[14] hieß, und der Löwe wußte über sie nicht Bescheid; die beiden aber waren verschlagen und geschickt, Dmng indessen war noch gewitzigter.[15] Der sprach nun zu jenem: «Bruder Ḳli̯lg, was bedeutet das, daß der Herr an einer Stelle bleibt und nicht umhergeht?» Ḳli̯lg antwortete ihm: «Was hast du in einer Sache zu fragen, die dich nichts angeht? Zumal in einer Angelegenheit der Herrschaft.[16] Sind wir doch gut aufgehoben
an seiner Pforte und * finden unseren Unterhalt und ist unser S. 3
Rang nicht danach, daß wir eine Herrschaftsangelegenheit erforschen dürften. Sei darum still. Es heißt ja:

Śār. 5 2. Wer sich in fremde Dinge mischt, dem
geht es wie jenem Affen, von dem in den
Fabeln die Rede ist.»

ār. A 10 Dmng sprach: «Wie heißt es von dem Affen?» Und Ḳli̯lg A 4
sprach:

I. Affe und Keil.

Śār. I, 1. «Es war einmal ein Zimmermann, der spaltete Holz mit zwei Keilen. Da sah ihn ein Affe, wie er rittlings auf einem Holze saß. Nachdem jener die Keile in das Holz geschlagen hatte, zog er den ersten heraus und ging an ein anderes Geschäft. Der Affe aber ging, indem er sich in eine fremde Sache mischte, und setzte sich auf dieselbe Weise rittlings so, daß seine Brust gegen den Keil gerichtet war und sein Rücken[17] gegen das Holz; dabei kamen, ohne daß er es merkte, seine Hoden in den Spalt des Holzes hinunter zu liegen. Als er

nun den Keil herauszog, wurden seine Hoden in dem Spalt eingeklemmt und seine Sinne verwirrten sich. Aber viel größer noch[18] war das Leiden, das er nachher vom Zimmermann über sich ergehen lassen mußte.»

Śār. A 11 Dmng sprach: «Bruder, ich habe diese Geschichte ge- A 5
hört; aber wer immer einem Herrn dient, tut dies doch nicht bloß um seines Bauches willen,

Śār. 6 3. denn der Bauch kann sich überall sättigen; sondern darum dient er, um seinen Nächsten Gutes und seinen Feinden Übles zuzufügen.

Śār. 7 4. Ein träger Mann freut sich auch an etwas Verächtlichem, wie der Hund, der einen trockenen Knochen gefunden hat und sich in seiner Gemeinheit über ihn freut,[19] obgleich er keinen Genuß von ihm hat. Aber der Strebsame und Weise[20] gibt sich nur im Notfall mit ein wenig Gutem zu-
frieden, * und strebt vielmehr nach Ver- S. 4
mehrung, wie es ihm zukommt, gleich dem Löwen, der einen Hasen gefaßt hat, dann aber einen Wildesel erblickt und den Hasen preisgibt in der Hoffnung auf den Wildesel.

Śār. 8 5. Der Hund dagegen wedelt lange seinen Schweif, [bis man ihm einen Knochen vorwirft],[21] während der übermütige[22] Elefant seine Stärke und Kraft kennt und, wenn man ihm ehrerbietig Nahrung reicht, sich sehr rar macht, bis er frißt.

Und es heißt:

Śār. 10 6. Wer ruhmvoll und mit vielen lebt, wird, wenn er auch nur kurze Zeit lebt, für langlebig geachtet, aber wer unter Plagen allein lebt, dessen Leben wird, auch wenn er lange lebt, nicht für ein Leben, sondern für ein Un-Leben geachtet.[23]

Und wiederum heißt es:

Śār. 12 7. Zu den Rindern und Schafen ist der
Mensch zu rechnen, der kein anderes
Interesse hat als seinen Bauch.»[24]

Śār. A 12 Ḳlilg sprach: «Prüfe die Sache, denn jeder muß sich A 6
selbst erkennen, und wem das seiner Stellung Entsprechende zuteil geworden ist, der soll sich darüber freuen. Und unsere Stellung ist nicht so, daß wir uns nicht mit dem begnügen sollten, was wir haben.»

Dmng sprach:

Śār. 13 8. «Der Strebsame und der Nichtstrebsame
bleiben nicht auf einer Rangstufe, denn
der Strebsame gelangt von einer niedrigen
Stufe zur Höhe, und der Nichtstrebsame
kommt durch seine Indolenz von der Höhe
zu Geringem herunter.

Śār. 15 9. Und schwer ist es für einen, sich aus der
Geringheit zur Höhe zu erheben, während
es dem Trägen leicht ist, zur Geringheit
zu kommen, gleichwie es schwer ist, einen
Stein in die Höhe zu heben, aber leicht,
ihn zu Boden zu werfen.

Śār. A 13 Darum sollen auch wir bestrebt sein, unsere Stellung zu A 7
fördern.»

Ḳlilg sagte: «So sprich jetzt, was begehrst du?»

Dmng sprach: «Ich gehe direkt zum Fürsten, denn er
ist * ein Kindskopf und sein Gefolge ist furchtsam; vielleicht[25] S. 5
kann ich in dieser Bestürzung bewirken, daß mich der Löwe zu sich heranzieht und zum Vertrauten macht.»

Ḳlilg sprach: «Woher weißt du, daß der Löwe bestürzt ist?» Dmng sprach: «Aus Anzeichen erkenne ich es,

Śār. 16 10. denn ein Weiser erkennt aus jemandes
Gesicht, Gewohnheiten und Blick seine
Gesinnung und was er tun will.»

Śār. A 14 Ḳlilg sprach: «Da du noch nicht mit Herrschern[26] ver- A 8
kehrt hast und im Dienste nicht erfahren bist, wie ist es da möglich, daß der Löwe dich zu sich heranzieht und zum Vertrauten macht?» Dmng sprach:

Śār. 17 11. «Für den erfahrenen Mann gibt's kein Unternehmen, das ihm verschlossen[27] wäre. Denn für das Tier gibt's Umherirren und für den Löwen fremdes Gebiet, für den Weisen und Unterwürfigen[28] aber gibt's keinen Fremden.»

Ḳḽilg sprach:

Śār. 18 12. «Ein Herrscher ehrt nicht den, der strebsam ist, sondern den, der ihm besonders nahe steht. Haben doch die Weisen gesagt: Die Frau wird nicht von jedem Herrscher und der Weinstock nicht von jedem Baum verherrlicht, sondern nur sofern sie mit ihnen in Berührung kommen.[29]

Śār. A 15 Dich zieht der Löwe nicht zu sich heran, und es dürfte A 9
dir nicht leicht sein, jederzeit mit ihm* ins Gespräch zu kommen. Wie kannst du es erreichen, daß er dich zu sich heranzieht und zum Vertrauten macht?»[30]

Dmng sprach:

Śār. 19 13. «Die den Herrschern nahestehen, stehen ihnen nicht von Anfang an nahe. Es hat eine Zeit gegeben, wo sie sich mit eifrigem Streben heranmachten;

und auch mir liegt daran, heranzukommen. Und es heißt ja: A 10

Südl. Pantsch. und 20 (vor Śār. 19) 14. Wer Erfindungsgabe hat und an der Pforte der Herrscher ist, kann doch nicht an die Herrscher herankommen, es sei denn, daß er, wenn er (von den Hofleuten) geringschätzige Behandlung erfährt, nicht um der Beschämung willen rechtsumkehrt macht.»[31]

Śār. A 16 Ḳḽilg * sprach: «Nimm an, es sei dir gelungen, in die S. 6
Nähe des Löwen zu kommen: Wenn du dahin gelangt bist, A 11
wie kannst du dann den Löwen überreden, daß er dich zu sich heranzieht und zum Vertrauten macht?»

Vgl. Śār. 28 Dmng sprach: «Ich merke mir seine Gewohnheiten und A 11
seine Art und bin in jeglichem Ding gleicher Meinung mit

ihm und tue alles, was er getan haben will, so, daß es ihm Nutzen bringt und mir keinen Schaden,[32] und

Śār. 21? 15. so zeige ich ihm klar, daß ein Unternehmen, welches verrichtet werden muß, gut ist, und so hält er auch mich für gut.[33]

Und es heißt ja:

Hitopadêsa II, 101 16. Der Schlaue kann durch seine Klugheit etwas Nichtvorhandenes als vorhanden und das Vorhandene als nicht vorhanden erscheinen lassen, wie der Maler durch seine Kunst: der ein nicht von der Wand getrenntes Bild wie getrennt und eines, das nicht in die Wand eingelassen ist, wie in die Wand eingelassen erscheinen lassen kann.[34]

Wenn er dann bei mir solche Vorzüge findet, wird er mich A 12
schon zu sich heranziehen und mich in sein Gefolge aufnehmen.»

Ḳli̯lg sprach: «Sieh' genau zu, denn es ist schwer, einem Herrscher zu dienen. Haben doch die Weisen gesagt:

Śār. 27 17. Durch drei Dinge setzt man sich einem Schaden aus[35] und kann man nur mittels Klugheit schadlos hervorgehen: erstens, daß man ein tödliches Mittel[36] trinkt; zweitens, daß man einem Weibe vertraut und ihm sein Geheimnis offenbart; und drittens, daß man Herrschern dient.

Und wiederum heißt es:

·. A 18 und 25. 26 Der Herrscher gleicht einem hohen[37] Berg, A 13
auf dem Fruchtbäume[38] und Fruchtgewächse sind, auf dem aber Hyänen, Wölfe, Leoparden und Löwen und andere böse Tiere hausen, so daß man ihn nur mit Furcht besteigt und sich ungern dort aufhält.»

Dmng sprach: «Aber auch das gilt, daß wer bei einem 4
Unternehmen, von dem ein übler Ausgang befürchtet werden

könnte, sich * von demselben zurückzieht und es liegen läßt, S. 7
nicht leicht zu Größe gelangt.[39] Auch heißt es:

> 18. Ein Tüchtiger[40] kann seine Gaben nur an zwei Orten betätigen: im Königspalaste, oder indem er sich freiwillig in die Wüste begibt wie der Elefant.»[41]

Śār. A 20 Ḳlịlg sprach: «Möge es dir schön ergehen auf diesem A 15
Wege!»

Śār. A 21 So machte sich Dmng zu dem Löwen auf. Als der Löwe A 16
ihn von weitem sah, fragte er die, so vor ihm standen: «Wer ist dieser Schakal?» und sie antworteten ihm: «Es ist der Schakal so und so.» Sprach der Löwe: «Sein Vater war ein tatkräftiger Freund von mir,» und er fragte ihn: «Wohin reisest du?» Dmng erwiderte: «Schon geraume Zeit bin ich an der Pforte des Herrn, um dir zu dienen; denn an der Pforte der Herrscher kann man ein jedes Ding verwenden, und wenn sie auch nicht durchwegs verwendbar sind,

Śār. 30

> 19. so ist[42] doch zuweilen sogar ein auf die Erde geworfenes Hölzchen von Nutzen, denn es kommt vor, daß jemand sein Ohr beißt und er es damit kratzt, — wie viel mehr beseelte Wesen, die Gut und Böse unterscheiden!»

Da freute sich der Löwe über seine Strebsamkeit und hübsche Einsicht[43] und sprach zu seinem Gefolge:

Śār. 31

> 20. Seht da einen Strebsamen, der, obgleich sehr in Verächtlichkeit und Dürftigkeit geraten, notwendig[44] seine Abkunft und seinen Charakter erkennen läßt, gleich dem brennenden Holzscheit, das, mag man seine Spitze noch so sehr nach unten drücken, doch notwendig sein Licht nach oben strahlt.»[45]

Als nun Dmng merkte, daß der Löwe ihn lobte, sprach A 17
er zu ihm:

Śār. 33?

> 21. «Wer in der Nähe der Herrscher ist, soll seine Tüchtigkeit zeigen, und der Herr-

scher soll von seiner Führung und von der Arbeit und dem Nutzen, die er leistet, Kenntnis nehmen,

Śār. 34 22. denn auch Weizen und Gerste können, solange sie in der Erde verborgen sind, nicht von einander unterschieden werden; gehen sie aber auf und kommen aus der Erde hervor, dann zeigen sie, ob sie Weizen oder Gerste sind.

Śār. A 22 Wer an der Pforte des Herrschers ist, soll seine Tüchtig- S. 8
keit unter seinen Genossen zeigen, und der Herrscher soll ihn A 18
seiner hervorragenden Tüchtigkeit entsprechend verwenden. Heißt es doch:

Śār. 35 23. Folgende zwei Dinge müssen auf die ihnen zukommende Weise verwendet werden: Wenn einer, der vor mir ist, in der Erwägung «es steht mir frei, meinen Schmuck zu verwenden, wie ich will», sich den Kopfschmuck an die Füße hängt oder den Fußschmuck an den Kopf, so gibt er sich als Toren zu erkennen.

Śār. 36 24. Und nicht die Bleistücke der Rubine und Perlen trifft der Vorwurf, sondern wer sie in Blei gefaßt hat,[46] der ist tadelnswert.

Und es heißt:

Śār. 39 25. Wer nicht Rechts und Links unterscheiden kann,[47] mit dem soll man nicht gehen.[48]

Śār. 43 26. Denn die Harmonie zwischen Mann und Pferd, die Waffentüchtigkeit, und Auslegung und Verständnis der Lehre werden nur von dem verstanden, der sich diese Dinge durch eigene Arbeit angeeignet hat.

Und es heißt:

Śār. 40 27. Diese Drei sind von verschiedener Güte:[49] Mann und Mann, Elefant und Elefant, Lehrer und Lehrer.[50]

Denn man führt ein Unternehmen nicht mittels recht vieler[51] Helfer, sondern mittels guter Helfer aus,

Śār. 41 28. wie jemand eine Menge Steine herschafft, die niemand kauft, und sich dabei stark ermüdet,

Śār. 42 29. während einer, der einen Rubin herbeischafft, davon nicht ermüdet und einen hohen Preis für ihn erhält;

Śār. 47 30. und wie, wenn man eine Mauer erbauen soll, unter einer Menge von Bauarbeitern auch nicht das zu wählen imstande ist, was es zur Ausführung der Mauer braucht.

Und es heißt:

Śār. A 25 Es ziemt * dem Herrscher nicht, den Beifall jemandes darum zu verschmähen, weil S. 9.
es ein Geringer ist, A 19

31. denn der Geringe kann es durch seine Tüchtigkeit zu Größe und Ehre bringen, gleich den Sehnen, die man zwar von den Vierfüßlern nimmt, die aber dann für den Bogen verwendet werden, dem selbst der König die Ehre erweist, ihn auf seine Arme zu nehmen.»[52]

Da Dmng nun hoffte, daß ihn der Löwe gut behandle, A 20
zeigte er,[53] daß dies nicht der väterlichen Erziehung, sondern seiner Tüchtigkeit zuzuschreiben sei, und sprach:

Śār. 45 32. Der Herrscher soll niemandem in der Erwägung: «Sein Vater stand mir nahe und war mir ergeben», Vertrauen schenken, noch umgekehrt in der Erwägung: «Sein Vater stand mir nicht zur Seite», ihm weniger Vertrauen schenken;

33. denn es gibt zwar nichts, was ihm näher stände und ergebener wäre als er sich selber: aber wenn er einmal erkrankt, so bekommt er die Krankheit aus sich heraus und muß man erst Heilmittel (von

außen) herbeibringen, damit jene durch sie beseitigt werde.[54]

Śār. 46 34. Und die Mäuse, die doch im Hause aufgewachsen sind, tötet man wegen ihrer Schädlichkeit, während man die Falken wegen ihrer Nützlichkeit auf der Jagd auf der Handfläche trägt.»

Als Dmng diese Worte gesprochen, lobte ihn der Löwe A 21
noch mehr und hieß ihn Vertrauen fassen. Dann nahm ihn der Löwe, damit sein Gefolge erkenne, daß er ihm wohlgesinnt sei, in seine Nähe und lobte ihn und sprach zu ihm:

Śār. 31 35. «Einen tatkräftigen und tüchtigen Mann, zumal wenn er unverschuldeterweise verachtet und beleidigt worden ist, darf man, mag er auch ein Bedürftiger sein, nicht verachten.

Śār. 32 36. Es verhält sich mit ihm wie mit der Schlange: wenn sie sich einmal mit Füßen treten läßt (ohne zu beißen), so darf man sie nicht in der Annahme, daß sie (wieder) nicht beiße, von neuem treten;

36a. denn auch ein kaltes Holz[55] erhitzt sich S. 10
bei vielem Reiben und gibt Feuer von sich.»

Śār. A 26 Als nun Dmng erkannt hatte, daß der Löwe ihn an sich A 22
schloß, dachte er bei sich: «Jetzt muß ich meine Tüchtigkeit zeigen» und sprach zum Löwen: «Was bedeutet es, daß du, da du doch ein Löwe bist, schon eine ganze Zeit lang an éiner Stelle verharrst und nicht sorglos im Lande herumgehst?» Der Löwe hatte aber keine Lust, Dmng merken zu lassen,[56] daß dies wegen der Furcht war, die über ihn gekommen, und sagte zu ihm: «Es ist nichts Schlimmes.» Während dessen brüllte der Stier abermals und der Löwe und Dmng hörten es. Da dünkte es dem Löwen: «Weil nun Dmng diese Stimme gehört hat, will ich ihm das Geheimnis[57] offenbaren und ihn dabei auf seinen Verstand und auf seine Freundschaft prüfen.» Und er sprach zu Dmng: «Diese so scheußliche Stimme kann nur

von einem Wesen herrühren, dessen Leib seiner Stimme und dessen Stimme seinem Leib entspricht. Wenn dem aber so ist, so habe ich an diesem Orte[58] nichts mehr zu suchen.» Dmng sprach: «Hat meinen Herrn vielleicht noch etwas anderes [[59]beunruhigt?]» Der Löwe sprach: «Außer dieser Stimme hat mich nichts beunruhigt.» Dmng sprach: «Dann darf sich aber der König nicht von dieser Stimme dahin bringen lassen, daß er seinen Ort preisgibt, denn es heißt:

Śār. 50 [36b] Das Unglück für den schwachen Damm ist das Wasser, das Unglück für den Verstand ist Hochmut, das Unglück für die Tugendhaftigkeit ist die Verleumdung, das Unglück für das schwache Herz ist eine laute Stimme und verworrener Lärm.

Und es gibt eine Geschichte, die beweist, daß nicht alle Stimmen zu fürchten sind.»

Śār. A 28 Der Löwe sprach: «Wie lautet diese Geschichte?» Dmng sprach:

II. Fuchs und Pauke.

Śār. I, 11. «Man erzählt: Ein hungriger Fuchs kam zu einem Sumpf, wo eine Pauke an einem Baume lag, so daß, wenn der Wind wehte, die in Bewegung geratenen Zweige des Baumes die Pauke trafen und sie infolgedessen laut erdröhnte. Da vernahm der Fuchs dieses Geräusch, schlug die Richtung nach ihm ein und kam zu der Pauke. Da er nun ihr großes Volumen sah, dachte er: «Das trifft sich ja schön mit dem vielen Fett und Fleisch dieses Dinges da!» und er machte sich an ihr zu schaffen und riß sie auf. Als er dann sah, daß sie hohl war, sagte er: «Es scheint fast, daß diejenigen Dinge die feigsten sind, die den größten Leib und die weitreichendste Stimme haben.»

Śār. A 29 Diese Geschichte habe ich dir mitgeteilt, weil ich hoffe, daß wir diese Stimme, die uns erschreckt, aus der Nähe weniger gefährlich finden würden, als wir denken. Der König geruhe nun, mich nach dieser Stimme auszuschicken und selbst an seinem Orte zu verweilen, bis ich ihm klare Kunde über dieselbe zurückbringe.»

Der König war mit seiner Rede einverstanden und beurlaubte ihn. Da begab sich Dmng nach dem Standort des Stiers.

Ar. A 30 Als sich aber Dmng vom Löwen getrennt hatte, dachte dieser über die Sache nach, und da bereute er, Dmng hingeschickt zu haben, und sprach zu sich: «Ich habe nicht das Richtige getroffen, daß ich Dmng diesen Auftrag gab. Denn der Mann, der an der Pforte des Herrschers weilt, begeht, wenn er lange Zeit ohne eigene Schuld grob behandelt worden ist, eine Missetat, oder er sucht ihn zu Falle zu bringen, oder er ist durch Gier und Habsucht bekannt, oder er ist in üble Lage geraten, aus der er sich nicht emporraffen konnte, oder es ist mit ihm und der Macht und dem Geld, die ihm anvertraut waren, eine Veränderung eingetreten, oder er hatte ein Amt erlangt und ist daraus wieder entfernt und abgesetzt worden und hat daher mit einem anderen gemeinsame Sache gemacht, oder er hat eine Missetat begangen, deren Strafe er nun fürchtet, oder er war ein schlechter Mensch, der das Gute nicht liebte, oder er ist in Schande gefallen, oder er hatte eine Missetat gegen seine Kollegen begangen, oder er hatte samt seinen Kollegen einen guten Erfolg erzielt und haben ihm dann jene den Lohn vorweggenommen, oder er hatte einen haßerfüllten Feind, der ihm in Rang und Würde den Rang ablief, oder er galt in Religion und Moral als unsicher, oder er hoffte in einer Sache, die ihm nützte, Schaden [für den Herrscher] oder den erwünschten Erfolg für den Feind des Herrschers. Allen solchen Leuten aber darf sich der Herrscher nicht vorschnell attachieren und ihnen trauen und sich auf sie verlassen. Dmng, listig und schlau wie er ist, hat an meiner Pforte Zurücksetzung erfahren: da ist vielleicht Groll in ihm aufgestiegen, der ihn dazu antreibt, mir Leid und Schweres zuzufügen. Und wenn er nun findet, daß der Besitzer jener Stimme stärker und mächtiger ist als ich, fühlt er sich vielleicht zu seinem Wesen hingezogen und konspiriert mit ihm gegen mich und macht ihn auf meine schwache Seite aufmerksam.»

Ar. A 31 Nachdem der Löwe unablässig hierüber nachgedacht, duldete es ihn nicht mehr länger an seinem Platze und er machte sich auf den Weg. Und ab und zu setzte er sich nieder und

schaute den Weg entlang und da sah er Dmng daherkommen. Als er ihn ohne Begleiter daherkommen sah, beruhigte sich seine Seele und er kehrte an seinen Platz zurück, damit Dmng nicht argwöhne, daß ihn eine gewisse Ursache von seinem Platze vertrieben habe.

Als Dmng vor den Löwen trat, fragte er ihn: «Was hast du ausgerichtet?» Er antwortete: «Ich habe einen Stier gesehen, eben den, welchem die Stimme gehört, die du vernommen hattest.» Der Löwe sprach: «Wie steht es mit seiner Kraft?» Er sagte: «Von ihm ist nichts zu fürchten. Ich bin nahe an ihn herangetreten, habe ihn angeredet und mich wie seinesgleichen mit ihm unterhalten, und er] vermochte mir kein Leid zuzufügen.»

Der Löwe sprach: «Darum, daß er dir nichts zu Leide getan hat, darfst du nicht zuversichtlich sein, denn

Sār. 52 37. der Wind kämpft nicht mit den Grashalmen, sondern er schlägt und zerbricht den großen Baum. Der Große bekriegt den Großen und nicht den Kleinen.»

Sār. A 32 Dmng sprach: «Wenn es dem Herrn gut scheint, so A 23
möge er sich vor ihm nicht fürchten, sondern wenn es für
ihn eine Verwendung gibt, * so bringe ich ihn her zu deinem S. 11
Dienste.»

Da freute sich der Löwe und entsandte ihn abermals, damit er den Snzbụ̈g herbringe, und er ging hin zu ihm und sprach: «Der Löwe wünscht dich. Mach' dich ohne Verzug zu ihm auf, denn er hat gesagt: «Wenn er freiwillig kommt, so will ich ihn nicht tadeln, daß er nicht schon längst gekommen ist;[60] kommt er aber nicht, so komm' schnell und zeige es mir an.»

Snzbụ̈g sprach: «Wer ist der Löwe und wo wohnt er?» Dmng antwortete: «Er ist der König der Tiere und wohnt und residiert mit vielen Tieren an dem und dem Ort.»

Als Snzbụ̈g hörte, daß er der König der Tiere sei, wurde er unschlüssig, ob er gehen sollte, und sprach zu Dmng: «Wenn du mir garantierst, daß er mich nicht tötet, so komme ich», und da gab er ihm die Garantie: «Der Löwe tötet dich nicht.» So brachte er ihn vor den Löwen.

Und der Löwe flößte ihm Sicherheit und Vertrauen ein und fragte ihn: «Wie und in welchem Geschäft bist du hiehergekommen?» Da erzählte ihm Snzbu̯g die ganze Geschichte, wie sie sich zugetragen hatte.

Darauf sprach der Löwe zu Snzbu̯g: «Sei du hier bei mir, denn in dieser Ebene ist ein Wald und unter meinem Schutze kannst du sehr bequem leben.»

34 Snzbu̯g dankte ihm, und so nahm ihn der Löwe in seine A 24
Umgebung auf und machte ihn zu seinem Berater.

Und Snzbu̯g war weise und gewandt und der Löwe erwarb durch Snzbu̯gs Reden Weisheit und Erfahrung.

35 Als Dmng sah, daß der Löwe mit dem Stier häufiger aß A 25
und trank als mit ihm, da wurde er betrübt, und er ging zu Ḳli̯lg hinein und sprach zu ihm: «Schau, wie großen Schaden ich mir durch meine Schuld zugefügt habe, indem ich dem Löwen Vorteil verschaffte, ohne meinen eigenen Schaden zu erwägen, und einen Stier herbrachte, wegen dessen es mir jetzt schlecht geht.»

Ḳli̯lg sprach: «Also hast du selbst so an dir gehandelt, S. 12
um mit einem Magier zu reden.» Dmng sprach: «Wie sagte der Magier?»[61]

36 Ḳli̯lg sprach:

III. III. Vier selbstverschuldete Unfälle.[62]

a. Magier und Dieb.

III a «Es war einmal ein Magier, der bekam kostbare Kleiderstoffe von seinen Verehrern. Da sah ihn ein Dieb und suchte sie zu stehlen; er ging hin, verkleidete sich in einen Magier und kam zu dem Magier und begab sich bei ihm in die Lehre. Und er führte sich bei dem Magier derart, daß der ihm Vertrauen schenkte. Eines Tages ging der Magier seinem Tun nach und da nahm jener die Kleider und ging fort. Als der andere nun wieder kam und die Kleider vergeblich suchte, machte er sich auf und folgte dem Dieb zur Stadt.

b. Fuchs und Widder.

III b Unterwegs sah er zwei Widder, die miteinander kämpften, und beiden floß Blut vom Gesicht herunter und ergoß sich

auf die Erde. Da kam der Fuchs, um von jenem Blut zu fressen, und während er fraß und die Widder im Kampfe unter gegenseitigem Angriff herankamen, gab der Fuchs nicht acht, geriet zwischen die Hörner der beiden und wurde getötet.

Nun gelangte der Magier in die Stadt und weil die Zeit schon vorgerückt war, suchte er bei einer Hure Unterkunft.

Śār. Anhang I (= Śār. α, III, v)

c. Die hinterlistige Kupplerin.

Diese Hausinhaberin hatte ein Mädchen bei sich wohnen, das sie Tag für Tag einem anderen Manne gab, und zog dann jeweilen den für dasselbe bezahlten Lohn ein.[63] Dieses Mädchen aber war für einen gewissen Mann eingenommen und wollte zu keinem * anderen gehen. Dadurch erlitt die Hure S. 13
am Lohn des Mädchens eine Einbuße und sie beschloß ihn zu töten. In der Nacht, wo der Magier dort war, traf sie die Vorkehrungen dazu, gab ihm Wein zu trinken bis zur Trunkenheit und ließ ihn mit dem Mädchen schlafen. Dann holte sie Gift, goß es in ein Rohr und legte es dem Mann, als er in Schlaf gesunken war, an den After, um von unten hineinzublasen. Aber als sie die Mündung des Rohres angelegt, kam, noch bevor sie blies, ein Wind aus dem Mann heraus und schleuderte der Hure das im Rohr befindliche Gift in den Hals und sie starb auf der Stelle.

Śār. I, III c

d. Barbier und Schuhmachersfrau.

Am folgenden Tage ging der Magier von dannen und erbat sich von einem Schuhmacher[64] Nachtquartier. Und der Schuhmacher nahm ihn ins Haus und gab seiner Frau die Weisung: «Solange dieser Magier da ist, pflege ihn gut.» Dann ging der Schuhmacher fort, um mit einem andern Mann Wein zu trinken. Nun stellte ein gewisser Mann der Schuhmachersfrau nach und er hatte eine Botin, eine Barbiersfrau. Als nun die Schuhmachersfrau wußte, daß ihr Gatte beim Mahl sei, rief sie die Botin und flüsterte ihr zu, sie solle gehen und ihren Liebhaber rufen, «denn mein Mann ist bei der Mahlzeit und ich weiß, er läßt lange auf sich warten und kommt betrunken heim; darum komm' und setz' dich an den Weg, da komme ich zu dir heraus.» Und ihr Liebhaber kam und

setzte sich nieder. Da kam der Schuhmacher in der Nacht be-
trunken heim und sah den Mann am Wege sitzen, und er
merkte: «Dieser Mann sitzt wegen meiner Frau hier», und er
geriet in Zorn, ging hinein[65] und schlug seine Frau arg, warf
ihr einen Strick um und band sie im Hause an, da, wo seine
Lagerstatt war. Als nun die Botin kam und von ihrem Lieb-
haber die Bitte überbrachte: «Komm', * wie sehne ich mich dar- S. 14
nach!», sprach sie zu der Botin: «Komm', mache mich los und
ich binde dich an, und halte an meiner Stelle aus, bis ich
wieder da bin.» Und so machten sie es. Da, ehe noch jene
von ihrem Liebhaber zurückkam und während die Barbiers-
frau noch an der Säule angebunden war, wurde er nüchtern
und erwachte, und er rief seine Frau beim Namen und schimpfte
sie. Die Botin aber, denkend, daß, wenn sie spreche, er sie er-
kenne, gab ihm keine Antwort. Nachdem er sie oftmals ge-
rufen hatte, ohne daß sie ihm antwortete, geriet er in Zorn
und sprach: «Hure, nicht einmal Antwort gibst du mir?» und
er stand auf, nahm ein Messer und schnitt der Botin die Nase
ab mit den Worten: «Da nimm sie und präsentier' sie deinem
Liebhaber!» Als nun die Schuhmachersfrau kam und sah, daß
der Botin die Nase abgeschnitten war und er selbst schlief,
machte sie sie schnell los und band sich selbst an die Säule,
worauf die Botin ihre Nase nahm und nach Hause ging. —
Der Magier aber ruhte drinnen im Hause auf seinem Lager
und hörte und sah alles, was die Schuhmachersfrau und die
Botin redeten. Als nun die Botin gegangen war, rief jene
Gott an und fluchte ihrem Mann und sprach: «So gewiß ich
ohne Sünde bin, soll diese meine Nase wieder heil werden!»
Und sie rief den Schuhmacher an und sprach: «Steh' auf, du
Lügner, und merke dir wohl, was ich getan habe und was du
getan hast und schau: Gott hat diese Missetat, die du an mir
verübt hast, nicht gebilligt, sieh', meine Nase ist geheilt!« Er
sprach: «O du Hexe,[66] was sagst du da?» stand auf und machte
Licht, und als er sah, daß ihre Nase heil war, zeigte er Gott
Reue und leistete ihr Abbitte. — Die Botin ihrerseits nun ge-
langte nach Hause und sie überlegte, wen sie ihrem Mann * S. 15
und ihren Leuten als Urheber dieses ihres Unglückes angeben
solle.[67] Am Morgen früh alsdann stand der Barbier auf und
sagte zu ihr: «Bringe mir meine Instrumente, daß ich in den

königlichen Palast gehe.» Sie nun brachte in ihrer Verschlagenheit nur das Messer, weiter nichts, und er geriet in Zorn und warf ihr das Messer an, sie aber nahm ihre Nase, warf sie zu Boden und schrie: «Wehe, er hat mir die Nase abgeschnitten, er hat mir die Nase abgeschnitten!» Und ihre Leute hörten das und sie faßten den Barbier ab und brachten ihn vor den Richter. Der Richter fragte ihn: «Wegen welcher Untat hast du ihr die Nase abgeschnitten?» und er konnte ihre Schuld nicht nachweisen. Da befahl der Richter, daß man ihn schonungslos auspeitsche. Als man ihn nun auspeitschen wollte, kam jener Magier herzu und rief Gott (zum Zeugen) an und sprach zum Richter:[68]

Śār. 55 38. «Der Verlust[69] meiner Kleider rührt nicht
von dem Diebe her, noch der Tod des
Fuchses von den Widdern, noch der Tod
der Hure von ihrem Gift,[70] noch die Nasen-
amputation dieser Frau von dem Barbier:
denn ein jeder von uns hat es sich selbst
zugefügt.»

Nun fragte der Richter den Magier und da wies er es ihm einleuchtend nach.»

Śār. A 37 Dmng sprach: «Bruder Ḳḽlg, ich habe dies gehört,[71] A 27
und es gleicht meinem eigenen Falle und ich habe mir den Schaden, der mich betroffen hat, selbst zugefügt. Aber was ist jetzt zu tun?»

Ḳḽlg sprach: «Was scheint denn dir das Zweckmäßigste, zu tun?» Dmng sprach:

Śār. 56 39. «Für den Augenblick liegt mir nur daran,
daß mir wieder zuteil werde, * was ich vor- S. 16
dem besaß, und sorge mich darum, daß
es mir wieder zufällt.[72] Denn an folgen-
den drei Dingen muß es uns gelegen sein.
Hinsichtlich der Gewinne und Verluste,
die in der Vergangenheit liegen [daß wir
die Ursachen jener suchen, denen der Ver-
luste ausweichen];[73] zweitens hinsichtlich
der Gewinne und Verluste (der Gegen-
wart): daß wir die Gewinne wahrnehmen

und die Verluste von uns abwehren; und drittens hinsichtlich der Gewinne usw., die noch nicht da sind: daß wir die Gewinne wahrnehmen[74] und die Verluste von uns abwehren.

Śār. A 38 Was mich betrifft, so ist mir das, was ich erreicht hatte, A 28
wegen des Stieres verloren gegangen, aber für das, was mich betroffen hat, gibt's ein Mittel: daß ich jenen Grasfresser verschwinden lasse; denn wenn er vom Löwen getrennt wird, erhalte ich mein Gut zurück und dem Löwen kommt es gleichfalls zu statten.»

Śār. A 39 Ḳḽilg sprach: «Wenn der Löwe den Stier gut hält, was A 29
für einen Schaden siehst du darin für den Löwen?»

Śār. A 40 Dmng sprach: «Schaden entsteht den Herrschern auf A 30
sechs Arten: Erstens der Schaden, der vom Mangel herrührt, zweitens der, welcher von Aufstand,[75] drittens der von der Begierde, viertens der vom Zornesmut, fünftens der von der Torheit und sechstens der von der Vorenthaltung herrührt. Folgende sechs Dinge bedeuten für die Herrscher in der Welt einen Mangel [wenn er sie nicht hat]:[76] ein Ratgeber, Bereitschaft, Gefolgschaft, Schatzkammer, Land[77] und die Bewahrung vor dem Übel.[78] Aufstand ist es, wenn ein Sklave, der beleidigt wird, List braucht und abfällt. Die Be-
Śār. 58 gierde besteht darin, daß sie an Weiber oder Wein oder Jagd oder dgl. mehr[79] gefesselt sind und es ihnen schwer fällt, ihren Sinn zu befestigen. Und was den vom Zornesmut herrührenden (Schaden) betrifft, so sind sie zornig in der Rede und grausam in den (von ihnen als Strafe verhängten) Qualen. Von der Torheit rührt (der Schaden) her, der sich im Verkehr
* mit den Feinden zeigt, welcher friedlich vor sich gehen sollte S. 17
und nicht durch Krieg. Und der, welcher von der Vorenthaltung herrührt, ist der, daß sie von Feuer, oder Wasser, oder Krankheit, oder Regenmenge, oder Regenmangel, oder Hagel, oder Frost, oder Hitze, oder Hunger oder Pest betroffen werden.

Wenn nun dem Snzbṷg niemand beikommt, so werden alle seine Feinde Feinde des Löwen.»[80]

Ḳḽilg sprach: «Der Stier ist stark und die Tiere wagen sich nicht an ihn heran und der Löwe stützt sich auf ihn.

Was kannst du, der du von geringer Kraft bist, gegen den Stier ausrichten?»

Dmng sprach: «Rechne nicht mit meiner Schwachheit, denn nicht[81] ein jedes Ding wird durch Stärke ausgerichtet.

Śār. 59 40. Denn es gibt manchmal einen Schwachen,
der mit Ränken das ausrichtet, was der
Starke nicht ausrichtet, wie z. B. der Rabe
trotz seiner Kleinheit mit seinen Ränken
die schwarze Schlange tötete.»

Śār. A 41 Ḳlilg sprach: «Was ist das für eine Geschichte?» Dmng A 31
sprach:

Śār. I, IV.

IV. Rabe und Schlange.

«Ein Rabe nistete auf einem Baum bei einem Berge, und in dem Berge war eine Höhle, darin wohnte eine Schlange; und Jahr für Jahr,[82] wenn der Rabe Junge hatte, kam die Schlange und fraß sie. Nun lebte an diesem Berg ein Schakal; zu dem begab sich der Rabe, erzählte ihm die Schädigungen, die ihm von der Schlange bereitet wurden, und sprach zu ihm: «Wenn du dich mit mir zusammentun willst, so gehen wir und kratzen ihr im Schlafe[83] die Augen aus». Da sagte der Schakal: «Das geht nicht an; suche vielmehr Mittel und Wege, die Schlange zu töten, ohne dich selbst zugrunde zu richten,

Śār. 60 41. damit es dir nicht ergehe wie jenem Fisch-
reiher, * der den Krebs töten wollte und S. 18
dabei sich selbst tötete».

Der Rabe sprach: ‚Was ist das für eine Geschichte?» Und der Schakal sprach:

Śār. I, v.

V. Fischreiher und Krebs.

«Es war einmal ein Fischreiher, der wohnte bei einem Wasser, in dem sich Röhricht und viele Fische befanden. Als er ins Alter kam, konnte er nicht mehr viele Fische fangen und wurde schwach. Da gebrauchte er eine List und stellte sich traurig. Da sah ihn ein Krebs und fragte ihn: «Was ist dir zugestoßen, daß du traurig bist?» Er antwortete: «Wie sollte ich nicht traurig sein? Habe ich doch alltäglich hier einen oder zwei Fische gegessen, ohne daß man es an den Fischen

merkte und wobei ich mein Leben fristete, und nun sind heute
[zwei[84]] Fischer hieher gekommen und sprachen:[85] «Hier sind
viele Fische; wir wollen morgen kommen und sie fangen.»
Der andere sprach: «Etwas weiter von hier ist eine Stelle, da
sind viele Fische, lass' uns gehen und sie fangen, und her-
nach fangen wir diese da.» Ich weiß, daß sie kommen und
die Fische, die hier sind, fangen werden, und kann mein Leben
nicht mehr fristen und komme vor Hunger um.» Der Krebs
teilte dies den Fischen mit und die Fische kamen und baten
den Fischreiher höflich: «Sage uns, was sollen wir tun? Denn
es ziemt sich nicht für dich, uns den guten Rat vorzuenthalten.
Du bist klug und wenn wir am Leben bleiben, gereicht es dir
und uns zum Vorteil.» Da sprach er: «Ich und ihr sind nicht
imstande, mit den Fischern zu kämpfen, aber folgendes läßt
sich machen: Es gibt einen tiefen Wasserlauf, sein Wasser ist
süß, es ist Röhricht darin, und er ist in der Nähe: Wenn euch
jemand, einen nach dem anderen, aufhebt und dorthin schafft, *
so entrinnt ihr auf diese Weise.» Sagen zu ihm die Fische: S. 19
«Tue du uns diesen Gefallen.» Da faßte der Fischreiher jeden
Tag zwei oder drei, hob sie auf und schaffte sie fort und ver-
zehrte sie auf einem nahen Hügel. Und so kam auch der
Krebs und sagte: «Ich fürchte mich hier zu bleiben, darum
nimm mich und schaffe mich fort.» Da faßte er den Krebs im
Nu und flog davon. Als sie zu jenem Hügel gelangten, aber
noch in der Luft waren, erblickte der Krebs die Gräten der
Fische und merkte, daß es die Fische waren, die dieser her-
gebracht und hier verzehrt hatte. Und er dachte:

Śār. 61 42. Wenn einer auf diese Weise in die Hand
des Feindes fällt und weiß, daß er, ob er
kämpfe oder nicht, sterben muß, so muß er
doch um des guten Namens willen kämpfen,

und er bog seine Scheren[86] zusammen, packte ihn am Hals
und kniff in ihn hinein. So fielen beide herunter und sie
wälzten sich[87] auf der Erde, und der Fischreiher starb; der
Krebs aber wanderte gemütlich und ging zu dem Wasser und
erzählte den Fischen alles, was sich begeben hatte.»

Mit Rücksicht darauf habe ich dir [diese Geschichte] er-
zählt,[88] daß nicht jedes Mittel gegen jedermann und zu jeder

Zeit hilft. Um aber die Schlange zu töten, gibt es dieses Mittel: Du suchst herum, bis du Gelegenheit findest, Leuten einen Gegenstand[89] zu entführen, dann wirst du abwechselnd fliegen und dich niederlassen, damit sie dich sehen und dir nachfolgen, und ihn schließlich da niederlegen, wo die Schlange wohnt: und wenn sie kommen und den Gegenstand finden, so werden sie auch die Schlange totschlagen.

Als sich nun der Rabe umschaute, erblickte er eine Frau, die sich auf dem Dache den Kopf wusch[90] und ihr Kleid und ihren Schmuck auf die eine Seite gelegt hatte, und er erraffte
ein Halsband * und entfernte sich auf die angegebene Weise, S. 20
bald fliegend, bald sich niederlassend und legte es dann bei der Schlange nieder. Und als die Leute gingen und das Halsband fanden, schlugen sie die Schlange tot.»

Śār. A 42 Ḳlilg sprach: «Der Stier ist nicht nur stark, sondern A 32
auch klug. Was kannst du also gegen ihn tun?»

Dmng sprach: «Wenn er auch Klugheit besitzt, so besitzt er doch nicht mehr als ich. Und er fürchtet den Löwen und ist in seinen Augen verächtlich. Darum will ich ihn zum Besten halten,

Śār. 62 43. gleich jenem Hasen, der mit seiner Kleinheit und List den Löwen tötete.»

Śār. A 43 Ḳlilg sprach: «Was ist das für eine Geschichte?» Und A 33
Dmng sprach:

Śār. I, vi.

VI. Löwe und Hase.

«Es war ein Wald, darin war Weide und Trank. Da wohnte ein Löwe. Und die Tiere jener Ebene hatten zwar Weide und Wasser, aber sie waren von der Furcht vor dem Löwen bedrückt. Nun baten sie ihn höflich, sprechend: «Du fängst mit großer Mühe die Tiere, um sie zu fressen. Wenn du aber machen willst, daß die Tiere sich nicht mehr vor dir fürchten müssen, so wollen wir dir jeden Tag ein Tier schicken.» Da freute sich der Löwe und schloß mit ihnen den Vertrag. Darauf schickten ihm die Tiere Tag um Tag das (Tier), dessen Los herauskam. Und so traf das Los einen Hasen. Da sprach der zu den Tieren: «Wenn ihr es so macht, daß ihr, wenn ich gehe, mich auf dem Wege nicht vor euch hertreibt und ich mich ein wenig verspäten kann, so mache ich, daß ihr euch

nicht mehr zu fürchten braucht.» Da schickten sie ihn und er
ging gemächlich fort. Als nun die Fressenszeit * des Löwen S. 21
gekommen war und er kein Tier vorfand, wurde er zornig
und machte sich auf den Weg. Da sah er auf einmal den
Hasen allein kommen. Und als der angelangt war, fragte er
ihn: «Woher kommst du und wohin gehst du?» Spricht er zu
ihm: «Die Tiere haben dir einen Hasen geschickt und mich
haben sie mit ihm geschickt, damit ich ihn dir bringe. Aber
in einiger Entfernung von hier ist ein Löwe und als wir dort-
hin gelangten, hat er den Hasen weggenommen. Ich sagte zu
ihm: «Dieser Hase ist an den Löwen abgeschickt», aber er
schimpfte und fluchte nur auf dich.» Da sprach der Löwe
zu ihm: «Komm', zeige mir jenen Löwen.» Und ich ging und
zeigte ihm eine Zisterne mit klarem Wasser und sprach: «Hier
ist er.» Und sie traten näher, um beide in die Zisterne zu
schauen, und es erschien ihr Spiegelbild im Wasser. Spricht
er zu ihm: «Das ist der Löwe und da der Hase, den er ge-
nommen hat.» Wie er nun sein Spiegelbild sah, hielt er es
für Wirklichkeit, geriet in Wut, stürzte sich in die Zisterne,
um mit ihm zu kämpfen, und ertrank.»

Ḳl̯ilg sprach: «Wenn du den Stier so zu töten vermagst, A 34
daß dem Löwen[91] kein Schaden entsteht, so zögere nicht,
sondern beginn' damit. Denn solange der Stier lebt,[92] hast
du Nachteil davon. Sei vorsichtig, daß dir nichts Schlimmes
passiert!»

Darauf blieb Dmng einige Tage, ohne den Löwen zu be-
suchen, und als er ging, stellte er sich bedrückt.

A 45 Als ihn der Löwe sah, sprach er zu ihm: «Kommst du A 35
wohlbehalten? Wie lange hast du dich nicht bei mir sehen
lassen!» Dmng sprach: «Möge es gut gehen! Jetzt jedoch
geht's nicht gut!» Der Löwe sprach: «Was hat dich be- A 36
troffen?» Dmng sprach: «Das, was mich betroffen hat, möge
meinen Herrn nicht treffen!» Der Löwe sprach: «Was
ist's denn?» Und Dmng sprach: «Das muß ich dir heimlich
sagen.» * Und so fragte ihn der Löwe heimlich und Dmng S. 22
sprach: «Wenn einer, der an angenehme Worte gewöhnt
ist, etwas Unangenehmes hören muß, so ist es schwierig
für einen, es zu sagen. Wenn jedoch der, dem es gesagt
wird, ein Weiser ist, so hört er es bereitwillig an, und

wenn er es anhört, nützt es ihm, und wenn er es nicht anhört, schadet es ihm.

Śār. 63 44. Mein Herr ist weise, und wer aus Freundschaft ein Wort spricht, dem entsteht kein Schaden.

Ich habe ein Wort gehört und weiß, daß du es nicht glauben A 37
wirst; aber weil unser Leben an dich gebunden ist, müssen wir, wenn wir von einem Nachteil sehen und hören, es dir sagen, auch wenn du nicht fragst, denn es heißt:

45. Wer den Herrschern die Sache nicht heraussagt und seine Krankheit vor dem Arzt verheimlicht und das Geheimnis der Weisen nicht hütet, der sucht seinen eigenen Schaden.»

Śār. A 46a Der Löwe sprach: «Was war das Wort?» A 38

Dmng sprach: «Ich habe vernommen, daß Snzbu̯g des öftern mit den Tieren geredet und gesagt habe:[93] «Schon lange[94] prüfe ich den Löwen auf sein Wesen und bin zu dem Resultat gekommen, daß er keinen Mut besitzt; folglich[95] ist die Sache mein.» Das habe ich vernommen und ich bin zur Überzeugung gelangt, das Snzbu̯g ein Verräter ist. Du hast ihn auf diese hohe Rangstufe erhoben[96] und da hat er sich zu dem Gedanken verleiten lassen: «Da ich dem Löwen in jeglichem gleichstehe, so töte ich ihn und seine Herrschaft fällt mir zu.» Es heißt ja:

Śār. 64 46. Wenn ein Herrscher den, welcher gewürdigt worden ist, ihm gleich zu sein, nicht stürzt, so stürzt dieser ihn.[97]

Darum sprach ich zu dir: «Du bist klug und gewandt und A 39
tust[98] das Rechte.» Mir aber dünkt es: Triff deine Maßregeln, bevor der Schaden da ist, und verlaß dich nicht auf den Zufall. Es heißt ja:

Śār. 128 47. Für einen Weisen gilt, * wer sich in der S. 23
Klemme vor Schaden rettet, und für einen Toren, wer sich auf den Zufall verläßt und sich nicht vor dem Schaden fürchtet,[99] und wenn er hineingefallen ist, ratlos ist

wie jener törichte Fisch, welcher den
Fischern in die Hände fiel.»

Der Löwe sprach: «Was war mit dem?» Und Dmng A 40
sprach:

VII. Der dumme und die beiden klugen Fische.

Śār. I, xii «Es waren drei große Fische in einem Wasserbecken; einer war klug, ein anderer sehr klug und einer dumm. Da kamen Fischer und erblickten sie und sprachen: «Morgen wollen wir kommen und sie fangen.» Das hörten sie und der sehr kluge erreichte den Flußkanal und gelangte in ein anderes Wasserbecken. Am anderen Tage kamen die Fischer. Als der kluge sie sah, reute es ihn und er sprach: «Ich hätte schon vor der Not für einen Ausweg sorgen sollen, denn wer sich vorsieht,[100] kann manchmal entrinnen. Aber man soll in der Klemme nicht verzweifeln, sondern auf einen Ausweg sinnen.» Und der Fisch warf sich auf die Seite, als wäre er tot, und als die Jäger ihn sahen, hielten sie ihn für tot, nahmen ihn und legten ihn an den Rand des Kanals; und als der Fisch merkte, daß die Fischer sich auf den andern Fisch verlegten,[101] schnellte er sich ins Wasser und entkam. Der dumme aber schwamm vor ihnen hin und her, bis sie ihn fingen.»

Śār. A 48 Der Löwe sprach: «Ich habe dies gehört,[102] doch ich A 41
zweifle sehr, daß Snzbug Böses gegen mich sinnt, da ich ihm
A 53 doch nicht Böses, sondern Gutes erwiesen habe.» A 42

Śār. A 50 Dmng sprach: «Gewiß, aber gerade deshalb hat er sich A 43
gegen dich gewendet:[103] wegen der Wohltaten, die du ihm erwiesen hast und weil du ihn dir gleichgestellt hast. Heißt es doch:

Śār. 71? 48. Ein Geringer und Treuloser ist bestrebt,
dem, der größer ist als er, zu dienen,
* bis er ihm gleichkommt, und so lange er S. 24
sich vor ihm zu fürchten und ihn nötig
hat;

Śār. 77 49. ist er aber selbständig geworden und hat
er keine Furcht mehr, dann läßt er seine
treulose Gesinnung zum Vorschein kommen, (und ist) wie der gekrümmte Schweif

des Hundes: mag man ihn noch so sehr
in die Form zwängen, daß er sich strecke,
er kehrt doch, sobald man ihn losläßt,
zu seiner Natur zurück und krümmt
sich.»[104]

Als Dmng sah, daß er mit den Worten, die er gespro- A 44
chen, den Löwen gegen den Stier nicht mißtrauisch zu machen vermochte, dachte er: «Ich muß härter sprechen», und er sprach zu dem Löwen:

Śār. 73 50. «Der Freund, zu dem man aus Freundschaft
nützliche Worte spricht, und der sie nicht
in die Tat umsetzen will, hat stets die
51. Folgen seiner Handlungen zu erleiden, wie
der Kranke, der nicht diejenige Kost ißt,
die ihm der Arzt verordnet, sondern die,
nach der ihm gelüstet.[105]

Es heißt doch auch:

Śār. 80 52. Wie es den Freunden ziemt,[106] einen, der
das Rechte tut, zu loben, so (ziemt es
ihnen) auch, ihn vom Unrechten abzu-
wenden;

Śār. 81 53. denn derjenige Freund ist gut, der seinen
Freund vom Unrechten abwendet, und
derjenige Baum ist gut, dessen Früchte
süß sind, und diejenige Frau ist gut, die
ihrem Gatten zu Gefallen lebt, und der-
jenige Gelobte ist wirklich zu loben, der
von Rechtschaffenen gelobt wird, und der-
jenige Genuß ist wirklich genußreich, bei
dem keine Unmäßigkeit stattfindet.

Und es heißt:

Śār. 82 54. Der, zu dessen Häupten Feuer ist und der
im Bett auf einer Schlange liegt, darf sich
eher vom Schlafe umfangen lassen, als
der, dem sein Feind aufpaßt, wenn er sich
zur Ruhe legt, und der sich der Ruhe
hingibt.

Und es heißt:

Śār. 83 55. Der Herrscher, der seinen eigenen Willen
durchsetzt, kennt seinen eigenen Vorteil
nicht und achtet den Schaden für nichts.
Wie ein brünstiger[107] Elefant gebärdet er
sich nach eigenem Belieben, und wenn
* der Schaden da ist, macht er sein Gefolge S. 25
dafür verantwortlich.»

Der Löwe sprach: «Du hast sehr hart gesprochen, aber A 45
um der (darin zum Ausdruck gekommenen) Freundschaft
Śār. A 57 willen läßt es sich ertragen. Aber da Snzbug meine Speise A 46
ist und mir nichts antun kann, so erweise ich mich, wenn ich den mit ihm geschlossenen Vertrag breche und die Dienstleistung, die er mir erwiesen hat, verleugne,[108] als Undankbaren.»

Dmng sprach: «Wenn er auch selber nicht imstande ist, dich zu schädigen, so kann er dich doch durch andere schädigen. Es heißt:

Śār. 85 56. Wessen Charakter du nicht wohl kennst,
den mach' dir nicht zum Haus- und Tischgenossen, sonst hast du ähnlich zu leiden[109] wie die Laus durch den Umgang
mit dem Floh.»

Śār. 58 Der Löwe sprach: «Was hatte die Laus zu leiden?» Und A 47
Dmng sprach:

VIII. Laus und Floh.

Śār. I. VII. «Im Bette eines Vornehmen war eine Laus, die biß den Mann, wenn er schlief, behutsam, daß er es nicht merkte, und wohnte da lange Zeit, ohne daß jemand sie fing. Da kam einmal ein Floh angehüpft, und als sie ihn sah, rief sie ihn und sprach zu ihm: »Komm hieher, ich gebe dir ein weiches Bett und süßes Blut, denn der Besitzer des Bettes hält feine Mahlzeiten und hat süßes Blut.» In der Nacht nun, als der Mann in seinem Bette schlief, biß ihn der Floh heftig. Sogleich stand er auf und forschte nach, wer ihn da gebissen, und der Floh hüpfte davon. Als jener nun das Bett besichtigte, fand er nichts als die Laus und tötete (folglich) sie.

Darum habe ich zu dir gesagt: «Wenn Snzbug nicht A 48
(selber) Schaden zufügt, so intrigiert er doch mittels der Feinde, die (dir) auf seine Veranlassung (erstehen). Aber ich weiß auch, daß es ihm nicht paßt, dir durch andere zu schaden, sondern nur selbst, in eigener Person.»

Śār. A 46 Da * wurde er unschlüssig und ängstlich und sprach zu S. 26 A 49
Dmng: [«Was rätst du mir nun?»

Dmng sprach:][110]

Śār. 65 57. «Ein angefressener Zahn und eine faule Speise lassen nicht eher zur Ruhe kommen, als bis sie hinausbefördert sind.»

Śār. A 56 Der Löwe sprach: «Allerdings. Aber wenn es mit Snzbug A 50
soweit gekommen ist, so will ich ihn rufen, seine Handlungsweise erfahren und ihm den Laufpaß geben.»

Da dachte Dmng: «Wenn er den Stier diese Sache wissen läßt, so rechtfertigt sich dieser und ich stehe als Lügner da.» Und Dmng sprach: «Mein Herr möge prüfen, ob es das Richtige ist, daß er den Snzbug auf seine Schädlichkeit auf-
Śār. 84 merksam mache.[111] (58) Denn[112] wenn er merkt, daß du auf
ihn acht gibst, könnte er eine Gelegenheit zur Flucht wahrnehmen und du hättest als Verächtlicher und Geringer das Nachsehen. Oder er läßt sich auf einen Kampf mit dir ein, wobei dann eines von zweien eintrifft: entweder stirbt er oder er tötet dich. Und (wirklich) ist ein ruhmvoller Tod besser als ein Leben in Schmach. Aber ein weiser Mann zieht eine im Geheimen begangene Schuld nicht öffentlich zur Rechenschaft.»

Der Löwe sprach: «Wenn ein Herrscher Hiebe verordnet, A 51
ohne Gewißheit zu haben, so sollten sie für ihn bestimmt sein. Und ich kenne keine Schuld an Snzbug.»

Śār. A 62 Dmng sprach: «Sieh, wenn Snzbug dir vor die Augen A 52
kommt, so achte auf ihn,[113] und du wirst sofort erkennen, daß er nicht im Frieden kommt. Das Zeichen[114] dafür ist nämlich dieses: Sein Leib ist verwandelt und zittert, und seine Hörner sind zum Durchbohren bereit, und er schaut sich nach allen Seiten um.»

Der Löwe sprach: «Wenn Snzbug in der von dir be- A 53
haupteten Weise kommt, so werde ich wissen, daß er nicht im Frieden kommt.»

Als nun Dmng erkannte, * daß er ihn gegen den Stier S. 27
mißtrauisch gemacht hatte, so daß er vor ihm auf der Hut sein würde, sprach er in der Erwägung:[115] Wenn ich zu dem Stier gehe, soll er mich nicht tadeln, (zum Löwen): «Ich will zu Snzbu̥g gehen und sehen, ob er mir vielleicht das Geheimnis offenbart.» Er sprach: «Gehe.»

Śār. A 63 Und er ging. Vor Snzbu̥g nun wieder stellte er sich be- A 54
trübt, und als Snzbu̥g ihn fragte: «Es ist lange her, seit ich dich gesehen habe; du kommst doch wohlbehalten zu mir auf Besuch?», sagte Dmng: «Mögest du beständig fortleben! Dir geht's gut,

Śār. 87 59. aber die, welche nicht über sich selbst verfügen können und deren Leben von Anderen abhängt und deren Geheimnis im Nu preisgegeben wird,[116] was haben die noch zu hoffen?»

Der Stier sprach: «Was ist denn jetzt geschehen?»

Dmng sprach: «Das ist eingetroffen, was zu geschehen bestimmt war.

Śār. 90 60. Denn wer kämpft gegen das Schicksal? Wer gelangt zu Größe und wird nicht berauscht? Wer pflegt Freundschaft mit jemandem und es tritt ihm nicht sein Widersacher entgegen? Wem haben nicht die Weiber den Sinn verwirrt? Wer ist seiner Todesstunde entronnen? Wer hat sich einem Herrscher angeschlossen und hat dieser ihn unverbrüchlich in Ehren gehalten?

[Denn mit Recht heißt es[117]]:

Śār. 89 61. Die Lehrer[118] stehen zu den Schülern, die Huren zu den Männern, die Herrscher zu ihrem Gefolge in keinem Freundschaftsverhältnis; geht einer von ihnen weg, so holen sie sich einen andern für ihn.»

Śār. A. 64a Snzbu̥g sprach: «Was bedeutet diese Rede? Ich muß A 55
denken, es sei dir vom Löwen eine Kränkung widerfahren.»

Dmng sprach: «Mir ist zwar keine Kränkung widerfahren, wohl aber muß ich[119] mich immer wieder erinnern,
wie ich * als Gesandter vom Löwen zu dir kam, und dich von S. 28
da an bis jetzt lieb habe und mich deiner Wohlfahrt freue. Wenn ich nun von irgendeinem Unheil höre, so ist es meine Pflicht, dir zu sagen, was ich weiß. Es ist etwas, was man nicht öffentlich sagen darf. Ich habe es nicht gesagt, weil ich nicht meinen eigenen Schaden suchen wollte.»

Snzbu̯g sprach: «Was denn?»

Dmng sprach: »Ich habe gehört, daß der Löwe sich über dich beriet: «Der Stier ist fett und taugt mir zu keinem Dienst, darum will ich ihn töten und mit dem Gefolge verspeisen.» Und als ich dies hörte, beschloß ich, dich davon in Kenntnis zu setzen. Schau beizeiten zu, ob es einen Ausweg gibt!»

Śār. A 64 b Um der Freundschaft willen, die ihn mit Dmng verband, seit er vom Löwen geschickt worden war, glaubte ihm Snzbu̯g alles, was er ihm da sagte, und Furcht befiel seinen Sinn und er schauderte. Und er sprach zu Dmng: «Wodurch könnte er gegen mich aufgebracht sein, da ich mich ja nur an seiner Pforte aufhalte und weiter nichts Arges getan habe? Es sei denn, man habe ihm durch eine Lüge eine falsche Meinung über mich beigebracht. Hat er doch böse Leute um sich, und auf Anstiften der Bösen kann er leicht auch gegen die Rechtschaffenen mißtrauisch werden, wie es heißt:

Śār. 95 62. Eine Gans[120] sah des Nachts im Wasser
das Spiegelbild eines Sternes[121] und suchte
es zu fangen, und als es sich nicht fangen
ließ, merkte sie, daß es damit nichts war.
Andern Tags sah sie einen Fisch in demselben Wasser und dachte: auch dies wird
nichts sein, und fing ihn nicht.

Und wenn sie ihn nicht durch Lüge gegen mich miß- A 56
trauisch gemacht haben,* so ist er ohne Grund aufgebracht und S. 29
ist es zum Verwundern. Denn es heißt:

Śār. 93 63. Wundern muß man sich über den, der
jemanden anerkennen sollte und ihn nicht
anerkennt, sondern sogar gegen ihn aufgebracht wird.

Śār. 94 64. Wenn jemand mit Ursache aufgebracht ist, so ist Hoffnung vorhanden, daß, wenn die Ursache beseitigt wird, auch sein Sinn sich beruhige. Wenn aber jemand ohne Ursache zürnt, so gibt es kein Argument, das ihn zu versöhnen vermöchte.

Denn selbst wenn ein Fehltritt[122] vorläge, so wäre er nicht derart, daß er ein Recht hätte, aufgebracht zu sein.

Śār. 96 65. Denn wer lange Zeit mit jemandem verkehrt, dem passiert notwendig einmal ein Fehltritt und er kann nicht alles und jedes recht machen. Aber ein Rechtschaffener soll, wenn sein Gefährte eine Ausschreitung oder einen Fehltritt begeht, den Beschuldigten nicht eher verurteilen und von sich stoßen, als bis er die Ausschreitung geprüft hat, sowie, ob er sich mit Willen vergangen habe oder nicht.

Śār. A 67 Ich für meine Person bin mir nichts bewußt, weshalb er A 57
mich verstoßen sollte. Und es heißt ja:

Śār. 98 66. Es ist nicht gefährlicher auf dem Meere zu fahren, als mit Herrschern umzugehen, denn auch wer sie liebt und ehrt und treu zu ihnen hält, kommt, wenn er strauchelt, nicht immer wieder auf die Beine.[123]

Śār. A 72 Oder aber es ist geradezu wegen meiner Bravheit und A 58
Tüchtigkeit, daß er mich infolge einer Verleumdung seitens der Bösen bekämpft.[124]

Śār. 113 67. Denn auch die Fruchtbäume, die mit
Früchten schwer beladen sind, werden
manchmal von diesen geknickt, und dem
Fasan wird manchmal sein langer Schweif
zum Verhängnis,* so daß er, wenn er zu S. 30
fliehen sucht, es nicht kann; und das
starke Pferd kommt manchmal durch seine
Kraft zu Schaden, indem man es vor den

Wagen spannt und es vorwärts treibt; und der tüchtige Mensch kommt mittels des Neides durch seine Tüchtigkeit zu Schaden, weil die Bösen zahlreicher sind als die Braven und sie matt setzen.

Ist es aber auch nicht wegen meiner Tüchtigkeit und A 59
wegen des Neides der Bösen, dann ist es wohl die Stunde meines Verhängnisses, die gekommen ist.

Śār. 115
68. Die Stunde des Verhängnisses sperrt ja selbst den kühnen Löwen in den Fangkäfig ein, läßt dem brünstigen Elefanten einen schwachen Menschen auf dem Nacken sitzen, wirft die bittergiftige Schlange dem Beschwörer in die Hände,[125] läßt die Weisen verkehrt handeln und macht die Toren weise, macht die Reichen arm und die Armen reich, macht die Tüchtigen schlaff und die Schlaffen erfolgreich, die Müßigen tatkräftig und die Tatkräftigen müßig, die Beherzten unsicher und die Unsicheren mächtig. Wie es vorherbestimmt ist, so bereitet es ihnen die Stunde »

Dmng sprach: «Der Löwe sucht dein Unglück durchaus A 60a
nicht wegen einer Verleumdung oder aus Regierungsmaximen oder auf Grund der Schicksalsstunde oder[126] aus irgendeinem andern Grunde, sondern aus eigener Bosheit.

Śār. 108
69. Denn er ist ein Verlocker,[127] und sein Geschmack gleicht jenem Topf, der voll Bitterem ist, obenauf aber Honig, und der zuerst süß ist, zuletzt aber Galle und Wermut.»

Śār. A 70
Snzbug sprach: «Auch ich habe das Süße gegessen und A 60b
es hat mich ergötzt, und nun glaube ich, kommt es an mich,
Śār. A 71
daß ich das Schlechte essen muß. Aber warum mußte ich, A 61
* der Grasweider, mich an ihn, den Fleischfresser, heran- S. 31
machen, wenn nicht auf Grund meines Verhängnisses?

Śār. 110 70. O die Gier, und o die trügerische Hoffnung, wegen deren mir der Weg versperrt worden ist,[128] gleich der honigmachenden[129] Biene, die, wenn sie sich auf eine Lotusblume setzt, sich an ihrem Dufte erfreut und nicht rechtzeitig weggeht: wenn es dann Abend wird, zieht der Lotus seinen Kelch zusammen und schließt sie in sich ein, und so stirbt sie.

Śār. 111 71. Und ein Unseliger, der sich mit dem Guten, das ihn vor dem Schaden zurückhält, nicht begnügt und den Schaden, der aus der Gier entsteht, nicht beachtet, nimmt das gleiche Ende wie die Honigbiene, die, mit süßduftenden Pflanzen[130] nicht zufrieden, sich auf das Wasser niedersetzt, das vom Ohrensaum des brünstigen

Śār. 112 72. Elefanten herunterfließt: und er schlägt nach ihr mit seinem Ohr und tötet sie.[131]

Und es heißt:

Śār. 105 73. Wer an einem Treulosen schön handelt, hat so wenig Nutzen davon, als säete er auf salzigem Boden und gäbe den Kindern der Hölle[132] gute Ratschläge und flüsterte dem Tauben ein Wort zu.»

Śār. A 64 b Dmng sprach: «So warte also nicht länger zu, sondern A 62
suche dir einen Ausweg!»

Śār. A 73 Snzbu̥g sprach: «Nimm an, der Löwe sucht mich zu
töten: was kann ich tun? Denn er ist ein Verräter und die A 63
Leute seiner Umgebung sind schlecht, und

Śār. 116 74. wenn sich viele gegen einen Unschuldigen zusammentun, können sie ihn unschwer töten, wie es heißt, daß der Schakal, der Wolf und der Rabe sich zusammentaten und, schwach wie sie waren, das große Kamel töteten.»

Śār. A 74 Dmng sprach: «Was ist das für eine Geschichte?» A 64
Und Snzbu̥g sprach:

IX. Der Löwe, seine Minister und das Kamel.

(Kamel, Löwe, Panther usw.)

Śār. I, III. «Es war ein Wald, der lag nahe bei der Heerstraße. S. 32
Darin wohnte ein Löwe, und ein Rabe, ein Schakal und ein Wolf waren sein Gefolge. Nun begab es sich, daß Kaufleute des Weges kamen, die hatten ein Kamel bei sich, das versagte und nicht mehr mitgehen konnte. Und als sie zu dem Walde gelangten, ließen sie es da zurück. Das Kamel aber betrat den Wald. Da erblickte es der Löwe und fragte es: «Wo kommst du her?» Es erwiderte: «Ich habe Kaufleuten gehört und die haben mich unterwegs zurückgelassen.» Der Löwe sprach: «Und was willst du jetzt tun?» Jenes antwortete: «Was dem Löwen beliebt.» Der Löwe sprach: «Wenn es dir recht ist, so bleibe hier und fürchte dich vor niemandem.» Da[133] blieb das Kamel im Walde bei dem Löwen. Eines Tages ging der Löwe auf die Jagd, und er geriet mit einem Elefanten in Kampf und der Elefant stieß ihn mit seinem Stoßzahn und jener kehrte blutbespritzt in den Wald zurück und mußte längere Zeit liegen und konnte nicht aufstehen. Infolge dessen magerten der Rabe, der Schakal und der Wolf, die von den Überresten der Mahlzeit des Löwen lebten und nun, da der Löwe liegen mußte, nichts zu essen hatten, ab und kamen von Kräften. Da sah der Löwe, daß sie verändert waren und sprach zu ihnen: «Warum seid ihr so verändert? Habt ihr etwa nichts zu essen?» Sie sprachen: «Da es mit dem Herrn so steht und er nichts zu essen hat, wozu sind wir noch nütze?» Der Löwe sprach: «Ihr zeigt guten Willen, die Liebe zum Herrn zu betätigen; darum geht und sucht, und wenn ihr ein Tier in der Nähe seht, so kommt und zeigt es mir an, daß ich vielleicht mich und euch ernähren kann.» Da gingen sie und berieten sich, ohne daß das Kamel es bemerkte, und übersannen folgendes: «Daß dieses Kamel, der Grasweider, unser Kollege sei, schickt sich nicht. Warum sollten wir
nicht bewirken, daß der Löwe es tötet und * uns daraus Nutzen S. 33
und Sättigung auf viele Tage hinaus erwächst?» Der Schakal sprach: «Wie können wir dem Löwen raten, ihn zu töten, da er ihm ja garantiert hat, daß er sich nicht zu fürchten brauche?» Und der Rabe sprach: «Ihr bleibt hier und ich will gehen

und den Löwen zum Einverständnis mit uns bewegen.» Und der Rabe trat vor den Löwen. Der Löwe fragte ihn: «Habt ihr etwas wahrgenommen?» Der Rabe sprach: «Wahrnehmen kann mit seinen Augen nur der, welcher sieht, und suchen kann nur der, welcher gehen kann; wir aber können vor Mangel an Nahrung weder sehen noch gehen. Aber das, was wir ausfindig gemacht und beraten haben, genügt, wenn es dem Herrn genehm ist, bis zu seiner Genesung uns und ihm als Nahrung.» Der Löwe sprach: «Was denn?» Der Rabe sprach: «Dieses Kamel, der Grasweider.»[134] Da ergrimmte der Löwe und sprach zu ihm: «Verflucht sei dieses Wort. Ihr habt schlecht gesprochen und hättet es vor mir gar nicht aussprechen dürfen. Habe ich es doch selbst veranlaßt, Vertrauen zu fassen. Und es heißt:

Śār. 117 75. Wer tausend Hungrige und Durstige durch Almosen tränkt und sättigt, handelt nicht so gerecht, als wer eine Seele vor Furcht befreit.[135]

Ich habe es eingeladen und werde es nicht dem Tode überantworten.»

Der Rabe sprach: «Wenn dem auch so ist, so heißt es doch auch:

Śār. 118 76. Einen soll man im Notfall preisgeben für die Familie, die Familie für das Dorf, das Dorf * für die Stadt, die Stadt für den Bezirk, den Bezirk für das Land, um des eigenen Lebens willen.[136] S. 34

Du und wir sind nun in dieser Notlage. Mein Herr soll den Vertrag, den er geschlossen hat, auch gar nicht brechen;[137] du brauchst es weder selbst zu töten, noch es töten zu lassen, sondern wir töten es mittels der Vereinbarung, die wir untereinander getroffen haben auf die rechte Weise, so daß meinem Herrn keine Sünde daraus erwächst.»

Da schwieg der Löwe. Und als der Rabe sah, daß er schwieg, machte er sich auf und ging zum Schakal und Wolf und sprach zu ihnen: «Ich bin gegangen und habe mit dem Löwen das Nötige gesprochen. Da der Löwe das Kamel nicht tötet, müssen nunmehr wir suchen, wie wir es töten.» Der

Schakal und der Wolf sprachen: «Auch dies klügle du aus, du bist ja der Rabe.» Er sprach: «Ich will das Kamel in unsere Mitte rufen und sagen: Der Löwe ist schwach, und wenn wir ihm nichts geben, so wird er gegen uns aufgebracht werden. Darum kommt, laßt uns einen Vertrag vor Gott schließen und vor ihn treten, und jeder einzelne soll sein Leben anbieten und sprechen: «Mein Herr möge mich verspeisen, um nicht zu sterben.» Und zur Rettung des Betreffenden sollen dann die andern einen Vorwand vorbringen, und sofort soll auch der Folgende sein Leben anbieten.» Und die Vier schlossen den Vertrag und gingen zu dem Löwen. Und zuerst sprach der Rabe: «Mein Herr hat keine Nahrung und ist geschwächt. Ich aber lebe nur durch meinen Herrn. Bleibt mein Herr erhalten, so lebt, wer von uns übrig bleibt, durch meinen Herrn. So möge mich jetzt mein Herr verspeisen.» Da sagten der Schakal und der Wolf schnell zu ihm: «Was nützt es, wenn du dein Leben preisgibst, da du doch klein bist und nicht einmal der Löwe von dir satt würde?» Und der Schakal sprach sodann: «Wenn der Rabe nicht genügt, so genüge doch ich.
* Ich mache mir das Wort, das der Rabe gesprochen hat, S. 35
zu eigen und biete mein Leben an.» Der Wolf und der Rabe aber sprachen: «Dein Eingeweide stinkt und du bist unschön.» Und der Wolf sprach sodann: «Wenn das Eingeweide dieses da stinkt, so stinkt doch meines nicht. Mein Wort geht dahin, daß ich mein Leben anbiete.» Aber der Schakal und Rabe sprachen: «Wer sich umbringen will, ißt Wolffleisch und sofort kriegt er den Aussatz.» [138] Das Kamel nun dachte; «Wenn ich schon mein Leben anbiete, so legen sie ein Wort für mich ein und ich komme davon, und auch der Löwe wird's mir für empfangen ansehen.» Und so sprach es: «Von mir werdet ihr satt und mein Eingeweide ist wohlschmeckend und mein Fleisch ist für den Körper zuträglich.» Da sprachen Rabe, Wolf und Schakal: «Was du sagst, ist wahr,» erhoben sich, packten es mit den Zähnen und warfen es zu Boden und töteten es.

Śār. A 75. 76 Darum habe ich dir diese Geschichte erzählt, weil, wenn A 65
auch der Löwe mich unangefochten läßt, doch sein Gefolge böse ist und mich nicht losläßt. Und es heißt ja:

SP I, 106 76a. Der Herrscher, der einem von Kadavern
umringten Geier gleicht, ist besser daran
als der, welcher einem von Geiern um-
ringten Kadaver gleicht.[139]

Śār. A 77 Und auch wenn er mild[140] und ganz freundlich ist, ist's A 66
doch möglich, daß er durch die Rede anderer aufgebracht und zornig gegen mich wird.

Śār. 120 77. Denn das Wasser ist weicher als das
Wort[141] und der Stein härter als das
Herz: aber wenn das Wasser oft an den
Stein schlägt, so durchbohrt es ihn.»

Śār. A 78 Hierauf sprach Dmng: «Und nun, wo du weißt, daß er A 67
dich haßt, was hast du da vor zu tun?»

Snzbg̮ sprach: «Mir bleibt nur das eine Mittel, daß ich offen mit ihm kämpfe. Denn es heißt:

Śār. 122 78. Durch Schlagfertigkeit, Kraft und Zeit-
überfluß kann einer nicht * (so viel) Vorteil S. 36
erringen[142] als wie in einem Augenblick;

Śār. 124 79. denn wenn er stirbt, hat er im Kriege
seine Bestimmung erreicht, und wenn er
seinen Feind tötet, erlangt er Ruhm.»

Śār. A 79 Dmng sprach: «Man kann, statt durch offenen Kampf, A 68
durch List kämpfen. [Denn wenn einer] ohne Not [Krieg führt],[143] verdient er Vorwürfe, und wenn er seinen Feind tötet, schreibt man es dem Zufall zu. Und es heißt:

Śār. 125 80. Verachte nicht den geringen Feind, wenn
er listig ist und sich Helfer versammelt.
Wer den Geringen und Schwachen ver-
achtet, der nimmt leicht ähnlichen Scha-
den wie der war, welcher den Meergeist[144]
seitens des Strandläufers[145] betraf.»

Śār. A 80 Snzbg̮ sprach: «Was ist das für eine Geschichte?» Und A 69
Dmng sprach:

X. Strandläufer und Meer.

Śār. I, x «Ein Strandläufer nistete mit seiner Ehehälfte am Meere. Und als für das Weibchen die Zeit gekommen war, Eier zu legen, [sprach es zum Männchen]:[146] «Such' einen schönen

Platz aus, damit wir dorthin gehen, bevor es zu spät ist.» Ihr Gatte erwiderte ihr: «Dieser Platz ist gut, denn es ist ja Gras und Wasser[147] in der Nähe. Gebier deine Jungen an diesem Platze.» Spricht sie zu ihm: «Der Platz ist wohl schön, aber ich fürchte, das Wasser möchte aus dem Meere überfluten und meine Jungen fortspülen.» Er aber sprach zu ihr: «Ich glaube nicht, daß das Wasser so töricht handeln wird, mir den Platz, von dem ich Besitz ergriffen habe, wegzunehmen. Denn der Geist ist klug und fürchtet sich vor der Rache.» Spricht zu ihm seine Frau: «Schämst du dich nicht, daß du, ohne dich zu prüfen, mit dem Meere rivalisieren willst? Es ist aber wahr, wie es heißt:

Śār. 126 81. Es gibt keinen Menschen, der sich selbst
erkennt.

Darum höre * auf mein Wort und steh auf, laß uns von hier S. 37
weggehen, so lange es Zeit ist, damit kein Unglück geschieht.» Aber er ließ sich nicht überreden, und so sehr sie ihm zuredete, gab er nicht nach. Da sprach sie zu ihm:

Śār. 127 82. Wer bei einem törichten Unternehmen
von seinen Freunden ein Wort zu seinem
Nutzen nicht annimmt, stürzt ebenso ins
Unglück wie jene Schildkröte, welche die
Warnung ihrer Freunde nicht annahm.»

Da sagte der Strandläufer: «Was ist das für eine Geschichte?» Und sie antwortete:

XI. Gänse und Schildkröte.

(Haṃsas und Schildkröte.)

Śār. I, XI. «Es war eine Wasserquelle, darin wohnte eine Schildkröte nebst zwei Gänsen, und infolge der Nachbarschaft hatten sie sich miteinander befreundet. Einstens nun nahm das Wasser in der Quelle ab. Da berieten sich die Gänse miteinander: «Da das Wasser abgenommen hat, tun wir gut, bei Zeiten von hier wegzugehen.» Und sie sprachen zu der Schildkröte: «Das Wasser hat abgenommen und wir können nicht mehr hier sein.» Die Schildkröte sprach: «Ihr könnt auch auf dem Trockenen leben, aber seht mich Unselige: ich kann ohne Wasser nicht leben. Ersinnt für mich ein Mittel und

nehmt mich von hier mit!» Sprechen sie zu ihr: «Wenn du,
während wir dich durch die Luft befördern und dich die
Leute sehen und schreien, dich jeder Antwort enthalten willst,
so schaffen wir dich fort.» Und sie nahm es an, jedoch [148]
sagte sie: «Wie kann ich aber den Weg machen?» Sie
sprachen: «Du fassest mit deinem Munde ein Stück Holz in
der Mitte und wir tragen dich an seinen beiden Enden fort.»
Die Schildkröte hieß dies gut und sie taten demgemäß. Als
nun die Leute die Schildkröte sahen, wie sie zwischen den
beiden Gänsen durch die Luft kam, riefen sie mit lauter
Stimme: «Schaut das Wunder!» Und als sie die Vielen
gaffen [149] sah, * sprach sie zu ihnen: «Geht, stecht euch die S. 38
Augen aus!» [150] Da, indem sie ihren Mund öffnete, fiel sie auf
die Erde hinab.»

Er sprach: «Ich habe diese Geschichte gehört, du aber
fürchte dich nicht vor dem Meere.» Da brütete sie an selbi-
gem Platze ihre Jungen aus. Der Meergeist aber, da er ge-
hört hatte, wie der Strandläufer sagte: «Fürchte dich nicht
vor dem Meere, denn er schreckt vor der Rache zurück»,
kam und bedeckte, um ihn zu erproben, ihre Stätte und be-
grub ihre Kinder. Da sprach seine Frau zu ihm: «Habe ich
es doch kommen sehen und bei Zeiten zu dir gesagt: «Er-
kenne dich selbst und sprich nichts Unziemliches, daß dich
nicht Unheil treffe! Jetzt sieh dir an, was uns das Meer zu-
gefügt hat!» Er sprach: «Und ich habe dir bei Zeiten ge-
sagt: Wenn uns das Meer Schaden zufügt, so vergelte ich es
ihm. Und nun paß auf, [151] wie ich mich an ihm räche.» Nun
erhob er sich und ging zu den übrigen Strandläufern und er-
zählte ihnen das Unheil, welches das Meer verübt hatte: «Und
ihr, die ihr Strandläufer seid, helft mir, denn was mir heute
widerfahren ist, widerfährt vielleicht morgen euch.» Sie
sprachen zu ihm: «Was können wir dem Meere tun?» Er
sprach: «Steht auf und laßt uns zu den Vögeln gehen und sie
höflich bitten: «Das Meer hat uns dieses Unheil zugefügt. Ihr,
die ihr Vögel seid, helft uns, denn was uns heute widerfahren
ist, kann auch euch * widerfahren.» So versammelte er alle S. 39
Vögel und sie kamen an einen Ort zur Hilfeleistung. [152] Und
so sprachen die Vögel zu ihm: «Siehe, wir sind alle deine
Helfer, aber was werden wir dem Meere tun?» Der beleidigte

Strandläufer sprach: «Unser aller Vögel Oberhaupt ist Si̭mṷr.[153] Kommt, laßt uns rufen und schreien, daß er uns zu Hilfe kommt.» So taten sie denn, und Si̭mṷr kam auf ihren Ruf herbei und fragte sie: «Was ist euch begegnet?» Die Vergewaltigten sprachen zu Si̭mṷr:[154] «Du bist unser Herr, und der Geist, dessen Fahrzeug du bist, ist stärker als der Meergeist. Drum bitte ihn höflich,[155] uns zu helfen.» Si̭mṷr ersuchte den Geist darum und der Geist ging, mit dem Meergeist zu kämpfen. Der Meergeist aber ging, weil er sich ihm nicht gewachsen fühlte, schnell hin und holte die Jungen und lieferte sie ihren Eltern ab.

Śār. A 81 Diese Geschichte habe ich dir darum erzählt, weil du A 70
mit dem Löwen nicht kämpfen darfst.»

Snzbṷg sprach: «So lange ich nicht weiß, daß der Löwe mich haßt, werde ich weder offen noch heimlich mit ihm kämpfen, sondern werde direkt zu ihm gehen und mich so bezeigen wie bisher.»

Da dachte * Dmng: «Wenn der Stier zum Löwen geht S. 40
und die von mir genannten Zeichen nicht an ihm zu sehen sind, so wird jener gegen mich mißtrauisch werden. Darum sprach er zu Snzbṷg: «Sobald du zu ihm kommst, wirst du merken, daß er dich haßt.» Snzbṷg sprach: «Wie werde ich erkennen, daß er mich haßt?» Dmng sprach: «Sitzt er, wenn du vor sein Angesicht kommst, aufgerichtet auf seinen Hinterschenkeln und starrt seine Brust empor und blickt er dich mit weitgeöffneten Augen[156] an und peitscht sein Schweif die Erde: dann wisse, daß er bereit ist, dich zu töten, sieh dich vor!»

Śār. A 82 Nachdem er sie nun miteinander überworfen hatte, erhob A 71
er sich und ging zu Ḳli̭lg. Als dieser den Dmng erblickte, fragte er ihn: «Wie weit hast du das Unternehmen gefördert, das du begonnen hast?» Dmng sprach: «Es ist zu Ende gediehen, wie ich und du es wünschen; zweifle nicht daran.»

Śār. 129 83. Mögen Freunde noch so sehr durch Liebe
und Eintracht verbunden sein: wenn ein
Verschlagener sich an sie herannaht, so
trennt er sie voneinander, wie ein ins
Wasser geworfener Stein (das Wasser
trennt).[157]

Śār. A 89 Als Ḳlịlg und Dmng erfuhren, daß Snzbu̯g zum Löwen A 72
ging, machten sie sich auf und gingen dorthin. Wie nun Snzbu̯g den Löwen gerüstet sah und auf den Hinterschenkeln sitzend, glaubte er, daß alles, was Dmng gesprochen, wahr sei, und sprach bei sich: «Es heißt:

Śār. 135 84. Gefährlich[158] ist's, sich dem Schlafe hinzugeben[159] in einem Hause, in welchem eine Schlange ist, und gefährlich, in einer Schlucht zu gehen, worin Panther sind, und gefährlich, in einem Wasser zu schwimmen, in dem Krokodile sind. Noch gefährlicher aber ist es, in die Gedanken der Herrscher einzudringen, die sich jederzeit durch Worte umstimmen und verwirren lassen.»

Śār. A 90 Und so wappnete er sich, denkend: «Wenn ich in die Lage A 73
komme,[160] so kämpfe ich.»

Als der Löwe sah, daß er sich wappnete, sprach er:
«Dmng hat richtig gesprochen: * Hüte dich vor ihm!» Darauf S. 41
sprang der Löwe auf Snzbu̯g los und sie gerieten in harten Kampf mit einander und gingen schließlich, beide mit Blut bespritzt, auseinander, jeder seiner Wege.

Śār. A 91 Als Ḳlịlg nun sah, wie der Löwe von Blut befleckt war A 74
und den Stier nicht zu töten vermocht hatte, sprach er zu Dmng: «Sieh, du Unseliger, was für ein Unheil aus den Ränken entsprungen ist!» Dmng sprach: «Was ist es denn für ein Unheil?»

Ḳlịlg sprach: «Der Schaden, daß der Löwe den Stier nicht töten kann und du ihn törichterweise bloßgestellt hast, denn

Śār. 136 85. nicht jedes Werk soll man mit Kampf vollbringen, sondern mit Versöhnung und Entgegenkommen.[161]

Heißt es doch:

86. Wie infolge eines Hirnschlages[162] auch die Zunge gelähmt ist, so steht auch ein tüchtiger Mann infolge einer Übeltat als Unfähiger da. Und wie, wenn die Zunge

krank ist, der Geist seine Gesundheit nicht bekunden kann, so kann sich bei einem gewandten Menschen, der etwas, was mit Tatkraft ausgeführt werden soll, nicht ausführt, seine Gewandtheit nicht zu erkennen geben.

87. Die Geschäfte werden durch Einsicht erkannt, nicht durch Gewalt, und wer nicht die Kunstgriffe kennt, dem resultiert, selbst wenn er Tatkraft besitzt, Schaden aus ihr,

wie da aus der deinigen,[163]

aber wer die Wege und Kunstgriffe kennt, vermag, selbst wenn er schwach ist, durch künstliche Mittel über den Starken Herr zu werden.

Śār. 143 88. Denn trotz der Macht des Elefanten und der Listigkeit der Schlange und der Stärke des Löwen und der Gewalt von Wasser, Feuer, Sonne, Mond und Regen ist der schwache Mensch durch künstliche Mittel imstande, ihre Gewalt zu bändigen, so daß er sich dem Elefanten auf den Nacken setzt, mit der Schlange spielt, den Löwen in den Fangkäfig sperrt, das Wasser hinleitet, wohin er will, und Wind, Regen und Sonne von sich abhält.

Śār. 144 89. Und die schönen, herrlichen, * guten, beherzten und reichen Menschen spannt er in seinen Dienst. S. 42

Ich habe nun deine Verworfenheit erkannt und deine A 75
Streitsucht durchschaut und bemerkt, daß du Aufwiegelung betreibst. Aber ein weiser Mann achtet auf sie, so daß sie ihm[164] nichts anhaben kann. Ich habe dich deshalb nicht zurechtgewiesen und nicht mit dir gestritten von Anfang an, weil ich nicht leicht das Geheimnis offenbaren und mir nicht leicht einen Zeugen verschaffen konnte. Zudem wußte ich, daß du dich nicht bessern läßt. Jetzt aber habe ich die Frucht

gesehen, die deine Werke, d. h. deine Fehler und Anschuldigungen, gezeitigt haben, und [zeige dir][165] das Unheil, das aus ihnen erwachsen ist. Denn du verstehst zu reden, aber zu handeln verstehst du nicht. Es heißt ja:

Śār. 145 90. Wenn der Herrscher nicht weise ist, so
entsteht ihm viel Unheil durch den Rat-
geber und Vertrauten, der zu reden, aber
nicht zu handeln versteht.[166]

Der Löwe nun hat darum auf dich vertraut und darum[167] ist A 76
es ihm so ergangen.

91. Ein gebrechlicher Rat ist wie der Freund,
der sich im Augenblick der Not abwendet,
und wie eine Wohltat aus der Hand eines
Frevlers, und wie ein Leben ohne Name
und Gerechtigkeit.

Śār. 146 92. Diese Aufwiegelei, die du betrieben hast,
kann ein Weiser wieder dämpfen, wie ein
geschickter Arzt die Krankheit zu heilen
vermag.

Śār. 147 93. Der Weise hält den Wahn von sich fern,
der Tor wird immer eingebildeter: gleich
der Fledermaus, deren Augen durch das
Licht, mittelst dessen sonst jedermann
sieht, * verdunkelt werden.[168] S. 43

Śār. 156 94. Ein Weiser wird durch ein Glück nicht
trunken, aber ein Tor wird durch wenige
Güter trunken und fliegt wie Grashalme
vor dem Winde her.

Auch heißt es:

Śār. 149 95. Mag ein Herrscher gut und milde sein:
wenn seine Ratgeber und Nächsten ver-
dorben sind, so nahen ihm die Recht-
schaffenen und Weisen nicht,

und gerade das habe ich an dir da bestätigt gefunden,[169]

Śār. 149 96. und er gleicht einem Wasserlauf mit süßem
Wasser, worin Krokodile[170] sind: wer über
ihn Bescheid weiß, badet nicht in ihm.

Śār. 150 97. Und der Glanz des Herrschers ist seine zahlreiche Umgebung.[171]

Śār. A 97 Du aber begehrst aus Neid und Eigennutz, daß der Löwe A 77
überhaupt keinen Umgang habe als dich. Es heißt aber:

Śār. 153 98. Wahnsinnig ist, wer sich Freunde durch Falschheit erwirbt und Wohltaten um des Scheines willen[172] übt und die Liebe einer Frau mit Gewalt fordert und das eigene Wohlleben mittelst Bedrücken der andern sucht.

Und es heißt:

Śār. 159 99. Wenn der Pfau seine Blöße[173] nicht aufzeigt, so kann, so lange sein Schweif groß ist, niemand sie sehen.

Śār. A 105 Und so ist es auch dem Löwen mit deinem Rat ergangen, A 78
einem Rat wie dem, welchen der Magier jenem schwarzgefiederten Vogel gab:

Śār. 160 100. Belehre nicht den, welcher durchaus nicht zu belehren ist, denn man schneidet Eisen nicht mit Wasser durch und müht sich nicht damit ab, einen Stein zu biegen.»

Śār. A 106 Dmng sprach: «Was ist das für eine Geschichte?» A 79
Und Ḳḷilg sprach:

XII. Übel angebrachter Rat.

(Affen, Leuchtwurm, Vögel.)

Śār. I, XIV. «In einer Berggegend wohnte einmal eine Affenherde. In der Nacht sahen sie einst jenes fliegende Würmchen, das sich wie ein Feuerfunke ausnimmt, und sie hielten es für Feuer und liefen hinter ihm her. Und als es sich niederließ, holten sie Holz und dürres Gras, legten es auf dasselbe und fachten es mit Mund und Händen an, daß es sie in Brand setze. Ein schwarzgefiederter Vogel saß auf einem Baum
*und sprach zu ihnen: «Gebt euch keine vergebliche Mühe, S. 44
denn es ist kein Feuer.» Sie aber hörten nicht auf ihn. Da flog er hinab und ging zu ihnen. Da sah ihn ein Magier und sprach zu ihm: «Gib dir nicht vergeblich Mühe zu belehren,

wer nicht belehrt werden kann, denn man schneidet Eisen nicht mit Wasser durch und ein Stein läßt sich nicht biegen. Gib dir keine Mühe!» Er aber hörte nicht und ging zu den Affen. Da langte einer von ihnen nach ihm, packte und tötete ihn.

Und du, Dmng, bist hinterlistig, und der Hinterlistige ist A 80
überaus schlecht.

Śār. 167 101. Denn der Einfältige versteht nichts zu tun, aber der Listige sucht mit listigen Mitteln zu handeln. Es geht ihm aber wie jenem Listigen, dem Kompagnon des Einfältigen, der seinen Vater durch Rauch erstickte und auf der Totenbahre davontrug, indes der Einfältige die Denare nach Hause trug.»

Śār. A 110 Dmng sprach: «Was ist das für eine Geschichte?» A 81
Und Ḳlilg sprach:

XIII. Listiger und Einfältiger.

(Duṣṭabuddhi und Abuddhi.)

Śār. I, xv. «Es lebten einst [zwei] Kaufleute an einem gewissen Orte, Kompagnons und Freunde; der eine war listig, der andere einfältig. Und sie beschlossen, nach einer gewissen Gegend zu reisen, um Geschäfte zu machen. Als sie noch nicht sehr weit gekommen waren, fand der Einfältige eine Kiste [174] mit tausend Denaren Inhalt, und er kam und zeigte sie dem Listigen und sie kehrten um. In der Nähe der Stadt angelangt, setzten sie sich nieder, um dieselben zu teilen, und der Einfältige sprach zum Listigen: «Die Hälfte mir und die Hälfte dir!» Der Listige aber, in der Absicht, wenn möglich dem Einfältigen alle Denare wegzunehmen, sprach: «Wir wollen sie nicht teilen, denn so lange sie einträchtig beieinander sind, bleiben auch wir in der Eintracht, die uns verbindet, ungetrennt. Vielmehr laß uns von ihnen nehmen, was wir brauchen, jeder hundert Denare, [und den Rest wollen wir vergraben und erst holen, wenn wir's brauchen». Und sie nahmen je hundert Denare] [175] und den Rest vergruben sie an der Wurzel eines Baumes, worauf sie fortgingen. Sodann machte

sich der Listige auf, ging heimlich hin und nahm die Denare, * S. 45
ebnete die Stelle und ging davon. Nach einer gewissen Zeit sprach der Einfältige zum Listigen: «Ich brauche bares Geld zum Verausgaben,[176] auf, laß uns gehen und von den Denaren holen!» Und sie gingen beide. Als sie die Stelle bloßlegten, fanden sich die Denare nicht vor. Nun schlug sich der Listige[177] heftig Kopf und Brust und sagte wehklagend zum Einfältigen: «Nie mehr soll einer auf seinen Freund vertrauen, denn die Denare hast d u weggenommen, sintemalen niemand um sie wußte außer mir und dir.» Und sie machten sich auf und gingen vor den Richter. Und der Listige klagte den Einfältigen vor dem Richter an: «Du hast die Denare genommen.» Der Richter wollte Zeugen für den Listigen haben, und der sprach: «Ich habe Zeugen.» Der Richter fragte: «Wer sind deine Zeugen?» Der Listige antwortete: «Jener Baum legt für mich Zeugnis ab.» Da wunderte sich der Richter, wie ein Baum Zeugnis ablegen könne, und er übergab den Listigen einem Bürgen, damit er am nächsten Tage komme und sein Zeugnis erhärte. Nun bat der Listige den Bürgen um Erlaubnis, ging nach Hause und erzählte seinem Vater alles, was geschehen war: «Die Denare habe ich genommen, aber wenn mein Vater will, so kann ich den Prozeß gewinnen.» Sein Vater sprach zu ihm: «Und ich, was soll ich tun?» Er sprach: «Der Baum ist hohl und es ist eine Höhlung darin, und wenn Väterchen in dieser Nacht in das Loch gehen und sich hineinsetzen will und wir dann morgen kommen, ich und der Richter, und der Richter den Baum verhört, so sprich: ‚Die Denare, welche an meiner Wurzel vergraben waren, die hat der Einfältige genommen.‘» Sein Vater sprach zu ihm: «Mein Sohn,

Śār. 168 102. einem Weisen erwächst aus einer Verteidi-
gung, die er inszeniert, Unheil, und diese
Verteidigung ist nichts nutz. Schau zu,
daß nicht aus dieser Verteidigung ein
Schaden entsteht wie der, welcher * durch S. 46
jenen Fischreiher geschah.»

Er sprach: «Welchen Schaden hat der Fischreiher gestiftet?»

Und sein Vater sprach:

XIV. Fischreiher und Wiesel.

(Reiher und Ichneumon.)

ir. I. xvi. «Es war einmal ein Fischreiher und seine Gattin, und eine Schlange wohnte in ihrer Nähe, und so oft sie Junge zeugten, fraß die Schlange sie. Der Fischreiher mochte sich, weil an die Stätte gewöhnt, nicht von ihr trennen, und er wurde betrübt und aß und trank nicht. Da beobachtete ihn ein Krebs und fragte ihn: «Was ist dir, daß du in trüben Gedanken dasitzest?» Und er erzählte ihm alles, was ihm von der Schlange widerfahren war. Spricht zu ihm der Krebs: «Ich will dir einen Ausweg zeigen, dich an der Schlange zu rächen,» und jener sprach: «Was ist das für ein Ausweg?» Da wies ihm der Krebs das Loch eines Wiesels und sprach zu ihm: «Vom Loch des Wiesels bis zum Loch der Schlange lege eine Anzahl Fische in einer Reihe hin; und wenn das Wiesel herauskommt, um die Fische zu fressen, wird auch die Schlange herauskommen, um zu fressen.» Und er tat so. Das Wiesel ging hinaus, den Fischen nach, und die Schlange begegnete ihm und da tötete es sie und errettete die Jungen vor der Schlange.

Darum habe ich zu dir gesagt: «Der Weise sieht sich vor, daß er nicht in Schaden falle.»

Da sprach der Listige: «Väterchen, ich habe dies gehört, du aber sei in deiner Sache unbesorgt.»

Daraufhin ging er nach dem Wunsche seines Sohnes und setzte sich in den Baum hinein. Und am folgenden Tage begab sich der Richter dorthin und verhörte den Baum, und der Vater des Listigen redete aus dem Baume heraus und sprach: «Die Denare an meiner Wurzel, die hat der Einfältige genommen.» Da stutzte der Richter und verwunderte sich und sprach: «So etwas kann nicht mit einfachen Dingen zugehen. Untersucht den Baum ringsum!» * Und sie erblickten S. 47
das Loch und guckten hinein. Nun gab der Richter Befehl und man stopfte es mit dürrem Gras zu und steckte es in Brand. Jener aber konnte es vor Rauch nicht aushalten, schrie kläglich und starb. Dann schaffte man ihn dort heraus. Und den Listigen ließ der Richter auspeitschen, und die Denare gab er sämtlich dem Einfältigen. Der Listige aber trug seinen Vater auf der Totenbahre davon.

Śār. A 111 Du, Dmng, bist schlecht und gefährlich, und durch deine A 82
schlechten Anschläge hast du das Gefolge aufgewiegelt, den Löwen verwirrt gemacht und den Stier gekränkt. Wahr heißt es:

Śār. 169 103. Das Wasser des Flußkanals ist süß bis zum Meere, und die Familie bleibt angesehen[178] bis zu mißratenen Söhnen, und die Freundschaft bis zu den Verleumdern;

Śār. 170 104. denn ihre Zunge gleicht der Doppelzunge der Schlange, und mit ihrer Hinterlist beißen sie wie die Schlange.

Śār. A 113 Auch ich bin infolge deiner Ränke und Verleumdungen in A 83
Aufregung geraten und wünsche sehr, weit von dir wegzukommen, denn es heißt:

Śār. 171 105. Vertraue nicht auf Böse, in der Erwägung: «Wir sind in Freundschaft miteinander verbunden». Denn wenn man auch die Schlange aufzieht und einschüchtert, so beißt sie doch, bis sie stirbt.

Und es heißt:

Śār. 174 106. Vertraue nicht auf einen listigen Weisen, sondern geh klug mit ihm um und empfange Belehrung von seiner Weisheit; wende dich aber rechtzeitig von ihm ab und vertraue nicht auf ihn. Von einem einfältigen Toren wende dich nicht ab und lerne nicht von seiner Torheit, wohl aber laß dir's so viel als möglich leid tun um ihn und lehre ihn Einsicht. Dem törichten Listigen aber geh weit aus dem Wege.

Śār. A 116 Und dir, Dmng, geht man am besten weit aus dem Wege, A 84
denn wenn einer gegen seinen Herrn so handelt, mit welchem
Rechte können seine Kameraden * zu ihm Vertrauen haben? S. 48
(Es ist) wie der Kaufmann sagte:

Śār. 175 107. Wo Mäuse hundert Pfund Eisen gefressen haben, da ist auch ein Falke,

der einen Elefanten errafft, nichts Besonderes.»[179]

ir. A 117 Dmng sprach: «Was ist das für eine Geschichte?» A 85

Ḳlịlg sprach:

XV. Eisenfressende Mäuse.

(Die von den Mäusen gefressene eiserne Wage.)

r. I, xvii. «Es war einmal ein armer Kaufmann, der ging in eine andere Gegend, um Geschäfte zu machen. Er besaß hundert Pfund Eisen. Weil er nun keinen Hausgenossen hatte, übergab er es einem Bekannten zur Hut und verreiste. Heimgekehrt, forderte er von seinem Bekannten das Eisen zurück. Der aber hatte das Eisen verkauft und den Erlös für sich ausgegeben. Und er sprach zum Kaufmann: «Das Eisen haben die Mäuse gefressen.» Der Kaufmann nun, um seinen Bekannten nicht ängstlich und furchtsam zu machen, sprach zu ihm: «So ist's denn wahr, was man sagt: «Nicht gibt es unter den Vierfüßlern, noch unter den Zweifüßlern ein Wesen, das schärfere Zähne hätte als die Maus.» Aber während dies geschehen ist, finde ich wenigstens dich gesund und wohl, und so ist der Verlust, den mir die Mäuse zugefügt, zu verschmerzen.» Jener aber freute sich, daß ihm der Kaufmann Glauben schenkte. Und nachdem er ihn eingeladen, an dem Tage in seinem Hause zu speisen, nahm[180] der Kaufmann den Sohn seines Bekannten mit sich und versteckte ihn. Spricht zu ihm sein Bekannter: «Als du meinen Sohn nahmst, was hast du mit ihm gemacht?» Spricht zu ihm der Kaufmann: «Ich habe deinen Sohn nicht genommen, sondern er ist mir aus freien Stücken nachgegangen und da habe ich gesehen, daß ein Falke niederstieß und ihn erraffte.» Da wehklagte er und schrie und reklamierte,[181] sich * Kopf und Brust schla- S. 49
gend: «Wo hat man gesehen oder gehört, daß ein Falke einen Knaben erraffen kann!» Da sprach der Kaufmann zu ihm: «Wo die Mäuse hundert Pfund Eisen haben fressen können, da ist auch ein Falke, der einen Elefanten errafft, nichts Besonderes.» Sein Bekannter sprach: «Bruder, dein Eisen habe ich gegessen und habe Bitteres gegessen.[182] Nimm so viel, als ich mir dafür habe zahlen lassen und gib mir meinen Sohn!»

Vgl. *Śār. A 120* Da du, Dmng, deinem Herrn eine solche (Art) Freundschaft bewahrt hast: welches Vertrauen können nun wir, deine Kameraden, in dich haben? Es heißt: A 86

Śār. 176 108. Deinen Ruf kann nicht irgend jemand ändern.

Denn es heißt:

Vṛddha-Cāṇakya 11,6 109. So wenig wie die Früchte eines bitteren Kürbisses, mag man seine Wurzel noch so viel mit Honig und Öl aufziehen, süß werden können, so schwer kann ein schlecht veranlagter Mensch sich von seinen Gewohnheiten abwenden.[183]

Śār. A 120 Mit dir darf man überhaupt nicht verkehren, denn: A 87

Śār. 178 110. Wer den Bösen anhängt, holt sich bei ihnen Bosheit, und wer den Rechtschaffenen, Rechtschaffenheit; wie der Wind, wenn er über Gestank fährt, Gestank mit sich bringt, wenn über Wohlgerüche, angenehmen Duft.[184]

Śār. A 119 Und du betrachtest die Worte der Freunde wie Vorwürfe. Es heißt: A 88

Śār. 177 111. Die aus schlechter Familie sehen die aus vornehmer Familie, die verschmähten die begehrten Frauen, die Geizigen[185] die Freigebigen, die Unfähigen die Tüchtigen, die Bösen die Guten, die Verdorbenen die Rechtschaffenen, die Toren die Weisen wie einen Vorwurf an.»

Śār. A 123 Während der ganzen Zeit nun, wo Ḳḷilg den Dmng schmähte, kämpfte der Löwe mit dem Stier, und endlich tötete er ihn. Aber kaum hatte er sich von seinem Zorne erholt, da machte er sich Skrupeln: A 89

Śār. 181 112. «Snzbu̥g war gewandt, nützlich und hilfreich, und ich * habe ihn gern gehabt. S. 50
Vielleicht ist er doch unschuldig und hat dieses Werk meine Umgebung durch ihre hinterlistigen Mittel zuwege gebracht?»

tr. A 124 Und er empfand Reue und saß trüben Sinnes da. Als nun Dmng sah, daß er den Stier getötet, verließ er den Ḳli̯lg und ging zum Löwen, sah, daß er bekümmert war, und sprach zu ihm: «Du hast dein Werk vollbracht und deinen Feind getötet: Warum bist du traurig?» Der Löwe sprach: «Wegen des Streites mit Snzbu̯g, daß ich ihn nicht geschont habe.» Dmng sprach: Das braucht dir nicht leid zu tun, denn einem Herrscher darf es nicht um jedermann leid tun. Schont man doch auch ein Glied nicht, wenn es einem gefährlich wird, sondern schneidet es sich ab.[186] Und auch die Weisen haben gesagt:[187] A 90

113. Ein Herrscher zieht auch einen solchen, den er nicht liebt, zu sich heran, wenn er ihm nützlich sein kann, gleich dem Kranken, der um der Genesung willen einen Heiltrank trinkt, den man nur mit Widerwillen trinkt. Und einen geehrten Mann entläßt er, wenn er Schaden bedeutet, aus seiner Umgebung, gleichwie einer, den eine Schlange in den Finger gebissen hat, ihn abschneidet und von sich wirft, damit nicht das Gift in seinem Körper um sich greift.»

So kam der Stier durch diese Verleumdung zu Schaden, die seiner Freundschaft nicht entsprach.[188] A 91

Zweites Kapitel.

Śār. II **Kapitel von der Taube Bunthals, der Maus und dem Raben.**[189] S. 51

Dbšrm[190] sprach: «Wie wird ein Freund erworben und welchen Nutzen gewährt die Freundschaft?» A 92

Bidug[191] sprach:

Śār. 1 1. «Wer Freunde und Kameraden zu erwerben versteht, kann aus Not errettet werden und viel Gutes erlangen, wie es heißt, daß Rabe, Maus, Schildkröte und Gazelle durch ihre gegenseitige Freundschaft viel Vorteil gefunden haben.»

Dbšrm sprach: «Was ist das für eine Geschichte?» Bidug sprach: A 93

Śār. A 128 «Im Lande Dhšnbt[192] liegt eine Stadt namens Mhllub,[193] und bei ihr ist ein Ort, den die Vögel[194] frequentieren wegen der Lockspeisen. Dort stand ein Baum, auf dem ein Rabe nistete. Eines Tages sah der Rabe, bevor er zur Lockspeise ging, von weitem einen Vogelfänger von häßlichem und scheußlichem Aussehen, den Stock in der Hand und das Netz auf der Schulter, auf den Baum zukommen. Da sprach der Rabe: «Wer ist das, der seine Schritte hieher lenkt? * Er hat es doch wohl[195] auf meinen Tod abgesehen oder auf den eines andern. So will ich warten und zusehen.» A 94 S. 52

Śār. A 129 Jener aber kam, breitete das Netz aus, legte heimlich seine Schlingen, streute die Lockspeisen und setzte sich dann selbst seitwärts in den Hinterhalt. Da kam eine Taube, die Bunthals hieß und das Oberhaupt der Tauben war, mit einer A 95

Schar Tauben dorthin, und sie sah die Lockspeise, aber die Schlingen und das Netz beachtete sie nicht und ließ sich mit den Tauben nieder und sie wurden alle im Netze gefangen. Als nun der Vogelfänger dies von weitem sah, [freute er sich],[196] die Tauben aber begannen zu kämpfen, eine jede für sich. Da sprach Bunthals zu ihnen: «Kämpfet nicht einzeln, sondern eine soll der andern helfen; vielleicht sind wir imstande, mit vereinten Kräften das Netz emporzuraffen und können so entrinnen.» Da strengten sie sich alle gemeinsam an, rafften das Netz auf und führten es einen Pfeilschuß weit durch die Luft.

ir. A 131 Der Vogelfänger[197] nun ging zu sehen, was die Tauben A 96
machten.

ir. A 132 Da sprach Bunthals zu den Tauben: «Der Vogelfänger A 97
verfolgt uns, und solange er uns sieht, wird er hinter uns her-
ir. A 133 kommen. Darum laßt uns in die Pflanzungen gehen, so werden A 98
wir, wenn wir nur ein wenig ausweichen, ihm außer Sicht kommen. Denn an jener Seite der Pflanzungen lebt eine Maus namens Zirg,[198] eine weise und gewandte; die ist mir freundschaftlich verbunden, und ich hoffe, sie werde, wenn wir dort angekommen
·. A 132) sind, dieses Netz zerschneiden, so daß wir frei werden.» So
taten sie, und sie schwanden dem Vogelfänger aus dem Gesichtsfeld, und er wandte sich von ihnen ab und heimwärts.
r. A 131) Der Rabe aber ging mit ihnen, um zu sehen, wie die Sache
r. A 133) zu Ende gehe. Und als Bunthals * beim Loch der Maus an- S. 53
gekommen war, ließ sie sich mit ihren Tauben nieder.

Śār. 4 2. Die Maus aber hatte sich aus Furcht mehr als hundert Löcher gemacht, so daß sie immer leicht hinein- und herausgelangen konnte.

ir. A 134 Und sie befand sich gerade drinnen. A 99

ir. A 135 So erhob Bunthals ihre Stimme und rief sie beim Namen. A 100
Sie antwortete von drinnen: «Wer bist du?» Spricht sie zu ihr: «Ich bin Bunthals, deine Freundin.» Da lief sie zu ihr, und als sie sie erblickte, sprach sie zu ihr: «Woher ist dir dies zugestoßen, mein Herz und mein Liebling? Sag's mir schnell?» Und sie erzählte ihr alles und sprach zu ihr: «Weißt du nicht,

Śār. 5 3. daß jedem das Gute und das Böse von dort stammt und daß es ihm so ergeht, wie es ihm bestimmt ist?

Śār. 7 4. Und so habe auch ich, weil meine Stunde kam, die Lockspeise von ferne gesehen, aber das Netz und die Schlingen sah ich nicht, bis ich hineinfiel;

Śār. 8 5. denn wenn die Stunde gekommen ist, deckt sie Sonne und Mond zu,

Śār. 9 6. holt die Fische aus den tiefen Wassern heraus, stürzt die Vögel aus der Luft herunter, und durch sie wird der Wohlstand den Tüchtigen weggenommen und den Lässigen gegeben.»

Śār. A 137 Da begann die Maus, Bunthalsens Fesseln durchzuschnei- A 10
den. Aber Bunthals sprach: «Meine Liebe, zerschneide zuerst die Fesseln meiner Genossinnen und hernach zerschneide die meinigen!» Sie achtete indes nicht auf sie und sie sprach es zu ihr zum zweiten Male. Da erwiderte jene: «Es kommt mir vor, die Not dieser da lastet schwer auf dir und auf deine eigene Not achtest du nicht.» Spricht sie zu ihr: «Liebe, meine Not beachte ich wohl. Tadle mich nicht als eine Undankbare, weil ich zu dir sprach: «Zerschneide zuerst die (Fesseln) dieser und hernach die meinigen.» Denn diese alle sind in meinen Dienst getreten und haben mich zur Führerin über sich erhoben, darum muß ich um ihre Rettung besorgt sein; und ich bin ihnen Dank schuldig, daß ich durch ihre Veranlassung entronnen bin. Ich dachte, es wird dir, wenn du die meinigen
* zuerst durchschnittest, vielleicht aus Ermüdung verleidet sein, S. 54
die der andern zu durchschneiden. Sind aber erst einmal die ihrigen durchschnitten, so wird dir, selbst wenn dich die Müdigkeit überwältigt, deine Seele keine Ruhe um meinetwillen lassen, bis du auch die meinigen durchschnitten hast.» Sie erwiderte: «Das entspricht auch voll und ganz meinem Wunsche;[199]

Śār. 16 7. es ziemt und steht deinen Freunden wohl an, sich über dich zu freuen.»

Śār. A 138 Dann tat sie, wie jene ihr gesagt, und durchschnitt zuerst jenen und hierauf ihr die Fesseln. Und als sie und ihre Gefährtinnen frei waren, machten sie sich auf und flogen wieder nach ihrem Orte. A 102

Śār. A 139 Der Rabe nun, der gekommen war, um zuzuschauen, ging, als er gesehen, daß durch das Mitleid der Maus mit Bunthals sie und ihr Taubengefolge gerettet wurden, selbst zum Loch der Maus, indem er zu sich sprach: «Auch ich will sie mir zum Freund machen, denn wir Raben haben uns gerade so zu fürchten wie die Tauben, und wenn, was Gott verhüte, ich in Not gerate, kann sie uns gute Dienste leisten.»[200] Darauf rief er die Maus beim Namen und sie kam bis an die Öffnung ihres Loches heraus und sprach zu ihm: «Wer bist du?» Der Rabe sprach zu ihr: «Ich bin mit jenen Tauben hiehergekommen, die du gerettet hast, und habe Sehnsucht nach deiner Freundschaft bekommen und bitte um deine Liebe,[201] und wenn ich in Not gerate wie die Tauben, mögest du mich retten.» A 103

Śār. A 140 Die Maus sprach: «Daß gerade zwischen uns Freund- A 104
A 142 schaft sei, ist ein ganz unhaltbarer Gedanke, denn das ist ein für allemal unmöglich.

Śār. 20 8. Auf das aber, was unmöglich ist, sollen
wir verzichten. Denn * ein Tor ist, wer S. 55
den Wagen auf dem Meere[202] oder das
Schiff auf dem Trockenen fahren will.

Śār. 21 9. Da ich nun aber die Speise bin und du
der Esser, wie kann da Freundschaft zwischen uns sein?»

Śār. A 143 Der Rabe sprach: A 105

Śār. 22 10. «Auch wenn du die Speise bist und ich
der Esser, so prüfe doch nur, was für
ein Interesse ich daran habe, dich zu verzehren, und was für eines daran, daß du
lebest, und bedenke, daß mir, wenn ich
dich fräße, nur für einen Tag gedient
wäre, während mir dein Leben Gewähr
und Hoffnung für mein Leben ist.

Śār. A 144 Und wenn ich nun in Dürftigkeit deine Freundschaft A 106
suche, so ist es eine Unziemlichkeit, daß ich verschmäht werde, denn

Śār. 23 11. ein Weiser läßt, wenn man eine verkehrte Bitte an ihn richtet, vermöge der Tiefgründigkeit seines Sinnes keinen Zorn und Grimm erkennen. Und wie niemand glaubt, mit zwei Feuerbränden das Meer zum Sieden bringen zu können, so tut oder sagt jener, wenn sein Sinn erhitzt ist, nichts Ungebührliches, so daß wir ihn verachten müßten,[203] sondern nur Nützliches.

Ich nun sehne mich wegen deiner Rechtschaffenheit nach deiner Freundschaft. Daraus kann mir kein Vorwurf gemacht werden, denn du bist rechtschaffen,

Śār. 17 12. und wenn du (deine Vortrefflichkeit) auch nicht eingestehst, so verrät sie sich doch selbst, wie der Moschus, der auch zugedeckt seinen Duft offenbart.

Śār. A 144 Und da du rechtschaffen bist und ich aus innerstem Be- A 106
dürfnis deine Freundschaft erbitte, so ziemt es dir nicht, dich verächtlich und abweisend zu benehmen.»

Śār. A 145 Die Maus sprach: «Die Feindschaft ist zweifacher Art: A 107
erstens die gegenseitige,[204] wie diejenige[205] zwischen Löwe und Elefant, wo es immer einen Toten gibt, und zweitens die, welche von Natur dem einen innewohnt. Und zu dieser zweiten Art gehört die, welche mir vonseiten der Katze und von dir selbst begegnet.[206]

Śār. 25 13. Wer mit seinem Feinde Freundschaft
schließt, * ist kein Weiser. Denn man mag S. 56
das Wasser noch so stark mit Feuer erhitzen:[207] wenn es auf das Feuer gegossen wird, löscht es dieses aus.

Śār. 27 14. Und wer sich mit seinem Feinde aussöhnt, zieht sich großen Schaden zu und lebt in Furcht vor ihm, wie wenn einer eine

Schlange in seinen Busen[208] geschlossen hat.

. 28 15. Der Greis darf nicht seiner jungen Frau vertrauen, noch der Weise seinem Feinde.»

147 Der Rabe sprach: «Ich habe dieses gehört. Du aber A 108
denk' an[209] deine Rechtschaffenheit und an das Wort, mit dem ich deine Freundschaft begehrt habe, und lege[210] der Sache keine Schwierigkeiten in den Weg. Heißt es doch:

. 32 16. Die Freundschaft der Rechtschaffenen ist von fester Natur, und auch wenn sie bricht, läßt sie sich leicht wieder zusammenfügen, wie ein Goldgefäß,[211] das man schwer zerbrechen und leicht (wieder) zusammenfügen kann. Die Freundschaft mit Bösen aber zerbricht schnell wie ein Tongefäß.

. 31 17. Die Rechtschaffenen fassen Liebe zu einander, auch wenn sie sich nur flüchtig[212] begegnen, [der Gemeine dagegen schließt sich nur aus Furcht oder Habgier an jemand an].[213]

148 Du bist ein treffliches Wesen, und so sehr habe ich meine A 109
Hoffnung auf dich geworfen, daß ich, wenn du mich nicht annimmst, nicht essen und trinken und schließlich vor deiner Tür sterben werde.»

149 Die Maus sprach: «Ich will dich in Freundschaft[214] an- A 110
nehmen, denn ich habe noch nie eine Bitte enttäuscht. Jene Worte aber habe ich darum zu dir gesprochen, damit du nicht, wenn ich dich in Freundschaft angenommen habe und du mir dann etwas Böses zufügst, sagen kannst: «Die Maus ist von Sinnen, daß sie die Freunde nicht von den Feinden unterscheidet, so daß ich sie verführen konnte.» So will ich denn kommen und mein Leben an die Freundschaft wagen.»

150 Hierauf trat sie in die Öffnung ihres Loches, ging aber A 111
nicht bis zu ihm heran. Da sprach der Rabe zu ihr: «Warum stehst du still und kommst nicht zu deinem Loche heraus? Ich glaube fast, du bist immer noch mißtrauisch gegen meine Freundschaft.»

Sie aber sprach: * «Von zwei Dingen lebt einer:[215] das S. 57
eine ist der Profit, das andere das Herz. Wer jemandem das Herz schenkt, schenkt ihm vollkommene Freundschaft und auf ihn darf man vertrauen. Wer aber nicht sein Herz schenkt, auf dessen Freundschaft darf man nicht vertrauen. Denn wer Weizenkörner auf das Netz streut, streut sie nicht den Vögeln zum Geschenk, sondern um des Profites willen, auf daß die Vögel vertrauensvoll kommen.

Śār. A 151 Ich habe dich nun erforscht und gefunden, daß du mild und A 112
Śār. 35? freundlich bist, und fürchte mich nicht vor dir; (18?) aber vor A 113
A 152 deinen Geschlechtsgenossen bin ich in Angst, denn sie sind von Natur gleich wie du[216] und könnten, wenn sie mich in deiner Gesellschaft sehen, Lust bekommen, mich zu töten und zu fressen.»

Der Rabe sprach:

Śār. 37 19. «Sache der Freunde ist wiederum dies, daß sie einen Freund des Freundes und einen Feind des Freundes unterscheiden.[217] Wer mich liebt, muß notwendig auch dich lieben. Ist aber einer, der mich liebt, ohne dich zu lieben, so gebe ich der Freundschaft mit dir den Vorzug und lasse ihn ohne weiteres laufen, wie man das Unkraut des Gartens, das zwischen dem Gemüse[218] aufschießt, ausrodet und hinauswirft.»

Śār. A 153 Daraufhin ging die Maus heraus und der Rabe ging zu A 114
ihr und die beiden lebten beieinander viele Tage einträchtig
Śār. 38 20. wie Seele und Leib.[219]

Śār. A 155 Und das Fleisch, das der Rabe herbeizuschaffen pflegte, A 115
und die Weizen- und Gerstenkörner, welche die Maus aufgespeichert hatte, * verzehrten sie infolge ihrer Freundschaft ein- S. 58
trächtig eine Zeitlang.[220]

Śār. A 156 Später einmal kam der Rabe zur Maus mit der Nach- A 116
richt: «Bruder, ich gehe von hier fort, denn dein Loch ist nahe an der Heerstraße, und die Leute, welche gehen und kommen, werfen Steine nach mir. Ferner fürchte ich auch, sie könnten mich mit den Schlingen fangen. Es gibt nun eine Ebene, nicht weit von hier, da befindet sich eine Wasserquelle,

und in dieser Quelle lebt eine Schildkröte, die ist meine Freundin; und wenn ich dorthin gehe, so wird sie mir von den Fischen geben, die sie fängt, und kann ich dort ohne Furcht leben.» Die Maus sprach: «Auch ich gehe mit dir, denn ich kündige diesen Ort.» Der Rabe sprach: «Warum kündigst du diesen Ort?» Die Maus sprach: «Die Geschichte, nach der du fragst, ist zu lang für hier; aber wenn wir dort angekommen sind, wo wir hingehen, erzähle ich dir diese Sache.» Der Rabe faßte sie nun beim Schwanz, wie sie ihn geheißen,[221] und trug sie fort zu jener Quelle.

ir. 39. 41 21, 22. Als sie herankamen, stieg jene Schild-
kröte zuerst[222] aufs Land und spähte nach
ihnen, wie sie durch die

Śār. 42 23. Luft kamen, aber sie erkannte ihn nicht
als den ihr befreundeten Raben, bekam
Angst und warf sich ins Wasser.

ir. A 158 Über dem Geräusch erschrak[223] nun wieder der Rabe, A 117
setzte die Maus auf der Erde ab, flog auf einen Baum und rief die Schildkröte bei ihrem Namen. Als diese seine Stimme hörte, reckte sie den Kopf empor, sah und erkannte ihn und stieg schnell aus dem Wasser aufs Land, und der Rabe und die Maus kamen zu ihr, und sie begrüßte den Raben und
ir. A 159 sprach zu ihm: «Tadle mich nicht, daß ich dich nicht erkannt A 118
und daß ich mich ins Wasser gestürzt habe, sondern erkläre
ir. A 161 mir, woher du gekommen bist.» Da erzählte ihr der Rabe, A 119
wie er hinter den Tauben hergegangen war und wie die Maus
sie rettete, und wie er dann * deren Freundschaft gewonnen S. 59
habe und wie sie beide gekommen seien. Als nun die Schildkröte von der Bravheit der Maus hörte, staunte sie und fragte die Maus: «Warum hast du deinen Ort verlassen und bist mit dem Raben hiehergekommen?» Da sprach auch der Rabe: «Eben das, was ich zu dir sagte,[224] indem ich dich fragte: «Warum kündigst du deinen Ort?» und worauf du erwidertest: »Die Geschichte ist hier zu lang, aber wenn wir gegangen sind, erzähle ich dir,» das fragt jetzt auch die Schildkröte. Erzähl' uns nun, denn die Schildkröte ist meine Freundin, und wer mich liebt, liebt auch dich.»

ir. A 162 Da begann die Maus zu erzählen: A 120

I. Die Erlebnisse der Maus.

(Hiranyas Erlebnisse.)

Śār. II, 1. «Es war einmal ein Magier, der wohnte bei der Stadt Mhllṷb,[225] und mein Loch war von Anfang an im Hause dieses Magiers. Sonst war niemand im Hause. Alltäglich ging er in die Stadt auf Nahrungsmittel aus und brachte, was er fand, nach Hause, aß es, und was davon übrig blieb, tat er in einen Korb und hing ihn an Nägeln auf, daß es für den morgigen Tag diene. Ich aber kam bei Nacht und bei Tag, wenn der Magier nicht zu Hause war, heraus, aß und warf den Rest den andern Mäusen vor, die mit mir waren. Der Magier versuchte alle möglichen Mittel, den Korb so zu postieren, daß ich nicht zu ihm gelangen könnte, aber vergeblich. Später einmal kehrte zufällig ein Wanderer bei ihm ein und er nahm ihn auf und die beiden hielten Mahlzeit. Als es Nacht geworden, fragte der Magier den Gast: «Aus welchem Lande bist du und woher kommst du jetzt?» Der Gast war nun in viele Länder gekommen und hatte viele merkwürdige Dinge gesehen und gehört, und er ergriff das Wort und schilderte, wie er in dieses und jenes Land gelangt sei und * dieses und S. 60
jenes Wunderbare gesehen und dieses und jenes Merkwürdige gehört habe. Indem er so erzählte, klatschte der Magier von Zeit zu Zeit in die Hände, damit die Maus es hörte und die Eßwaren verließe.[226] Da erzürnte der Gast und sprach zu ihm: «Da erzähle ich dir, was du mich gefragt hast, und du klatschest in die Hände und willst nicht zuhören. Da hättest du mich nicht zu bemühen brauchen!» Der Magier sprach: «Ich habe alles gehört, was du sprachst. Tadle mich nicht, daß ich in die Hände klatschte: jeden Tag nämlich, wo ich Eßwaren hinstelle, kommt eine Maus und frißt sie.» Der Gast sprach zu ihm: «Ist es eine Maus oder sind es viele?» Der Magier sprach: «Hier sind viele Mäuse, aber eine ist's, die so frech und verschlagen ist.» Der Gast sprach: «Es scheint mir, es verhält sich hiemit ähnlich wie mit jenem Spruch:

Śār. 45 24. ‚Nicht ohne Grund vertauscht die Frau
enthülsten[227] Sesam[228] mit unenthülstem'.»

Der Magier [sprach: «Was ist das für eine Geschichte?» und der Gast][229] sprach:

II. Enthülsten Sesam für unenthülsten.

(Enthülsten Sesam für unenthülsten.)

·. II, ii. «Ich kam einmal in eine Stadt, in der hatte ich keinen Bekannten; und als ich um Unterkunft bat, brachte mich ein Mann in sein Haus und wir hielten zusammen Mahlzeit. Als ich auf meinem Lager schlief — indessen er auf seinem Lager war und sich zwischen mir und ihm eine Rohrwand[230] befand — begann er mit seiner Frau zu reden, und ich erwachte und lauschte. Und er begann zu ihr zu sprechen: «Ich habe Lust, wenn mir der eine und andere Magier ins Haus kommt, ihnen womöglich ein Mahl zu geben.» Spricht sie: «Du weißt wohl, daß dir schon so nichts von deinem Haushalt[231] erübrigt, * wie S. 61
kannst du die Leute einladen? Du verzehrst ja alles, was du dir verdienst, und verschenkst[232] das Übrige und legst nichts auf die Seite.» Spricht er zu ihr: «Was wir verschenkt und verzehrt haben,[233] laß' dich nicht gereuen, denn es heißt:

Śār. 46 25. Man soll aufsparen und Vorrat sammeln,
aber mit Maß. Wer ohne Maß Vorrat
sammelt und aufspart, kann durch den
Vorrat leicht das Ende nehmen, das einem
Wolfe zuteil wurde, der seinen Sinn auf
große Vorräte stellte.»

Spricht sie zu ihm: «Was ist das für eine Geschichte?» Er sprach zu ihr:

III. Der allzugierige Wolf.

(Der allzugierige Schakal.)

r. II, iii. «Es war einmal ein Jäger, der nahm Pfeil und Bogen und ging aus, um Jagdbeute zu holen. Als er noch nicht weit gekommen, erblickte er eine Gazelle, erlegte sie, nahm sie an sich und ging heimwärts. Indem er des Weges zog, erblickte er einen Wildeber, einen großen und starken, der ihm direkt entgegenlief. Als der Jäger den großen Eber auf sich zukommen sah, verlor er den Mut und floh eilends; und als er sich umschauend gewahrte, daß der Eber ihn einholte, ermannte er sich und erlegte den Eber, aber der schlug seinerseits seine Hauer in den Jäger und alsbald fiel sein Bogen zur Erde, und er starb auf derselben Stelle wie die Gazelle und der Eber.

Inzwischen war von ungefähr ein hungriger Wolf gekommen, der sah die drei tot und freute sich und dachte in seinem Sinn:

Śār. 48 26. «Schau einer, da habe ich viel Speise gefunden. Ich muß es aber für lange Zeit aufheben, denn man kann nicht leicht immer einsammeln und erwerben. Drum will auch ich das, was mir da beschert worden ist, zusammenhalten und aufheben und mich mit Vorbehalt davon nähren.

Und er beschloß: ‚Zuerst esse ich die Sehne des Bogens.‘ *
Und er packte diesen mit seinem Maul und kaute daran: da S. 62
zerriß die Bogensehne und schlug ihm heftig auf das Maul und er starb auf der Stelle.

Deshalb habe ich dir gesagt: In übertriebener Weise etwas anzusammeln bekommt nicht gut.»

Darauf sprach sie: «Du hast Recht, es ist noch Reis und Sesam da, und sonst noch etwas, was für fünf bis sechs Leute reicht, und morgen früh will ich es rechtzeitig zurüsten, und du hole und lade zur bestimmten Zeit ein, wen du willst.» Darauf[234] nahm sie den Sesam vor, enthülste ihn und breitete ihn in der Sonne aus. Und sie sprach zu ihres Mannes Lehrling: «Achte auf den Sesam, daß nichts an ihn kommt und ihn verunreinigt» und ging einem andern Geschäfte nach. Der Knabe aber war unachtsam und es kam ein Hund und fraß davon; und sie gewahrte es und sprach: «Jetzt ist er besudelt und darf nicht mehr genossen werden; so will ich ihn auf dem Markte verkaufen und dafür [unenthülsten Sesam holen.» Und sie ging][235] und gab ihn für unenthülsten Sesam hin. Da sah sie ein Mann und sprach: «Was bedeutet das, daß diese da zugerüsteten Sesam gegen unenthülsten umtauscht?» Und ich war gerade zur Stelle und sprach: «Nicht ohne Grund tauscht sie enthülsten Sesam um.»

So handelt aber auch diese Maus nicht aus Naivität, daß sie so leicht da hinaufspringen kann, wo du deine Speisen hingelegt hast. Wenn du daher eine Axt hast, mit der ich die Wand aufreißen kann, so bring sie mir, und ich will dir beweisen, daß diese Maus nicht ohne guten Grund so kühn springt.»

Da brachte der Magier eine Axt und gab sie ihm, und er begann meine Stätte aufzureißen. Während der Gast und der Magier * dies redeten, war ich nicht[236] in meinem Loch, S. 63
aber ich war nahe und hörte, was sie sprachen. In meinem Loche aber befanden sich tausend Denare, die, ich weiß nicht wie, dort niedergelegt worden waren. Als er nun aufzureißen begann, fürchtete ich, er könnte sie finden, und als er fertig aufgerissen hatte, sah er die Denare und nahm sie fort, und sie teilten sie miteinander. Und er sprach zu ihm: «Diese listige Maus war deshalb so stark und flink und konnte so springen, weil sie auf die Denare schaute und sich so stärkte. Denn es heißt:

Śār. 51 27. Die Einsicht desjenigen ist vorzüglich, der
in vorzüglichen Vermögensverhältnissen
ist, und die Kraft desjenigen [ist stark],[237]
der durch seinen Reichtum stark ist.

Und nun wirst du sehen, daß sie, wenn ihr die Denare weggenommen sind, ebensowenig auf jene Stelle springen kann wie die andern.»

Da sprach ich bei mir selbst: «Der Gast hat Wahres gesprochen.» Denn sobald er die Denare weggenommen hatte, fühlte ich meine Kraft verringert.[238] Daraufhin suchte ich mir ein anderes Loch in dem Hause und ging in dasselbe hinein. Tagsdarauf kamen die Mäuse, die von mir ihre Speise empfingen, und sprachen: «Wir sind hungrig; schon eine ganze Zeitlang haben wir nichts von dir erhalten. Tue für uns, was dir gut scheint!» Da ging ich mit ihnen dorthin, wo ich früher allemal hinaufgesprungen war. Sie feuerten mich an,[239] aber als ich sprang, hatte ich keine Kraft und fiel bös zu Boden. Als die Mäuse das sahen, flüsterten sie einander zu: «Wir wollen uns von dem da abwenden, denn er kann sich jetzt nicht einmal mehr selbst ernähren,» und sie gingen zu meinen Gegnern und Feinden über und sprachen alle möglichen schlimmen Beschuldigungen gegen mich aus. Und ich bedachte, daß es mit Recht heißt:

Śār. 52 28. Wer an Vermögen reich ist, der hat auch *
viele Freunde und Verwandte und wird S. 64
durch seine Einsicht berühmt und seine
Taten werden anerkannt.

Śār. 53 29. Dem Armen aber gelingt keine Tat, die er unternimmt. Er ist wie das Wasser, das am Sommertage im ausgetrockneten Bachbett bleibt und nicht abfließen kann und an Ort und Stelle versiegt.

Śār. 59 30. Und wer keine Freunde hat, hat kein Haus und keine Wohnung. Und wer nicht Reichtum hat, hat gar nichts. Wer keine Kinder hat, hat nicht Name und Nachkommenschaft, und wer keinen Verstand hat, dem gehört weder diese noch jene[240] Welt.

Śār. 54 31. Wenn einer in Armut gerät, muß er mit Frau und Kindern hart durchs Leben, und seine Verwandten verleugnen ihn und seine Freunde wenden sich von ihm ab.

Śār. 66 32. Um der Dürftigkeit willen wird er gottlos und sündigt und lebt weder in dieser Welt gut noch in jener. Keiner ist geringer geschätzt als der Arme, und er ist die Herberge der Drangsale.

Śār. 67 33. Wer in Armut geraten ist, dem schaut unweigerlich die Verschämtheit aus den Augen,[241] und schaut die Verschämtheit hervor, so geht sein Glanz dahin, und ist sein Glanz beseitigt, so ist er von jedermann verabscheut und verachtet und geelendet,[242] und durch das Elend nimmt seine Vernunft und sein Verstand ab, und hat er Vernunft und Verstand eingebüßt, so trägt ihm, was er spricht, nur mehr Schmach und Nöte ein, und wer mit ihm zu tun bekommt, glaubt seinem Worte nicht, und wenn ein anderer eine Missetat begeht, so fällt der Verdacht auf ihn.[243]

Śār. 68 34. Lieber streckt ein anständiger Armer die Hand ins Maul des Drachen und trinkt

tödliches Gift und wirft sich von einem
Felsvorsprung herunter, als daß er * von S. 65
Schlechten etwas erbittet.

Denn es heißt:

Śār. 72 35. Wer sich gezwungen sieht, seinen Lebens-
unterhalt von andern zu erbitten und in
fremder Wohnung zu schlafen und zu
ruhen, dessen Leben hat für Tod zu gelten
und sein Tod für Ruhe.[244]

Und es heißt:

Śār. 70 36. Besser ein Stammler als ein Lügenredner,
und besser ein Kastrat als ein Ehebrecher,
und besser ein bedrücktes und kümmer-
liches Leben, als von fremdem Eigentum
zu leben.[245]

Ich sah nun, wie der Gast die ihm zugefallenen Denare nahm, in seine Reisetasche steckte und diese unter seine Kopfstelle legte, und dachte bei mir: «Ich will gehen, vielleicht kann ich etwas davon in meine jetzige Wohnung bringen und kommt mir ein Teil der alten Kraft wieder und wenden sich mir dann auch meine Freunde wieder zu.» Und als der Gast schlief, stand ich auf und ging; aber als ich bei seiner Tasche angelangt war, war der Magier wach und hielt einen Stock in der Hand und schlug mich schmerzhaft[246] auf den Kopf, und ich suchte schleunigst mein Loch auf und legte mich nieder. Nachdem mein Schmerz etwas nachgelassen hatte, lockte mich die Gier, und die Bedürftigkeit trieb mich an und ließ mich nicht mehr los. So ging ich in derselben Nacht mit derselben Hoffnung, aber als ich an die bestimmte Stelle kam, rückte mir der Magier neuerdings auf den Leib und hieb mich mit jenem Stock auf den Kopf, und alsbald sickerte mir Blut aus der Nase, und mich wälzend und überschlagend gelangte ich in mein Loch, und mein Kopf tat mir so weh und es machte mir solche Schmerzen,[247] daß ich seither, so oft ich gerüchtweise vom Reichtum höre, erbebe. Sodann kam ich wieder zu Verstand und überlegte:

Śār. 77 37. Alle Nöte kommen von der Gier * und S. 66
Bedürftigkeit her. Schwer ist's für einen,

sich aus den Nöten zu erretten, und schwer auch, die Gier zu lassen. Der Gier aber ist es leicht, den Gierigen in viele Versuchungen in der Wüste[248] zu versetzen und ihm alle möglichen Leiden aufzuladen.

Śār. 78 38 a. Darum ist es einem förderlich, sich zu bescheiden und stille zu sitzen, und es geziemt einem, sich mit dem zu bescheiden, was nicht anders sein kann.

Und es heißt:

Śār. 83 39. Keine Gerechtigkeit geht vor dem Mitleid, und kein Genuß vor der Gesundheit, und keine Liebe ist größer als das Vertrauen, und kein Wissen

Śār. 78 38 b. geht vor dem, daß man erkennt, welches Unternehmen ausführbar ist, und sich bemüht, es auszuführen, sich aber fernhält von dem, was sich nicht ausführen läßt.

Und indem ich mich beschied, ging ich aus dem Hause des Magiers ins Feld hinaus und lebte ruhig in der Stille. Und da war jene Taube, und sie befreundete sich sehr mit mir. Dann begab es sich zufällig, daß sie mit diesem Raben, meinem Freund, zu mir kam, und durch ihre Vermittlung gewann ich auch ihn zum Freund.

Nach einiger Zeit nun kam der zu mir und sprach zu mir: A 12
«Gib deine Einwilligung: Ich habe nämlich eine Schildkröte, die mir mit Herz und Sinn freundschaftlich verbunden ist, zu der will ich gehen.» Darauf sprach ich: «Auch ich komme mit dir, denn:

40. Kein größeres Übel gibt's für einen,[249] als wenn er nicht mit seinen Freunden lebt, und kein größeres Vergnügen, als wenn er bei seinen Freunden lebt und in Freud' und Leid mit ihnen ist.

Śār. 85? 41. Hat er einmal sein Herz beruhigt und gefestigt, so wird er leicht alle Nöte los.

Denn wo immer einer sich befinden mag,
findet er seinen leiblichen Bedarf und eine
Stätte zum Sichniederlegen * und Ausruhn. S. 67

Śār. 86 42. Selbst wer alles Geld der Welt sein Eigen
nennte, würde davon doch nur so viel ge-
nießen können, als er für seinen Unter-
halt braucht.

Und nun also habe ich mich aufgemacht und bin hieher- A 122
gekommen mit diesem Raben, und du, die du eine Schildkröte bist, nimm, wenn's dir gefällt, um deiner Freundschaft mit diesem Raben willen auch mich in deine Freundschaft auf.»

A 164 Als die Schildkröte die Worte der Maus gehört hatte, A 123
begrüßte sie dieselbe und hieß sie Vertrauen fassen und sprach zu ihr: «Du hast gut und brav gesprochen. Aber du erschienst mir bei deiner Ankunft betrübt.[250]

Śār. 88 43. Und dasjenige Wort ist ein wahrhaftiges
und förderliches, das in die Tat umgesetzt
wird.[251] Denn auch der Kranke wird,
wenn er das Mittel, das ihn heilen kann,
zwar kennt, aber nicht gebraucht, dadurch,
daß er es kennt, noch nicht gesund.

A 169 Du nun sei deiner Tüchtigkeit eingedenk und laß dich dadurch A 123a
nicht betrüben, denn

Śār. 99 44. einen Tüchtigen liebt und ehrt man, wo
immer er sei, auch wenn er ohne Reich-
tum ist, gerade wie der Löwe als Löwe
geachtet ist, auch wenn er gelagert ist.
Den Unfähigen aber, mag er auch sehr
reich sein, achtet niemand, wie der Hund,
mag er sich noch so schön schmücken,
doch nur als Hund gilt.[252]

A 165. Mach dir keine Sorgen, weil du nicht in deiner Heimat A 124
166 bist, denn

Śar. 93 45. der Tüchtige kann allerorten leben wie
in seiner Heimat; wie der Löwe, der, wo-
hin immer er geht, seine Jagdkunst bei
sich hat und von ihr lebt,

Śār. 95 46. so kann auch der tüchtige Mann, wohin
immer er geht, seinen Eifer verwenden,
und das Glück sucht ihn auf, wie die
Wasservögel * das Wasser und das Wasser S. 68
die Tiefe.

Śār. 107 47. Laß dich auch dadurch nicht deprimieren, daß du früher Güter besessen hast und jetzt nicht mehr, denn Reichtum und Vermögen geht und kommt im Handumdrehen.[253]

Und es heißt:

Śār. 108 48. Der Schatten des Nebelgewölkes, der Umgang mit Schlechten, die Frauenliebe, der Scheinruhm und der Reichtum[254] [sind nicht von Bestand und Dauer].[255]

Śār. 132 49. Und es soll einer weder durch einen Verlust, der ihn betroffen hat, sich betrüben lassen, noch auf Reichtum, der ihm zugefallen ist, sein Vertrauen setzen. Darum sei deiner Taten eingedenk, denn was du getan hast, kann dir niemand nehmen, und für das, was du nicht getan hast, zieht dich niemand zur Rechenschaft.

Śār. 133 50. Laß dir aber aus allen Kräften Gaben und Almosen angelegen sein, denn niemand kennt seine Todesstunde.

Śār. A 182 Was braucht es aber viele Zusicherungen, da (dir) doch dein A 125
Verstand offenbart, was recht ist. Wisse also, ich lade dich
zu Folgendem ein: Meine Stätte und meine Habe gehören dir
und du nimm mich zum Freunde an.»

Als der Rabe die Versprechungen der Schildkröte an die A 126
Maus hörte, und die Zusicherungen und Einladungen, die sie
vortrug, da sprach er zur Schildkröte: «Du hast mich sehr erfreut, meine Liebe, aber auch du darfst dich füglich deiner Taten und deiner Rechtschaffenheit freuen, denn

SP. 72 51 a. gutes Leben, Ruhm und Freude gehören dem, der eine Menge Freunde in seinem

Hause versammelt hat und zu dem seine Freunde vertrauensvoll kommen, wie zu dir.

SP. 70 52. Die Guten nämlich reichen den Guten die Hand, gleichwie (nur) der Elefant den Elefanten aus dem Schlamm heraufholen kann.[256]

SP. 72 51 b. Ein Weiser opfert sich für jemandes Wohl, und er ist unter allen berühmt, und der Elende und Schutzsuchende kehrt nicht mit getäuschter Hoffnung an seiner Tür um.[257]

ir. 140? 53. Wer aber den Geringen und Schwachen
nicht unterstützt, * ist kein Tüchtiger und S. 69
Tatkräftiger. Und wer von dem, was er besitzt, dem Besitzlosen nicht Erleichterung gewährt, ist kein Trefflicher.»[258]

r. A 183 Inzwischen, während der Rabe noch redete, erschien eine A 127
Gazelle in der Ferne, die vor Jägern floh, laufend, durstig und abgehetzt, und sie kam und stürzte sich in die Quelle. Infolge der Aufregung des Wassers gerieten die Schildkröte, der Rabe und die Maus in Aufregung, und die Schildkröte ließ sich ins Wasser hinunter, die Maus flüchtete in ein Loch und der Rabe flog auf einen Baum. Die Gazelle ihrerseits stieg aus dem Wasser herauf, ging aber nicht von der Stelle, sondern blieb ruhig bei der Quelle stehen. Da flog der Rabe hoch in die Luft empor und schaute überall hin, warum die Gazelle in solcher Angst gekommen sei. Als er bei seiner Umschau niemand erblickte, erhob er seine Stimme und rief der Schildkröte und der Maus: «Fürchtet euch nicht!» So kamen sie alle drei an den Ort.

ir. A 184 Die Schildkröte sah nun, wie die Gazelle auf das Wasser A 128
schaute,[259] und sprach zu ihr: «Wenn du Lust hast,[260] so trink' getrost Wasser und fürchte dich nicht. Und nachdem die Gazelle überlegt hat: «Der Rabe und die Maus können nur kleine Äser fressen und die Schildkröte kenne ich als ein Wassertier, ich fürchte mich nicht vor ihnen, sondern gehe
ir. A 185 zu ihnen», kam sie hinzu. Die Schildkröte hieß sie willkommen A 129
und fragte sie: ‹Geht's dir wohl?[261] und woher bist du ge-

kommen?» Die Gazelle sprach: «Schon lange Zeit gehe ich in diesem Zustand herum und bin aus Furcht vor den Jägern von Ort zu Ort gewechselt. Und so bin ich auch jetzt aus
Furcht hiehergekommen, weil ich in * der Ferne etwas gesehen S. 70
und geglaubt habe, es seien Jäger.» Sprach zu ihr die Schildkröte: «Fürchte dich nicht, denn die Jäger kommen nicht bis hieher; und dieser Ort gehört dir, und auch uns betrachte als die Deinen, und in der Nähe da findest du Weide.» Und es war dort ein schattiger Baum,[262] und sie fanden sich alltäglich, nachdem sie ihr Essen verzehrt hatten, zu vieren in dem Schatten zusammen, setzten sich hin und gaben allerlei[263] Geschichten zum besten und diskutierten dieses und jenes.

Śār. A 186 Eines Tages kamen die Schildkröte, die Maus und der Rabe in den Schatten, aber die Gazelle kam nicht. A 130
Als sie lange Zeit ausblieb, wurden sie besorgt, es möchte sie ein Schaden betroffen haben, und sprachen zum Raben: «Flieg' in die Luft und sieh, ob sich die Gazelle blicken läßt.» Er flog, erspähte die Gazelle, ging zu ihr und fand sie in einer
Śār. A 188 ledernen Schlinge gefangen. Nun ging er und setzte seine Ge- A 131
Śār. A 189 nossen davon in Kenntnis, und er sprach zu der Maus: «Du A 132
kannst die Maschen zertrennen.» Sie sprach: «Wir haben ihn als Freund aufgenommen», machte sich auf und begab sich allein dahin, wo sich die Gazelle befand, und fragte sie: «Wie ging das zu, da du doch behende bist?» Die Gazelle sprach:

Śār. 146. 147
53. «Was vermag meine Behendigkeit gegen
das mächtige Schicksal zu tun?»

Śār. A 192 Jene begann nun die Maschen zu zertrennen. Da kamen ihre A 133
Genossen angerückt, und auch die Schildkröte kam. Und die Gazelle sprach zu dieser: «Du hast übel daran getan, hieher zu kommen; denn wenn der Jäger kommt, so kann ich, nachdem ich durch die Zertrennung der Maschen frei geworden, weglaufen, und die Maus kann in ein Loch schlüpfen und der Rabe auf einen Baum [fliegen], du aber bist zu schwerfällig,
als daß[264] dich die Jäger nicht fangen könnten.» * Sie er- S. 71
widerte:

Śār. 156. 157
54. «Wer nicht mit seinen Freunden und
Nächsten lebt und dennoch leben will,
ist unvernünftig.[265]

Śār. 158 55. Es ist dies ein Heilmittel, wodurch das Herz gehoben wird, daß der Freund seinen Freunden einen Gefallen erweist und der Knecht seinem Herrn.[266]

Śār. 159 56. Denn wer sich von seinen Freunden getrennt hat, dessen Sinn kommt nicht eher zur Ruhe, als bis er sich mit seinen Freunden wieder vereinigt hat, und er ist an seinem Orte verstört und verwirrt.»

ir. A 193 Während die Schildkröte noch sprach,[267] kam der Jäger; A 134
und die Fessel der Gazelle war zertrennt und sie entfloh,[268] und der Rabe flog auf einen Baum und die Maus schlüpfte in ein Loch. Der Jäger schaute sich überall um, sah aber niemand außer der Schildkröte, wie sie ihres Weges zog, und er ging hin, fing und band sie, hob sie auf und schaffte sie vor ihren Augen weg. Als ihre Genossen das sahen, wurden sie bekümmert, und die Maus sprach:

Śār. 160 57. «Noch ist das eine nicht verabschiedet,[269] ist schon das andere da! Aber wenn einem einmal ein Unfall begegnet ist, läßt der auch von der für das Gute eingerichteten Seite Übles erwachsen.

ir. A 194 Betrachte ich mein Schicksal, wie es mit mir verfährt: A 135

Śār. 162 58. Es hat mich von meiner Stätte und aus meinem Besitz vertrieben und mich jetzt, was noch schlimmer ist, des Schattens meiner Freunde beraubt, an denen sich mein Sinn erlabte und erheiterte.[270]

Śār. β Ein Freund wie die Schildkröte, wo ist der zu finden? A 135ᵃ

Śār. 163 59. Denn eine solche Freundschaft kann keiner dem andern wegnehmen, als nur der Tod.

Und es heißt:

Śār. 167 60. Mit allen Leiden ist's in jeder Periode gerade so wie mit dem Tierkreis,[271] wo nicht das Obere beständig oben, noch das

Untere beständig unten ist, sondern * in S. 72
gegenseitiger Folge das untere nach oben
und das Obere nach unten kommt.

Śār. 169 61. Aber derjenige Hieb schmerzt, der zu
einem andern hinzukommt, und dasjenige
Feuer brennt heftig, das wenig Nahrung
hat.»[272]

Śār. A 196 Der Rabe und die Gazelle sprachen zu ihr: «So richtig du auch gesprochen hast, so haben wir doch von der Traurigkeit keinen Nutzen. Wenn es darum möglich ist, so erfinde ein Mittel, daß die Schildkröte befreit werde. Denn es heißt: A 136

62. Die Tapferkeit des Tapfern wird im Kriege
erprobt, der Redliche im Handel, die Frau
und die Verwandten zur Zeit der Armut,
die Freunde und Kameraden zur Zeit der
Bedrängnis.»

Śār. A 196 Die Maus sprach: «Ich weiß folgendes Mittel: Ihr beide geht zusammen an die eine Seite des Weges. Die Gazelle soll sich niederlegen und der Rabe sich auf sie setzen, so daß der Jäger, wenn er es sieht, meint, die Gazelle sei verendet und der Rabe wolle sie fressen. Ich aber folge dem Jäger auf dem Fuße nach. Sieht euch dann der Jäger von weitem, so legt er die Schildkröte, gebunden wie sie ist, samt seinem Bogen und Netz nieder und kommt auf euch zu. Ist er dann zu euch gelangt, so stehe du auf[273] und humple so vor ihm her, daß er euch weder einholt noch auch von euch abkommt. Eine Weile wird er auf Hoffnung hinter euch herlaufen, und wenn er dann umkehrt und kommt, so zertrenne ich ihre Fessel und wir fliehen schleunigst.» A 137

So taten sie denn. * Und als der Jäger die Gazelle tot sah, und (sah), wie der Rabe auf ihr saß, und wie sie dann forthumpelte, lief er sich müde.[274] Wie er dann aber umkehrte und sah, daß die Fesseln der Schildkröte zertrennt waren und sie fort war, geriet er in Furcht und Staunen: «Was ist das?» Und er wartete nicht mehr auf die Rückkehr der Schildkröte, sondern nahm den Weg unter die Füße und ging heim. Da erhoben sich die vier und kamen wieder zusammen. S. 73

ār. 171 63. Sprachlose und mit wenig Vernunft begabte Geschöpfe haben es verstanden, einander zu Freunden zu gewinnen, und wenn Not an sie kam, erretteten sie sich mittels ihrer Einmütigkeit und gegenseitigen Unterstützung vor den Menschen, die doch — wer zweifelte daran — weiser als die Tiere sind.[275]

Drittes Kapitel.

Kapitel vom Affen und der dummen Schildkröte.[276] S. 74

Dbšrm sprach: «Ich habe gehört, wie man sich einen A 138
Freund erwerben kann und welchen Nutzen die Freundschaft
gewährt. Jetzt aber sage mir, wenn es dir beliebt, auch dies,
wie ein bereits erworbenes Gut demjenigen verloren geht, der
es nicht festzuhalten versteht.»

Bi̭dṷg sprach:

Śār. IV, 1 1. «Ein Gut zu erwerben ist viel leichter als
es festzuhalten. Wer es erworben hat und
es nicht zu behüten versteht, dem geht es
bald verloren und es geht ihm wie jener
Schildkröte, die ein Affenherz suchte, aber,
nachdem sie es erlangt hatte, es nicht
behütete, so daß es ihr wieder verloren
ging.»

Dbšrm sprach: «Was ist das für eine Geschichte?» Und A 139
Bi̭dṷg sprach:

Śār. A 273 «Es war einmal ein Affe beim Meeresufer, namens A 140
Pṷli̭dng,[277] der war der König der Affen. Als er ins Greisen-
alter gekommen, konspirierte ein junger Affe aus derselben
Familie mit dem Gefolge und sie entrissen die Regierung dem
Alten, der sie nicht mehr führen konnte, und vertrieben ihn.
Śār. A 274 Der * Alte begab sich in den Feigenbaumwald am Meeres- S. 75
strande. Eines Tages bestieg er einen Baum, um Feigen zu A 141
essen. Da fiel ihm eine ins Wasser hinunter: und da war eine
Schildkröte, die kam gerade aus dem Meere und ergriff jene
Feige und fraß sie. Als der Affe sah, daß beim Niederfallen
der Feige ihr Aufklatschen (auf das Wasser) einen Schall er-
zeugte, machte ihm das bei seiner Närrischheit[278] Spaß, und

er begann eine Feige um die andere abzureißen und ins
A 275 Wasser zu werfen. Die Schildkröte aber erhob von Zeit zu A 142
Zeit den Kopf und beobachtete den Affen und dachte: «Da sammelt der Affe die Feigen und wirft sie herab, und ich esse sie!» Da schlossen sie Freundschaft, und weder der Affe gedachte seines Gefolges, noch die Schildkröte ihrer Familie, und sie hielten sich dort längere Zeit zusammen auf.

A 276 Die Frau der Schildkröte aber wurde, als sie sah, daß A 143
diese so lange verzögerte, sehr bekümmert und sprach vor ihren Freundinnen: «Mein Mann ist nun schon so lange aufs Land gestiegen und läßt nichts von sich hören. Ich fürchte, es ist ihm irgendein Unfall zugestoßen.» Spricht zu ihr eine ihrer Freundinnen: «Meine Liebe, sei nicht traurig, denn ich habe gehört, dein Mann sitze am Meeresufer mit einem Affen zusammen und esse [und trinke][279] und sei vergnügt (mit ihm). Da er also dich verlassen hat und deiner nicht gedenkt,
A 277 wozu brauchst dann du an ihn zu denken?» Da legte sie sich A 144
auf die eine Seite und blieb Tag um Tag in Traurigkeit und Weinen und härmte sich ab.

A 278 Nach einer gewissen Zeit sprach ihr Mann bei sich: «Es A 145
ist lange, daß ich von Hause fortgegangen bin», und er erhob sich von seinem Platz und ging nach Hause. Als er kam, sah er sein Weib in Trauer sitzen und sprach zu ihr: «Was ist
dir, mein Herz, daß du in Trauer * und verändert bist?» Sie S. 76
aber gab ihm keine Antwort. Da fragte er sie wieder und sie antwortete wieder nicht. Nun sprach eine ihrer Freundinnen zu ihm: «Was gibt es Schlimmeres als das, was deine Hausherrin betroffen hat? Sie ist krank, und ihre Krankheit ist schwer, und man verordnet ihr ein Heilmittel, das nicht aufzutreiben ist, und so bleibt denn nichts als zu sterben.» Als er dieses hörte, sprach er: «Nenne mir das Heilmittel, das verordnet ist; mag es meines eigenen Lebens bedürfen, ich lege es ihr zu Füßen!» Sie sprach: «Über diese Krankheit wissen wir Frauen speziell Bescheid. Ein Mittel und eine Heilung gibt es nicht, es sei denn ein Affenherz.»

A 279 Da dachte er: «Ein Affenherz, woher könnte ich es A 146
anders beschaffen, als indem ich eine List anwende und jenen Affen namens Pu̯li̯dng heranlocke?» Und weiter überlegte er:

Śār. IV, 2 2. «Wenn jener durch mich stirbt, so verschuldige ich mich gegen seine Freundschaft; stirbt aber meine Frau mangels des Heilmittels, so verschuldige ich mich gegen ihre Liebe.

Und es heißt:

Śār. IV, 3 3. Ohne ein wenig Unrecht kann man das Rechte nicht schonen.[280] Ein Freund fördert nur das praktische Leben, eine gute Frau dagegen ist im praktischen Leben, in der Freude und in der Gerechtigkeit eine Förderin.»

Śār. A 280 Darauf erhob er sich, von Zweifeln umringt: «Wehe, A 147

Śār. IV, 4 4. wenn ich um meines Weibes willen meinen Bruder betrüge, der mit mir gegessen und getrunken hat, so weiß ich nicht, was mir begegnet,»

Śār. A 281 stieg aus dem Meere und ging zu dem Affen. Als der ihn A 148
sah, sprach er zu ihm: «Freund, wie lange habe ich dich nicht
gesehen, wo soll ich nur anfangen, dich zu fragen!» Spricht
er zu ihm: «Ich bin dieser Tage nicht zu dir gekommen, weil
ich bedachte, daß ich viel Freundschaft von dir erfahren habe
und nicht imstande bin,[281] * dir zu vergelten. S. 77

Śār. IV, 5 5. Wenn du auch zufolge deiner vornehmen Gesinnung nicht auf Vergeltung rechnest, so muß ich mir doch meinerseits Zurückhaltung auferlegen.[282]

Śār. A 282 Denn es heißt: A 148

Śār. IV, 6 6. Der Vornehme ist gewohnt, auch demjenigen, von dem aus niemals etwas geschieht,[283] Wohltaten zu erweisen, ohne daß er erwartet, Vergeltung zu empfangen. Und das Schöne, das ihm von jemandem erwiesen wird, vergißt er nicht und vergilt ihm täglich neu und reicht besonders den Gefallenen die (hilfreiche) Hand.»

A 283 Der Affe sprach: «Du brauchst dich wegen dieses Um- A 149
standes nicht zu genieren, denn schon dadurch, daß du so denkst, bin ich von dir belohnt. Und nachdem ich von den Leuten meines Gefolges vertrieben worden bin, habe ich ja in dir Trost gefunden.»

A 284 Die Schildkröte sprach: «Die Liebe der Freunde erreicht A 150
in diesen drei Dingen ihren Höhepunkt: erstens, daß sie ins Haus ihrer Freunde gehen, zweitens, daß sie Frau und Kinder ihrer Freunde sehen, und drittens, daß sie im Hause ihrer Freunde essen und trinken. Du aber hast bis jetzt nicht mein Haus betreten, nicht mit mir gegessen und getrunken und meine Frau und Kinder nicht gesehen.»

Der Affe sprach:

IV, 8 7. «Den Freunden kommt es auf die Gesinnung in der Freundschaft an; denn die Speise verzehrt auch das Vieh und das Haus der ihm Bekannten betritt auch der Dieb, und Vieler Frauen und Kinder sieht auch der Komödiant, wenn er auftritt.»[284]

A 285 Die Schildkröte sprach: A 150a

IV, 9 8. «Den Freunden tut Freundschaft den Dienst eines guten Geschäftshandels.»[285]

A 286 Da sprang der Affe auf ihren Rücken und sie ging mit A 151
ihm ins Wasser.[286]

IV, 11 9. Nun wurde die Schildkröte aber bedenklich, daß sie ihren Freund ins Verderben bringen sollte, und war mit sich zerfallen und in Gedankenzwiespalt.

[Und sie sprach zu sich: «Was ich da vorhabe, ist Undank und Verrat. Die Frauen sind doch nicht wert, daß man um ihretwillen Verrat und Schande begeht, sind sie doch selber unzuverlässig und unbeständig. Und es heißt:

IV, 5 9b. Das Gold läßt sich am Feuer prüfen, die Ehrlichkeit des Mannes am Geschäft, die Kraft der Tiere an der Last, aber für die Weiber gibt es nichts, woran sie sich prüfen lassen.»[287]

Als der Affe sah, daß die Schildkröte anhielt und nicht weiterschwamm, schöpfte er Verdacht und sprach zu sich: «Was bedeutet es, daß die Schildkröte anhält und nachsinnt? Und was habe ich für eine Gewähr, daß sich ihr Herz nicht gegen mich gewendet hat und Übles will? Weiß ich doch, daß nichts ungestümer ist und sich schneller ändert und wendet als das Herz. Der Verständige versäume ja nicht, die Seele seiner Familie, seiner Kinder, seiner Brüder und seines Freundes bei jedem Tun und jedem Blick und Wort, beim Stehen und Sitzen und überhaupt bei jedem Umstand zu erforschen, denn
Śār. A 287. alle diese Dinge reden für das Herz.»][288] Und der Affe A 152
SP. 1582ff. fragte sie: «Warum gehst du plötzlich nicht mehr weiter?»[289] Die
Schildkröte sprach: «Bruder, was sollte ich dir verheimlichen?
Meine Gespanin ist krank, es heißt, * ihre Heilung könne nur von S. 78
einem Affenherzen kommen; darum bin ich mit mir zerfallen.»

Śār. A 288 Da hob der Affe an und sprach: «Warum hast du mir A 153
Śār. A 291 das nicht mitgeteilt? Sonst hätte ich mein Herz mitgebracht.» A 154
Die Schildkröte sprach: «Wo hast du denn jetzt dein Herz?»
Der Affe sprach: «Als ich von Hause kam, habe ich es dort
gelassen.» Die Schildkröte sprach: «Warum hast du es dort
gelassen?» Der Affe sprach: «So ist es die Gewohnheit von uns
Affen, daß wir beim Ausgehen unser Herz nicht mitnehmen.
Śār. A 290 Aber wenn du es brauchen kannst, gehe ich und hole es dir.» A 155

Śār. A 292 Da freute sich die Schildkröte und brachte den Affen A 156
eiligst ans Land. Als sie es erreichten, lief der Affe davon
und stieg auf den Baum.[290] Da trat die Schildkröte heran und
sprach zu ihm: «Lieber, nimm dein Herz und komm, daß wir
Śār. A 293 keine Zeit verlieren!» Spricht zu ihr der Affe: «Mir dünkt, A 157
du setzest mich auf eine Linie mit jenem Esel,

Śār. IV, 15 10. von dem der Schakal behauptete, er habe
weder Herz noch Ohren gehabt.»

Śār. A 294 Die Schildkröte sprach: «Was ist das für eine Geschichte?» A 158
Und der Affe sprach:

Der Esel ohne Herz und Ohren.

Śār. IV, 11 «Es war einmal ein Wald, darin wohnte ein Löwe. Einmal nun bekam der die Räude, und er fiel vom Fleische und konnte nichts mehr jagen. Nun lebte ein Schakal von den

Speiseresten des Löwen, und der sprach zu ihm: «Herr der Tiere, was ist dir zugestoßen, daß du entkräftet bist?» Der Löwe sprach: «Infolge der Räude bin ich so, und es gibt, wie ich gehört habe, für meine Krankheit kein Heilmittel als das Herz und die Ohren eines Esels, die ich esse.» Der Schakal sprach: «Einen Esel zu beschaffen, ist nicht schwer, denn hier in der Nähe ist eine Wasserquelle und ein Walker, der beständig kommt, um Wäsche zu bleichen. Wenn er dem Esel, auf dem er die Wäsche befördert, seine Last abgenommen hat, läßt er ihn frei laufen. * Diesen Esel kann ich vor dich bringen S. 79
und so hast du sein Herz und seine Ohren.» Der Löwe sprach: «Besorge das!»[291] Und der Schakal machte sich auf, ging zu dem Esel und sprach zu ihm: «Warum bist du so ganz vom Fleisch gefallen, und wer hat diese Druckwunden[292] auf deinem Rücken hervorgebracht?» Der Esel sprach zu ihm: «Der Walker ist ein verfluchter Mensch, er hält mich schlecht in Streu und Futter und plagt mich viel mit Lasttragen; darum bin ich vom Fleisch gefallen.» Der Schakal sprach zum Esel: «Warum lässest du dir diese Schinderei gefallen?» Spricht zu ihm der Esel: «Was kann ich denn tun und wie[293] kann ich den Menschen entrinnen?» Spricht zu ihm der Schakal: «Wenn du willst, zeige ich dir einen Ort, wo du hingehen kannst, einen mit viel Weide und Wasser, und wo die Leute nicht leicht hingehen. Auch eine junge Stute ist dort, die hat keinen Hengst.» Da strahlte der Esel vor Freude und sprach zum Schakal: «Wozu stehen wir nun noch? Ich gehe (schon) aus Freundschaft zu dir[294] dorthin.» Darauf ging der Schakal voran und der Esel hinter ihm her, und so zogen sie dahin. Als sie angelangt waren, trat der Schakal leise vor den Löwen und sprach zu ihm: «Da hätte ich den Esel gebracht; es ist der, welcher dort steht; da hast du ihn.» Da brüllte der Löwe, sprang auf ihn los und packte ihn am Rücken, aber weil er geschwächt war, konnte er den Esel nicht festhalten, und so entwischte der ihm. Da sprach der Schakal zum Löwen: «Was hast du mir da angetan, Herr! Wenn du ihn unfreiwillig hast fahren lassen, dann wehe mir, daß mein Herr so weit gekommen ist, nicht einmal mehr einen Esel festhalten zu können.» Der Löwe erwog: «Sage ich, ich habe ihn freiwillig fahren lassen, so stehe ich als Tor da, * wenn aber, es S. 80

habe mir an der Kraft gefehlt, so ziehe ich mir Schande zu», und er sprach zu dem Schakal: «Wenn du ihn mir noch einmal herschaffen kannst, so will ich dir sagen, warum ich ihn habe fahren lassen.» Der Schakal sprach: «Obgleich der Esel nun bereits seine Erfahrungen mit mir gemacht hat, so will ich ihn doch holen» und ging. Als der Esel ihn sah, sprach er zu ihm: «Was wolltest du mit mir machen?» Der Schakal sprach:

Śār. IV, 16? 11. «Ich wollte dir einen Gefallen tun,
aber was können wir gegen die Brunst
tun?[295]

Ich sagte dir ja, ich wolle dir eine Stute zeigen, wie du noch keine gesehen hast. Diese nun wollte dich umarmen, und hättest du ein wenig zugewartet, so wäre sie unter dich gekommen.» Als der Esel von dem Weibchen reden hörte, überwältigte ihn die Begierde, und er ging sofort mit jenem. Als der Löwe ihn sah, lief er herzu, packte ihn, streckte ihn nieder und tötete ihn. Darauf sprach er * zum Schakal: «Gib zu dem Esel acht, ich will gehen und mich waschen und wieder kommen, denn so lautet das Heilrezept, daß der Kranke Herz und Ohren verzehre und den übrigen Leib Gott zum Opfer darbringe.» So ging der Löwe, der Schakal aber fraß das Herz und die Ohren des Esels, damit er, wenn er ihn sehe, es für ein böses Omen halte und nicht von ihm fresse. Und der Löwe kam und fragte ihn: «Wo sind Herz und Ohren des Esels?» Spricht er zu ihm: «Wozu Worte verlieren? Weißt du nicht, daß er, wenn er Herz und Ohren besessen hätte, nicht zum zweitenmal zu dir gekommen wäre, nachdem er dir einmal entwischt war?»

Śār. A 295 Deshalb sagte ich dir ja: ‹Ich bin nicht jener Esel, von A 159
dem der Schakal behauptete, er habe weder Herz noch Ohren gehabt.› So geh' denn von mir,

Śār. IV, 17 12. denn du hast mich durch deine Anschläge
verführt, und da habe auch ich * dich S. 81
verlockt. Und die Weisen haben gesagt:
Die Einsicht kann verderben und wieder
gut machen.»

Die Schildkröte sprach: A 160

β IV, 18 13. «Ein Weiser macht wenig Worte und handelt viel, und bekennt seinen Fehltritt ohne Scham, und verbirgt nicht die guten Sitten,

β IV, 23. 14. und bestrebt sich, mit Taten wieder gutzumachen,[296] wie einer, der strauchelt und fällt, mit Hilfe der Erde selbst wieder aufstehen kann.»

Viertes Kapitel.

Kapitel von der Unbedachtsamkeit.[297] S. 82

Dbšrm sprach: «Ich habe diese Geschichte gehört, die A 161
zeigt, daß, wer ein Gut findet und nicht zu hüten versteht, es bald verliert. Nun aber: Was für einen Schaden erleidet der Mann, der unbedacht handelt?»

Bi̯du̯g sprach:

Śār. V, 1 1. «Wer in seinen Taten und Werken unbedacht ist, empfindet stets Reue, wie jener Magier, der es bereute, daß er unbedacht gewesen war und das Wiesel, das er liebte, erschlagen hatte und ihm den Dank schuldig geblieben war.»

Śār. A 304 Dbšrm sprach: «Was ist das für eine Geschichte?» A 162
Und Bi̯du̯g sprach:

«Es war einmal ein Magier im Lande Srbzi̯,[298] der hatte eine jugendliche Frau, die bisher noch nicht empfangen hatte. Als sie nun empfing, freute er sich und sprach zu seiner Frau: «Frohlocke, mein Liebling, denn du wirst einen Knaben gebären, und wenn du ihn geboren hast, gebe ich ihm einen schönen Namen und suche ihm eine Pflegerin, und ich werde ihn gut aufziehen und ihn wohl halten und wohl heranbilden und unterrichten, und wir werden durch ihn schönen Namen
und Nachkommenschaft erhalten.» Spricht sie * zu ihm: «Haus- S. 83
herr, warum hast du ein Wort gesprochen, das nicht vorzeitig hätte gesprochen werden sollen? Wer kann wissen, ob ich gebären werde oder nicht? Und wenn ich gebäre, was kann ihm in Zukunft noch passieren?[299] Darum überlaß alles der Hand Gottes. Heißt es doch:

Śār. V, 2 2. Ein Weiser verfügt nicht über etwas, was noch nicht da ist, indem er denkt: So und

so will ich damit tun. Es könnte ihm sonst gehen wie jenem törichten Magier, auf dessen Kopf sich das Öl und der Honig ergoß.»

·. A 305 Spricht zu ihr der Mann: «Was ist das für eine Geschichte?» A 163

Und sie sprach zu ihm:

Der Vater des Mhpi̯'.

(Der Vater des Sōmaśarman.)

ir. V, 1 «Es war einmal ein Magier, dem wurde die Nahrung aus dem Hause eines reichen Mannes[300] vorgesetzt, nämlich Honig und Öl und etwas Gerstenmehl, und was übrigblieb, brachte er jeweilen heim,[301] schüttete es in einen Krug und hing den an einem Nagel über seiner Lagerstatt auf, und so wurde der Krug schließlich voll.[302] Eines Tages[303] nun, als er auf dem Bette lag, hob er seine Augen auf, erblickte ihn, freute sich in seiner Seele und dachte: «Dieser Krug[304] ist voll, so daß ich ihn teuer verkaufen kann. Es wird sich geben, daß, wenn ich ihn zu zivilem Preise anbiete, ich einen Denar heimbringe. Für den Denar schaffe ich mir 10 Ziegen an; diese werden trächtig zu ihrer Zeit * und ebenso ihre weiblichen Nach- S. 84
kommen ... Und nach 5 Jahren habe ich so mehr als 500 Ziegen. Von je vieren von ihnen verkaufe ich und kaufe eine Kuh ... und so habe ich dann 100 Rinder nebst den Weibchen. Von ihnen gebe ich ab zu (gutem) Preis und kaufe Land und Gewässer und Sämereien, und die andern (?) Rinder verwende ich zum Ackerbau und die weiblichen Tiere zur Zucht. Auf diese Weise verkaufe ich nach 10 Jahren vom Ertrag des Landes und der Gewässer und von den Nachkommen der Rinder um (guten) Preis und kaufe Knechte und Mägde und ein Haus und Hausgerätschaft. Und wenn ich so reich geworden bin, nehme ich mir ein Weib aus begüterter Familie und schwängere sie, und sie gebiert mir einen Sohn, der wird ein Glückskind und vom Schicksal begünstigt und mein Stammhalter. Ich gebe ihm den Namen Mhpi̯'[305] und erziehe ihn und bilde ihn aus in Lehre und Studium. Wenn aber Mhpi̯' nicht auf mich hören will und sich gegen den Unterricht auflehnt, so

schlage ich ihn mit diesem Stock auf den Kopf. Da, indem er so den Stock schwang, traf er den Krug und zertrümmerte ihn, und der Honig und. das Öl ergoß sich auf seinen Kopf und das Übrige[306] wurde verschüttet.

Śār. A 306 Deshalb habe ich dir gesagt: Über etwas, was noch nicht A 164
da ist, triff keine Bestimmungen.[307] Denn erst wird die Wand
gebaut und hernach * das Bild (darauf) gemalt.» S. 85

Śār. A 307 Nun wartete ihr Mann ab, bis sie einen Sohn gebar. Und A 165
als ihre Tage um waren,[308] sprach sie zu ihrem Manne: «Gib auf den Knaben acht, daß ich gehe und mich wasche.» Als er nun bei dem Knaben saß, kam ein Bote des Königs mit einer dringenden Vorladung. Es gab keinen Ausweg und so stand er auf und ging. In dem Hause nun lebte ein Wiesel, das er wie ein eigenes Kind auferzogen hatte. Dieses Wiesel ließ er bei dem Knaben zurück, verschloß die Tür und ging. Wie er zur Tür hinaus war, kam eine schwarze Schlange hervor und ging auf den Knaben los. Das Wiesel erblickte sie, lief auf sie zu und zerriß sie in lauter Stücke. Darauf kam der Magier und öffnete die Tür, und das Wiesel lief ihm entgegen, damit er seine Bravheit sehe. Als der aber sah, daß das Maul des Wiesels mit Blut befleckt war, geriet er in Bestürzung und glaubte, der Knabe sei von ihm getötet, und schlug, ohne zu überlegen, was er tat, das Wiesel mit seinem Stock tot. Wie er dann aber zu dem Knaben hineinging und sah, daß er am Leben war und wie die schwarze Schlange zerrissen neben ihm lag, wurde er inne, daß ihm das Wiesel eine Wohltat erwiesen hatte. Da schlug er sich wehklagend auf Haupt und Brust und rief: «O wäre dieser Knabe nicht geboren worden und hätte ich diese Undankbarkeit nicht auf mich geladen!» Und alsbald kam seine Frau, sah ihn und sprach zu ihm: «Was ist dir begegnet, daß du wehklagst? und was bedeutet das, daß das Wiesel und die Schlange getötet sind?» Und er erzählte ihr den ganzen Vorfall und sprach: «Das sind die Früchte des Nichtüberlegens.»

Fünftes Kapitel.

Kapitel von der Katze und der Maus.[309] S. 86

l. Mahābh. Zd'štr[310] sprach zu Bịšm:[311] «Wenn ein Schwacher unter
XII, 138. Feinde gerät und sie ihn belagern: zeige mir, wie er sich durch seine Einsicht seinen zahlreichen Hassern entziehen kann, indem er einen derselben zu Freundschaft und Versöhnung umstimmt und sich so die übrigen Feinde von ihm abwenden, aber auch der, den er zur Versöhnung umgestimmt hat, ihn nicht durch seine List umbringen kann; und auf welche Weise er mit dem dazu Geeigneten die Versöhnung bewerkstelligen kann.»

Bịšm sprach: «Man muß den Freund nicht jederzeit für einen Freund und den Feind nicht jederzeit für einen Feind halten; denn wenn der Feind findet, daß ihm sein Feind von Nutzen sein kann, so geht er zur Freundschaft über, und wenn der Freund[312] von seinem Freunde Schaden erfährt, so wendet er sich zur Feindschaft. Haß und Freundschaft richten sich nach Schaden und Nutzen. Ein Weiser gibt zuweilen seinem Feinde das Treuwort und erhält zuweilen von ihm das Treuwort. Und wer seinen Vorteil wahrnimmt und imstande ist, im Verkehr mit Feind und Freund bald Versöhnlichkeit, bald
Unversöhnlichkeit an den Tag zu legen, der erreicht * seine S. 87
Absicht. Ein Beispiel dafür ist jene Geschichte, welche die Maus mit der Katze erlebte.»

Zd'štr sprach: «Was ist das für eine Geschichte?»

Bịšm sprach:

«Es war einmal ein Baum namens Nịr(u̯)t,[313] der war groß und hatte viele Äste, und in seinem Schatten wohnten Tiere von allerlei Gattung, und Vögel nisteten in seinen Zweigen. Am Fuße[314] des Baumes lebte eine Maus namens Prt,[315] und eine Katze namens Rhu̯m'[316] hatte dort ihre Höhle. Und dort pflegten Jäger hinzukommen und Schlingen zu legen und Netze auszubreiten für das Wild und die Vögel. In einer Nacht nun

fing sich diese Katze namens Rhu̯m' in den Maschen. Zur
Essenszeit kam die Maus aus ihrem Loch hervor und strich
an jenem Ort bedächtig herum, und sie erblickte die Katze,
wie sie in den Maschen gefangen war, und freute sich. Als
sie aber zurückschaute, sah sie ein Wiesel, das sie zu fressen
trachtete, und sie blickte an den Baum hinauf und sah eine
Eule, die darauf lauerte, sie zu verschlingen. Solcherart unter
Feinde geraten, überlegte sie: «Kehre ich um, so falle ich dem
Wiesel in die Hände; gehe ich vorwärts, so tötet mich die
Katze; und biege ich nach einer der beiden Seiten aus, so
errafft mich die Eule. Von allen Seiten ist Gefahr. So will ich
mich denn hübsch klein machen und den Kopf oben behalten
und auf einen Ausweg sinnen, denn der Sinn der Weisen ist
ein tiefer Quell und im Glück und Unglück festgegründet, so
daß sie im Glück nicht berauscht und im Unglück nicht
* kopflos werden, sondern geduldig mit dem Verstand auf S. 88
Mittel und Wege sinnen. Ich habe es nun geprüft und weiß
in dieser Klemme keinen Ausweg als die Aussöhnung mit
der Katze; ist doch auch sie jetzt in der Lage, daß ihr nie-
mand helfen kann außer mir. Vielleicht nimmt sie, wenn sie
das gerade Wort von mir gehört hat, ihren Vorteil wahr und
versöhnt sich mit mir, so daß ich auf diese Weise entrinnen
kann.» Darauf redete sie sie folgendermaßen an: «Wie lebst
du, Katze?» Sie erwiderte: «Ich lebe eben so in der Not, wie
du es wünschest.» Spricht jene zu ihr: «[Es hat wohl eine Zeit
gegeben],[317] wo ich deinen Tod und dein Unglück gewünscht
habe, aber jetzt ist's mit mir so weit gekommen, daß ich meine
Hoffnung auf dich setzen muß, und ich wünsche nicht deinen
Tod. Aber umgekehrt kann auch dich niemand aus deinen
Fesseln befreien als ich. Höre, was ich zu dir spreche, und
sieh, daß ich nicht trügerisch rede, denn das Wiesel und die
Eule sind Feinde von mir und ich bin schwach und verächt-
lich im Vergleich mit ihnen. Das Wiesel nun paßt mir von
hinten auf und die Eule von oben, und vor dir und vor ihnen
habe ich mich zu fürchten, während sie ihrerseits sich vor dir
fürchten. Wenn ich nun zu dir komme, damit du[318] mir helfest
und mich rettest, und du machst, daß ich ihnen entrinne, so
werde ich dafür deine Maschen zertrennen und dich aus ihnen
befreien. Denn Leute, die niemandem * vertrauen, denen ver- S. 89

traut wieder niemand, und man hält sie für Hinterlistige und nicht für Kluge, und sie leben in beständiger Furcht. Darum söhne dich mit mir aus und fasse Vertrauen ohne Säumen. Und wenn du deine Zusicherungen abgegeben hast, so treffe ich meine Maßregeln. Wie mir dein Leben notwendig ist, so wird mir mein Leben auch nur durch dein Leben als solches erscheinen. Du weißt ja, daß die Rettung der Menschen[319] durch das Schiff und die des Schiffes durch die Menschen geschieht, so daß sie beide das Meer überstehen.[320] Und so retten auch wir uns einer um des andern willen.»

Als die Katze derartige Worte von der Maus hörte, glaubte sie und faßte Zutrauen und sprach zu ihr: «Du hast wahr und passend gesprochen.» Spricht zu ihr die Maus: «So will ich denn in Freundschaft zu dir herantreten, und wenn das Wiesel und die Eule mich freundschaftlich in deiner Gesellschaft sehen, werden sie enttäuscht weggehen und ich werde aus der Gefahr befreit sein und dann deine Fesseln zertrennen.»

Darauf gab ihr die Katze das Treuwort und drückte sie an ihr Herz. Als nun das Wiesel und die Eule sie in Freundschaft vereint sahen, sahen sie sich in ihrer Hoffnung getäuscht und entfernten sich. Wie nun aber die Maus anfing, die Maschen zu zertrennen, tat sie es lässig,[321] und als das die Katze sah, sprach sie zu ihr: «Liebe, was soll das, daß du in deiner Sache so eifrig warst[322] und nun in meiner Sache so kühl bist, nachdem die deinige gelungen ist? Das ist doch nicht das Benehmen rechtlicher Leute, daß sie die Angelegenheiten ihrer Freunde vernachlässigen? Darum sorge, wie du es für dich getan hast, auch für mich, daß auch ich errettet werde und, wenn mich mein Schicksal erreicht, dies nicht deiner Nachlässigkeit zuzuschreiben sei.» Spricht zu ihr die Maus: «Es ist nicht Nachlässigkeit, sondern ich bin für meine Person besorgt, du könntest dich, wenn du frei wirst, an mich machen.» Daraufhin
* beteuerte jene durch Eidschwüre ihre Gesinnung, damit sie S. 90
Zutrauen faßte, und die Maus begann zaghaft zu zertrennen.[323] Während sie dieses Zwiegespräch hielten, wurde es Tag und die Jäger erschienen. Als die Katze das sah, geriet sie in Bestürzung. Jetzt schien es der Maus Zeit, ihr die Fesseln zu zertrennen, und sie zertrennte sie hastig, und die Katze floh

auf einen Baum, während die Maus in das Loch schlüpfte. Und auf diese Weise retteten sich beide durch ihr Zusammenwirken.

Nachdem die Jäger weggegangen waren, stieg die Katze hinunter und rief die Maus, aber die kam nicht zu ihr. Spricht sie zu ihr: «Freund, der du mir den Gefallen erwiesen hast, komm zu mir heran, denn jetzt sollst du für deine Freundschaft die Früchte genießen. Du hast dich für mich abgemüht, darum komm jetzt! Denn wer einen Freund gewonnen hat und ihn nicht hütet, erlangt auch keine Früchte von seinem Freunde. Ich nun habe mein Leben durch dich gefunden, darum sollst du von mir und meinen Freunden und Verwandten die Früchte deiner Wohltat empfangen. So komm denn her und betrachte, was mir gehört, als dein und fürchte dich nicht.» Und sie schwor es ihr zu. Aber jene antwortete ihr: «Wer Freundschaft vom Feinde begehrt und zwischen Feind und Freund nicht unterscheidet, schafft sich selbst den Feind,[324] und ist er ihm in die Hände gefallen, so sieht er sich in die gleiche Lage versetzt wie wer sich auf den Stoßzahn eines Elefanten gesetzt hat.[325] Wer am Feinde Nutzen wahrnimmt, schenkt ihm sein Vertrauen und verläßt um dieses Nutzens willen seinen Freund. Lehrt doch die Beobachtung der Vierfüßler, daß das Junge wegen der Milch der Mutter nachläuft, und sobald die Milch aufhört, sich abwendet und sie verläßt. Derjenige ist ein Weiser, der seinen Vorteil und
seinen Nachteil erkennt. Mir * ist auf diese Weise geholfen S. 91
worden. Und wenn ich dich in Zukunft liebe und dein Bestes, das ich bisher nicht wünschte, von jetzt an wünsche, obgleich du mir schaden kannst, so sei auch du so gut und lohne mir den erwiesenen Gefallen nicht mit Undank und bleib' aus der Ferne deiner Freundschaft eingedenk.»

Auf diese Weise wurden Maus und Katze errettet.

Sechstes Kapitel.

Kapitel von den Eulen und Raben.[326] S. 92

Sār. III Dbšrm sprach: «Ich habe gehört, wie man sich einen Freund erwerben und ihn sich erhalten muß, und auch welchen Nutzen die Freunde gewähren. Jetzt aber sag' mir gefälligst, was für einer derjenige ist, der seine Freundschaft anbietet und Freund wird und dem man doch nicht vertrauen soll?» A 166

Bịdụg sprach:

Šār. III, 1. 1. «Einem Freunde, der früher einmal ein Feind war, soll man nicht vertrauen; denn wer ihm vertraut, den trifft Schaden, gleich dem, welcher die Eulen vonseiten der Raben betroffen hat.»

Dbšrm sprach: «Was ist das für eine Geschichte?» A 167

Bịdụg sprach:

är. A 198 «Es war einmal ein Berg in dem und dem Lande, darauf stand ein Baum namens N(ị)rụtpd,[327] der hatte große und herrliche Zweige, reizendes Aussehen und reizendes Laub. Auf ihm nistete ein Rabe, dem waren tausend Raben untertan. Auf demselben Berge lebte eine Eule, die war das Haupt von tausend Eulen. Die Eulen nun lebten beständig in Feindschaft mit den Raben. Nun zogen die Eulen einmal nächtlicherweile aus * ihren Wohnstätten aus und überfielen die Raben und S. 93 töteten und verstümmelten einen Teil derselben. A 168

är. A 199 Als es Morgen geworden, kam der Rabenkönig und sah die Verstümmelungen, welche die Eulen den Raben beigebracht, und fand, daß ein Teil von ihnen tot war, anderen Flügel und Schwanz ausgerissen, wieder anderen Kopf, Füße und Schnäbel zerbrochen waren. Er wurde tief beschämt und bekümmert und sprach zu den überlebenden Raben: «Da sehet[328] den Schaden, den die Eulen angerichtet haben. Und sie haben's nun geschmeckt[329] und werden gewiß von neuem des Nachts A 169

hierherkommen und uns überfallen und schädigen. Darum laßt uns, ehe das geschieht, eine Sitzung abhalten und beraten, was
Śār. A 200 es für Mittel und Wege gibt und was wir tun wollen.» Und A 170
sie setzten sich an eine Stelle.[330]

Śār. A 201 Nun hatte er fünf Raben um sich, die klug waren, und A 171
diese nahm er vor, von unten auf. Zuerst fragte er den Jüngsten von ihnen: «Was muß in betreff dessen, was uns von den Eulen widerfahren ist, getan werden?» Der Jüngste sprach: «Ich weiß nur éin Mittel: daß wir diesen Ort aufgeben und uns entfernen.»

Śār. A 202 Darauf fragte er den Zweiten: «Was hältst du von dem A 172
Ausspruch des Jüngsten?» Er antwortete und sprach: «Er hat nicht richtig gesprochen, denn um eines geringen Schadens willen sollen wir nicht verzichten und fliehen, sondern wir wollen aufpassen, bis sie wieder gegen uns anrücken, und wenn sie dann Kehrtmachen, ihnen nachgehen, aus Leibeskräften über sie herfallen und ihnen Schaden zufügen und an unsere Stätte zurückkehren. Sehen wir aber, daß sie stärker sind als wir, so geben wir nach und fliehen.»

Śār. A 203 Nach ihm fragte er den Dritten,[331] und er antwortete: A 173
«Ich billige nicht, was er gesprochen hat, denn auf diese Weise lassen sich die Eulen nicht verscheuchen. Ich meine vielmehr,
wir müßten durch * Kundschafter in Erfahrung bringen, ob sie S. 94
gewillt seien, mit uns Frieden zu machen, und wenn sie es von uns annehmen, so zahlen wir einen Tribut und bleiben an unserer Stätte wohnen ohne Furcht, so lange sie uns keinen Schaden zufügen.»

Śār. A 204 Nun fragte er den Vierten: «Was hältst du von dem, was A 174
der da gesagt hat, wir wollten Frieden machen?» Er sprach: «Er hat nicht gut gesprochen; denn wenn wir verzichten und in die Wüste gehen und dort in üblen Verhältnissen leben, ist es immer noch besser, als daß wir unsere Macht Geringen und Gemeinen unterwerfen, denn

Śār. III, 3 2. selbst der sehr Schwache braucht sich
vor seinen Feinden nicht zu demütigen,
denn wenn er sich vor ihnen erniedrigt,
erheben sich andere über ihn.

Śār. A 205 Ich weiß wohl, daß sie es gerne sähen, wenn wir die Zahlung A 175
eines Tributes auf uns nähmen, aber das ziemt sich nicht,

sondern wenn sie uns mit Krieg überziehen, wollen wir mit ihnen kämpfen.»

ar. A 206 Nach ihm fragte er den Fünften: «Was wollen wir wegen A 176
des uns Widerfahrenen jetzt tun?[332] Krieg führen oder die
Zahlung eines Tributes auf uns nehmen oder einen andern Aus-
. A 207ª weg suchen?» Und der Fünfte antwortete: «Mit den Eulen A 177
Krieg zu führen, kann uns nicht dienen, denn sie sind stark
und wir sind schwach, und

är. III, 6 3. wer nicht den Vergleich anstellt zwischen
seiner Schwäche und der Stärke seines
Feindes, sondern mit ihm Krieg führt,
sucht seinen eigenen Schaden.

r. III, 11 4. Selbst wenn die Eulen nicht gegen uns
anrücken, müssen wir uns fürchten, denn
die Feinde können auch aus der Ferne
schaden.

r. III, 12 5. Aber auch wenn sie kommen und sich
besiegt stellen, dürfen wir nicht sicher sein,
daß sie eingeschüchtert sind.

. III, 13? 6. Der Kluge soll darauf bedacht sein, vor-
teilhaft und richtig zu handeln,

r. III, 14 7. und[333] handelt mit List, nicht mit Krieg;
denn im Kriege kommen viele um, wer
aber ohne Krieg seinen Vorteil sucht,
braucht nichts * daranzusetzen. S. 95

. A. 207ᵇ Meine Ansicht ist also dies: So lange es noch Mittel und Wege A 178
gibt, führen wir mit den Eulen nicht Krieg; denn wer mit dem
Elefanten einen Fußkampf führt,[334] kämpft mit seinem Todes-
schicksal.»

är. A 208 Da sprach der König der Raben: «Wenn wir nicht Krieg A 179
führen, was müssen wir dann tun?»

Der Rabe sprach: «Wir müssen uns miteinander beraten, denn[335]

r. III, 22 8. ein Herrscher, der sich zu beraten weiß
und verständig, weise und einsichtig ist
und dazu guten Rat erhält, dessen Glück
erfährt Zuwachs, wie das Meer von den

Flüssen, die in dasselbe einmünden, Zuwachs erfährt,

Śār. β III, 21 9. zumal wenn er das Wort von einem Ratgeber und Helfer vernimmt, der nicht aus Habsucht oder Streberei oder Furcht vor den Freunden ihn umstimmt, sondern aus Überzeugung.

Śār. β III, 26 10. Wer aber nicht weise und einsichtig ist und seine Berater nicht liebevoll und verständig behandelt, dem bleibt auch großer Ruhm, den er im Kriege findet, nicht lange.

Śār. A 209 Die Weisen haben gesagt: A 180

Śār. III, 29 11. Das Glück sieht nicht auf Abstammung, Name und Aussehen, sondern geht zu dem, der weise und strebsam ist und gute Helfer hat.

Śār. β III, 34 12a. Du nun bist weise.[336]

Was ich mit dir zu reden habe, muß ich teils öffentlich, teils A 181
unter vier Augen sagen. Und nun, wo du mein Gutachten gefordert hast, ist es, um es öffentlich zu sagen, dieses: Wie ich nicht den Krieg wünsche, ebensowenig wünsche ich, daß wir die Zahlung eines Tributes auf uns nehmen und uns demütigen.

Śār. β III, 31 13. Es steht dem Stolzen[337] besser an, ein kurzes Leben mit gutem Namen zu wünschen, als * ein langes Leben mit Schande. S. 96

Śār. III, 33 14. Aber bei dem, was er tun muß, soll er ohne Sorglosigkeit verfahren, denn die Sorglosigkeit ist die Ursache aller Übel.

Śār. β III, 34? 12b. Das aber, was wir im Geheimen reden wollen, 12b
soll im Geheimen vor sich gehen, denn

Śār. β III, 36 15. der Sieg der Herrscher ist an den Verstand, der Verstand an den Rat und der Rat speziell daran geknüpft, daß man jeweilen das Geheimnis vorsichtig bewahrt.

Und es heißt:

r. III, 37 16. Ein heimliches Wort wird von folgenden Sechs ausgeschwatzt:

r. III, 38 17. vom (ursprünglichen) Inhaber des Geheimnisses[338] oder vom Ratgeber oder vom Überbringer der Mitteilung oder von heimlichen Lauschern oder von einem Sklaven oder vom Augenschein.[339]

β III, 39 18. Wer auf ein Geheimnis sorgfältig achtet, der hat dadurch Vorteil.

β III, 40 19. Der Herrscher, mag er noch so weise sein, ist wie ein leuchtendes Feuer: gibt man ihm Stoff, so strahlt es um so heller.[340] Dem Berater aber geziemt es, die Meinungsäußerung des Herrschers wohl anzuhören[341] und ihn über das, worüber er in Zweifel ist, zu einer festen Überzeugung zu bringen.

r. III, 42 20. Wenn sie aber unter vier Augen heimlich verschiedener Meinung sind,[342] so erwächst aus der Uneinigkeit des Betreffenden und seines Beraters den Feinden Vorteil und jenem Schaden,

r. III, 41 21. gleich dem, der einen Dämon beschwört und gegen jemand losläßt: falls er ihn nicht mit der richtigen Formel[343] loszulassen versteht, so wendet der sich gegen ihn und tötet ihn.

22. Der Herrscher aber, dessen Geheimnis man sorgfältig hütet und kein Spion erfährt, von dem wendet sich das Glück nicht ab.

23. Eine geheime Angelegenheit soll man für sich behalten, oder wohl einmal * einem S. 97
oder zweien oder mehreren mitteilen, je nach Beschaffenheit der Angelegenheit,

ir. A 211 aber in dieser unserer Sache mit den Eulen möchte ich nicht A 182
mehr als vier Ohren ins Geheimnis ziehen, deine und meine.»

Śār. A 212 Der König stimmte ihm zu und die beiden erhoben sich, A 18
begaben sich an einen versteckten Ort zur Sitzung und berieten zusammen. Der Rabenkönig sprach: «Du hast mancherlei gesehen und gehört: aus welcher Ursache ist denn deines Wissens die Feindschaft der Eulen mit uns entstanden?» Der Rabe sprach: «Wegen des Wortes eines Raben ist die Feindschaft der Eulen mit uns entstanden.»

Śār. A 214 Der König sprach: «Was ist das für eine Geschichte?» A 18
Der Rabe sprach:

I. Die Königswahl der Vögel.

Śār. III, 11. «Es war einmal eine Zeit, da hatten die Vögel keinen
König. Da versammelten sich alle Vögel außer den Raben auf einem Platz, um einen König zu wählen, und sie beschlossen, die Eule zur Königswürde zu erwählen. In dem Augenblick ließ sich ein Rabe blicken, und da sprachen die Vögel: «Wir wollen warten, bis der Rabe gekommen ist, und auch ihn fragen.» Und als der Rabe gekommen war, fragten sie ihn. Und der Rabe sprach: «Selbst wenn Simurg[344] nicht auf der Welt wäre, und Pfauen, Gänse, Kraniche,[345] Strandläufer und wer sie sonst noch sind, untergegangen wären, so wäre die Eule nicht zur Königswürde geschaffen,[346] denn

Śār. III, 48. 49 24. sie sieht häßlich aus, hat einen bösen Charakter, ist böse gesinnt, jähzornig und unbarmherzig * und kann nicht einmal bei S. 98
Tage sehen, und wegen ihres Jähzorns und ihrer bösen Haltung kann sich niemand ihr nähern und einen Auftrag von ihr entgegennehmen.

Es heißt:

Śār. III, 50 25. Mag ein König auch beschränkten Verstandes sein, so läßt sich mit ihm doch ganz gut leben, sofern seine Nächsten ihm die Geschäfte führen;[347] wie es heißt, daß ein Hase durch éin angeblich im Namen seines Herrn[348] gesprochenes Wort allen Hasen Freude und Jubel bereitete.»

Die Vögel sprachen: «Was ist das für eine Geschichte?» Und der Rabe sprach:

II. Hase und Elefant.

(Kaninchen und Elefant.)

III. III. «In einem gewissen Lande hatte es mehrere Jahre nicht geregnet, und Saat, Gras und Kraut waren spärlich, sogar die Flüsse und Quellen waren versiegt, und alle Tiere, vor allem die Elefanten, kamen in große Not. So traten sie vor den König und sprachen zu ihm: «Wir haben kein Kraut und Gras, ja nicht einmal Wasser, darum suche für uns Mittel und Wege, daß wir nicht vor Durst sterben.» Da schickte der König nach allen Richtungen aus, zu sehen, wo es Wasser gebe. Und es kam ein Elefant und sprach zu ihm: «Es ist eine große Quelle an dem und dem Ort, die heißt Māhchānī,[349] und ebenda ist auch Gras.» Da machte sich der König mit allen Elefanten auf und sie gingen zu jener Quelle. Rings um die Quelle herum aber befanden sich Hasenbaue, und als die Elefanten dort anlangten und zur Tränke gingen, zertraten sie die Hasenbaue, so daß die meisten in ihren Löchern umkamen. Nachdem jene Wasser getrunken und sich entfernt hatten, kamen die überlebenden Hasen zum Hasenkönig und sprachen: «Die Elefanten haben viele von uns getötet; darum suche für uns Mittel und Wege. * Denn die Elefanten kennen jetzt den Weg S. 99
zur Tränke.» Da war nun ein Hase namens Pērōz,[350] dessen Schlauheit dem König wohlbekannt war, und der Hase sprach: «Fürchtet euch nicht, denn ich mache, daß die Elefanten nicht wieder hieherkommen. Gib mir nur einen sichern Mann als Augenzeugen mit.» Der König sprach:

·. III, 51 26. «Du bist zuverlässig und sicher, und ich
verlange keine Zeugen für dich,

·. III, 52 27. darum geh' nur und sprich das, was es
meinerseits bedarf, von dir aus, wie es
frommt,

3 III, 53 28. denn im Überbringer der Botschaft dokumentiert sich die Begabung des weisen
Königs.»[351]

Der Hase Pērōz nun ging, als er den Mond im Wasser sah, zu den Elefanten, und als er die Elefantenherde erblickte, überlegte er: «Ich bin ein Kleiner und die Elefanten sind groß,

und wenn ich mich dort in die Nähe begebe, komme ich, auch ohne daß sie selbst mich töten wollen, unter ihren Füßen um.

Śār. III, 55 29. Denn wer den Drachen mit seinen Händen
reibt, kommt, auch wenn nicht der Drache
ihn tötet, durch den Hauch seines Rachens
um, und wer sich einem bösen Manne
unterwirft, dem tut der Böse Böses an,
auch wenn er es noch so gut einrichtet.[352]

Darum will ich einen erhöhten Platz besteigen und (von da aus) sagen, was ich zu sagen habe, und mich so vor dem Untergang bewahren.» So tat er und sprach zum Elefantenkönig: «Der Mond hat mich zu dir gesandt, und du weißt, daß ein Botschafter, auch wenn er in einer schlimmen Sache kommt,
weder getötet noch gefangen genommen werden darf.» * Der S. 100
König sagte: «Bring' deine Sache vor.» Der Hase sprach: «Ich habe dieses zu sagen: Der Mond hat mich zu dir gesandt mit den Worten: ‚Geh', sprich zum Elefantenkönig:

Śār. III, 56 30. Wer an Schwachen seine Überlegenheit erprobt[353] und sich dann auch mit Überlegenen zu messen trachtet, dessen Ende ist gekommen.

Nachdem du nun deine Kraft im Kriege mit den Tieren erprobt hast, willst du jetzt auch mit mir den Kampf aufnehmen und hast die Hasen, die um die nach mir benannte Quelle herum wohnen, getötet und das Wasser getrübt. So wisse denn: wenn du so tust, führe ich Finsternis und Asche[354] herbei und vernichte dein Leben.' Und wenn du an diesem Worte zweifelst, so tritt zu der Quelle herzu, ich will warten, bis du kommst.»

Als der Elefant das hörte, verwunderte er sich sehr, und er machte sich auf und ging mit dem Hasen, um zu sehen, ob er wahr gesprochen. Als sie angekommen waren, trat der Hase hinzu, zeigte dem Elefanten das Spiegelbild des Mondes im Wasser und sprach zu ihm: «Nimm mit deinem Rüssel[355] Wasser und wasche dich und falle zur Anbetung nieder!» Da, als er es nahm, sah er, wie das Spiegelbild des Mondes erzitterte. Und der Elefant sprach: «Warum zittert der Mond?» Er sprach zu ihm: «Weil du deinen Rüssel ins Wasser ge-

taucht hast, darüber ist er ergrimmt.» Da der Elefant das sah, dachte er: «Der Hase hat Recht, der Mond ist über mich ergrimmt», und so fiel er anbetend nieder und sprach: «Wohltäter, Mond, mein Herr, zürne mir nicht, denn wir kommen nicht wieder hieher.»

Und dieses habe ich mit Bezug darauf gesagt, daß es gefährlich ist, sich der Eule zu nähern, die jähzornig und von schlechtem Charakter ist und um ihrer Streitsucht willen nicht zur Herrschaft paßt. Und:

II, 57 31. Wer mit einem listigen und heimtückischen
Herrscher leben muß, dem geht es wie
dem Hasen und dem Haselhuhn,[356] die
vor der * heimtückischen und listigen Katze S. 101
prozessierten.»

Die Vögel sprachen: «Was ist das für eine Geschichte?» Und der Rabe sprach:

III. Haselhuhn, Hase und Kater.

III, IV «In dem Baume, auf dem ich nistete, war ein Spalt, darin wohnte ein Haselhuhn, und wir verkehrten intim miteinander. Eines Tages suchte ich das Haselhuhn auf, damit wir zusammen plauderten und uns amüsierten, wie es unsere Gepflogenheit war, fand es aber nicht; und ich wartete eine Zeitlang, und als es immer nicht kam, wurde ich betrübt und machte mir Gedanken, es sei etwa getötet oder gefangen und gebunden, oder es habe einen besseren Wohnort gefunden. Da kam ein Hase an die Wohnung des Haselhuhns, und da ich dieses nirgends sah, dachte ich: «Weil mein Freund nicht zur Stelle ist,[357] so fange ich mit dem Hasen keinen Streit an.» Nach einiger Zeit aber kam das Haselhuhn heim, und es sprach zum Hasen: «Dieser Ort gehört mir, darum pack' dich fort.» Der Hase sprach: «Ich gebe meinen Ort nicht preis; wenn du willst, so gehe ich mit dir vor Gericht.» Das Haselhuhn sprach:

II, 58 32. «Der Ort gehört mir, und ich habe Zeugen.»

Der Hase sprach: «Erst braucht's einen Richter und hernach erst die Zeugen.» Das Haselhuhn sprach: «Es ist ein Richter vorhanden.» Der Hase sprach: «Wer ist der Richter?» Das Haselhuhn sprach: «Es gibt den und den Fluß, und nahe bei

seinem Ufer ist ein gerechter Kater; der betet jeden Morgen früh die Sonne an und tötet nichts, fastet beständig, weidet Gras und trinkt Wasser. Der soll uns auf unsere Bitte Recht sprechen.» Als der Hase dieses hörte, sprach er: «Zeige ihn mir», und sie gingen zu dem Kater, und ich begleitete sie, um zuzuschauen. So kamen sie dort an, und der Kater sah sie von ferne. Schnell richtete er sich * auf seinen Hinterfüßen S. 102 auf, nach der Sonne zu, und betete diese an. Als der Hase das sah, staunte er. Und nachdem sie sich in Furcht genähert hatten, sprachen sie: «Wir haben einen Rechtshandel miteinander, darum bitten wir, sei unser Richter», und sie trugen ihm ihren Rechtshandel vor. Der Kater sprach: «Infolge meines Alters höre ich schlecht, darum tretet näher und sprechet laut.» Und so näherten sie sich noch um ein Kleines und erzählten ihren Rechtshandel mit lauter Stimme. Er aber sprach zu ihnen, damit sie Zutrauen zu ihm faßten und heranträten: «Ich habe euern Rechtshandel vernommen, aber ich gebe euch den Rat, daß ihr wahrhaftig Recht suchet,[358] denn

Śār. III, 60 33. wer ehrlich Recht sucht, kann sich als den gewinnenden Teil betrachten, auch wenn er verliert, und wer es betrügerisch sucht, kann sich als den verlierenden Teil betrachten, auch wenn er gewinnt.

Śār. III, 61 34. Denn aus dieser Welt nimmt einer nichts mit sich hinaus als seine guten Werke, alles andere bleibt hier zurück.[359]

Vgl. Śār. III, 64 35. Was einer für immer erwirbt und dauernd besitzt, das soll er zu erwerben bestrebt sein, aber was man nicht dauernd besitzen kann, soll er verachten und verwerfen.

Śār. III, 63 36. Dem Weisen ziemt es, alles, was sein Nächster besitzt, zu verachten wie einen Stein, und allen Reichtum wie Staub, und jedermann sich selbst gleichzuachten.»

Durch diese Rede verleitete er sie so lange, bis sie ihm nahekamen, und als er sie nahe genug sah, fing er sie mit einem Satz und tötete sie.

Und diese Geschichte habe ich mit Rücksicht darauf erzählt, daß auch die Eulen heimtückisch, * böse und Tier- S. 103
fresser sind.»

Als die Vögel diese Worte hörten, stimmten sie alle zu und machten die Eule nicht zum König. Die Eule aber war darob im Herzen verbittert, und sie sprach zum Raben: «Was habe ich dir zuleide getan, daß du ein Wort gesprochen hast, das mir geschadet hat? Bedenke wohl:

I, 65 37. Der abgehauene Baum sproßt wieder, und eine Schwertwunde heilt, doch die von der Zunge geschlagene Wunde schließt sich nicht wieder zusammen.[360] Pfeilspitze und Lanze lassen sich wieder herausziehen, aber ein Wort, das hart ist wie eine Pfeilspitze, bleibt im Herzen stecken.

38. Überhandnehmendes Feuer kann mit Wasser niedergeschlagen werden, tödliches Gift macht man durch Gegengift unwirksam, Not verschwindet durch Geduld: aber Verbitterung läßt sich mit nichts auslöschen noch beruhigen.[361]

So habt ihr Raben ewige Verbitterung und Feindschaft mit uns gepflanzt.» Und sie wandte sich in heftigem Grimm von dem Raben ab.

Da empfand der Rabe alsbald Reue und sprach: «Ich habe schlecht gehandelt, denn mein Schade betrifft nun die ganze Gesamtheit. Ich hätte nicht auf eigene Faust kämpfen sollen,[362] am wenigsten in ihrer[363] Gegenwart; heißt es doch:

I, 66 39. Ein Wort, das man zur Unzeit törichterweise ausspricht, ist kein Wort, sondern Gift, zumal dann, wenn es Feindschaft erzeugt.

I, 67 40. Sogar ein Mächtiger und Herrscher geht im Selbstvertrauen nicht so weit, daß er gegen einen gewöhnlichen Menschen ein Wort ausspricht, aus dem Verbitterung entsteht.[364] Ein Weiser, wenn er auch

Arzt und Medikamente zur Hand hat, trinkt nicht unnötigerweise Gift.

41. Eine wackere Tat ist besser als eine gedrechselte Rede. Eine wackere Tat wird zuletzt belobigt, aber eine schöne[365] Rede lobt man anfangs, aber zuletzt verflucht man sie.

* Nun habe ich solches in meiner Torheit gesprochen, ohne S. 104
damit zu Rate gegangen zu sein, und kann es nicht wieder gutmachen. Heißt es doch:

Śār. III, 68 42. Der Mensch muß sich mit Freunden und Ratgebern beraten, dann erntet er Gutes von seiner Tat. Andernfalls kommt er auf verkehrte Gedanken, die unliebsame Folgen haben.»[366]

So sprach er, machte sich auf und verließ die Versammlung der Vögel.

Śār. A 215 Diese Verbitterung und Feindschaft der Eulen mit uns A 185
besteht also infolge des Wortes des Raben.»

Der Rabenkönig sprach: «Ich habe gehört, was du gesprochen hast. Jetzt aber laß uns förderliche Worte reden, denn die Eulen werden abermals kommen und uns Schaden zufügen. Wie müssen wir also mit ihnen verfahren?»

Śār. A 216 Der Rabe sprach: «Wir wollen weder die Eulen bekriegen, A 186
noch die Zahlung eines Tributes auf uns nehmen, aus dem Grunde, den ich bereits erwähnt habe; vielmehr wollen wir ihnen durch List schweren Schaden zufügen,

Śār. III, 69 43. wie sie die schlauen Männer gegen jenen Asketen[367] anwendeten, indem sie ihm über etwas ihre Zweifel äußerten, dessen er doch ganz sicher war.»

Śār. A 217 Der König sprach: «Was ist das für eine Geschichte?» A 187
Und der Rabe sprach:

IV. Der geprellte Asket (Brahmane).

Śār. III, v. «Ein Asket hatte sich einen Ziegenbock gekauft in der Absicht, ihn zu opfern. Als er heimzog, machten einige Männer einen Anschlag gegen ihn und kamen ihm einzeln, einer nach

dem andern, entgegen. Einer von ihnen sprach zu dem Asketen:
«Wozu brauchst du den Hund, den du da am Knebel führst?»
Ein anderer sagte: «Willst du auf die Jagd * gehen, daß du S. 105
einen Hund mit dir führst?» Ein anderer sagte: «Willst du
den Hund, den du mit dir führst, verkaufen?» Und wieder
ein anderer sagte: «Der sollte sich waschen und reinigen,
nachdem der Hund mit ihm in Berührung gekommen ist.»[368]
Als der Asket ihre Worte hörte, dachte er: «Führe ich
also wirklich einen Hund mit mir und hat sich der Verkäufer
auf Gaukelei verlegt und mich mit Blindheit geschlagen?»
So ließ er den Ziegenbock los und gab ihn preis,
ging heim und wusch und reinigte sich. Und als sie sahen,
daß der Asket den Bock preisgegeben, fingen sie ihn und verzehrten
ihn.

ār. A 218 Diese Geschichte habe ich dir erzählt, weil den Eulen A 188
durch List schwerer Schaden zugefügt werden kann. Die List
besteht nun in folgendem: Mein Herr ergrimmt über mich
angesichts des Gefolges und äußert sich schlimm über mich
und befiehlt,[369] daß sie mir Flügel und Schwanzfedern ausreißen
und mich mit den Schnäbeln schlagen und mit Blut bespritzen
und an die Wurzel dieses Baumes werfen. Dann zieht
mein Herr mit dem ganzen Gefolge an den und den Ort. Dort
bleibt, bis ich ein Mittel gefunden habe, die Eulen zu vernichten,
und zu euch komme und euch benachrichtige.»

ār. A 219 Darauf gab der Rabenkönig diesen Befehl und sie taten A 189
an ihm so. Als es Abend geworden war, kamen die Eulen und
trafen dort die Raben nicht mehr, aber auch jenen Raben
sahen sie nicht. Da dachte der: «Wozu nützt mir diese Mißhandlung,
die ich über mich habe ergehen lassen, wenn sie
r. A 220* umkehren, ohne mich gesehen zu haben?» Daher schrie er A 190*
mehrere Male, bis die Eulen es hörten und zu ihm herankamen.
Und als sie einen lebenden, sich wälzenden und blutbespritzten
Raben an der Baumwurzel liegen sahen, benachrichtigten sie
ihren König, und der König und viele von seinem Gefolge
machten sich auf, um von ihm zu erfahren, wo die Raben
seien. Und er befahl einer Eule, ihn zu fragen: * «Wer bist du S. 106
und wo befinden sich die Raben?» Der Rabe antwortete: «Ich
bin der und der. Aber wie könnte ich bei dem, was mich betroffen
hat, das Geheimnis wissen, wo sich die Raben auf-

halten?» Die Eule fragte ihn: «Was hast du erfahren?» Er antwortete: «Was du siehst.» Da sprach der Eulenkönig: «Dieser Rabe war der Sekretär und Berater des Rabenkönigs, darum fraget ihn: «Was hast du verbrochen, daß dir dieses Unheil widerfahren ist?» Der Rabe sprach: «Dieses Unheil hat mich wegen meiner Torheit betroffen. Ihr habt ja vor kurzem die Raben überfallen und ihnen großen Schaden zugefügt; und da hielt der König eine Sitzung und beriet sich mit mir und seinen Ratgebern, was man den Eulen gegenüber zu tun habe. Die meisten von ihnen sprachen: «Wir wollen Krieg führen», ich aber sprach: «Die Eulen sind stark und wir sind schwach, und wenn wir mit ihnen Krieg führen, haben sie davon Nutzen und wir Schaden. Darum müssen wir eines von beidem tun: Können wir Frieden schließen, so sollen wir's tun; ist aber Friede ausgeschlossen, so verzichten wir und fliehen vor ihnen an einen andern Ort. Denn es heißt:

Śār. III, 71 44. Der Schwache soll sich mit dem Starken nicht in Kampf einlassen, sondern sich ducken, so bleibt er schadlos, wie der Grashalm, wenn ein heftiger Wind über ihn herbläst, sein Haupt vor ihm beugt, so daß er vorübergeht.[370] Wer aber mit einem Überlegenen kämpft, kommt zu Schaden, gleich der Mücke, die mit dem Feuer kämpft, um etwas von ihm zu erraffen, und hineinfällt und stirbt.»

Śār. A 220b Sie aber billigten nicht, was ich sagte, und ergrimmten und A 190b
sprachen: «Du bist der Berater der Eulen»,[371] * packten mich S. 107
und fügten mir diese Mißhandlung zu.»

Śār. A 221 Als der Eulenkönig das hörte, fragte er die in seiner A 191
Umgebung befindlichen Eulen einzeln: «Was sollen wir mit diesem Raben tun?»

Śār. A 223 Die erste antwortete: «In betreff dieser Frage ist das A 192
einzig Richtige, daß man ihn sofort tötet; denn er ist beim Rabenhäuptling durch seine Einsicht berühmt.[372] Wird er ge-
Śār. A 222 tötet, so kommen alle in deine Gewalt. Und es heißt: «Zu wem A 193
das Glück kommt, ohne daß er es annimmt, den verflucht sein Glück und wendet sich von ihm ab.» Und:

ār. III, 74 45. Wem die günstige Zeit kommt, ohne daß er zu dieser Zeit tut, was er vorhat, dem entschwindet sie und er findet sie nicht mehr.»

Śār. A 224 Nun fragte der König einen andern: «Was meinst du?» A 194
Er sprach: «Ich meine, wir wollen ihn nicht töten, denn

ār. III, 76 46. man muß sich eines Feindes erbarmen, wenn er sich demütigt und Schutz bei einem sucht, zumal wenn er einem einen Gefallen erweist, und muß sich mit ihm aussöhnen,

Sār. Anhang II. wie es der Kaufmann tat in der Nacht, wo ein Dieb in sein A 195
Haus drang, und wegen einer kleinen Genugtuung, die er erlebte, zu dem Dieb sprach:

r. Anh. II, 82 47. «Freund! Die immer vor mir floh[373] und zurückwich, drückt mich jetzt um deinetwillen an die Brust. Darum nimm dir alles, was du begehrst, aus meinem Hause und geh'!»

r. A 225bb Der Eulenkönig sprach: «Was ist das für eine Ge- A 196
schichte?»

Und er antwortete:

ir. Anh. II = β III, vi

V. Der alte Mann, seine junge Frau und der Dieb.

«Es war einmal ein reicher [Kaufmann],[374] ein Greis von 80 Jahren,[375] der hatte eine junge Frau. Sie lag des Nachts nur notgedrungen neben ihm, war um ihrer Jugend willen betrübt und verabscheute den Kaufmann wegen seines Alters, und wenn er sie berühren wollte, rückte sie von ihm weg. Da drang einmal des Nachts ein Dieb in das Haus des Kauf-
manns, während er * schlief, sie aber wach war. Als sie den S. 108
Dieb erblickte, fürchtete sie sich sehr und umarmte den Kaufmann und drückte ihn an sich, und er erwachte und sah, daß seine Frau ihn umarmt hielt, und sprach: «Was hat mir da dieses Glück verschafft, daß mich meine Frau umfängt?» Als er dann den Dieb erblickte, wußte er, daß sie ihn aus Furcht vor diesem umarmt hatte, und sprach zu dem Dieb:

Śār. Anh. II, 82 48. «Mein Freund! Die[376] beständig vor mir floh und zurückschreckte, drückt mich jetzt um deinetwillen an die Brust. Darum nimm dir alles, was du begehrst, aus meinem Hause und geh'!»

Śār. A 226 Der König fragte den Dritten, und der sprach: «Man A 197
darf ihn nicht töten, denn

Śār. III, 79 49. es hat einer Nutzen davon, wenn seine Feinde gegen einander agitieren und miteinander überworfen sind. Aus ihrer Überworfenheit entsteht ihm Nutzen, wie er einem Mann entstand, der wegen des Streites, welcher sich zwischen einem Dämon und einem Räuber entspann, seinerseits dem Unheil entrann.»

Śār. A 227 Der König sprach: «Was ist das für eine Geschichte?» A 198
Und er sprach:

VI. Asket, Dieb und Dämon.

(Brahmane, Dieb und Rākṣasa.)

Śār. III, VI. «Es war einmal ein Asket, dem schenkte jemand eine Milchkuh zum Almosen. Diese gewahrte ein Räuber, und er ging demselben nach, um sie womöglich zu stehlen. Da schloß sich ihm ein Dämon an, der Menschengestalt angenommen hatte; der war seinerseits unterwegs, indem er dachte:[377] «Wenn der Asket schläft, packe ich ihn.» Der Räuber fragte den Dämon: «Woher bist du und wohin willst du gehen?» Der Dämon sprach: «Ich bin ein Dämon und gehe dem Asketen nach, um ihn, wenn er sich in der Nacht schlafen gelegt hat, zu packen.» Da sprach auch der Räuber zu ihm: «Auch ich
gehe ihm nach, vielleicht kann ich * seine Milchkuh stehlen.» S. 109
Da gingen sie selbander. Als der Asket zu Hause ankam, war die Nacht bereits vorgerückt, und er band die Kuh drinnen im Hause an, nahm seine Mahlzeit und legte sich schlafen. Der Räuber nun dachte: «Wenn der Dämon den Asketen packt, erwachen vielleicht die Leute durch sein Rufen und kann ich sie nicht mehr stehlen»; darum sprach er zum Dämon: «Warte du so lange, bis ich die Kuh fortgeschafft habe,

alsdann packst du den Asketen.» Der Dämon aber dachte: «Wenn der Räuber die Kuh fortschafft, bemerken es vielleicht die Leute und wecken den Asketen und kann ich ihn nicht packen»; darum sprach er zum Räuber: «Warte, bis ich den Asketen gepackt habe, nachher nimmst du die Kuh weg.» Diesergestalt widersprachen sie einander und sie erhitzten sich beide. Da rief der Dämon dem Asketen: «Steh auf, sieh, der Räuber will deine Kuh stehlen!», und der Räuber rief: «Steh auf, sieh, der Dämon will dich packen!» Und der Asket erwachte samt seinen Hausgenossen aus dem Schlafe und sie standen auf, und der Räuber und der Dämon flohen.

228 Dies habe ich dir mit Bezug darauf gesagt, daß es ein A 199
Weiser für einen großen Vorteil hält, wenn sich seine Feinde miteinander überwerfen oder wenn ein Freund seiner Feinde gegen diese agitiert, so daß sie sich miteinander überwerfen.»

232 Nachdem diese dritte Eule das gesprochen, sprach wieder A 200
jene erste: «Ich sehe, ihr seid auf die Rede dieses Raben hereingefallen, denn

50. der Weise sieht die Listen der Feinde und
fällt auf ein Wort nicht herein, * sondern S. 110
ist auf seiner Hut; ein törichter Mann
aber läßt sich leicht durch ein Wort verleiten.

. 81 51. Denn wer dem, was er hört, mehr glaubt
als dem, was er mit eigenen Augen sieht,
dem geht's wie jenem Zimmermann, der
dem, was er hörte, mehr glaubte, als dem,
was er sah.»

233 Der Eulenkönig sprach: «Was ist das für eine Ge- A 201
schichte?»

Und die Eule sprach:

VII. Der betrogene Ehemann und sein schlaues Weib.

VIII. «Es war einmal ein Mann, der liebte die Frau eines
Zimmermanns. Als das die Hausgenossen des Zimmermanns erfuhren, setzten sie ihn davon in Kenntnis, und er begann zu überlegen: «Es wäre nicht recht, wenn ich dem Worte der Leute glaubte, bevor ich's mit eigenen Augen gesehen.» Und

er sprach zu seiner Frau: «Wir haben eine Arbeit übernommen an dem und dem Orte, und ich reise dorthin, darum richte mir den Proviant her für so und so viel Tage, daß ich ihn mit mir führe.» Als sie das hörte, freute sie sich sehr und tat, wie er ihr gesagt. Als es Abend geworden war, sprach der Zimmermann zu seiner Frau: «Verschließ die Tür sorgfältig und gib auf das Haus acht», und er machte sich mit seinem Lehrling auf und sie gingen. Nachher kam der Zimmermann heimlich wieder zurück, ging in das Haus und versteckte sich unter dem Bett, ohne daß ihn jemand gesehen hatte. Sie aber glaubte den Zimmermann unterwegs und ließ ihrem Liebhaber sagen: «Mein Gatte ist von Berufs wegen abwesend und wird erst nach langer Zeit wiederkommen, darum komm' eiligst hieher!» Und er kam zur Zimmermannsfrau und aß und trank mit ihr, und sie waren guter Dinge selbander, während der Zimmermann alles, was sie taten, sah. Und in der Nacht bestieg er das Bett des Zimmermanns und legte sich darauf nieder. Der Zimmermann aber versank in Schlaf, und unter dem Bett liegend, wie er war, streckte er * seine Füße aus. Wie ihn nun S. 111
seine Frau unter dem Bett erblickte, flüsterte sie ihrem Liebhaber zu: «Frage mich laut: Liebst du mich oder deinen Gatten?» Er fragte sie, und sie antwortete ihm: «Geliebter, so etwas darfst du mich nicht fragen, denn wir Frauen sehen bei einem fremden Mann nicht auf das Äußere und auf Tüchtigkeit, sondern wenn er uns über den Weg läuft, sättigen wir an ihm bloß unsere Lust. Den Gatten jedoch achten wir[378] als den Vater und Ernährer, denn alles Gute, was der Mann sich angelegen sein läßt und erstrebt, erstrebt er um seiner Frau und seiner Kinder willen. Für eine betrügerische Frau muß eine jede gelten, die nicht ihren Gatten so achtet wie sich selbst, und auch ich liebe ihn.» Als der Zimmermann hörte, wie sie sagte: «Ich liebe ihn», kam ihm das Weinen und er dachte im Herzen: «Wie ich sehe, liebt mich meine Frau wie ihr eigenes Leben.» Als am Morgen früh ihr Liebhaber von ihr ging, schlief sie, und der Zimmermann kam unter dem Bett hervor, setzte sich zu ihr auf das Bett und verscheuchte ihr die Fliegen, und als sie erwachte, sprach er zu ihr: «Schlafe, mein Herz, denn er hat dir in der Nacht stark zugesetzt. Wenn es dir nicht zu Verdrießlichkeiten gereicht wäre, so hätte ich

mit dem Manne Streit angefangen.» Und der Zimmermann verachtete, was er mit eigenen Augen gesehen, und hielt das, was er von seiner Frau hörte, für die Wahrheit.

234 Dies habe ich dir mit Rücksicht darauf erzählt, daß man A 202
auch den Worten dieses Raben nicht glauben darf, denn

. III, . 83? 52. bis jetzt zwar hat er uns nicht schaden
können, nun aber trifft uns * Schaden durch S. 112
sein Kommen und gar durch die törichten
Ratschläge.»

235a Aber der Rat der Eule, die seine Tötung beantragt hatte, A 203
wurde nicht angenommen, vielmehr gab der König den Befehl und sie trugen den Raben ehrenvoll von dannen nach dem Wohnort der Eulen.

Und wiederum sprach jene Eule, welche die Tötung des A 204
Raben beantragt hatte, zum König: «Mit Verlaub, wenn du ihn nicht töten lassen willst, so möge man ihn doch wenigstens als Feind behandeln, sofern er seine Absicht verwirklichen will und dir und deinem ganzen Gefolge Böses zufügen kann. Denn dieser Rabe ist verschlagen und ist mit List hiehergekommen, um für sich Nutzen daraus zu ziehen.» Aber der König und die übrigen Eulen verachteten seine Worte und erwiesen dem Raben hohe Ehre. Und der Rabe seinerseits verhielt sich dementsprechend und redete solche Worte, daß der Eulenkönig und seine Ratgeber[379] bei ihrem Anhören ihm immer mehr Vertrauen schenkten.

235b Eines Tages nun sprach der Rabe zu den Eulen — und A 205
auch den Eulenkönig hatte er eingeladen, und auch jener Widerpart des Raben war anwesend —, zu ihnen also sprach er: «Ich habe von seiten der Raben viel Böses erfahren und will ihnen vergelten. Im Rabenleibe nun kann ich ihnen keinen Schaden zufügen, ich habe aber gehört, daß, wer Leib und Seele opfert und sich lebendig im Feuer verbrennt — daß diesem das Feuer wunderbare Kräfte verleiht und eine flehentliche Bitte, die er stellt, gewährt wird. Wenn nun mein Herr einwilligt und anordnet, daß man mich im Feuer verbrenne, so tue ich in dem Augenblick, wo man mich verbrennt, die Bitte, in eine Eule verwandelt zu werden: so kann ich, Herr,
das Böse, was ich von * den Raben am Leibe[380] erfahren habe, S. 113

den Raben vielleicht vergelten.» Da sprach sein Widerpart unter den Eulen zu ihm:

Śar. III, 84 53. «Du gleichst süßem Wein und Honig, der
sich in einem Gefäß befindet, und mit
welchem Galle vermischt ist.

Śar. A 236 Wenn du auch deinen Leib verbrennst, so können doch dein A 206
Charakter und deine Gewohnheiten und deine Natur nicht verbrennen, denn

Śar. III, 85 54. wohin du auch gehen magst, du kehrst
doch immer wieder zu deiner Natur zurück, wie jene Maus, die sich Sonne, Nebel, Wind und Berggeist zum Gatten in Aussicht nahm, aber auf sie alle verzichtete und wieder ihre Natur annahm und eine Maus, einen Geschlechtsgenossen, heiratete.»

Śar. A 237 Der Rabe sprach: «Was ist das für eine Geschichte?» A 207
Und die Eule sprach:

VIII. Die Maus als Mädchen.

Śar. III, IX. «Es war einmal ein gerechter Asket, dessen Segen und
Fluch ging stets in Erfüllung. Der saß einmal am Strome. Da flog über ihm eine Weihe, die hielt in ihren Fängen eine Maus. Als sie in die Nähe des Asketen gelangt war, da entfiel ihr die Maus, (so daß sie) gerade vor seinen Füßen (niederfiel). Dem Asketen tat es leid um sie und er streckte die Hand aus, nahm sie und legte sie auf ein Blatt und machte sich auf, um sie nach Hause zu tragen, damit niemand sie töte. Unterwegs reute es ihn und er sprach: «Ich hätte sie nicht von der Erde aufheben sollen, denn vielleicht wären ihr Vater und ihre Mutter gekommen und hätten sie fortgeschafft. Denn mir wird es schwer fallen, sie aufzuziehen; ziehe ich sie aber nicht auf, so habe ich Unrecht daran getan, sie aufzuheben. Wenn sie aber ein Mädchen wird, so ist's mir wohl leichter, sie aufzuziehen.» Und so segnete er sie und sprach: «Verwandle dich in ein schönes Mädchen»,[381] und es geschah.[382] Er brachte es nun nach Hause und sprach zu seiner Frau: «Halte dieses
Mädchen wie * deine Tochter und liebe es wie ein eigenes!» S. 114

Und sie tat so. Als sie zwölf Jahre alt geworden war, dachte der Asket: «Ich muß für sie tun, was ein Mann seiner Tochter schuldig ist. Es ist Zeit, daß sie einen Mann bekomme. Die Weisen haben gesagt:

III, 86 55. Glücklich, wessen Tochter nicht in seinem
Hause in den Menses sitzt.»[383]

Und er fragte sie und sprach zu ihr: «Tochter, es ist jetzt Zeit für dich, einen Mann zu bekommen. Schau dich um und sieh' zu. Wen immer du begehrst, nenne ihn mir, und wenn es einer von den Geistern ist, so mache ich ihn zu einem körperlichen Wesen und er kann dich heiraten.» Sie erwiderte: «Ich begehre den Mann, der stärker ist als alle Menschen.» Da ging der Asket zur Sonne und sprach zu ihr: «Dieses Mädchen ist eine Schönheit und ich habe es in mein Haus aufgenommen; und sie begehrt den Mann, der stärker ist als alle Menschen. So möge sie deine Frau werden.» Die Sonne sprach: «Ich bin stark, aber der Nebel ist stärker als ich, denn wenn er gegen mich herangerückt kommt, so verdeckt er allen meinen Glanz und meine Pracht.» Da ging er zum Nebel und sprach zu ihm ebenso. Der Nebel sprach: «Ich bin stark, aber der Wind ist stärker als ich, denn der Wind führt mich fort und bringt mich her, wie er will.» Da ging der Asket zum Winde und sprach zu ihm ebenso. Und der Wind sprach zu ihm: «Ich bin stark, aber der Berg ist stärker als ich, denn er widersteht mir und hält meinen Ansturm auf, ohne daß ich
* ihn erschüttern kann.» Da ging er zum Berggeist und sprach S. 115
zu ihm dasselbe. Und der Berggeist sprach: «Ich bin stark, aber die Maus ist stärker als ich, denn sie zerklüftet den Berg, ohne daß ich ihr etwas anhaben kann.» Da sprach der Asket zum Mausmännchen: «Dieses Mädchen begehrt einen Mann, der stärker ist als alle andern. So sei sie dir zum Weibe!» Das Mausmännchen sprach: «Wie kann ich sie zum Weibe nehmen, da ich klein bin und mein Loch eng ist, diese aber von großem Leib ist und nicht zu mir hereinkommen kann?» Als der Asket sah, daß sie sich damit zufrieden gab und einverstanden war, betete er, und das Mädchen wurde in eine Maus verwandelt und er gab sie dem Mausmännchen zur Frau.»

Śār. A 238 Der Eulenkönig sprach:[384] «Die Worte, welche da die A 208
Eule gesprochen hat, verdienen keine Beachtung.» Und er hielt den Raben so in Ehren,

Śār. III, 90 56a. daß er ihn schließlich das ganze Geheimnis
und die Listen der Eulen lehrte.

Śār. A 243 Und es wuchsen ihm wieder Flügel und Schwanz und A 209
er wurde fett und stark.

Śār. A 244 Alsdann machte er sich heimlich auf und begab sich zu A 210
den Raben und sprach zu ihnen:

Śār. III, 90 56b. «Freuet euch und seid zuversichtlich, denn
was ich tun sollte, habe ich getan, und
habe alles deutlich ausgeforscht und mich
unterrichtet.

Śār. III, 91 57. Und wenn ihr euch nun recht Mühe geben
wollt, so führe ich euch den Eulenkönig
und sein ganzes Gefolge gedemütigt vor.»

Da sprach der Rabenkönig und alle mit ihm zugleich: A 211
«Wohlan, wir sind bereit, sage uns, was wir zu tun haben.» Der Rabe sprach: «Die Eulen wohnen an dem und dem Orte und am Tage versammeln sie sich alle an einem Orte. In der
Śār. A 244 Nähe dieses Ortes befindet sich trockenes Holz. Ihr nun nehmt
ein jeder so viel Holz, als ihr könnt, fliegt in éinem * Saus dort- S. 116
hin und verstopft die Spaltöffnung mit dem Holz. Es ist dort auch eine Schafhürde, woselbst sich Feuer befindet; das erraffe ich und nehme es und lege es auf das Holz. Ihr aber facht dann mit euern Flügeln so lange an, bis es[385] Feuer fängt.»

Śār. A 245 Als sie so getan, verbrannten diejenigen von den Eulen, A 212
die herauskamen, im Feuer, und diejenigen, welche drinnen blieben, starben durch den Rauch. So töteten sie alle Eulen. Und die Raben kehrten zu ihren Wohnstätten zurück.

Śār. A 246 Darauf fragte der Rabenkönig jenen Raben: «Wie hieltest A 213
du es aus, so viele Monate mit den Eulen zu leben?» Der Rabe sprach:

Śār. III, 95 58. «Wenn ein Weiser in Mißgeschick gerät,
wissend, daß das Mißgeschick vorübergeht
und Gutes daraus entsteht, so nimmt er
es freudig hin und wartet seine Zeit ab.

III, 99 59. Ein Wort, das hart ist wie eine Pfeilspitze,
1 A 248 nimmt er wegen des Gewinnes, den er wahrnimmt, unbekümmert hin und erträgt schmähliche Behandlung durch den Feind, ohne seine Absicht zu verraten,[386] und erlangt so den Gewinn.[387]

III, 93 60. Hat doch der Held 'rzn,[388] der weiland sogar Dämonen und Spukgeister zu töten vermochte, als ihn Mißgeschick traf, Weibertracht angezogen, so daß ihn niemand erkannte;

III, 94 61. und hat doch auch Bi̮m,[389] dem die vielen Helden nicht standhielten, als ihn Mißgeschick betraf, von einem Koch[390] ein Wort hingenommen, das schlimmer war
als eine Pfeilspitze, weil er davon * Vorteil erwartete.»[391] S. 117

. A 248 Der Rabenkönig sprach: «Sage mir, wie steht's mit der A 214
Einsicht der Eulen?» Der Rabe sprach:

III, 88 62. «Mit Ausnahme dessen, der mit bezug auf mich meinte: ‚Er muß getötet werden', verstehen sie im übrigen nichts.

. A 239. Selbst wenn jemand ihnen zum Nutzen spricht, nehmen A 215a
249 sie es nicht an. Und sie überlegten nicht: ‚Die Raben sind 215b
durch ihre Einsicht berühmt, und vielleicht ist uns dieser Rabe nur aus List vorgeworfen.' Jener mein Widerpart von den Eulen, der durch seine Einsicht meine Pläne erriet, redete zu ihnen, aber sie würdigten ihn keiner Beachtung. Und doch haben die Weisen gesagt:

'II, 100 63. Einen Diener und Beisaß, der vom Feinde hergekommen ist, muß man fürchten wie ein Haus, worin eine Schlange ist,

'II, 101 64. und wie sich der Šrmrbaum[392] vor der Taube fürchtet, die auf dem Niru̮t-baume[393] nistet; wenn sie darauf sitzt, frißt sie seinen Samen[394] und dann verrichtet sie auf dem Šrmr die Notdurft,

wodurch von seinem Samen etwas an dem Šrmr kleben bleibt und aufsproßt und ihn zugrunde richtet.[395]

Śār. III, 102. 103 65. 66. Ein Herrscher soll seinen Leib in acht nehmen vor dem Wasser und der Lauge, womit er reinigt,[396] vor den Kleidern und vor dem Bett, auf das er sich niedersetzt, vor dem Pferd und dem Sattel, worauf er sich zum Reiten setzt, vor der Waffe, die er sich umgürtet, vor der Speise, die er ißt, und den Medizinen, die er trinkt, vor der Krone, die er aufsetzt, vor Duftkraut, Aroma und Öl, das er einreibt: Alles dies soll er vor seinen Feinden hüten.»

Der Rabenkönig sprach: «Der Eulenkönig ist durch A 216
seinen Stolz und die Torheit seiner Ratgeber zugrunde gegangen.» Der Rabe sprach:

Śār. III, 104 67. «Wem hat sich das Glück dargeboten und ist er nicht stolz geworden? Wer hat sich in Frauen verliebt und ist nicht zum Gespött geworden? Wer hat unmäßig ge-
gessen und ist nicht erkrankt? * Und S. 118
welcher Fürst mit schlechten Ratgebern ist nicht von viel Mißgeschick betroffen worden?»

Śār. A 248 Der König sprach: «Es muß dir sehr schwer gefallen A 217
sein, dich unter die Anhänger des Eulenkönigs zu erniedrigen?» Der Rabe sprach: «Es fiel mir schwer,

Śār. III, 99. 68. aber um der am Ende zu erwartenden Annehmlichkeit willen hielt ich die Nöte aus.

Die Weisen haben ja gesagt:

Śār. III, 107 69. Ein Weiser trägt um einer Annehmlichkeit willen, die er am Ende absieht, sogar seinen Feind auf der Schulter, ohne es für eine Last zu achten, wie jene schwarze Schlange, die um ihres Vor-

teils willen den Frosch auf ihrer Schulter reiten ließ.»

ār. A 251 Der König sprach: «Was ist das für eine Geschichte?» A 218
Und der Rabe sprach:

IX. Die Schlange als Reittier der Frösche.

ir. III, x. «Es war einmal eine schwarze Schlange. Als sie betagt geworden war, überlegte sie: «Ich kann mich fürderhin nur noch durch List unterhalten, denn ich bin betagt und schwach und kann nicht mehr überall herumschweifen.» Und sie machte sich auf und ging zu einer Wasserquelle, aus der sie sich früher Frösche gefangen hatte — und es befanden sich wirklich viele Frösche darin — und setzte sich dort in trübem Sinnen hin. Als die Frösche sie erblickten, fragten sie sie: «Herr, warum sitzest du in Trauer da?» Die Schlange sprach: «Wie sollte ich mir nicht trübe Gedanken machen? Denn bisher unterhielt ich mein Leben und wußte Frösche zu finden und verzehrte sie, und jetzt ist mir das Mißgeschick begegnet, daß selbst wenn mir die Frösche in den Mund kommen, ich sie nicht verspeisen kann.» Da gingen die Frösche und benachrichtigten ihren König und sprachen: «Freue dich, denn die schwarze Schlange, die immer hieher kam und Frösche fing, * ist da und sagt: Fürderhin kann ich keine Frösche mehr fangen.» S. 119
Als er das hörte, freute er sich, und er ging, trat der Schlange auf eine gewisse Entfernung gegenüber und fragte sie: «Warum bist du schweigsam?» Die Schlange sprach: «Wenn mir nicht fürderhin jemand Almosen gibt und mir Frösche zum Essen schenkt, so kann ich keine mehr kriegen. Ich sah nämlich des Nachts einen Frosch in das Haus eines Asketen gehen und trat hinter ihm ein, und das Haus war finster. Da kam gerade der Sohn des Asketen von drinnen heraus und stieß mit seiner Zehe an mich[397] und ich packte ihn[398] mit meinen Zähnen[399] und biß ihn, so daß der Knabe alsbald starb, und ich floh. Aber der Asket lief mir nach und verfluchte mich: «Du Schlange, die du diesen Knaben getötet hast, der dir doch nichts zu Leide getan, sollst dafür augenblicklich ein Reittier für den Froschkönig werden und keine Frösche mehr fressen können außer denen, die dir der Frosch-

könig zum Almosen gibt; und wenn du's anders machst, sollst du bersten.» So bin ich denn zu dir gekommen und stehe bereit, so oft du zu reiten begehrst.» Da dachte der Froschkönig:

Śār. III, 108? 70. «Wenn ich die Schlange reite, werde ich
mächtig berühmt»

und stieg auf und ritt auf der Schulter der Schlange. Nachdem er einige Tage lang auf der Schlange geritten, sprach die Schlange zu ihm: «Ich kann infolge jenes Fluches, mit dem ich beladen bin, nicht fangen, darum gib mir, Herr, gefälligst meine Tagesration.» Der König dachte: «Es ist schlecht von mir, daß ich der Schlange, die mir dergestalt unterworfen ist, keine Nahrung gegeben habe» und ließ ihr pro Tag zwei Frösche geben. Auf diese Weise nahm die Schlange in ihrer Not bei den untergeordneten Wesen die Schmach auf sich, ihnen zu Willen zu sein, so daß sie durch sie gut leben konnte.

Śār. A 252 Darum habe ich dir diese Geschichte erzählt, weil auch S. 120
ich Schmach auf mich genommen habe zur Sicherung meines A 21
Herrn, dessen Feinde alle verbrannt und vernichtet sind.»

Der Rabenkönig sprach: «Du hast ihre Wurzel und ihren Namen vernichtet.[400]

Śār. III, 112 71. Wenn Feuerbrand den Baum erreicht, so
verbrennt er doch nicht seine Fasern und
Wurzeln; jedoch das Wasser dringt, obgleich es ruhig anrückt, so an den Baum,
daß es ihn von Grund aus entwurzelt.

Śār. A 254 So hast auch du sie nicht durch harte, sondern durch A 219
zahme Mittel vernichtet. Und es heißt:

Śār. III, 114 72. Vor Schuld, vor Feuer und vor dem
Feind[401] muß sich der Weise fürchten, auch
wenn nur ein kleiner Rest davon übrig ist.»

Śār. A 256 Der Rabe sprach: «Es ist nicht mein Verdienst, sondern A 220
das meines Herrn, denn mein Herr ist vom Glück begünstigt, und jedes Werk, das er tut oder durch einen andern tun läßt, gelingt wegen des Glückes, das mein Herr immer hat, wunderbar. Heißt es doch:

Śār. III, 117 73. Wo zwei Tüchtige sind, gewinnt der Entschlossenere, und wenn beide entschlossen

sind, der Klügere, und wenn beide klug sind, der Glücklichere.[402]

118? 74. Denn wer Glück hat, dem gedeihen alle Unternehmen. Und wer sich vermißt, mit euch Herren zu kämpfen, holt sich den Untergang, zumal wenn jene das Glück unterstützt, und zumal wenn er dir, Herr, gleicht.

119 75. Denn du tust im Mißgeschick, was deinem Gewissen frommt, hältst deine Gedanken ruhig, wirst im Glück nicht aufgeblasen und verstehst dich auf die richtige Zeit für die Taten und zur Zeit des Grimmes auf
Sanftmut, und * läufst nicht Worten nach[403] S. 121
und den Erfolgen der Taten der Nächsten, sondern schaust mit Verstand vor dich.»

257 Der Rabenkönig sprach: «Durch deine Klugheit sind die A 221
Eulen vernichtet worden. Es heißt ja:

122 76. Ein Krieger kann nur einen oder zwei oder höchstens zehn töten. Ein Kluger aber vernichtet durch seine Klugheit einen König und sein Land.

Und ich wundere mich, daß, als du bei ihnen warst, dein A 222
Zorn und Ärger dich nicht verriet.»

260 Der Rabe sprach: «Infolge der Belehrung[404] durch dich, A 223
Herr, habe ich mich gegen jedermann demütig betragen. Es heißt ja:

126 77. Wer etwas mit Maß ausführen will, fährt viel besser, wenn er anfänglich unterwürfig auftritt,[405] wie man ja auch einen großen herrlichen Baum, wenn man ihn fällen will, zuerst preist und erst dann fällt.»[406]

264 Der Rabenkönig sprach: «So komme ich denn durch A 224
dein Verdienst in meinem Gemüte zur Ruhe. Heißt es doch:

131 78. Wen das Fieber verläßt, dessen Herz kommt zur Ruhe, und wer eine Last von

seiner Schulter wirft, dessen Glieder erholen sich, und wer seine Absicht nach Wunsch erreicht sieht, dessen Gewissen und Gedanken werden beruhigt.»

Śār. A 265 Sodann beglückwünschte der Rabe den König: «Du A 22
siehst die Feinde in dem Zustande, wie du es wünschtest. Und nun möge dir das Reich und das Glück erhalten bleiben in Freude noch lange Zeit. Und erfreue auch deine Untertanen,[407] denn

Śār. III, 132 79. der König, der sein Land und seine Untertanen nicht erfreut, gleich jenen falschen Zitzen, die am Halse der Ziegen baumeln:[408] wenn das Böckchen an ihnen saugt, wird es ihrer nicht froh.»

Śār. A 249 Der König sprach: «Wie war der Eulenkönig mit seinen A 22
Untertanen?» Der Rabe sprach: «Stolz, töricht und sorglos. *
Auch seine Ratgeber waren, den ausgenommen, welcher mein S. 12
Widerpart war, alle töricht und schlecht.»

Der König sprach: «Was für Eigenschaften hast du an jener A 22
Eule wahrgenommen, daß du sie so lobst?» Der Rabe sprach: «Mancherlei habe ich an ihr wahrgenommen, und speziell die Rede, die sie über mich hielt. Ferner, wenn es sich um ein hartes Wort zu seinem Vorteil handelte, sprach sie es mit Verständnis vor dem König, ohne ihn zu verletzen, so daß der König es freudig hinnahm. Und bemerkte sie an ihm[409] Sorglosigkeit oder Stolz, so nahm sie ihn mit Gleichnissen oder Parallelen gefangen, so daß der König seinen Fehler einsah und es ihr nicht übel nahm. So hörte ich, wie sie dem König folgende Worte vortrug, indem sie sie einem mit dem König
Śār. A 266 sprechenden Manne in den Mund legte:[410] Wer König ist, A 22
muß die Vernunft walten lassen, denn es ist schwer, das Glück der Regierung zu erlangen. Wenn er nicht verständig ist, kann er keinen Augenblick ruhig sitzen, gerade so wenig wie ein Affe ruhig sitzen kann. Und das Glück ist flink, und wem es in die Hand kommt, der muß es wohl hüten, denn[411] es bleibt bei einem so wenig wie das Wasser auf den Lotusblättern. Es ist flinker als der Wind und ungeberdiger[412] als der Drache, es verschwindet schnell wie der Dunst[413] vor dem

Regen und löst sich in nichts auf wie die schönen Dinge, die man im Traume sieht. Und:

III, 136. 137 80. Alle Könige, die von Anfang an gewesen
sind bis auf heute:

III, 138 81. sie und ihre Frauen und ihre Verwandten
haben ihre Zeit erfüllt, sind entschlafen
und dahingegangen.»

Siebentes Kapitel.

Kapitel[414] vom Vogel Pnzu̯h[415] und dem König Brmi̯ri̯n.[416] S. 123

Vgl. Mahābh. XII, 139 Dbšrm sprach: «Einem König, der auf seine Feinde vertraut und auf seine Freunde nicht vertraut, wie können dem seine Freunde vertrauen? Und wie kann er den Feind, dessen Vertrauen er gewinnen soll, zutraulich machen? Und wie können seine Unternehmen gedeihen?»[417]

Bi̯du̯g sprach: «Ein König muß die Feinde erkennen, wie sie sind; denn es gibt Feinde, deren Feindschaft zu der Sorte gehört, die auch Freunde haben können, und wieder solche, die Freundschaft schließen wollen und denen man doch nicht vertrauen darf,[418] wie aus der Geschichte erhellt, die der König Brmi̯ri̯n mit dem Vogel namens Pnzu̯h erlebte.»

Dbšrm sprach: «Was ist das für eine Geschichte?»

Und Bi̯du̯g sprach:

In der Stadt Ḳmrbr[419] lebte einmal ein König namens Brmi̯ri̯n; der besaß einen Vogel namens Pnzu̯h, der war listig und redegewandt.[420] Er hielt sich meistens bei der Königin auf, pflegte aber dabei zu seinen Verwandten zu gehen und wieder zurückzukommen. In dieser Zeit nun gebar die Königin einen Sohn, und auch Pnzu̯h brütete * im Hause des Königs S. 124
sein Junges[421] aus. Und der Knabe und das Junge wurden gemeinschaftlich gehalten und es entstand zwischen ihnen Freundschaft und Liebe. Und Pnzu̯h flog regelmäßig auf einen Berg und holte eine Frucht,[422] die niemand kannte, und gab die eine (Hälfte) seinem Jungen, die andere dem Knaben, und dank dieser Frucht wurden die beiden in kurzer Zeit kräftig und wuchsen zusehends heran. Eines Tages nun, als Pnzu̯h ging, um die Frucht zu holen, flog das Junge auf den Schoß der Amme des Knaben und setzte sich darauf, und als jener es sah, ergimmte er, zog das Junge weg und schmetterte es

auf den Boden, so daß es starb. Als Pnzṷh kam und sein Junges tot vorfand, wurde er vom Schmerz übermannt und weinte und wehklagte, sprechend: «Wehe den Vornehmen,[+23] auf welche kein Verlaß ist! Wehe auch dem, der mit Vornehmen zu tun hat, denn sie haben niemand, den sie lieben und werthalten, und wenn sie jemand lieben, (so tun sie es,) um durch ihn ihr Unternehmen zu fördern, und wenn ihr Unternehmen erledigt ist, verstoßen sie ihn, ohne daß er weniger geleistet hätte, aus ihrer Freundschaft. Sie lieben äußeren Schein und machen sich nichts daraus, alles Schlechte zu verüben. Jetzt will ich bittere Rache nehmen an dem Undankbaren[+24] und Unbarmherzigen, der den, welcher mit ihm gegessen und getrunken hat und aufgewachsen ist, treuloserweise getötet hat, ohne daß er etwas verbrochen hätte!» Und er holte mit den Füßen aus und trat dem Knaben auf die Augen und hackte sie aus;[+25] dann flog er davon und ließ sich auf einer Anhöhe nieder.

Als der König das vernahm, wurde er tief bekümmert und erbittert und weinte, und sein Seelenschmerz übermannte
ihn, und von nun an trachtete er darnach, ihn womöglich * in S. 125
die Hände zu bekommen. Er machte sich also auf und begab sich dahin, wo sich jener befand, rief ihn an und suchte ihn zutraulich zu machen. Aber Pnzṷh wollte nicht, sondern sprach von weitem zu ihm: «Wer gegen seinen Freund treulos handelt, den trifft prompt die Vergeltung, und wenn sie ihn nicht gleich trifft, so trifft sie ihn doch bis zuletzt, und wenn sie ihn bis zuletzt nicht trifft, dann seine Kinder und Erben, und wenn sie diese nicht trifft, so geht jener Treubruch mit ihm und wird ihm in der künftigen Welt vergolten. Das aber, was mir dein Sohn angetan hat, habe ich ihm prompt vergolten.»

Der König sprach: «Wir haben dir einen Schaden zugefügt und du hast uns vergolten,[+26] was wir dir zugefügt haben. Also bist weder du uns, noch sind wir dir etwas schuldig. Darum komm wieder zu uns.»

Pnzṷh sprach: «Ich komme nicht, denn es heißt:

Verzichte auf die Nähe dessen, dem du
Schaden zugefügt hast, und schenke ihm
trotz Lockungen und süßen Worten kein

> Vertrauen, denn es ist nicht anders möglich, als daß man in Furcht lebt, wenn gegenseitige Verbitterung besteht. Und wenn einer auf ihn vertraut, so hält man sein Ende für ein selbstverschuldetes, das nicht vom Schicksal verhängt ist.

Und es heißt:

> Vater und Mutter muß man für Freunde, Brüder für Hausgenossen, Ehefrau für Liaison,[427] Sohn für Verwandtschaft,[428] Tochter für Fremdheit,[429] Verwandte für Stets-Forderer, sich selbst aber für alleinstehend[430] halten.

So bin auch ich in diesem Schmerze alleinstehend und wohne für mich allein. Laß dir's also hier weiter gut gehen, denn ich gehe fort!»

Der König sprach: «Wenn du das, was * wir dir zugefügt S. 126
haben, nicht vergolten hättest,[431] oder[432] wenn der Vergeltung,
die du geübt hast, nicht unser Vergehen vorangegangen
wäre,[433] dann hättest du nicht Vertrauen zu fassen, sondern
dich zu fürchten. Nun aber haben ja wir die Tat begangen
und du (nur) vergolten,[234], warum fassest du also kein Vertrauen? Komm doch wieder heim!»

Pnzu̯h sprach: «Wenn du mir etwa demonstrieren willst, daß in deinem Herzen kein Groll gegen mich bewahrt sei, so ist das Herz ein sichererer Zeuge als die Zunge.[435] Mein Herz nun traut deiner Seele nicht, noch bezeugt mein Herz deinem Herzen, daß in ihm kein Groll bewahrt sei.»

Der König sprach: «Viele fügen einander gelegentlich Schaden zu, so daß ihnen Groll und Feindschaft entsteht und sie sich vor Blutrache fürchten, aber dann beschwichtigen sie ihn[436] und lassen ihre Feindschaft nicht mächtig werden.»

Pnzu̯h sprach: «Wenn jemand Groll hegt und man mit süßen Worten in ihn dringt, daß er ihn beschwichtige und keine Vergeltung übe, so darf er kein Vertrauen fassen, sondern soll stets die Rache fürchten; denn es gibt Feinde, die im Kriege nicht leicht einem beliebigen Worte zugänglich sind, während sie süße Worte leicht verlocken und einbringen, gerade

wie man mit einem gezähmten Elefanten den wilden Elefanten zähmt.»[437]

Der König sprach: «Wer jemandem in Freundschaft und Liebe zugetan ist, gibt die Freundschaft mit ihm auch dann nicht auf, wenn er für sein Leben fürchten muß und ihm nicht vertrauen darf. Das nehmen wir ja auch in dem untergeordneten Leben der Vierfüßler wahr: denn das Geschlecht, das Zrbzi̯q[438] heißt, tötet und verzehrt Hunde, und doch wenden sich die Hunde, die mit ihm auf freundschaftlichem Fuße stehen, nicht von ihm ab.»

Pnzu̯h sprach: «Groll ist bei jedermann[439] eine üble Sache, speziell aber bei den Vornehmen. Die Vornehmen sind gewohnt, Rache zu üben, und wenn * sie vergelten, brüsten sie sich. S. 127
Und der Groll ist in ihrem Herzen verborgen, wie das Feuer im trockenen Holze verborgen ist, bis es sich aus irgendeiner Ursache entzündet; wenn ihnen von jemandem Schaden widerfährt und sie den geringsten Vorwand finden, so entzündet sich in ihrem Herzen der Groll, der auf Vernichtung gerichtet ist, und sie geben sich weder mit Geld, noch mit Demütigung, noch mit sanfter Rede, noch mit Flehen, womit man ihnen naht, zufrieden, und alles Wasser im Meere ist nicht imstande, ihn zu löschen. Es gibt zwar viele, die, obgleich sie einander grollen, schließlich von einander Nutzen haben, und dann wird der Groll um jenes Nutzens willen beschwichtigt: aber was für einen Nutzen könnte ich dir verschaffen, daß jener Groll, den du gegen mich hegst, dich und dein Herz verließe? Und selbst wenn du, wie du sagtest, keinen Groll in deinem Herzen trägst, so würde ich doch wegen dessen, was ich getan, so lange, als ich in deinem Hause wäre, in Angst und Furcht leben. Darum lass' dir's immerzu wohlgehen und ich meinerseits gehe wohlbehalten fort.»

Der König sprach: «Niemand kann von sich aus seinem Nächsten Nutzen oder Schaden zufügen, denn das trifft ihn durch das Schicksal und die Zeit.[440] So tritt ja auch die Geburt eines jeden Lebewesens, der Menschen und aller Wesen, durch die Zeit ein, und so geschieht auch der Tod alles Lebendigen und der Untergang der Menschen und aller Wesen durch die Zeit. Also haben weder wir dir, noch hast du uns das Böse angetan, denn das, was uns beide betroffen hat, war über uns verhängt

und wir sind nur das Mittel dazu geworden.[441] Alles geschieht durch das Schicksal. Wie magst du da das Übel, das von uns ausgegangen ist, uns zum Vorwurf machen, * da doch ebensogut S. 128
wir dir das zum Vorwurf machen könnten, was du getan hast!»

Pnzu̯h sprach: «Wenn alles von Schicksals wegen geschieht, warum gibt es dann in der Welt Kriege und Kämpfe und Groll und Feindschaft? und warum sind die Dämonen entstanden? warum streben wir nach Glücksgütern, suchen Ärzte in der Krankheit und trinken Medizinen und betrüben uns über einen Verlust? und warum meiden wir die Sünden und üben Gerechtigkeit? Darum soll man nicht in seinem Handeln lässig werden, indem man sich auf das Schicksal verläßt. Dein Sohn hat nun einmal mein Junges getötet und ich habe deinem Sohne die Augen ausgehackt,[442] und jetzt trachtest du mich zu töten, um ihn zu rächen, und sagst, es sei das Schicksal, weil es sich so am besten rächen läßt.[443] Ferner aber begehren die Menschen aus drei Gründen Vögel: entweder um sich mit ihnen zu zerstreuen[444] oder um sie zu essen oder um an ihnen Rache zu nehmen. Mich aber kannst du nur töten wollen, um Rache zu nehmen,[445] denn ich kann dir ja weder zur Speise, noch zur Zerstreuung dienen. Jedermann liebt sein Leben und fürchtet den Tod, und ein Weiser verzichtet aus Furcht vor dem Tode auf die Freuden der Welt und wird Einsiedler, um womöglich der Leiblichkeit zu entrinnen, da er nicht mehrere Male sterben und die Übel erleben will. Denn mühsam ist die Geburt, mühsam die Krankheit, mühsam der Groll, mühsam die Trennung der Freunde, mühsam das Greisenalter, noch mühsamer aber der Tod und der Kummer, der die Leute (mit ihm) trifft. Wie mühsam es aber ist, den Kummer, welchen ich dir bereitet habe, aus dem Herzen * zu verdrängen, weiß S. 129
ich selbst am besten, denn er hat ja auch mich betroffen. Und so oft ich daran zurückdenke, was ihr mir angetan habt, und ihr euch an das erinnert, was ich euch angetan habe, werden unsere Gedanken stets fort aufgewühlt sein.»

Der König sprach: «Das verdient nicht Leben zu heißen, wenn man gegen einander Groll hegt, den man nicht aus dem Herzen zu verbannen vermag.»

Pnzu̯h sprach: «Wenn einer ein Geschwür unter seinem Fuße hat, so stößt sich sein Geschwür wohl oder übel beim

Gehen, mag er dabei noch so behutsam sein, und verursacht ihm mehr Schmerzen. Wer ein schlimmes Auge hat und im Winde geht, dessen Leiden nimmt noch mehr überhand. Wer im Vertrauen auf seine Kraft auf gefährlichem Wege geht, sucht sich selbst den Tod. Ein Gärtner, der nicht den guten Boden vom schlechten unterscheiden kann, dem geht leicht seine Saat zugrunde. Wer die Maße seines Mundes nicht kennt und einen großen Brocken hineinschiebt, den erwürgt dieser leicht. Und wer eine Speise ißt, die das Feuer seines Magens nicht auflösen kann, stirbt, wenn er stirbt, nicht von Schicksals wegen. Wer seinen Feind nicht erkennt und sich durch die Lockung süßer Worte zutraulich machen läßt, den trifft der Schaden, welcher ihn trifft, durch seiner Hände Werk. Ein Weiser aber vertraut nicht auf das Schicksal, sondern gibt sich Mühe bei dem, was er tut; denn das Schicksal sieht keiner, während man die Tat wahrnehmen kann. Ein Weiser zeigt niemandem Furcht und Aufregung, und er verweilt an keinem Orte, wo Furcht und Aufregung ist. Ich bin unschuldig und kann überall leben, wo ich hingehe. Wer fünferlei gefunden
hat, * kann sich ohne Verschuldung erhalten: Rechtschaffen- S. 130
heit, Übung, Wissenschaft, gute Sitten und Eifer. Um dieser fünf Tugenden willen soll er von dem Orte, wo Furcht ist, fliehen. Aber sogar Reichtum, Frau, Kinder, Verwandte und Freunde, König und Land soll er, wenn sie schlecht sind,[446] allesamt als Ersatz für seine Seele hingeben[447] und wegziehen; denn ihresgleichen kann er wieder finden, geht er aber selbst verloren, so findet er keinen Ersatz für seine Seele. Eine schlechte Frau ist die, bei der ihr Gatte nicht froh wird; schlechte Kinder sind die, durch welche ihre Eltern in üblen Ruf kommen;[448] schlechte Verwandte die, welche im Unglück nicht Hilfe leisten; ein schlechter Freund ist der, auf welchen niemand vertraut; ein schlechter König der, welcher seine Untertanen nicht vor Schaden bewahrt, und ein schlechtes Land das, in welchem man nicht in Wohlfahrt und furchtlos leben kann. Ebenso kann ich in deinem Hause nicht furchtlos leben wegen der Schuld, die ich gegen dich begangen habe.»

So sprach Pnzṷh, erhob sich und zog von dort fort seines Weges.

Achtes Kapitel.

Kapitel[449] vom Ṭu̯ri̯g,[450] der persisch Schakal heißt. S. 131

Dbšrm sprach: «Ich habe diese Geschichte vom König Brmi̯ri̯n und Pnzu̯h gehört. Wenn man aber keinem, der vom König gekränkt und beleidigt wird, künftighin vertrauen darf, dann können also die Könige niemand mehr zuversichtlich mit ihren Geschäften betrauen und ihre Geschäfte leiden darunter; denn ihre Geschäfte sind zahlreich und es braucht viele Leute, damit ihre Geschäfte gedeihen, und einer, der in allen Unternehmungen erfolgreich und tüchtig und weise ist, findet sich kaum, geschweige daß alle, die der König in den Geschäften braucht,[451] (so wären).»

Bi̯du̯g sprach: «Nicht jedem, der vom König gekränkt und beleidigt wird, soll man künftighin das Vertrauen entziehen. Vielmehr sollen die Könige die Leute ausfindig machen, welche sie mit ihren Geschäften betrauen können. Denn Könige können ohne Helfer nicht bestehen, und wenn ihre Helfer sie nicht lieben, oder wenn sie ihnen zwar helfen und sie lieben, aber nicht weise und einsichtig sind, so können jene ihre Geschäfte nicht gut durchführen, so wenig wie ein Wagen ohne
Räder oder * Räder ohne Speichen zur Arbeit taugen. Wer S. 132
sie mit einem Geschäft betrauen will, muß in eigener Person über ihre Tüchtigkeit, Weisheit, Tugendhaftigkeit, sowie ihre Mängel, Nachforschungen anstellen; und wer nicht selbst die Nachforschungen anstellen kann, muß durch seine Vertrauensmänner nachforschen lassen, wer einer sei und was für Tugenden und Mängel er habe und für welcherlei Geschäfte er sich eigne und worin er von ihm Nutzen zu erwarten habe und worin Schaden. Über eines jeden Arbeit muß er dann in eigener Person oder durch seine Vertrauensmänner Nachforschungen anstellen, damit der, welcher Übles tat, ihm nicht verborgen bleibe und er den, der sein Amt gut versieht, aus-

zeichne. Denn wenn der Übeltäter ihm verborgen bleibt und er den guten Beamten nicht auszeichnet, so wird der Übeltäter immer dreister handeln und der Guthandelnde in seinen Geschäften lässig werden. Ein König, der diesen Dingen nicht nachgeht, erfährt großen Schaden, und auch das Volk nimmt Anstoß an ihm. Illustriert wird dies durch folgende Geschichte:

Mahābh. In der Türkei, im Lande Rpụḳn,[452] war einmal ein König,
III, 3ff. der beging viel Sünde und Böses, und wegen der Menge seiner Sünden ging seine Seele, da er starb, in den Leib eines Schakals ein und dieser Schakal gebar ihn dann zu seiner Zeit. Wegen des bißchen Guten nun, das er getan hatte, erinnerte er sich im Leibe des Schakals: «Einst war ich ein König, und wegen der Übeltaten, die ich begangen, bin ich in den Leib des Schakals gekommen,» und er bereute die Übeltaten, * die S. 133
er verübt hatte, und so ging er mit den Schakalen, Wölfen und Füchsen, seinen Verwandten, ohne aber Schaden anzurichten, Tiere zu töten und Fleisch zu essen. Aber seine Verwandten billigten nicht, was er tat, rotteten sich gegen ihn zusammen und beschuldigten ihn: «Warum tötest du nicht und issest kein Fleisch und tust nicht, was wir tun?» Der Schakal sprach: «Weil ich nicht billige, was ihr tut.» Sie sprachen: «Da du doch mit uns auf dem Friedhof herumgehst und unser Verwandter bist, was für einen Lohn hast du dafür zu erwarten, daß du nichts Böses tust?» Der Schakal sprach: «Dafür, daß ich mit euch lebe, ohne Böses zu tun, werden mir meine Sünden nicht angerechnet. Denn die Sünden und die Gerechtigkeit, die einer tut, werden nicht mit Rücksicht auf den Ort angerechnet, sondern mit Rücksicht auf die Taten. Wenn nämlich einem Menschen der Umstand, daß er sich an einem guten Orte aufhält, zur Gerechtigkeit ausschlägt und, daß an einem bösen Orte, zur Sünde — wie ihr behauptet —, so schlägt es folglich dem, der im Gotteshause einen Frommen[453] umbringt, mit Rücksicht auf den Ort zur Gerechtigkeit aus, und dem, der auf dem Friedhofe Tote auferweckt, schlägt es, weil es ein böser Ort ist, zur Sünde aus. Aber so ist's doch nicht! Ich nun bin dem Leibe nach bei euch, nicht aber den Werken nach, denn ich kenne die Früchte der Werke.» Der Schakal gab also wegen der Worte seiner Kameraden seinen guten Lebenswandel nicht auf.

An diesem Ort war auch ein Löwe, der hörte von dem Lebenswandel und der Rechtschaffenheit des Schakals, und er bat ihn zu sich und behielt ihn einige Tage zur Probe bei sich und sprach dann zu ihm: «Die Ämter sind zahlreich und
* ich suche Helfer. Da habe ich nun von dir gehört wegen S. 134
deines Lebenswandels und deiner Einsicht, und so bleibe denn bei mir, werde mein Hausgenosse und sei in meiner Nähe, daß ich dir ein Amt übertrage.»

Der Schakal sprach: «Wenn ein König jemand in seine Nähe ziehen und mit einem Amt betrauen will, und es ist jemand seiner würdig, aber nicht dazu geneigt, so ziemt es sich nicht, ihn dennoch anzustellen; und wenn er noch so brauchbar ist, aber nicht angestellt zu werden wünscht, so ziemt es sich nicht, ihn dennoch anzustellen.[454] Stellt er ihn dennoch an, so entsteht ihm Schade durch ihn. Ich nun meine es mit der Regierung gut, bin aber selbst nicht geeignet, den Herrschern Ehrerbietung zu erweisen, weil ich nie im Hofdienst gestanden habe und auch nicht weiß, wie du es haben willst. Du bist der König und an deiner Pforte sind viele Schakale, Panther, Hyänen und viele Gattungen, weise und geschickte: die können nach deinem Willen die Verwaltung führen und an deiner Pforte leben und daran selbst Freude haben.[455] Denn vor den Herrschern können nur folgende zwei bestehen: ein Schlauer,[456] der vor der Schlechtigkeit nicht zurückschreckt und sich schlau benimmt, und zweitens ein Dummer, den, weil er zu nichts taugt, niemand beneidet. Denn wer mit Aufrichtigkeit und Fleiß und Liebe zu den Herrschern ohne List und Umtriebe (bei denselben) leben will, kann es wegen des Neides nicht, und wer sich bei den Herrschern Zufriedenheit erwirbt und das Gute mit ihnen genießt,[457] dem erstehen Feinde und agitieren gegen ihn.»

Der Löwe sprach: «Fürchte dich nicht, denn ich werde dich von meiner Umgebung freimachen und dich protegieren.»

Der Schakal sprach: «Wenn * mir mein Herr eine Gunst S. 135
erweisen will, so lasse er mich in dieser Wüste herumgehen, Gras weiden und Wasser trinken und ohne Sorgen und Furcht leben, und ich werde dich von ferne lieben und Freundschaft mit dir halten. Denn wer vor Herrschern wandelt, den trifft an Zorn und Kränkung in einer Stunde [so viel, wie einen

andern während seines ganzen Lebens nicht].[458] Mein Herr möge berücksichtigen, was ich da sage: Auch eine sehr delikate Speise bekommt nicht, wenn sie mit Furcht gegessen wird; angenehmer noch ist eine geringe Speise ohne Furcht und Angst.»[459]

Der Löwe sprach: «Ich habe das alles gehört; bleibe du aber nur doch bei mir und fürchte dich nicht vor meiner Umgebung, niemand kann dir Übles tun.»

Der Schakal sprach: «Wenn mein Herr durchaus will, daß ich bei ihm bleibe, so möge er mir die Garantie geben, daß er, wenn einer von denen, die mein Herr in seinen Diensten hat, sei es einer, der mir an Größe und Rang übergeordnet ist und fürchtet, ich rücke auf seinen Posten hinauf, oder sei er mir untergeordnet und strebe nach meinem Posten — daß er, wenn solche oder sonst jemand mich bei meinem Herrn verleumdet oder schlecht über mich spricht, mich nicht eher für schuldig hält, als bis er heimlich und öffentlich Nachforschungen angestellt hat und der Wahrheit auf die Spur gekommen ist: so will ich dann meinerseits gern bei dir weilen und mich verpflichten, dem, was mir mein Herr aufgetragen, meine Sorgfalt zu widmen und mir nicht nachlässiges Betragen zuschulden kommen zu lassen.»

Da sicherte ihm der Löwe dieses zu, und der Schakal
versah das Amt, das er ihm übertrug, so außerordentlich ver-
ständig und weise, daß der Löwe seinerseits ihn in kurzer Zeit
liebgewann, lobte, ehrte und auszeichnete und ihm mehr Ver-
trauen schenkte als seiner ganzen Umgebung, und ihm Be-
fugnis über diese gab. Und sie beneideten den Schakal, * ver- S. 136
mochten ihm aber weder durch Gewaltstreiche eine Schlappe
beizubringen, noch ihn durch Worte und Lockungen auf Ab-
wege bringen. So berieten sie miteinander, und sie nahmen
ein Stück[460] Fleisch, das der Löwe dem Schakal mit der An-
weisung übergeben hatte, es ihm am folgenden Tage vorzu-
setzen, und ließen es in das Haus des Schakals legen, ohne
daß dieser es merkte. Am folgenden Tage nun, als der Löwe
die Speise begehrte, war der Schakal nicht zur Stelle und man
brachte dem Löwen das Fleisch nicht. Da fragte der Löwe:
«Wo ist das Fleisch?» Jene aber, die sich zusammengetan
hatten, warfen sich vor dem Löwen Blicke zu, um den

Schakal ins Verderben zu stürzen, und einer von ihnen ergriff das Wort[461] und sprach: «Ich sehe auf den Vorteil und Nachteil meines Herrn und sehe nicht auf die Ehre irgend eines andern: Jenes Fleisch hat der Schakal heimlich weggenommen und in sein Haus geschafft.» Ein anderer sprach:[462] «Das ist schwer zu glauben,[463] aber wir müssen die Wahrheit erfahren, denn wenn nachgeforscht wird und sich das Fleisch im Hause des Schakals vorfindet, so muß man auf Grund davon alles glauben, was man bisher gegen ihn gesagt hat.» Ein anderer: «Einem König gegenüber sind Ränke übel angebracht, denn schließlich kommen sie doch ans Licht.» Ein anderer: «Auch daß er behauptete, er esse kein Fleisch, ist nur eine List gewesen.» Ein anderer: «List soll man nicht einmal gegen seinen Kameraden anwenden, geschweige denn gegen den König.»
Ein anderer: «Wenn * es sich findet, daß er das Fleisch heim- S. 137
lich in sein Haus geschafft hat, so muß man wohl glauben, was mir mit bezug auf ihn zu Ohren gekommen ist: ein gewisser Schakal habe eine Schändlichkeit begangen » Ein anderer: «Ich habe es beizeiten gewußt und gesagt — N. N. bezeugt es mir —, daß der da, der sich so makellos stellt, schließlich einen mächtigen Betrug hinter sich läßt.» Ein anderer: «Ich glaube nicht, daß dieser Rechtschaffene so etwas tut.» Ein anderer: «Wenn er solche Wohltaten mit Undank lohnte, so brauchen wir nicht mehr weiter zu forschen.» Ein anderer: «Ihr könnt euch darauf verlassen: wenn ihr nachforschet, so findet ihr.» Ein anderer: «Wenn sich das Fleisch in seinem Hause findet, so wäscht er sich durch List rein.»

Durch diese Listen und Ränke, die sie vorbrachten, wurde der Löwe mißtrauisch gemacht und er ließ ihn rufen und fragte ihn: «Jenes Fleisch, das ich dir übergeben habe mit der Anweisung, es aufzubewahren: was hast du damit gemacht?» Der Schakal sprach: «Ich habe es dem N. N. übergeben mit der Anweisung, es seinerzeit meinem Herrn vorzulegen.» Als er jenen fragte, sagte der: «Er hat mir das Fleisch nicht übergeben.» Da schickte er einen zuverlässigen Mann in sein Haus, und der fand das Fleisch in dessen Hause und brachte es vor den Löwen.

Darauf flüsterte einer von den Hassern, die zu Anfang nicht gesprochen hatten,[464] dem Löwen zu: «Wenn es dem

Herrn beliebt, so führe man ihn ab, sonst wagte bei einem neuen Fall niemand mehr gegen ihn zu reden.»[465] Da ließ er ihn abführen und über seine Vergehen eine Untersuchung anstellen. Und einer von ihnen sprach: «Es ist zu verwundern, daß der Herr, weise und welterfahren wie er ist, diesen da bis jetzt nicht durchschaut hat.» Ein anderer sprach: «Es ist unmöglich, daß er * ihn nicht durchschaut hat. Darüber vielmehr S. 138
muß man sich wundern, daß er jetzt einwilligt, daß wir ihn arretieren.» Nun brachte der, welcher zwischen dem Löwen und dem Schakal die Botschaften vermittelte, noch einen angeblichen groben Bescheid des Schakals, worauf der Löwe in heftigen Zorn geriet und befahl, man solle ihn töten.

Da hörte die Mutter des Löwen, daß er den Befehl zu seiner Tötung gegeben habe, und kam zu dem Löwen und fragte ihn: «Aus welchem Grund hast du den Befehl gegeben, diesen zu töten?» Und er teilte ihr die Angelegenheit mit. Sie aber erkannte, daß er den Befehl übereilt und unbedacht gegeben habe, und sprach zu ihm: «Mein Sohn, die Weisen[466] gehen bei ihren Taten mit Ruhe und Überlegtheit vor und brauchen dann nicht wegen Unüberlegtheit Reue zu empfinden. Ruhe tut jedermann not, besonders aber dem Herrscher: denn für die Frau hat der Gatte zu sorgen, für die Kinder Vater und Mutter, für die Schüler die Lehrer, für die Knechte die Herren, für die Asketen die Askese, für die Gesamtheit sorgt der König: der aber hat für sich selbst zu sorgen, die Menschen zu erkennen, sie in seine Nähe zu ziehen und von ihnen gute Früchte zu sammeln — und zwar so, daß sie sich nicht übereinander erheben, noch einander durch Intrige ruinieren können —, und den, der sein Amt gut verwaltet, zu erhalten. Du nun hast gleich zu Anfang, wo du den Schakal aufgenommen hast, ihn erforscht und dich von seiner guten Führung und seinem Verstande überzeugt und hast ihn bis jetzt gütig behandelt und als lieben Freund gehalten und sein Lob gesungen, * und jetzt willst du ihn auf die Anklage seiner Ge- S. 139
fährten hin wegen eines Stückes Fleisch töten lassen. Eine solche Sache dürfen die Herrscher nicht durch andere besorgen lassen; wenn sie sie aus der Hand geben, treffen sie viele Übel. Auch eine Sache, die sie nach mancherlei Methoden prüfen mögen, lernen sie erst dann dem wahren Wesen nach

kennen, wenn sie dieselbe nach einer Methode nach den verschiedenen Seiten untersuchen. So muß man ja den Wein auf Farbe, Geruch und Geschmack prüfen. Prüfst du ihn nur auf eines, so stellt er sich doch anders[467] heraus: wie wenn einer vor seinen Augen das Phantom[468] eines Haares sieht und, obgleich er es nur in der Einbildung schaut, es anderen zeigt, ob es ein Haar sei, und wenn er erfährt, daß es kein Haar ist, sich schämt; und wie es mit jenem Insekt[469] ist, das in der Nacht wie ein Feuer leuchtet: wer nicht Bescheid weiß, hält es für Feuer, hat er es aber erst auf seine Hand gelegt, so erkennt er, daß er unrichtig vermutet hatte. Demgemäß hättest auch du weise überlegen sollen. Gegen ihn, der nie ein Stück Fleisch ißt und auch das, was du ihm zu geben pflegtest, immer wieder vor dir hinlegte, hättest du nicht Verdacht schöpfen sollen; und gar, nachdem du ihm eingeschärft hast: ‚Morgen lege es mir vor', sollte er es entwendet und nach Hause geschafft und geleugnet haben, daß er es zu Gesicht bekommen? Darum verstehe dich jetzt dazu, die Sache zu untersuchen, denn immerzu erheben sich die Einfältigen über die Verständigen, die Schlechten über die Rechtschaffenen, die Unbedeutenden über die Bedeutenden, die Bösen über die Guten und beneiden sie. Der Schakal aber ist verständig und weise. Vielleicht wirst du, wenn du nachforschest, sehen, daß jenes Fleisch * die Ankläger fortgeschafft und im Hause des S. 140
Schakals niedergelegt haben. Die Ankläger achten um ihres eigenen Vorteils willen nicht auf deinen Schaden, darum sei du auf deinen Vorteil bedacht und laß dich nicht benachteiligen. Denn jedermann, und speziell die Fürsten, müssen zweierlei als Schaden betrachten: wenn sie einen guten und verständigen Freund verlieren, und wenn sie Minister haben, die schlecht sind. Der Schakal aber hat sich als nutzbringend erwiesen. Um deinetwillen schätzt er das Ansehen bei seinen Genossen gering, und um deines Vorteils willen nimmt er Schaden und um deiner Bequemlichkeit willen Unannehmlichkeiten auf sich,[470] und alle seine Geheimnisse liegen offen vor dir. Ein so gearteter Freund kann geradezu gleich Vater und Mutter gehalten werden.»

Als die Mutter des Löwen dieses gesprochen hatte, kam einer von den Anklägern und sprach: «Der Schakal ist un-

schuldig», und erklärte dem Löwen die ganze Geschichte. Und als seine Mutter erkannte, daß er die Verleumder des Schakals und ihre geheime Verabredung durchschaute, sprach sie zu dem Löwen: «Traue ihren Worten und Schlichen nicht, sondern sprenge ihre Solidarität, damit nicht Schaden entstehe, und handle so, daß sie sich nicht abermals miteinander vereinigen können, so lange du ihnen noch nicht verächtlich geworden bist. Verlaß dich nicht darauf, daß sie zu schwach seien, macht man doch aus schwachem und lockerem Gras einen Strick, mit dem man den rasenden Elefanten bindet.[+71] Berufe den Schakal (wieder) zu dir. Befürchte nicht: ‚Ich habe ihn verächtlich behandelt und er fügt mir vielleicht Schaden zu'; denn
ein Herrscher braucht sich nicht jedesmal, wo er * jemanden S. 141
vor den Kopf stößt, zu fürchten und die Hoffnung auf Nutzen[+72] aufzugeben, sondern er muß sowohl diesen erkennen, als sich auch den Schaden klarmachen, den er zufügen kann. Denn es gibt ja solche, welche man, nachdem man sie einmal verabschiedet hat, nicht wieder seiner Freundschaft teilhaftig werden lassen darf. Wer undankbar und ränkevoll ist, gewalttätig, unbarmherzig, jähzornig, habsüchtig, auf die Weiber versessen, und wer, einmal beleidigt, sich durch kein Geschenk versöhnen läßt, und wer verschlagen und unsauber ist, und wer an Spiel, Jagd, Ausschweifung und Unzucht hängt und frech und schamlos ist, und wer nicht glaubt, daß sein Tun in der künftigen Welt vergolten wird: wer so aussieht, den soll man sich womöglich fernhalten und keine Freundschaft mit ihm schließen. Wer dagegen eine erfahrene Wohltat anerkennt und in der Freundschaft zuverlässig ist, wer sich auszeichnet und Almosen gibt, und ein Menschenfreund ist, ohne Haß, und auf einen ihm ohne Absicht zugefügten Schaden nicht achtet und dem Freunde die Liebe bewahrt und bescheiden und schamhaft ist: einem solchen soll man vertrauen und wahre Freundschaft mit ihm halten. Den Schakal hast du erprobt, und es geziemt dir, daß du ihn (wieder) zu dir heranziehest.»[+73]

Als der Löwe dies von seiner Mutter vernahm, gefiel es ihm und er bat den Schakal zu sich und bat für das, was er ihm angetan hatte, um Entschuldigung (mit den Worten): «Ich behalte dich vertrauensvoll in deinem Amte.»

Der Schakal sprach: «Man findet leicht einen Freund,
der nicht auf den Vorteil seiner Freunde sieht, sondern auf
den eigenen Vorteil, und * seinen Freunden in der Not[474] S. 142
Freundschaft heuchelt und ihnen dasjenige rät, was sie wün-
schen; schwer aber findet man einen Freund, der, auch wenn
die Freunde ein Wort des Nutzens nicht hören wollen, ohne
Rücksicht auf ihren Willen das sagt, was ihnen frommt. Nehme
es nun mein Herr nicht übel, wenn ich sage: Auf dich kann
ich nicht vertrauen und kann nicht mit dir leben.[475] Denn ein
Herrscher darf auf jemand, den er unverschuldeterweise gemaß-
regelt hat, oder auf jemand, dem er Schaden zugefügt oder die
Machtbefugnis und sein ganzes Amt entzogen oder sein Ver-
mögen ohne Grund konfisziert, oder den er, obwohl er ein
Vertrauter war, ohne Ursache verstoßen oder degradiert, oder
dem er eine Wohltat vorenthalten hat, oder der seinen Kol-
legen nachgesetzt wurde, oder dem er, wenn ihm Unrecht ge-
schah, nicht Recht verschaffte, oder der unschuldigerweise in
der Versammlung verächtlich und wegwerfend behandelt worden
ist, oder der sich zwar vergangen hat, aber billigerweise hätte
Verzeihung erlangen sollen: wem eines von diesen Dingen an-
getan worden ist, dem darf der Herrscher nicht mehr ver-
trauen, denn der Freund kann leicht zum Feind des Herrschers
werden. Wenn ich nun, trotz der Anklage der Feinde meines
Herrn, meinem Herrn noch so sehr mit Herz und Sinn in
Freundschaft verbunden bin wie zu Anfang, indem ihm mein
Herz und Sinn ungeteilt gehört, denkt er vielleicht doch: ‚Der
Schakal liebt mich wegen der Verachtung, die er von mir er-
fahren hat, nicht mehr, sondern zeigt mir nur gezwungen
Freundschaft.‘ Auch fürchte ich, die Ankläger werden aus
Furcht vor meiner Vergeltung, oder * um nicht als Lügner S. 143
entlarvt zu werden,[476] sich herandrängen und Böses über mich
aussagen, und mein Herr werde dann keine Zeugen von ihnen
verlangen für das, was sie sagen. Ein Beweis dafür ist der
Verdacht, den mein Herr auf mich geworfen hat. Ich kenne
zwar die Gedanken meines Herrn nicht, aber auch wenn mein
Herr in seinem Herzen so zu mir steht wie früher, so muß ich
doch fürchten, daß er mir vielleicht wegen dessen, was er mir
angetan hat, nicht vertraue und das, was sie sonst noch gegen
mich vorbringen, annehme. Da nun also ich und mein Herr

einander aus dem ebengenannten Grunde nicht vertrauen können, so möge sich mein Herr in betreff meiner abermaligen Annäherung wohl bedenken.»

Der Löwe sprach: «Ich habe dich erprobt und auch über deine Führung Nachforschungen angestellt und bin zur Überzeugung gelangt, daß du rechtschaffen bist. Nun aber sieht ein Rechtschaffener um einer Wohltat willen, die er von jemandem erfahren hat, über hundertfache nachher erfahrene Geringschätzungen hinweg, eben um der Gunst willen, die ihm erwiesen worden, während ein Schlechter um einer unbedeutenden Kränkung willen, die ihm widerfährt, obgleich er viele Wohltaten erfahren hat, wie du von mir sie erfahren hast, das Übrige vergißt. Von nun an aber werde ich nie mehr an dir irre werden, und du vertraue auf mich, so wirst du Glück und Freude erleben.»[477]

Neuntes Kapitel.

Kapitel[478] von Bl'd.[479] S. 144

Dbšrm sprach: «Ich habe diese Geschichte vom Schakal gehört; ich möchte jetzt aber, daß du mir sagest, wie ein König sich am besten führt und seine Herrschaft erhält: durch Weisheit oder durch Energie oder durch das Glück.»

Bi̭dṷg sprach: «Der König kann sich vorzugsweise durch Weisheit gut führen und seine Herrschaft erhalten und sein Reich stützen. Und was die Weisheit erhält, ist eine gute Lebensführung, und insbesondere wird sie gemehrt durch einen weisen und verständigen Ratgeber. Denn für jedermann, besonders aber für die Könige, ist unter allen Tugenden eine Tugend besonders gut: die Weisheit; ferner ein gutes, einsichtiges, entschlossenes[480] Weib und ein weiser, zuverlässiger, gutgesinnter Ratgeber. Wenn nämlich einer zwar energisch und tatkräftig ist, aber nicht von Weisheit unterstützt ist und dazu einen bösen Ratgeber hat, so wird er selbst in einem geringfügigen Unternehmen als schwacher und unerfahrener Mann erfunden und gerät, selbst wenn er durch einen glücklichen Zufall dem Namen nach einen Erfolg erzielt, am Ende doch ins Verderben und in Reue. Das Glück ist etwas, * was S. 145
sich auf alle Unternehmungen erstreckt und ein jedes Ding beherrscht, aber es unterstützt vor allem denjenigen, dessen Berater einsichtig und dessen Vertrauensmann zuverlässig ist, eben durch das Gute, was dieser gutgesinnte Berater des Königs tut.[481] Und ein König, der in dieser Lage ist, erlangt in allen seinen Unternehmungen und Entscheidungen die Oberhand über seine Feinde und sie können sich nicht über ihn erheben, und ihm schlagen seine eigenen Güter und der Untergang seiner Feinde zum Vorteil aus, wie er es nur wünschen kann; und will er etwas Verkehrtes unternehmen, so wird er durch die Weisheit des Ratgebers herausgerissen und er-

rettet und trägt über seine Feinde den Sieg davon. Das zeigt sich in der Geschichte von Štprm,[482] dem Inderkönig, und seiner Frau, der 'Ir'd,[483] die er mehr liebte als alle seine anderen Frauen, und Bl'd, dem Vertrauten und Ratgeber des Königs.»

Dbšrm sprach: «Was ist das für eine Geschichte?»

Und Bi̯du̯g sprach:

«Es heißt, daß Bl'd von göttlicher Weisheit und vollendeter Rechtschaffenheit und ein vortrefflicher und einsichtiger Mann war. Eines Tages[484] schlief der König in einem seiner Gemächer auf dem Ruhebett, und er wachte achtmal auf und schlief wieder ein, und er träumte acht Träume.[485] Als er zum letztenmal erwacht und aufgestanden war, berief er sämtliche Brahmanen und forderte sie auf, ihm die Träume auszulegen, und teilte ihnen die Träume mit. Die Brahmanen sprachen: «Die Träume, die du gesehen hast, sind wahrlich beklemmend und angstvoll, denn wir haben noch nie gehört * oder erlebt, daß jemand derartige Träume gesehen habe. S. 146 Aber wenn du es wünschest, so gehen wir und forschen im Gesetze nach und unterrichten uns darüber, was aus diesen so schweren Träumen entstehen kann, und teilen es dir mit. Vielleicht sind wir imstande, dieses Unglück noch von dir abzuwenden.» Und der König stimmte dem zu, was sie sagten, und sprach zu ihnen: «Geht und tut, wie ihr gesagt habt!»

Als die Brahmanen hinausgegangen waren, rotteten sie sich um ihres bösen Triebes willen vollzählig zusammen, so daß kein Fremder unter ihnen war, und konspirierten miteinander und sprachen: «Wie ihr wisset, ist es noch nicht lange her, daß dieser König zwölftausend der Unserigen hat hinrichten lassen. Jetzt hat er uns sein Geheimnis enthüllt und verlangt die Deutung dieser Sache: da haben wir Gelegenheit, uns an ihm dafür zu rächen. Darum wollen wir in corpore[486] gehen und rücksichtslos zu ihm sprechen: ‚Gib uns alle deine Lieblinge und Würdenträger, daß wir sie töten, denn durch ihr Blut ist es möglich, jenes Unglück von dir abzuhalten.' Und wenn er fragt: ‚Was fordert ihr denn?' fordern wir[487] von ihm die Oberkönigin,[488] die Mutter des Gnpr,[489] die gepriesene 'Ir'd, und Gnpr, seinen geliebten Sohn, und seinen Brudersohn, den er besonders lieb hat, Bl'd, seinen Ratgeber

und Kanzler, und Ḳāḳ,[490] seinen geschickten Schreiber,[491] und sein Schwert, das nicht seinesgleichen hat, und die * weißen S. 147
Kriegselefanten, die so schnell sind, daß kein Pferd sie einholt,[492] und die beiden großen Elefantinnen, die den Vergleich mit den männlichen Elefanten aushalten, und die schnellen Lastdromedare. Ebenso fordern wir von ihm Ḳint'rụn,[493] den vollkommenen, gesetzesberühmten Mann, der wie Gott spricht. Auf diese Weise rächen wir uns einigermaßen an ihm und sprechen: ‚Diese Genannten müssen getötet und ihr Blut muß in ein Becken getan werden, und dich muß man in das Blut[494] hineinsetzen. Und wenn du aus dem Becken heraussteigst, werden wir Brahmanen alle dir das Gesetz vorsprechen, dir ins Gesicht hauchen und mit unserer linken Hand das Blut abreiben, bis du rein bist. Hierauf waschen wir dich mit Wasser und salben dich mit wohlriechender Salbe, und dann gehst du in dein erhabenes Königsschloß. So wird dieses Unglück von dir abgewendet. Wenn du, o König, das auf dich nimmst und alles erfüllst, was wir von dir fordern, indem wir diese statt deiner töten, so wirst du diesem Unglück entrinnen; vermagst du es aber nicht, so wird dich großes Unheil treffen und dir eines von zweien zustoßen: entweder mußt du sterben, oder man entreißt dir die Königswürde.‘ Wenn wir so zu ihm sprechen, wird seine Kraft allmählich versagen und wir bekommen die Oberhand über ihn und können ihn nach Belieben töten.» Und sie standen auf, * gingen zum König und sprachen S. 148
zu ihm: «Wir sind hingegangen und haben in allen Gesetzen und Lehren, die wir besitzen, nachgeforscht, wie wir es machen könnten, daß das Glück dich unterstütze und dir Wohlergehen zuteil werde. So befiehl, daß die Leute, die bei dir sind, abtreten, dann wollen wir dir dieses Geheimnis mitteilen.» Und er befahl, daß dies geschehe, und er hielt mit den Brahmanen eine geheime Sitzung und sie sprachen zu dem König so, wie sie es unter sich verabredet hatten. Als der König diese Worte hörte, sprach er zu ihnen: «Der Tod ist mir lieber als ein Leben, das mir durch den Untergang meiner Lieblinge in Aussicht steht. Schließlich kommt ja doch der Tod, denn des Menschen Leben ist kurz [. . . .][495] Auch würde ich dann Bl'd und Ḳāḳ nicht mehr bei mir haben. Und wie würde meine Königswürde aussehen, wenn ich der guten Rassepferde und

der Dromedare und der Kriegselefanten und der schnellen Elefantinnen entäußert wäre? Und wie könnte ich mich noch König nennen, wenn die Brahmanen alle, die sie gefordert haben, getötet und vernichtet haben? Und was für Gerechtigkeit entsteht mir durch ihre Vernichtung?»[496]

Als Bl'd sah, daß der König in Trübsal war, dachte er: «Es ziemt mir nicht,[497] hineinzugehen und ihn zu fragen: ‚Worüber machst du dir Sorgen und was bedeutet diese Trübsal?'» Und er stand auf und ging zu 'Ir'd, der Mutter des Gnpr, und sprach zu ihr: «Seit ich in des Königs Diensten stehe,[498] erinnere ich mich nicht, daß er etwas Kleines oder Großes ohne meinen Rat unternommen hat, sondern in allem und jedem war ich sein Vertrauter. Jetzt aber weiß ich nicht, * was für ein Unglück ihn getroffen hat.[499] Denn bis jetzt S. 149
hatte er sich immer, wenn ihn eine Sorge traf, dadurch Trost verschafft, daß er mit mir Rat pflog, da er mich mehr schätzte und liebte als alle seine (übrigen) Diener. Auch hatte ich freien Zutritt zum Palaste. Und jetzt sind es schon sieben Tage, daß er sich mit den Brahmanen berät, und ich weiß noch immer nicht, was seine Angelegenheit ist. Ich fürchte, die Bösewichte führen etwas im Schild, was ihm und mir Unheil bringt. Darum mache du dich zum Könige auf und frage ihn: ‚Worüber machst du dir Gedanken und was für ein Wort hast du von den Brahmanen gehört, daß du darüber bekümmert bist?' Und was du erfahren hast, teile mir mit. Denn ich wage nicht selbst hineinzugehen und ihn zu fragen, da vielleicht die Brahmanen Böses über mich gesprochen haben; und ich kenne seine Art, daß er, wenn er ergrimmt, nicht darnach fragt, ob er etwas Großes oder Kleines vor sich hat,[500] und vielleicht schüttet er wegen dieser Bösewichte seinen Zorn über mich aus.» 'Ir'd sprach: «Er hat einen kleinen Streit mit mir gehabt,[501] und jetzt, wo er zürnt, kann ich nicht vor ihn treten.» Bl'd sprach zu ihr: «Wegen einer Kleinigkeit fass' nicht gleich Groll. Ist doch sonst niemand, der zu ihm hineingehen könnte, und ich habe ihn ja oftmals sagen hören: ‚Wenn ich 'Ir'd, die Mutter des Gnpr, sehe, verwandelt sich die ganze Bekümmernis und Sorge in Freude.' Darum gehe du, Guttäterin[502] und Bevorzugte der Königinnen, Gebieterin der Frauen und Schöngestaltige, zu ihm hinein und richte ihn aus

dem Kummer auf, * in dem er liegt, und sprich zu ihm nach S. 150
deiner Weisheit und teile mir dann mit, was du getan hast.
Tue uns diesen Gefallen und habe den Lohn davon,[503] das
ganze Reich schaut auf dich.»

Alsbald begab sich 'Ir'd in das Schlafgemach, setzte sich
dem König zu Häupten, hob seinen Kopf und fragte ihn:
«Warum bist du dumpf und traurig, o gepriesener König, und
was für ein bekümmerndes Wort hast du von den Brahmanen
gehört, daß du darob so bekümmert bist? Wenn dich ein
Kummer betroffen hat, der dir zu denken gibt, so teile ihn
mir mit, daß ich mit dir bekümmert sei. Ist aber kein Kummer
vorhanden, so tue, was dir Vergnügen macht. Denn zu den
Zeiten der Freude freute ich mich mit dir: und jetzt, wo sich
Kummer eingestellt hat, gib mir Anteil daran.» Der König
sprach zu ihr: «O Frau,[504] warum fügst du zu meinem Kummer
noch neuen hinzu und wozu fragst du mich wegen dieses
Kummers?» 'Ir'd sprach: «So weit ist es mit mir gekommen,
daß du mir diese Antwort gibst! Der Kluge[505] weiß sich zu
helfen, wenn er von einem Kummer betroffen wird, und macht
sich stark und nimmt auch von seinen Freunden [Rat][506] an,
damit er nicht immer in seinem Herzen nachgrübeln muß.
Denn wenn jemand Kummer trifft, so verwandelt er sich unter
Anwendung von Klugheit und Verstand in Freude. Sei du
also nicht in Sorge, denn aus Sorge entsteht kein Nutzen,
sondern du wirfst damit nur Schmerz und Leid in das Herz
deiner Freunde und erfreust deine Feinde, und wer so tut, ist
kein kluger und weiser Mann.» Der König sprach zu ihr: «Du
dringst sehr * in mich, o Frau,[507] aber ich wünschte, daß du S. 151
mich nicht hören möchtest; denn entweder muß ich sterben
und untergehen, oder du und dein Sohn und alle meine Lieben
müssen sterben: so haben die Brahmanen gesprochen.» Und
er erzählte ihr seine ganze Angelegenheit.

Als 'Ir'd das hörte, stellte sie sich in ihrer Weisheit und
Klugheit, als bereitete ihr diese Sache keinen Kummer, und
antwortete ihm: «Seid ihr wegen meines Todes nicht bekümmert.
Mein Leben möge für euch dahingehen und euch Heil und
Freude geschenkt werden! Ihr habt ja andere Frauen außer
mir, die Gūlpanāh[508] und sechzehntausend (andere) in eurem
Palaste, die euch passen. Nur dieses Eine bitte ich und rate

ich euch in Liebe: daß ihr nach meinem Tode den Brahmanen nicht mehr vertraut und keinen Rat mehr von ihnen annehmt und niemand töten läßt, bevor ihr's zehnmal genau überlegt habt, damit ihr es nicht hart büßen müßt. Denn wer getötet ist, den könnt ihr nicht wieder lebendig machen. Und es heißt:

> Wenn du etwas Geringes findest, das zu nichts nütze ist, so wirf es doch nicht weg, bevor du es zehn Männern gezeigt hast, denn sie nehmen daran vielleicht etwas wahr, was du nicht erkennst.

Du nun laß deine Feinde nicht über dich triumphieren und sei dessen eingedenk, daß sie nicht deine Freunde, sondern deine Feinde sind. Ist es doch noch nicht lange her, daß du zwölftausend von ihnen hast töten lassen. Glaubst du, sie haben das vergessen? Du hättest ihnen nicht deine Träume offenbaren und von ihnen den bösen Rat annehmen sollen, denn der Groll weicht nicht von ihnen, und so wollen sie deine guten und klugen Diener und die Frauen, die du hochschätzest, und deine Söhne * und Töchter und deine Lieblinge und deine S. 152
Reitpferde morden und dich deiner Waffen berauben, und wenn sie dann merken, daß deine Macht darniederliegt, erheben sie sich über dich, üben Rache und nehmen von deinem Reich Besitz wie zu Anfang. Aber nun ist ja Ḳint'ru̯n da, der alles weiß; zu ihm gehe und offenbare ihm deine Träume, denn er weiß um die Welt Bescheid und was bei ihrem Anbeginn gewesen und was bei ihrem Ende sein wird, und er ist ein Prophet Gottes und gerechter und weiser als alle Brahmanen, und nichts ist ihm verborgen. Darum gehe doch, wenn es möglich ist,[509] und frage ihn über das, was du gesehen hast, und wenn auch er sich so äußert, so tue, wie er dir sagt; spricht er sich aber anders aus, so bist du der König: verfahre mit deinen Untertanen nach deinem Gutdünken!»[510]

Als der König diesen Rat hörte, wurde sein Herz gestärkt, und er verlangte ein Pferd, bestieg es und begab sich zu Ḳint'ru̯n und erwies ihm die Proskynese. Ḳint'ru̯n sprach zu ihm: «Was ist dir? Warum kommst du zu mir schmerzerfüllt und entfärbten Angesichts und ohne Krone oder Diadem

auf deinem Haupte?» Der König sprach zu ihm: «Ich schlief eines Tages[511] in einem meiner Gemächer, und plötzlich hörte ich eine gewaltige Stimme aus der Erde heraus und erwachte. Dann schlief ich wieder ein und sah acht Träume. Und ich erzählte sie den Brahmanen. Nun bin ich sehr bekümmert,
* es könnte mir vom Höchsten[512] ein Unheil bestimmt sein S. 153
und ich im Kriege umkommen oder gewaltsam meines Königtums beraubt werden.»

Ḳi̯nt'ru̯n sprach:[513] «Fürchte dich nicht davor und bekümmere dich nicht und laß dich nicht von schlimmen Gedanken aus der Fassung bringen, denn weder wirst du jetzt sterben, noch entreißt man dir die Herrschaft, noch trifft dich ein Unheil, sondern diese acht Träume, die du geträumt hast, sind folgendermaßen zu deuten:

Jene zwei rotfarbigen Fische,[514] die über deinen Füßen schwebten:[515] es kommt zu dir ein Gesandter vom König Ḥmṭu̯r,[516] durch den er dir einen Doppelgürtel (?)[517] schickt, besetzt mit wertvollen Perlen, viertausend Pfund Gold (wert), und er erscheint vor dir.[518]

Jene zwei Gänse, die du hinter dir fliegen und vor dich kommen sahest: es kommt zu dir ein zweiter Gesandter, vom König [von] Bahl,[519] und überbringt dir zwei Rassenpferde (mit zwei Wagen)[520] dergleichen es in deinem ganzen Reiche nicht gibt, und macht dir seine Aufwartung.

Jene Schlange, die du an deinem linken Schenkel emporkriechen sahst: es kommt zu dir ein dritter Gesandter, von dem König Ṣi̯drā,[521] und überbringt dir ein stählernes[522] Schwert und macht dir seine Aufwartung.

Was das betrifft, daß du deinen ganzen Körper mit Blut besudelt sahst: es kommt zu dir ein vierter Gesandter, vom König Ṭrsru̯,[523] und überbringt dir ein Gewand, welches Gu̯lgu̯l'li̯ti̯u̯n[524] heißt und im Dunkeln leuchtet, und macht dir seine Aufwartung.

Daß du sahest, wie dein ganzer * Körper mit Wasser ge- S. 154
reinigt wurde: so kommt ein fünfter Gesandter, vom König R'z,[525] und überbringt dir königliche Röcke[526] und macht dir seine Aufwartung.

Daß du ferner sahest, daß du auf einem weißen Berge ruhtest, so bedeutet das: es kommt ein sechster Gesandter,

vom König Ḳnu̯n,[527] und überbringt einen weißen Elefanten, den kein Rennpferd einholt, und macht dir seine Aufwartung.

Daß du sahest, daß sich etwas wie ein Feuer[528] auf dein Haupt niederließ: es kommt ein siebenter Gesandter, vom König Ddr',[529] und überbringt dir ein Diadem und macht dir seine Aufwartung.

Was aber jener Vogel bedeutet, den du mit seinem Schnabel auf deinen Kopf hauen sahst, das sage ich dir nicht. Aber du brauchst dich auch hievor nicht zu fürchten, denn es ist nicht gefährlich, sondern du wirst nur eine kleine Mißhelligkeit mit der Person haben, die du besonders lieb hast und wertschätzest. Die Gesandten aber, von denen ich dir gesagt habe, werden heute über sieben Tage vor dich treten.»

Als der König diese Worte vernommen hatte, erhob er sich, erwies dem Ḳint'ru̯n die Proskynese und begab sich nach Hause zurück. Und der König sprach: «Ḳint'ru̯n ist sehr klug, aber ich will jetzt gewärtigen, ob es wahr ist, was er mir gesagt hat.» Und am siebenten Tage legte der König die königlichen Gewänder an und versah sich mit den Prunkinsignien, setzte sich auf seinen Königsthron und berief seine Minister und Würdenträger und seinen Adel. Da kamen die Gesandten, ganz wie es Ḳint'ru̯n gesagt hatte, und machten ihm ihre Aufwartung. Als nun der König diese Gesandten sah und sie ihm die Proskynese erwiesen, da freute er sich mächtig und sprach: «Ich habe unüberlegt[530] gehandelt, als ich den Feinden meine
Träume mitteilte, * worauf sie mir jene wohlvorbereitete Ant- S. 155
wort gaben. Wäre nicht[531] die Barmherzigkeit Gottes über mir aufgegangen und die 'Ir'd sofort zu mir gekommen, so wäre es jetzt mit meinen irdischen Gütern aus. Darum soll ein Mensch von seinem Freunde und Nächsten anhören, was er ihm rät; denn auch die 'Ir'd hat mir einen guten Rat erteilt und ich habe ihn dann auch von ihr angenommen und von ihrem Rat Freude empfangen. Durch die Kraft der Freunde habe ich auch meine Herrschaft aufrecht erhalten, und auch Ḳint'ru̯ns Klugheit und Einsicht habe ich besser kennen gelernt.»

Darauf berief man auf des Königs Geheiß den Gnpr und den Bl'd und den Sekretär Ḳāḳ, und er sprach zu ihnen: «Diese Gabe, Kleinode und Geschenke sollen nicht in den

königlichen Schatz kommen, sondern ich verteile sie an 'Ir'd, die den guten Rat gegeben hat, und an euch, die ihr bereit waret, für mich zu sterben. Denn ich sehe es so an, als wäret ihr wirklich gestorben und hätte 'Ir'd euch um meinetwillen von neuem dem Leben zurückgegeben.»

Da sprach Bl'd: «Es ist doch nichts besonders Großes, o Herr, mein König, wenn ein Diener für seinen Herrn stirbt! Welcher Diener hätte nicht die Pflicht, sein Leben für seinen Herrn zu opfern? Ist doch selbst ein Freund, der nicht sein Leben für seinen Freund opfert, kein vollkommener Mann, geschweige denn ein Diener! Aber, um die Wahrheit zu sagen: Diese hehren Gaben kommen uns, die wir die Diener sind, nicht zu, vielmehr soll sie Gnpr, dein geliebter Sohn, nehmen.» Der König sprach: «Mir genügt der Name und Ruhm, der für mich in dieser Sache liegt; darum Bl'd, scheue dich nicht,[532] sondern nimm, was dir zufällt, und freue dich daran.» Bl'd * sprach: «Der Befehl meines Herrn geschehe, doch zuerst S. 156
nehmt Ihr, was Ihr wünscht.»

Da nahm der König den weißen Elefanten, Gnpr nahm eines der zwei Rassenpferde, Bl'd nahm das stählerne Schwert und Ḳāḳ das andere Pferd und die Gürtel (?).[533] Die königlichen Röcke[534] schickte er dem Ḳint'ruṋ. In betreff des im Dunkeln leuchtenden Gewandes aber und der Krone sagte Bl'd: «Das sind Schmucksachen für die Frauen», und der König stimmte ihm bei und sprach zu ihm: «Nimm sie und folge mir.»

Nun ging der König in seinen Palast und rief die 'Ir'd und Gūlpanāh, und sie kamen und traten vor ihn hin. Da sprach der König zu Bl'd: «Lege beide Stücke der 'Ir'd vor, und das, welches ihr wohlgefällt, möge sie nehmen.» 'Ir'd fand beides schön und herrlich, und so fragte sie schnell den Bl'd durch ein Zeichen, welches das schönere sei, und Bl'd deutete auf das Gewand. Da blickte der König auf und sah es, und als 'Ir'd gewahrte, daß er sah, worauf jener deutete, verzichtete sie, damit er auf keinen schlimmen Gedanken komme, auf das Gewand und nahm die Krone. Und wenn sich nicht 'Ir'd so klug benommen und anderseits Bl'd nicht von dem Tage an bis zu seinem Tode klugerweise mit dem Auge geschielt hätte,[535] so wäre an dem Tage keines von ihnen dem Tode entronnen.

Nun war es beim König Brauch, daß alltäglich 'Ir'd und
Gūlpanāh, und zwar jeweilen diejenige, zu der er kam,[536] für
ihn Reis mit Honig kochten. An jenem Tage traf es die 'Ir'd,
daß sie für den König kochen und ihn bedienen sollte. Und
sie kochte den Reis, tat ihn in eine goldene Schüssel und be-
diente den König, die Schüssel in der Hand und die Krone
auf dem Haupte. Da wurde Gūlpanāh eifersüchtig * auf 'Ir'd, S. 157
legte jenes Gewand an und stellte sich vor den König hin,
und so leuchtete das Gewand wie der Sonnenglanz und be-
strahlte den Thron des Königs, und Gūlpanāh selbst nahm
sich in dem Gewand herrlich und schön aus, wie ein Gott.
Und als er sie erblickte, war er entzückt von ihrem Aussehen,
und dann sprach er zur 'Ir'd: «Du bist eine törichte Frau,
'Ir'd, daß du die Krone genommen und das Gewand dahinten-
gelassen hast.» Als 'Ir'd hörte, daß er der Gūlpanāh Beifall
zollte, sie dagegen tadelte und töricht nannte, geriet sie in
Wut und Ärger und schlug ihm die Schüssel mitsamt dem
Reis darin an den Kopf, so daß ihm der Reis am Kopf und
Kleid herunterlief. Und so ging auch jener achte Traum in
Erfüllung, den Ḳint'rṷn zwar beschrieben, aber nicht gedeutet
hatte. Da ließ der König sofort den Bl'd kommen und sprach
zu ihm: «Du siehst, Bl'd, wie einen König wie mich ein Weib
wie dieses verachtet und erniedrigt hat. Jetzt habe kein Mit-
leid mit ihr, sondern führe sie ab, daß man sie enthaupte!»
Und Bl'd führte sie vom König hinweg. Er überlegte nun:
«Ich darf sie nicht töten, bevor sich sein Zorn besänftigt hat,
ist sie doch eine gesegnete und einsichtige Gebieterin und hat
auch an Weisheit und Schönheit nicht ihresgleichen. Zudem
weiß ich, daß der König es ohne sie nicht aushält. Manches
Leben hat sie vom Tode errettet und unzählige Wohltaten und
Tugenden geübt, und auf ihr ruht unsere[537] Hoffnung und
Zuversicht. Auch fürchte ich, der König könnte entrüstet sein,
daß ich die Ausführung seines Befehls urgiert habe.»[538] Er
legte sich nun die Sache folgendermaßen zurecht: «Sollte ich
auch um dieser * Sache willen sterben müssen, töte ich sie S. 158
nicht, sondern ich will ihn prüfen: Wenn er Reue und Leid
um sie empfindet, so stelle ich sie ihm lebendig vor und mache
mich durch diese Handlung hochverdient, erstens indem ich
die 'Ir'd am Leben erhalte, zweitens indem der König von dem

Leid befreit wird, und drittens indem das, was ich tue, das Rechte[539] ist. Wenn er sich aber nicht besinnt und nicht nach ihr fragt, so will ich dann tun, was er mir befohlen hat.» Er schloß sie also heimlich in ein Gemach ein und postierte vor die Tür zwei Eunuchen des Königs, welche alle seine Frauen zu beaufsichtigen hatten, und befahl ihnen, sie sorgfältig zu hüten, damit niemand davon erfahre, bis daß er sähe, worauf die Sache hinauslief. Und Bl'd besudelte sein Schwert mit Blut, ging betrübt zum König hinein und sprach zu ihm: «Ich habe deinen Willen ausgeführt, mein Herr, König.»

Es dauerte aber nicht lange, so besänftigte sich der Zorn des Königs, und er besann sich auf 'Ir'd und begann zu seufzen und weinen und war betrübt, aber er genierte sich, den Bl'd zu fragen: «Hast du sie wirklich getötet, oder nicht?», dachte indessen wegen Bl'ds Klugheit halb und halb, daß er die Mutter des Gnpr wohl doch nicht getötet habe. Da sprach Bl'd in seiner großen, von Gott rührenden Weisheit zum König: «Sei nicht bekümmert und in Not, denn im Sorgen ist kein Gewinn, sondern nur Schmerz und Schade für den Betreffenden und für seine Freunde, und seinen Feinden bereitet es Freude, und die, welche davon hören, mißbilligen es. Darum tröste dich und sei nicht bekümmert, zumal wegen etwas, was du nie mehr sehen wirst. Wenn du aber willst, so erzähle ich dir eine Geschichte, welche mit dieser Sache Ähnlichkeit hat.» Der König sprach: «Erzähle die Geschichte.» Und Bl'd sprach:

I. Das Taubenpaar.

«Es waren einmal zwei Tauben, Männchen und Weibchen, S. 159
die füllten ihr Nest mit Weizen- und Gerstenkörnern.[540] Und das Männchen sprach zum Weibchen: «So lange wir draußen Nahrung finden, wollen wir hievon nicht essen, sondern im Winter, wenn Kälte und Regen eintritt und wir draußen nichts mehr finden, wollen wir davon essen.» Sie war einverstanden und sagte: «Es soll so geschehen!» Darauf begab sich das Männchen weg, um Futter zu suchen, und zwar waren, als es sich wegbegab, die Weizen- und Gerstenkörner noch saftig und feucht und füllten das Nest aus; als es aber Sommer ward und die Weizenkörner eintrockneten,[541] da wurde ihr Volumen vermindert. Wie er nun sah, daß sich ihr Volumen

vermindert hatte, sprach er zu ihr: «Da ich dir doch gesagt habe, wir wollten von diesen Weizenkörnern nicht essen, warum hast du davon gegessen?» Sie schwur, daß sie nicht davon gegessen habe, aber er glaubte ihr nicht und schlug sie tot. Als es dann Winter wurde und der Regen kam, füllten die Weizen- und Gerstenkörner sein Nest wieder aus. Da fiel er auf sein Angesicht nieder, wurde bekümmert und sprach: «Wozu nützt mir nun noch mein Leben, da ich dich vernichtet habe und dich nicht mehr finde?»

Darum läßt, wer klug und verständig ist, niemand voreilig töten, zumal wenn es sich um eine Kleinigkeit handelt, die er begangen hat ...[542] büßte es wie jene überlebende Taube, welche zweierlei traf: erstens, daß sie vor Gott sündigte, und sodann, daß sie vereinsamt zurückblieb.

Auch habe ich folgendes gehört:

II. Affe und Linsen.

Ein Mann trug eine Last Linsen, und er trat unter die Bäume, legte seine Last nieder und schlief ein. Da stieg ein Affe von einem Baum herab und nahm von * den Linsen eine S. 160
Handvoll, worauf er wieder auf den Baum stieg. Da fiel ihm eine Linse hinunter und er stieg ihr nach und suchte sie, fand sie aber nicht; und da ergrimmte er und warf auch die Linsen fort, die er in der Hand hielt.

Wohlan, auch du, o König, hast Frauen in deinem Palaste, 16.000, und gibst dich nicht mit ihnen ab,[543] sondern suchst etwas, was du nie wieder erlangst.»

Als der König sah, daß Bl'd in dieser Weise redete, dachte er, die 'Ir'd sei sicher getötet worden, und sprach in großem Zorn zu Bl'd: «Bist du so ein Mann, daß du das, was ich dir befehle, überhastest und ein Wort zur Grundlage (deines Handelns) machst?» — Bl'd sprach: «Einer ist, der ein Wort zur Grundlage (des Handelns) macht, und dessen Wort eines ist, und der ein Wort nicht abändert noch verleugnet.»

Der König sprach: «Wer ist das?» — Bl'd sprach: «Gott, der sein Wort nicht abändert noch verleugnet, und alles, was er spricht, ist fest und besteht auf ewig.»

K.: «Ich bin sehr bedrückt wegen des Todes der 'Ir'd, der Mutter des Gnpr.» — B.: «Zwei sind mit Recht bedrückt:

erstens wer beständig das Böse und die Sünde tut, und zweitens wer nie das Gute getan hat. Denn ihr Leben ist dem Schicksal unterworfen, und hier leben sie unglücklich und in der künftigen Welt ist ihr Lohn dahin und erdulden sie ewige Qualen.»

K.: «Wenn ich die 'Ir'd am Leben sähe, würde ich nie mehr bekümmert sein.» — * B.: «Zwei brauchen sich keine S. 161
Sorgen zu machen: erstens wer beständig Gutes tut, und zweitens wer nichts Böses getan hat. Die dürfen sich freuen.»

K.: «Es ist mir bestimmt, die 'Ir'd nie wieder zu sehen!» — B.: «Zwei sind es, die nicht sehen: erstens der Blinde, und zweitens der Blödsinnige. Denn wie der Blinde nicht Himmel und Erde, Höhe und Tiefe, Nahes und Fernes sieht, so kann der Blödsinnige nicht die Tugend vom Bösen, den Guten vom Schlechten, den Weisen vom Toren und die Sünde von der Gerechtigkeit unterscheiden.»

K.: «Es wäre eine Freude für mich gewesen, die 'Ir'd lebendig zu sehen.» — B.: «Zwei sind es, welche sehen: erstens wer gesunde Augäpfel[544] hat, und zweitens ein Weiser, denn der sieht mittels seiner Weisheit und unterscheidet die Sünde von der Gerechtigkeit, die Höhe von der Tiefe, das Gute vom Bösen, und ist der künftigen Welt eingedenk und wandelt auf dem geraden Wege, wie es Gott will.»

K.: «Ich konnte mich an 'Ir'd nie satt sehen.» — B.: «Zwei werden nie satt: ein Begehrlicher, der Besitztümer zu erwerben und Schätze anzulegen begehrt, und zweitens ein Begehrlicher, der ißt, was man ihm vorsetzt, und dazu noch Solches * zu essen begehrt, was man nicht aufträgt.» S. 162

K.: «Du bist ein verschlagener Mann, ich sollte mich von dir zurückziehen.» — B.: «Von zweien muß man sich zurückziehen: erstens von dem, der behauptet, es gebe nicht Gut und Böse, und den Menschen werden nicht ihre Taten vergolten und es existiere nur diese Welt; und zweitens von dem, welchen nach dem gelüstet, was anderen gehört, und der seine Ohren nicht in Zucht hält vor unnützem Gerücht, noch sein Glied[545] vor den Frauen seiner Nächsten, noch sein Herz vor den bösen Gedanken. Schließlich werden sie in der Höllenstrafe bereuen.»

K.: «Es ist aus mit 'Ir'd.» — B.: «Mit dreien[546] ist es aus: erstens mit dem Flusse, dem das Wasser ausgegangen ist,

(ferner) mit dem Land, das keinen König hat, und (drittens) mit dem Weib, das keinen Mann hat.»

K.: «Du antwortest kühn und bist zielbewußt.» — B.: «Drei sind zielbewußt: der König, der zielbewußt Geschenke aus seiner Schatulle verleiht; zweitens die Frau, die auf den Wunsch ihrer Eltern zielbewußt einen Mann nimmt; drittens der weise Mann, der zielbewußt die Tugendlehre übt, welche in Gottes Gesetz vorliegt.»[547]

K.: «Ich bin in großer Sorge wegen dessen, was du mir angetan hast.» — B.: «Drei haben Ursache, in Sorge zu sein: wer ein fettes, schönes * und hübsches Pferd besitzt, das nur S. 163
Untugenden hat; zweitens wer ein Mahl zurüstet und viele Schafe und Rinder schlachtet, aber einen Fehler begeht, so daß man nicht zu seinem Mahle kommt;[548] und ein armer, bedürftiger Mann, der eine schöne Frau aus vornehmer Familie hat, aber nicht die Mittel besitzt, sie standesgemäß zu halten, so daß sie ihn herabwürdigt und plagt.»

K.: «Du hast die 'Ir'd unangebrachterweise getötet.» — B.: «Drei Dinge geschehen unangebrachterweise: daß ein Schmied ein weißes Kleid anzieht und dann die Esse anfacht,[549] so daß das Kleid vom Rauch geschwärzt wird; daß ein Walker sein bestes Kleid anzieht und sich damit ins Wasser stellt; und daß ein Kaufmann ein hübsches Mädchen heiratet und es dann sich selbst überläßt und auf weite Reisen geht.»

K.: «Du verdienst schwere Strafe, Bl'd.» — B.: «Drei sind es, die Strafe verdienen: wer Böses tut und verurteilt, wo kein Vergehen vorliegt; wer von sich aus zu einem Gastmahl geht, ohne eingeladen zu sein; und wer von seinem Freunde etwas begehrt, was dieser selbst nicht hat.»[550]

K.: «Du verdienst Schelte, Bl'd.» — B.: «Drei verdienen Schelte: erstens ein Zimmermann, der die Axt in die Hand nimmt und Holz glättet und dabei in einem kleinen Hause wohnt, so daß das Haus mit Holzstücken angefüllt wird und er mit Weib und Kindern im Platze beengt ist; ein Arzt, der mit dem Messer Blut abläßt und auf die menschlichen Körper nicht acht gibt; und wer in Feindesland kommt, * da ein Weib S. 164
nimmt und ein Haus baut und nicht mehr in seine Heimat zurückkehrt, so daß seine Errungenschaft seinen Feinden verbleibt.»

K.: «Du hättest ruhig zuwarten sollen,[551] bis sich mein Zorn besänftigte.» — B.: «Drei sind es, die bei ihrem Tun ruhig vorgehen sollen: wer einen Berg besteigt,[552] wer Fische ißt, und wer ein wichtiges Werk ausführen will.»

K.: «Ich wünschte nur, die 'Ir'd noch einmal zu sehen!» — B.: «Drei sind es, die etwas Unmögliches wünschen: ein frecher Sünder, der sich in seiner Sterbestunde an den Ort der Braven und Frommen wünscht; ein Geiziger,[553] der des Ranges der Freigebigen[554] teilhaftig zu werden wünscht; und wer nach dem Blute der Menschen dürstet und sich doch an den Ort der Barmherzigen und Gottesfürchtigen wünscht.»

K.: «Ich habe mir dieses schwere Leid selbst zugefügt.» — B.: «Drei sind es, die sich das Leid selbst verdienen: wer in die Schlacht geht und nicht auf der Hut ist, so daß er getötet wird; wer großes Vermögen besitzt, aber allein lebt und weder Sohn noch Bruder hat und sein Vermögen an viele auf Zinsen ausleiht und es wachsen läßt; und ein Greis, der ein schönes, freches, hurerisches Mädchen heiratet, das beständig wünscht:[555] ‚O daß doch der Greis da stürbe!' — um dann einem jungen Manne zu eigen zu werden —, so daß er schließlich zugrunde geht.»[556]

K.: «Ich komme dir sehr verächtlich vor, daß du so dreist vor mir redest.» — B.: «Drei * sind es, die ihre Herren ver- S. 165
achten: erstens der Fasler, der gern gefragt sein möchte und den man doch nicht fragt,[557] und der sich an jedes Ding macht, das vorkommt, und seinen Herrn betrübt; der Diener, der ein großes Vermögen besitzt, während sein Herr arm ist, und der seinen Herrn nicht aus seinem Vermögen unterstützt; und der Diener, der seinen Herrn vor Gericht zieht, ihn mit Zank und Streit heimsucht und ihm harte Worte erwidert.»

K.: «[Du verspottest mich, Bl'd]; ich wollte, die 'Ir'd wäre nicht getötet worden.»[558] — B.: «Drei sind es, die man mit Recht verspottet: wer sagt: ‚Ich bin in viele Schlachten gezogen und habe manche getötet und niedergestreckt', während an seinem Körper keine Spur von einer Schlacht zu sehen ist, weder eine Pfeil-, noch eine Stichwunde; und wer behauptet: ‚Ich bin ein Faster und Gerechter', indessen er fetter und kräftiger am Leibe ist als die, welche nicht fasten, sintemalen diejenigen, welche fasten, unter Lobpreisungen Gottes

die Nächte durchwachen und wenig essen, so daß ihr Leib schwach und ihr Gesicht entfärbt wird; und ein lediges Mädchen, das eine Ehefrau verspottet und doch nicht weiß, was aus ihm selbst noch wird.»[559]

K.: «Du bist verrückt,[560] Bl'd.» — B.: «Drei sind ver-
rückt und scheinen mit den Dämonen zu reden: wer die Toren
und Spötter weise machen will, da diese doch wegen ihrer
Torheit nichts von ihm annehmen, so daß er davon abstehen
und es schließlich bereuen muß. Und wer mit einem Toren
und Ungebildeten so lange redet,[561] bis * der ihn beschimpft S. 166
und verächtlich behandelt und ihm (öffentlich) Fehler aufzählt,
die zwar an ihm nicht vorhanden sind, worauf aber doch jeder,
der es hört, sagt: ,Vielleicht ist's wahr!' Und wer einem, den[562]
er noch nicht erprobt hat, die wichtigen Geheimnisse der Kö-
nige und Fürsten offenbart und ihm vertraut wie seinem eigenen
Ich.»[563]

K.: «Ich selbst habe mich durch diesen Beschluß in Not gebracht.» — B.: «Drei sind es, die durch ihr eigenes Tun in Not geraten sind: erstens wer sich mit einem Manne, den er noch nicht erprobt hat, mit dem Schwert oder mit der Körperstärke oder im Zweikampf mißt; wer rückwärts läuft und strauchelt und in eine Zisterne oder Grube fällt und sich dabei die Glieder bricht; und wer prahlerisch behauptet: ,Ich fürchte mich nicht vor der Schlacht', indem er sich auf den großen Haufen verläßt, aber dann, wenn er in die Schlacht kommt, den Kopf verliert und schaut, wo er eine Zufluchtsstätte finde.»

K.: «Die große Freundschaft, die ich früher mit dir hatte,[564] ist nun vorüber.» — B.: «Drei sind es, deren Freundschaft schnell vorübergeht: erstens wer sich jüngst einen Freund erworben hat[565] und verreist, ohne ihm einen Brief zu schicken; und der Bräutigam, den man im Hause seiner Freunde[566] feiert und der sie zum Besten hält; und wer mit seinen Freunden ißt und trinkt und alles begehrt, was da ist, aber selbst nichts gibt und sich nicht einmal dafür bedankt.»

K.: «Du hast unverständig gehandelt, daß du 'Ir'd tötetest.»
— B.: «Drei sind es, die unverständig handeln: wer sein Ver-
mögen jemandem anvertraut, den er nicht erprobt hat, und
sich für jemand verwendet,[567] den er nicht * kennt. Und der S. 167

Tor[568] und Ungebildete, der da spricht: ‚Ich führe große Kriege, baue Häuser, erwerbe Reichtum und mache Königen und Freunden die Honneurs' und doch nichts tut. Und wer die Welt verläßt und sich zum Schein auf geistliche Dinge verlegt, dabei aber mit verborgener List seinen persönlichen Begierden lebt.»

K.: «Du bist ein verschlagener Mann, Bl'd, kein Tor!»[569] -- B.: «Drei sind es, die verdienen, verspottet zu werden: ein Schuhmacher, der auf einem erhöhten Platze sitzt und, wenn ihm der Pfriem herunterfällt, mit der Arbeit aufhört und heruntersteigt und ihn holt. Und ein Schneider, welcher die Fäden lang nimmt, so daß, wenn er näht, Knoten hineinkommen und er die Arbeit einstellen muß, bis er sie aufgelöst hat. Und ein Barbier, der, wenn er seinen Kunden das Haar schneidet, umherschaut und es verpfuscht (und Verspottung verdient).»[570]

K.: «Du bist imstande, das ganze Land verächtlich zu machen, und willst auch mich verächtlich machen.»[571] — B.: «Drei sind es, die behaupten: ‚Wir haben die Kunst gelernt' und müssen doch erst noch lernen:[572] erstens der Zitherspieler und der Flötist und der Tamburinschläger, die kein Ensemble zuwege bringen.[573] Und der Maler, der jemand porträtiert, ohne die Farben zu kennen, die das Porträt schmücken. Und wer behauptet: ‚Ich habe nicht nötig, den Beruf zu lernen, da ich alles verstehe', und dabei nicht den Idioten vom Vernünftigen unterscheiden, noch reden kann.»

K.: «Es war pflichtwidrig von dir, daß du die 'Ir'd getötet hast.» — B.: «Vier * sind pflichtwidrig:[574] ein Mann, der seine Zunge nicht nach der Wahrheit richtet; wer beim Essen gierig und bei der Arbeit schläfrig ist und nicht zum Dienste taugt und im Krieg nicht siegt; wer seinen Zorn nicht zu bemeistern vermag; und der König, der etwas ohne Überlegung tut.» S. 168

K.: «Hättest du pflichtmäßig gehandelt, so hättest du die Mutter des Gnpr nicht getötet.» — B.: «Vier sind es, welche etwas pflichtgemäß tun: erstens wer die Speise und die Tafelkost, die in seinen Pflichtenbereich fallen, zur rechten Zeit bereitstellt;[575] und wer sich mit seiner Frau begnügt; und der König, der im Einverständnis mit seinem Ratgeber handelt; und der Weise, der seinen Zorn bemeistert.»

K.: «Man muß sich vor dir fürchten, Bl'd.»[576] — B.: «Vier sind es, die sich fürchten, ohne daß sie sich zu fürchten brauchen: der Vogel, der im Walde lebt[577] und sich zum Schlafe auf den Rücken legt und seine Füße in die Höhe streckt, sprechend: ‚Wenn der Himmel herabstürzt, so stütze ich ihn mit meinen Füßen'. Der Kranich, der auf einem Beine steht, sprechend: ‚Würde ich das andere aufsetzen, so könnte die Erde mich nicht tragen und würde unter mir einsinken.' Der Wurm,[578] der in der Erde wohnt, aber Staub frißt, sprechend: ‚Die Erde wird aufgebraucht, wenn ich von ihr esse, und dann bliebe ich ohne Nahrung und müßte sterben.' Und die Fledermaus, die spricht: ‚Es gibt nichts in der Schöpfung, was lieblicher und schöner ist als ich', und doch bei Tage nicht fliegt wegen ihrer Schönheit, damit man sie nicht fange.»

K.: «Ich habe sehr leichtsinnig gehandelt, daß ich * 'Ir'd S. 169
töten ließ.»[579] — B.: «Vier sind es, die man nicht leichtsinnig behandeln und weggeben soll:[580] ein gutes, schönes, starkes Wagenpferd;[581] ein Weib, das seinen Gatten liebt und Tugend übt; ein guter Diener, der seinem Herrn aufrichtig dient und ihn mit ergebenem Herzen gebührend respektiert.»

K.: «Ich billige es nicht, daß du 'Ir'd getötet hast.» — B.: Vier sind es, denen man die Billigung versagen muß: ein Weiser, der mit den Toren spricht, was sich doch nicht geziemt, weil sie keine Weisheit annehmen. Diejenigen, welche königliche Gewürze und Parfums an öde Orte tragen, während sie doch an das Trink- und Festgelage gehören. Der Unmäßige, der wegen seiner Unmäßigkeit stets Schlechtes tut. Und ein schlechter Ratgeber, der jeden Augenblick den Kopf verliert.»

K.: «Niemand findet eine wie die Mutter des Gnpr.»[582] — B.: «Vielerlei ist schwer zu finden: eine Witwe, die sich mit einem Manne begnügt;[583] ein Mann, der zu lügen gewöhnt ist: dem fällt es schwer,[584] die Wahrheit zu sagen; ein heftiger, seinen Willen durchsetzender Mann: dem fällt es schwer, sich unterzuordnen; und ein übermütiger und aufgeblasener Mann: dem fällt es schwer, seine Gewohnheiten zu verbessern und sich gut zu benehmen.»

K.: «Wäre doch diese Erkenntnis von Anfang an dagewesen!» — B.: «Vier Dinge * muß man vor dem entschei- S. 170
denden Augenblick kennen. Wer den Plan hat, die Feinde mit

Krieg zu überziehen: der plant zum voraus, wie er sich und sein Land retten kann. Wer falsch angeklagt ist, und seine Ankläger sind reiche, lügnerische und unbarmherzige Männer: der besorgt sich zum voraus einen Richter von geradem Charakter, der unparteiisch ist und keine Bestechung annimmt. Wer viel Reichtum und Besitz hat: der muß für einen klugen und sachkundigen Mann sorgen, der dieselben richtig verwaltet. Und zu wem ein großer Herr kommt: der rüstet zum voraus ein Gastmahl und das Nötige, so daß jener nicht beleidigt ist[585] und er selbst nicht gering und blamiert[586] dasteht.»

K.: «Du denkst weder an das Gute noch an das Schlimme.» — B.: «Vier sind es, die weder an das Gute noch an das Schlimme denken: wer an heftigen Schmerzen erkrankt ist; wer in Furcht und Beben ist vor dem Könige; wer den verachtet, der größer ist als er selbst; und wer sich mit einem Gegner in Streit einläßt, der zum Groll neigt und vielvermögend ist.» [587]

K.: «Hättest du doch die Mutter Gnpr's freigelassen!» — B.: «Vier sind es, die man freilassen sollte: alle weltlichen Beziehungen aus seinem Herzen, aus den Gedanken ..., und die ganze Welt für ein Leben, und das Leben für den König, und alles, was der König preisgibt, soll preisgegeben werden.» [588]

K.: «Du hast nicht viel[589] gute Art gelernt, Bl'd.» — B.: «Vier sind es, * die gute Art lernen sollten: wer seinen S. 171
Leib mit Verkehrtheit füllt; wer stolz und eingebildet ist; wer gewohnheitsmäßig Schätze sammelt; und wer ein Tyrann[590] ist und keine Versöhnung annimmt.» [591].

K.: «Auf dich sollte sich niemand verlassen.» — B.: «Vier sind es, auf die sich niemand verlassen soll: die bösartige Schlange; das wilde Tier; der Frevler und Sünder, der fremdem Gut nachstellt; und der verwesliche Leib.»

K.: «Ein vornehmer Mann soll mit niemandem scherzen.» — B.: «Mit viererlei Leuten soll ein Großer nicht Scherz und Spiel treiben: mit[592] einem gewöhnlichen Menschen; nicht mit einem Schriftgelehrten und Weisen; nicht mit einem Zauberer; und nicht mit einem Betrunkenen und Streitsüchtigen.»

K.: «Ich sollte nicht mit dir verkehren, nachdem du die 'Ir'd getötet hast.» — B.: «Vier sind es, die nicht miteinander

verkehren: der Tag mit der Nacht, das Licht mit der Finsternis, das Warme mit dem Kalten, das Gute mit dem Bösen.»

K.: «Bei dir sollte man nicht verweilen.» — B.: «Bei vieren sollte man nicht verweilen: bei der Hure und dem Dieb; bei einem betrügerischen Schüler; bei einem Schwätzer; bei einem zum Groll neigenden Herrscher.»[593]

K.: «Ich bin sehr * betrübt, wenn ich die 16.000 Frauen S. 172
sehe und sich die Mutter des Gnpr nicht unter ihnen befindet.» — B.: «Über den Verlust dieser fünferlei Frauen braucht man sich nicht zu betrüben: erstens wenn es eine geschwätzige Frau ist; wenn sie fluchwürdig und übelgesittet ist; wenn sie frech ist; wenn sie zornig und gehässig ist; wenn sie ihren Gatten nicht liebt.»

K.: «Ich bin über den Untergang der 'Ir'd ganz besonders betrübt.» — B.: «Über den Verlust dieser fünferlei Frauen[594] betrübt man sich mit Recht: wenn es eine Frau aus edlem Geschlechte ist;[595] wenn sie weise und verständig ist; wenn sie schön und stattlich aussieht; wenn sie von guten Manieren und züchtig ist und es in ihrem Hause vorwärts bringt; und wenn sie ihren Gatten liebt und geduldig und freundlich gegen ihn ist.»

K.: «Viel Geld und Gut würde ich demjenigen schenken, der mir die 'Ir'd lebendig wieder gäbe!» — B.: «Fünf sind es, die Geld und Gut mehr lieben als sich selbst:[596] wer in den Krieg zieht und sich fürchtet;[597] wer mit leckem Schiff in See sticht um des Reichtums willen; [der Einbrecher, über dem eventuell die Mauern einstürzen, so daß er zugrunde geht];[598]
[der Gefängniswärter, der][599] * möchte, daß alle Menschen ge- S. 173
fangen gesetzt würden;[600] und wer Bestechung annimmt und das Recht beugt.»

K.: «Du hast mich nun mit allem dem genug erprobt.» — B.: «Durch folgende [zehn][601] Dinge werden die Menschen erprobt: ein Krieger wird durch die Art, wie er sich bei der Verwüstung betätigt,[602] in seiner Humanität erprobt; eines Gärtners Sorgfalt wird aus der Saat erprobt, die er sät; eines Hochgestellten Denkart wird durch seine Bescheidenheit erprobt; wenn ein Knecht in Bedrängnis gerät, so wird sein Herr in der Humanität erprobt;[603] ein Kaufmann wird durch die Rechenführung in seiner Rechtlichkeit erprobt; ein Freund,

der Beleidigung erfährt, wird in der Vollkommenheit seiner Freundschaft erprobt; eines wachsamen und strebsamen Mannes Tatkraft wird durch die Not erprobt; eines Frommen Glaube wird durch seinen stetigen Gottesdienst erprobt; ein Freigebiger wird in der Barmherzigkeit erprobt; und ein Armer, der seine Armut standhaft erträgt, wird in seiner Langmut erprobt.»

K.: «Im Zorne redest du vor mir, Bl'd.» — B.: «Zehn
* sind es, die im Zorne reden:[604] der König, wenn er selb- S. 174
ständig regiert;[605] einer, der sich zwar beraten läßt, aber nicht klug ist; ein Kluger, der nicht bescheiden ist; ein Bescheidener, der nicht versiert ist; ein Versierter, der nicht friedfertig ist; ein Friedfertiger, der nicht klug ist; ein Kluger, der unzugänglich (?) ist;[606] ein Richter, dem keine Bestechung winkt;[607] wer Mitleid hat und doch nicht gibt; wer gibt, aber von den Menschen dafür gelobt zu werden begehrt.»

K.: «Du hast dich ermüdet, Bl'd, und hast auch mich ermüdet.» — B.: «Zehn sind es, die sich ermüden und andere ermüden: wer wenig zu lehren weiß und viele Schüler hat; wer wichtige Geschäfte hat und sie nicht gründlich besorgt; wer etwas nachläuft, was er nicht erreicht; der Freche, Stolze, Hochmütige, Prahlerische, der die Demut haßt und keinen Rat annimmt; wer immer mit dem König verkehrt und nichts taugt; ein Tüchtiger, der sich mit etwas beauftragen läßt, was über seine Kräfte geht; ein törichter König, der nicht gut regiert; wer Geschwätzigen und Hohlköpfigen ein Amt überträgt; wer von schlechten Manieren ist und nicht nach Belehrung fragt; und wer seinen Fleiß auf eine Sache verwendet, die ihm nichts einbringt.»

Darauf verstummte Bl'd. Er wußte nun sicher, daß der König die 'Ir'd herbeiwünschte und sie sehr liebte und über
ihren Tod bekümmert war und sich * nach ihrem Anblick S. 175
sehnte, und dachte daher: «Da der König sie so liebt, so wird es das Richtige sein, daß ich sie vor ihn bringe; denn ich habe ihn durch das Gespräch und die harten Antworten, die ich ihm gab, stark auf die Probe gestellt, und ohne daß er über mich in Zorn geraten ist oder mich der Strafe überliefert hat.»

Der König sprach zu Bl'd: «Du bist verstummt, Bl'd, und sprichst jetzt nicht mehr?»

Bl'd sprach: «Herr, ich Schwacher, Unbedeutender und Geringer spreche es aus: es gibt auf der ganzen Erde keinen König, der dir zu vergleichen wäre, und deinesgleichen hat es weder zu Anfang gegeben, noch gibt es solche jetzt, noch je in Zukunft: wo doch ich Schwacher und Armseliger auf alles, was Ihr sagtet, antwortete, ohne daß Ihr in Zorn gerietet oder Schlimmes über mich verfügtet! So habt denn Ihr, Herr, König, weil Ihr mit Weisheit erfüllt seid, nichts unüberlegt befohlen, sondern Ihr seid gegen jedermann gut und freundlich gesinnt und wünscht einem jeden das Beste. Und auch wenn Euch von den Gestirnen ein beschwerliches Ereignis oder ein Krieg beschieden wird, so laßt Ihr euch nicht in Verwirrung bringen, sondern ertraget demütig alles, was geschieht. Wer nicht von eurem Geschlecht ist, wird durch seinen hohen Rang hart und stolz und verachtet jedermann, schämt sich des gealterten und armen Freundes und stößt ihn von sich, und wenn ihn ein Mißgeschick trifft, verliert er den Kopf und weiß nicht aus und ein.[608] Ihr aber, dieweil Ihr vom Geschlecht der Götter seid, habt einem Armseligen, wie ich bin, Sanftmut und Geduld erzeigt, und ich Armseliger und Unbedeutender danke Euch dafür, daß Ihr mich nicht habt hinrichten lassen. Wohlan, ich stehe Euch mit Leib und Leben zur Verfügung: wenn ich gut gehandelt habe, so dankt mir; * habe ich aber wie ein S. 176
Diener gehandelt, der den Befehl seines Herrn nicht vollführt, sondern sich widersetzt und den Befehl seines Herrn von sich weist, so habt Ihr die Macht, alles zu befehlen, was ihm geschehen soll. Ich stehe vor Euch: 'Ir'd lebt.»[609]

Als der König hörte, daß 'Ir'd noch am Leben sei, freute er sich gar sehr und sprach[610] zu Bl'd: «Ich bin nicht zornig über dich geworden, weil ich weiß,[611] daß du mich wahrhaftig und vollkommen liebst. Auch hoffte ich mit Rücksicht auf deine Klugheit, du habest die 'Ir'd vielleicht nicht getötet. Freilich hat 'Ir'd eine schwere Ausschreitung begangen und harte Worte zu mir gesprochen, aber ich weiß, daß sie es nicht aus Feindschaft gesagt hat, sondern weil sie auf ihre Mitfrauen eifersüchtig war, und ich hätte es mit Nachsicht von ihr ertragen sollen. Denn ich habe töricht gehandelt und du hast es nicht richtig verstanden. Die Antworten, die du mir in dieser Sache gabst, hast du nur deshalb gewagt, weil du mich

auf die Probe stellen wolltest, ohne zu wissen, daß ich zu dir im Ernste gesagt hatte, was ich gesagt hatte, sondern indem du hofftest, ich würde dir Zeit lassen. Du hast, wie ich wohl weiß, gedacht: ‚Wenn ich eingestehe, daß sie am Leben ist, läßt er mich sofort töten.‘ Aber ferne sei es, daß ich dies tue, vielmehr danke ich dir, daß du mir diesen Gefallen erwiesen hast. So geh' denn schnell und hole die 'Ir'd, damit ich sehe, ob sie wirklich noch am Leben ist und nicht tot!»

Da ging Bl'd * in großer Freude hinaus und kleidete und S. 177
schmückte die 'Ir'd, und sie war so schön und herrlich, als wäre sie von den Göttern geboren, und sie trat ein, vor den König. Als er sie erblickte, freute er sich gar sehr und konnte das Weinen nicht verhalten, und er begann mit ihr zu reden, wobei es ihm war, als redete er mit Toten,[612] und sprach zu ihr: «Von jetzt an tue alles, was du willst, denn ich widersetze mich deinem Willen nicht.» 'Ir'd sprach: «Möget Ihr beständig und ewiglich Freude haben! Denn diese eure Reue ist nur ein Zeichen eurer Göttlichkeit und Barmherzigkeit; sonst hättet Ihr gar nicht nötig gehabt, um meinetwillen betrübt zu sein.[613] Denn wäre ich für das, was ich infolge meiner Unseligkeit getan habe, eurem Befehl gemäß getötet worden, und hättet Ihr nie mehr meiner gedacht, so hätte ich das nur verdient. Ihr habt aber göttlich gehandelt, indem Ihr euch bei Bl'd so dafür bedanktet, daß er mich nicht getötet hat. Aber auch Bl'd wäre, wenn er nicht im Vertrauen auf eure Göttlichkeit (mir) die Freundschaft bewahrt und Barmherzigkeit geübt hätte, und vielmehr nach eurem Befehl gehandelt hätte, vielleicht selbst durch diese Sache zugrunde gegangen.»

Der König sprach zu Bl'd: «Du hast mir einen großen Gefallen erwiesen, wie ihn größer und höher die Könige von ihren Untertanen nicht erfahren können, und ich danke dir,
weil du mir diese * liebe Seele, an der ich so hing, erhalten S. 178
hast. War sie doch auf meinen Befehl so gut wie getötet, und du hast sie (gleichsam) zum Leben auferweckt und sie mir lebendig geschenkt. Nun sollst du Gewalt erhalten über mein ganzes Reich und kannst aus freiem Willen alles tun, was du willst.»

Bl'd sprach: «Ich, euer Knecht, bitte Euch, künftig eine so große Sache, die solchen Kummer und Sorge nach sich

zieht, nicht wieder zu tun. Es ziemt sich nicht,[614] daß du wegen eines kleinen Fehlers gegen eine Frau wie diese, die in der ganzen Welt nicht ihresgleichen hat, in Übereilung Schlimmes anordnest, sondern mit Bedacht möge geschehen, was Ihr tut.»

Der König sprach: «Weise und wahr hast du gesprochen und ich will es ernstlich prüfen; und, nicht weil sie so wichtig wäre, sondern wegen der Reue, die sich diesesmal einstellte, will ich auch eine kleine Sache mit besonderer Überlegung tun.»

Darauf schenkte er der 'Ir'd jenes Gewand nebst kostbaren Geschenken und einer Provinz. Und dem Bl'd schenkte er eine besonders große Provinz[615] und ließ ihn über sein ganzes Reich herrschen. Und der König ging mit großer Freude in seinen Palast.

Nun hielten Bl'd und 'Ir'd miteinander Rat, und sie töteten die Brahmanen und rotteten sie aus. Darob geriet der König samt seinem Adel und seinen Großen in Freude und Fröhlichkeit, und sie priesen dankbar Gott und beglückwünschten den Ḳint'run und dankten ihm dafür, daß durch seine Weisheit der König der Not entronnen war, sowie seine Frauen und Kinder und alle seine Freunde und Lieblinge
* vom Tode errettet waren, und sie alle seine Feinde vertilgt, S. 179
ausgerottet und hinweggefegt hatten von der Erde durch die große Kraft Gottes.

Zehntes Kapitel.

Kapitel[616] vom Mihrājār.[617] S. 180

Dbšrm sprach: «Ich habe diese Geschichte gehört; aber sage mir nun auch, wie man einen Ratgeber suchen muß und welcher Nutzen von ihm kommt.»

Bidug sprach: «Wer einen weisen Ratgeber zu erwerben versteht, wird durch seine Weisheit aus vielen Nöten befreit und gelangt zu vielen Gütern, wie es mit jener Maus ging, welche der Ratgeber des Mäusefürsten war und durch deren Weisheit dem Mäusefürsten und allen anderen großer Nutzen entstand.»

Dbšrm sprach: «Was ist das für eine Geschichte?»

Und Bidug sprach:

«Im Lande der Brahmanen ist eine Wüste namens Dūrāb,[618] die vom einen Ende bis zum andern tausend Parasangen mißt, und mitten in ihr ist eine Stadt namens Andarbijāwān,[619] eine wohlhabende und schmucke, und die Menschen, die darin wohnen, leben in Wohlstand, wie es ihnen gefällt. In dieser Stadt war eine Maus namens Mihrājār, * der S. 181
waren alle Mäuse in der Stadt und ihrer Umgegend untertan. Mihrājār hatte drei Ratgeber; der eine hieß Zūdāmad,[620] dessen Schlauheit kannte er wohl, und der war einsichtig und erfinderisch; der zweite hieß Šērag,[621] der dritte Bakdād.[622] Und Mihrājār lebte mit seinen drei Ratgebern im gemeinsamen Interesse einträchtig zusammen. Eines Tages nun sprachen sie: «Ob es wohl möglich wäre, diese Not und Furcht vor den Katzen zu beseitigen, die durch Vererbung von unseren Vätern her auf uns geblieben ist?» Mihrājār sprach zu ihnen: «Ich habe gehört:

1. Der Mensch soll nach Kräften für sich und seine Nachkommenschaft auf zwei Dinge bedacht sein: vergangene Nach-

teile und Vorteile fahren zu lassen, und Mittel zu ersinnen, neue Vorteile zu schaffen.[623]

Wir nun leben dank der Fürsorge[624] unserer Väter glücklich und behaglich; nur diese eine Not haben wir, die stärker ist als irgendeine andere: die Furcht und der Schaden von den Katzen. Darum laßt uns auf ein Mittel sinnen; denn hätten unsere Väter zu einem solchen Mittel gegriffen, so würden wir noch glücklicher und behaglicher leben. Wir sind jetzt zwar gewiß glücklich, aber infolge der Furcht ist das Leben, das wir führen, ohne Genuß. Heißt es doch:

2. Wer sein Land, seinen Ort und sein Haus verläßt und an fremder Stätte schläft und verweilt, * indem er beständig für sein Leben zu fürchten hat, bei dem muß man das Leben für Tod und den Tod für Leben erachten.»[625]

S. 182

Als Mihrājār das gesagt hatte, beglückwünschten ihn Šērag und Bakdād und sprachen zu ihm: «Heil uns, daß du unser Fürst bist, denn du bist ein einsichtiger, menschenfreundlicher und gedankenreicher Mann. Heißt es doch:

3. Der Untertan, dessen Herr weise ist, wird, selbst wenn er ein Tor ist, um seines Regenten willen gelobt,

und ferner:

4. Folgende zwei Arten von Not werden nur durch einen weisen und gedankenreichen Regenten beseitigt, aber durch keine andere Person oder Sache: erstens die gemeinsame,[626] und zweitens die, welche durch Vererbung von den Vätern herkommt.

So vertrauen wir denn auf deine Weisheit, o Herr, denn durch den Segen, der auf der Regierung des Herrn ruht, befinden auch wir uns in allem Wohlsein; insbesondere aber wird, wenn wir in dieser Angelegenheit deine Absicht erreicht haben werden, sowohl dem Herrn als uns dadurch auf ewig Ruhm

zuteil werden. Auch müssen in betreff dessen, was der Herr gesagt hat, alle Mäuse, und besonders wir, eifrig darnach trachten, den Willen des Herrn zu erfüllen, und besonders in dieser Angelegenheit Leib und Seele daransetzen und dadurch eurer Majestät unsern Dank beweisen. Was sie uns gebietet, soll geschehen. Trotzdem Ihr, dank des Segens, der auf eurer Regierung ruht, eine jede Angelegenheit wie ein Engel (allein) vollendet, sind doch auch wir bestrebt, euern Willen zu erfüllen.»

Solange nun Šērag und Bakdād redeten, blickte Mihrājār
immer auf Zūdāmad, * aber der erwiderte kein Wort auf das, S. 183
was sie redeten. Da sprach er zu Zūdāmad: «Viele Menschen sind auf der Welt und besonders Herrscher: und wenn ein solcher einen weisen Untertanen hat, auch wenn es nicht in dessen Macht liegt zu handeln, so beraten sie sich und verwenden (gemeinsam) ihre Mühe darauf, es auszuführen; und ob sie ihre Mühe darauf verwenden oder nicht, hängt von der Rede derjenigen ab, mit denen er sich berät. Mag nun auch das, was ich gesagt habe, unausführbar sein, so solltest du mir doch Antwort geben, was du meinst, und nicht einem Stummen gleichen, indem du mir keine Antwort gibst.»

Als Mihrājār so redete, merkte Zūdāmad: «Weil ich nicht geantwortet habe, ist er beleidigt», und so sprach er zu Mihrājār: «Wenn es meinem Herrn beliebt, so tadle er mich nicht, daß ich keine Antwort gegeben habe, denn ich dachte: Zuerst will ich ihre Antwort vernehmen und nicht die Rede stören, und dann will ich sagen, was ich meine.» Mihrājār sprach: «So sprich jetzt.»

Zūdāmad sprach: «Meine Antwort ist diese: Wenn mein Herr in dieser Sache keinen Plan hat, aus dem er die Ausführung der Angelegenheit erkennen kann, so bemüht er sich am besten gar nicht um diese Sache; denn was eine Hinterlassenschaft der Väter ist, vermag kein Engel abzustellen und anders zu machen, geschweige die Menschen.»

Mihrājār * sprach: «Nicht nur etwas Überkommenes, son- S. 184
dern auch etwas Beiläufiges kommt nur durch Fügung von oben zustande, denn eine jede Angelegenheit kommt durch die Zeit[627] zustande, die Zeit selbst aber ist vor den Menschen verborgen; und die Bemühung der Menschen hängt von ihr ab

wie das Licht der Augen vom Licht der Sonne, des Mondes und der Sterne, aber die Zeit selbst hängt von der Bemühung ab und die Bemühung von der Zeit.»

Zūdāmad sprach: «Es ist so, wie der Herr gesagt hat, aber ich sage auch: so lange es (sonst) ein Auskunftsmittel gibt, sollen wir nicht gegen die überkommenen Verhältnisse ankämpfen; denn wer gegen die überkommenen Verhältnisse ankämpft, kann wohl einmal Erfolg haben, aber sein Übel kann auch noch stärker werden als zu Anfang und großer Schaden daraus kommen, wenn er nicht mit der Zeit zum vorigen Maße zurückkehrt, wie man es von einem König erzählt.»

Mihrājār sprach: «Wie erzählt man von dem König?»

Zūdāmad sprach:

I. Das windige Schloß.

«In einer Gegend am Nilstrom war ein König namens Hūṭabār.[628] Und da war ein Berg namens Anōšagbād,[629] und dieser Berg trug einen dichten Bestand von Bäumen und kleineren Gewächsen und war fruchtbar und schön, und alle Tiere jenes Landes bezogen ihren Unterhalt und Nahrung von diesem Berge. Am Fuße des Berges war ein Loch, und aus diesem Loch kam der siebente Teil des Windes dieser dreieinhalb Regionen * heraus. Und in der Nähe des Loches war ein Haus S. 185
namens Minugib'dr,[630] das sehr schön und ohnegleichen war, in diesem Hause wohnte Hūṭabār, wie schon seine Vorfahren. Durch den vielen Wind wurden sie von Zeit zu Zeit[631] belästigt, aber dem Herkommen zuliebe und weil das Haus so wunderbar war, fiel es ihm schwer, den Ort zu verlassen. Er hatte nun einen Ratgeber, mit dem beriet er sich und sprach zu ihm: «Wir haben dank der Tüchtigkeit unserer Väter allen Wohlstand, und unsere Verhältnisse sind prächtig, und auch dieses Haus ist, abgesehen von dem vielen Wind, ein Abbild des Paradieses. So wollen wir denn auf ein Mittel sinnen, ob wir vielleicht jenes Loch, aus dem der Wind kommt, zustopfen können: so wird uns schon in dieser Welt das Paradies in wunderbarer Weise zuteil und erwerben wir uns durch diese Tat ein Andenken auf ewig.»

Sein Ratgeber sprach zu ihm: «Ich bin dein Untertan und der, welcher deinen Willen ausführt.» Hūṭabār sprach:

«Was du da sagst, ist keine Antwort auf das, was ich gesagt habe.»[632] Sein Ratgeber sprach: «Ich weiß auf das, was mein Herr gesagt hat, keine andere Antwort. Denn mein Herr ist groß an Weisheit und einsichtig, und er ist vom Geschlecht und Stamm der Götter, ja sogar der Gott der Erde, und bei dieser Sache kommt es nur auf göttliche, nicht auf mensch-
liche Natur an, denn groß ist * diese Sache, und Geringen S. 186
steht es nicht an, sich auf sie einzulassen.» Hūṭabār sprach: «Nicht nur diese Sache, sondern überhaupt ein Glücksfall kommt durch Anweisung und Vorsehung von oben, aber das Tun und das richtige Verfahren ist den Menschen überlassen und es wird von ihnen durch göttliche Verfügung erkannt, und ihnen gegeben, daß sie es ausführen können,[633] und das ist die Sache der Menschen, nicht der Götter. So sage nun du, was du meinst.»

Sein Ratgeber sprach: «Meine Meinung geht dahin: Wenn nicht mein Herr in diesem Unternehmen einen Weg sieht, aus welchem die Ausführung der Sache genau erkannt werden kann, und nicht den Vorteil und Nachteil, der aus dem Unternehmen entspringt, deutlich sieht, so ist es den Menschen schwer, ihn zu erkennen. Darum siehe wohl zu, daß aus dieser Angelegenheit nicht etwa Reue erwächst, wie bei jenem Esel, der hinging, sich Hörner zu suchen, und dem man dabei die Ohren abschnitt.»[634] Hūṭabār sprach: «Wie lautet diese Geschichte?» Und sein Ratgeber sprach:

II. Der Esel mit den abgeschnittenen Ohren.

«Es war einmal ein Esel,[635] der war feist und toll. Den führte man an den Bach zur Tränke, und er erblickte von weitem eine Eselin, und bei ihrem Anblick bekam er eine
Erektion[636] und schrie. Als sein Wärter[637] * sah, daß er toll S. 187
war, fürchtete er: ‚Er könnte mir entwischen und verloren gehen und sein Herr dann zürnen' und band ihn an einen am Bache befindlichen Baum, und jene Eselin ließ er wegführen. Der Esel nun umkreiste in seiner Tollheit immer den Baum, dabei senkte er den Kopf und sah, daß sein Glied erigiert war. Da sprach er: ‚Dieser Stock ist recht kräftig, aber was nützt er, wenn keine andere Waffe dabei ist? Den Leuten gegenüber kann man ihm keine Arbeit auftragen, und auf die Ritter-

kunst verstehe ich mich nicht. Dieser Stock dient ja nur zum Stechen, aber freilich sticht er so tief, wie man es selbst mit der Lanze und einer andern Waffe nicht kann. Wird mir nun, entsprechend meinem Wunsche zu stechen eine Lanze zuteil, so weiche ich nicht vor hundert Rittern. Darum muß ich sie mir zu verschaffen suchen; denn hätten meine Väter sie angeschafft, so geriete ich nicht in dieses elende Leben.‘

Während er so dachte, saß sein Herr[638] am Bache, um zu warten, bis sich seine Tollheit legen würde. Da erschien auf einmal ein alter Hirschbock mit großen Hörnern, der gehörte einem Edelmanne, und man führte ihn an einem Strick und brachte ihn an den Bach, daß er Wasser trinke. Als der Esel den Hirsch in dieser Weise sah, begehrte er noch mehr nach dem, woran er gedacht hatte, und sprach: ‚Dieser Hirsch besitzt Lanze, Wurfspeer und sonstige Waffen, dazu versteht er sich auf die Ritterkunst. Bin ich nun imstande, von * da, wo ich S. 188
jetzt bin, zu entfliehen und[639] mich diesem Hirsch anzuschließen, so halte ich mich einige Zeit bei ihm auf und bin ihm dienstbar und übe mich in der Ritterkunst, so daß er mir wegen der Ehre, die ich ihm erweise, einen Teil seiner Waffen schenkt.‘ Wegen der Torheit und Tollheit des Esels kam der Hirsch nicht dazu, Wasser zu trinken, und der Hirsch schaute immer den Esel an.

Da dachte der Esel: ‚Weil dieser Hirsch Gefallen an mir hat, trinkt er kein Wasser, sondern schaut mich an und freut sich.‘ Ferner sprach er: ‚Da mich dieser liebt,[640] während ich keine Hoffnung hatte, hat Gott diesen Hirsch hergeführt. Nun ist bekannt, daß der Zufall auf nichts, sondern jegliches auf den Zufall wartet; und dies hat jetzt auf Anordnung des Höchsten[641] der Zufall[642] durch mein Glück herbeigeführt. Unter glücklichen Auspizien bin ich geboren, daß mir dieses Große zugefallen ist!‘ Als der Esel so dachte und der Wärter des Hirsches sah, daß er kein Wasser trank, brachte er ihn nach Hause. Das Haus befand sich nahe bei dem Bach und nahe bei dem Ort, wo der Esel angebunden war, und der Esel merkte sich das Haus genau. So brachte (der Mann) den Esel nach Hause. Wieder daheim, band man ihn an * die Krippe S. 189
und warf ihm Stroh vor. Weil der Esel aber nur die einzige Sucht hatte, zu dem Hirsch zu kommen, fraß er nichts, sondern dachte nach und sann auf Mittel zur Flucht.

Als es Nacht geworden war, da kümmerten sich alle
Leute nur um das Essen und die Schlafstätte: und da nahm
der Esel seine Kräfte zusammen und riß sich den Halfter[643]
vom Kopf, floh und begab sich an die Tür des Gebäudes, wo
der Hirsch war. Als er dahin gelangte, war die Tür ver-
schlossen. Da guckte er durch ein Loch in der Tür und sah
den Hirsch, wie er von der Krippe entfernt stand. Auf daß
ihn nun die Leute nicht sähen, blieb er abseits und wartete.
Als der Hirsch dann aus dem Hause kam und sein Wärter
vor ihm herging, nahte sich der Esel geschwind dem Hirsch
und schritt neben ihm her und sprach dem Hirsch von jenem
seinem Wunsch. Aber der Hirsch verstand die Eselsprache
nicht, und weil er in ihr nicht bewandert war, machte er einen
Sprung, um mit ihm zu kämpfen. Da schaute der Wärter des
Hirsches zurück und sah, wie der Esel neben dem Hirsch her-
ging, und er wollte den Esel festhalten, aber dann dachte er:
‚Wenn ich den Esel festhalte, so kämpft vielleicht der Hirsch
mit ihm, entwischt mir und geht verloren, und dann kommt
auch der Herr des Esels und führt ihn weg, und dann wird
mir von meinem Herrn schlechte Behandlung zuteil.‘ Darauf
schlug er den Esel mit dem Stock, den er in der Hand hatte,
und verscheuchte ihn von * dem Hirsch, und ging weiter. Aber S. 190
der Esel kam abermals[644] und nahte sich dem Hirsch, und der
Hirsch wollte abermals mit dem Esel kämpfen, und auch der
Mann schlug abermals den Esel und verscheuchte ihn von dem
Hirsch. Und in dieser Weise machte sich der Esel sieben- oder
achtmal an den Hirsch heran und wurde von dem Manne ge-
schlagen. Nun dachte der Esel: ‚Ich kann nicht vertrauens-
voll bei dem Hirsch bleiben, noch Vertrauen zu ihm fassen,[645]
und was ich mit ihm reden will, versteht er nicht.‘ Der Mann
aber hielt den Hirsch mit seiner Hand. Da lief der Esel und
packte den Mann mit seinen Zähnen heftig am Rücken und
ließ sich erst nach langer Zeit mit Mühe besänftigen. Als der
Mann die Torheit und Tollheit des Esels sah, dachte er: ‚Halte
ich ihn fest, so fügt er mir vielleicht Schaden zu; darum will
ich dem Esel ein Zeichen machen, woran ich ihn erkennen
kann, und von seinem Herrn Schadenersatz verlangen.‘ Und
er nahm ein großes Messer hervor, das er bei sich führte, und
schnitt ihm beide Ohren ab. Und der Esel kehrte von dort

zurück und ging nach dem Hause seiner Herrschaft, und die Not war noch härter,[646] welche er vonseiten seines Herrn erfuhr. Da dachte er und sprach: ‚Dieser Plan ist verderblich. Ich vermute, auch meine Väter wollten solche Pläne ausführen, konnten sie aber nicht ausführen wegen dieser schlimmen Schädigungen, die sie zur Folge haben.'»

* Hūṭabār sprach: «Ich habe dies gehört, aber fürchte du dich nicht davor, denn wenn, was Gott verhüte, dieses Unternehmen mißlingt, so bewahren wir uns doch davor, daß uns von dieser Sache irgendein Schaden treffe.» S. 191

Als sein Ratgeber sah, daß Hūṭabār so darauf erpicht war, dieses Unternehmen auszuführen, stritt er nicht mehr mit ihm, sondern pries ihn und sprach: «Gebe dir Gott Gelingen bei diesem Werke, das du begonnen hast! Ich aber bleibe bei meinem früheren Worte, daß ich euren Befehl vollziehe.» Da tat Hūṭabār dem ganzen Lande kund: «Jeder junge und mannhafte (?) Mann,[647] dem es um meine Gunst zu tun ist, soll in dem und dem Monat und an dem und dem Tage, jeder für sich, nach dem Berge gehen und ein Bündel Holz herbringen.» Und sie taten so. Und Hūṭabār sprach: «Unterrichtet euch[648] über die Zeit des Windes», und als er wußte, daß der Wind schwach komme, befahl er, daß alles Holz in die Mündung jenes Loches gelegt [und dasselbe mit einem Steinhaufen verrammelt][649] werde. Als nun der Wind verhindert war herauszukommen und kein Wind mehr in das Land gelangte, verdorrten in sechs Monaten alle Bäume und Gewächse und alles, was um den Berg herum nach den vier Himmelsrichtungen auf hundert Parasangen weit wuchs, und sein Laub fiel ab, und alle Menschen, Rinder, Schafe und anderen Tiere litten und erkrankten schlimm. Da konspirierten die Leute des Landes, gingen mit Aufruhr und Gewalt zum Hofe * des Hū- S. 191
ṭabār, töteten ihn und seine Ratgeber und seine Frau und Kinder allzumal, lasen jenen Haufen Steine aus dem Loche auf, legten Feuer an das Holz und gingen dann zurück. Als das Holz allmählich in Brand geriet, entwich der Wind, der sechs Monate lang nicht herausgekommen war, mit Gewalt aus dem Loche, nahm das Feuer mit und schleuderte es im ganzen Lande umher. Zwei Tage und zwei Nächte lang blies der Wind so, daß von den Städten, Burgen, Dörfern, Bäumen,

Vieh, Rindern, Schafen und Menschen des Landes nur weniges verschont blieb, das Übrige aber verbrannte, zerbarst und getötet wurde.

Diese Geschichte habe ich mit Rücksicht darauf erzählt, daß etwas von altersher Überkommenes sich schwer abstellen läßt, und daß, wenn man sich bemüht, es abzustellen, daraus Schaden entspringt.»

Mihrājār sprach: «Ich habe diese Geschichte gehört, aber es heißt:

5. Wer sich vor einem schwierigen und gefährlichen Unternehmen, während es gut ausfallen kann, im Gedanken, es könnte schlimm ausfallen, hütet, bringt es höchstens durch einen Zufall zu einem großen Erfolg.

Die Hilfe der Zeit[650] ist es, wenn jemand in dieser Welt durch gute Werke berühmt und in jener Welt gerechtfertigt wird. Denn das stellen die Menschen besonders hoch, daß sie in dieser Welt einen guten Namen haben für alle Zeiten. * Kann doch niemand etwas aus dieser Welt mit sich fortnehmen, als was er getan hat.[651] S. 193

Und es heißt:

6. Wenn einer gleich tausend Jahre lebt und ihm alles Gute nach Wunsch zuteil wird, so kommen ihm im Augenblick, wo er abscheiden muß, diese tausend Jahre doch so vor wie eine Juninacht einem Jüngling von fünfzehn und einer Dirn von zwölf Jahren, die einander lieben und nach einander begehren, wenn sie eine solche Nacht miteinander schlafen und sie ihnen kurz vorkommt.»

Zūdāmad sprach: «Es heißt:

7. Wen durch seiner eigenen Hände Werk Not trifft, ist der Errettung aus der Not

nicht wert; wen durch seiner eigenen Hände Werk der Tod trifft, erhält keinen Platz im Paradies.»

Mihrājār sprach: «Wenn du mir jetzt rätst,[652] so sage ich, daß du dich um die Sache bemühen mußt.»

Als Zūdāmad nun sah, daß Mihrājār darauf erpicht war, die Sache zu vollführen, bereitete er einen Plan für das Werk vor. Und er sprach zu Mihrājār: «Ich will dir raten. Auch habe ich jenes Wort hauptsächlich darum gesprochen, weil der Herr weise ist, ich aber von geringer Einsicht bin. * Es S. 194
heißt ja:

8. Bei einem Streite[653] und einer Beratung und einem Ereignis, das vorfällt, müssen sich die Toren mit den Weisen und die Weisen mit den Toren beraten; denn was sie bei der Beratung ungebührlich Törichtes reden, beeinflußt den Weisen nicht, sondern der Weise läutert es und nimmt das, was ein wenig besser und förderlicher ist, und nimmt den Toren so, wie es sich gehört; aber das, was er (der Tor) sagt, weil er von der Sache, über die er um Rat gefragt wird, gehört hat, versteht er doch ebenso gut zu machen wie zwei an Weisheit hervorragende Weise.

Und so heißt es ja:

9. Wenn ein Mann etwas tun will, so berate er sich, wenn ein Weiser in der Nähe ist, mit dem Weisen; ist kein Weiser in der Nähe, so ziehe er die Sache auch mit Toren in Erwägung.

Wenn ich nun in dieser Sache zu viel geraten habe, was meine Ansicht ist, so wird der Herr es mir doch nicht übelnehmen.»

Mihrājār sprach: «Abgesehen von dem Einen, was du von deiner geringen Einsicht sagtest, hast du alles hervorragend geredet. Du bist weise — und dank deiner Weisheit ist auch meine Regierung glänzend, herrlich und ausgezeichnet

— wie ein Weiser, der keine Herrschaft hat, später aber auch Herrschaft erhält und um ihretwillen verherrlicht und geehrt wird, und wie ein (angehender) Gesetzeskundiger, der die Auslegung des Gesetzes noch nicht kennt,* später aber auch seine S. 195
Auslegung lernt und um dieser willen gelobt und geehrt wird. Und so habe ich gerade im Vertrauen auf deine Weisheit beschlossen, dieses Werk zur Durchführung zu bringen.[654] Auf dich hoffe ich besonders.»

Als Mihrājār dies gesagt hatte, sprach Zūdāmad: «Der Herr möge es nicht übelnehmen, denn alles, was der Herr gesagt hat, ist wirklich so; wegen seiner Weisheit und des Segens, der auf seiner Regierung ruht, muß es geschehen.[655] Heißt es doch:

> 10. Wer mit Rechtschaffenen verkehrt, lernt Rechtschaffenheit, und wer mit Bösen, sammelt Bosheit, wie der Wind, wenn er auf Wohlgeruch stößt, Wohlgeruch mitbringt, und wenn auf üblen Geruch, Gestank.[656]

Der Herr möge aber jetzt diesen Gegenstand fallen lassen und an denjenigen herantreten, welcher notwendiger ist.»

Da fing Mihrājār bei seinen drei Ratgebern von unten an und fragte den Jüngsten: «Was meinst du, daß in dieser Sache zu tun sei?» Der Jüngste sprach: «Ich meine, man soll Schellen herbeischaffen und jeder Katze eine an den Hals hängen. Gehen sie dann ab und zu, so werden wir auf sie aufmerksam.»

Da fragte Mihrājār den Zweiten: «Was hältst du von dem Worte, das der Jüngste gesagt hat?» Der Zweite sprach: «Ich billige es nicht, denn wenn wir auch die Schellen anschaffen: wer macht sich denn daran, sie einer Katze an den Hals zu hängen? Darum meine ich, wir wollen alle gemeinsam aufbrechen und aus dieser Stadt auf ein Jahr* in die Wüste aus- S. 196
ziehen, bis die Menschen einsehen, daß keine Mäuse mehr in dieser Stadt übrig sind und sie also keine Katzen mehr brauchen. Merken sie dann, daß keine Mäuse mehr da sind, so töten und verjagen sie alle Katzen. Dann kehren wir wieder zurück.»

Da fragte Mihrājār den Zūdāmad: «Was hältst du von dem, was der Zweite[657] gesagt hat?» Er sprach: «Ich billige es nicht, denn wenn wir auch aus der Stadt ausziehen, so verschwinden doch die Katzen in einem Jahre nicht völlig aus der Stadt, und während wir dann in der Wüste wären, würden wir viel Mühsal erleben, und diese Not wäre keine geringere,[658] weil wir an die Mühsal nicht gewöhnt sind. Aber auch wenn wir in der Wüste wohnen, bis die Katzen ganz verschwunden sind, und dann wieder zurückkehren, so bietet auch dieses keine Sicherheit:[659] es wird nur kurze Zeit währen und die Menschen schaffen sich neuerdings Katzen an und unsere Mühe ist verloren.»

Mihrājār sprach: «Nun rede du.» Zūdāmad sprach: «Ich weiß folgendes Mittel: Der Herr lasse alle Mäuse der Stadt und ihrer Umgebung vor sich kommen und gebiete ihnen, daß eine jede von ihnen in dem Hause, wo sie wohnt, ein Loch mache, welches alle Mäuse auf zehn Tage bergen kann, und neun Ausgänge am Fuße der Wand lasse, und drei dahin, wo besonders die Kleider und Teppiche liegen, und daß man in jedem Hause so viel Nahrung ansammle, als sämtliche Mäuse in zehn Tagen verzehren. Sodann machen wir uns alle auf und begeben uns zunächst in das*Haus, welches das reichste S. 197
ist und nur eine Katze hat, und gehen in das Loch, und an jedem der neun Ausgänge stellen wir inwendig Mäuse auf. So trifft uns von den Katzen kein Schaden: die Katze kommt dann hoffnungsvoll und stellt sich vor den Ausgang der Löcher, aber wir können sie sehen, auch wenn sie ab- und zugeht. Wir kommen dann in großer Zahl aus jenen drei anderen Ausgängen hervor und richten an den Teppichen und Kleidern und sonstigen Sachen etwas Schaden an. Wenn dann die Menschen diese andersgearteten Schädigungen sehen, so sagen sie: ‚Eine Katze genügt nicht' und schaffen noch eine andere an. [Dann richten wir größeren Schaden an als zuvor. Sehen sie das, so sagen sie: ‚Zwei Katzen genügen nicht' und schaffen eine dritte an.[660]] Dann machen wir uns auf und richten so viel Schaden an, als wir irgend können. Wenn jene dann diesen Schaden sehen, ohne doch unsere List einzusehen, so achten sie auf ihren Vorteil und Nachteil: und wenn sie sehen, daß, nach der Erfahrung, die sie erworben haben, mit der Zu-

nahme der Katzen auch der Schaden zunimmt, so schaffen sie dann dort eine Katze ab, worauf wir etwas weniger Schaden anrichten. Und wenn die Menschen nun sehen, daß der Schaden sich vermindert, so schaffen sie auch die zweite ab, worauf wir unsererseits wieder etwas weniger Schaden anrichten. Und wenn sie diesen Erfolg sehen, so entfernen sie auch die dritte, worauf wir aus dem Hause ausziehen. In dieser Art und Weise absolvieren wir ein Haus nach dem andern. Wenn die Menschen nun den Schaden dieser Zeit überschauen und betrachten, so lassen sie von den Katzen ab, halten sie nicht mehr in den Häusern, und töten und vernichten auch die wilden Katzen,[661] die sie finden. So, glaube ich, können wir ganz ohne Furcht leben.»

Auf diese Weise verfuhren sie nun,*und in sechs Monaten S. 198
hatte man alle Katzen, die in der Stadt waren, vertilgt. Als dann nach einiger Zeit eine andere Generation von Menschen in der Stadt geboren war, hielten die es so: Wenn an den Kleidern ein kleiner Schaden von den Mäusen zu sehen war, so sagten sie: «Vielleicht hat eine Katze[662] [die Stadt passiert.» Und so oft Mensch oder Vieh eine Krankheit betraf, sagten sie: «Vermutlich hat eine Katze die Stadt passiert.» Durch dieses Mittel wurden die Mäuse von der Angst vor den Katzen befreit und bekamen Ruhe vor ihnen. Wenn[663] nun dieses schwache und geringe Tier einen solchen Plan ausführte, seinen Feind loszuwerden: wie darf man je die Hoffnung aufgeben, daß der Mensch, welcher das schlaueste und klügste Geschöpf ist, gegen seine Feinde durch die richtigen Pläne erreichen kann, was er will!].

Anmerkungen.

1. S. 1. So ist das Kapitel überschrieben gewesen nach Ausweis der Unterschrift. Das erste Blatt ist verloren. — Vgl. Ch. 53, ج 3, Cap. 36 (I fehlt), Gr. 48. Sp. 17 (Gayang. 19[a]).

2. S. 1. Der Anfang des Buches aus dem Araber Ch. 53 übersetzt. Für die arabischen Formen *Dbšlim* und *Bidbā* (vgl. Anm. 190. 191) setze ich die in Σ späterhin gebräuchlichen.

3. S. 2. دستبا Ch. Die übrigen Lesarten s. bei Wright, Preface XVI. Gemeint ist *Dakṣiṇāpatha*, das in Σ später als ܕܟܫܝܢܦܬ vorkommt, vgl. Anm. 192 zu S. 52.

4. S. 2. 53 13 lies wohl لانّه ان لم يكتسبْ statt لانّه لم يكتسبه, vgl. I. ʿAbd Rabbihi bei Ch. (Anm.) 38 25. — Zum folgenden ولم يكن als Fortsetzung des Vordersatzes vgl. die übereinstimmende Fassung ج 4 19, wogegen I. ʿA. R. لم hat und damit den Nachsatz beginnt. Gr. § 2 14—15 εἰ γὰρ μὴ πλούτου εὐπορήσει, οὐκ ἂν δυνηθείη περὶ τὸν βίον ἀναστραφῆναι οὔτε τινὰς εὐεργετῆσαι.

5. S. 2. Antimon, mit dem die Augenlider gefärbt werden; vgl. K.-F. 273.

6. S. 2. I. ʿAbd Rabbihi fügt hinzu «auf die Sonde».

7. S. 2. Nach Σ wäre zu übersetzen «welches (sc. das Wasser) kein Abflußrohr hat», und ebenso nach J 331 23, Gr. § 2 25. Aber nach ج 5 13 Cap. 38 9 ist ܠܗܘܢ in ܠܗ zu korrigieren. Ch. 54 5 läßt beide Auffassungen zu.

8. S. 2. ܡܬܘܪ *Māṯōr*, (1 7), b c d ohne Vokale. Tantr. *Mathurā*, das heutige Muttra im Norden von Agra. Ebenso Cap. *Mathor*. Über die anderen Formen s. K.-F. 274.

9. S. 2. ܫܢܙܒܘܓ, a ܫܝܙܒܘܓ *Sīzbōg*. Die Emendation nach ssk. *Sañjīvaka*, vgl. شنزبه, *Senesba*. S. Benfey LXIV, K.-F. 274.

10. S. 2. ܒܕܒܪܘ (a ܒܒܘ, d ܒܕܒܪܘܗ,). Die Emendation ܢܢܕܘܓ nach Nöldeke S. 756, N. 4, wodurch Benfeys Ausführungen S. LXXX zum Teil hinfällig werden. Indisch *Nandaka*. Die anderen überlieferten Formen dieses Namens (بنديه usw.) sind als Anlehnung an denjenigen des andern Stiers (شنزبه) zu erklären.

11. S. 2. ܠܒܒܐ vgl. Note zum syr. Text 1 11. In dieser Bedeutung sonst unbekannt. Vgl. طبقة Dozy Suppl. s. v.

12. S. 3. Von den Versionen wird die Ergänzung der Negation ܠܐ vor ܢܟܝܠ (2 8) «klug» gefordert: vgl. Ch. 54 18, σ 6 19, Cap. 39 19, Gr. § 5 4. ܢܟܝܠ in ܫܒܝܪ (σ) «von sich eingenommen» zu ändern, geht nicht, weil diese Eigenschaft ja nachher erwähnt wird.

13. S. 3. ܩܪܛܝܓ, a ܩܪܛܝܓ, sskt. *Karaṭaka*, vgl. Benfey XLIX, K.-F. 270. — Ebedjesu, Catal., cod. Cantabr. ܩܪܛܓ, cod. Royal As. Soc. Lond. ܩܪܛܝܓ.

14. S. 3. ܕܡܢܓ, a ܕܡܢܓ, sskt. *Damanaka*. Der *i*-Vokal der ersten Silbe in σ ܕܝܡܢܗ und den romanischen Formen lat. *Dimna*, span. *Dymna*, *Digna* überliefert. Bar Bahlūl 1789 ܕܡܢܓ, Var. ܕܝܡܢܓ (l. ܕܝܡܢܓ) und ܕܡܢܓ; Ebedjesu, Catal., cod. Cantabr. ܕܡܢܓ.

15. S. 3. ܡܣܬܢ bcd, ܠܣܬܢ a (2 16). Nöldeke S. 764 stellt aus der ersten Lesart ܡܣܬܠ her. Nach Ch. 55 1, σ 7 5 erwartet man eher etwas wie ܡܪܕܢ «dreist».

16. S. 3. Oder «der Herren». Verss. «des Königs», Ch. 55 6 «der Könige». Vgl. syr. T. 190 16.

17. S. 3. Die Richtigkeit der Lesart von bc ܘܢܣܬܗ (3 9) erhellt aus Ch. 55 13, σ 8 6, vgl. Cap. 40 10.

18. S. 4. ܐܟܢܫ ܫܒܝܪ (3 12), ein seltsamer Ausdruck. Araber (Ch. 55 16) اشد من ذلك, ebenso im Schlußkapitel, wo der Syrer (190 16) ܕܗܘܐ ܫܒܝܪ ܡܢܟܐ (ܘܡܠܟܘܬܐ ܗܘ,) hat, vgl. Anm. 646.

19. S. 4. Oder «und sich trotz seiner (sc. des Knochens) Wertlosigkeit über ihn freut», vergleiche σ 9 7 «der, wenn er einen blanken,

jedes Wohlgeschmacks und Fettes baren Knochen gefunden hat, ihn festhält».

20. S. 4. ܘܪܣܝܡܐ (3 19) ist Lese- oder Schreibfehler für ܘܒܣܝܡܐ, vgl. Ch. 55 ult., ς 9 8. 9.

21. S. 4. Zu einer derartigen Ergänzung vgl. einerseits Ch. 56 3 (zit. in al Ǧāḥiẓ, Ḥajawān 7, 29 15), ς 9 16, Cap. 41 8, Gr. § 8 11. 12, anderseits den Inder.

22. S. 4. Oder «brünstige». Wörtlich «trunken». Sskt. *matta* heißt «trunken» und «brünstig» (J. H.).

23. S. 4. Wörtlich «sondern für einen, der ein sehr übles Leben hat». Ungeschickte Übersetzung.

24. S. 5. Zu dem Emendationsvorschlag (4, N. 5) vgl. Prym. S. 99 und Ch. 56 8. ς 10 13—17 und Cap. 41 16—20 paraphrasieren.

25. S. 5. ܘܐܢܐ, bezw. ܡܢܐ (5 1) ist wohl in ܕܠܡܐ zu verbessern, vgl. Ch. 57 1, ς 12 2, Cap. 42 15.

26. S. 5. Die Lesung ܙ̈ܠܝܦܐ (5 6), bezw. (mit a) ܙ̈ܠܝܦܢܐ als Plur. ergibt sich aus Ch. 56 6 f., ς 12 14, Gr. § 8 37. Cap. 42 20 hat den Sing. *ipsi*, weicht aber stark ab.

27. S. 6. ܡܪܝܕ (5 8) zwar nur von d gelesen, paßt aber gut zum Folgenden. Allerdings hat ܡܪܝܪ «bitter, beschwerlich» vielleicht die Versionen (Ch. 57 8, ς 12 17, Cap. 42 23) mit ihrem «schwere Last» für sich.

28. S. 6. ܡܡܟܟܐ (5 9) statt des überlieferten ܡܡܠܠܐ («vernünftig») ergibt sich mit ziemlicher Sicherheit aus المتواضع Ch. 57 10, *humilis* Cap. 42 24. Was in dem unverständlichen ܘܗܕܝܡ steckt, weiß ich nicht. Auch ܠܗܘܢ ist auffällig.

29. S. 6. Die Strophe (Ch. 57 11—13, Guidi Nr. 12) zitiert in I. Qutaiba, ʿUjun al aḫbār 36 16—37 1.

30. S. 6. «Wie kannst du» usw. (Ch. 57 13—14, Guidi Nr. 12) mutet wie ein Zusatz an; vgl. bald nachher syr. T. 6 1 f. In ς 12 24—13 4 und Cap. 43 1—6 weitläufigere Paraphrase.

31. S. 6. Mit ܘܡܟܠܬ (5 19) beginnt der Nachsatz. Zu Ch. 57 18—20 vgl. I. Qut., ʿUjūn 36 15. — Südl. Pantsch., Rezension γ I, 20 hat vor Strophe 13 die folgende:

«Gerufen oder nicht gerufen, wer an der Tür der Könige steht, der genießt die Śrī [Göttin der Herrschaft] des Königtums; niemals aber ein [dies] Verschmähender». (J. H.)

32. S. 7. Vgl. Śār. 28.

33. S. 7. Das erste ܫܦܝܪܐ (6_6) wäre so in ܫܦܝܪ zu ändern. Die Stelle ist vielleicht etwas lückenhaft. Sie lautet Ch. 58_2 ff.: «Würde ich in seine Nähe gekommen sein, so würde ich seine Eigenschaften studieren und dann auf seine Neigungen eingehen und mich nachgiebig zeigen, indem ich ihm Gefolgschaft leistete und ihm recht wenig widerspräche. Hätte er dann etwas vor, was mir[1] richtig schiene, so würde ich es ihm schön ausmalen und ihn über dessen Bewandtnis aufklären und ihn dazu animieren, so daß er immer mehr Freude daran bekäme. Hätte er dagegen etwas vor, wovon ich Schaden und Schande für ihn fürchtete,[2] so würde ich ihn über den Schaden und die Schande, die darin liegen, aufklären und über den Nutzen und die Ehre, die der Verzicht auf die Sache brächte, und würde mir so rücksichtsvoll und zart Eingang bei ihm verschaffen. So hoffte ich, daß sich der Löwe immer besser zu mir stellen und eine Meinung von mir bekommen würde, wie von keinem andern. Denn wollte ein gewandter, nachgiebiger Mann zeitweise das Wahre für falsch ausgeben und das Falsche für wahr, so könnte er es ohne weiteres tun, gleich einem geschickten Maler» usw. Dazu stimmt im wesentlichen σ 13_{21}—14_{23} und die etwas kürzere Fassung Cap. 43_{21}—44_1. Aber allerdings ist hier die Bezeichnung von Strophe 16 als eines Spruches verloren gegangen.

34. S. 7. Diese Strophe findet sich im Hitōpadēśa (II, 109 ed. Schlegel, II, 101 ed. Peterson): «Auch unwahre (Dinge) lassen Schlaue als wahr erscheinen, wie Leute, welche sich aufs Malen verstehen, Zurück- und Hervortretendes auf ebener [Fläche erscheinen lassen]». (J. H.)

---

[1] فى نفسى 58_3 ist richtig, de S. فى نفسه 86_2 falsch; s. σ 14_5.

[2] اخاف 58_5 ist wieder besser als de S.'s يخاف, das, weil parallel mit فى نفسه صواب, als يَخاف (aktiv), nicht als يُخاف zu lesen ist. Vgl. σ 14_{10}.

35. S. 7. Am besten stimmt hiemit Cap. 44 9: *quoniam in quattuor non interponit se aliquis nisi fatuus et insipiens, nec ab eis evadit nisi intelligens et sapiens.* Darnach ist für ܡܬܚܒܒܐ wohl zu lesen ܡܬܕܢܐ, vgl. يجترى Ch. 58 14. κατακατολμᾶ Gr. § 8 66, ܡܬܡܪܒ ܣ 15 10. Für ܠܡܣܝܢܐ liegt dann ܠܢܣܝܢܐ «einem Schaden» nahe.

36. S. 7. Ch. 58 16, ܣ 15 15 setzen hinzu «zur Erprobung».

37. S. 7. ܛܘܪܐ ܕܦܪܙܠܐ (6 16). «eiserner Berg», was unsinnig ist. Tantr. «schwer zu besteigen»; ähnlich die Versionen: «einen steilen, schwer zugänglichen Berg». (Zu Ch. 58 16 f. vgl. I. Qutaiba, ʿUjūn 36 10). Da sich ܕܦܪܙܠܐ nicht als innersyrische Verderbnis verstehen läßt, bleibt kaum eine andere Annahme übrig, als daß Būd pehl. *būland* «hoch» als *pūlād* gelesen hat.

38. S. 7. ܒܣܡܐ (6 17) a, ܒܫ̈ܝܢܬܐ b c, ܒܐܬܪܐ d halte ich für verlesenes ܐܪ̈ܝܠܐ. Die Versionen stimmen nicht wörtlich mit Σ und untereinander. — Im Syrer sind offenbar beide Strophen (25. 26) mit Śār. A 18 kontaminiert. Ihre Wortspiele waren dem Übersetzer zu schwer.

39. S. 8. Eine Lücke verrät der Text nicht. Die Versionen aber führen hier zunächst noch einen andern Spruch an (Ch. 59 1—3, vgl. ʿUjūn 278 12, Ḥajawān 7, 29 17, ܣ 16 2—8, Cap. 44 23—26, Gr. § 8 74—77).

40. S. 8. Das hergestellte ܐܝܟ ܕܒܥܝܪܐ (7 2) hat den Sprachgebrauch von Σ für sich (7 14 u. oft).

41. S. 8. Es scheint hier ein Rest ausgefallen zu sein, nämlich «(wie der Elefant,) der seinen Ruhm und seine Schönheit nur an zwei Orten besitzt: entweder in der Wüste als wildlebend, oder als Reittier für die Könige» Ch. 59 5 (wo بقاءه wohl durch بهاؤه, resp. بهاءه de S. 87 9, zu ersetzen ist, vgl. ʿUjūn 278 12—15, Ḥajawān 7, 29 20), ܣ 97 13, Cap. 45 3, Gr. § 8 79, Sp. 23 183—186.

42. S. 8. Das ܘ vor ܐܝܬ (7 10) ist mindestens überflüssig.

43. S. 8. Die folgenden Worte (7 13) ܘܫܝܢ ܗܘܐ ܘܡܟܝܟ ܗܘ ܠܡܣܝܒܪܘ, von Bickell faute de mieux übersetzt: «daß jener . . . friedlich und anhänglich war und Zurücksetzung geduldig ertragen konnte», müssen irgendwie auf Verderbnis oder Mißverständnis beruhen. Ch. 59 17: «Als der Löwe die Worte des D. gehört hatte, bewunderte er ihn und dachte,

bei ihm finde sich Ehrlichkeit und Vernunft». Etwas erweitert σ 17_{13-15}, Cap. 45_{20-22}. Vielleicht sind jene Worte an die unrechte Stelle geraten, da in Cap. *qui nobilis est et misericors* zu entsprechen scheint, was dort aber bereits zur Rede des Löwen gehört; und auch dann bleibt ܘܡܟܝܐ ܗܘ ܠܡܬܚܟܡ unverständlich.

44. S. 8. ܠܐ (7_{15}) eingefügt nach Ch. 59_{13} usw. (vgl. schon Bickells Berichtigungen S. 126_{19}. ܡܟܝܐ ist hier syntaktisch zwar zulässig, aber wohl wie öfter aus ܡܟܐ verlesen.

45. S. 8. Zu Ch. 59_{18-20} vgl. ʿUjūn 278_{16-17}.

46. S. 9. Eine andere Möglichkeit, als ܥܒܕ in ܦܬܚܢ (8_7) zu ändern, sehe ich nicht. Vgl. P. Sm. s. Peʿal und Refl.-Stamm. Bickells Konjektur ܥܠܒ läßt sich graphisch nicht besser als die meinige, sprachlich gar nicht rechtfertigen.

47. S. 9. So auch σ 19_{12}. Dagegen Guidi IX_5: «Es soll keiner jemand begleiten, der seine Rechte nicht kennt, geschweige seine Linke». Ch. 60_9 صاحبا لا يعرف ليمينه من شماله موضعا.

48. S. 9. Bickells Emendation ܠܡܬܗܠܟܘ (8_8) bestätigt durch ܢܪܕܐ ܒܬܪܗ σ 19_{12}, يصحبن Ch. 60_9.

49. S. 9. Wörtlich: «Diese drei sind einer vorzüglicher als der andere». Ch. 60_{12}, σ 19_{19} fügen hinzu: «obgleich sie einen gemeinsamen Namen tragen».

50. S. 9. Mann, Elefant, Lehrer hat σ 19_{19}, Kämpfer und Gelehrter de S. 88_{10} (Ch. 60_{12} unsinnig, Guidi <), Cap. 46_{21} *vir fortis, paucum, sapiens*, also wie Σ σ, da *paucum* = ועיר, d. h. verlesenes פיל sein wird. Statt ܦܝܠܐ ist also ܡܠܦܢܐ zu lesen; vielleicht auch statt ܓܢܒܪܐ in Σ σ ܓܢܒܪ̈ܐ (da es auch unter Helden verschiedene Qualitäten gibt).

51. S. 10. ܡܟܝܢܘܬܐ (8_{12}) wird wohl mit Bickell in ܡܢܝܢܘܬܐ zu ändern sein, obwohl ܡܢܝܢܘܬܐ nur «Zahl», nicht «Menge, Vielheit» bedeutet, wie es der Zusammenhang und die Versionen erfordern. Es wird ungeschickte Übersetzung sein.

52. S. 10. In der Sanskritstrophe, deren Übersetzung hier vorliegt, die aber nicht in den alten Pantschatantra-Fassungen steht, war ein Wortspiel mit *guna* (= «Tüchtigkeit» und «Bogensehne») enthalten. (J. H.)

53. S. 10. Text mißverstanden oder lückenhaft. Ch. 60 ₂₀: «D. nun wünschte vom König Rang und Ehren zu erhalten und daß die Leute erführen, daß dies nicht der Bekanntschaft des Löwen mit seinem Vater, sondern lediglich seiner eigenen Tüchtigkeit und Einsicht zuzuschreiben sei, und sprach» usw. Ebenso Cap. 48 $_{1-3}$. Dagegen ς 20 $_{20}$: «D. wünschte vom König geehrt zu werden, damit die Leute erkännten» usw. Wieder etwas anders de S. 89 $_{3-4}$.

54. S. 11. Die Lesarten (9, N. 15) führen zunächst auf ܬܬܪܝܣ (mit ܪ), doch wird ܬܬܕܝܣ zu lesen sein, vgl. يدفع عنه Ch. 61 $_{4}$.

55. S. 11. Die Versionen «kühles Sandelholz» : Ch. 61 $_{13}$, de S. 89 $_{14}$, ς 22 $_{15}$; vgl. *aromata* Cap. 49 $_{3}$. — Die Strophen 35—36 [a] (Ch. 61 $_{18-14}$) zitiert ʿUjūn 398 $_{19}$—399 $_{3}$.

56. S. 11. Oder «wollte nicht gern, daß D. merke».

57. S. 11. ܠܐܪܝܐ (10 $_{9}$) hergestellt nach ς 23 $_{7}$ ܒܠܥܕܝܬܐ, mit Bickell.

58. S. 12. Statt ܟܗܘ ܕܗܪܒܢܐ (10 $_{13}$), was keinen Sinn gibt, lese ich ܟܗܪܐ ܕܩܘܒܠܬܐ, vgl. Ch. 61 $_{21}$, Guidi IX ult., Cap. 49 $_{16}$, ς 23 $_{10}$.

59. S. 12. Die folgende Lücke, die sich nur durch Verlust von zwei Blättern oder Überschlagen seitens eines Abschreibers erklären läßt, habe ich aus Ch. 62 $_{1}$—63 $_{19}$ ausgefüllt (kürzer de S. 91 $_{5}$ ff.; vgl. Guidi Nr. 15 [b] und 16). In den übrigen Versionen entspricht ς 23 $_{12}$—26 $_{22}$, Cap. 49 $_{17}$—51 $_{18}$, Span. 25 $_{268}$—27 $_{314}$, und vgl. Gr. § 9 $_{50}$.

60. S. 14 (11 $_{4}$). Ein Verbum, wohl ܐܬܐ, ist offenbar ausgefallen, s. Ch. 64 $_{7}$, ς 27 $_{19}$, Cap. 52 $_{3}$; vgl. Gr. § 14 $_{4}$.

61. S. 15. So auch die Versionen. Die Worte, die der «Magier» spricht, bilden in Śār. die Überschriftsstrophe (54). Diese ist also sicher ausgefallen. Mit dieser Lücke hängt es vielleicht zusammen, daß die Personen vertauscht sind. In Śār. erzählt *Damanaka* die Geschichte (J. H.).

62. S. 15. Von mir als III gezählt, da die vorhergegangene Lücke nur eine mechanische Auslassung war, vgl. oben Anm. 59.

63. S. 16. Zu meiner Emendation (12, N. 8) vgl. Bickell S. 8, N. 57, Blumenthal S. 284. Die Versionen (Ch. 65 $_{17}$, ς 31 $_{3}$, Cap. 54 $_{4}$) helfen nicht.

12

64. S. 16. ܐܫܟܦܐ (13 ₁₀). Auch die übrigen Pehlewī-Rezensionen haben «Schuhmacher»; der Index «Weber», was ܐܫܩܪܐ wäre, aber eben um jener Versionen willen nicht hergestellt werden darf. Nur Sp. 28 ₃₇₀ und I 339 ₁₉ haben «Zimmermann» (*carpentero*, חרש עצים) — aber Var. bei Gayangos 23 *zapatero* — nach falscher, wenn auch nicht vereinzelt stehender (vgl. Muzhir II 252, 6 mit Vers) Auffassung von إشكاف.

65. S. 17. Die Richtigkeit der Lesart ܚܠ b d (13 ₂₀) erhellt aus غضب فدخل البيت Ch. 66 ₁₁, σ 32 ₁₁.

66. S. 17. Die Verbesserung ܚܪܫܬܐ für ܚܠܫܐ (14 ₁₈) nach σ 33 ₁₃, vgl. Ch. 67 ₄ يا ساحرة, Gr. § 21 ₃₄ ὦ μάγησα.

67. S. 17. ܟܕ (15 ₁) zeigt, daß die Überlegung der Frau in d i r e k t e r Rede angeführt war. Aber der Übersetzer oder ein Abschreiber hat den Satz verwischt.

68. S. 18. Mein Verbesserungsvorschlag (15, N. 9) stützt sich lediglich auf die Schriftzüge und auf *obsecro* Cap. 56 ₁₄. Die übrigen Versionen versagen. Möglicherweise ist aber bloß ܡܪܝ ,ܠܐܠܗܐ in ܩܕܡ ܕܝܢܐ zu ändern: «und sprach vor dem Richter».

69. S. 18 (15 9). Wahrscheinlich ist etwa so herzustellen: ܕܠܐ ܡܘܪܫܢܐ ܕܡܬܐܪ ܡܢ ܒܢܝܢܫܐ. ܘܠܐ ܡܬܚܡܬܗ ܕܐܬܟܠܐ ܡܢ ܕܒܪܐ. ܘܠܐ ܡܬܚܡܬܗ ܕܢܫܘܬܐ ܡܢ ܡܫܡܗ. ܘܠܐ ܦܫܡܗ ܕܢܫܘܬܗ ܕܗܕܐ ܡܢ ܡܦܪܐ ܗܘܐ. Vgl. Ch. 67 ₁₇, σ 34 ₁₈, Cap. 56 ₁₅—₁₉.

70. S. 18. Die Worte «noch der Tod der Hure von ihrem Gift» würden im Sskt.-Texte die Strophe zerstören. Also ist die Erzählung von der Hure in den Pehlewī-Rezensionen i n t e r p o l i e r t (J. H.)

71. S. 18. Die richtige Lesart (15 ₁₄) läßt sich aus d herstellen. Vgl. 56 ₆. Derselbe Fehler 23 ₁₇.

72. S. 18. Der Text ist wahrscheinlich verderbt. Vielleicht hat er ursprünglich so gelautet wie in dc S. 98 ₂, σ 35 ₇, Cap. 56 ₂₅: «Was mich betrifft, so hoffe ich zur Zeit nicht, in meinem Range, den ich beim Löwen habe, zu steigen, sondern suche nur, wieder in meine frühere Position zu kommen». Ch. 68 ₃: «Einstweilen suche ich nur, wieder in meine frühere Position zu kommen», Gr. § 25 ₁: βούλομαι ἀποκαταστῆναι εἰς τὴν προτέραν μου τάξιν werden auf Kürzung beruhen. Vgl. noch Sp. 30 ₄₂₈: «*Digote de*

mý, yo non quiero demandar mayor honrra dela que auja, njn mayor lugar del que tenja.»

73. S. 18. Der Nachsatz, der ungefähr so gelautet haben muß, ist ausgefallen. Die Versionen weichen voneinander ab, vgl. Ch. 68 5 f., σ 35 12—13, Cap. 57 1—2, Gr. § 26 1. Im Inder ist die Strophe viel kürzer.

74. S. 19. Die Emendation (16 5) dürfte ziemlich sicher sein. Σ unterscheidet lediglich die drei Zeitsphären, nicht verschiedene Situationen. — Vgl. übrigens einen Spruch im letzten Kapitel des Buches, s. Anm. 623.

75. S. 19. Statt ܐܫܪ̈ܝܢܐ (16 12) ist wohl ܫܪ̈ܝܐ oder ܫܪܝܐ «Streit» zu lesen. فتنة Ch. 68 19, *rebellio* Cap. 57 18 (ܣܛܐܣܝܣ) ܡܪܕܘܬܐ σ 36 12, τὸ στασιάζειν Gr. § 26 13 f., «Empörung» Inder entspräche genauer ܡܪܘܕܐ, was graphisch zur Not auch noch ginge. Aber nach dem Folgenden (syr. T. 16 15) erwartet man ܡܪܕܘܬܐ, was ich deshalb in den Text gesetzt habe. Der Syrer mag eines und dasselbe Wort seiner Vorlage auf doppelte Weise übersetzt haben.

76. S. 19. Dieser unentbehrliche Zusatz ist durch ungeschickte Übersetzung verloren gegangen. S. den Inder. Für ܐܣܝܪܝܢ (16 14) möchte ich ܫܠܝ̈ܛܝܢ lesen, denn es muß eine Rückbeziehung auf das zu Anfang erwähnte ܫܘܠܛܢܐ darin liegen. Der überlieferte Wortlaut wäre an sich übersetzbar («Diese 6 Dinge sind es, mit denen die Herrscher an die Welt gebunden sind» oder «in der Welt regieren»), verträgt sich aber nicht mit dem Kontext. Möglich ist immerhin, daß der syrische Übersetzer die Vorlage mißverstanden und wirklich ܐܣܝܪܝܢ geschrieben hat.

77. S. 19. Oder «Gelegenheit» (ܐܬܪܐ).

78. S. 19. Vgl. «Strafgewalt» Inder.

79. S. 19 (16 17). Die Emendation ܐܘ ܕܕܡܝܢܐ (oder ܘܕܕܡܝܢܐ mit 16 4?) für ܐܘ ܟܡܘܪܐ nach Ch. 69 2 وما اشبه ذلك, *et similia* Cap. 57 24.

80. S. 19. Die Emendation mit Bickell.

81. S. 20. ܠܗ (17 8) eingeschoben nach σ 38 22, vgl. Ch. 69 8, Cap. 58 5.

82. S. 20. ܟܠ ܥܕܢܐ ܒܥܕܢܐ (17 14), nur in a vollständig erhalten, ist richtig, vgl. P. Sm. 4240 und Inschr. von Taimä Z. 20, dazu ܡܢܘܡ ܒܡܢܘܡ 20 15.

83. S. 20. Statt ܘܕܪܡܫܝܚܡ (17_{18}) ist zu lesen ܒܪ ܕܪܡܫܝܚܝ mit σ 39_{20}; vgl. de S. 100_9 (Ch. <), Cap. 58_{17}, Gr. § 27_6.

84. S. 21. «zwei» muß wegen des nachherigen «der andere» ergänzt werden, mit Ch. 70_6, σ 40_{12}, Gr. § 28_9.

85. S. 21. Man erwartete «und der eine von ihnen sprach zum andern», wie Ch. 70_7 hat, aber σ 40_{12} stimmt mit Σ, und Cap. 59_{3-5} hat sogar *piscatores . . . dicentes sibi invicem . . . alter vero dixit.*

86. S. 21. ܪ̈ܓܠܐ ܡܩ̈ܕܡܝܬܐ (19_{10}) wörtl. «Vorderfüße».

87. S. 21 (19_{11}). ܒܪܥܠܗ ist wohl eher in ܐܬܒܪܥ ܠܗ zu ändern, vgl. syr. P. 65_{16}, 105_{20}.

88. S. 21. Die Änderung von ܗܟܡ (19_{13}) in ܗܕܐ und die vorgeschlagene Ergänzung fordert der Zusammenhang, vgl. auch Ch. 71_{12} usw.

89. S. 22. So, wenn das zweimalige ܨܒܘܬܐ ($19_{15.18}$) im Sinne von ܟܠܬܐ σ 42_{25} beibehalten wird. Σ spricht zunächst nur allgemein von einem Gegenstand, den der Rabe den Leuten (19_{15}) entwenden soll, und erst nachher im konkreten Fall von «einem Halsband». Der Inder erwähnt dagegen schon hier ein «goldenes Band», und so die Versionen «einen Schmuck» (Ch. 71_{16}, σ 42_{16}, Cap. 60_7, Puntoni § 29 mit Varianten, Sp. 33_{509} *algunas sartas*, aber Var. *alguna cosa*), der den Weibern geraubt werden soll. Darnach wäre in Σ ܨܒܘܬܐ durch ܨܒܝܬܐ zu ersetzen (das graphisch etwas näherliegende ܨܒܬܐ könnte kaum *fem.* sein, wie es durch ܢܣܒܘܢܗ gefordert wird). Aber Σ scheint mit Bewußtsein so geschrieben zu haben, denn auch ܐܢܫ̈ܐ «Leute», das nach den Versionen in ܢ̈ܫܐ «Frauen» zu ändern wäre, wird nicht nur durch die mask. Verbalformen gestützt, sondern auch durch die Versionen selbst (ll. cc., vgl. τι τῶν τιμίων καὶ πολυτελῶν, οἷς ἄνθρωποι χρῶνται Gr. 87 ult.).

90. S. 22. «den Kopf»: dazu brauchte sie die Kleider nicht abzulegen, und die Versionen reden allgemein von einer körperlichen Waschung (Ch. 71 ult., Cap. 60_{15}; σ, Gr. <). Der Syrer wird also aus Anstandsgründen geändert haben. Auch «auf dem Dache» möchte man ihm zuschreiben, als Reminiszenz an II Sam. 11_2, wenn nicht auch Cap. 60_{15} *super tecto domus* hätte; Ch. 71_{20} hat في حجرة لها «in einem ihrer Zimmer».

91. S. 23. Vor oder hinter ܣܘܓܦܢܐ (21 14) muß ܠܐܪܝܐ «dem Löwen» ausgefallen sein, das die Versionen alle haben (Ch. 73 12, ϭ 45 18, Cap. 62 21 *rex*, Gr. § 32 2).

92. S. 23. a c «denn so lange der Stier deine Kraft kennt», was an sich unpassend ist und wobei noch ein Dativobjekt zu ܚܘܣܪܢܐ (21 15) vermißt wird. Die in Text und Übersetzung befolgte Lesart von b (d) wird auch durch Ch. 73 12 (ähnlich ϭ 45 19) bestätigt: «denn die Existenz des Stiers hat bereits dir und mir und anderen vom Gefolge des Königs geschadet». Im Inder fehlen diese Worte Kḷilgs.

93. S. 24. Die syr. Worte können auch bedeuten: «Ich hörte, wie S . . . redete und sagte». Die in der Übersetzung gewählte Fassung entspricht den Versionen (Ch. 74 13) ϭ 48 5, Cap. 63 22, Gr. § 33 18), wo noch ein zuverlässiger Gewährsmann erwähnt wird.

94. S. 24. Nach a c «Je mehr ich den Löwen prüfe usw., bin ich zu dem Resultate gelangt», wobei das ܘ vor ܐܬܕܪܟܬ (22 12) den Nachsatz einleitete. Aber das Ptc. und Perf. vertragen sich nicht, außerdem wird b d's Lesung ܡܬܒܩܢܐ (ohne ܕ.) durch Ch. 74 14, ϭ 48 9, Cap. 63 24 gestützt.

95. S. 24. ܕ.ܡܣܬܟܠ (22 13) wird in ܘܡܣܬܟܠ zu ändern sein. Die Fassung dieser Schlußbemerkung weicht übrigens in den Versionen ab. Am nächsten berührt sich mit Σ noch Ch. 74 15 وإنّه كائن لى وله شأن, de S. 106 10 وسيكون لى وله شأن من الشأن.

96. S. 24. Die Worte ܘܐܪܝܐ ܥܠ ܗܕܐ ܡܫܘܚܬܐ (22 14) sind offenbar ein Fragment. Ich habe in der Übersetzung das Nötigste aus Ch. 74 16, ϭ 48 19, Cap. 64 3, Gr. § 33 23 ergänzt.

97. S. 24. Die Strophe (Ch. 74 18—20, de S. 106 paen.) zitiert in ʿUjūn 64 6—8 (Brockelmanns Bemerkung z. St. ist hiernach zu berichtigen). — Wahrscheinlich ist (22 17) ܐ ـ ܠܟܡ zu lesen, vgl. Ch. 74 18 اذا عرف, ܕܚܒܪ. ܢܫܝܐ ϭ 49 4.

98. S. 24. ܚܒܪ. (22 19) vokalisiert d als Imperativ, aber dem widerspricht Ch. 74 ult., Cap. 64 14 usw.

99. S. 24. ܕ.ܢܫܠ (23 2) statt ܕ.ܠܫܠ mit لم يدهشْ Ch. 75 3, vgl. *perterrentur* Cap. 64 20. In den Versionen unterscheidet der Spruch, analog

der folgenden Erzählung, drei Klassen: den Klugen, der dem Mißgeschick standhält und sich aus ihm befreit, den sehr Klugen, der es herankommen sieht und ihm zuvorkommt, und den Dummen, der im Mißgeschick den Kopf verliert und ihm zum Opfer fällt. Vgl. Ch. und Cap. ll. cc., ϭ 49 15, J 344 22, Gr. § 33 29 (ʿUjūn 54 12—15 = 329 9—12).

100. S. 25. ܕܡܬܒܥܢܘܗܝ (23 11) statt ܕܡܬܒܥܢܘܢ mit Blumenthal.

101. S. 25. ܚܠ ܐܣܬܦܩܬ (23 14) in gleicher Bedeutungsentwicklung wie arab. فرغ. So noch 40 11, 197 18. Vgl. auch Wrights Glossar zu ϭ, S. XLIII.

102. S. 25. Zur Textverbesserung (23 17) vgl. Anm. 71.

103. S. 25. ܗܦܟܝ (23 19) ist mit d als Perf. zu lesen, vgl. Ch. 76 9.

104. S. 26. Vgl. Benfey S. CXXIII. Als sprichwörtliche Redensart auch im ganzen islamischen Orient verbreitet, vgl. Proverbia ed. Freytag III [1], Nr. 1039, Muḥ. b. Cheneb, Proverbes arabes de l'Algérie et du Maghreb I, Nr. 776 (mit vielen Nachweisen); Oriental. Studien (Festschrift für Nöldeke) S. 415, Nr. 48. — ܐܣܟܡܐ (24 4) «Form, Leisten» neuer Beleg zu P. Sm. 226.

105. S. 26. In diesem Stück sind wohl zwei Strophen zusammengezogen, die noch deutlich bei Sōmadēva LX, 121 und 119 reflektiert sind. LX, 121 lautet: «Wer den Rat der Guten nicht hört und den der Bösen hört, der wird bald [von Reue] gequält, wenn er ins Unglück gestürzt ist». Diese Strophe ist wohl identisch mit Śār. I, 73. LX, 119 lautet: «Und ein Herr, welcher das Heilsame haßt und immer das nicht Heilsame pflegt, der ist von den Weisen zu vermeiden, wie ein böser Kranker von den Ärzten.» (J. H.)

106. S. 26. Text mangelhaft; die Versionen weichen ab (Ch. 76 18, ϭ 52 13, Cap. 66 8).

107. S. 27. ܪܘܚܐ (24 19): s. Anm. 22.

108. S. 27. Das ܘ vor ܐܬܟܦܪܬ (25 4) ist zu tilgen. Sonst käme der unwahrscheinliche Sinn heraus: «Wenn ich den ... Vertrag wieder verleugne und die Dienstleistung, die er mir erwiesen hat».

109. S. 27. ܬܥܩ (25 8). So emendiert auch Nöldeke, S. 767 oben. Das überlieferte ܡܥܩ «er verursacht dir Leid» kann aber richtig sein, vgl. Ch. 77 17, ϭ 55 1, Gap. 67 21 (*ne accidat tibi*).

110. S. 28. Die Ergänzung nach den Versionen (Ch. 78 8, vgl. σ 56 8, Cap. 68 17, Gr. § 37 2).

111. S. 28. Oder allenfalls: «daß S. . . . aufmerksam (gemacht) werde» (ܢܬܠܒܫ intr.).

112. S. 28. Die Strophe des Originals ist mißverstanden und hat durch Erweiterung ihre Form eingebüßt.

113. S. 28. Diese Übersetzung von ܐܬ ܢܛܝܪܢ ܡܢܗ (26 15), was sonst nur bedeutet «hüte dich vor ihm», ist dem Zusammenhang angepaßt. Vielleicht ist irgendwo eine Lücke, vgl. den weitläufigeren Wortlaut bei Ch. 79 5, σ 58 5, Cap. 69 21. Aber Gr. § 37 15 διασκόπησον ἀκριβῶς.

114. S. 28. So, nicht «er wird kommen» (Bickell); vgl. ومن علامة ذلك Ch. 79 7.

115. S. 29. Die Ergänzung von ܒܗ̇ܝ (27 1) fordert der Zusammenhang. (Vgl. Anm. 377.)

116. S. 29. Vgl. Ch. 79 20, Cap. 70 14.

117. S. 29. Etwas derartiges muß ausgefallen sein. Vgl. Ch. 80 5, σ 60 13, Cap. 70 23, Gr. § 38 8.

118. S. 29. Zum Araber vgl. ʿUjūn 42 18—43 2.

119. S. 30. ܐܢܐ in ܐܢܬ geändert (27 18) nach Ch. 80 10, de S. 114 6, σ 60 19, vgl. Cap. 71 4.

120. S. 30. ܦܪܐ (28 15) *fem.*; Änderung in ܦܪܬܐ unnötig, vgl. Wrights Gl. zu σ (S. XXXI).

121. S. 30. Ch. 81 6 (de S. 115 8), σ 62 2, Cap. 72 10 haben noch «und hielt es für einen Fisch».

122. S. 31. Sskt. *vyalīka* kann «Leid» und «Unrecht, Untat» bedeuten. Der Pehlewī-Übersetzer verstand die zweite Zeile nicht und vergriff sich bei der Übersetzung der ersten in der Bedeutung. (J. H.)

123. S. 31. Wörtlich «steht zuweilen wieder auf, zuweilen nicht». In den Versionen lautet der Satz vielmehr dahin, daß sich ein solcher treuer Diener bei einem unvermeidlichen Fehltritt sicher das Genick bricht, vgl. Ch. 82 17 (dazu Guidi XI, Nr. 24), σ 65 11, Cap. 74 4.

124. S. 31. Ch. 82 18 hat bloß: «Vielleicht liegt der Grund meines Unterganges in einer der Wohltaten, die ich ihm erwiesen habe» (Guidi XI ult.

«in den Wohltaten, die ich empfangen habe», ebenso de S. 117_{7} mit unbedeutenden Wortvarianten), ähnlich σ 65_{19}, Cap. 74_{7-9}. Aber Σ's «infolge einer Verleumdung seitens der Bösen» wird echt sein, da es gegen Ende der Str. 67 mit andern Worten wiederkehrt.

125. S. 32. Die Änderung von ܡܪ̈ܝܪܐ in ܡܪ̈ܝܪ (30_{7}) ist leichter als die von ܕܒܫܐ aller Kopien in ܡܕܒܫܐ (Nöldeke 763). Einen sichern Anhalt geben die Versionen nicht (Ch. 83_{7}, vgl. Ḥajawān VII, 29 ult.; σ 66_{9}, Cap. 74_{26}).

126. S. 32. ܘܠܐ (30_{14}) ergänzt nach Ch. 83_{13} usw. Schon Bickell hatte es eingesetzt.

127. S. 32. ܡܫܬܠܝܐ (30_{15}) könnte auch «Lockspeise» sein (s. das Zitat bei P. Sm. aus Tit. Bostr., wo es = δέλεαρ), zumal da das folgende ܠܡܣܬܗ nicht «seine (ihre) Speise», sondern nur «sein (ihr) Geschmack» bedeuten kann — anders als طعامه Ch. 83_{14}. Aber bei Ch. (Z. 13) entspricht غدّار, in Śār. «von ferne streckt er seine Hand aus». Also ungeschickte Übersetzung.

128. S. 33. Statt ܐܬܕܪܝܬ ist wohl ܐܬܟܠܝܬ (31_{3}) zu lesen, wörtl. «bin aufgehalten worden», vgl. (Guidi XII, 11 وحبسانى) واحبسانى عن مذهبى Ch. 83_{18}. Bickells Übersetzung «ich meines Weges gewandelt bin» ist schon aus sprachlichen Gründen unhaltbar.

129. S. 33. Wörtliche Übersetzung des im Sskt.-Original hier stehenden Ausdrucks für «Biene»: *madhu-kara* «Honigmacher» (J. H.), den also auch der Pehlewī-Übersetzer wörtlich befolgt hat. — Guidi, Nr. 25 (S. XII) erläutert den Spruch durch eine Fabel.

130. S. 33. Wörtl. «mit Wohlgerüchen, die ihr nicht bitter sind» (31_{9}). Der Text scheint etwas fragwürdig. Die Versionen haben: «die Bäume und duftigen Pflanzen» (Ch. 84_{1}, vgl. σ 68_{1}, Cap. 75_{17}), bezw. τοῖς τῶν δένδρων ἄνθεσιν, Var. τοῖς δένδροις καὶ τοῖς ἄνθεσιν Gr. § 38_{36}.

131. S. 33. Zu Ch. 84_{2} vgl. Ḥajawān VII, 29 ult.

132. S. 33. Da Ch. 84_{3} wie der Inder «Toter» haben, so hat Σ wohl eigenmächtig geändert. σ 68_{9} hat statt dessen «als erteilte er Stolzen und Eingebildeten Rat», also etwas ganz Sekundäres. (Cap., Gr. $<$).

133. S. 34. Zu Ch. 84_{19}—85_{1} vgl. Ḥajawān VII, 30_{1-4}.

134. S. 35. Text: «das grünes Gras weidet», aber ܝܘܪܩܐ (33 $_{10}$) ist gewiß Doublette oder Glosse und ܥܠ̈ܐ ܪܥܐ zu lesen, wie 31 $_{1}$ u. ö.

135. S. 35. Den korrupten Text (33 $_{14}$) habe ich, z. T. mit Bickell, mit allem Vorbehalt emendiert. Keine der Versionen entspricht wörtlich. Ch. 85 $_{20}$ (vgl. die Anm. Ch.s z. St., S. 45): «Keiner hat je ein Almosen gegeben, das höher belohnt wird, als wenn einer einer furchtsamen Seele Sicherheit bietet und ein Leben schont. Nun habe ich das Kamel in meinen Schutz genommen» usw.; σ 72 $_{7}$: «Wenn einer viele Talente den Armen verteilt hat, so hat er sich dadurch nicht so gut gestellt, als wer ein Leben vom Tode errettet hat. Wie wagst du also zu mir zu sagen: ‚Brich dein Versprechen und verleugne dein Bündnis'» usw. Vgl. noch Cap. 78 $_{4}$.

136. S. 35. Wörtl. «für jemandes Seele». Vgl. Inder: «s e i n e r s e l b s t w e g e n». In Σ ist der Satz etwas anders gedreht. Die übrigen Versionen haben «für den König» (Ch. 86 $_{3}$, Cap. 78 $_{11}$, J 350 $_{8}$, Gr. § 39 $_{39}$), was nur dann einen Sinn hätte, wenn der König alle diese Opfer brächte. In σ fehlt die Stelle (Lücke). Vgl. übrigens S. 123 (Anm. 447) und S. 152 (Anm. 588).

137. S. 35. Zwischen ܥܒܪ̇, und ܕܢܝܟܠ (34 $_{3}$) wird ein Verbum ausgefallen sein, vgl. Ch. 86 $_{3}$.

138. S. 36. Die Versionen haben: «erstickt er» (Ch. 87 $_{8}$, σ 72 $_{15}$, Cap. 79 $_{22}$, Gr. § 39 $_{58}$). Im Inder fehlt dies.

139. S. 37. Zu Ch. 87 $_{15}$ vgl. ʿUjūn 19 $_{6}$, ʿIqd I, 18 (Ch.s Anm. S. 45 u.) und das freiere Zitat Ḥajawān VI, 108 $_{12}$. — Cap. 80 $_{2}$: *melior omnium regum est qui aquile simulatur, in cuius circuitu sunt cadavera; peior vero omnium est qui similatur cadaveri, in cuius circuitu sunt aquile.* In Śār. ist die Stelle prosaisch und macht nicht den Eindruck einer zerstörten Strophe. Von Kadavern ist nicht die Rede. Sie lautet: «Besser ein Geier als König mit einer Umgebung von Haṃsas [einer Entenart] als ein Haṃsa als König mit einer Umgebung von Geiern.» Im S ü d l. P a n t s c h. und in der Nepalesischen Hs. p (vgl. Hertelsche Ausgabe S. LXXXVIII) steht dafür folgende Strophe (I, 106), die nach den Lesarten der ursprünglichen Rezensionen so zu übersetzen ist: «Besser ein Geier, von Haṃsas umgeben, die mit Wasser völlig zufrieden sind, als ein Haṃsa, von fleischfressenden, mitleidlosen

Vögeln des Väterwaldes [= Leichenackers]; eine niedrige [böse] Umgebung verbrennt [vernichtet] einen Mann, selbst wenn er mit trefflichen Vorzügen ausgestattet ist; aber durch nicht niedrige [gute] Gefährten wird selbst ein der Vorzüge Entbehrender zu einem Vorzugsreichen.» Da in dieser Fassung vom Leichenacker die Rede ist, so liegt in «Kadaver» der Pehlewī-Rezensionen möglicherweise eine stark verderbte Übersetzung der Strophe des S. P. vor. (J. H.)

140. S. 37. Statt ܙܡܟܝܢ (35_{14}) ist etwa ܡܡܟܝܢ zu lesen, vgl. Ch. 87_{17}: «wenn der Löwe ganz Freundschaft und Liebe wäre.»

141. S. 37. Nach Ch. 87_{19} (zit. ʿUjūn 413_{1-3}), σ 73_{11} ist ܟܐܦܐ (35_{16}) «Stein» wohl einfach Lesefehler für ܡܠܬܐ «Wort». Vgl. Derenb. zu Cap. 80_{28}.

142. S. 37. ܢܐܪܬ (36_{1}) scheint aus ܢܐܬܪ verschrieben zu sein, vgl. ܘܬܪܢܐ σ 73_{21}; من الأجر Ch. (Notes) 46_{7}, *acquirit* Cap. 81_{1}, ἀποταμιεύεται Gr. § 40_{5}. Übrigens gehen die Versionen (Ch. 88_{1}, vgl. Guidi Nr. 27, σ 73_{19}, Cap. 80_{11}) mehr mit dem Inder. (Vgl. auch B. P. II, 86, Str. 343.)

143. S. 37. Die Ergänzungen (36_{3}) nach Bickell.

144. S. 37. Wörtl. «den Verborgenen des Meeres». (Vgl. später, syr. T. 113_{7}).

145. S. 37. ܛܛܘܣ, ܛܝܛܘܣ: طيطوى Ch. 88_{12}, ܛܝܛܝ, ܛܝܛܘܣ ܛܝܛܘܣ σ $74_{18ff.}$, ἀλκυών Gr. § 42_{2}, «ein Wasservogel, arabisch טיטונה (sic) geheißen» J 351_{14}, «ein Wasservogel» Cap. 81_{14}, *tittuy*, Varr. *tittuya* usw. Sp. 49_{949} und Gl. 225 s.v. Ich übersetze es mit dem herkömmlichen «Strandläufer», wenn auch das Sskt.-Wort *ṭiṭṭibha* nicht gerade diesen Sumpfvogel bezeichnet; s. Nöldeke, Beiträge zur semit. Sprachwissenschaft 115 f.

146. S. 37. Die Ergänzung nach Ch. 88_{16} usw.

147. S. 38. ܡܥܝܢܐ ܘܡܝ̈ܐ (36_{13}) «Quelle und Wasser»; vgl. ܡܝ̈ܐ ܠܬܠܐ ܘܡܥܝܢܬܐ σ 74_{18}, aber hier ist ܡܥܝܢܬܐ in ܥܣ̈ܒܬܐ zu verbessern nach Ch. 88_{17} الماء والعشب «Wasser und Gras», Cap. 81_{18} *aque et herbe*, Sp. 49_{955} *ca el agua e la yerua son çerca de nos*, Gayangos 30^b *el agua é el pasto.* Demnach wird in Σ zu lesen sein ($52_{15.16}$) ܡܝ̈ܐ ܥܣܒܬܐ oder ܥܣ̈ܒܬܐ ܘܡܝ̈ܐ.

148. S. 39. ܒܘܩ ܐܟܒܪ (37 16, b d <) ist mir zweifelhaft. Vgl. Ch. 89 16.

149. S. 39. ܕ̇ܫܢܝ̈ܘܗܝ (37 20) ließe sich graphisch leicht in ܕ̇ܒܬܘܗܝ «Hallo machten» ändern, was ς 76 17 hat. تعجّبهم Ch. 89 20 entscheidet nicht.

150. S. 39. ܢܦܚ ܚܡܣܘܗܝ ܥܝ̈ܢܝܟܘܢ (38 1). Aber Ch. 89 20: فقأ الله اعينكم «Gott reiße euch die Augen aus!» Darnach ist vielleicht mit Derenb. zu Cap. 82, Nr. 8 ܐܠܗܐ ܢܚܡܘܣ ܥܝ̈ܢܝܟܘܢ herzustellen. Möglicherweise hat Būd selbst oder ein Abschreiber den ursprünglichen Wortlaut geändert, um den Anthropomorphismus zu beseitigen, während dem Araber eine solche Formel sehr mundgerecht war. Die übrigen Versionen haben abgeschwächt «daß dich doch!», Gr. § 44 15 noch platter ἵπταμαι ἄνευ ὑμῶν.

151. S. 39. Statt ܡܣܟܢ ܟܠܟܘܢ (38 11) ist vielleicht ܡܣܟܢ ܟ̇ܠܗ zu lesen, was in Σ oft vorkommt (z. B. 52 5, 62 10, 75 7).

152. S. 39. ܠܚܘܕܪܢܐ (39, Nr. 3) paßt hier nicht und ist vielleicht verderbte Doublette von ܠܫܝܐ ܕܘܒܐ.

153. S. 40. ܣܝܡܘܪ (39 4), vgl. später syr. T. 97 16, wo a ܣ̣ܝܡܘܪ, «Weihe, Hühnergeier», neupers. سيمُرغ (Sskt. *Garuḍa*). Vgl. Benfey, S. LXXII f., Justi, Iran. Namenbuch 279ª unter *Saena*, Hübschmann, Armen. Gramm., S. 499, Nr. 411. Payne Smith, Thes. 2613. — Die Versionen haben: العقاب العنقاء (wieder ein mythischer Vogel) Ch. 90 17, beibehalten als ܐܠܥܩܒܐ von ς 77 22 (und mit ܒܘܡܬܐ erklärt, vgl. K.-F. 285 unten), *ciconia* Cap. 84 4, wonach also I חסידה hatte, [illegible] Gr. § 45 16, *falcon oriol* Sp. 51 1009 (vgl. darüber Gl. 222).

154. S. 40. Text (39 7) vielleicht nicht ganz in Ordnung. Man erwartete: «Sie klagten ihm, was ihnen vom Meergeiste widerfahren war, und sprachen zu ihm». Vgl. Ch. 90 19; ς 78 7, Cap. 84 6.

155. S. 40. ܟܢ ܡܣܟܘܢ ܠܟܒܝܬܐ (39 8). d ܠܒܝܬܐ, aber vgl. syr. T. 18 15, 20 12, 38 16.

156. S. 40. «mit weitgeöffneten Augen». Der Text (40 5) ist verderbt, denn ܢܟܪ ܟܝ ܦܬܝܢ ܥܠܝܡ ist keine Ausdrucksweise. Nach den Versionen, besonders Ch. 91 14 (dazu vgl. Guidi, S. XV, 1) und ς 79 6, nehme ich an, daß hinter ܟܝ eine adverbielle Bestimmung ausgefallen ist, daß ferner ܦܬܝܢ aus ܟܬܝ̈ܫܝܢ verschrieben ist, was sich auf die Ohren

bezieht, und daß ܡܠܠ in ܦܓܕܐ zu ändern ist, bezüglich auf das Maul. Also ܦܓܕܐ [ܘܦܣܘܣܗ] ܡܬܬܩܢ [ܘܐܪ̈ܥܘܬܗ] . . . ܟܕ ܘܚܐܪ.

157. S. 40. Der Vergleich mit dem Stein nur in σ 79 21, aber umgekehrt: «wie das Wasser den Stein spaltet».

158. S. 41. Statt ܚܠܠ (40 15) lies wohl ܚܡܣ, wie beidemale nachher.

159. S. 40. Statt ܚܒܘܬܐ (40 15) «Strick» ist ܫܢܬܐ «Schlaf» zu lesen, vgl. كصاحب الحيّة اذا جاورها فى مبيتة ومقيلة Ch. 92 6, كصاحب الحيّة ومجاورها فى بيته وفراشه Guidi, S. XV, 5. Von der nämlichen Situation ist Σ 24 16 = Übers. S. 26, Str. 54, die Rede. — Durch die Versionen bin ich von meiner früheren Vermutung abgekommen, daß ܕܠܒܘܢ zu lesen und der Sinn sei: «einen Strick anzufassen in einem Hause» usw., wozu Proverbia, ed. Freyt. II, 702, Nr. 383, III[1], 475, Nr. 2855, I. Löw, Aramäische Schlangennamen (Sonderabdr. aus «Festschrift zum 70. Geburtstage A. Harkavys, 1909), S. 6 zu vergleichen wäre.

160. S. 41. Oder allenfalls: «wenn du mich angreifst».

161. S. 41. Vgl. Inder: «in Güte durch Unterhandlungen».

162. S. 41. Wörtl. «infolge der Gedankenverwirrung». Ch. 93 1 نهكة الفؤاد «Herzattacke».

163. S. 42. Str. 86 und 87 machen den Eindruck, als spiegelten sie keine besonderen Strophen des Sskt.-Originals wieder, sondern als wären sie nur mißverstandene Paraphrasen der Strophe Śār. 136, die mit ihren technischen Ausdrücken dem Übersetzer im einzelnen unverständlich geblieben sein wird. (J. H.)

164. S. 42. Zur Änderung von ܕܠܐ (42 3) in ܕܠܗ vgl. Ch. 93 8 قبل ملامستها, Cap. 87 10 *antequam veniant.* In σ 82 10ff. weitläufig paraphrasiert.

165. S. 43. Die Ergänzung ܘܐܘܣܦܐ ܐܢܐ ܠܟ (42 7) nach Ch. 93 14, σ 83 17, Cap. 87 18.

166. S. 43. Dies der vermutliche Sinn des korrupten Textes. Ch. 93 15: «Nichts ist verderblicher als ein Gefährte, der gut zu reden, aber nicht gut zu handeln versteht», ebenso σ 83 20 (vgl. Cap. 87 21).

167. S. 43. Statt ܚܠ (42 11) ist ܘܚܠ zu lesen — oder zwar ܚܠ beizubehalten, aber vorher ܕܐܬܬܚܠ zu lesen.

168. S. 43. Etwas ungeschickte Übersetzung. Der Sinn ist: Die Weisheit befreit den Verständigen vom Wahne, beim Unverständigen bewirkt sie das Gegenteil: wie das Tageslicht den sehenden Wesen zum besseren Sehen verhilft, dagegen den Fledermäusen das Gesicht raubt. Vgl. Cap. 88 2, Ch. 94 3 (zitiert ʿUjūn 330 1–5, vgl. 430 9–11), Guidi XVI paen., Gr. § 49 15. Moralisierend umschrieben ϭ 84 25—85 7.

169. S. 43. Das trennende Prosastück fehlt sowohl in den Versionen (Ch. 94 10, Guidi XVII, 7, ϭ 85 15, Gr. § 49 18) wie im Inder.

170. S. 43. Zur Emendation ܢܣܝܢ statt ܐܣܝܢ (43 5) vgl. Nöldeke 770, de Lagarde, Ges. Abhandlungen 65, Nr. 167.

171. S. 44. Ch. 94 11: «Das Geschmeide der Könige und ihr Schmuck ist, daß sie zahlreiche und gute Umgebung haben» (Guidi <); ϭ 85 17: «Die Schönheit der Könige und ihre Umgebung und ihr Stolz und die Rechtlichkeit ihrer Gefährten ist wie der Ozean, den man nur von seinen Wogen kennt». Diesen Zusatz haben Ch. 94 13, Gr. § 49 22 erst später. Kürzer Cap. 88 13: *consilii vero regum et ipsorum argumentorum est benefacere et iuste agere.*

172. S. 44. So, nicht «Almosen parteiisch gibt», was mit ܡܣܒܪ (43 9) nicht einmal gut ausgedrückt wäre. Vgl. den Inder und Cap. 88 18 *ad apparentiam*. — Str. 98 (Ch. 94 13–15) zit. ʿUjūn 430 1–3.

173. S. 44. Sollte heißen: «After», s. Inder.

174. S. 45. ܩܘܦܬܐ (44 14), קֻפְּתָא, vgl. assyr. *ḳuppu*, Delitzsch, HWB. 589[b]. Bickells Änderung in ܩܘܒܬܐ ist unnötig.

175. S. 45. Etwas derartiges muß ausgefallen sein, vgl. die Versionen (Ch. 95 17, ϭ 87 21, Cap. 91 4, Gr. § 52 6) und den Inder.

176. S. 46. ܢܦܩܬܐ (45 2) Plural, vgl. P. Sm. 2426, Sachau, Verzeichnis der syr. Hss., S. 106[a] 16, 109[a] 14. In ϭ 88 4 der Sing. ܢܦܩܬܐ = Ch. 96 1 نَفَقَة im nämlichen Sinne, vgl. Dozy, Suppl. II, 705, Kāmil 80 16, Aġānī, ed. Kosegarten 13 14, Wright, Opusc. 84 12.

177. S. 46. Die Interpunktion (45 3) wird richtig sein. Also der Nachsatz mit ܘ eingeleitet und der neue Satz ohne Konjunktion angereiht. Beides oft in Σ.

178. S. 48. Wörtlich: «Die angesehene Familie (existiert) bis» usw.

179. S. 49. Zum Araber (Ch. 98 $_{18-21}$) vgl. Ḥajawān VII, 30 $_{4-7}$.

180. S. 49. Das ܘ vor ܙܒܢ̇ (48 $_{14}$) kann richtig sein, wahrscheinlich aber ist hier etwas ausgefallen. Ch. 99 $_{9}$ fährt fort: «versprach ihm der Kaufmann wiederzukommen und ging fort. Da traf er ein Söhnchen von jenem, das hob er auf» usw. ς 92 $_{16}$ bloß: «und der Kaufmann bediente sich einer List und nahm» usw. Cap. 97 $_{12}$ steht in der Mitte zwischen beiden, Guidi XIX, 13 ist noch etwas ausführlicher als Ch.

181. S. 49. Wörtl. «appellierte an den König». Dieser Zug bei Σ ist ein Überrest aus der indischen Fassung, wo der Bekannte die Sache vor Gericht bringt. Verblaßt findet er sich noch in Cap. 97 $_{19}$: *clamavit et dixit hominibus qui erant ibi*, Gr. S. 131 $_{19}$: μέγα κράξας τοῖς ἐκεῖσε, ἔφη.

182. S. 49. Die Emendation ܐܠܬܗ (49 $_{5}$) für ܘܒܬܗ nach Ch. 99 $_{15}$.

183. S. 50. Bei Böhtlingk, Indische Sprüche, 2. Aufl. 3295, 1. Aufl. 4301. Böhtlingk übersetzt: «Aus einem bösen Menschen wird nimmer ein guter, behandelt man ihn auch auf diese oder jene Weise: ein Nimba-Baum wird nicht süß, begösse man ihn auch von der Wurzel an mit Milch und geschmolzener Butter». Nimba = *Azadirachta indica*, sprichwörtlich wegen seines bitteren Geschmackes. (J. H.)

184. S. 50. Vgl. im Kapitel von Mihrājār, unten Anm. 656 (syr. T. 195 8 f.).

185. S. 50. Wörtl.: «die, welche ihre Augen zudrücken» (um die Bittenden nicht sehen zu müssen).

186. S. 51. Subjekt von ܚܐܣ «schont» (50 $_{8}$) ist ܟܠܢܫ «jedermann» (Z. 7). — Pūrṇabhadra I, 430 hat hinter Śār. 183, also an der Σ entsprechenden Stelle, folgende Strophe: «Gehe selbst weit dorthin, wo du dich freust [wo du Freude findest]; frage einen weisen Menschen, selbst wenn er ein Kind ist; gib, gebeten, selbst deinen Leib dem Bittenden; schneide selbst deinen Arm ab, wenn er schlecht ist». (J. H.)

187. S. 51. Zum Araber (Ch. 100 $_{18}$—101 $_{2}$) vgl. ʿUjūn 35 $_{12-13. 10-12}$, wo die Strophenhälften umgekehrt sind.

188. S. 51. Unterschrift in b d: «Zu Ende ist das Kapitel vom Stier und Löwen».

189. S. 52. Vgl. Ch. 125, σ 166, I 18, Cap. 134, Gr. 157, Sp. 79 (Gayang. 41[a]) — ܓܘܢܝܬ ܩܕܠܐ eigentl. «Buntnacken»: Übersetzung von sskt. *citragrīva* «bunten Nacken habend», s. Benfey, S. LXVII, resp. des Pehlewī-Ausdruckes, der eine Übersetzung des Sanskrit-Wortes gewesen sein muß. Der Araber dagegen mit seinem المطوّقة «die mit einem Halsring versehene» übersetzte das Pehlewī-Wort nicht genau, sondern lehnte sich an die arabische (bezw. jüdische) Legende von Noahs Taube: vgl. meinen Aufsatz über Umajja b. Abi-ṣṢalt in «Oriental. Studien, Th. Nöldeke gewidmet», S. 82 und Anm. 3; Proverbia arab. ed. Freytag I, 250, Nr. 131.

190. S. 52. ܕܒܫܠܝܡ (51 3), ܕܒܼܫܠܝܡ a 92 2, 180 2. In σ 3 9, 95 24, 96 10 ܕܐܒܫܠܡܝܡ, wohl verderbt aus ܕܐܒܫܠܝܡ = ديشلم, דיבסלם, Δηβσαλωμ (Puntoni). Nach Benfey etwa = *Dēvaśarman* «von den Göttern beglückt«. Vgl. K.-F. 270 f. In der Bl'd-Geschichte kommt in σ 333 2 dieses ܕܒܫܠܝܡ als Name des Königs vor, der in Σ ܟܬܦܫܝܡ lautet, aber das ist nur eine Ersetzung von Unbekanntem durch Bekanntes; s. die Anm. 482.

191. S. 52. ܒܝܕܘܓ (51 4), ܒܝܕܘܳܓ a 180 4, wohl *Bēdavāg* oder *Bīduāg*. Die arabische Form بيدنا stimmt dazu genau, da *n* und *v* im Pehlewī das nämliche Zeichen haben. (Daraus entstellt die populär gewordene Form *Bidbā*, *Bidpai*. Vgl. Nöldeke, Mäusekönig, S. 6, Nr. 8, Justi, Iran. Namenbuch 68[a], K.-F. 271. Anders Benfey XLIII f., Nr. 3.)

192. S. 52. «Der Sskt.-Text hat *dākṣiṇātye janapade* «im südlichen Lande», d. h. im Dekkan. Der Paṇḍit, mit dem der Perser arbeitete, hat dies offenbar mit *Dakṣiṇāpatha*, dem Sskt.-Wort für Dekkan, erläutert» (J. H.), vgl. Śār. I, 58. Daher wird ܕܼܫܢܒܚܬ (51 9) a b c, ܕܫܢܒܚܬ d, mindestens in ܕܟܫܢܒܚܬ zu verbessern sein. Die Formen in den übrigen Versionen s. bei Wright zu σ S. XVIII, vgl. K.-F. 272, Benfey LXII. Ebendieser Name hat in der ersten Erzählung gestanden, die in Σ verloren ist, vgl. oben Anm. 3.

193. S. 52. ܡܗܠܠܘܦܒ (51 9), a ܡܗܠܠܘܦܒ, d ܡܗܠܠܘܦܒ (ebenso 59 9), sskt. *Mihilārōpya* (α) oder *Mahilārōpya* (β): Śār. II, 59. Vgl. Benfey LXIII.

194. S. 52. In den Versionen ist nicht von den Vögeln die Rede, sondern von den Jägern, die dort regelmäßig jagten.

195. S. 52. ܠܡܐ (52 ₁) ist unentbehrlich, s. ZA XXIV (1910), S. 52.

196. S. 53. «Freute er sich». Dies zum mindesten muß ergänzt werden, vgl. Cap. 135 ₁₅, Gr. § 84 ₁₂. Die übrigen Versionen haben noch: «er kam schnell gelaufen», Ch. 126 ₃, I 19 ₁₁ (vgl. auch σ 167 ₂₀), doch ist dies kaum ursprünglich, s. nachher.

197. S. 53. So auch die Versionen. Es ist aber Mißverständnis, beim Inder tut dies der Rabe.

198. S. 53. Die Emendation ܐܝܪܟ für ܐܝܪ (52 ₁₆) ergibt sich aus زيرك de S. 164 ₂ (vgl. ايزك Ch. 127 ₁), ܐܝܪܢ σ 169 ₂, *Sirac* Sp. (Gayangos) 41 [b] (dagegen *Zira* Allen 80 ₄₉). Es ist ein iranisches Wort und bedeutet «verständig»: Justi, Iran. Namenbuch 386 [b]. Anders Benfey LXXI. Im Sskt.-Text heißt die Maus *Hiraṇya* «die Goldene», weil sie einen Schatz beherbergt, s. Hertel, Śār. II, S. 61, Note 1. — Die Vokalisation ܐܝܪ rührt von Vermengung mit ܐܝܪܐ «Strick» her.

199. S. 54. Die andere Lesart (54, N. 4) gibt keinen Sinn, denn ܗܘܢܐ, von ܡܟܝܢܗ, bezw. ܡܟܝܢܗ durch ܢܥܠܡ getrennt, ist sicher Subjekt. In den Versionen folgt mit Auslassung dieser Worte gleich der Satz, der sich mit Σ's Strophe deckt: Ch. 128 ₁, I 24 ₄, σ 170 ₂₂, Cap. 137 ₂₂, Gr. § 85 ₂₉.

200. S. 55. Der Wechsel zwischen Sing. und Plur. läßt sich rechtfertigen, wenn sich der Rabe mit dem Rabengeschlecht identifiziert. Es läßt sich aber leicht überall der Sing. herstellen: ܥܘܪܒܐ statt ܥܘܪ̈ܒܐ und dreimal ܠܗ statt ܠܗܘܢ, wie die Versionen haben.

201. S. 55. Statt ܣܘܟܐ (54 ₁₅) lies ܣܘܟܢ, wie 55 ₆.

202. S. 55. ܒܝܡܐ (55 ₁): So noch Cap. 138 ₁₃: *per mare.* Die andern: «auf dem Wasser», was ܒܡ̈ܝܐ wäre (Ch. 128 ₁₂, Guidi XXVI, 9, I 25 ₄, σ 171 ₂₀, Gr. § 86 ₈).

203. S. 56. Wenn der Text (55 ₁₁) richtig ist, so heißt es «damit wir ihn (oder es) nicht verachten müssen», indem das Ptc. = Impf. ist, wie oft in Σ. Vielleicht ist ܕܠܐ in ܕܠܡ zu ändern. Die Versionen haben die zweite Hälfte der Strophe überhaupt nicht.

204. S. 56. Wörtl. «die, welche einer gegen einen übt, und zweitens die, welche von Natur nur dem andern innewohnt».

205. S. 56. Ein Sinn ergibt sich nur durch die Umstellung, die ich

im syr. T. (55_{18}) vorgenommen habe. In Ch. 128_{20} (zu verbessern nach cod. B, p. 54 der Notes), de S. 163 ult., Ḥajawān VII, 30_7, mit denen wesentlich zusammenstimmen I, 26_{2-10}, Cap. 139_{5-14}, lautet die Stelle: «Die mächtigste Feindschaft ist die angeborne Feindschaft (I, Cap. + denn die zufällige Feindschaft weicht zugleich mit der zufälligen Ursache, während die angeborne niemals weicht noch weichen kann). Und es gibt zweierlei angeborne Feindschaft: diejenige zwischen Ebenbürtigen (l. متجارية mit Ḥajawān), wie die zwischen Elefant und Löwe — denn manchmal tötet der Elefant den Löwen, manchmal dieser jenen —, und diejenige, wo die eine Seite den Schaden zu tragen hat, wie diejenige zwischen mir und der Katze und zwischen mir und dir. Die Feindschaft besteht meinerseits nicht, weil ich euch schaden will, sondern wegen des Schadens, den ihr mir zufügt. Für die angeborne Feindschaft gibt es keinen Frieden; er würde schließlich immer wieder zu Feindschaft werden. Der Friede, der auf die Feindschaft folgt, ist von keiner Dauer und Gewähr.» Gr. § 86_{16-19}: μεγίστη ἐστὶν ἡ οὐσιώδης ἔχθρα· αὕτη δὲ διττή, ἡ μὲν ἀντεριστικὴ λεγομένη, ὡς ἡ τοῦ ἐλέφαντος καὶ τοῦ λέοντος· ἡ δὲ φευκτικὴ καὶ διωκτική, ὡς ἡ τῆς κάτας καὶ τοῦ μυός. σ 172_{15} ff. weicht stärker ab. — «Löwe und Elefant» fehlt in Śār., findet sich aber bei Pūrṇabhadra 131_9 (J. H.).

206. S. 56. Vermutlich ist statt ܘܡܛܘ (55_{20}) zu lesen ܡܢ ܡܛܘ oder es ist etwas ausgefallen. Ḥajawān VII, 30_9 hat einfach «zwischen mir und der Katze», vgl. Gr. (vorige Anm.) «zwischen der Katze und der Maus». Aber Ch. und σ «zwischen mir und der Katze und zwischen mir und dir», Cap. «zwischen dir und der Katze und zwischen dir und mir», I «zwischen mir und dir und zwischen mir und der Katze».

207. S. 56. Śār. «auch ohne gebrannt [Wortspiel: ‚gepeinigt', ‚verletzt'] zu sein». Die andern Sskt.-Rezensionen wie Σ. (J. H.)

208. S. 57. Śār. «zwischen [unsern] Schulterblättern». Die andern Sskt.-Rezensionen wie Σ. (J. H.)

209. S. 57. Wörtl. «schau auf deine Rechtschaffenheit».

210. S. 57. ܘܠܐ wird mindestens zu ergänzen sein (56_7). Ch. 129_8, I 27_3, σ 173_9, Cap. 140_{28} stimmen ziemlich genau mit Σ, sind aber etwas ausführlicher. Das folgende wird nicht als Spruch angeführt.

211. S. 57. ܟܘܒܐ (56_{9}) «Becher»: Ch. 129_{13}, de S. 164_{12} كوز, I 28_{3}, σ 173_{21}, Cap. 141_{1}, Gr. § 86_{23} und der Inder «Gefäß», weshalb vielleicht ܟܘܙܐ zu lesen ist. (Belege bei P. Sm. 1692, Brockelmann, Lex. 154[b], dazu Bedjan VI, 322_{9}, Isaak Antioch. ed. Bedjan I, 521_{15}, vgl. Opusc. Nestor. 19_{18}.) Allerdings entspricht dem كوز Ch. 176_{6}, ܡܐܢܐ σ, *vas* Cap. in Σ 164_{5} vielmehr ܩܘܠܬܐ «Krug», so daß auch dieses hier in Frage kommt, wobei die Suffixe der folgenden Infinitive mit ܗ̇ zu schreiben wären.

212. S. 57. «auf einen Augenblick»: ܒܐܘܟܠܐ (56_{11}) «bei der Speise» (nicht etwa «bei einer Mahlzeit»!). Es muß ein Versehen vorliegen, denn die Versionen haben alle «bei einmaligem Begegnen» oder «bei eintägiger Bekanntschaft» (Ch. 129_{15}, I 28_{6}, Cap. 141_{5}, J 372_{15}), Inder «infolge des [bloßen] Erblickens». Gr. p. 166 oben weicht ab. Daher vermute ich ܒܐܘܪܚܐ «unterwegs».

213. S. 57. Die zweite Hälfte der Strophe ist gewiß nur durch mechanischen Fehler ausgefallen, vgl. die Versionen ll. cc.

214. S. 57. So, nicht «in Barmherzigkeit». Vgl. ܠܒܒܗ ܒܪ̈ܚܡܘܗܝ 67_{5}, Ch. 129_{18}, I 28_{9} usw. Gr. § 86_{27} δέχομαί σου τὴν φιλίαν.

215. S. 58. Wörtl. «Zwei Dinge sind es, die einem zur Speise dienen».

216. S. 58. Vielleicht ist hier ausgefallen: «denken aber anders von mir als du», vgl. Ch. 130_{11}, I 31_{2}, Cap. 143_{8}, Gr. § 86_{44}. σ 175_{14} weicht ab.

217. S. 58. Vgl. die Note zum syr. T. 57_{10}.

218. S. 58. ܬ̈ܡܐ (57_{13}).

219. S. 58. «wie Seele und Leib»: Korrektur des indischen «wie Nagel und Fleisch».

220. S. 58. Der Zug von der Eßgemeinschaft findet sich nur noch im Inder.

221. S. 59. «wie sie ihn geheißen» fehlt in den Versionen.

222. S. 59. ܡܕܟܪܬܐ (58_{13}) ist wohl mit Nöldeke S. 765 in ܡܶܕܟܪܳܬ݂ zu ändern, da «jene vorerwähnte Schildkröte» auffällig wäre. Aber gut syrisch ist es nicht in dieser Stellung.

223. S. 59. Wörtl. «das [nämlich das Geplätscher, s. Inder] hörte nun wieder der Rabe und erschrak».

224. S. 59. Statt ܐܬܒܝܢܬ ܠܗ (59 4) lese ich ܐܬܒܝ̈ܢܬ ܠܟܝ, was besser zum Zusammenhang paßt. Vgl. auch den Inder.

225. S. 60. S. Anm. 193.

226. S. 60. Ch. 132 5, ς 178 15 «um die Mäuse wegzuscheuchen», dagegen de S. 167 14, I 34 6 «um mich von dem Korbe wegzuscheuchen», Cap. 145 12 *ut me fugaret*, Gr. § 88 8 ἡμᾶς, Var. ἐμὲ ἐκφοβίζων.

227. S. 60. ܓܠܦ «enthülsen» (60 12 ff.) = جلف, nur in unserem Buch, sonst ܩܠܦ (قلف).

228. S. 60. ܫܝܫܡܐ (60 12): so auch nachher 62 4 ff.. Da bei Būd von einer Einwirkung der griechischen Form σήσαμον so wenig die Rede sein kann wie von einer neusyrischen (Maclean, Dict. s. v.), so hat er gewiß die allgemein übliche Form ܫܘ̈ܫܡܐ (vgl. I. Löw, Aram. Pfl., S. 376) gebraucht.

229. S. 60. Die Ergänzung nach Ch. 132 15 usw.

230. S. 61. ܣܝܓܐ (60 17) müßte ܣܝܓܐ = חַיִץ Ez. 13 10 sein. Es ist dafür aber wohl ܣܘܓܐ zu lesen, wie hier auch ς 179 10 hat.

231. S. 61. ܐܢܫܘܬܟ (60 20) ließe sich zur Not durch بعيالكم ς 179 14 verteidigen; aber sein wirkliches Äquivalent ist hier ܒܟܠ ܒܢܝ ܒܝܬܟܝ Z. 15, und da auch Ch. 132 20 = de S. 168 11 mit عن عيالك, I 35 11 בְּבֵיתָךְ, Cap. 146 8 *in domo tua*, Gr. § 90 6 [ἐν] τοῖς τέκνοις σου, var. τῷ οἴκῳ σου dasselbe haben, wird ܐܢܫܘܬܟܝ zu lesen sein.

232. S. 61. Syr. «verschenktest« (61 2). Vielleicht ist ܡܘܗܒܬ ܠܗ zu lesen; dann sind es gleichmäßig Participia, wozu die andern Versionen stimmen.

233. S. 61. Wörtl. «das Verschenken und Essen».

234. S. 62. Man erwartete «am folgenden Morgen», wie Ch. 133 17, I 37 10, ς 180 19, Cap. 147 6 haben und der Zusammenhang erfordert.

235. S. 62. So etwa zu ergänzen nach den Versionen (Ch. 133 ult., ς 181 5, I 38 3, Cap. 147 11).

236. S. 63. ܠܐ (63 1) ergänzt nach den Versionen. Ch. 134 5 = de S. 170 3: «war ich in einem andern Loche als dem meinigen (فى جحر غير جحرى), ς 179 16: «war ich in einem andern Loche, nicht in dem, wo ich wohnte», I 38 10: «saß ich in einem andern Loche, dem eines meiner

Kameraden», Cap. 147_{20}: *stabam in caverna cuiusdam sociorum meorum*, Gr. § 93_3: ἔτυχον δὲ ἔγωγε τηνικαῦτα ἐν ἑτέρᾳ ὀπῇ ἀκούων τὰ λεγόμενα παρ' αὐτῶν.

237. S. 63. Zwischen ܕܗ̇ܘ und ܕܒܟܘܬܪܗ (63_8) ist vermutlich ein Ptc. oder Adj. ausgefallen.

238. S. 63. ܐܒܨܪ (63_{11}) intr., wie 2 Cor. 8_{15} Philox., wenn nicht aus ܐܬܒܨܪ (64_{15}, 98_9) verschrieben.

239. S. 63. ܠܛܫܬܟܢܐ (63, N. 13). Bickell konjizierte ܠܛܫܬ ܟܢܐ, was er mit «ich ... lange am Boden herumgerutscht hatte» übersetzte. Das ist aber sprachlich höchst unwahrscheinlich, weil der Sprung ja gemacht wird, wie der arge Fall nachher zeigt. Meine frühere Vermutung, ܠܛܫܬܟܢܐ gehöre zu ܫܘܪ ܗܘܝܬ und sei ein Gerätname («Börd»), nach تشتخانه Vullers I, 446[b], طشتخانة Dozy II, 44[a] zu verbessern, ist bei näherem Zusehen unmöglich, weil ein iranisches Wort für eine so gewöhnliche Sache beim syrischen Übersetzer unerhört wäre und weil der Korb ja oben an der Wand an einem Nagel hängt. Während von den Versionen I 39_{10} ואצפר לעלות = Cap. 148_{14} *nisus fui illuc ascendere* keine Handhabe zum Verständnis bieten, scheint mir Ch.s وكَلَّفُنِي 134_{13} die Emendation ܠܛܫܘܢܝ «sie feuerten mich an» zu empfehlen (vgl. Brockelmanns Beleg, dazu Petr. Iber. 77_{20}). Es ist dies eines von vielen Beispielen dafür, wie ingeniös und unverfroren der betreffende Kopist von Σ vokalisierte (Einl. zum syr. Text, S. XIII).

240. S. 64. Statt ܘܒܗ̇ܘ (64_7) ist ܘܗ̇ܘ zu lesen nach Ch. 135_2, bezw. Notes 55_{9-10} (ʿIqd) لا دنيا له ولا اخرة له, I 41_4, Cap. 149_{12}. In I 40_{11}ff., Cap. 149_7ff. ist die Strophe nach Art von Strophe 33 weiter ausgeführt, aber der Araber (Ch. und ʿIqd ll. cc., de S. 171_4) stimmt wesentlich mit Σ überein.

241. S. 64. Wörtl. «kommt ... die V. zu den Augen heraus». Die Worte «zu den Augen heraus», die Σ allein hat, müssen auf Mißverständnis beruhen. Die übrigen Versionen lauten: «dem kommt die Scham abhanden» (Ch. 135_7, I 42_5, Cap. 150_9, ἀνεύφραντος γίνεται Gr. § 93_{28}). σ 185_{20} weicht ab. Dem entspräche ܢܦܩܘܗܝ statt ܚܙܝܘܗܝ. Darauf: «und ist die V. weg» statt «und schaut die V. hervor».

242. S. 64. L. ܐܫܬܒܪ ohne ܕ (64_{14}). Aber die drei Verba nebeneinander können nicht ursprünglich sein. — Statt ܐܬܕܘܕ wird ܐܬܕܘܢ gefordert durch das folgende ܕܘܘܢܐ. Übrigens sind die Perfecta hier und im folgenden Satz auffällig.

243. S. 64. Zu Ch. 135_{12-16} vgl. ʿUjūn 286_{18-20}.

244. S. 65. Zu Strophe 35 vgl. das Zitat im Schlußkapitel (Anm. 625).

245. S. 65. Wörtl. «als der von fremdem Eigentum lebt».

246. S. 65. ܐܟܒܕܢܝ (65_{12}) «tat mir weh» statt ܐܟܐܒܢܝ; vgl. ܟܘܒܕܢܐ κάκωσις, ܟܒܕܐ Σ 144_5, ܟܒܕܐ P. Sm. 1659 und dazu 1658_5ff.

247. S. 65. ܘܣܡܡ ܣܥܕܢܝ (65_{17}). Nöldeke S. 765 wollte ܐܣܥܕܢܝ herstellen. ܣܥܕܢܝ als unpersönliches Verbum ist in der Tat ungebräuchlich, dagegen kann es hier sehr wohl aus ܣܥܕ ܠܝ verschrieben sein.

248. S. 66. «in der Wüste» fehlt in den Versionen und im Inder und scheint vom syrischen Übersetzer interpoliert (Ev. Mt. 4).

249. S. 66. Zur Änderung des korrupten Textes (66_{16}) vgl. Ch. $137_{8.9}$, I 46_{10}, Cap. 153_5, die allerdings nicht wörtlich mit Σ stimmen.

250. S. 67. Lücke? Die Versionen, wenn auch nicht wörtlich miteinander übereinstimmend, haben: «Aber du scheinst mir immer noch viel zu sehr unter dem Eindruck deiner letzten Erfahrungen zu sein; darum wisse» usw. (Vgl. Ch. 137_{16} mit der Anm. p. 55 z. St., kürzer de S. 173_{13}; I 47_9, Cap. 153_{18}, Gr. § 95 3.) (ϭ 188_{20}.)

251. S. 67. Die vorgeschlagene Verbesserung ܡܫܬܡܠܝܐ (67, N. 10) stützt sich auf يتمّ Ch. 137_8, ישלם I 47_{12}.

252. S. 67. Zum Araber (Ch. 137_{20}—138_2) dieser Strophe vgl. ʿUjūn 295_{10-11}.

253. S. 68. ܐܝܟ ܡܣܦܩ ܐܝܕܐ (68_3).

254. S. 68. ܩܢܝܢܬܐ ܪܒܬܐ (68_4) eigtl. «große Errungenschaft». Die Versionen (Ch. 138_{12}, I 49_8, Cap. 154_{13}, Gr. § 95_{17}) haben «Reichtum», wie auch der Inder.

255. S. 68. Etwas derartiges muß ausgefallen sein, vgl. die Versionen ll. cc. Der Inder: «kann man nur eine Zeitlang genießen» (Śār.).

256. S. 69. Die Strophe II, 70 des Südl. Pantschatantra lautet: «Nur die Guten verursachen immer die Rettung der Guten aus dem Unglück; nur

Elefanten tragen das Joch (‚die Last‘) im Schlamme versunkener Elefanten» (J. H.). — Zum Araber (Ch. 139 $_{2-3}$) vgl. Ḥajawān VII, 30 $_{10-11}$.

257. S. 69. Strophe II, 72 des Südl. Pantschatantra lautet: «Der allein ist auf Erden für die Menschen preiswürdig, welcher sich unter der Schar der guten Menschen befindet, von dem Leute, welche ihn [um Hilfe] gebeten oder des Schutzes wegen aufgesucht haben, nicht mit infolge des Zerbrechens ihrer Hoffnungen abgewandtem Antlitz weggehen». Str. 76 ist in der Übersetzung in 72 eingeschoben. (J. H.)

258. S. 69. Dies scheint eine gänzlich mißverstandene Übersetzung von Str. 140 zu sein, in der von Gabe die Rede ist. Das in der Strophe vorkommende Wort *viśiṣṭa* im Mask. ist hier Adjektiv und bedeutet «besser»; als Subst. heißt es «ein Trefflicher». (J. H.)

259. S. 69. Ch. 139 $_{13}$, I 52 $_{5}$ haben noch «ohne zu trinken», ähnlich Cap. 156 $_{10}$, Gr. § 96 $_{10}$ (σ in Lücke), nicht aber de S. 175 $_{11}$.

260. S. 69. Wörtl. «wenn du Frieden hast». — Ch. 139 $_{14}$, I 52 $_{5}$, Cap. 156 $_{10}$ haben statt dessen «wenn du dürstest».

261. S. 69. ܘܫܐܠܗ ܫܠܡܐ (69 $_{16}$) bedeutet «fragte sie: Geht's dir wohl?», also wörtlich wie der Inder. Dagegen «er begrüßte sie», wie Ch. 139 $_{15}$ hat, hieße ܫܐܠ ܒܫܠܡܗ. Vgl. σ 190 $_{11}$ ܐܟܢܐ ܐܝܬܝܟ «wie geht's dir?»

262. S. 70. Wörtl. «der Schatten eines Baumes». παρά τινι δένδρῳ συνηρεφεῖ Gr. § 96 $_{18}$. Man erwartete ܡܛܠܠܬܐ ܕܐܝ̈ܠܢܐ «Schattenplatz unter Bäumen», vgl. Ch. 139 $_{20}$, I 52 $_{12}$—53 $_{1}$, Cap. 157 $_{2}$.

263. S. 70. ܕܓܒܘ̈ܬܐ (70, N. 6) wird zu lesen sein, im Sinne von ܕܓܒܘ ܓܒܘ.

264. S. 70. ܐܝܬ ܗܘܐ ܐܝܬ ܕܠܐ ܠܡܣܟܢܘܬܟ (70 $_{20}$) kann richtig sein, denn das komparative ܡܢ darf fehlen, vgl. ܚܫܘ̈ܟܝܢ ܗܘ̈ܘ ܕܢܬܢܩ̈ܫܘܢ ܗܘ̈ܘ «sie (die Perlen) waren zu dunkel, als daß sie (in die Krone) hätten eingereiht werden können» Jac. Sarug. Bedjan VI 663 $_{7}$, wo sogar auch ܕܠܐ fehlt. — Die Versionen weichen ab.

265. S. 70. Durch die Ergänzung von ܘ vor ܫܢ̈ܘܗܝ (71 $_{1}$) und die Streichung von ܘ vor ܕܠܐ (71 $_{2}$) ergibt sich eine Übereinstimmung des

Satzes mit I 54 7, Cap. 158 7. 8, Gr. § 97 15. Etwas anders Ch. 140 14, kürzer de S. 177 1.

266. S. 71. Vgl. den Inder. Die übrigen Versionen weichen von Σ ab.

267. S. 71. Statt ܘܥܒܕ (71 6) l. ܘܥܒܕ mit ϛ 192 19, vgl. Ch. 140 18, de S. 177 2, I 54 11, Cap. 158 14, Gr. § 97 17.

268. S. 71. Text (71 6) vielleicht nicht ganz intakt.

269. S. 71. Die Lesart von b c d (71 10) ist die richtige. In den Versionen ist der Satz etwas anders gewendet: Ch. 141 3 (de S. 177 8) «noch sind wir nicht durch ... hindurch», Cap. 159 5 *evadimus*; vgl. I 55 7. (ϛ 193 7 weicht ab.)

270. S. 71. ܐܦܪܟ (71 15), vgl. «Homonyme Wurzeln» S. 54 f.

271. S. 71. Wörtl. «dem Gürtel der Zodiakalbilder».

272. S. 72. Mit der Textemendation (72 3, vgl. Nöldeke S. 762) ergibt der Satz einen Parallelismus zum vorigen. Die Lesung ܘܢܘܪܐ ܕܗܘ ܚܪܝܦܐ ܕܡܣܟܢܐ ܒܡܐܟܘܠܬܗ «und das Feuer desjenigen brennt heftig, der wenig Nahrung hat» ergäbe zwar einen Anklang an den Inder, aber man sieht, daß der syrische oder Pehlewī-Übersetzer die Vorlage mißverstanden hat. — Die Versionen weichen ab. Sie reden von dem zwiefachen Schmerz, den ein Geschwür verursacht: dem eigenen und hernach dem von der Operation herbeigeführten. (Ch. 141 13, I 56 10, Cap. 159 24. Anders Gr. § 98 15; paraphrasiert ϛ 194 9.)

273. S. 72. Die Imperative sind an die Gazelle gerichtet (vgl. die Versionen), daher in den Sing. zu setzen.

274. S. 72. Da ܣܡܟ (73 2) als Prädikat vor ܒܬܘܣܠܡ ܬܘܣܠܡ nicht genügt, sondern zu dieser adverbiellen Bestimmung sicher noch ܐܙܠ gehört (vgl. 72 14 syr. T.), ist das ܘ vor ܠܐ, zu streichen oder, was wahrscheinlicher, vor ܘܠܐ, noch ein Verbum, etwa «und er lief», ausgefallen. Die Versionen fassen sich kürzer.

275. S. 73. Vgl. die Schlußsentenz des Buches (aus dem Araber ergänzt: s. Anm. 663). — Unterschrift in b d: «Zu Ende ist das Kapitel von Bunthals und ihren Taubengefährtinnen».

276. S. 74. Vgl. Ch. 167, ϛ 243, I 127, Cap. 203, Gr. 228, Sp. 121 (Gayang. 54[b]).

277. S. 74. Der Name des Affen ist 76 ₁₀ ܦܘܠܕܢܝܟ bcd, ܦܘܠܕܢܝܟ a. «Sskt. *Valīvadanaka*, d. i. ‚Faltengesicht‘. *v*, *b* und *p* werden in Kaśmīr-Hss. nicht selten verwechselt» (J. H.). Die syrische Form geht also durch die Pehlewī-Form auf die indische zurück, und zwar ergibt sich aus dieser zunächst die Superiorität der zweiten Lesart ܦܘܠܕܢܝܟ, was aber weiter in ܦܘܠܕܢܝܟ zu verbessern ist. — Zu den Formen in den übrigen Versionen s. Wright S. XIX, Ch.s Notes zu 167₁₀ (S. 59), Derenbourg zu Cap., S. 204, N. 1.

278. S. 74. ܡܬܘܠܘܬܐ (75₅), vgl. «Homonyme Wurzeln», S. 2.

279. S. 75. ܘܫܬܐ «und trinkt» (75₁₅) ergänzt nach Ch. 168₉, I 129₆, Cap. 204₂₀ (σ, Gr. <). Vgl. auch syr. T. 77₁₁, 110₁₈ (und öfter).

280. S. 76. Soll bedeuten: «Wenn sich das Rechte nur mit etwas Unrecht tun läßt, so soll man sich wegen des letzteren keine Skrupeln machen»; vgl. Ch. 169₁₋₂, σ 246₂₄₋₂₆.

281. S. 76. ܡܨܐ Hs. (76₂₀), vgl. σ 247₁₉f. und (etwas anders) de S. 210₁₁. Als Perfekt gefaßt (ܡܨܐ): «und (noch) nicht imstande gewesen bin», so I 131₉, Cap. 206₁₃. Ch. 169₈, Guidi XXXI, 3 lassen das Tempus unentschieden.

282. S. 76. Wörtl. «stehe ich meinerseits still». Eine andere als diese gewöhnliche Bedeutung (vgl. «Homonyme Wurzeln», S. 88, P. Sm. 4407) hat das Verbum auch hier nicht. (P. Sm., l. c. *erubescere*, nach Bickells Übersetzung.)

283. S. 76. ܕܠܐ ܡܢܗ ܢܬܪܐ ܡܕܡ ܠܥܠܡ (77₃). Zu ܝܬܪܐ vgl. syr. T. 128₉, 163₆. Die Annahme, daß ܢܬܪܐ aus ܢܬܪܗ verschrieben oder verlesen sei («von dem er nie etwas erlangen wird», vgl. Ch. 169₁₁, Guidi XXXI, 6) liegt nahe, ist aber nicht geradezu nötig.

284. S. 77. Der letzte Satz ist im syr. T. (77₁₅) stark entstellt, muß aber nach Ch. 170₁, Guidi XXXI ult. und Gr. § 135₃₃₋₃₄ ungefähr den in der Übersetzung gegebenen Sinn haben. — Anders σ 248₁₈, I 132₁₀, Cap. 207₆.

285. S. 77. Die Rede der Schildkröte ist in den Versionen ausführlicher, vgl. Ch. 170₇, Guidi XXXII, 4, I 133₁, Cap. 207₉, σ 249₅, Gr. § 135₃₆.

286. S. 77. Oder vielleicht ܠܡܨܥܬܗ zu lesen (77₁₈), d. h. «bis in die Mitte des Wassers», vgl. I 134₃, Cap. 208₄, Gr. § 135₄₆; حتى اذا لجّ به Ch. 170₁₆. Daß es das Meer ist, ist hier Nebensache.

287. S. 77. Das bis hierher aus Ch. 170 17 ff., bezw. Guidi Nr. 58 (S. XXXII) Ergänzte fehlt nur in de S. 210 unten, findet sich dagegen auch I 134 4, Cap. 208 6, ς 250 7, muß also zur Pehlewī-Rezension gehört haben und bei Σ zufällig ausgefallen sein. «Auch das Südl. Pañcatantra hat die Strophe: Das Gold läßt sich am Steine prüfen, der Mann, wie man sagt, an den Geschäften, der Stier am Joch: aber für die Weiber gibt es nirgends einen Prüfstein». (J. H.)

288. S. 78. Auch dieser zweite Teil der Lücke, die wieder eine oder mehrere Strophen enthält, hier aus Ch. 171 1 ff. mitgeteilt, ist jünger als die Pehlewī-Rezension. Vgl. I 135 15, Cap. 208 16, Gr. § 135 47, kürzer ς 250 14. «Diese Lücke findet sich auch in Śār., wo sie sich aus dem Südl. Pañcatantra 1582 ff. ergänzen läßt.» (J. H.)

289. S. 78. Wörtl. «warum hat sich dein Marsch verändert?»

290. S. 78. Daß dieser Baum des Affen Wohnung war, sagt der Inder.

291. S. 79. Wörtl. «das ist deine Sache».

292. S. 79. ܣܩܒܐ (79 4) vokalisieren a b c d, dazu vgl. P. Sm. 2712 und סַקְבָא סִקְבָא Buxtorf 1538. Aber Bar ʿAlis ܣܩܐܒܐ und Dalmans (Lex. 286) סִקְבָא wird richtig sein. (Etymologisch gehört es zu سقب «drücken, drängen».)

293. S. 79. Statt ܘܐܝܟܐ ist ܘܐܝܟܢ zu lesen (79 8), nach den Versionen (وكيف Ch. 172 ult. usw.).

294. S. 79. Vermutlich ist ܢܣܘܒܢ zu lesen statt ܢܣܘܒܐ (79 13). vgl. ς 255 21, Ch. 173 3 فى اخائك, I 139 12, Cap. 212 1.

295. S. 80. Vgl. Ch. 172 12. — Falls diese Worte die indische Strophe wiederspiegeln, so sind sie gänzlich mißverstanden. (J. H.)

296. S. 81. Man erwartete etwa: «und verbirgt nicht verabscheuenswerte Zustände und sucht sie (vielmehr) durch Taten zu reparieren». Aber ܥܘ̈ܝܪܐ für ܥܒ̈ܝܪܐ (81 3) paßte nicht einmal recht; dazu stört das Impf. ܢܗܘܐ. Die Versionen versagen (Ch. 174 7, I 142 8, Cap. 214 3), da die Mißverständnisse älter sind. Für die Entsprechung von Str. 14 mit Śār. β IV, 23 (Tantr. II, S. 158) verweist J. Hertel auf Hollands Buch der Beispiele der alten Weisen 129 11 ff.

297. S. 82. Vgl. Ch. 175, Zotenberg im Journ. Asiat. 1886, S. 111 ff., σ 259, I 144, Cap. 216, Gr. 239, Sp. 129 (Gayang. 57[a]).

298. S. 82. ܣܘܪܓܢ, a (82_9). Inder *Gauḍa.* Der Araber (Ch. 175_8 جركان, de S. 216_6 جُرْجان) hat den unbekannten Namen durch einen bekannten (Hyrkanien) ersetzt und demnach seine Abkömmlinge σ usw. I 145_4 «eine Stadt מְאֵי הַיָּם». — J. Hertel denkt an *Śrāvastī*, eine Stadt der Kosala.

299. S. 82. Der Text (83_3) vielleicht lückenhaft.

300. S. 83. «Reicher Mann» ist s.v.a. «Kaufmann» (vgl. marokkan. *tāǧer* = «wohlhabend»): So Inder, Ch. 186_5, de S. 217_1, Sp. 129_{20}, dagegen «König» σ 260_{19}, I 146_5, Cap. 218_1. Derenbourgs Vorschlag (Cap. 218, N. 1) ܬܓܪܐ statt ܥܬܝܪܐ zu lesen, ist deshalb unnötig. Vgl. auch Anm. 374.

301. S. 83. Der Text ist wohl nicht ganz in Ordnung. Vor ܡܕܝܢ (83_{11}) wird ܘ einzufügen sein (mit σ 260_1). Aber mit ܕܬܘܬܪܐ, bezw. ܕܬܬܘܪܐ weiß ich nichts anzufangen. Es entspricht ihm scheinbar nachher ܕܫܪܟܢܐ «das Übrige» (84_{15}), in welchem Falle also ܬܘܬܪܐ gemeint wäre. Nach Ch. 186_{5}f. hebt er sich nur das Öl und den Honig auf; die andern Versionen stimmen weder unter sich noch mit Ch. oder Σ überein. Vgl. auch ʿUjūn 311_{14-20}.

302. S. 83. Statt ܘܐܠܣܐ (83_{13}) ist ܠܕܣܐ zu lesen mit dem Araber bei Zotenb. 112_3 und 119_1, Ch. 176_6, I 146_8, Cap. 218_5. So schon Nöldeke S. 765.

303. S. 83. So auch de S. 217_4 (Ch. <), σ 261_1, I 146_9, Cap. 218_6; nur Gr. § 144_3 μιᾷ δὲ τῶν νυκτῶν, natürlich falsch.

304. S. 83. Das folgende ist im syr. T. so entstellt, daß eine vollständige Übersetzung unmöglich ist. In ܐܠܣܐ (84_1) steckt wohl ܐܣܓܐ «multipliziert», vgl. Ch. 176_{8-9}, Zotenb. 120_3, Cap. 218_2.

305. S. 83. ܡܗܦܝܪܐ (84_{11}) a b c, nachher (Z. 13) ܡܗܦܝܗ, a ܡܗܦܪܗ, d. h. ܡܗܦܪܗ. Es ist nämlich offenbar ein etwas entstellter iranischer Name, dessen erster Teil *māh* «Mond» ist, sei es nun *ܡܗܦܪܐ *Māh-pāreh* («Stück vom Mond, schön») = neupers. *Māi-pārah*, als Frauenname ܡܐܦܪܗ, ܡܗܦܪܗ ZDMG XLIV, 527, vgl. Justi, Iran. Namenbuch 188[a]) oder sonst etwas. Im Inder heißt er *Sōmáśarman* «dessen Schutz der Mond ist». Arabische Formen: ماهفيه, var. lect. ماهفاه, سـاهفاه

Zotenb. 122 3, مافيه Ch. 176 14. In ς und Cap. fehlt der Name. De S. 217 paen. «ich wähle für ihn den schönsten Namen», daher I 148 1 «einen hübschen Namen», Gr. § 144 13 Πάγκαλος: bloße Wiederholung der früheren Stelle Σ 163 2 (Ch. 175 9, de S. 216 10 usw.).

306. S. 84. Vgl. Anm. 301.

307. S. 84. ܬܠܟܘܣܡ, ܬܠܟܐܣܡ, ܬܠܟܐܙ ܡ habe ich im Text (84 17) in ܬܠܟܘܣܙ verbessert. Vielleicht ist aber ܬܠܟܘܪ zu lesen.

308. S. 84. Wörtl. «als sich ihre Tage erfüllt hatten». De S. 218 5, I 148 7, Cap. 219 18 verstehen darunter die Reinigungszeit nach der Geburt, aber vgl. den Inder (Śār. II, 150 4 ff.).

309. S. 85. Vgl. Ch. 205, ς 262, I 151, Cap. 221, Gr. 269, Sp. 132 (Gayang. 57 b) (B. P. I, 546). Mahābhārata ed. Protap Chundra Roy XII, 138 (metrisch).

310. S. 85. Zur Namensschreibung vgl. 87 2. Cap. 221 1 *Sendobar*. Vgl. Nöldeke S. 756.

311. S. 85. ܒܢܥܙ 86 7, 87 2, ܒܢܥܝ 86 2 b c d, ܒܢܥܝ a.

312. S. 85. ܘܫܒܩܐ (86 10) eingefügt nach de S. 220 8, I 152 4.

313. S. 85. Alle Kopien haben ܒܢܝܪܬ (87 3). In der Erzählung B. P. I 546 steht dafür «heiliger Feigenbaum», in der entsprechenden Stelle des Mahābhārata *nyagrodha* (s. Benfey S. XL). ς 263 15 ܒܢܝܪܘܕ, nach Span. *vairod* in ܒܢܝܪܘܕ zu verbessern, geht auf نيرود, d. h. verderbtes نيلوت zurück (vgl. Wright S. XIX, anders Benfey S. XL). Also ist ܒܢܝܪܬ identisch mit ܢܝܪܘܬ, das 117 10 ebenfalls dem indischen *nyagrodha* entspricht (s. Anm. 393). Ch., de S., I, Cap., Gr. benennen den Baum nicht.

314. S. 85. Für ܒܟܢܦܗ (87 5) «am Saume» wird ܒܥܩܪܗ «an der Wurzel» zu lesen sein, vgl. في اصلها Ch. 206 3 und entsprechend I 153 3, Cap. 222 13, Gr. § 158 2, sowie Σ 342 8, 362 6.

315. S. 85. ܦܪܝܛܠ, a ܦܪܝܛܠ (87 6): sskt. *Palita* («der Graue»), s. Benfey LXV. — Der Araber hat den Namen mit dem persischen Helden *Frētūn* (s. Justi, Iran. Namenbuch 331) kombiniert: de S. 221 2 فريدون (Ch. 206 3 قريدون), ς 263 17 ܐܦܪܝܕܘܢ, I 153 7 ביירון verschrieben aus פיירדו (und zwar wesentlich als Name der Katze), Cap. 223 1 verderbt *Pendem*, Span. *Vendo*, deutsche Übers. *Peridon*.

316. S. 85. ܪܗܘܡܐ (87 6. 8), ܪܗܘܡܐ bcd, ܪܘܡܐ d. Im Sskt.-Texte heißt die Katze *Lōmaša* («die Haarige»), vgl. Benfey LXVI, B. P. I, 546, Wright XIX.

317. S. 86. Vor ܐܡܬܝ (88 8) muß etwas ausgefallen sein, etwa ܐܝܬ ܗܘܐ; vgl. Ch. 207 1, ϭ 265 18, I 155 7, Cap. 224 12.

318. S. 86 (88 16). Wenn nichts ausgefallen ist, so muß ܕܬܒܪܢܝܢ ܘܬܦܩܢܝܢ gelesen werden. Löws Verbesserung S. 539 befriedigt nicht. Nach ϭ 266 12 f. ließen sich die Lesarten ܐܦܩܝܢ und ܡܦܠܠܬܝ verteidigen, aber nicht ohne erhebliche Umstellungen und andere Eingriffe.

319. S. 87. Die schon von Nöldeke S. 767 geforderten Ergänzungen ܕܒܢܝܢܫܐ (89 5) und ܕ vor ܐܠܦܐ nach I 156 7, Cap. 225 8 usw.

320. S. 87. Statt ܕܢܐܪܬܘܢ (89 6) lies ܢܐܬܪܘܢ (ohne ܕ). Derselbe Schreibfehler wie 36 1, vgl. Anm. 142.

321. S. 87. Die Richtigkeit des Textes (89 14) ist zu bezweifeln, denn ܟܪܡ kann schwerlich die Partikel sein, aber auch nicht Verbum, da ܟܪܡ nicht von Mäusen (Nagetieren) gebraucht wird. Vielleicht ist ܟܪܡ ܒܡܐܟܘܠܬܐ (a), bezw. ܟܪܡ ܒܡܬܐܟܠܢܝܬ (bc) aus ܒܒܗܡܝܘܬܐ (vgl. 89 20) verderbt.

322. S. 87. Vgl. Ch. 207 21. Dagegen nach I 157 8 = Cap. 226 1 wäre ܫܘܦܩܐ zu lesen und zu übersetzen: «daß, nachdem ich in deiner Sache so eifrig gewesen bin, du in der meinigen so kühl bist». Dies verdient wohl den Vorzug. — In ϭ Lücke (nach 268 3).

323. S. 87. Die Versionen sind hier viel ausführlicher (Ch. 208 8, ϭ 268, I 158 5, Cap. 226 10), doch fehlt dafür die Befürchtung der Maus und ihre Beruhigung durch die Katze in Σ's Fassung.

324. S. 88. Text verderbt. Die Versionen (Ch. 209 6, ϭ 271 3, I 161 4, Cap. 228 7) weichen ab.

325. S. 88. Ch. 209 8, dc S. 225 10 (vgl. Ḥajawān VII, 31 8–9), ϭ 271 9 fügen hinzu: «und darauf vom Schlafe übermannt wird und herunterfällt und vom Elefanten zertreten wird»; dagegen I 161 6, Cap. 228 11: *qui stat versus elephantem dormiens.*

326. S. 89. Vgl. Ch. 143, ϭ 196 16, I 60, Cap. 162, Gr. 186, Sp. 96 (Gayang. 47[a]).

327. S. 89. ܕܪܒܬܘܦܕ (92 11) d; ܕܪܘܬܘܦܕ a, ohne Punkte b c. Im t. simpl. des Pantsch. und bei Pūrṇabhadra entspricht *nyagrodhapādapa* «Feigenbaum» (SP und Śār. dafür das Synonymon *nyagrodhavṛkṣa*). Gegen Benfey LXXIV nehme ich an, das syrische Wort sei aus ܢܓܪܘܬܦܕ korrumpiert, zumal die Beschreibung des Baumes ganz dieselbe ist wie bei ܢܓܪܘܬ (s. Anm. 313. 393). Also ist das ܘ als dritter Buchstabe, wie es a b c haben, dem ܒ von d vorzuziehen. Die Versionen benennen den Baum nicht.

328. S. 89. ܫܢܘ (93 6) ergänzt nach Ch. 143 12, vgl. σ 197 12.

329. S. 89. ܠܛܥ̈ܡܬܐ ܠܛܥܡܘ (93 7). Vielleicht ist der Sing. ܠܛܥܡܬܐ zu lesen, vgl. in einer andern Stelle von I טעמה טעם 219 6.

330. S. 90. Dies ist der letzte Satz aus Śār. 200, ziemlich wörtlich, aber nicht sinngemäß übersetzt. Der Sskt.-Text lautet wörtlich: «So gesprochen habend wurden sie an einem Ende Befindliche», d. h. sie traten abseits. Diese Worte beziehen sich aber auf die den großen Ministerrat bildenden Personen, welche indessen zurücktreten unter der Begründung, die fünf Erbminister seien in allen Systemen der Staatskunst trefflich bewandert. Dieser in Σ noch erhaltene Satz zeigt also, daß der Abschnitt Śār. 200 echt ist, trotzdem er auch in SP fehlt.˙ (J. H.)

331. S. 90. Vielleicht ist etwas ausgefallen («was hältst du von dem Ausspruch deines Vorredners?»).

332. S. 91. Statt ܕܗܡܫܐ (94 11) ist gewiß ܕܗܡܕܐ zu lesen, vgl. dieselbe Wendung (mit ܡܗܕܩ) 93 12.

333. S. 91. ܐܘ «oder» (94 13) ist kaum richtig.

334. S. 91. Wörtl. «mit dem Elefanten mit der Ferse kämpft».

335. S. 91. Zu Ch. 146 3 ff. vgl. ʿUjūn 45 5—14.

336. S. 92. Die Worte «Du nun bist weise» [auch Ch. 146 10] sind aus Śār. Str. 34 genommen. A 181 hat nichts Entsprechendes in den Sskt.-Texten. Er ist jedenfalls aus einer sinnlosen Übersetzung des Strophenmaterials zurechtgemacht. 12 b scheint auch aus Śār. 34 entstellt zu sein. (J. H.)

337. S. 92. Statt ܘܠܐ ܒܥܘܒܕܗܪܐ (95 19) lies wohl ܘܠܐܢܫ ܥܒܗܪܢܐ, weil sonst das logische Subjekt für diesen Satz und das folgende fehlt. Vgl. ܕܣܟܘܠܬܢܐ ܘܡܗܝܡܢܐ σ 203 3, العاقل الكريم Ch. 146 14,

vir enim intelligens Cap. 169_{17}, ὁ γὰρ μεγαλόνους ἀνήρ Gr. § 101_{59}. Zudem ließe sich der Satz mit ܠܐ nur als Frage verstehen, was weder an sich wahrscheinlich ist noch durch die Versionen gestützt wird.

338. S. 93. Gemeint ist natürlich der Herrscher, vgl. Inder.

339. S. 93. ܕܦܪܨܘܦܐ (96_9). Inder «Miene».

340. S. 93. D. h.: auch der weiseste Herrscher kann vom guten Rat seines Ministers profitieren. Das sagen ausdrücklich Ch. 147_1, I 71_5, σ 204_2, Cap. 169_{31}.

341. S. 93. ܥܡܕ (96_{12}), wie Nöldeke S. 765 aus ܥܠܡ herstellt, gibt mit ܠܒܐܬ zusammen ungefähr den Sinn von *respicere* Cap. 169_{35}, I 71_{10}, موافقة على صواب Ch. 147_2. Das überlieferte ܥܠܡ setzte statt ܕܗܝ voraus ܕܠܗܝ und paßte auch wenig gut zu dem Adverbium.

342. S. 93. So muß nach Ausweis des Inders der Wortlaut «etwas anderes beraten» verstanden werden.

343. S. 93. Wörtl. «ordnungsgemäß».

344. S. 94. S. Anm. 153.

345. S. 94. ܡܘܪ̈ܠܐ (97_{17}, vgl. 168_{12}, P. Sm. 3566, Barhebraeus, Ethicon 406_2, Sachau, Verzeichnis der syr. Hss. 317_{21}) ac wird bestätigt durch كركى Ch. 147_{19}, החסידה I 73_5 = *ciconie* Cap. 170_{23}, ܟܘܪܟܝܐ σ 205_{15}, γέρανος Gr. § 103_4. Also ist ܡܘܪ̈ܢܐ «Krähen» bd falsch, was überdies ܡܪ̈ܘܢܐ heißen müßte.

346. S. 94. Ist für ܗܘܐ (97_{18}) zu lesen ܫܘܐ «verdient die Königswürde nicht»?

347. S. 94. Mißverständnis, s. den Inder. — Ch. 148_1 (nach der besseren Lesart in den Notes S. 57 = de S. 185_2): «oder, wenn ihr sie zum König wählt, so führet wenigstens ihr die Geschäfte»; etwas anders σ 206_7; I 74_1, Cap. 171_7, Gr. 195_5.

348. S. 94. عن رسالتة Ch. 148_3, ἐκ προσώπου (τοῦ φέγγους) Gr. 195_8; aber «ohne den Befehl seines Königs» I 74_3, Cap. 171_{11-12}. In σ fehlt diese Bemerkung.

349. S. 95. ܕܡܗܒܠܝ (98_{14}) verbessert aus ܕܡܗܒܒܝܫ (ܕܡܗܒܒܝܫ a), ܕܡܗܘܒܝܫ d, wo das ܫ auf Dittographie beruht. (Es folgt ܫܒܡܗ.) Es ist das persische ماه خانى, d. h. der syrische Übersetzer hat das ent-

sprechende Pehlewī-Wort übernommen, das seinerseits Übersetzung des sskt. *candra-saras* «Mondsee» (Benfey LXIX) gewesen ist. Der Araber hat dagegen das Pehlewī-Wort übersetzt («Mondquelle»).

350. S. 95. ܦܝܪܘܙ (99$_{2}$), ܦܝܪܘܙ a: «sieggläzend». Vom syrischen Übersetzer beibehaltenes Pehlewī-Wort, das seinerseits das sskt. *Vijaya* (d. h. «Sieg») wiedergegeben hatte. (Vgl. Justi, Iran. Namenbuch 249 f.) — «Hase»: eigentlich «Kaninchen», wie der Zusammenhang zeigt.

351. S. 95. Dies ungefähr muß mit dem Satze gemeint sein. Da ܡܣܬܟܠ (99$_{8}$) nicht «erkannt werden» bedeutet, sondern «erkennen», so ist Bickells Übersetzung (S. 64): «Denn die Weisheit eines Königs wird an dem, welcher sein Wort überbringt, erkannt, indem man denkt: Wie groß muß der Verstand dessen sein, der mir einen solchen Auftrag gesandt hat!» grammatisch unzulässig. Wörtlich: «Denn der weise König erkennt am Überbringer der Botschaft: Was ist der Verstand dessen, der mir diese Botschaft geschickt hat!» Im Araber (Ch. 148$_{20}$, bezw. de S. 186$_{3}$) heißt die Stelle: «Denn wisse, an des Gesandten Einsicht und Verstand wird die Einsicht des Sendenden erkannt» usw. In den übrigen Versionen fehlt sie.

352. S. 96. ܡܣܒܪ (99$_{15}$) absolut (i. S. v. ܡܣܬܒܪ) wie 132$_{10}$, 134$_{11}$, vgl. 169$_{17}$, 174$_{12}$. Ob das lässige Übersetzung oder Schreibfehler ist, läßt sich nicht ausmachen. Vgl. z. B. Spicil. syr. ed. Cureton ܚܣܕ, 20.

353. S. 96. Statt ܡܚܘܐ «beweist» (100$_{3}$) ist wohl ܡܒܩܐ zu lesen, wie im folgenden Satze steht. Der Araber (Ch. 149$_{5.\,6}$, de S. 186$_{10.\,12}$), der hier mit Σ stimmt, hat an beiden Stellen dasselbe Verbum عرف «erproben».

354. S. 96. Das überlieferte ܘܩܛܡܐ (100$_{7}$) «und Asche» oder «und Nebel» findet sich sonst nirgends. vgl. die verschiedenen Wortlaute bei Hertel, Über das Tantr. (ASGW XXII, 5) S. 137$_{40}$ ff. Am nächsten liegt die Emendation in ܘܛܠܠܐ, wenigstens nach Ch. 149$_{8}$ = de S. 186$_{14}$ اغشى بصرك واتلف نفسك «ich verdunkle dein Augenlicht und verderbe deine Seele». Die übrigen: «ich verdunkle dein Augenlicht und bringe dich und alle deine Genossen um» (ב 208$_{21}$, I 78$_{9}$, vgl. Cap. 173$_{20}$, Gr. 198$_{1}$). Aber daß der Pehlewī-Text so gehabt habe, scheint mir aus sachlichen Gründen doch zweifelhaft.

355. S. 96. ܣܦܬܐ «Lippe» (100 12. 14) i. S. v. «Rüssel, wie bei Joh. v. Ephesus 138 19. Der Araber (Ch. 149 12) hat خرطوم, das genaue Wort für «Rüssel».

356. S. 97. ܦܘܢܠ (100 21 ff.). Nur hier. Von Benfey mit sskt. *kapiñjala* kombiniert und als «Haselhuhn» gefaßt. Die Versionen schwanken. Während I und Cap. nur allgemein «Vogel» haben, der Gr. (§ 106 5) σκίουρος, hat das alte Pantsch. (Śār., S. P., Somadeva) *kapiñjala*, s. B. P. I, 350. Mit letzterem stimmt wieder Anwār-i-Suhailī S. 322. Der vom Araber (Ch. 149 ult., de S. 187 11) gebotene Name صُفْرِد, den σ 2103 ציפור und J צפרד beibehalten, bedeutet *a kind of small bird* (Lane), jedenfalls einen k l e i n e n und s c h e u e n Vogel, wie das Sprichwort bei Freytag I, 327, Nr. 159 (vgl. Damīrī II, 78) zeigt. Was es genauer für eine Art ist, läßt sich schwer ermitteln. Ist die im Schol. zu dem Sprichwort unter anderm gegebene Gleichung ابو المليح richtig, so ist es die L e r c h e, s. Dozy, Suppl. I, 836[b], Z. 5 v. u. Benfeys Vermutung XLII, صفرد sei aus قفزل verschrieben und somit mit ܦܘܢܠ und *kapiñjala* identisch, trifft also jedenfalls nicht für das Wort als solches, sondern günstigsten Falles für diese Stelle im Araber zu. Das genannte Scholien gibt aber auch die Gleichung قبج «Rebhuhn», d. h. pers. كبك *kabg* (Vullers II, 791[b]).

357. S. 97. Nur so kann Σ verstanden werden, in Übereinstimmung mit Ch. 150 3, I 81 4, Cap. 174 22 (vgl. σ 210 10), nicht etwa im Sinne des Inders: «Da es (das Haselhuhn) nicht mein (wahrer) Freund ist».

358. S. 98. Die Ergänzung und Korrektur im syr. Text (102 8) nach Ch. 150 16, de S. 189 1, I 83 3, Cap. 175 27, σ 211 20. — Gr. § [107] 19, vgl. ebenda S. 201 Anm., summarisch.

359. S. 98. Strophe 34: vgl. im Schlußkapitel Anm. 651.

360. S. 99. Das folgende «und sproßt nicht wieder» (syr. T. 103, N. 7) ist falsche Wiederholung. ܡܐܦܐ (103 6): also ܡܦ, nicht ܡܦܐ. — Die Strophen 37. 38 (= Ch. 151 8 13) zitiert ʿUjūn 413 3–6. (Was hier Z. 1—3 vorangeht, steht in unserem Buche anderswo, s. oben Anm. 141.)

361. S. 99. Für ܡܛܦܝܢܐ (103 10), wie a b und, ohne Punkte, c d haben, ist zu lesen ܡܛܦܝܢܢܐ. Die meisten Versionen haben nur «löscht nicht aus» Ch. 151 13, de S. 190 6, Cap. 176 26), dagegen I 85 10 לא תכבה ולא

תרעך «verglimmt nicht und verlöscht nicht»; ς 214₁₀ noch ausführlicher: «das Feuer des Grimmes ist unauslöschlich und die Galle des Grolles unversüßbar», Gr. § 106 3 (S. 202) τὸ δὲ τῆς μνησικακίας πῦρ ἀεὶ ζωόν ἐστι. — Zur Strophe vgl. Pseudo-Bhartṛhari, Nītiśat. 11 (Kṛṣṇaś. Mahābala). (J. H.)

362. S. 99. Wörtl. «Ich hätte mich nicht separieren und kämpfen sollen».

363. S. 99. Nämlich der Eule.

364. S. 99. Daß dies der Sinn der von Σ ungeschickt übersetzten Strophe ist, zeigen die Versionen (Ch. 152 1, I 86 9. Cap. 177 14. — ς 214 14 ff. weicht ab). In Gr. § 106 6 fehlt die ganze Ausführung über des Raben Reue und der Schluß der Geschichte bis zu A 185, wie er ja überhaupt stark kürzt.

365. S. 100. Statt ܣܢܝܬܐ (103 21) «scheußlich» lies ܣܢܝܪܬܐ nach Ch. 152 6 (ς 215 3), I 87 18—19, Cap. 177 22.

366. S. 100. So mit Bickell, wobei aber Bedenken in sprachlicher Hinsicht bestehen bleiben. Σ scheint hier gegenüber den andern Versionen (Ch. 152 8 und de S. 191 8, I 87 7, Cap. 177 26) eine eigene Rezension zu vertreten.

367. S. 100. ܕܝܢܝܓ (104 12, vgl. 108 14 u. ö.) *dīnīg*, von Σ beibehaltenes Pehlewī-Wort, das für sskt. *brāhmaṇa* «Brahmane» stand (Benfey LXXIII). Araber ناسك *homo religiosus.*

368. S. 101. Nach ܗܘܐ (105 2) ist wohl etwas ausgefallen, etwa ܘܗܒ: also ܗܘܐ ܡܦܩܐ ... ܗܘܐ ܘܗܒ (vgl. zu dieser Konstruktion Nöldeke, Syr. Gramm. § 277 Ende).

369. S. 101. Wörtl. «und befiehl». Daß nachher wieder die 3. Person folgt, zwingt noch nicht dazu, ܦܩܘܕ (105 10) ins Impf. ܢܦܩܘܕ zu ändern.

370. S. 102. Zum Araber (Ch. 154 9—10) vgl. ʿUjūn 341 11—13.

371. S. 102. «der Eule» b c d (Verss. <).

372. S. 102. Das müssen die Worte (107 4) bedeuten, nicht «denn er steht, berühmt durch seine Weisheit, an der Spitze der Raben». Etwas ungeschickt ist Σ's Übersetzung allerdings. Die Versionen weichen ab (Ch. 154 14, Cap. 181 14 usw.).

373. S. 103. So nach dem Inder. Σ wörtlich: «Mein Freund, der immer vor mir floh». Die Versionen versagen. Vgl. Anm. 376.

374. S. 103. Vor ܢܫ. (107 18) ergänze ܬܓܪܐ mit den Versionen (Ch. 155 5, σ 221 4, I 95 5, Cap. 182 19, Gr. § 113 1) und dem Inder. Auch im Folgenden ist in Σ vom «Kaufmann» die Rede. (Vgl. auch Anm. 300.)

375. S. 103. Diese genaue Altersangabe findet sich nur noch im Inder.

376. S. 104. In Σ wieder dasselbe Mißverständnis wie oben (s. Anm. 373). Richtig, aber etwas anders gewendet, Ch. 155 11, de S. 195 3, σ 221 15, Gr. § 113 11, und wieder etwas abweichend I 96 1, Cap. 182 24.

377. S. 104. Vor ܕܟܕ. (108 17) ist ܟܡܗܝ unerläßlich. (Vgl. Anm. 115.) Sonst müßte man ܐܢܐ nach ܠܟܝ tilgen, wozu kein Anlaß vorliegt.

378. S. 106. ܠܟܒܟܡ (111 6) statt ܠܟܒܟܡ wie ܕܢܟ.ܟܒܟܡ 76 7, vgl. Nöldeke, Syr. Gramm.[2] S. 45, N. 1, C. Brockelmann, Grundriß S. 298, N. 1. (Vgl. schon Spicil. syr. ed. Cureton 3 20 ܢܥܒܟܡ ܕܠܐ ܐܬܒܪ ܐܘܪܚܐ ܘܠܐ.)

379. S. 107. Statt ܡܠܟܘܗܝ, bezw. ܕܡܠܟܘܗܝ ist ܕܟܕ ܡܠܟܘܗ (112 11) zu lesen, nach ܘܡܠܟܘܗ ܟܕ ܡܠܟܘܬܗ σ 226 11, vgl. I 105 6, Cap. 188 15—16.

380. S. 107. Oder «in meinem (frühern) Körper»?

381. S. 108. Σ hat also die Beschreibung der Verwandlung, die im Inder durch die Macht der Buße des Asketen bewirkt wird, einigermaßen treu beibehalten, während der Araber (und Deszendenten) sie durch Gott bewirken läßt in Erhörung seines Gebetes (Ch. 159 10, σ 228 7, I 107 7, Cap. 189 23, Gr. § 125 5 mit Var.), wie in Σ selber am Schlusse dieser Erzählung. Der Gegensatz zu «Segnen» in dieser Meinung ist «Fluchen», vgl. den Anfang der Erzählung, sowie Σ 119 9.

382. S. 108. Wörtl. «und sie wurde es».

383. S. 109. Inder: «Das Mädchen aber, welches mit seinem Auge im Vaterhause die Menses sieht». Σ's Wendung ist Biblizismus (Lev. 15 19 Peš.). In Ch. (I, Cap.) ist dies übergangen, aber σ 228 1: «Wenn der Weg der Weiber ihr begegnet», also gleichfalls Biblizismus.

384. S. 110. Σ ist hier vielleicht nicht ganz intakt. Man erwartet *a*) zunächst eine Schlußanwendung auf den Raben, wie sie Ch. 160 7 (I 111 6, Cap. 192 7) hat: «Und ebenso verhält es sich mit dir, o du Betrüger», sc. daß du nach der Verbrennung doch wieder der Rabe von ehedem würdest; und *b*) eine Mitteilung darüber, wie sich der Eulenkönig zum Vorschlag

des Raben stellt, bezw. warum er nicht zur Ausführung gelangt, vgl. I 111_{10}, Cap. 192_{13} (fehlt aber im Araber). Indessen ist die Fassung von ς 230_8 wesentlich dieselbe wie die von Σ.

385. S. 110. Genauer «sie», nämlich die Spaltöffnung (ܠܒܝܢ masc. sing.).

386. S. 111. Oder: «ohne seinen Willen zu zeigen».

387. S. 111. Text schwerlich unversehrt. Inder wie Versionen (Ch. 161_3, ς 231_{17}, I 113_{11}, Cap. 193_{14}) weichen ab. (Im Gr. fehlen wieder die Strophen 59—61.)

388. S. 111. ܐܪܙܢ (116_{13}) = *Arjuna*, ein indischer Held (vgl. Hertel Bd. I, S. 57f., B. P. II, 500, Nr. 1180). Nach Benfey LXXIV war der indische Name vom Pehlewī-Übersetzer mit ארזנך wiedergegeben, was Σ als ܐܪܙܢ (für ܐܪܙܘܢ) beibehalten hätte. Die syrische Form ist aber wohl eher aus ܐܪܙܢ entstellt, weshalb ich dieses in den Text gesetzt habe. Vgl. Nöldeke bei Hertel Bd. I, 158. — In den Versionen fehlen die Strophen 60 und 61, nur ς 232_{2-4} hat eine Spur von der Erwähnung des Arjuna bewahrt, vgl. K.-F. 151_{25-27}.

389. S. 111. ܒܝܡ (116_{15}) gleichfalls Name eines indischen Helden, sskt. *Bhīma*, vgl. Hertel Bd. II, S. 128, N. 5, B. P. II, 500, Nr. 1181. Die von Benfey LXXVf. geäußerte Vermutung über das Verhältnis der syrischen Form zur indischen ist durch Nöldekes Beobachtung S. 759, N. 3 erledigt.

390. S. 111. ܠܒܝܫܐ (116_{16}). Vgl. den Inder (Versionen <).

391. S. 111. Das war wohl der ursprüngliche Wortlaut; aber dann ist ܡܥܒܪ (116_{17}) falsch. Vgl. Hertel Bd. I, S. 59.

392. S. 111. ܫܪܡܪ ($117_{9.11}$), a ܫܪܡܪ, sskt. *Śalmalī* «Salmalia malabarica, Wollbaum». Vgl. Benfey XLf.

393. S. 111. ܢܝܠܘܛ (117_{10}), a ܢܝܠܘܛ, sskt. *nyagrōdha*. Vgl. Wright S. XIX, § 4, Benfey XLf. Verschrieben in ܒܝܠܛ 87_3, s. Anm. 313, sowie Anm. 327.

394. S. 111. ܟܪ ܕܪܟܗ ($117_{10 f.}$). Ist vielleicht ܟܡ ܕܪܟܗ zu lesen?

395. S. 112. Bei Guidi XXIX, 8 lautet die Stelle (mit den Verbesserungen von Wright zu ς, S. XIX und Derenbourg zu Cap. 194, N. 6): «Wie die Taube, welche auf dem Nilutbaume nistet, dem Šarmarbaume ausweicht,

14*

aus Furcht, es könnten Tropfen auf sie (oder ihn) fallen und sie so zugrunde gehen». In σ 232 21: «Und wie die Taube im Nest, wenn sie auf dem Nblụtbaume nistet, einem andern Baume, dem Šrmr, ausweicht, damit nicht dieser auf dem Nblụt falle und das, was sie auf ihm hergerichtet, zerstöre». (Im Griechen fehlen die Strophen 63. 64.)

396. S. 112. So, nicht «sich reinigt», steht da. Eventuell könnte man ܘܡܐܢ̈ܐ (117 13) «und die Kleider» unter Tilgung des ܘ «und» zu ܡܚܠܠ ziehen: «der Lauge, womit er die Kleider reinigt», aber das wäre eine Abweichung von den Versionen.

397. S. 113. ܐܬܕܪܟܬ ܨܒܥܐ ܕܪܓܠܗ (119 7) ist kaum richtig. Ich ergänze ein ܒ. Das Verbum ist als *Ethpa.* zu verstehen, wie z. B. Mt. 7 25. 27. Derenbourg zu Cap. 197, N. 3 will ܒܨܒܥܐ lesen: «je fus foulé par les doigts de son pied». Bei Ch. 163 3 (de S. 204 6) lautet die Stelle: «Da stieß ich auf seine Zehe, hielt sie für den Frosch und biß sie (de S.: ihn), so daß er starb». σ 236 5: «Er trat mich mit seiner Ferse und ich hielt diese für den Frosch, biß sie (oder: ihn) heftig und er starb». I 118 8, Cap. 197 8: «Er trat mich und ich biß ihn». Gr. § 129 weicht ganz ab.

398. S. 113. So der Wortlaut. Entsprechend de S. (s. vorige Anm.). Besser aber liest man wohl mit Ch. ܘܠܒܟܬܗ̇ und ܘܢܟܬܬܗ̇ «und ich packte s i e . . . und biß s i e». Vgl. übrigens die folgende Anmerkung.

399. S. 113. ܟܟ̈ܝ (119 7) «Stoßzähne», paßt zur Schlange so wenig wie das von Bickell vorübergehend (s. S. 126 seiner Übersetzung) dafür eingesetzte ܟܥ̈ܟܝ; man erwartete vielmehr ܟܢ̈ܟܝ. In den Versionen (s. Anm. 397) steht dafür aber: «und ich hielt sie (die Zehe) für den Frosch», und da ܟܟ̈ܝ sicher auf Verschreibung oder Verlesung beruht, dürfte direkt ܘܠܒܟܬܗ̇ ܒܐܘܪܕܥܐ «und ich hielt sie für den Frosch» herzustellen sein. ܠܒܟ mit Akk. und ܒ in demselben Sinne auch 94 4, 125 14—17, vgl. 93 14.

400. S. 114. Heißt das so viel als «mit Stumpf und Stiel»? Der Text ist aber wohl verderbt. In den Versionen sagt der König: «Ich sehe, daß mit Zahmtun und List der Feind gründlicher ausgerottet werden kann, als durch offenen Kampf» (vgl. Ch. 163 15, σ 237 9, I 120 4, Cap. 198 13, Gr. § 130 3).

401. S. 114. Im Gegensatz zu B. P. II, 278 (Str. 255) und den Versionen (Ch. 163 18, de S. 205 8, I 121 1, Cap. 199 2, Gr. § 130 8), wo in ver-

schiedener Reihenfolge Krankheit, Schuld, Feuer und Feind genannt werden, zählt der Inder (Śār.) nur die letzten drei auf. Offenbar folgt ihm hier Σ genau, woraus folgt, daß ܗܢܐ (120_7) in ܢܘܪܐ «Feuer», nicht (mit Bickell) in ܟܘܪܗܢܐ «Krankheit» zu ändern ist, wofür obendrein noch der graphische Befund spricht.

402. S. 115. So ungefähr wird der Text ursprünglich gelautet haben, s. Ch. 163_{21}, de S. 205_{10} und dazu den Sp. (Gayangos) 53^b, Gr. § 130_{10}. In den übrigen Versionen fehlt die Strophe.

403. S. 115. Vielleicht s. v. a. «hörst nicht auf üble Nachreden», s. den Inder.

404. S. 115. Die Richtigkeit von ܦܠܓܐ (121_6) (vgl. Nöldekes Änderung in ܦܬܪܢܐ S. 766) wird bestätigt durch den Inder und die Versionen (Ch. 164_{11}, I 123_6, Cap. 200_{15}).

405. S. 115. ܡܫܥܒܕܘܬܐ (121_7) in diesem offenbar sehr ungeschickt übersetzten Satz ist schwer verständlich. Die Versionen: «Wer mit einem Feinde zu tun hat, von dem er Schaden zu fürchten hat, soll mild und unterwürfig vorgehen», vgl. Ch. 164_{12}, I 123_9, Cap. 200_{19}. Vielleicht ist zu lesen ܒܪܘܟܢܐ ܘܡܫܬܥܒܕܘܬܐ «mit Schmeicheln und Unterwürfigkeit» = اللين والخضوع.

406. S. 115. Der Inder («bevor man ihm Verehrung dargebracht hat»; vgl. B. P. II, 279, Str. 259) bestätigt das überlieferte ܡܫܥܒܕܝܡ (121_{10}), das man bisher auf verschiedene Weise ändern wollte (I. Löw und Nöldeke S. 539; Derenbourg zu Cap. 200, N.).

407. S. 116. ܒܢ̈ܝ ܠܘܬܗ, das ich sonst mit «Gefolge» wiedergab, muß hier «Untertanen» bedeuten.

408. S. 116. Für ܢܥܩܝܡ (121_{18}) ist diese Bedeutung gesichert, während mir das von Nöldeke 763, N. 1 geforderte und von a geschriebene ܠܥܩܝܡ viel weniger gut zu passen scheint.

409. S. 116. Dieser etwas freie Gebrauch von ܠ in ܠܗ (122_7), vgl. 143_{13}, ist in der alten, guten Prosa vereinzelt (ZDMG LXIV, 92 3 1 ff.).

410. S. 116. Wörtl. «wie sie unter der Maske eines Mannes usw. zu dem König sagte».

411. S. 116. Der Araber (Ch. 166 3, de S. 208_2) führt die folgenden Worte als Spruch (فإنّه قد قيل), d. h. als Strophe an; das muß aber auf Irrtum beruhen, denn im Inder sind sie Prosa.

412. S. 116. Wörtl.: «schwerer zu lenken». Inder: «schwer zu bedienen», B. P. II, 280: «schwer zu nahen, wie das Gift der Schlange», Ch. 166_4: «schwer zu hüten wie der Drache».

413. S. 116. ܐܝܟ ܪܡܬܐ ܕܡܢ ܡܛܪܐ (122 16). Bickell S. 78: «wie das aus dem Regen entstandene Gewürm». Aber der Parallelismus verlangt die Streichung des ܕ vor ܡܢ und dann kann ܪܡܬܐ höchstens als «Morsches» gefaßt werden, was indessen wieder unsicher ist, da ܪܡܬܐ trotz der einen von Barhebr. Gramm. II, 119 paen. (s. P. Sm. 3863) zitierten Stelle nicht geradezu = ܕܫܝܫܐ «Staub» (so auch Cardahi, Lobāb II, 480[b] zu jener Stelle الغُبار) ist, sondern nur als «Moder» im eigentlichen Sinne (= رِمَّة, רִמָּה) gebraucht wird. Außerdem haben Inder und Araber übereinstimmend «Wasserbläschen». Dazu würde ܪܣܝܣܬܐ «Niederschlag, Dunst» passen, wenn man auch nicht gern gerade zu diesem ἅπ. λεγ. (Ex. 16 13, vgl. Opusc. Nest. 87 3f., 112 13) greift. Sollte eine Reminiszenz an Sirac. 18 16 vorliegen, so käme ܫܚܘܬܐ oder ܥܘܦܐ in Betracht. — Sp. (der die Schlußrede des Raben vollständig, aber ziemlich abweichend erhalten hat) *asi como el destello dela lluuja* (120 665).

414. S. 118. Vgl. Ch. 211, ϛ 272, I 166, Cap. 231, Gr. 275, Sp. 137 (Gayang. 58[b]) (B. P. I, 561 ff.). Mahābhārata XII, 139 (metrisch).

415. S. 118. ܦܘܓܢܗ korrigiert aus ܦܓܘܢܗ, ܦܓܘܢܗ a, mit Nöldeke 755, N. 1); sskt. *Pūjanī* («die Ehrende»?) B. P. I, 561 paen. Die andern Versionen haben فنزة (de S. 228 5, vgl. Ch. 64 5), ܦܢܙܘܗ ϛ 272 20, פנזה I 167 2, *Pinza* Cap. 232 4.

416. S. 118. ܒܪܗܡܘܢܝܡ (ܒܪܗܒܗܒܝܡ, ܒܪܗܡܘܢܝܡ, ܒܪܗܡܥܘܢܝܡ d) 122 1. 9. 12, 131 2. Ch. 211 5 und Guidi S. 65 برهمون, برهمود cod. Par. (Derenb. zu Cap. 231, N. 2), برهود Ch.s Ms. B (S. 64 5), بريدون de S. 228 3; Sp. (Gayangos 59[a], s. N.) *Beramunt*, *Baramunt*, *Beramer*, Allen 137 5 *Varamunt*; ϛ 272 19 ܒܪܗܡܘܢܝ. Alles entstelltes sskt. *Brahmadatta* B. P. I, 562 1.

417. S. 118. Dieser Eingang ist offenbar enstellt, vgl. die Versionen. In meiner Übersetzung ist angenommen, daß ܕܘܗܡ statt ܘܗܡ (123_4) zu lesen sei.

418. S. 118. Der ganze Satz unsicher. Von andern Entstellungen abgesehen, ist ܕܗܘܢܐ (123 8) wohl aus ܕܗܘܝܐ verschrieben, das sich auf ܒܥܠܕܒܒܘܬܐ beziehen wird.

419. S. 118. ܩܡܒܝܕܪ (123 12), ܩܡܒܝܕܪ a, sskt. *Kāmpilya*, s. Benfey XXXIX. Die ursprüngliche Form ist nur noch in كمشير Ch. Ms. B (S. 64 3) einigermaßen bewahrt, sofern es aus كمبيل verschrieben ist. Sonst haben die Araber daraus den bekannteren indischen Landesnamen *Kašmīr* gemacht. (ↄ ܟܫܡܝܪ, d. h. كشمير, Guidi S. 65 *Cascemir*). In Σ erwartete man also ܟܡܦܝܠ oder etwas Ähnliches.

420. S. 118. So, nicht «der sprechen gelernt hatte», wie es die Versionen (Ch. 211 6, ↄ 272 20, Cap. 232 4 und besonders deutlich I 167 2) verstehen. Gr. § 160 2 ἐγέρροντα.

421. S. 118. (124 1) ܦܪ̈ܘܓܠܘܗܝ «seine Jungen» wird mit den Versionen in ܦܪܘܓܠܗ zu ändern sein. Vgl. nachher ܗܘ ܦܪܘܓܠܐ.

422. S. 118. ܦܐܪܐ (124 4) Sing. (Der Plur. wäre eher ܦܐܪ̈ܘܢܐ.) Auch nachher (Z. 7) ist von einer Frucht die Rede (ܐܒܐ; der Pl. wäre ܐܒ̈ܢܐ). Σ hat die arabische Fassung bei de S. 228 8 auf seiner Seite, nur daß hier folgerichtig von ihrer Halbierung die Rede ist, während Σ doch wieder so tut, als wären es zwei Früchte. Die andern Versionen einschließlich des Mahābh. haben zwei Früchte — denn nur durch Verwechslung von تمرة mit ثمرة, sind daraus in I 167 7 und folglich in Cap. 232 10 «zwei Datteln» geworden, während ↄ 273 9 «Datteln, d. h. Früchte» hat! Die Bemerkung, daß es eine unbekannte Frucht gewesen sei, findet sich außer Σ noch in de S. und ↄ, vgl. auch Gr. § 160 6 δύο τινὰς ὀπώρας καινάς.

423. S. 119. ܦܪ̈ܘܙܐ (124 11). Versionen «Könige».

424. S. 119. ܕܘܒܐ ܠܡܫܡܫܘܬܐ (124 16). Ebenso 137 6 b d, sowie 141 4, wo der vollständig punktierte cod. a ܕܘܒ݂ܐ schreibt. Dagegen haben a c 137 6 ܕܘܪ ܠܡܫܡܫܘܬܐ, c übrigens mit übergeschriebenem ܒ. Welches von beiden Verben die Mardiner Hs. hat oder Būd selbst schrieb, ist nicht auszumachen. ܕܘܪ ܠܡܫܡܫܘܬܐ und ܕܘܪ ܠܡܫܡܫܘܬܐ ist nicht ganz selten (s. P. Sm. 1798), ebenso mit ܕܘܪܐ (P. Sm. 1800, dazu ܕܘܪ̈ܝ ܠܡܫܡܫܘܬܐ Luc. 6 35 Sin.); aber ܕܘܒ݂ܐ ܠܡܫܡܫܘܬܐ wird durch Ephr. III, 66 C ܘܕܘܒܐ

ܘܐܗܦܟ. ܠܗ̇ܝ, ܠܡܘܗܒܬܐ «und stürzte jene Gnadengabe um und schüttete sie aus» (bezüglich auf Dt. 32 $_{15}$, vgl. V. 14) und überdies durch das jüdische כְּפוּי טוֹב Buxt. 1070 geschützt, das natürlich ebenfalls auf jene Bibelstelle zurückgeht. Hat Būd so geschrieben, so ist dies wieder ein Hinweis auf seine christliche Religion.

425. S. 119. Die Emendation ܚܦܪܬ statt ܚܩܪܬ oder ܚܒܪܬ (124 $_{19}$) ergeben die Versionen: فقأ عينه Ch. 212 $_{9}$ (vgl. Anm. 150), ܢܩܒܬ σ 274 $_{14}$, ויוצא I 169 $_{1}$, *effodit* Cap. 233 $_{9}$, ἐξώρυξεν Gr. § 160 $_{23}$ und der Inder selbst (vgl. B. P. I, 563 $_{1}$). Ebenso unten, syr. T. 128 $_{8}$.

426. S. 119. Statt ܦܪܥܬܝ (125 $_{8}$) ist vielleicht ܦܪܥܬܢ «du hast uns vergolten» zu lesen nach Ch. 212 $_{16}$, I 170 $_{5}$, Cap. 233 $_{25}$. Gr. § 160 $_{31}$ aber nur ἐτιμώρησας. Vgl. Anm. 434. Inder nur: «du hast vergolten».

427. S. 120. ܫܘܬܦܘܬܐ (125 $_{15}$) hergestellt nach أُلّاف Ch. 213 $_{1}$ = συνήθων Gr. § 160 $_{39}$, דודים I 171 $_{1}$. — Das ist ein Übersetzungsfehler des Persers; er hat *jarā̈* «Alter» mit *jārā*, dem kaum vorkommenden Fem. von *jāra* «Buhle» verwechselt. Die Strophe ist stark entstellt. (J. H.)

428. S. 120. D. h. für einen Bürgen für Nachkommenschaft, vgl. die Versionen.

429. S. 120. Wohl weil sie aus dem Hause heiratet. Die Versionen haben statt dessen «für Zwietracht» u. ä.

430. S. 120. Natürlich ist ܙܕܩ statt ܙܕܩܐ (125 $_{17}$) zu lesen. Ob auch ܡܫܡܫܬܐ (wie es gleich nachher folgt) statt ܡܫܡܫܐܝܬ, ist fraglich, vgl. ܠܫܦܝܪܐܝܬ ܗ̇ܝ «sie ist schön» 36 $_{13}$, ܐܟܚܕܐܝܬ ܐܢܘܢ «sie sind beisammen» 44 $_{19}$, ein noch etwas freierer Sprachgebrauch als der in Nöldekes Gramm. § 308 besprochene. ܠܒܟ ist hier, wie Kontext und Versionen (vgl. z. B. يعدّ Ch. 213 $_{2}$) zeigen, anders gebraucht als in ܠܒܟ ܠܫܦܝܪܐܝܬ «jem. gut halten, pflegen» 13 $_{11. 12}$.

431. S. 120. D. h.: dich nicht in den Grenzen der Vergeltung gehalten hättest. Vgl. den folgenden Satz.

432. S. 120. ܐܘ ܐܢ statt ܘܐܢ (126 $_{1}$) nach Ch. 213 $_{4}$.

433. S. 120. Das muß der Sinn der verderbten oder ungeschickt übersetzten Worte sein.

434. S. 120. ܦܘܪܥܬܗ܇ (126 3). Vielleicht ist ܦܘܪܥܬܗܘܢ zu lesen mit I 171 7 נקמת מבנו; vgl. oben Anm. 426.

435. S. 120. Dies etwa der Sinn des verderbten Nachsatzes. Die Versionen weichen ab, Ch. 213 10 (anders de S. 230 12); ܣ 276 19—277 3; I 171 8, Cap. 234 18, Gr. § 161 5.

436. S. 120. Sc. «den Groll» oder «die Feindschaft» (im Syr. beides Feminina); wohl ersteres, vgl. die nächsten Worte des Pnzụh.

437. S. 121. Zum Araber (Ch. 213 14—15) vgl. Ḥajawān VII, 31 9—11.

438. S. 121. ܙ̈ܘܟܦܡ (126 19, nur in d). Ch. 213 13 spricht allgemeiner davon, daß selbst hundeverspeisenden Menschen die Hunde nicht abtrünnig werden. In de S. 231 9 sind es die Mimen (لَعّابُون), die zuerst mit ihnen spielen und sie hernach verspeisen. In ܣ 277 21 sind es die ܡܫܥܠ̈ܐ, die sie schlachten und verspeisen, wobei ܡܫܥܠ̈ܐ unverständlich bleibt. (Ob vielleicht aus ܡܫܥܝܢ̈ܐ = لعّابون entstellt?) Der Jude I 172 10 (Cap. 235 14) ersetzt die Hunde durch «Schafe» (צאן). Allem dem gegenüber hat Σ eine ursprünglichere oder geradezu die echte Fassung bewahrt; ܙܘܟܦܡ = *śva-paca* «Hundekocher», womit häufig die Angehörigen der Caṇḍāla-Kaste bezeichnet werden (J. H.); vgl. B. P. I, 565 f.

439. S. 121. ܥܡ (126 21) bedeutet hier, wie das Folgende zeigt und die Versionen richtig geben, «bei», nicht etwa (wie sonst oft) «im Verkehr mit, gegenüber».

440. S. 121. «Zeit»: anderer Ausdruck für «Schicksal». Vgl. Anm. 627, 650.

441. S. 122. ܟܠܬܐ (127 19). Vgl. Ch. 214 14, I 175 6, Gr. § 161 39, welche zeigen, daß Σ's Wortlaut von Bickell, nicht von I. Löw (ZDMG XXXI, 539) richtig verstanden worden ist.

442. S. 122. ܒܙܪܬ (128 8) wieder aus ܒܘܪܬ hergestellt (wie auch in ܣ 280 13 ܐܒܙܪ statt ܐܒܘܪ zu lesen ist). Vgl. Anm. 425. Die Versionen haben dieselben Ausdrücke wie an dieser früheren Stelle, nur Cap. 237 3 weicht ganz ab.

443. S. 122. Wörtl.: «weil die Rache so ihren Gang nimmt».

444. S. 122. ܢܫܬܐܠܘܢ (128 10) und nachher entsprechend ܫܐܠܬܐ (Z. 12). Bickell änderte in ܢܫܬܥܘܢ «spielen», ܫܥܝܐ «Spiel»

(wofür noch besser ܬܫܠܝܬܐ zu setzen wäre), was Nöldeke S. 765 ult. zu genehmigen scheint. Aber ܬܫܐܠܬܐ ist 84 8 «Gerät», was leicht zu «Spielzeug», resp. beim denom. Verb. zu «sich mit etwas zerstreuen» (ܐܫܬܐܠ) führen konnte, und so ist mir jene Änderung nicht sicher. Vgl. auch assyr. *tašîltu* «Vergnügen»; dazu Anm. 543 B. P. I, 566 hat nur zwei Motive: «des Essens und Spielens wegen»; da aber Σ von drei Dingen spricht (ܬܠܬ 128 10), so muß das nachfolgende ܐܘ ܕܢܦܫܗܘܢ ܦܘܪܥܢܐ schon zu Σ gehört haben und kann nicht von einem Kopisten zugesetzt sein. I 176 12, Cap. 238 15 haben «des Essens, Spielens und Tötens wegen». In ܢܫܬܐܠܘܢ, ܬܫܐܠܬܐ kann ein Schreibfehler für eine Wurzel «töten» oder «rächen» nicht gefunden werden, folglich muß dieser Begriff in ܦܘܪܥܢܐ liegen, was demnach mit Bickell in ܦܘܪܢܣܐ zu ändern ist. In Ch. (de S.), c fehlt die Stelle leider.

445. S. 122. Wörtl.: «Ich aber kann dir, wenn du mich nicht aus Rache tötest, weder zur Speise noch zur Zerstreuung dienen». Ungeschickte Übersetzung.

446. S. 123. Ungeschickte Übersetzung. ܟܢܫܐ (130 5) soll nicht bloß zu ܐܬܪܐ, sondern auch zu den vorher aufgezählten gehören, vgl. B. P. I, 569 3.

447. S. 123. Vgl. S. 35, Str. 76 (Anm. 136).

448. S. 123. Wörtl.: «durch welche ihre Eltern nicht (guten) Namen erhalten». Versionen: «ungehorsame Kinder».

449. S. 124. Vgl. Ch. 217, c 284 11, I 238, Cap. 280, Gr. 284, Sp. 160 (Gayangos 67[a]), B. P. I, 575. Im Mahābh. ist wieder das ganze Kapitel metrisch.

450. S. 124. ܛܘܪܟ (131 1, 132 16 usw.), ܛܘܪܟ a, ܛܘܪܟ d, *gen. comm.*, pehl. *tūrak*, neupers. *tūreh* «Schakal». Der Überschrift von Σ: «Kapitel vom ܛܘܪܟ, der persisch ܫܓܠ heißt» wird Benfey LXXXIII meines Erachtens nicht ganz gerecht. Da nämlich beide Wörter dem Syrischen fremd sind (und auch wirklich nur in unserem Buche vorkommen), so können die Worte ܕܡܬܩܪܐ ܒܦܪܣܐܝܬ ܫܓܠ nicht vom syrischen Übersetzer herrühren. Dies, sowie der Umstand, daß nachher stets vom ܛܘܪܟ die Rede ist, nötigt vielmehr dazu, die ganze Über-

schrift schon dem Pehlewi-Übersetzer zuzuschreiben. Ferner: da zwar *Šagēl* stark an das sskt. *sṛigāla* (Benfey LXXXIV) [bezw. dessen häufige Nebenform *śṛgāla* (J. H.)] anklingt, dagegen *Tūreg* kein Sskt.-Wort ist, so mußte die Überschrift in Σ's Vorlage lauten: «Kapitel vom *Sṛigāla* [Schakal], der in [unserem] Persisch [d. h. Pehlewi] *Tūreg* heißt».

451. S. 124. ܕܐܬܟܬܒܢܝܡ (131 $_{9}$) hergestellt nach Ch. 217 $_{11}$.

452. S. 125. Der Name ܪܦܘܣܡ (a ܪܦܘܣܡ) (132 $_{14}$) beruht nach Ausweis des Inders auf Entstellung; der andere, ܠܘܪ̈ܣܝܐ, ist vom Pehlewī-Übersetzer für den ihm unbekannten indischen Namen gesetzt, vgl. Nöldeke S. 758, wenn nicht etwa durch ܠܘܪܝܠ veranlaßt (Prym S. 99). Im Mahābhārata lautet die Stelle: «In *Pūrikā*, der glückreichen Stadt, herrschte vormals *Paurika*». Vgl. Benfey XLVII und N. 2. 3. — Die übrigen Versionen geben teils nur «Indien», teils gar keine Ortsbestimmung an.

453. S. 125. Wörtl. «einen Gerechten». Vgl. B. P. I, 576: «in der Einsiedelei einen Brahmanen».

454. S. 126. Der Text ist kaum ursprünglich. Ch. 219 $_{11}$ (de S. 238 $_{9}$): «Die Könige dürfen und sollen für ihre Ämter und Geschäfte die Hilfskräfte nach Belieben wählen, nur dürfen sie niemand dazu zwingen, denn der Gezwungene kann im Amte nicht das Höchste leisten». Ebenso σ 288 $_{19}$, ähnlich I 243 $_{2}$, Cap. 283 $_{16}$, Gr. § 168 $_{1}$.

455. S. 126. Hier folgt nun in den Versionen: Der Löwe sprach: «Laß diese Rede, denn ich erlasse dir das Amt nicht». Der Schakal sprach: «Dem Herrscher können» usw. (Ch. 219 $_{17}$, σ 289 $_{8}$, I 243 $_{10}$, Cap. 283 $_{24}$. Gr. § 168 $_{7}^{4}$). Ob aber in Σ eine mechanische Lücke vorliegt, ist fraglich, weil das ܡܛܠ «denn» (260 $_{3}$) dann keinen Sinn hätte. Daß im Mahābh. (B. P. I. 577) die Rede des Schakals ununterbrochen weitergeht, wie bei Σ, beweist nichts, da hier auch die nachherigen Worte des Löwen «Fürchte dich nicht» usw. fehlen.

456. S. 126. Wenn der Text richtig wäre, so hätte Σ, im Gegensatz zum Araber und gewiß auch zu seiner Vorlage, hier an einen tugendhaften Mann gedacht, denn ܚܟܝܡܐ (134 $_{13}$) kann wohl «klug», aber nicht «listig. intrigant» bedeuten. Aber es liegt offenbar ein Fehler vor, zumal da der *st. abs.* ܒܣܝܡܐ (Z. $_{14}$) in dieser Schrift geradezu unerhört

ist, also auch auf Verschreibung beruhen muß. Es ist wohl ܢܟܝܠܐ oder ܫܝܛܐ und ܒܛܝܠܐ zu lesen, wenn nicht gar ܣܪܘܚܐ und ܣܪܘܚܘܬܐ. — Die Versionen haben in ziemlicher Übereinstimmung eine längere Fassung, z. B. Ch. 219 18: «Dem Herrscher können nur zwei Männer beistehen: entweder ein Gewissenloser und Intrigant, der seine Absicht durchsetzt und mit seinen Intrigen Glück hat, oder eine verächtliche Null, die niemand beneidet. Wer aber dem Herrscher gewissenhaft und ehrlich und bescheiden beistehen will, ohne dies mit Intrigen zu verbinden, dem bekommt ihre Gesellschaft nicht gut, denn es rotten sich gegen ihn zusammen Freund und Feind des Herrschers mit Feindschaft und Neid: sein Freund, sofern er mit ihm um seinen Rang rivalisiert und ihn ihm streitig macht und ihn deswegen anfeindet, und der Feind des Herrschers, sofern er ihn wegen seiner Ehrlichkeit gegenüber seinem Herrscher und wegen seines Einflusses haßt. Und wenn sich diese beiden Sorten gegen ihn zusammentun, geht er dem Untergang entgegen». Ähnlich die andern, vgl. Derenb. zu Cap. 284, N. 1, Gr. §§ 169. 170.

457. S. 126. Text unsicher.

458. S. 127. Die Ergänzung nach Ch. 220 8; vgl. I 245 4, Cap. 284 14, Gr. § 171 7. (c <.)

459. S. 127. Σ steht hier dem Original wieder näher als alle andern; vgl. B. P. I, 577 6 v. u.: «Wenn ich leidlosen Trunk und süße Speise unter Furcht vergleiche, dann sehe ich wahrlich, daß da Freude, wo Sorglosigkeit». Dagegen die Versionen: «Besser ein kurzes Leben in Sicherheit und Ruhe, als ein langes in Furcht und Plage» (Ch. 220 9, I 245 5, Cap. 284 16, ähnlich Gr. § 171 8).

460. S. 127. ܗܕܡܢ (136 3) in derselben Bedeutung wie הדמין im B. Daniel.

461. S. 128. ܢܒܥܐ (136 8) hergestellt nach ויצן I 247 8, vgl. *prorumpens verbum* Cap. 285 26, ܢܒܥܘ c 292 15.

462. S. 128. ܐܡܪ ܕܐܚܪܢܝ (136 11). Hier und im folgenden haben die Kopien fast stets ܐܡܪ ܕܐܚܪܢܝܘ («andere sprachen»). Aber die Versionen bestätigen die Richtigkeit der singularen Form; nur c (293 3 ff.) hat stets ܐܚܪܢܝܢ ܐܡܪܝܢ, aber so ja schon 292 15 ܕܐܚܪܢܝܘ — ܢܒܥܘ (vgl. Anm. 461), wo doch auch Σ den Sing. hat.

463. S. 128. + «daß er heimlich in sein Haus geschafft habe» bd, aber das Objekt fehlt und die Worte sind gedankenloser Zusatz; die Versionen haben sie auch nicht.

464. S. 128. Bickell ändert ܕܠܐ ܡܠܠܘ ܗܘܘ (137 15) in ܕܠܐ ܡܠܠ ܗܘܐ «der nicht gesprochen hatte», womit Ch. 222 20, ܣ 295 5 stimmten. Indessen zeigt das Fehlen eines ܕܝܢ vor ܡܢ ܣܓܝ̈ܐܐ, daß der Text nicht ganz in Ordnung ist; vielleicht hat er ursprünglich ähnlich gelautet wie in I 250 8, Cap. 287 17.

465. S. 129. Text vermutlich korrumpiert; er läßt sich aber nach den Versionen nicht restituieren.

466. S. 129. Die Versionen sind hier etwas ausführlicher: «Der Verständige entrinnt dadurch der Reue, daß er sich vor Überstürzung hütet und mit Ruhe vorgeht. Wer sich überstürzt, pflückt die Frucht der Reue und seiner Unüberlegtheit. Und keiner hat die Bedachtsamkeit nötiger als der König» usw. (Ch. 223 16, zu ergänzen aus de S. 243 5; I 252 3, Cap. 288 12, vgl. Gr. § 175 6).

467. S. 130. ܒܐܝܪܝܐܝܬ (139 7) läßt sich zur Not zu Nöldeke, Gr. § 155 A, Mand. Gr. S. 201 stellen (wozu es bekanntlich Analogien wie hebr. בְּיוֹמָם, assyr. *ana ma'diš* gibt); vgl. Einleitung § 3.

468. S. 130. ܒܕܘܬܐ, bezw. ܠܒܕܘܬܐ (139 8) habe ich nach den Lexikographen bei P. Sm. 2807, vgl. 2806, in ܒܕܝܬܐ geändert, da sie das Wort so vorfanden. Ihre Erklärung bezieht sich allerdings, wie es scheint, auf den Wortlaut von ܣ (297 4, vgl. S. LXXIV z. St.) ܪܘܚܐ ܕܣܡܠ und Guidi S. XXXVI, 14 سُبَل. Aber كُهَيْئَةُ شَعْرَةٍ Guidis (vgl. Ch. 224 11, wo der Text übrigens von jenem stark abweicht) und כדמות שערה I 254 5 lassen kaum einen Zweifel darüber, daß ܒܕܝܬܐ dasselbe ist wie غُذْوَةٌ («Kongruenz»). Die spezielle Bedeutung von ܒܕܝ̈ܬܐ bei Isaak (Bickell) II, 104. Z. 11 ist mir unsicher. — Nöldeke S. 768 dachte an ܓܪܘܢܝܐ (ܓܐܪܘܢܝܐ) «einen kleinen Strich»; ebensogut könnte man an ܕܡܘܬܐ denken.

469. S. 130. Wörtl. «Mücke».

470. S. 130. Das Verbum ist wohl ausgefallen.

471. S. 131. Zum Araber (Ch. 225 15—17, Guidi Nr. 72. 74 Ende) vgl. Ḥajawān VII, 31 11—12.

472. S. 131. D. h. die Hoffnung, auch künftig wieder von ihm zu profitieren.

473. S. 131. Nach b d «daß du ihn ehrest». Aber die Richtigkeit der Lesart von a c ergeben die Versionen: بِمُواصَلَتِهِ de S. 245_{9}, أنْ يُغْتَنَم وَصْلُهُ Ch. 226_{7}, להקריב I 259_{2}, οἰκειῶσον Gr. § 179_{7}.

474. S. 132. ܡܚܪ̈ܝܐ (141_{19}) scheint die echte Lesart zu sein. Vgl. Lex. syropal. 85 b.

475. S. 132. So auch de S. 245 ult.: «Ich habe kein Vertrauen mehr zu ihm und kann nicht mehr in seiner Nähe sein». Aber das ist offenbar ein Mißverständnis. Entsprechend dem Folgenden (syr. T. 142_{12}, Übers. 132) sollte es heißen: «Er (d. h. mein Herr) kann mir nicht mehr vertrauen». So hat Ch. 226_{11} (vgl. Guidi XXXVII, 9), ähnlich Gr. § 179_{12} ὡς σὺ δεῖ σε καὶ εἰσέτι ὑπουργῷ μοι χρήσασθαι (I 260_{2} korrumpiert). Vgl. B. P. I, $581_{5.\,19}$.

476. S. 132. Wörtl.: «Auch fürchte ich, die Ankläger werden sagen: [Er könnte uns vergelten] oder, um nicht als Lügner entlarvt zu werden, sich zusammentun und Böses über mich aussagen». Daß dies eine Verdrehung des ursprünglichen Sinnes ist, zeigt Ch. 226_{21} ff.

477. S. 133. Nach den Versionen Ch. 227_{14}, de S. 246_{9}, I 262_{1}, Cap. 294_{18}, Gr. § 179_{27}, sowie nach der abweichenden Fassung σ 311_{12}) tritt der Schakal wieder endgültig in den Dienst des Königs, während er nach B. P. I, 582_{7} ff. in den Wald geht und sich bis zu seinem Tode kasteit.

478. S. 134. Vgl. Ch. 178, σ 331, I 182, Cap. 241, Gr. 243, Sp. 142 (Gayang. 60a) Tibeter (Schiefner) 47. (B. P. I, 585).

479. S. 134. ܒܠܐܪ (144_{1} usw.), ܒܠܐܪ a. Sskt. *Bharata*, vgl. Benfey LI, K.-F. 303. Σ's Form ist aus ܒܠܐܕ (بلاد) verderbt. In der poetischen Bearbeitung des I. al Habbārijja († 504 H.) بَيْلار, was offenbar nicht = ܒܠܐܪ, sondern nur Analogiebildung zu هَيْلار (wie der König heißt) sein kann. Houtsma in «Oriental. Studien» (Nöldeke-Festschrift, 1906) S. 95.

480. S. 134. ܒܪܬ ܡܩܒܠܢܐ (144_{10}) muß hier dies bedeuten und nicht «willfährig», wie Ch. 178_{8}, Guidi XXXIX, 14 (المُوْاتية) übersetzt.

481. S. 134. So mit Streichung des ܘ vor ܒܛܒܬܐ und mit Änderung von ܗܘܐ in ܗܘ (145_{3}). Bickell (S. 93): «Durch die glück-

lichen Erfolge, welche ein solcher wohlgesinnter Ratgeber des Königs erzielt, findet ein so gearteter König» usw. Dem steht aber das ܗܘܐ und das ܘ vor ܡܠܟܐ entgegen.

482. S. 135. ܫܬܦܪܡ (145 9), ܫܬܦܪܡ a, ܫܬܦܪܡ d. Ist ein persischer Name, شادفرم, nicht aus sskt. *Caṇḍa-Pradyota* entstanden, s. Nöldeke 759 (gegen Benfey S. L). Die anderen Formen in den Versionen s. bei K.-F. 303. — Vgl. auch Anm. 190.

483. S. 135. ܐܝܪܐܕ (145 10 usw.), ܐܝܪܐܕ a. Ist ein ebenfalls iranischer Name («Fröhlich-erscheinen»), s. Justi, Iran. Namenbuch 141[b] f., nicht das sskt. *Angāravatī* (Benfey S. LIV); aber vielleicht Übersetzung des sskt. *Śāntā*, d. h. «die Beruhigte», das bei Schiefner dem ʾIrʾd 137 9 unserer Rezension entspricht. Die Formen des Namens in den Versionen s. bei K.-F. 303.

484. S. 135. Verss. «in einer Nacht»; vgl. unten Anm. 511.

485. S. 135. Die Träume werden in Σ hier nicht mitgeteilt, vgl. unten Anm. 513.

486. S. 135. Statt ܒܫܢܐܬ ist wohl ܒܫܢܝܐܬ zu lesen (146 11), vgl. ܣ 334 9.

487. S. 135. Das Folgende (Ch. 179 18—21) zitiert Ḥajawān VII, 31 12—15, im wesentlichen übereinstimmend mit de S. 248 8—14.

488. S. 135. ܪܫܐ ܕܡܠܟܘܬܐ (146 14), vgl. ܡܠܟܘܬܐ ܒܬܪܬ 149 19.

489. S. 135. ܓܘܦܪ (146 15 usw.), ܓܘܦܪ a, ܓܘܦܪ d. Sskt. *Gōpāla*. Der syrische Übersetzer hat das pehl. גופל *gaupal* verlesen, das er mit ܓܘܦܠ hätte wiedergeben sollen (*au*, *an* werden im Pehlewī durch eine Zeichengruppe ausgedrückt, wie auch *l* und *r* durch ein Zeichen). Richtig der Araber (جوبر, d. h.) جوبر, ܣ ܓܘܒܪ. Vgl. Benfey LXXXV f.

490. S. 136. ܡܐܟ (146 16, 148 9, 155 8, ܡܐܟ 148 9 a c d). Sskt. *Kāka* laut Tibeter. Da dies der Araber als كاك (daneben verschrieben كال) bewahrt hat, so hat der syrische Übersetzer sicher ܟܐܟ geschrieben und erst ein Abschreiber das ܟ in ܡ verlesen, was bei der nestorianischen Schrift leicht passieren konnte. Vgl. Benfey LXXXVII.

491. S. 136. Vielleicht «Stenograph».

492. S. 136. b: «schnell (ܡܠܠ! wofür doch ܡܠܠܡ stehen müßte)

wie der Wind, und kein Pferd gibt's, welches sie einholt». Ist sicher nicht der ursprüngliche Text.

493. S. 136. ܡܝܕܬܐܪܘܣ (ܡܒܝܕܬܐܪܘܣ a) (147_4 usw.). Sskt. *Kātyāyana* nach Ausweis des Tibeters. Näheres über die korrumpierten Formen s. bei Benfey LIX f., dazu Ch. in den Noten S. 61. Bei I. al Habbārijja (vgl. Anm. 479) كيّار ايرون, auch bloß كيّار.

494. S. 136. ܒܝܓܒܐ (147_8). Dies mag die echte Lesart sein, während nach Ch. 180_1, ס 334_{14} ܒܐܓܢܐ «in das Becken» zu lesen wäre.

495. S. 136. Hier ist, offenbar durch Verlust eines Blattes, ein längerer Passus verloren gegangen. Die folgenden Worte gehören in das Selbstgespräch des Königs, das er, nach erneutem Einreden der Brahmanen, in seinem Gemache hält. Das Stück lautet in Cap. 246_{14}—247_{15} folgendermaßen: *Cui dicunt: Si tibi non displicet, ostendemus tibi quod verbum tuum non est conveniens, ex quo alios reputas tibi magis dilectos quam personam tuam, sed nequaquam hoc, domine rex: Conserva potius te et regnum tuum et fac quod tibi diximus et erit tibi bonus finis; et sufficiat tibi persona tua et eam noli cambire per alienam. Nam si universi amici tui et socii transeant, alios poteris invenire, et si tue mulieres pereant, alias recuperabis, et considera quoniam tua vita est in tuo regno nec ad regnum pervenisti nisi forte per bellum et multis laboribus et sudore corporis et iracundia multis annis. Non igitur velis totum in uno momento perdere, sed omnia tibi sint frivola respectu tue persone. Trade igitur nobis que diximus ut tue anime sint redemptio, et conserva animam et tuum regnum et ne dissipes terram tuam et habitaculum et omnia tua bona. Cumque videret rex quomodo fatigarent ipsum in hoc negocio, eius dolor magnificatus est et exurgens ivit ad palacium suum in quo solebat delectari, et prostratus ibi super faciem suam in terra plorabat et erat ibi involvens super faciem et lumbos suos ad modum piscis quando de aqua eductus est, qui ignorat quomodo ad illum locum venit. Et cogitavit rex in corde suo: Quomodo faciam hoc maximum malum, nec scio discernere quod istorum sit facilius apud me, aut meam tradere personam ad mortem aut tradere meos notos et amicos. Et ait: Quantum adhuc ero in pace et quiete? Non tamen permanebit regnum meum perpetuum, et propter hoc decet me diligenter in hoc facto premeditari. In quo enim erit solacium meum, quando interficio Helebat*

uxorem meam? in quo exultabitur oculus meus, quando filium meum non video et filium fratris mei? et quomodo permanebit et durabit regnum meum, quando peribit princeps mei exercitus? — Vgl. de S. 250 3—251 3 (verkürzt Ch. 180 15—181 2), I 189 9—192 1, σ 336 15—338 25.

496. S. 137. D. h. «Wie kann überhaupt ihr Untergang meine Sünden sühnen?» — Nun folgt offenbar in Σ (wie übrigens auch in σ, nach 339 14) eine kleine Lücke. Sie lautet in Cap. 247 20—22: *Et post hec divulgatum est hoc negocium per civitatem et omnes turbati sunt. Et stabat rex dolens et contristatus suo corde solus.* Vgl. Ch. 181 3, de S. 251 6—7, I 192 5—6. Gr. § 148 24.

497. S. 137. Statt ܕܠܝ lies ܕܠܐ (148 14) mit Ch. 181 5, σ 339 19, I 192 9, Cap. 247 24.

498. S. 137. Wörtl.: «seit ich den König gesehen habe». Offenbar wörtliche Übersetzung eines pehl. oder indischen term. techn. Ch. 181 7, I 192 11: «seit ich beim K. bin», de S. 251 10, Cap. 247 26: «seit ich dem K. diene», σ 340 3: «seit ich dem K. anhange». Ein ähnlicher Ausdruck später, s. Anm. 518.

499. S. 137. Text irgendwie korrumpiert. ܡܙܝܢܐ (148 18) ist sicher falsch (l. etwa ܡܙܝܢܬܐ) und ܡܛܠܝܐ wohl in ܡܛܠܝܬ zu verbessern. Die Versionen helfen nicht.

500. S. 137. ܘܡܕ (149 11) ist kaum richtig, vorausgesetzt, daß das übrige vollständig ist. Ch. 181 15, I 194 3 haben etwas ausführlicher: «er sich an niemand kehrt und nach nichts fragt und ihm Wichtiges und Geringes einerlei ist». σ und Cap. haben den Satz nicht.

501. S. 137. Daß die Worte dies bedeuten, beweist die folgende Bemerkung des Bl'd, und so haben auch die Versionen. (σ 341 1 übersetzt K.-F. unrichtig mit «because he has spoken very little to me».)

502. S. 137. Die Emendation ܠܒܪ̈ܬܐ ܠܒܕܬ (149 19) nach σ 341 14. (Übrige Verss. <.)

503. S. 138. Eine Segensformel dieses Sinnes wird in سعد bd, سأد ac (150 2) stecken; also wohl Imp. سعد, wörtl. «lebe!». — In den Verss. fehlt der Satz.

504. S. 138. ܐܢܬܬܐ ܐܪܐ (150 10), ebenso nachher (Z. 19). أيّتها المرأة Ch. 182 9. 19, ܐܢܬܬܐ ܐܘ σ 342 6. Demnach wäre ܐܪܐ

Vokativpartikel, vgl. Barhebr. bei P. Sm. s.v. Indessen ist dieser Schluß nicht zwingend und ich möchte ܐܝܪܐ an beiden Stellen fast eher für entstelltes ܐܝܪܐܕ halten: «I., mein Ehegemahl!».

505. S. 138. «Der Kluge» muß ergänzt werden, wie die Versionen zeigen: vgl. Ch. 182_{13}, de S. 253_{1}, I 195_{8}, Cap. 249_{5}, die übrigens wieder z. T. voneinander abweichen.

506. S. 138. ܕܡܠܟܐ (150_{14}) ergänzt nach den Versionen.

507. S. 138. Vgl. Anm. 504.

508. S. 138. ܟܠܦܢܣܗ (151_{7}, vgl. 156_{8} usw.), ܟܠܦ̇ܢܣܗ d 156_{8} (ܟܠܦ̇ܢܣܗ a c). Über die Formen in den anderen Versionen s. Wright S. XXI, Benfey LVII f., dazu Ch.s كورقناه (186_{7} usw.). Σ's Name ist nicht sanskrit (Benfey), sondern pers. *Gūlpanāh* «die Zuflucht der Rosen», Nöldeke 757, Justi, Iran. Namenbuch 120ª. Also hat der Pehlewī-Übersetzer den (uns unbekannten) indischen Namen durch einen iranischen ersetzt, vielleicht auf Grund eines Anklanges.

509. S. 139. ܐܢ ܐܢܬ ܦܘܪܣܐ (152_{7}). Guidi XL paen. «wenn du magst», ϭ 345_{18} «wenn es dem König gut scheint».

510. S. 139. Zur Emendation ܥܒܕ̈ ܒܨܒܝܢܟ (152_{10}) vgl. *fac in ipsis tuam voluntatem* Cap. 251_{7} = I 198_{8}, vgl. Guidi XLI $_{1-3}$. Dagegen Ch. 183_{16}: «so schweige und überstürze die Sache nicht». ϭ 346 oben weicht ab.

511. S. 140. Versionen: «In einer Nacht». Vgl. oben Anm. 484.

512. S. 140. «Vom Höchsten» ܡܠܥܠܐ (153_{1}) fehlt im Araber (Ch. 184_{2}) usw., könnte also eine biblizistische Zutat Būds sein, aber im Schlußkapitel steht ܠܥܠܐ wieder (188_{10}) und hier entspricht im Araber من فوق «von oben».

513. S. 140. Nach Ch. 184_{6-7} fordert Ḳ. den König zunächst auf, ihm den Inhalt der Träume zu erzählen und er tut es. Dagegen de S. 255_{5-6}: «Wenn du willst, erzähle mir deine Träume; willst du's aber (lieber), so erzähle ich sie dir und tue dir alles kund, was du gesehen hast». Worauf der König sprach: «Nein, lieber höre ich es aus deinem Munde». In I (185_{7-11}) und Cap. (243_{10} ff.) waren die Träume schon zu Anfang der Erzählung beschrieben, wie auch im Tibeter (S. 47). Σ dürfte demnach entweder hier oder oben (vgl. Anm. 485) eine Lücke haben.

514. S. 140. ܢܘ̈ܢܐ (153 6) aus ܝܘ̈ܢܐ («Tauben») hergestellt nach den Versionen.

515. S. 140. ܕܪܓܠܗ (153 7) ist wohl Schreibfehler und durch ܕܪܓܠܗܘܢ berichtigt. Die Versionen haben: «die auf ihren Schwänzen standen» (nur I 200 1 «auf ihren Füßen», aber 185 8 ebenfalls wie jene, also רגליהם verschrieben aus זנביהם oder זנבותם); ἐπὶ τῶν ὀρέων (var. lect. οὐρέων, οὐραίων 266 1) βαδίζοντας Gr. § 148 56. — Tibeter (51 8): «in welchem du zwei Fische deine beiden Füße lecken sahst».

516. S. 140. ܣܡܚܠܘܪ (153 7), ܢܡܚܠܘܪ a, ܣܡܚܠܒܪ b d. Ch. 184 9 همیون, de S. 255 9 هیمون, aber σ 347 5 ܕܣܝܣܡܚܠܘܪ: er scheint also Σ mitbenützt zu haben (vgl. Anm. 529). Der Tibeter (51 9) nennt hier wie nachher nur die Königreiche, nicht die Könige. Das hat Benfey übersehen, weshalb seine Kombination von ܣܡܚܠܘܪ mit *Sim̃hala* (S. XC) abzuweisen ist.

517. S. 140. Später (156 4) ist es der Sekretär Ḳāḳ, der mit diesen ܦܣܕ̈ܪܐ (153 8) bedacht wird. Die Versionen gehen in der Bezeichnung dieses Gegenstandes auseinander. Ch. (Notes zu 184 9) hat دِرْعَيْن, was «zwei Panzer» (oder «zwei Frauenhemden») bedeutet; vgl. σ 347 6 «zwei ܫܝܪ̈ܝܐ», was nicht *chains* bedeutet (K.-F. 229 7; das wäre ܫܐܪ̈ܐ oder ܫܝ̈ܪܐ), sondern «seidene Stoffe» = שִׁירָאָא, ሠራይ Dillmann, Lex. 263 f. De S. 255 9 دُرْجَيْن «zwei Schmuckkästchen» (vgl. Naqāʾiḍ ed. Bevan 162 16, 163 5), offenbar eine Variante von Ch.s Lesart. I 200 1 und Cap. 252 2 «zwei Schalen (קְּעָרוֹת, *parapsides*), mit Perlen gefüllt». Tibeter 51 9 «ein Paar Edelstein-Schuhe». Die «beiden Falken» البازِيَيْن bei Guidi XLII 3 (vgl. Derenbourg zu Cap. 254, N. 9) sind sicher Verschreibung aus البُزْيُون = ܒܘܙܝܘܢ (vgl. Fraenkel, Aram. Fremdwörter 42, Wright, Opusc. 6 2). Die «zwei Elefanten» des Gr. § 148 57 setzen فِيلَيْن voraus: das kann verlesenes قَيْدَيْن sein. Dieses als *vincula pedis* (i. S. v. خلاخيل) gefaßt, könnte zur Vermutung führen, ܦܣܕ̈ܪܐ sei aus ܦܘܕܐ (P. Sm. 3513, vgl. besonders Isaak ed. Bedjan I, 533 8) verschrieben. Der (direkt aus einem Sskt.-Text übersetzte) Tibeter stände dem immer noch viel näher als die übrigen Versionen; sein genaues Äquivalent wäre allerdings ܡܣܐܢ̈ܐ, was aber schon eine etwas gewaltsame Änderung wäre.

518. S. 140. ܟܬܘܫܐ ܡܩܪ̈ܒܝܢ (153 9) muß wörtliche Übersetzung eines Pehlewī-Ausdruckes und term. techn. im Sinne von «seine Aufwartung machen» sein, wie das folgende ܡܩܪ̈ܒ ܡܩܪ. (Hebr. נֵרָאֶה אֶל־אֱלֹהִים ψ 84 8.) Vgl. auch Anm. 498.

519. S. 140. Nach dem überlieferten Text (153 11) ist ܟܡܗܠ (ܟܡܗ̇ܠ a, ܟܡܗ̣ܠ d) der Name des Königs, aber die Voranstellung von ܡܠܟܐ befremdet, und nach den Versionen ist es Landesname, folglich davor die Genetivpartikel einzusetzen. بلخ Ch. 184 12, ܕܒܠܚܝ σ 347 14 machen es wahrscheinlich, daß ܟܡܗܠ = ܒܒܠ, d. h. *Baktra, Balh* ist (Nöldeke 758; derselbe Schreibfehler wie Analect. syr. 207 19 ܒܒܠ statt ܒܒܠ findet sich auch im syr. Alexander-Roman (Budge) 253 10, vgl. J. Marquart, Ērānšahr 88, dazu ebenda 90, Anm. 3). Der Pehlewī-Übersetzer hat, wenn dem so ist, den ihm fremden indischen Namen *Bhangala* (Tibeter 51 11, nach Benfey LXXXVIII vielleicht = Bangâla, Bengal) durch den ihm näher liegenden iranischen Namen ersetzt (wie später I 200 3 [Cap. 252 5] «Griechenland» wählte).

520. S. 140. Der Tibeter 51 12 einerseits, Ch. 184 12, de S. 255 12, I 200 4, Cap. 252 5, Gr. § 148 59 anderseits haben nur «zwei Pferde», σ 347 14 «zwei Wagen» oder «Gespanne» (ܡܪ̈ܟܒܬܐ). In Σ dürfte ܘܡܪ̈ܟܒܬܐ ܦܪ̈ܫܬܐ 153 12 um so eher Zusatz sein, als sich ܐܚܝܕܘܬܗܘܢ des Suffixes wegen nur auf die Pferde beziehen kann und später bei der Verteilung (S. 156, Übers. S. 142) von ihnen nicht die Rede ist. Anders Benfey CXLIV ff.

521. S. 140. ܨܝܢܣܬܐ (153 14) d, ܨܝܢܣܬ̈ܐ a c, ܨܝܢܣܬ̈ܬܐ b. σ 347 17 ܨܝܢܣܬܐܐ, Ch. 184 14 صنخين, de S. 255 paen. صنجين, Ch. Var. (Notes) دصين, صين. Tibeter 51 6 *Tschīna*; vgl. Benfey XCI. (I 200 5 [Cap. 252 7] setzt dafür *Taršīš*.)

522. S. 140 (153 15). ܦܘܠܕ (ܕ., vgl. Nöldeke 762, N. 1) 156 3, a ܦ̮ܘܠܕ̣, «Stahl», pers. *pūlād*.

523. S. 140. ܩܕܪܘܢ (153 16). Ch. 184 16 كاسرون, de S. 256 1 und Ch. Var. (Notes, Ms. B) كازرون, Sp. *Cadaron*. Tibeter 51 1 *Gāndhāra*.

524. S. 140 (153 17). ܚܠܬ ܚܠܬܐ ܠܒܘܫܐ. Tibeter 51 1 «einen kostbaren Umwurf» (ohne weitere Angabe). De S. 256 2 حلّة ارجوان, Ch. 184 16 حلّ ارجوان, Notes p. 62 جلد خوان: Cap. 252 9 *vestes sericee colore coccinio*, Gr. § 148 62 ἱμάτιον πορφυροῦν; Sp. (Gayangos) 62 b *alfolla*,

Allen 149_{194} *alholla*; ς 347_{22} ܓܘܠܕܘܢ oder vielleicht ܓܘܡܕܘܢ. Wahrscheinlich schrieb Būd ܐܪܓܘܢ ܓܘܢ (oder ܓܘܠ) ܓܘܠܬ «Gewand von Purpurfarbe» oder einfach ܐܪܓܘܢ (ܓܘܠ) ܓܘܠܬ «Purpurgewand». Aber der Pehlewī-Text hat für das Gewand offenbar einen eigenen Namen gehabt (daher in Σ «welches . . . heißt»); ob etwa *gul-gūn* «rosenfarbig» (bei Firdausī heißt so das Roß des Lohrāsp, s. Justi, Iran. Namenbuch 119 f.)? Oder ist פתיגיל Jes. 3_{24} = χιτὼν μεσοπόρφυρος zu vergleichen?

525. S. 140. ܪܐܢ (ܪ̈ܐܢ a d) 154_{1}. Ebenso ς 348_{3}. Ch. 184_{18} رز (sic), de S. 256_{3} رهزين, Ch.s Ms. B (Notes p. 62) رهزيز. Nach Benfey XCI vielleicht vom Pehlewī-Übersetzer beibehaltenes *rāj* «König», mit Auslassung des Eigennamens. — *Viheda* des Tibeters (50_{3} v. u.) ist der zugehörige Landesname, dem in ς ܒܗܪܘܕܘܣ entspricht.

526. S. 140. ܟܘܬܝ̈ܢܬܐ (154_{2}) «Leibröcke», vgl. بثياب من لباس الملوك «königliche Gewänder» Ch. 184_{18}. Dagegen nach dem offenbar richtigeren de S. 256_{4} بثياب كتّان من لباس الملوك, I 200_{8} בגדים לבנים מפשתן «weiße Leinenkleider», Cap. 252_{12} *panni linei albi scilicet bissini* erwartet man vielmehr ܟܬܘ̈ܢܝܬܐ. Tibeter 50_{3} v. u.: «ein Stück Āmila-Zeug», was ein bestimmter wollener Stoff sein soll (Benfey XCI). — ς 348_{4}: «Kleider, dergleichen du in deinem Reiche nicht gesehen hast», Gr. § 148_{63} (vgl. 266_{9}): διαφόροις στολαῖς.

527. S. 141. ܟܒܕܘܢ (154_{4}), ܟܝ̈ܒܕܘܢ a. ܟܡܕܘܢ b c. Ch.s Ms. B (Notes p. 62) كبدور, de S. 256_{5} كيدور, die auch كينون = ܟܝܢܘܢ gelesen werden können, aber hier offenbar den Landesnamen vorstellen. ς 348_{6} ܘܬܠܬܢ ܡܠܟܐ ܕܟܒܕܘܪ; Tibeter 51_{14} «Kalinga-König» (Ch. 184_{19} من خيار الملوك).

528. S. 141. Die Emendation ܢܘܪܐ «Feuer» (154_{5}) für ܝܘܢܐ «Taube» nach den Versionen; vgl. Benfey XCII.

529. S. 141. ܕܕܪܐ (154_{6}): Das erste ܕ muß Genetivpartikel sein; mit ܕܪܐ, dem mesopotamischen *Dārā*, ersetzte der Syrer das Pehlewī-Wort, welches für sskt. *Yavana* (Tibeter 51_{3}, vgl. Benfey XCII) stand. Der Araber (de S. 256_{7}) ersetzte das Pehlewī-Wort durch ارزن *Arzan* (im südlichen Armenien). Vgl. Nöldeke S. 758. — In ς 348_{9} ܕܕܪܐ ܡܠܟܐ ܕܐܪܙܢ scheint wieder Σ zum Araber hinzu benützt zu sein (vgl. Anm. 516).

530. S. 141. Die Emendation ܕܠܐ ܡܬܒܝܢܢܐܝܬ ($154_{18.\,19}$) nach I 201_{12} לא הבינותי, Cap. 253_{13} *non conspexi mea facta*, vgl. Ch. 185_{7} لم أُوَفَّق («ich war übel beraten»).

531. S. 141. Statt ܐܠܐ ܐܢ (155_{1}) wird ܐܠܘ ܠܐ zu lesen sein (vgl. Nöldeke, Gr.[2] 301 $_{15-17}$).

532. S. 142. «vor dieser Sache» (155_{19}) ist wohl Zusatz. Er fehlt Ch. 186_{1}, I 203 3, Cap. 254 8 usw.

533. S. 142. Vgl. oben Anm. 517.

534. S. 142 (156_{4}). Lies ܟܬܘ̈ܢܬܐ? Vgl. Anm. 526. Wie Σ haben hier auch Ch. 186_{5}, σ 351_{19}, aber Guidi XLII_{2} لباس الكَتّان, I 203_{7} הבגדים הלבנים אשר הם בגדי מלכים, Cap. 254_{13} *alba vestimenta que digna erant regibus*. Gr. § 148_{83} τὰ λοιπὰ πολυτελῆ ἐνδύματα.

535. S. 142. Nämlich sooft er beim König war. Dieser sollte meinen, das Seitwärtsblicken sei ihm zur Gewohnheit geworden. Vgl. Ch. 186_{12}, σ 352_{15}, I 204_{9}; dazu ʿUjūn 39_{16}—40_{2}. I. Löw ZDMG XXXI, 540.

536. S. 143. So läßt sich der Text verstehen, wenn ܡܛܐ ܗܘܐ ܠܗ (156_{18}) den Sinn von دخل بها oder دخل عليها hat, was nach den Versionen (Ch. 186_{14}, de S. 257_{11}, I 205_{1}, Cap. 255_{10}) der Fall ist. So wird demnach auch ܡܛܐ ܗܘܐ σ 352_{21} aufzufassen sein, obgleich es an sich eher bedeutete «die, welche es traf». — Tibeter 53_{12}: «Der König P. speiste der Reihe nach im Frauengemach, den einen Tag bei . . ., den andern bei . . .».

537. S. 143. لا in لم korrigiert (157_{18}) nach den Versionen (Ch. 187_{9}, σ 354_{13}, I 206_{9}, Cap. 256_{9}).

538. S. 143. Dies wird ܕܢܒ hier (157_{19}) bedeuten. Ch. 187_{10}, de S. 258_{13}: «Vorwürfe machen, daß ich die Ausführung seines Befehls nicht aufgeschoben habe», I 256_{10}: «daß ich sie beschleunigt habe» (שִׁמַּרְתִּי), Cap. 256_{10} *accelerans* (l. *accelerantem*?).

539. S. 144. Nach den Versionen hat dieser letzte Satz den Sinn: «daß ich mir Gunst erwerbe» (vor dem König oder vor der Welt), vgl. Ch. 187_{13}, σ 354_{22}, I 206_{11}, Cap. 256_{12}. Aber Σ läßt sich kaum demgemäß fassen als «daß das, was ich tue, mein eigener Vorteil ist».

540. S. 144. Die Emendation (159 ₁) nach Ch. 188 ₇, I 208 ₈, Cap. 257 ₂₀, Gr. § 149 ₂. (In ς fehlt diese Erzählung.) — Zur Erzählung vgl. Chauvin a. a. O. II, 104, Nr. 66 und VIII, 53, Nr. 21.

541. S. 144. Die Konstruktion (Satzfolge) wie in dem freilich nicht wörtlich gleichen Griechen § 149 ₅. Nach den andern Versionen wäre zu lesen (159 ₇) ܝܒܫ ܫܒܠܐ ܘܒܨ̈ܪܘ «vertrockneten die Weizenkörner und nahmen ab» (vgl. Ch. 188 ₁₃, de S. 260 ₅, I 209 ₃, Cap. 258 ₁).

542. S. 145. Ch. 188 ₁₈ (vgl. de S. 260 ₁₄): «Wer also verständig ist, weiß, daß er Strafe und Vergeltung nicht übereilen darf, besonders nicht die Bestrafung eines solchen, über dessen Bestrafung er Reue zu befürchten hätte, wie der Tauberich Reue empfand». I 200 ₂: «Wer also einsieht, überlegt und weise ist, darf seine Handlungen nicht übereilen und die Konsequenzen vergessen. Und du, mein Herr, König, suche nicht, was du nicht (mehr) finden kannst, sondern suche das, was du heute noch hast, bevor dir alles entgleitet, auf daß es dir nicht ergehe wie dem Affen und dem Mann mit den Linsen» (ebenso Cap. 258 ₁₅₋₁₉). Σ̄ ist demnach nicht ganz in Ordnung. (Im Gr. 256 fehlt der ganze Abschnitt wieder.)

543. S. 145. Zur Emendation ܠܐ ܡܫܬܥܐܠ ܐܢܬ ܒܗܝܢ 160 ₅ (Ch. 189 ₄ تدع ان تلهو بهن) vgl. Anm. 444.

544. S. 146. ܟܒ̈ܝܫܬܐ (161 ₁₁), gebildet nach Art der von Nöldeke, Gr.² § 71, 4 verzeichneten Formen. Sonst ܟܒ̈ܫܬܐ, seltener ܟܒܘ̈ܫܬܐ (P. Sm. 442, am Ende des Artikels).

545. S. 146. ܠܒܪܘܬܐ (162 ₆) ist hier s.v. a. ܡܘܢܐ. vgl. فرج Ch. 190 ₁₁, de S. 262 ₁₃, I 213 ₅, Cap. 260 ₁₇, Gr. § 154 ₁₅ abgeschwächt in «Begierde». ς <.

546. S. 146. ܒܡܬܪܡ (162 ₉) könnte nur bedeuten «gewissermaßen» und ist entweder zu tilgen oder beruht auf schlechter Übersetzung der Vorlage.

547. S. 147. Dies bedeutet die Stelle vermutlich. Die Übersetzung von ܡܛܝܒ (162 ₁₁) mit «stets bereit» (Bickell) genügt nicht. Der Paragraph findet sich noch im Araber (Ch. 190 ₁₈, de S. 263 ₂, vgl. de Sacys Bemerkung S. 108 ₈ z. St.) und etwas abweichend im Spanier, s. Derenbourg zu Cap. 261, N. 1, Allen 155 ₃₆₇₋₃₇₀. Im Tibeter 59, Nr. 36 aber lautet die Stelle: «Der König darf nicht an den königlichen Schatz, der Abreisende nicht an die

Räuber denken, im Hause das Weib nicht an den Zank, an den Erwerb des Mönches darf man nicht denken».

548. S. 147. Ch. 191 3 = Guidi XLIII 6: «Wer eine Fleischbrühe hat, die viel Wasser und wenig Fleisch enthält, so daß sie keinen Geschmack bekommt»; Guidi mit dem Zusatz: «Wer für ein Gericht viel Geld ausgibt und es ihm doch nicht wohl schmeckt». Demnach könnte Σ verstanden werden: «Wer . . ., aber einen Fehler begeht, so daß sie (d. h. die geschlachteten Tiere) nicht zu seinem Mahl gelangen (d. h. verwendet werden) können». Was sich der syrische Übersetzer gedacht hat, läßt sich mit unserem Text nicht mehr ausmachen. In den andern Versionen fehlt der Paragraph; aber Tibeter 55 6 v. u.: «ein Gastmahl ohne Opfer».

549. S. 147. Die Emendation ܟܘܪܐ für ܢܘܪܐ (163 7) ergibt sich ziemlich sicher aus Guidi XLIII 10 ثمّ ينفخ الكور (vgl. Ch. 191 8 ولا يزول عند الكير جالسًا, σ 358 16 ܘܝܬܒ ܥܠ ܟܘܪܬܐ).

550. S. 147. Ch. 191 14 (nicht aber Guidi XLIII ult.) hat den Zusatz «und sich nicht auf sich besinnt und sie (d. h. die Freunde) unablässig weiter bittet», ähnlich σ 358 22, I 214 7, Cap. 262 1. Vielleicht ist also in Σ etwas Entsprechendes ausgefallen.

551. S. 148. ܣܬܪ (164 2) gebe ich mit «ruhig zuwarten» wieder, damit ein Gleichlaut mit dem folgenden «ruhig» (ܒܢܝܚܐ Z. 3) herauskommt. Nach dem syrischen Text besteht das Wortspiel zwischen ܢܝܚܐ ܗܘܬ «sich beruhigt hätte» und ܒܢܝܚܐ, aber das beruht auf Zufall. Richtig Ch. 192 1. 2, σ 359 11. 13, Gr. § 154 23.

552. S. 148. Ch. 192 2 الذى يرقى الجبل الطويل; vgl. Guidi XLIV 11 الصاعد فى الجبل; Tibeter 56 4 v. u. — I 214 9 (und folglich Cap. 262 3): «die Schlange in der Hand des Beschwörers»: Verlesung von جبل in حيّة oder حُباب (Vorlage = Ch.).

553. S. 148. ܡܠܘܛܐ (164 9) hergestellt nach Ch. 192 6 (Guidi XLIV 15) البخيل. (Dagegen I 215 1, und folglich Cap. 262 7, hat schon hier «Blutvergießer» השפך דמים, *homicida.*)

554. S. 148. ܥܒܕܝܢ ܡܗܡܢܘܬܐ (164 9, ebenso 173 11 f.); vgl. das bloße ܥܒܕܢܐ 49 16.

555. S. 148. ܒܥܝܐ (164_{17} b d) ist falsch, vgl. تتمنّى Ch. 192_{13}, تطلب Guidi XLV_9, ܒܥܡܣܐ ܣ 360_9.

556. S. 148. Daß ܘܠܚܪܬܐ ܐܒܕ. «und schließlich geht er zugrunde» (164_{18}) als Folge der Quälereien der Frau zu verstehen ist (was der Syrer nicht deutlich macht), erhellt aus Ch. 192_{14}, ܣ 360_{10}.

557. S. 148. Dies die nächstliegende Übersetzung. Allenfalls: «der sich kümmert um das, was man ihn fragt und was man ihn nicht fragt». Der Syrer scheint ungeschickt übersetzt zu haben. Ch. 192_{17}: «Der Fasler, der über das herfällt, was ihn angeht, und über das, was ihn nicht angeht, und der behauptet, was er weiß und was er nicht weiß». Guidi XLV_{11}: «Der Fasler, der über das herfällt, was ihn nicht angeht, und redet, was er nicht weiß». — Mit Abweichungen I 215_4, Cap. 262_{11}, ܣ 360_{13}, Gr. § 154 $_{28-29}$.

558. S. 148. Die eingeklammerten Worte habe ich nach Ch. 192 ult., I 215_6, Cap. 262_{14} eingesetzt, da sie durch B.s Antwort gefordert werden. Ch. hat ebenfalls beide Sätze, doch ist der zweite gewiß Überrest eines andern Paragraphen. Unpassend und wieder durch Textverwirrung zu erklären ist auch Guidis Araber XLV_{16} und ܣ 359_{15}: «ich wünschte der I. ins Angesicht schauen zu können».

559. S. 149. Der Syrer hat wohl den Wortlaut seiner Vorlage abgeschwächt. Ch. 193_6 ولعلّها أن تكون بذيّة «während sie vielleicht eine leichtfertige Person ist». ܣ 360_1 nur: «und ein Weib, das behauptet, eine Jungfrau zu sein, und doch nicht keusch ist» = Guidi XLVI_3. ʿUjūn 430 6 ذات الزوج (so l. statt تغيب) والمرأة الخليّة تعيب. Cap. 263_6 *que deridet mulierem habentem virum eo quod dedit se viro, quis enim novit utrum illa virgo fornicatrix [futura] sit*, vgl. I 215_{12}—216_1.

560. S. 149. ܫܛܝܬ (165_{15}) b c d richtige Lesart gegenüber ܫܝܛܬ «bist verächtlich» (a), vgl. I 216_3 בלי שכל, Guidi XLVI_5 مُوَسْوِس, Ch. 193_7 متجبّر («hast den Größenwahn»). Ebenso ist das folgende ܫܝ̈ܛܐ aller Kopien in ܫܛܝ̈ܐ zu verbessern.

561. S. 149. ܡܡܠܠ «redet» (165_{19}). Dafür b ܡܚܠܐ (vgl. d ܡܚܠܐ) «zusetzt». Das würde an sich besser zum Araber passen (Ch. 193_{10} يهيّج, Guidi XLVI_8 يتعرّض), muß aber wegen des folgenden ܠܡ, Schreibfehler sein.

562. S. 149. Σ hat entweder ungenau übersetzt, oder es ist etwas ausgefallen. Man erwartet statt ܘܗܘ ܕܠܐ (166 ₂) etwa (od. ܘܐܝܟܐ) ܘܩܡ ܕܠܗܘ ܕܠܐ.

563. S. 149. ܐܝܟ ܦܓܪܐ ܠܢܦܫܗ (166 ₃) (falsch b d ܕܢܦܫܗ) wörtl. «wie der Leib auf seine Seele», wohl ungeschickte Übersetzung, vgl. Ch. 193 ₁₂ ويثق به ثقته بنفسه «und auf ihn vertraut wie auf sich selbst». Der Pehlewi-Text sprach wohl von einer Zusammengehörigkeit gleich der von Leib und Seele, vgl. syr. T. 57 ₁₆.

564. S. 149. Oder: «Die große Freundschaft von ehedem, die mich mit dir verband»; doch wird das ܕ vor ܐܢܬ (166 ₁₂) zu tilgen sein.

565. S. 149. Bei dieser Auffassung muß der Punkt in ܠܒܟ (166 ₁₄) getilgt werden. Vielleicht aber hat ܠܒܟ wirklich präsentischen Sinn und steckt in ܡܥܕܬ ܐܢܬ ein Fehler oder Mißverständnis. Die Versionen helfen nicht (Ch. 193 ₁₉, Guidi XLVII ₂. ₆, σ 361 ₁₀).

566. S. 149. Ch. 193 ₂₀, Guidi XLVII ₂ reden vom Freunde, der von seinen Freunden ehrenvoll aufgenommen wird. Σ wird mit dem «Bräutigam» das Richtige haben, während ܢܡܘܣܗܝ in ܕܢܡܘܣܗ̈ܝ geändert werden dürfte. Vgl. Einleitung § 4.

567. S. 149. Nämlich vor Gericht, vgl. den (sonst stark abweichenden) Araber: Ch. 194 ₅. ₆, zu berichtigen nach Guidi LIII unten.

568. S. 150. Ch. 194 ₆ والأبْلَهُ القليل العقل الجبان «der beschränkte Tor und Feigling». Statt ܫܝܛܐ «der Verächtliche» (167 ₁) ist offenbar ܫܛܝܐ «Tor» zu lesen (vgl. Anm. 560), da ܫܝܛܐ kaum dem الجبان entspricht.

569. S. 150. Ch. 194 ₂₁ (Guidi LIV ₂): «K.: ‚Du bist nicht bei Verstand‘. B.: ‚Drei sind nicht zu den Verständigen zu rechnen‘» und ohne die Worte «und Verspottung verdient» am Schluß von B.s Antwort. Ebenso I 216 ₃. Wenn B.s Antwort in Σ richtig eingeleitet ist, so erwartet man als Worte des Königs etwa ܕܠܡܒܙܚܘ ܫܘܝܬ «du verdienst verspottet zu werden». Wo der Fehler liegt, ist nicht auszumachen, da die andern Versionen diesen Paragraphen nicht haben. Vgl. übrigens die nächste Anm.

570. S. 150. Zu dem unpassenden Schlußsatz vgl. die vorige Anmerkung.

571. S. 150. Die Emendation ܬܣܠܐ statt ܬܣܓܐ (167 ₁₁) ergibt sich aus ذليلا تعجلنى Guidi LX 5.

572. S. 150. Auch hier reimen sich die Worte B.s nicht mit denen des Königs. Guidi LX 6: «Drei sind verächtlich». Ch. 194 17: «K.: ‚Es ist, als wolltest du alle Menschen durch Belehren so sachverständig machen, wie du selbst bist, und so willst du auch mich durch Belehren sachverständig machen‘. — B.: ‚Drei behaupten, sachverständig zu sein, und müssen doch erst unterrichtet werden‘». — Statt ܕܡܬܪܕܝܢ (167 13) ist vielleicht ܘܡܬܪܕܝܢ zu setzen.

573. S. 150. Oder soll die Vereinigung dieser drei Instrumente als Unsinn bezeichnet werden? Dann wäre zu übersetzen: «die niemals miteinander harmonieren können».

574. S. 150. Wörtl.: «Vier sind es, die pflichtwidrig . . .». Nach ܕܠܐ ܟܐܢܐ (168 1) ist wahrscheinlich das Prädikat ausgefallen. Ch. 195 5: «Vier handeln unrecht», I 216 7: «Drei verrichten ihr Geschäft nicht gewissenhaft», Cap. 263 10: *tres sunt qui opera sua cum veritate non agunt.*

575. S. 150. Der Text ist vielleicht nicht ganz intakt. Ch. 195 10: «Wer die Speise zu seiner Zeit bereitet und fertigstellt und sie seinem Herrn im rechten Augenblick (لاوانه) vorsetzt»; dagegen (durch Mißverständnis) Guidi XLVIII 1: «Wer die Speise seines Herrn bereitet und hübsch zurichtet und sie ihm hierauf in seinem Geschirr (فى إنائه) serviert». σ 362 2: «Der Koch, welcher die Tafel des Königs schmückt und sein Mahl zubereitet, blank und schön und rein von allem Ungeziefer»; Cap. 264 5: *servus qui parans sibi cibum optimum et illum appetens proponit non sibi sed domino suo.* ähnlich I 216 10.

576. S. 151. Die folgenden Worte: «Wie verschlagen bist du!» (168, N. 11) fehlen in den Versionen und müssen von einem Versehen herrühren.

577. S. 151. Bickells Übersetzung: «welcher zwischen den Bäumen herumfliegt» übersieht das punctum saliens: Der Vogel wohnt im Walde und kann es ruhig den Bäumen überlassen, im Notfall den Himmel zu stützen! ܗܠܟ (168 11) bedeutet also «sich aufhalten», wie nachher (Z. 15) beim Wurm (vgl. auch 8 8), und ܒܝܬ ܐܝܠܢܐ ist Subst. «Wald» (vgl. 75 1 syr. T.). S. aber die Nachträge.

578. S. 151. ܦܣܝܥܬܐ ܬܘܠܥܬܐ (168 $_{14}$) a b c, ܦܣܥܬܐ d. In a ܦܣܝ̈ܥܬܐ. Daß das wunderliche Attribut «springend» bedeute — nach d's Lesart — hat Bickell aufgebracht, an einem etymologischen Anhalt dafür fehlt es ganz. Auch ܦܣܝܥܝܬܐ «gesprenkelt» oder «bunt» paßte nicht und wird von keiner Version gestützt. Diese alle haben nämlich einfach «der Wurm» (Ch. 195 $_{18}$, Guidi XLVIII $_{9}$, vgl. ʿUjūn 204 $_{12}$, I 217 $_{6}$, Cap. 264 $_{13}$, Gr. § 154 $_{46}$, — σ 362 $_{22}$ «die Schlange», Tibeter 59, Nr. 32 «Mistwurm»). Also wird das ܦܣܝܥܬܐ zu tilgen sein. Vermutlich war es im Original oder einer Kopie eine entstellte Dittographie von ܬܘܠܥܬܐ und waren die Punkte unter den vier Buchstaben Tilgungspunkte, die a dann nicht verstand und zu ܦܣܝ̈ܥܬܐ vervollständigte.

579. S. 151. So nach der überlieferten Punktation. Sonst ließe sich übersetzen: «Du hast sehr leichtsinnig gehandelt, daß du ʾI. tötetest». — Guidi LIV $_{14}$ (vgl. Ch. 196 $_{3}$): «Hattest du ein Gelübde abgelegt, die ʾI. zu töten?» Ebenso σ 363 $_{4}$. — I 218 $_{12}$ und Cap. 266 $_{14}$: *vovi votum interficere te.*

580. S. 151. Die Versionen haben entsprechend dem Vorigen (s. Anm. 579): «Vier sind es, von denen man sich nie zu trennen geloben sollte». (Nur σ kürzer: «zu deren Handen ein Gelübde abgelegt werden sollte».) Daß ܒܣܪܬ (168 $_{19}$) und ܢܒܣܪ (169 $_{1}$) aus ܢܕܪܬ («hast gelobt»), bezw. ܢܕܕܘܪ (= ܢܕܘܪ) verschrieben sei, läßt sich wegen des ܣܟ (168 $_{19}$) nicht gut annehmen.

581. S. 151. Die Worte: «und der weise König (ܡܠܟܐ ܚܟܝܡܐ!) sollte es nicht leichtsinnig weggeben» (169 $_{3}$) können hier nicht am richtigen Orte stehen, sondern müssen irgendwie zum Vorigen (s. Anm. 580) gehören.

582. S. 151. Bickells «Ich kann keine finden» usw. stimmt zu den Versionen (Ch. 196 $_{8}$, Guidi XLVIII $_{11}$, I 219 $_{5}$, Cap. 266 $_{19}$, σ 363 $_{13}$), aber Σ's Wortlaut kann das nicht bedeuten.

583. S. 151. Gemeint ist natürlich nicht der Verstorbene (Bickell 108 $_{3}$, Derenbourg zu Cap. 267 $_{23}$), sondern es sind illegitime Nachfolger desselben. Vgl. Ch. 196 $_{9}$, I 219 $_{6}$, Cap. 266 $_{21}$, etwas anders wieder σ 363 $_{16}$.

584. S. 151. Wörtl.: «und es fällt ihm schwer» oder: «so daß es

ihm schwer fällt». Ebenso nachher. Σ hat hier sehr ungeschickt übersetzt, wie übrigens auch die andern Versionen.

585. S. 152. Die Änderung von ܡܬܬܚܫܒܕ (170 9) in ܡܬܬܚܫܒ (Bickell, Nöldeke S. 766) ist graphisch eine Kleinigkeit, aber hier nicht notwendig, vgl. «Homonyme Wurzeln» S. 77.

586. S. 152. Die in der Note zu 170 9 vorgeschlagene Änderung von ܡܬܬܪܟܠ in ܡܬܬܟܪܠ nach Bickell (Übers. 126 25). Die Versionen weichen ab (Ch. 196 19, Guidi LVI 14, ס 364 14. In den übrigen fehlt der Paragraph).

587. S. 152. Die Textemendation (170 14) nach I 219 12, Cap. 267 5. (Abweichend Ch. 197 3, Guidi LVI 17.) ס <.

588. S. 152. Der Text (170 16) scheint stark verderbt. Bickell ergänzte vor ܡܢ ܠܒܗ ein ܚܛܝܬܐ und übersetzte mit geänderter Interpunktion: «nämlich [die Sünde] aus dem Herzen, alle weltlichen Dinge aus seinen Gedanken» usw. Der Paragraph findet sich sonst nur noch im Tibeter (59, Nr. 34): Der König sagte: «O Bharaṭa, da du Gopâlas Mutter Çântâ getötet hast, bist du aufzugeben». Bharata entgegnete: «O König, hast du nicht gehört, was gesagt wird: Der Familie wegen ist einer aufzugeben, des Dorfes wegen die Familie, des Reiches wegen ist das Dorf aufzugeben, (des Königs) selbst wegen das Reich» — also der Spruch, welcher oben S. 35 als Strophe 76 vorgekommen ist. Vgl. Anm. 136. — Wenn nicht der Pehlewī-Text, so hatte jedenfalls das indische Original hier überall ein und dasselbe Verbum für «freilassen» oder «aufgeben».

589. S. 152. «Du hast viel gute Art gelernt» (170 19) ist gewiß nicht ironisch zu verstehen, darum also wohl eine Negation einzufügen. Vgl. Ch. 197 5 عَدِمْتَ الخير.

590. S. 152. ܛܪܘܢܐ (171 3) hat Bickell hergestellt. Auch ܛܠܘܡܐ kommt in Frage. Ch. 197 7 والسريع الغضب «der schnell zürnt».

591. S. 152. Für das ganz unpassende ܬܪܝܨܘܬܐ (171 3) «Rechtschaffenheit» erwartet man ܬܪܥܘܬܐ «Versöhnung», vgl. Ch. 197 7 البطى الرضى «der langsam ist zum Versöhnen».

592. S. 152. Der Text (171 9—10) ist nicht ganz in Ordnung. Um einen Sinn zu gewinnen, habe ich für die Übersetzung die Interpunktion

geändert und vor ܐܢܫ ein ܠ gesetzt, also ܘܠܡܬܓܚܟܘ ܠܐܢܫ ܪܒܐ. ܥܡ. Daß Σ ursprünglich mit dem Araber genau stimme, scheint nicht sicher. Ch. 197 14: «K. ,Mit den Vornehmen unter den Menschen soll man nicht scherzen und spielen‘. B.: ,Mit Vieren soll man nicht scherzen und spielen: Mit dem mächtigen, regierenden König‘» usw. — Guidi XLVIII ult.: «Vor deinesgleichen soll man nicht scherzen. B.: Vor Vieren» usw.

593. S. 153. Nach den Versionen, die diesen Paragraphen erhalten haben, sind die Vier: Rächer, Betrüger, Feind und Tyrann. (Ch. 197 21, I 220 10, Cap. 268 2).

594. S. 153. ܕܢܫ̈ܐ (172 8) gehört gewiß hinter الئم (wie im vorigen Paragraphen), vgl. Ch. 198 8.

595. S. 153. Dies wird ursprünglich dagestanden haben nach Ausweis von Ch. 198 8 (vgl. ς 365 19), aber der Text ist stark entstellt. Bickells Übersetzung (S. 109): «welche von edler Abstammung ist oder, wenn man nur ihre eigene Person berücksichtigt, über eine weise» usw. ist ganz unhaltbar. ܢܐܪ (172 8) ist kaum ܢܐܪ, sondern [ܐ]ܢܐܪ. Zur Herstellung fehlt es leider an Hilfsmitteln.

596. S. 153. ܥܡ ܢܡܘܣܗܘܢ (172 14) aus ܥܡ ܕܢܡܘܣܝܬܐ hergestellt nach ς 366 8, sowie Ch. 198 13, Guidi XLIX 15. ܥܡ ܕܠܡܘܣܝܬܐ zu lesen («mehr als das Übrige»), verbietet das Folgende.

597. S. 153. «und sich fürchtet» ist ungeschickte Übersetzung; es soll heißen «ohne sittlichen Zweck». Gemeint ist ein Söldner, der nur um Geld und Beute kämpft, vgl. Ch. 198 13, ς 366 9, Sp. (Allen) 157 434.

598. S. 153. Ergänzt nach ς 366 14, wo auch die nämliche Reihenfolge in der Aufzählung wie in Σ, während die andern Versionen dies an zweiter Stelle und den Seefahrer an dritter haben. Ch. 198 14 (Guidi XLIX 16) und Sp. (Allen) 157 435: «Der Räuber, der in die Häuser einbricht und wegelagert, was für ihn die Abhauung der Hand oder die Hinrichtung zur Folge hat».

599. S. 153. Ebenfalls nach den Versionen ergänzt.

600. S. 153. Die Versionen fügen hinzu: «um von ihnen Geld zu erhalten», dazu ς (366 18) noch weiter: «während er doch leicht aus irgendeinem Anlaß von einem derselben erschlagen werden kann».

601. S. 153. «zehn» ergänzt nach Ch. 200_{15}, Guidi LV$_{ult.}$, ס 369_{17}, I 220_{12}. Cap. 268_4. Der Paragraph leidet in Σ, aber auch in den Versionen, an allerlei Mängeln.

602. S. 153. Wörtl.: «durch die Verwüstung, die er anrichtet». «Kampf» (Bickell) bedeutet ܫܘܒܐ nicht. Die Versionen etwas anders; ס: «Der Krieger, der im Kriege nicht unterliegt», I und Cap.: «Der Tapfere (wird erprobt) durch den Krieg» ähnlich Ch., Guidi. S. aber «Nachträge».

603. S. 153. Σ hat hier in etwas unbeholfener Ausdrucksweise das Ursprüngliche gegenüber den andern Versionen, wo der Knecht durch seinen Gehorsam gegen den Herrn erprobt wird.

604. S. 154. Statt ܡܡܠܠܝܢ (174_1) «reden» erwartet man ܡܟܬܪܝܢ «verbleiben», was leicht hergestellt werden kann; vgl. Ch. usw. (Anm. 605). Vielleicht hat der syrische Übersetzer wirklich ܡܡܠܠܝܢ geschrieben, indem er B.s Antwort nicht bloß auf den Zorn, sondern (fälschlich) auf das «im Zorne Reden» bezog.

605. S. 154. Ch. 201_1 lautet der Paragraph folgendermaßen: «K.: ‚Du sprichst vor mir, obgleich du siehst, wie ärgerlich ich bin?' B.: ‚Sieben sind unaufhörlich ärgerlich: der König, der schnell zürnt und verdrießlich ist (ضيق الصدر, vgl. Dozy II, 17[a], 2 v. u.) und nicht bedächtig vorgeht; der zwar bedächtig, aber dabei nicht kundig ist; der kundig ist, aber nicht das Rechte will; der das Rechte will, aber nicht kundig ist; der Richter, welcher bestochen zu werden liebt; der Philanthrop, der mit seinem Eigentum geizt; und ein Freigebiger, der schon hienieden Vergeltung und Dank zu finden sucht'». Bei Guidi LI 3 v. u. ist der Text schlecht, bei ס 370_4 stark paraphrasiert und dazu lückenhaft; aber beide haben «Sieben», nicht «Zehn». — I 221_7: «K.: ‚Kannst du noch vor mir sprechen, wo du meinen Grimm und Zorn siehst?' B.: ‚Sieben werden nimmermehr des Zornes des Königs ledig: Jeder, der sich nicht beherrscht (אשר אין מעצור לרוחו, vgl. vorhin Ch.s ضيق الصدر) und sich schnell erhitzt; und (wer) nicht מעביר על מדותיו; der Kluge, der nicht gut handelt; der Tor, der sich brüstet; der Richter, der Bestechung annimmt; der Kluge, der mit seiner Klugheit geizt (כילי בחכמתו) und sie niemand lehrt; und wer Barmherzigkeit (צדקה) übt, um hienieden belohnt zu werden'». Cap. 268_{14} ebenso; aber am An-

fang von B.s Antwort: *qui non compescit iram suam quando provocatur nec sua vicia reprimit.* — ܠܐ ܡܟܝܒ, ܡܟܝܒܐ (174 1. 2) in demselben Sinn wie syr. T. 24 1. 2 (Übers. 25, Str. 48/49).

606. S. 154. ܠܐ ܡܬܚܓܝܢܐ (174 4): vielleicht ܠܐ ܡܬܚܠܝܢܐ zu lesen? Aber auch dann ist es ein seltsamer Ausdruck. Zu den Versionen vgl. oben die Anm. 605.

607. S. 154. ܕܠܐ ܫܘܚܕܐ (174 4) kann hier nur dieses bedeuten, nicht «unbestechlich» (Bickell). Vgl. Anm. 605.

608. S. 155. Statt der Perfekta ܐܫܬܠܛܘ und ܠܒܬ (175 17) erwartete man Partizipia.

609. S. 155. Diese Worte ܐܪ̈ܐܕ ܫܢܐ (176 3) in a c sind vielleicht Zusatz, vgl. die Versionen.

610. S. 155. ܘܐܡܪ (176 4): dagegen a c d ܘܒܚܕܘܬܐ ܐܡܪ «und in der Freude sprach er». Die Versionen sprechen zu Gunsten von b, vgl. Ch. 202 14, I 224 12, Cap. 271 10. (σ 373 5 führt auf eigene Hand weiter aus.)

611. S. 155. Nach den Versionen erwartet man statt ܕܕܚܠܐ (176 5) das Perf. ܕܕܚܠܬ.

612. S. 156. Da der Syrer offenbar etwas ungeschickt übersetzt, mag der Plural ܡܢ̈ܬܐ (177 5) stehen bleiben.

613. S. 156. Dies muß (mit Bickell) als Sinn des verderbten Textes angenommen werden; vgl. Ch. 203 5, I 226 4, Cap. 272 1.

614. S. 157. ܠܐ ܝܐܐ (178 7) wird durch keine Version gestützt und verträgt sich nicht mit dem folgenden ܠܐ ܬܫܒܘܩ. Der Text ist also nicht in Ordnung.

615. S. 157. d's ܬܓܪܐ (178 14) mag aus ܐܓܪܐ «Lohn» verschrieben sein, vgl. σ 374 18 ܡܘܗ̈ܒܬܐ ܪ̈ܘܪܒܬܐ ܕܠܐ ܢܛܘܪ. Aber das ܫܕ paßt besser zu dem konkreten ܐܬܪܐ von a b c. In den übrigen Versionen fehlt der Satz.

616. S. 158. Dieses Kapitel war in Pehlewi verfaßt, nicht indischen Ursprungs. Araber herausgegeben von Th. Nöldeke: Die Erzählung vom Mäusekönig und seinen Ministern (Abh. Gött. Ges. d. Wiss. XXV) 1879; abgedruckt von Ch. 249 ff. Deutsch aus dem Arabischen und Σ bei Nöldeke l. c., 16 ff. Ins Französische übersetzt von J. Derenbourg, Cap. 351 ff.,

aus einer Pariser arabischen Hs., die im wesentlichen mit den von Nöldeke als BCD bezeichneten Hss. stimmt. — Stark verkürzt Gr. (Puntoni) 295—297.

617. S. 158. ܡܗܪܐܝܒܪ, d. h. «Mihr-Freund» (Mithra-Freund), vgl. Justi, Iran. Namenbuch 208 [a] unter *Mitn-ayibār*.

618. S. 158. ܕܘܪܐܝܒ (180_{10}), ܕܘܪܐܝܒ a. Da das Wort sicher pers. *dūrāb* «Fern-Wasser» ist (Nöld., Mäusekönig S. 8), so ist ܕܘܪܐܒ zu lesen (und im Araber دوراب statt دوران). Vgl. ܣܪܕܒ («Kühl-Wasser») = سَرداب, سردابه Vullers II, 273 [b]. Allerdings geben auch die Glossare ܕܘܪܝܒܐ (P. Sm. 858, BB 547_{19}), was nur «Kanal» oder «Abzugsgraben» (zugleich Grenze zwischen Äckern) bedeuten kann. Wohl aus unserem Buch.

619. S. 158. ܐܬܪܒܢܘܣ (180_{12}, alle Kopien ܐܬܪܒܢܘܐ). d. h. «in der Wüste», hergestellt nach Bickell und Nöldeke, Mäusekönig S. 8.

620. S. 158. ܙܘܕܐܡܕ (181_{2}, vgl. 182_{19}), pers. *Zūd-āmad* («er ist schnell gekommen [mit seinem Rat]»), vgl. Nöldeke l. c. 8 (Justi, Iran. Namenbuch 387 [b]).

621. S. 158. ܫܝܪܘܟ (181_{4}, vgl. $182_{2.\,19}$), «kleiner Löwe» (Araber شيرغ), s. Nöldeke S. 8 (Justi 295 [a]).

622. S. 158. ܒܓܕܕ. So a b $182_{3.\,19}$, ܒܓܕܕ d 182_{3}, ܒܓܕܕ d 182_{19}. ܒܓܕܕ a 181_{4}, c $182_{3.\,19}$. D. h. *Baġdād* «von Gott gegeben», vgl. Nöldeke S. 8, Justi 57 [a].

623. S. 159. Vgl. S. 18, Strophe 39 (syr. T. 16_{2}), wo aber von drei Dingen die Rede ist. Eine etwas andere Emendation schlägt Nöldeke S. 18 vor: ܫܪܝܪܬܐ ܘܬܡܝܡܘܬܐ (??) ܕܐܠܗܝܢ ܘܬܘܕܝܬܗ ܕܝܠܟܘܢ ܘܡܗܝܡܢܘܬܐ ܫܡܝܪܬܐ (?) ܘܕܢܒܕܪ.

624. S. 159. Wörtl.: «der guten Taten».

625. S. 159. Vgl. S. 65, Strophe 35 (syr. T. 65_{1}).

626. S. 159. Wörtl.: «diejenige Vieler».

627. S. 160. «Zeit» = Schicksal, vgl. Anm. 440.

628. S. 161. ܗܘܠܒܐܪܕ ist die überwiegende Schreibung (b c d 185_{3}. a b c d 186_{1}, 191_{4} usw.), daneben ܗܘܠܐܒܐܪܕ a 186_{1}. ܗܘܠܐܒܐܪܬ a 186_{12}, aber auch ܗܘܠܐܒܪܕ (ܗܘܠܐܒܪܕ d 184_{15}, ܗܘܠܐܒܪܕ a ebenda)

oft. Wenn der Name iranisch ist, so wird ܗܘܛܒܐܪ (mit dem Araber: هوطبار) zu lesen sein, d. h. *hū-tabār* «von gutem Geschlecht», vgl. Nöldeke S. 8.

629. S. 161. ܐܢܘܫܓܒܕ (184_{16}), ܐܢܘܫܓܒܕ a, ܐܢܘܫܓܒܕ d, «er sei unsterblich», vgl. Nöldeke S. 9.

630. S. 161. Der Name (185_{3} und N.) ist unklar (Nöldeke S. 9).

631. S. 161. ܙܒܢ ܙܒܢܗ (185_{4-5}) widerspricht aller Analogie, man erwartet ܙܒܢ ܙܒܢ (vgl. Anm. 82). Araber رُبّما.

632. S. 162. ܕܐܡܪܬ (185_{15} N.) haben nur b d, und zwar erst hinter der Interpunktion ∴, so daß es wie eine falsche Wiederholung des vorherigen ܕܐܡܪܬ aussieht. Aber der Araber setzt es mit seinem جواب كلامى, Var. جواب ما قلته لك voraus. Nur ist dann notwendig entweder ܕܡܐ oder ܕܗܘ ܡܐ davor einzusetzen.

633. S. 162. Offenbar ungeschickte Übersetzung des Originals.

634. S. 162. Vgl. Proverbia ed. Freytag II, 323, Nr. 42, speziell den Vers am Schlusse des Scholions; weiter Nöldeke S. 10 f.

635. S. 162. ܕܒܪܐ (186_{14}) von Bickell mit Recht aus ܕܒܝܐ b d hergestellt. Vgl. Einleitung § 3 gegen Ende.

636. S. 162. ܥܨܘܩܗ (186_{16}), wohl ܥܨܘܩܗ zu sprechen. Vgl. ܥܨܘܩ 187_{4}. Etymologisch = عسق? Unbefriedigend. Die Lexika (Elias Nisib. 10_{19}, P. Sm. 2974, dazu vgl. P. Sm. 3007 ܥܨܘܩܘܬܐ, bezw. ܥܨܘܩܘܬܐ) geben ܥܨܘܩܐ in dieser Bedeutung, ob aber richtig? S. Nachträge.

637. S. 162. Wörtl.: «der, welcher ihn hielt» (und so nachher).

638. S. 163. ܡܪܐ (187_{12}) bedeutet hier «Herr» i. S. v. «Wärter», während es vorher (Z. 1) «Eigentümer» war.

639. S. 163. Statt ܐܘ «oder» (188_{1}) wird mit dem Araber ܘ «und» zu lesen sein.

640. S. 163. Unsicher, vgl. syr. T. 188, N. 9.

641. S. 163. ܠܥܠܐ (188_{10}) Araber (Nöldeke 59_{11}) من فوق «von oben», vgl. Anm. 512.

642. S. 163. Wörtl.: «Zeit», vgl. Anm. 440.

643. S. 164. ܡܛܠܗ (bezw. ܡܛܠܗ) 189_{4} a c mag richtig sein

gegenüber ܒܠܠܗ bd, vgl. den Araber ج bei Nöldeke S. 33, N. 1. Aber ܐܦܣܪܬܐ in dieser weiblichen Form ist kaum zu halten.

644. S. 164. ܐܬܦܠܠ (190 1) paßt nicht, man erwartet ܗܦܟ.

645. S. 164. «noch Vertrauen zu ihm fassen» steht im syr. T. (190 8) erst hinter «und was ich mit ihm reden will, versteht er nicht». Wäre dies die ursprüngliche Stellung, so müßte mit Nöldeke S. 34, N. 2 eine Lücke angenommen werden. Mir scheint eine zufällige Umstellung wahrscheinlicher.

646. S. 165. Vgl. Anm. 18.

647. S. 165. ܘܥܒܕܐ «und Sklave» (191 8) paßt nicht. Araber (Nöldeke S. 61, Varr.) ومكتهل (ومعتمل, ومعتمد) رجل شابّ. Also ܠܥܒܪܐ? ܠܥܘܕܐ läge zu weit ab.

648. S. 165. Da das ܐܡܪ (191 11) nur in der schlechten Kopie b fehlt, wird die Mardiner Hs. es haben. Aber dann muß ܠܦ, das in allen Kopien steht, in ܠܦܘ geändert werden. Fast wahrscheinlicher dünkt es mich, daß ܐܡܪ Produkt des gedankenlosen Schreibers ist (wie 7 4 und öfters). Dann ist zu übersetzen: «H. unterrichtete sich über die Zeit des Windes, und als er wußte».

649. S. 165. Die Ergänzung liefert der Araber. Vgl. Bickell (syr. T. 122 20) und Nöldeke S. 56, N. 5.

650. S. 166. D. h. «des Schicksals», s. Anm. 440.

651. S. 166. Vgl. oben S. 98, Strophe 34.

652. S. 167. Hier scheinen ein paar Worte ausgefallen zu sein. Vgl. Araber (Nöldeke S. 41): «Ich sage aber, daß wir's gewinnen, wenn du mich mit deinem Rat unterstützest, und daß du sehr darauf bedacht sein mußt, daß die Sache zustande komme». — Var. der Hss. BCD: «Du hast mich in vielen Angelegenheiten unterstützt und, wenn du mir in dieser hilfst, so erreichen wir unsere Absicht».

653. S. 167. Die Emendation (194 1) nach Nöldeke S. 40, N. 3, der aber mit Recht andeutet, daß der Fehler noch tiefer liegen werde.

654. S. 168. ܗܕܐ ܨܒܘܬܐ (195 2) «diese Sache» fügt sich nicht in den Satz. Wahrscheinlich ist der Text lückenhaft.

655. S. 168. Text kaum unversehrt.

656. S. 168. Vgl. im ersten Kapitel oben S. 50, Strophe 110 (syr. T. 49 13—14).

657. S. 169. Text (196 4—5) gedankenlos: «von dem, was diese da gesagt haben».

658. S. 169. Sc. «als die bisherige gegenüber den Katzen», wie der Araber hinzusetzt.

659. S. 169. ܫܠܬܘܢܬܐ (196 11).

660. S. 169. Die eingeklammerten Worte, in Σ gewiß nur zufällig ausgelassen, sind (mit den nötigen Anpassungen an Σ) aus dem Araber ergänzt.

661. S. 170. Nöldekes Änderung S. 48, N. 3 von ܕܒܝܪ̈ܢܘܬܐ (b d) 197 20 in ܕܒܒܪ̈ܝܬܐ «die auf den Straßen» wird durch den Araber (66 11) السنانير البرّيّة nicht strikte gefordert, denn dies bedeutet zunächst «die wilden Katzen» und dazu stimmt die Lesart von a b ܕܒܝܪ̈ܒܬܐ, zu dessen Bedeutung P. Sm. 1364 (gegen Mitte) zu vergleichen.

662. S. 170. Der Schluß ist aus dem Araber nach Nöldeke S. 49 f. ergänzt.

663. S. 170. Zu diesem Schlußsatz vgl. oben S. 73, Strophe 63.

Nachträge.

S. 12, Z. 5. Die Klammer soll nicht geschlossen sein.

S. 14. In Hertels Tantr.-Übersetzung, S. 16, ist die Bezeichnung A 32 zu tief gerückt. Sie gehört, wie mich der Herausgeber hier zu berichtigen bittet, natürlich gleich zu Anfang der Prosa hinter Str. 53.

S. 28 Mitte. Der Passus «Denn, wenn er merkt» bis «zur Rechenschaft» hätte als Strophe (58) gesetzt werden sollen.

S. 153, Z. 7 v. u. soll es heißen «wie er Krieg führt». ܫܘܒܐ (173_4) ist in ܡܘܒܐ zu verbessern, vgl. den Araber (Anm. 602).

Anm. 401. Südl. Pantsch., die nepales. Rezension ν und Pūrṇabhadra haben wie die Versionen «Schuld, Feuer, Krankheit, Feind». Mit Śār. stimmt die Bühlersche Ausgabe des *t. simpl.*, was aber auf Korrektur beruhen wird. Σ's Übereinstimmung mit Śār. ist zufällig (J. H.).

Anm. 423. Mahābh. *kṣatriya*, also Angehörige des Kriegsadels, zu dem auch der König gehört (J. H.).

Anm. 462. Der Inder hat den Plural: «sagten die früheren Minister» (J. H.).

Anm. 577. Statt «der im Walde lebt», muß es ursprünglich geheißen haben «der am Meere lebt», denn gemeint ist der *ṭiṭṭibha* (s. Anm. 145). Von ihm sagt ein bekannter indischer Spruch (z. B. Pūrṇabh.s Pantsch. I, 329): «Wenn der *ṭ.* daliegt, so streckt er beide Füße empor, weil er fürchtet, der Himmel könne einstürzen» (J. H.).

Anm. 616. Dieses Kapitel scheint doch auf eine indische Vorlage zurückzugehen, vgl. das soeben zu Anm. 577 Nachgetragene.

Anm. 636. Vermutlich ist ܡܩܘܒܐ zu lesen. Vgl. قسب (hebr. הקשיב «die Ohren steifen»), قاسِب *veretrum durum*, قُيْسَبانٌ *durus penis* Muḫaṣṣaṣ II, 32_{10} mit Erklärung.